CONSTITUIÇÃO, TRIBUTAÇÃO E ADUANA NO TRANSPORTE MARÍTIMO E NA ATIVIDADE PORTUÁRIA

OSVALDO AGRIPINO DE CASTRO JUNIOR
Coordenador

Prefácio
Marta Elizabeth Deligdisch

CONSTITUIÇÃO, TRIBUTAÇÃO E ADUANA NO TRANSPORTE MARÍTIMO E NA ATIVIDADE PORTUÁRIA

Belo Horizonte

2021

© 2021 Editora Fórum Ltda.

É proibida a reprodução total ou parcial desta obra, por qualquer meio eletrônico, inclusive por processos xerográficos, sem autorização expressa do Editor.

Conselho Editorial

Adilson Abreu Dallari
Alécia Paolucci Nogueira Bicalho
Alexandre Coutinho Pagliarini
André Ramos Tavares
Carlos Ayres Britto
Carlos Mário da Silva Velloso
Cármen Lúcia Antunes Rocha
Cesar Augusto Guimarães Pereira
Clovis Beznos
Cristiana Fortini
Dinorá Adelaide Musetti Grotti
Diogo de Figueiredo Moreira Neto (*in memoriam*)
Egon Bockmann Moreira
Emerson Gabardo
Fabrício Motta
Fernando Rossi
Flávio Henrique Unes Pereira

Floriano de Azevedo Marques Neto
Gustavo Justino de Oliveira
Inês Virgínia Prado Soares
Jorge Ulisses Jacoby Fernandes
Juarez Freitas
Luciano Ferraz
Lúcio Delfino
Marcia Carla Pereira Ribeiro
Márcio Cammarosano
Marcos Ehrhardt Jr.
Maria Sylvia Zanella Di Pietro
Ney José de Freitas
Oswaldo Othon de Pontes Saraiva Filho
Paulo Modesto
Romeu Felipe Bacellar Filho
Sérgio Guerra
Walber de Moura Agra

FÓRUM
CONHECIMENTO JURÍDICO

Luís Cláudio Rodrigues Ferreira
Presidente e Editor

Coordenação editorial: Leonardo Eustáquio Siqueira Araújo
Aline Sobreira de Oliveira

Av. Afonso Pena, 2770 – 15º andar – Savassi – CEP 30130-012
Belo Horizonte – Minas Gerais – Tel.: (31) 2121.4900 / 2121.4949
www.editoraforum.com.br – editoraforum@editoraforum.com.br

Técnica. Empenho. Zelo. Esses foram alguns dos cuidados aplicados na edição desta obra. No entanto, podem ocorrer erros de impressão, digitação ou mesmo restar alguma dúvida conceitual. Caso se constate algo assim, solicitamos a gentileza de nos comunicar através do *e-mail* editorial@editoraforum.com.br para que possamos esclarecer, no que couber. A sua contribuição é muito importante para mantermos a excelência editorial. A Editora Fórum agradece a sua contribuição.

Dados Internacionais de Catalogação na Publicação (CIP) de acordo com a AACR2

C758	Constituição, tributação e aduana no transporte marítimo e na atividade portuária/ Osvaldo Agripino de Castro Junior (Coord.).– Belo Horizonte : Fórum, 2021. 467 p.; 17x24cm
	ISBN: 978-65-5518-002-2
	1. Direito Aduaneiro. 2. Direito Marítimo. 3. Direito Portuário. 4. Direito Tributário. I. Castro Junior, Osvaldo Agripino de. II. Título.
	CDD: 341.396116 CDU: 346

Elaborado por Daniela Lopes Duarte - CRB-6/3500

Informação bibliográfica deste livro, conforme a NBR 6023:2018 da Associação Brasileira de Normas Técnicas (ABNT):

CASTRO JUNIOR, Osvaldo Agripino de (Coord.). *Constituição, tributação e aduana no transporte marítimo e na atividade portuária*. Belo Horizonte: Fórum, 2021. 467p. ISBN 978-65-5518-002-2.

Dedicamos essa obra à comunidade de pessoas e empresas que trabalham no comércio exterior, transportam e movimentam passageiros e cargas, 24 horas por dia e 365 dias por ano, em todos os cantos do globo.

Esses trabalhadores contribuem para a troca de riquezas e a aproximação dos povos e desenvolvem o comércio entre as nações e, dessa forma, estreitam laços de amizade e cooperação.

Aos prestadores de serviços, especialmente despachantes aduaneiros, trading companies, alunos da Pós-Graduação em Direito da Aduana e Comércio Exterior (20ª Edição), da Univali, e de Direito Aduaneiro, da UniCuritiba, servidores da Aduana e dos demais órgãos intervenientes e, especialmente, a todos que estão contribuindo para desenvolver o comércio exterior brasileiro.

A Deus, pelo privilégio da vida, por me presentear com uma família feliz e saudável e com a sabedoria da Bíblia.

²⁵ *Como, pela sua ordem, surge um vendaval, Que eleva as ondas do mar.*

²⁶ *Eles sobem até o céu; Mergulham nas profundezas. Diante do perigo, sua coragem acaba.*

²⁷ *Ficam atordoados e cambaleiam como bêbados, E toda a sua habilidade se torna inútil.*

²⁸ *Então, na sua aflição clamam a Deus, E ele os livra das suas dificuldades.*

²⁹ *Acalma o vendaval; As ondas do mar ficam quietas.*

³⁰ *Alegram-se quando elas se acalmam, E ele os conduz ao porto desejado.*

(Salmos 107:25-30)

SUMÁRIO

PREFÁCIO

Marta Elizabeth Deligdisch 19

APRESENTAÇÃO 23

RESUMO DOS CAPÍTULOS

Osvaldo Agripino de Castro Junior 27

PARTE I
DIREITO ADUANEIRO

O ACORDO SOBRE A FACILITAÇÃO DO COMÉRCIO E SEU
IMPACTO NA LEGISLAÇÃO ADUANEIRA BRASILEIRA

Rosaldo Trevisan 37

    Introdução 37

1   Do GATT à Rodada Uruguai: breves considerações sobre livre
      comércio e protecionismo 38

2   A era OMC e seu principal fruto: o AFC 43

3   Estrutura dispositiva do AFC: a influência da Convenção de
      Quioto Revisada, da OMA 49

4   Estrutura procedimental do AFC: a nova aproximação com o
      desenvolvimento 54

5   O AFC e o ordenamento jurídico brasileiro: fundamento
      constitucional 56

6   O AFC e a Aduana, no Brasil: progressos na implementação 59

7   Considerações finais: o que se espera do AFC 62

      Referências 63

COMPLIANCE TRIBUTÁRIO NAS ATIVIDADES PORTUÁRIA,
MARÍTIMA E ADUANEIRA

André Henrique Lemos, Edmo Colnaghi Neves 69

1   *Compliance* – Noções gerais 69

1.1   O que é? 69

1.2   Para quem? 70

1.3	Por quê?...	70
1.4	Instrumentos de *Compliance*	73
1.4.1	Programa de integridade...	73
1.4.2	Gestão de riscos..	74
1.4.3	Código de Conduta, políticas e *Compliance* e procedimentos.....	75
1.4.4	Comunicação e treinamentos corporativos	76
1.4.5	Canal de denúncias	77
1.4.6	Investigações internas e Comitê Disciplinar e Corretivo...........	78
1.4.7	Auditorias legais e controles	79
1.4.8	Monitoramento, revisão e *Compliance Officer*...................	80
2	*Compliance* tributário	80
2.1	Constituição Federal, sistema tributário nacional e legislação correlata..........	81
2.2	Tributação nas atividades portuária, marítima e aduaneira.......	85
2.2.1	O exemplo da tributação na importação.................	87
2.3	Casuísticas decididas pelo CARF............................	92
2.4	PIS/COFINS – Regime da não cumulatividade e o aproveitamento de créditos de insumos para o setor de prestação de serviços portuários	95
3	Considerações finais..	95
	Referências...	96

QUESTÕES CONTROVERTIDAS ACERCA DO REAJUSTE
DA TAXA DE UTILIZAÇÃO DO SISCOMEX (TUS) À LUZ DA
JURISPRUDÊNCIA DOS TRIBUNAIS PÁTRIOS E DO RECENTE
ENTENDIMENTO DO SUPREMO TRIBUNAL FEDERAL

Camila Maria Mello Capelari, Gabrielle Thamis Novak Fóes................		97
1	Introdução..	97
2	O Sistema Integrado de Comércio Exterior (SISCOMEX)...........	98
2.1	Origem e propósito do Sistema Integrado de Comércio Exterior (SISCOMEX)................	99
2.2	A Taxa de Uso do Sistema Integrado de Comércio Exterior (SISCOMEX)	100
3	O reajuste da Taxa de Utilização do SISCOMEX implementado pela Portaria MF nº 257, de 23.05.2011	101
4	Aspectos relativos à inconstitucionalidade da delegação contida no art. 3º, §2º, da Lei nº 9.716/1998, à luz do entendimento recente do Supremo Tribunal Federal em repercussão geral	103
5	Verificação do excesso: confronto entre o texto da Nota Técnica Conjunta Cotec/Copol/Coana nº 2, de 06.04.2011, e o	

texto da Portaria MF nº 257/2011, segundo jurisprudência do
Tribunal Regional Federal da 4ª Região 109

6 Considerações finais.. 114

Referências 115

**A PENA DE PERDIMENTO – UMA RELEITURA SOB A ÓPTICA
DO ESTADO DEMOCRÁTICO DE DIREITO E DO DIREITO DE
PROPRIEDADE**

Paulo José Zanellato Filho 117

Introdução... 117

1 O Estado Democrático de Direito.. 119

2 A corrente da constitucionalidade da pena de perdimento com
fundamento na tradição histórica de proteção ao Erário............. 124

3 Contexto histórico: o caso dos decretos-leis editados no
período do Golpe Militar... 126

4 A pena de perdimento sob a óptica dos princípios
democrático, republicano e da legalidade 128

5 Pena de perdimento e o direito fundamental da propriedade ... 130

Referências... 139

**HISTÓRICO E ASPECTOS GERAIS DO PROGRAMA BRASILEIRO DE
OPERADOR ECONÔMICO AUTORIZADO (OEA)**

Luciana Mattar Vilela Nemer, Priscilla Ylre Pereira da Silva 141

Introdução... 141

1 O surgimento da OMA e do OEA.. 143

2 O programa brasileiro do OEA.. 152

3 Admissão no programa 156

Considerações finais.. 158

Referências... 159

**DESCAMINHO E LAVAGEM DE DINHEIRO NO COMÉRCIO
EXTERIOR: IMPORTÂNCIA DO COMBATE À PRÁTICA CRIMINOSA
COMO FATOR DE DESENVOLVIMENTO NO ÂMBITO DA
TRANSNACIONALIDADE**

**Osvaldo Agripino de Castro Júnior, Joana Stelzer, Tarcísio Vilton
Meneghetti** 163

Introdução... 163

1 Questões introdutórias: conceitos e princípios 165

1.1 Conceitos.. 171

1.1.1 Ética 171

1.1.2 Corrupção 172

1.1.3	Comércio exterior	173
1.1.4	Descaminho	173
1.1.5	Lavagem de dinheiro	176
1.1.6	Princípio	177
1.1.7	Estado transnacional	177
1.1.8	Princípios	178
1.1.8.1	Moralidade	178
1.1.8.2	Eficiência	179
1.1.8.3	Legalidade	179
2	O papel do Estado no combate ao descaminho e à lavagem de dinheiro	180
2.1	Do crime de descaminho	180
2.2	Do crime de lavagem de dinheiro	191
2.3	O papel do Estado na atividade aduaneira	193
3	A relevância do combate à criminalidade nas operações de comércio exterior	195
	Conclusão	206
	Referências	207

EXCEÇÕES TARIFÁRIAS NO ÂMBITO DO IMPOSTO DE IMPORTAÇÃO: POSSIBILIDADE DO "EFEITO EXTENSIVO" DA CONCESSÃO À DATA DO PROTOCOLO DO PLEITO

Artur Saviano Neto		211
	Introdução	211
1	Breves considerações sobre exceções tarifárias, tipos de exceções tarifárias e o ex-tarifário do Imposto de Importação	213
1.1	Exceções tarifárias	213
1.2	Tipos de exceções tarifárias	217
2	Breves considerações sobre Imposto de Importação e o Ex-tarifário do Imposto de Importação	218
2.1	Imposto de Importação	218
2.2	Ex-tarifário do Imposto de Importação	221
3	Exceções tarifárias no âmbito do Imposto de Importação e a possibilidade para o efeito extensivo da concessão à data do protocolo do pleito	227
3.1	Possibilidade para o efeito extensivo da concessão à data de protocolo do pleito	227
3.2	Entendimento do Poder Judiciário sobre a possibilidade dos efeitos extensivos da concessão à data de protocolo do pleito	230
4	Considerações finais	234
	Referências	237

OS DESAFIOS FISCAIS, LEGAIS, CAMBIAIS E TRIBUTÁRIOS NOS PAGAMENTOS DE DESPESAS DE IMPORTAÇÃO E EXPORTAÇÃO FEITOS POR EMPRESAS DO BRASIL

Lisandro Trindade Viera 239

Introdução 239

1   Aspectos fiscais e tributários – DIRF/REINF, ECF, SISCOSERV e outras obrigações 242

2   Entendendo os conceitos básicos 244

2.1   Pagamento para domiciliado no Brasil x pagamento para domiciliado no exterior 245

2.2   Pagamento para domiciliado no Brasil 245

3   Aspectos legais dos pagamentos 246

3.1   Pagamento para domiciliado no exterior 247

4   Aspectos cambiais dos pagamentos 251

4.1   Pagamentos efetuados por meio de intermediários domiciliados no Brasil para domiciliados no exterior 252

Considerações finais 255

PARTE II
TRANSPORTE MARÍTIMO E ATIVIDADE PORTUÁRIA

RELEVÂNCIA DA MODICIDADE NO TRANSPORTE MARÍTIMO E NO SETOR PORTUÁRIO PARA A EFICIÊNCIA DO DESEMBARAÇO ADUANEIRO

Osvaldo Agripino de Castro Junior 261

Introdução 261

Parte 1 – Conceitos relevantes e fundamentos constitucionais do transporte 263

1.1   Conceitos relevantes 263

1.1.1 Contrato de transporte 263

1.1.2 Modicidade 264

1.1.3 Livre iniciativa, livre concorrência e da defesa do consumidor/ usuário 267

1.1.4 Defesa do usuário 268

1.1.5 Deveres dos usuários 274

1.2   Fundamentos constitucionais 275

Parte 2 – Modicidade como condição do serviço adequado no transporte aquaviário e na atividade portuária 276

2.1   Introdução aos normativos que regulam o serviço adequado 276

2.2   No transporte aquaviário 276

2.2.1 Estudo de caso: a cobrança de sobre-estadia em valor imódico . 279

2.3	No setor portuário	281
2.3.1	Estudo de caso: a cobrança de armazenagem portuária	282
2.4	Modicidade como pressuposto para o serviço adequado	283
2.4.1	A violação da isonomia no que tange à limitação da responsabilidade civil	284
	Considerações finais	286
	Referências	289

RESPONSABILIDADE DO AGENTE MARÍTIMO NA LEGISLAÇÃO TRIBUTÁRIA E ADUANEIRA (PARECER)

Solon Sehn		291
I	Da consulta	292
II	Análise jurídica	292
III	Conclusões	322
IV	Resposta aos quesitos	323

TRATAMENTO TRIBUTÁRIO DOS VALORES RECEBIDOS A TÍTULO DE SOBRE-ESTADIA (*DEMURRAGE*) DE CONTÊINER

Catiani Rossi		327
1	Considerações iniciais	327
2	Natureza jurídica da sobre-estadia de contêiner	327
3	Tratamento tributário	334
3.1	PIS e Cofins incidentes na importação	334
3.2	PIS e Cofins	336
3.3	IRPJ e CSLL	340
4	Conclusão	344
	Referências	345

QUESTÕES CONTROVERSAS ACERCA DA (NÃO) INCIDÊNCIA DO ISS NA ATIVIDADE PRESTADA PELO AGENTE DE CARGA COMO TRANSPORTADOR CONTRATUAL

Danielle Rosa		347
	Introdução	347
1	Fundamento constitucional	348
2	Aspectos introdutórios do agenciamento de carga	349
3	Agente de carga como transportador contratual	350
4	Do Imposto Sobre Serviços de Qualquer Natureza (ISSQN)	356
5	Questões controversas acerca da incidência do ISSQN na atividade do agente de carga	361

6   Do ISSQN (não) incidente sobre os serviços prestados pelo agente de carga como transportador contratual 363

    Considerações finais.. 368

    Referências 370

ASPECTOS POLÊMICOS DO ADICIONAL AO FRETE PARA A RENOVAÇÃO DA MARINHA MERCANTE

Carmem Grasiele da Silva 373

    Introdução... 373

1   Definição e natureza jurídica do AFRMM 374

1.1   A regra-matriz de incidência do AFRMM 376

1.1.1   Critério material... 376

1.1.2   Critério temporal 377

1.1.3   Critério espacial 377

1.1.4   Critério quantitativo.. 378

1.2   A natureza taxativa da base de cálculo do AFRMM à luz da Constituição Federal.. 379

2   A mudança de posicionamento da Receita Federal do Brasil quanto ao benefício de Isenção do AFRMM no Regime Aduaneiro Especial de Drawback Isenção................................... 383

2.1   Definição e natureza jurídica do Regime Aduaneiro Especial de Drawback.. 385

2.2   O princípio da vinculação física no Regime de Drawback.......... 388

3   Conclusões... 393

    Referências 395

A BASE DE CÁLCULO DO ICMS-IMPORTAÇÃO E A EXCLUSÃO DE DESPESAS PARTICULARES APÓS A CHEGADA DA MERCADORIA IMPORTADA

Thális Andrade 397

    Introdução... 397

1   Fundamento constitucional do ICMS-Importação 399

2   A base de cálculo mista de despesas do ICMS-Importação 401

2.1   Do valor aduaneiro no ICMS-Importação......:............................ 402

2.2   Das despesas aduaneiras no ICMS-Importação........................... 407

3   O entendimento do Poder Judiciário sobre a base de cálculo do ICMS-Importação... 414

4   Considerações finais... 419

    Referências 420

A IMPORTÂNCIA DOS MÉTODOS ADEQUADOS DE SOLUÇÃO DE
CONFLITOS PARA A LOGÍSTICA MARÍTIMA E PORTUÁRIA

Osvaldo Agripino de Castro Junior 421

Introdução.. 421

1.1 Aspectos introdutórios da arbitragem, da responsabilidade civil do transportador marítimo e da arbitragem marítima........ 426

1.1.1 Aspectos jurídicos da responsabilidade do transportador marítimo... 431

1.1.2 Cláusulas relevantes no conhecimento de embarque marítimo. 434

1.1.2.1 *Paramount Clause* 435

1.1.2.2 Cláusula de jurisdição ou de eleição de foro: determina qual a competência jurisdicional.. 436

1.1.2.3 Cláusula de avaria grossa e Cláusula New Jason...................... 437

1.1.2.4 Cláusula de Identificação do Transportador (*Identity of Carrier Clause*)... 438

1.1.2.5 Cláusula de Exceção Geral (*Exception General Clause*)................. 439

1.1.3 Arbitragem marítima 439

1.1.3.1 Arbitragem marítima nas regras de Roterdã............................. 443

1.2 Arbitragem portuária.. 444

1.2.1 Decreto nº 10.025, de 20 de setembro de 2019 450

1.3 Possibilidades e limites da arbitragem nas atividades marítima e portuária... 452

Conclusão.. 460

Referências.. 460

SOBRE OS AUTORES... 463

PREFÁCIO

Nos idos de 2005, em proposta inovadora em âmbito nacional, a Universidade do Vale do Itajaí (Univali), Campus de Itajaí, região onde se insere o segundo maior complexo portuário de contêineres do país, lançou, mediante projeto de minha autoria e da Prof. Dra. Joana Stelzer (então Coordenadora do Curso de Graduação em Comércio Exterior da Univali), e também colaboradora nessa obra, o primeiro Curso de Pós-Graduação *Lato Sensu* em Direito Aduaneiro e Comércio Exterior, no Brasil, que este ano estreia sua vigésima edição, atualmente denominado de *Especialização em Direito da Aduana e do Comércio Exterior Brasileiros.*

O Prof. Dr. Osvaldo Agripino de Castro Júnior, organizador da presente obra e autor e coautor de alguns de seus capítulos, leciona no Curso de Pós em Aduana desde sua primeira edição. Alguns autores de outros capítulos são egressos do mesmo curso e outros já compuseram e compõem o atual quadro docente da Pós.

Importante destacar a formação dos autores e sua experiência acadêmica e prática, ao lidar com os temas da Aduana e suas inter-relações com os mais variados campos do Direito, da Economia e da Sociedade.

Relembrando a sempre vigente lição de Miguel Reale, pela qual Direito é Fato, Valor e Norma, observa-se no transcurso do tempo que os fatos direta ou indiretamente ligados ao Direito Aduaneiro, Marítimo, Portuário, entre outros, têm evidenciado a necessidade de atenção da Sociedade e dos operadores do Direito em todos os âmbitos. O alcance de uma circunstância em âmbito local que se relaciona com aspectos transnacionais não pode, há tempo, ser negligenciado.

O "Custo Brasil", a deficiência de infraestrutura, a incipiente regulamentação de vários setores, os emaranhados tributários e fiscais, para citar algumas questões incidentes nas constantes operações de trânsito de mercadorias e pessoas, não somente retiram a competitividade do comércio nacional, como afugentam investimentos e lançam dúvidas seríssimas quanto ao crescimento ordenado, racional e eficaz de todos os setores envolvidos.

As abordagens históricas, técnicas, normativas e das problemáticas enfrentadas cotidianamente por quem labuta na área do Comércio Exterior foram realizadas de maneira esclarecedora, séria e contundente pelos artigos que compõem esta obra, a revelar o segundo componente da equação de Reale: o Valor!

O Valor que todos estes fatos têm na vida de cada um de nós, pois envolvidos no Comércio Exterior e no Direito a cada instante de nossas existências. O Valor de relevância para os Fatos que levaram a Academia a se voltar para o estudo dos fundamentos e das problemáticas do Direito Aduaneiro e de todas as áreas das quais é interdependente. Valor esse que fez surgir o Curso de Direito da Aduana, que fez surgir linhas de pesquisas vinculadas nos cursos de pós-graduação *stricto sensu*.

Da relevância dos Fatos e do Valor surge a Norma. E é em busca dessa normativa cada vez mais necessária que a doutrina e a jurisprudência especializadas vão se inclinando, graças a pesquisas, *cases*, procedimentos administrativos e judiciais que aos poucos e em razão de muita luta, persistência e dedicação, como a de muitos autores desta obra, constrói-se uma nova realidade: a do *dever ser*.

A leitura da obra será enriquecedora tanto para quem inicia seus passos nas áreas de conhecimento abordadas, como para os que visam aprofundar as temáticas com supedâneo teórico e utilidade prática.

Não é simples navegar em todas as áreas envolvidas, mas é indispensável compreender sua interligação e consequências, a ponto de chegarmos a resolver os impasses pela via administrativa, inclusive sem depender do Poder Judiciário (outro gargalo da ausência de infraestrutura e da ineficácia do Estado brasileiro), desjudicializando, com a necessária formação de especialistas teóricos e práticos na resolução de conflitos.

Externo minha gratidão ao Professor Doutor Osvaldo Agripino de Castro Júnior pelo convite, que muito me honrou, para prefaciar esta obra; pela sua constante dedicação ao Curso de Pós-Graduação em Direito da Aduana e do Comércio Exterior; pela sua pujança, convicção e energia empenhadas para cada dia mais desenvolver o Direito Aduaneiro, Marítimo e Portuário; pelo fato de congregar valorosos autores a escreverem e disseminarem seu conhecimento em prol do crescimento e da excelência, agradecendo-lhes também pela dedicação.

E a você, leitor, gratidão pelo interesse em se aprimorar e nos acompanhar nessa caminhada, que, embora longa, foi iniciada e continua a revelar suas conquistas.

Porto de Itapoá, Santa Catarina, inverno de 2019.

Profa. MSc. Marta Elizabeth Deligdisch
Graduada em Direito pela Universidade do Vale do Itajaí (Univali, 1994). Especialista em Direito Civil, Direito Processual Civil, Direito Administrativo, Direito Empresarial, Direito Notarial e Registral (Anhanguera). Mestre em Ciência Jurídica pela Univali (Conceito 6 CAPES). Registradora Pública. Coordenadora da Pós-Graduação em Direito da Aduana e do Comércio Exterior Brasileiros – Univali, desde 2005.

APRESENTAÇÃO

A atividade aduaneira, conceituada como aquela que se relaciona direta ou indiretamente com o desembaraço aduaneiro, é um processo que envolve um conjunto de procedimentos aos quais as pessoas e coisas, em trânsito aduaneiro, devem se submeter para que a saída ou a entrada no país seja legal. O desembaraço aduaneiro é o ato final do despacho aduaneiro, que termina com a liberação da mercadoria na importação ou na exportação.

Nesse cenário, surge o Direito Aduaneiro, disciplina que vem sendo confundida com o Direito Tributário, equivocadamente, pois tem como objeto regular as relações jurídicas que se dão a partir do desembaraço aduaneiro e possui como fontes do direito os acordos internacionais ratificados pelo Brasil, especialmente os da OMC, assim como a Constituição Federal, as leis especiais, o Regulamento Aduaneiro e as Instruções Normativas da Receita Federal, a doutrina dos especialistas e a jurisprudência especializada.

Por sua vez, o Direito Portuário tem como objeto regular as relações jurídicas que se dão em torno da atividade portuária e possui como fontes do direito os dispositivos constitucionais que tratam da competência e das outorgas, assim como a Lei nº 12.815/2013, e seu decreto regulamentar, bem como a Lei nº 10.233/2001, as resoluções da Agência Nacional dos Transportes Aquaviários, entre outras normas.

Segundo o relatório *Doing Business Project 2017*, do Banco Mundial, o custo para importar um contêiner no Brasil é cerca de US$2.500, enquanto na China é US$600 e no Chile US$750. Destaca-se que a China exportou US$17 bilhões em 1980 e US$2,4 trilhões em 2015, um aumento inigualável. Obviamente que os custos logísticos previsíveis e módicos contribuíram para tais números.

Destaca-se que o indicador de qualidade dos portos do Banco Mundial, em pesquisa feita com os executivos de 133 países acerca dos portos no mundo, classificou o Brasil com nota 2,7, numa escala que vai de 1 até 7, sendo esta uma nota para país com portos desenvolvidos e eficientes.

Países da América do Sul, como Paraguai (3,1), Argentina (3,8), Colômbia (3,6), Peru (3,6) e Chile (4,9) tiveram notas bem melhores. A Holanda teve nota 6,8. Em qualidade de infraestrutura portuária, o *Global Competitiveness Report 2017-2018*, do Fórum Econômico Mundial coloca o Brasil em 106º lugar.

Mencione-se que o Direito Marítimo, que tem como objeto as relações jurídicas com o transporte marítimo, muitas vezes é confundido com o Direito Portuário, com o Direito do Mar e com o Direito da Navegação Marítima.

Na Constituição Federal, a temática aduaneira, que tem relação com o comércio exterior, está direta ou indiretamente em três dispositivos, quais sejam:

Art. 22. Compete privativamente à União legislar sobre: (...) VIII – comércio exterior e interestadual;

Art. 149. Compete exclusivamente à União instituir contribuições sociais, de intervenção no domínio econômico e de interesse das categorias profissionais ou econômicas, como instrumento de sua atuação nas respectivas áreas, observado o disposto nos arts. 146, III, e 150, I e III, e sem prejuízo do previsto no art. 195, §6º, relativamente às contribuições a que alude o dispositivo. (...) III – poderão ter alíquotas: (Incluído pela Emenda Constitucional nº 33, de 2001) a) ad valorem, tendo por base o faturamento, a receita bruta ou o valor da operação e, no caso de importação, o valor aduaneiro;

Art. 237. A fiscalização e o controle sobre o comércio exterior, essenciais à defesa dos interesses fazendários nacionais, serão exercidos pelo Ministério da Fazenda.

Assim, como a Constituição Federal determina o dever do Ministério da Fazenda de fiscalização e controle do comércio exterior, o Decreto nº 6.759, de 5 de fevereiro de 2009 (Regulamento Aduaneiro), determina que:

Art. 15. O exercício da administração aduaneira compreende a fiscalização e o controle sobre o comércio exterior, essenciais à defesa dos interesses fazendários nacionais, em todo o território aduaneiro.

Parágrafo único. As atividades de fiscalização de tributos incidentes sobre as operações de comércio exterior serão supervisionadas e executadas por Auditor-Fiscal da Receita Federal do Brasil.

Destaca-se que a Portaria MF nº 430, de 9 de outubro de 2017, que aprova o Regimento Interno da Secretaria da Receita Federal do Brasil, estabelece no art. 1º de seu Anexo I, *in verbis*:

Art. 1º A Secretaria da Receita Federal do Brasil (RFB), órgão específico singular, diretamente subordinado ao Ministro de Estado da Fazenda, tem por finalidade:

I – planejar, coordenar, supervisionar, executar, controlar e avaliar as atividades de administração tributária federal e aduaneira, incluídas aquelas relativas às contribuições sociais destinadas ao financiamento da seguridade social e às contribuições devidas a terceiros, assim entendidos outras entidades e fundos, na forma da legislação em vigor;

O dever de fiscalização do comércio exterior imposto à RFB diz respeito às atividades relacionadas com a cobrança de tributos, de medidas de defesa comercial, como o *antidumping*, bem como a proteção de bens jurídicos difusos, como o mercado interno, o meio ambiente e a proteção das fronteiras de nosso país contra o descaminho e o contrabando.

Considerando o importante papel que a atividade aduaneira possui para o desenvolvimento do comércio exterior, o objetivo desse livro é, através de profissionais com sólida formação acadêmica e experiência prática no setor, vez que atuam nas esferas pública (CARF, Organização Mundial das Aduanas, Receita Federal, Ministério da Economia – analista de comércio exterior) e privada (advogado, Oficial de Náutica da Marinha Mercante, despachante aduaneiro), contribuir para a reflexão sobre temas que possuem grande interdependência, como a Constituição, a Aduana, a Tributação, o transporte marítimo e a atividade portuária.

Para atingir o seu escopo, a obra está dividida em duas partes, com sete capítulos em cada. A Parte I trata de temas gerais de Direito Aduaneiro, como o Acordo de Facilitação do Comércio, *compliance* tributário, Siscomex e constitucionalização da pena de perdimento. A Parte II apresenta os temas de transporte marítimo e da atividade portuária, incluindo o agenciamento de carga e a regulação econômica desses serviços, a fim de que sejam adequados.

É relevante contextualizar a obra, que é fruto de uma trajetória que começou em 2005, um ano após ingressar como professor no Mestrado em Ciência Jurídica da Univali. Assim, começamos a incentivar a criação de Comissões de Direito Marítimo, Portuário e Aduaneiro nas Seccionais da Ordem dos Advogados do Brasil em todo o país, a fim de difundir essas disciplinas, sob a perspectiva da regulação setorial independente (Antaq), vez que concentradas no eixo Rio-São Paulo.

Para dar organicidade e permanência a esse movimento e em face da grande interpendência entre as disciplinas acima, idealizamos e coordenamos em setembro de 2011, no PPCJ da Univali, em Itajaí, o *I Congresso Nacional das Comissões de Direito Marítimo, Portuário e Aduaneiro da OAB*, com cerca de 150 advogados de 14 estados do Brasil e um Comandante da Marinha Mercante estrangeiro.

Desde então, esse evento vem sendo realizado anualmente, em vários Estados, tendo o último sido em Brasília (VIII, 2019) e o de 2021, em Balneário Camboriú (SC), vez que em 2020 não foi realizado devido à pandemia, é considerado, por especialistas estrangeiros, o mais importante do mundo em nível doméstico na categoria de advogados. Considerando o relevante papel que a eficiência da atividade aduaneira possui para o desenvolvimento do comércio exterior, o objetivo desse livro é contribuir para a reflexão sobre temas que possuem interdependência como a Constituição, a Aduana, a Tributação, o transporte marítimo e a atividade portuária.

RESUMO DOS CAPÍTULOS

Parte I – Direito Aduaneiro

O primeiro capítulo, de autoria do Prof. Dr. Rosaldo Trevisan, Auditor-Fiscal da Receia Federal e Conselheiro do CARF, tem o título "Acordo sobre a Facilitação do Comércio, e seu impacto na legislação aduaneira brasileira" e analisa o processo que levou à adoção do referido acordo e seus antecedentes, que remontam ao próprio Acordo Geral sobre Tarifas Aduaneiras e Comércio (GATT), de 1947, "nave-mãe" de todos os acordos sobre mercadorias da OMC.

O texto detalha a influência do cenário histórico de barreiras ao comércio e a contribuição de outras organizações internacionais no texto final e na metodologia adotada para confecção do acordo.

O segundo capítulo, *"Compliance* tributário nas atividades marítima, portuária e aduaneira", de autoria dos advogados e professores André Henrique Lemos, ex-conselheiro do CARF, e Edmo Colnaghi Neves, discorre sobre a importância da observância das normas legais, princípios éticos e políticas internas devem alcançar os denominados *"stakeholders"*, partes interessadas, ou seja, fornecedores, clientes, consorciados, empregados, administradores e acionistas ou quotistas.

O terceiro capítulo, de autoria das advogadas Gabrielle Thamis Novak Fóes (Mestre em Direito Marítimo pelo *International Maritime Law Institute*, Malta, e pelo PPCJ da Univali), e Camila Maria Mello Capelari, discorre sobre a ilegalidade do reajuste da taxa de Siscomex. Trata-se de tema relevante para reduzir os custos da burocracia no comércio exterior.

Em seguida, o quarto capítulo, denominado "A pena de perdimento – uma releitura sob a óptica do Estado Democrático de Direito e do direito de propriedade", de autoria do advogado e Mestre em Direito Aduaneiro pela Universidade Federal do Paraná, Paulo José Zanellato Filho, objetiva confrontar o direito fundamental da propriedade e a aplicação da pena de perdimento.

Segundo o autor, essa pena possui por objeto o interesse público de proteção ao Erário, de modo a identificar se seria possível a aplicação da penalidade para os casos em que o importador, com exceção dos casos de prática de crimes, poderia ter aplicada contra si a Pena de Perdimento, sobretudo face ao direito fundamental da propriedade e a função social da propriedade.

O quinto capítulo trata de tema relevante para a eficiência do desembaraço aduaneiro e tem como título "Histórico e aspectos gerais do programa brasileiro de Operador Econômico Autorizado (OEA)". Escrito pela advogada e Conselheira Federal da OAB, pela Seccional do Espírito Santo, Luciana Mattar Vilela Nemer, e pela advogada e historiadora Priscilla Ylre Pereira da Silva, o artigo objetiva analisar o programa OEA no Brasil, a partir de suas principais diretrizes normativas e da sua atual fase de implementação no país.

Em seguida, o sexto capítulo, com o título "Descaminho e lavagem de dinheiro no comércio exterior: importância do combate à prática criminosa como fator de desenvolvimento no âmbito da transnacionalidade", escrito por mim juntamente com os Profs. Drs. Joana Stelzer, da UFSC, e Tarcísio Vilton Meneghetti, da Univali, objetiva contribuir para o desenvolvimento brasileiro por meio do estudo da ética, instituições de controle aduaneiro e da forma de combate ao descaminho e à lavagem de dinheiro nas operações de comércio exterior.

Para atingir o seu objetivo, foram avaliadas as peculiaridades dos crimes de descaminho e lavagem de dinheiro e a importância da ética no âmbito das práticas econômicas transnacionais e identificada a necessidade do combate à criminalidade nas operações de comércio exterior. A repressão a tais crimes em defesa do Erário, por meio do poder de polícia e da Polícia Federal, não pode violar direitos fundamentais, como a honra e imagem dos agentes econômicos, nem o princípio da livre iniciativa.

O sétimo capítulo, do despachante aduaneiro há mais de quinze anos, professor e bacharel em Direito, Artur Saviano Neto, trata da possibilidade de se beneficiar do ex-tarifário a partir da data do protocolo do pleito. Por tal motivo, o artigo se chama "Exceções tarifárias no âmbito do Imposto de Importação: possibilidade do "efeito extensivo" da concessão à data do protocolo do pleito".

Numa abordagem prática, o tema é importante para aumentar a eficiência do benefício dessa ferramenta e, por sua vez, da redução dos custos de transação das operações de comércio exterior.

Na sequência, o oitavo capítulo, de autoria de Lisandro Trindade Vieira, CEO da WTM Brasil e um dos maiores especialistas em Siscoserv no país, trata dos desafios fiscais, legais, cambiais e tributários nos pagamentos de despesas de importação e exportação feitos por empresas do Brasil. Ele objetiva descrever, na linguagem mais simples que o tema permitir, os riscos aos quais as empresas ficam expostas quando efetuam os pagamentos através de terceiros sem observar as boas práticas de *Compliance*.

Parte II – Transporte marítimo e atividade portuária

O primeiro capítulo da Parte II, de minha autoria, o nono dessa obra, envolve a regulação econômica e discorre sobre a relevância da modicidade no transporte marítimo e no setor portuário para a eficiência do desembaraço aduaneiro, tendo em vista o impacto financeiro da retenção, por exemplo, de uma carga.

A demora na liberação da carga, muitas vezes, causa forte impacto financeiro nos custos logísticos, especialmente armazenagem e *demurrage* de contêiner, o que requer uma limitação nesses preços, apesar da retórica do livre mercado e da livre iniciativa por parte de alguns prestadores de serviços.

O décimo capítulo dessa obra, relacionado ao transporte marítimo e ao agenciamento de carga, de autoria do Prof. Dr. Solon Sehn, tem com título "Responsabilidade do agente marítimo na legislação tributária e aduaneira", e se trata de parecer elaborado a pedido do Departamento Jurídico da Agência Marítima (nome do consulente suprimido), acerca dos seguintes quesitos:

(a) O art. 95, I, do Decreto-Lei nº 37/1966 é aplicável às agências marítimas nos casos de infração por descumprimento do prazo de prestar informações no Siscomex e no Sistema Mercante?

(b) Há distinção entre o agente marítimo e o agente de carga (art. 37, §1º, do Decreto-Lei nº 37/1966)?

(c) A multa prevista no art. 107, IV, "e", do Decreto-Lei nº 37/1966 poderá ser aplicada, de forma cumulativa, por navio?

(d) O art. 32 do Decreto-Lei nº 37/1966, que trata sobre a responsabilidade pelo imposto de importação, é aplicável nos casos de infração por descumprimento do prazo de prestar informações sobre as cargas transportadas no Siscomex?

(e) Caso o agente marítimo seja considerado responsável, por força do art. 135 e do art. 137, III, "d", do CTN, seria necessária a comprovação do dolo, como exige a doutrina, para que seja invocada sua responsabilidade?

Segundo o autor, "As questões propostas demandam o exame prévio do conteúdo do dever instrumental previsto no art. 37 do Decreto-Lei nº 37/1966, bem como da responsabilidade pela infração definida no art. 107, IV, "e", desse mesmo diploma legal".

Na sequência, o décimo primeiro capítulo, escrito pela advogada Catiani Rossi, aborda o "Tratamento tributário dos valores recebidos a título de sobre-estadia (*demurrage*)". A tributação da *demurrage* de contêiner, embora relevante para o setor, é um tema pouco explorado na doutrina, em parte em razão da divergência de interpretação quanto à natureza jurídica da *demurrage*. Isso tem gerado inúmeras dúvidas no plano pragmático, sobretudo após a publicação da Solução de Consulta Cosit nº 108/2017.

Diante disso, o capítulo, além de tratar da natureza jurídica da sobre-estadia, analisará a incidência das contribuições para o PIS/Pasep e a Cofins incidentes na importação, bem como do imposto de renda (IRPJ), contribuição sobre o lucro líquido (CSLL) e contribuições para o PIS/Pasep e a Cofins nos casos de valores recebidos a este título por pessoas jurídicas residentes ou domiciliadas no Brasil.

O décimo segundo capítulo, de autoria da advogada e professora Danielle Rosa, trata de tema relacionado ao agenciamento de carga, quais sejam "Questões controversas acerca da (não) incidência do ISS na atividade prestada do agente de carga como transportador contratual".

Diante da dificuldade de se apontar a natureza jurídica desse intermediário logístico, surgiu, conjuntamente, a insegurança jurídica tributária sobre o enquadramento tributário de seus serviços. Assim sendo, o artigo objetiva esclarecer uma das atividades desempenhadas pelo intermediário logístico, denominado comercialmente de "agente de carga", quando vier a atuar no modal marítimo como transportador contratual, passando-se a analisar a incidência (ou não) do ISSQN sobre a prestação desse serviço, desconsiderando-se, para fins metodológicos, as demais funções/atuações desempenhadas por esse intermediário.

Em seguida, o décimo terceiro capítulo, escrito pela advogada e graduada em comércio exterior, Carmem Grasiele da Silva, trata dos *Aspectos Polêmicos do Adicional ao Frete para a Renovação da Marinha Mercante*. O primeiro aspecto busca tratar da regularidade da base de cálculo do AFRMM, sendo o segundo referente à mudança de entendimento da Receita Federal do Brasil, quanto à isenção do AFRMM nas operações de importação marítimas, amparadas sob o Regime Aduaneiro Especial de Drawback Isenção.

O décimo quarto capítulo da obra trata de um problema que afeta o desembaraço aduaneiro e causa insegurança jurídica na tributação da infraestrutura aquaviária: a incidência do ICMS nas despesas portuárias. Nesse sentido, o capítulo denominado "A base de cálculo do ICMS-Importação e a exclusão de despesas particulares após a chegada da mercadoria importada", de autoria do professor Thális Andrade, objetiva discutir a legalidade de se inserir os custos pela prestação de serviços privados após chegada da mercadoria no primeiro ponto alfandegado no Brasil, para fins de apuração da base de cálculo do ICMS vinculado às importações de mercadorias.

A primeira parte irá cuidar do desenho jurídico do ICMS-Importação na legislação constitucional. Em seguida, será abordada a composição mista de despesas integrantes da base de cálculo do ICMS-Importação, destacando, num primeiro momento, as despesas privadas que compõem o Valor Aduaneiro e são inseridas na Lei Kandir e, num segundo momento, as demais despesas devidas ao Estado, entre elas as despesas aduaneiras.

Nele será discutida a validade ou não da prática de os Fiscos Estaduais exigirem na base de cálculo do ICMS-Importação as despesas privadas decorrentes de serviços prestados após chegada da mercadoria.

Por fim, o décimo quinto capítulo, de minha autoria, com o título "A importância dos métodos adequados de solução de conflitos para a logística marítima e portuária", discorre sobre as possibilidades e limites do uso da arbitragem na solução de conflitos no transporte marítimo e na atividade portuária. A primeira parte aborda aspectos introdutórios da arbitragem e jurídicos da responsabilidade do transportador marítimo, bem como da arbitragem marítima, e a segunda parte trata da arbitragem portuária.

Em seguida, a terceira parte aborda o tema da possibilidade da arbitragem em questões que envolvem a administração pública que atua nos setores marítimo e portuário, por meio da discussão dos direitos disponíveis na arbitragem. No final, serão feitas algumas conclusões visando à difusão dos métodos adequados na infraestrutura demandada pela atividade aduaneira.

Conclusão

Após essa breve apresentação dos quinze capítulos do livro e do ambiente portuário, considerando-se o importante papel que a Aduana possui no desenvolvimento das nações e, por sua vez, da economia mundial, o objetivo da obra ora apresentada é contribuir para a eficiência do ambiente de negócios de comércio exterior. Não é uma tarefa fácil, tendo em vista a diversidade de agentes econômicos e órgãos reguladores, bem como interesses conflitantes. O equilíbrio deve ser a meta.

As disciplinas Direito Aduaneiro, Direito Tributário, Direito Marítimo e Direito Portuário, assim como Direito Regulatório possuem grande interdependência, em face das zonas comuns entre os seus objetos, todos subordinados à eficácia dos dispositivos da Constituição Federal, que serve como um importante filtro, tendo em vista o algo grau de transnacionalidade dos atores que prestam serviços no setor, especialmente os armadores estrangeiros.

Esse ambiente permite grande assimetria de informação, o que tem contribuído para condutas oportunistas, como a que se verifica na cobrança do THC (serviço de capatazia), facultada ao armador ou ao seu agente intermediário.

Ressaltamos, ainda, que esse livro decorre de produção do Programa de Mestrado e Doutorado em Ciência Jurídica da Universidade do Vale do Itajaí, onde, desde 2005, realizamos mais de treze congressos e seminários para discutir os problemas dos setores marítimo e portuário, assim como do controle aduaneiro no Brasil, que envolveram autoridades dos 1º e 2º escalões dos órgãos intervenientes na infraestrutura do comércio exterior, bem como especialistas do Brasil e do exterior.

Esses eventos realizados no PPCJ da Univali, em Itajaí, contaram com a presença de mais de 5.000 participantes e de 280 palestrantes de diversas entidades como STJ, Antaq, SEP (extinta), Universidades de Alicante (Espanha) e Perugia (Itália), Labtrans/UFSC, Cade, IMLI/IMO, Malta, Receita Federal, Abratec, ABTP, Abtra, Porto de Itajaí, Porto Itapoá, Portonave, APM-T, Appa, Porto de São Francisco do Sul, Porto de Imbituba, Porto de Santos, Syndarma, ABDM, OAB, Instituto Iberoamericano de Derecho Marítimo, Secex, MDIC, Polícia Federal, bem como os Cursos de Comércio Exterior, Logística, Relações Internacionais, Direito Aduaneiro e Comércio Exterior, e Gestão Portuária, dentre outros.

Nesse período, tivemos a oportunidade de palestrar e dar cursos sobre Direito Marítimo, Direito Portuário e Regulação da Infraestrutura de Transportes e Portos no EUA e Brasil, em diversos eventos no Brasil e no exterior, entre os quais *University of Macau*/China, Universidade

RESUMO DOS CAPÍTULOS | 33

Autônoma do México, *Harvard University* (*Center for Business and Government*) e *International Maritime Law Institute*, IMO/Malta.

Acrescentamos, ainda, que a produção docente e discente do PPCJ tem sido publicada em diversos livros, periódicos jurídicos e revistas do setor no Brasil e no exterior, entre as quais a *Oxford University Press (Shipping Law – vol. II)*, a *Revista Direito e Política* e a revista *Novos Estudos Jurídicos*, ambas do PPCJ, e a *Revista Direito Aduaneiro, Marítimo e Portuário*, editada pela IOB/Síntese/Sage, bimensal, cujo volume 1 é de mar./abr. 2011, da qual fazemos parte do Conselho Editorial.

Devemos mencionar que no livro há uma preocupação constante com o déficit institucional existente na regulação do setor, que não é somente da Antaq, mas de outras instituições, como Autoridade Aduaneira, Autoridade Portuária, Congresso Nacional, Ministério Público e Poder Judiciário.

Dessa forma, esperamos que essa obra lance novas luzes sobre a temática aduaneira, por meio das suas interfaces com o transporte marítimo e os serviços portuários.

É preciso, enfim, inovar, para desenvolvermos um modelo de engenharia institucional, com forte incentivo do direito como *dever-ser*, para melhorar o desembaraço da carga na importação ou na exportação e, por sua vez, conduzir o Direito Aduaneiro brasileiro à juridicidade que merece.

Porto de Itajaí, Santa Catarina, primavera de 2020.

Osvaldo Agripino de Castro Junior
Advogado

PARTE I

DIREITO ADUANEIRO

O ACORDO SOBRE A FACILITAÇÃO DO COMÉRCIO E SEU IMPACTO NA LEGISLAÇÃO ADUANEIRA BRASILEIRA

ROSALDO TREVISAN

Introdução

O Acordo sobre a Facilitação do Comércio (AFC), da Organização Mundial do Comércio (OMC), adotado pelos seus membros, em Bali, em dezembro de 2013, e que entrou em vigor internacional em 22.02.2017, representa o conteúdo mais relevante que foi possível harmonizar multilateralmente, em matéria de comércio internacional, nesta década. Sua aprovação, no Brasil, mediante assentimento parlamentar, deu-se pelo Decreto Legislativo nº 1, de 04.03.2016, sendo depositado pelo governo brasileiro junto à OMC o instrumento de ratificação em 20.04.2016, com posterior promulgação do texto, pelo Poder Executivo, por meio do Decreto nº 9.326, de 03.04.2018.

No presente estudo, analisa-se o processo que levou à adoção de tal avença e seus antecedentes, que remontam ao próprio Acordo Geral sobre Tarifas Aduaneiras e Comércio (GATT), de 1947, "nave-mãe" de todos os acordos sobre mercadorias da OMC, e se detalha a influência do cenário histórico de barreiras ao comércio e a contribuição de outras organizações internacionais no texto final e na metodologia adotada para confecção do acordo.

A estrutura do texto do AFC, com seus 24 artigos, é didaticamente repartida em temas dispositivos/substantivos (artigos 1º a 12), nos quais é nítida a influência da Convenção de Quioto Revisada, da Organização Mundial das Aduanas (OMA), e temas procedimentais/adjetivos (artigos 13 a 24), nos quais a OMC inaugura uma nova forma de tratar de forma desigual afirmativa os seus membros desiguais (desenvolvidos, em desenvolvimento, e de menor desenvolvimento relativo).

Após a identificação dos principais temas presentes no AFC, verifica-se, à luz de fundamentos constitucionais, a regularidade de sua incorporação ao ordenamento jurídico brasileiro, e como seu texto impacta, hierarquicamente, na estrutura normativa brasileira, passando-se, posteriormente, a discutir como a legislação aduaneira brasileira, especificamente, já vem recepcionando os institutos do AFC ao longo da última década, ainda antes de sua formal incorporação.

Por fim, busca-se dar alguns passos para subsidiar a avaliação de eventos que ainda estão por ocorrer, em relação à implementação do AFC, nos âmbitos nacional, com a interpretação do acordo pela Aduana e pelos demais órgãos da Administração, e internacional, com a eventual submissão de casos ao Órgão de Solução de Controvérsias, da OMC.

Em síntese, objetiva-se apresentar, em termos gerais, as origens, a estrutura e as principais disposições do pouco explorado AFC, e identificar de que forma seu advento deve impactar o ordenamento internacional, e, mais objetivamente, a legislação aduaneira brasileira.

1 Do GATT à Rodada Uruguai: breves considerações sobre livre comércio e protecionismo

Embora já houvesse iniciativas de acordos comerciais internacionais buscando disciplinar ações uniformes em prol do livre comércio, a história da regulação internacional do comércio começa, efetivamente, no pós-guerra, em 1947, com o Acordo Geral sobre Tarifas Aduaneiras e Comércio ("*General Agreement on Tariffs and Trade*" – GATT).[1]

---

[1] Há precedentes de acordos na Idade Média, como a Liga Hanseática, e de uma *Lex Mercatoria*, posteriormente incorporada na Inglaterra por Lord Mansfield nos anos 1700, além do Tratado de Utrecht (1713), que pode ser descrito como precursor do GATT, cabendo ainda mencionar os tratados para "Criação de uma União Internacional para Publicação de Tarifas Aduaneiras" (1890) e a "Conferência Internacional sobre Formalidades Aduaneiras", organizada pela Liga das Nações, em 1923 (JACKSON, John Howard. *The World Trading System*: Law and Policy of International Economic Relations. 2. ed. *Cambridge*: MIT, 1997, p. 35). O Brasil, inclusive, já participava de alguns desses acordos temáticos aduaneiros, *v.g.*, das Convenções sobre a publicidade de Leis, Decretos e Regulamentos Aduaneiros, e sobre a Uniformidade de

Mas a história do GATT inicia, de fato, em fevereiro de 1945, quando o presidente norte-americano Franklin D. Roosevelt, em mensagem ao Congresso Nacional, declarou que os acordos celebrados em Bretton Woods, que criaram o Fundo Monetário Internacional e um Banco Internacional de Reconstrução e Desenvolvimento, que depois evoluiu para a estrutura do Banco Mundial, deveriam ser complementados com a elaboração de um acordo internacional sobre a redução de obstáculos aos intercâmbios, tendo os Estados Unidos submetido a seus aliados, ao final do mesmo ano, proposições para a expansão do comércio mundial e do emprego, que acabaram tomando a forma de um projeto de "Carta para uma Organização Internacional do Comércio" (*"International Trade Organization"* – ITO).[2]

Percebendo a dificuldade de criação de uma organização internacional, diante do cenário que se desenhava, com a discutível dimensão do mandato de negociação dos Estados Unidos, foram abertas outras frentes de trabalho, paralelas às preparatórias da convenção, com reuniões em Genebra, em abril de 1947, desmembrando-se os temas em três (criação da ITO, negociação de um acordo multilateral para reduções tarifárias recíprocas, e esboço de "cláusulas gerais" de obrigações relativas a tarifas e medidas restritivas ao comércio). Diante da falta de consenso apenas em relação ao primeiro tema, os demais, que figuravam, basicamente, no Capítulo IV da "Carta de Havana", e

---

Nomenclatura para a Classificação de Mercadorias, assinadas em Santiago, em 03.05.1923, e incorporadas ao nosso ordenamento jurídico, respectivamente, pelos Decretos nº 4.808, de 12.01.1924, e nº 4.842-A, de 31.07.1924, e da Convenção Internacional para a Simplificação das Formalidades Aduaneiras, com seu Protocolo, assinada em Genebra, em 03.11.1923, e promulgada pelo Decreto nº 18.850, de 16.07.1929 (TREVISAN, Rosaldo. Direito Aduaneiro no Brasil: a hora e a vez da internacionalização. *In*: TREVISAN, Rosaldo (org.). *Temas atuais de Direito Aduaneiro II*. São Paulo: Lex, 2015, p. 27). No Brasil, o termo *"Tariff"*, constante no título do GATT, em inglês, foi traduzido como "Tarifa Aduaneira", pela Lei nº 313, de 30.07.1948. Sobre a amplitude do termo "tarifa", no Brasil e internacionalmente, remeta-se a: TREVISAN, Rosaldo. *O Imposto de Importação e o Direito Aduaneiro Internacional*. São Paulo: Aduaneiras/LEX. 2017, p. 55-58.

[2] BASALDÚA, Ricardo Xavier. *La Organización Mundial del Comercio y la regulación del comercio internacional*. 2. ed. Buenos Aires: Abeledo-Perrot, 2013, p. 13. Com o falecimento de Roosevelt, o presidente Harry S. Truman, em julho de 1945, recebeu autorização do Congresso para negociar um acordo para reduções recíprocas de tarifas. No entanto, as negociações tomaram proporção mais ampla, que acabou culminando em convocação de conferência, por resolução do Comitê Econômico e Social das Nações Unidas (UN-ECOSOC), na qual se estabeleceria uma "Organização Internacional do Comércio". Para organizar a conferência ("Conferência Mundial sobre Comércio e Emprego"), que acabou sendo realizada em Havana, de 21.11.1947 a 24.03.1948, foi criada comissão preparatória, que se reuniu em Londres, de outubro a novembro de 1946, e em Genebra, de abril a novembro de 1947 (VAN DEN BOSSCHE, Peter. *The Law and Policy of the World Trade Organization*: texts, cases and materials. New York: Cambridge University, 2005, p. 79).

passariam a compor o GATT/1947, estavam em patamar avançado, a ponto de serem acordados na Segunda Sessão da Comissão Preparatória da Conferência das Nações Unidas sobre Comércio e Emprego, em Lake Sucess/Nova Iorque, em 30.10.1947.[3]

Nesse cenário, chegou-se ao GATT, em 1947, com 23 partes contratantes, e com um conjunto de relevantes normas sobre o comércio e cerca de 45.000 concessões tarifárias, que afetavam aproximadamente um quinto – cerca de US$10 bilhões – do comércio mundial, em vigor a partir de 1948.[4]

A ausência de criação de uma verdadeira e formal "Organização Internacional do Comércio", no entanto, não impediu que o GATT acabasse cumprindo, "de fato" – ainda que sem personalidade jurídica própria, pois era um simples acordo e não uma entidade – algumas funções que seriam inerentes a tal entidade, como o fornecimento de bases para as rodadas de negociação comercial internacional até a criação da OMC, em 1995.[5]

---

[3] BASALDÚA, Ricardo Xavier. *La Organización Mundial...*, *op. cit.*, p. 13-15; VAN DEN BOSSCHE, Peter. *The Law and Policy...*, *op. cit.*, p. 79. JACKSON narra ainda que o parlamento norte-americano entendeu que a autorização do congresso, dada aos negociadores, em 1945, não era para instituir uma organização internacional, mas somente para realizar acordos para reduzir tarifas e outras restrições ao comércio (*The World Trading...*, *op. cit.*, p. 37). A agenda da conferência de Londres, em 1946, está disponível em: https://www. wto.org/english/docs_e/gattdocs_e.htm. E a "Carta de Havana", com seus nove capítulos, e 106 artigos e 16 anexos – sendo o Capítulo IV, que trata de "Política Comercial", o mais relevante para inspirar o GATT – está disponível em: https://www.wto.org/spanish/docs_s/ legal_s/prewto_legal_s.htm. Todos os acessos em: 22 mar. 2019.

[4] Disponível em: https://www.wto.org/spanish/thewto_s/whatis_s/tif_s/fact4_s.htm. Acesso em: 22 mar. 2019. As 23 partes contratantes foram: Austrália, Bélgica, Birmânia, Brasil, Canadá, Ceilão, Chile, China, Cuba, Estados Unidos, França, Índia, Líbano, Luxemburgo, Noruega, Nova Zelândia, Países Baixos, Paquistão, Reino Unido, Rodésia do Sul, Síria, Tchecoslováquia e União Sul-africana. E, para que fosse possível e imediata acolhida do acordo, minimizando as resistências, uma significativa flexibilização teve ainda que ser feita: pelo "Protocolo de Aplicação Provisória do GATT" – "*PPA-Protocol of Provisional Aplication*": as Partes I, que trata da "Cláusula da Nação Mais Favorecida" e das concessões (Arts. I e II), e III (Arts. XXIV em diante), sobre disposições procedimentais do acordo, seriam imediatamente aplicáveis, enquanto que a Parte II (Arts. III a XXIII), com a maioria das disposições substanciais, seria aplicável apenas se fosse "*... compatível com a legislação em vigor...*" nas Partes Contratantes. Tal disposição ficou conhecida como cláusula/direitos "do Avô" – "*Grandfather rights*"/"*Grandfather clause*" – e subsistiu, assim como o PPA, até a criação da OMC (VAN DEN BOSSCHE, Peter. *The Law and Policy...*, *op. cit.*, p. 80; JACKSON, John Howard. *The World Trading...*, *op. cit.*, p. 40-41; BASALDÚA, Ricardo Xavier. *La Organización Mundial...*, *op. cit.*, p. 141-144; e THORSTENSEN, Vera. *Organização Mundial do Comércio: As regras do Comércio Internacional e a Nova Rodada de Negociações Multilaterais*. São Paulo: Aduaneiras, 2009, p. 36).

[5] VAN DEN BOSSCHE, Peter. *The Law and Policy...*, *op. cit.*, p. 81; JACKSON, John Howard. *The World Trading...*, *op. cit.*, p. 42; BASALDÚA, Ricardo Xavier. *La Organización Mundial...*, *op. cit.*, p. 19; THORSTENSEN, Vera. *Organização Mundial...*, *op. cit.*, p. 30; MAVROIDIS, Petros C. *The Genesis of the GATT Summary, In:* HORN, Henrik HORN; MAVROIDIS, Petros

A estrutura do GATT/1947 permite a clara visualização de sua ambiciosa (principalmente para a época) amplitude. Seus pilares estão fincados já nos artigos iniciais, tratando o primeiro da "Nação mais Favorecida" (NMF), o segundo, das "Listas de Concessões", e o terceiro, do "Tratamento Nacional" (TN).[6]

As "Listas de Concessões", responsáveis pela liberalização progressiva do comércio, e protagonistas nas primeiras cinco rodadas de negociação do GATT, essencialmente tarifárias, logo teriam que ser acompanhadas do aprofundamento da disciplina de temas não tarifários, já presentes em outros artigos do GATT, em função do aprimoramento das técnicas protecionistas, que já não se resumiam a tarifas, principalmente a partir da década de 60 do século passado, e de novos temas, ligados ao conflito de interesses entre países desenvolvidos e em desenvolvimento, que ainda seriam acrescentados ao GATT, em "Protocolo de Emenda" (Parte IV, sobre Comércio e Desenvolvimento), durante a sexta rodada de negociações.[7]

C. *Legal and Economic Principles of World Trade Law*. New York: Cambridge University, 2013, p. 3; MARCEAU, Gabrielle; PORGES, Amelia; BAKER, Daniel Ari. *Introduction and Overview. In*: MARCEAU, Gabrielle (dir.). *A History of Law and Lawyers in the GATT/WTO – The Development of the Rule of Law in the Multilateral Trading System. Cambridge*: Cambridge University, 2015, p. 8-9.

[6] Os Artigos I e III garantem a não discriminação. O primeiro (NMF) estabelece que cada uma das Partes Contratantes do GATT concede às demais, imediata e incondicionalmente, qualquer vantagem eventualmente acordada, *v.g.*, com apenas uma Parte Contratante (não discriminação entre Estados); e o terceiro (TN), que os produtos originários de qualquer Parte Contratante importados no território de qualquer outra Parte Contratante gozarão de tratamento não menos favorável que o concedido a produtos similares de origem nacional (não discriminação entre produtos). Para melhor detalhamento de tais artigos, remetemos a: JACKSON, John Howard. *The World Trading...*, *op. cit.*, p. 157-173, e 213-228; VAN DEN BOSSCHE, Peter. *The Law and Policy...*, *op. cit.*, p. 309-318, e 326-365; BASALDÚA, Ricardo Xavier. *La Organización Mundial...*, *op. cit.*, p. 62-79; TREVISAN, Rosaldo. *O Imposto de Importação e o Direito...*, *op. cit.*, p. 90-95; e IBARRA PARDO, Gabriel. *Las grandes controversias del multilateralismo*: crisis del principio de la nación más favorecida, distorsiones de la competencia y temas ambientales. Bogotá: Legis, 2018, p. 1-54.

[7] As cinco rodadas iniciais de negociação do GATT ocorreram em Genebra (1947), Annecy (1949), Torquay (1951), repetindo-se em Genebra (em 1956 e 1960-61). No que se refere ao chamado "neoprotecionismo", caracteriza-se pela utilização de formas mais sofisticadas de proteção não tarifária, ainda que sejam empregadas com o mesmo fim das medidas protecionistas tradicionais, tarifárias (PRAZERES, Tatiana. *Comércio Internacional e Protecionismo: as barreiras técnicas na OMC*. São Paulo: Aduaneiras, 2003, p. 66). Na mesma linha: BARRAL, Welber. Protecionismo e neoprotecionismo no comércio internacional. *In*: BARRAL, Welber (org.). *O Brasil e o Protecionismo*. São Paulo: Aduaneiras, 2002, p. 13-38. E, sobre o tratamento especial que passou a ser dispensado a países em desenvolvimento, mormente em função do ativismo da "Conferência das Nações Unidas sobre Comércio e Desenvolvimento"/*United Nations Conference on Trade and Development*" (UNCTAD), e de seu primeiro Secretário-Geral, Raúl Prebisch, que comandaram substancial pressão internacional sobre o GATT, buscando (diga-se, com sucesso) estabelecer regras que contemplassem

OSVALDO AGRIPINO DE CASTRO JUNIOR [Coord.]
CONSTITUIÇÃO, TRIBUTAÇÃO E ADUANA NO TRANSPORTE MARÍTIMO E NA ATIVIDADE PORTUÁRIA

No novo cenário, que norteou a sétima rodada de negociações (Rodada Tóquio – 1973/1979), havia preocupação crescente com medidas protecionistas não tarifárias, e em contemplar tratamento especial e diferenciado em benefício de países em desenvolvimento. Novo mundo, nova realidade, novas regras.

No entanto, as "novas regras", em geral, consistiam em regulações mais detalhadas dos temas já presentes no texto do GATT/1947 (*v.g.*, os "Códigos" sobre Subsídios e Medidas Compensatórias, e sobre Medidas *Antidumping*, eram, mormente, regulamentos ao Artigo VI do GATT, e o "Código" sobre Valoração Aduaneira era assumidamente para implementação do Artigo VII do GATT), sempre contemplando ações afirmativas (medidas especiais e diferenciadas, em geral ligadas à postergação de prazos de implementação) para países em desenvolvimento.[8]

A revolucionária Rodada Uruguai do GATT (1986/1994), na qual se realiza o desejo reprimido por cinquenta anos, de criar uma "Organização Mundial do Comércio" (OMC), trata de uma variada gama de temas relativos a mercadorias (*v.g.*, licenças de importação, barreiras técnicas, medidas sanitárias e fitossanitárias, regras de origem, e salvaguardas, este em regulamentação ao Art. XIX do GATT), e ainda inclui serviços e propriedade intelectual, além de estabelecer um mecanismo de solução de controvérsias vinculante para os membros, e uma sistemática de negociação que faz com que todos os acordos multilaterais sejam obrigatórios para todos os membros.[9]

E o que restou conhecido como "GATT/1994" nada mais é do que o próprio GATT/1947, basicamente acrescido das disposições que tenham entrado em vigor sob o GATT/1947, antes de 1995 (exceto o Protocolo de Aplicação Provisória, "sepultado"), e de entendimentos relacionados entre os resultados da Rodada Uruguai, consolidados na chamada Ata de Marraqueche, de 15.04.1994. Por isso, podemos remeter

---

tratamento especial e diferenciado em favor de países em desenvolvimento, remetemos a TREVISAN, Rosaldo. *O Imposto de Importação e o Direito...*, *op. cit.*, p. 106-111.

[8] Sobre a Rodada Tóquio de negociações comerciais, remetemos a: JACKSON, John Howard. *The World Trading...*, *op. cit.*, p. 43; VAN DEN BOSSCHE, Peter. *The Law and Policy...*, *op. cit.*, p. 82; BASALDÚA, Ricardo Xavier. *La Organización Mundial...*, *op. cit.*, p. 103-104; e TREVISAN, Rosaldo. *O Imposto de Importação e o Direito...*, *op. cit.*, p. 111-113.

[9] Sobre a Rodada Uruguai de negociações comerciais, e a estrutura e o funcionamento da OMC, remetemos a: JACKSON, John Howard. *The World Trading...*, *op. cit.*, p. 44-73; VAN DEN BOSSCHE, Peter. *The Law and Policy...*, *op. cit.*, p. 83-171; BASALDÚA, Ricardo Xavier. *La Organización Mundial...*, *op. cit.*, p. 19 e 25-58; THORSTENSEN, Vera. *Organização Mundial...*, *op. cit.*, p. 38-53; e TREVISAN, Rosaldo. *O Imposto de Importação e o Direito...*, *op. cit.*, p. 123-131.

as regulamentações (como as que aqui aprofundaremos, dos Artigos V, VIII e X, afetos ao tema da "facilitação do comércio") simplesmente aos artigos do GATT.

2 A era OMC e seu principal fruto: o AFC

A OMC, organização multilateral que passou a operar em 1995, com personalidade jurídica própria, apresenta, em sua estrutura, entre outros órgãos, uma Conferência Ministerial (CM), composta por representantes de todos os Membros, e que se reunirá ao menos uma vez cada dois anos, como órgão máximo decisório, com faculdade de adotar decisões sobre todos os assuntos compreendidos no âmbito de qualquer dos Acordos Comerciais Multilaterais, e um Conselho Geral (CG), também composto por representantes de todos os Membros, que se reunirá, quando cabível, desempenhando as funções da CM nos intervalos entre suas reuniões, e as funções do Órgão de Solução de Controvérsias, entre outros.[10]

Esses dois órgãos são importantíssimos para a tomada de decisões no âmbito da OMC, e as Conferências Ministeriais marcam, de fato, a cada dois anos, o que se pode (ou não) lograr de avanços nas negociações entre os Membros. E a primeira Conferência Ministerial, em Cingapura (1996), apesar de ter sido pouco significativa em termos de resultado, lançou a semente para a discussão do tema que será aqui explorado: a facilitação do comércio, expressamente mencionada no título do parágrafo 22 da Declaração Ministerial, mas ainda sem detalhamento.

Contudo, entre os documentos relacionados pelo CG para consideração na referida Conferência Ministerial, havia a proposta da comunidade europeia de "facilitação do comércio" (G/C/M/15, de novembro de 1996), da qual se extrai excerto que bem revela o que se entendia abrangido pela expressão "facilitação do comércio":

> No passado, muitos dos trabalhos eram voltados à redução de barreiras tarifárias e não tarifárias. Agora é hora de olhar para outra área que leva a significativos custos para a comunidade empresarial e para o consumidor. O custo decorrente do cumprimento das exigências oficiais para importação, exportação e trânsito de mercadorias podem, com frequência, exceder consideravelmente os direitos tarifários. Esta delegação propõe, pois, que a questão da "facilitação do comércio" seja

---

[10] Artigo IV do Acordo Constitutivo da OMC.

endereçada ao Conselho e receba sugestões específicas nesse contexto. Esta delegação tem conhecimento de que trabalhos na área têm sido efetuados em diversas organizações internacionais, em particular a Organização Mundial das Aduanas (OMA). (...) Um item que mereceria atenção é a questão da modernização da Convenção de Quioto para simplificação e harmonização de procedimentos aduaneiros. Com base no relatório, o Conselho poderia decidir se há margem para uma possível codificação a ser desenvolvida na OMC na área de facilitação do comércio."[11]

Percebe-se, assim, que a "facilitação do comércio", nesse contexto, está intimamente ligada à diminuição da burocracia nas atividades aduaneiras, com simplificação de procedimentos, e que a OMA, e sua Convenção de Quioto (que já estava em processo de modernização, que durou de 1995 a 1999, resultando na chamada "Convenção de Quioto Revisada", sobre a qual trataremos no tópico 3 deste estudo) poderiam ajudar nos trabalhos de uma futura regulação do tema, no âmbito da OMC.[12]

Se o paulatino estrangulamento das barreiras tarifárias fez surgir um "neoprotecionismo", não tarifário, calcado em regras técnicas, sanitárias, medidas de licenciamento e outros, o gradativo combate a tais práticas "neoprotecionistas", aliado à redução das tarifas, fez aparecer um custo que era costumeiramente marginalizado nas análises das operações de comércio exterior: o das exigências governamentais e da burocracia necessária à concretização de importações, exportações e trânsitos de mercadorias, e que passa a ser tratado sob a denominação de "facilitação do comércio".

Na Conferência Ministerial de Genebra, em maio de 1998, o tema da facilitação do comércio não foi expressamente mencionado

---

[11] G/C/M/15, de novembro de 1996 – excertos (tradução livre). O texto original, em inglês, está disponível em: https://www.wto.org/english/thewto_e/minist_e/minist_e.htm. Acesso em: 22 mar. 2019.

[12] Entendemos a "facilitação do comércio" como um conjunto de medidas utilizadas com a finalidade de tornar o comércio entre países mais acessível, visando a uma variedade de esforços para reduzir os custos de comércio transfronteiriço (FERNANDES, Rodrigo Mineiro; MORINI, Cristiano; MACHADO, Luiz Henrique Travassos; TREVISAN, Rosaldo. A Linha Azul no Brasil: diagnóstico e desafios. *Cadernos de Finanças Públicas*, Brasília, Escola de Administração Fazendária, n. 13, dez. 2013, p. 46). Como registra COELHO, a facilitação do comércio vem sendo reduzida ultimamente, de certo modo, a seus aspectos de cunho aduaneiro, citando Hohmann e Staples, a despeito da existência de empregos da expressão com maior abrangência, incluindo todas as barreiras não tarifárias (COELHO, Flávio José Passos. *Facilitação comercial*: desafio para uma Aduana moderna. São Paulo: Aduaneiras, 2008, p. 32).

na Declaração Ministerial.[13] E, na Conferência Ministerial de Seattle, ao final de 1999, pouco se avançou, e sequer foi possível iniciar o que seria denominado de "Rodada do Milênio".[14]

A nova rodada de negociações foi oficialmente convocada somente em 2001, na Conferência Ministerial de Doha/Catar, e denominada de "Rodada Doha", estabelecendo-se um programa de trabalho, com vários temas de negociação, entre os quais a "facilitação do comércio". A Declaração Ministerial de Doha, em seu parágrafo 27, tratou explicitamente da facilitação do comércio, estabelecendo que as negociações teriam lugar após a quinta sessão da Conferência Ministerial, e que até lá o Conselho de Comércio de Mercadorias deveria revisar, clarificar e melhorar aspectos relevantes dos Artigos V, VIII e X do GATT, e identificar necessidades e prioridades dos membros em matéria de facilitação do comércio, especialmente daqueles em desenvolvimento

---

[13] No entanto, estava presente (por quatro vezes) em Declaração da OMA, observadora no evento, representada pelo Secretário-Geral James W. Shaver, que informou que os trabalhos de revisão da Convenção de Quioto deveriam estar concluídos em 1999, o que, de fato, ocorreu. A Declaração está disponível em: https://www.wto.org/english/thewto_e/minist_e/ minist_e.htm. Acesso em: 22 mar. 2019.

[14] Foi, em verdade, o "'bug' do milênio", na OMC. Como registra BASALDÚA, sequer se obteve consenso para a aprovação de uma Declaração Ministerial, em Seattle, tendo sido, inclusive, o início da reunião suspenso, em função de diversas manifestações de organizações não governamentais, que chegaram a adquirir certo grau de violência (BASALDÚA, Ricardo Xavier. *La Organización Mundial...*, *op. cit.*, p. 111). No entanto, também em Seattle houve informe disponibilizado a respeito de estudos da UNCTAD que estimariam que as operações aduaneiras envolvem, em média, de 20 a 30 operadores, 40 documentos, pelo menos 200 dados (muitos deles repetidos nos diversos documentos), e de estudos no âmbito da APEC (Cooperação Econômica da Ásia e do Pacífico – "*Asia-Pacific Economic Cooperation*"), de que os ganhos esperados com os programas de facilitação do comércio representariam de 1 a 2% dos preços de importação nos países em desenvolvimento da região. No mesmo documento, denominado de "*Cutting red tape at the border*", que poderia ser livremente traduzido como "Eliminando a burocracia nas fronteiras", já se assinalava o posicionamento de diferentes grupos de países em relação ao tema, um composto por delegações favoráveis a um acordo da OMC sobre o tema, e outro questionando a necessidade de tal acordo, que, em seu entender, somente aumentaria ainda mais os encargos de implementação para países em desenvolvimento, que carecem de recursos para modernizar suas Aduanas (Disponível em: https://www.wto.org/english/thewto_e/ minist_e/minist_e.htm). A discordância de posicionamento entre os diferentes grupos de países é também destacada por: THORSTENSEN, Vera. *Organização Mundial...*, *op. cit.*, p. 350-351; e NEUFELD, Nora. *The long and winding road:* how WTO members finally reached a Trade Facilitation Agreement, p. 4 (Disponível em: https://www.wto.org/english/ res_e/reser_e/ersd201406_e.pdf), esta identificando como defensores da proposta por um acordo de facilitação do comércio o "*Colorado Group*", assim apelidado por ter realizado sua primeira reunião no Escritório do USTR, em Genebra, em sala que guardaria uma imagem do Colorado. Ambos os acessos em: 22 mar. 2019. BONET detalha a composição dos diversos grupos e o protagonismo do "Grupo Colorado" (BONET, Marta. Facilitación de comercio. *In*: MATUS BAEZA, Mario; UNGER, Mark (Ed.). *Derecho de la Organización Mundial del Comercio (OMC)*. Bogotá: Universidad Externado de Colombia, 2016, p. 988).

ou de menor desenvolvimento relativo, comprometendo-se a assegurar apoio e capacitação na área.[15]

Identificados, assim, os três artigos do GATT a serem regulamentados em um acordo sobre "facilitação do comércio" no âmbito da OMC: Art. V (sobre "Liberdade de Trânsito" – de passagem),[16] Art. VIII (sobre "Direitos, Encargos e Formalidades de importação/exportação")[17] e Art. X (sobre "Transparência"/Publicidade).[18]

Na quinta Conferência Ministerial, em Cancun/México, de 10 a 14.09.2003, que terminou sem consenso em relação aos chamados "temas de Cingapura", a minuta de declaração ministerial apresentou também um parágrafo (17) sobre facilitação do comércio, no qual decidia por iniciar as negociações com base no Anexo "E" do documento, que não ia substancialmente além do que já havia sido acordado em Doha, mas apontava para o estabelecimento, pelo Comitê de Comércio de Mercadorias, de um Grupo sobre Facilitação do Comércio.[19]

---

[15] O texto da Declaração Ministerial de Doha está disponível em: https://www.wto.org/english/thewto_e/minist_e/minist_e.htm. Acesso em: 22 mar. 2019.

[16] O artigo V do GATT, intitulado de "Liberdade de Trânsito", trata, em verdade, sobre a livre passagem sobre o território aduaneiro de mercadoria procedente de e destinada a outros territórios – o que se conhece, nas Aduanas, por trânsito de passagem. Tal artigo corresponde, com adaptações, ao Artigo 33 da Carta de Havana, e foi inspirado na Convenção de Barcelona sobre Liberdade de Trânsito, de 20.04.1921.

[17] O Artigo VIII do GATT, intitulado de "Direitos, Encargos e Formalidades de importação/exportação", trata não só da conformidade do valor das taxas aos serviços prestados, e da limitação de taxas e encargos, mas também da proporcionalidade na aplicação de penalidades.

[18] O Artigo X do GATT, intitulado de "Publicação e Aplicação dos Regulamentos Relativos ao Comércio", versa sobre temas afetos à previsibilidade, ao contraditório e à segurança jurídica, como a necessidade de publicação de normas, e o direito de recurso.

[19] O texto da Declaração Ministerial de Cancun está disponível em: https://www.wto.org/english/thewto_e/minist_e/minist_e.htm. Ainda em outubro de 2004, o Comitê estabeleceu o Grupo de Negociação sobre Facilitação do Comércio (GNFC), que se reuniu pela primeira vez em 15.11.2004, em Genebra, sob a presidência de Muhamad Noor Yacob, da Malásia, acordando-se minutas de plano de trabalho e agenda. Já no segundo encontro, dias depois, em 22 e 23.11.2014, percebia-se que os estudos em relação aos Artigos V, VIII e X do GATT haviam iniciado, ainda que de forma embrionária. Em tal ocasião, a OMA apresentou ao grupo seus principais instrumentos a serviço da facilitação do comércio, como a Convenção de Quioto Revisada – que ainda não havia entrado em vigor, por não ter sido atingido o *quorum* de 40 signatários – e práticas de vanguarda, à época, como uso intensivo da tecnologia da informação, guichê único (*single window*), gestão de risco, estudo sobre tempos médios de liberação, gestão integrada de fronteiras, cooperação entre organismos, fortalecimento de capacidades (*capacity building*), e tratamento diferenciado e célere para operadores autorizados, com histórico de cumprimento de obrigações aduaneiras. Parecia antever o órgão técnico aduaneiro que a integralidade de tais sugestões seria acolhida no Acordo sobre a Facilitação do Comércio da OMC. As minutas referentes às 53 reuniões do Grupo de Negociação sobre Facilitação do Comércio estão disponíveis no sítio eletrônico da OMA, em https://docs.wto.org/dol2fe/Pages/FE_Browse/FE_B_009.aspx?TopLevel=8681#/. Ambos os acessos em 22 mar. 2019.

Antes da sexta conferência, em meados de julho de 2004, diante das dificuldades em seguir adiante no tema da facilitação do comércio, por falta de um mandato claro, e de consenso entre países desenvolvidos e em desenvolvimento sobre a necessidade de normas vinculantes, optou-se por uma estratégia diferente, buscando consenso no Conselho Geral, para depois levar a questão à Conferência Ministerial, elaborando-se uma minuta negociada de programa para implementação dos temas da Rodada Doha (conhecido como "Pacote de Julho" – *"July Package"*), entre os quais a facilitação do comércio, tratada no item 1.(g) e no Anexo "D" (itens 1 a 10) da Decisão do Conselho, contemplando expressamente assistência técnica e apoio para fortalecimento de capacidades a países em desenvolvimento e de menor desenvolvimento relativo.[20]

Retomadas efetivamente as negociações, os membros passaram a apresentar suas propostas, sendo recebidas mais de 50 somente no primeiro ano, começando-se pelo tema considerado mais "fácil" (Art. X, referente à publicidade/transparência), seguindo para o Art. VIII (meses depois) e para o Art. V (em cerca de um ano). E a Conferência Ministerial de Hong Kong, de 11 a 13.12.2005, marcou uma nova preocupação, diante do excesso de propostas em debate: a busca de um termo para a conclusão das negociações.[21]

Logo após a sétima Conferência Ministerial, em Genebra, de 30/11 a 02.12.2009, que não foi uma sessão de negociação, mas uma "plataforma para que os ministros revisassem o funcionamento da casa", como afirmou o então Diretor-Geral, Pascal Lamy, já se tinha uma primeira versão de "Minuta Consolidada do Texto Negociado" (TN/TF/W/165, de 14.12.2009), que, em seus 16 artigos, apresentava, praticamente, todos

---

[20] O texto da Decisão adotada pelo Conselho Geral em julho de 2004 está disponível em: https://www.wto.org/english/tratop_e/dda_e/draft_text_gc_dg_31july04_e.htm. Acesso em: 22 mar. 2019. No documento se reconhece, possivelmente para contornar os obstáculos impostos por países em desenvolvimento e de menor desenvolvimento relativo, que "a provisão de assistência técnica e apoio para fortalecimento de capacidades é vital para os países em desenvolvimento e de menor desenvolvimento relativo, para que possam participar plenamente e se beneficiar das negociações", e que os países desenvolvidos, em especial, "comprometem-se, portanto, a garantir adequadamente esse apoio e assistência durante as negociações", inclusive no que se refere a infraestrutura, contando, inclusive, com a participação de organizações internacionais (tradução livre do Anexo "D", item 5, e complementos dos itens 6 e 8).

[21] NEUFELD, Nora. *The long and winding...*, *op. cit.*, p. 9. No item 33 da Declaração Ministerial de Hong Kong, foi reafirmado o mandato do Grupo de Negociação instituído em 2004 (GNFC – que já havia se reunido onze vezes), com detalhamento no Anexo "E", onde se destacam a evolução das negociações (itens 1 a 4), a necessidade de continuidade e de contemplar os diferentes tipos de membros (itens 5 e 6), e os temas em debate (item 7). O texto da Declaração Ministerial de Hong Kong está disponível em: https://www.wto.org/english/thewto_e/minist_e/minist_e.htm. Acesso em: 22 mar. 2019.

os principais temas que viriam a compor materialmente o AFC, mas ainda continha 1704 "colchetes" (símbolos utilizados em negociações internacionais para textos ainda não acordados).[22] Em 27.03.2013, o documento TN/TF/W/165 já estava em sua 15ª Revisão, e ainda contava com 623 colchetes, e, mesmo depois de substancial empenho dos negociadores e de autoridades da OMC, a versão do GNFC que antecedeu a Conferência Ministerial de Bali (18ª revisão, de 23.10.2013), ainda contava com 371 colchetes, que foram reduzidos a 70, na preparatória, e totalmente retirados no texto final aprovado no chamado "Pacote de Bali" (*"Bali Package"*), em 07.12.2013.[23]

Depois de aprovado na nona Conferência Ministerial, em Bali, o AFC, primeiro acordo multilateral a ser adicionado ao Anexo 1-A (Acordos sobre Comércio de Mercadorias) do Acordo Constitutivo da OMC, mediante Protocolo de Emenda (conforme Decisão de 27.11.2014, do Conselho Geral), entrou em vigor em 22.02.2017, data em que ratificaram o texto dois terços dos membros (110, de 164) da OMC. Hoje, o AFC já conta com 153 ratificações, tendo sido a brasileira (72ª) efetuada em 29.03.2016.[24]

Em um cenário em que pouco se acreditava que os Acordos Multilaterais da Rodada Uruguai receberiam companhia, e que a Rodada Doha de Negociações Comerciais estava, aparentemente, fadada ao fracasso, o AFC logrou romper a estagnação, o que só foi possível, a nosso ver, por dois fatores, principalmente.

O primeiro se refere ao considerável consenso em relação à implementação de melhores práticas em matéria aduaneira, em função de já ter a OMA estabelecido estândares que operavam como meta para

---

[22] Considerações do Diretor-Geral da OMC, de 2005 a 2013, Pascal Lamy, disponíveis em: https://www.wto.org/english/thewto_e/minist_e/minist_e.htm. O documento TN/TF/W/165, em todas as suas versões/revisões, está disponível em inglês, francês e espanhol, em: https://docs.wto.org. Ambos os acessos em: 22 mar. 2019. O texto continha inicialmente 11 artigos com disposições normativas e 5 artigos procedimentais, já contemplando tratamento diferenciado (por categorias) a países em desenvolvimento e de menor desenvolvimento relativo. NEUFELD afirma que, devido à intensa participação, o número de colchetes acabou sendo elevado até um pico de 2200, antes de começar a ser reduzido (NEUFELD, Nora. *The long and winding...*, *op. cit.*, p. 10).

[23] Textos das diferentes versões do documento TN/TF/W/165 disponíveis em: https://docs.wto.org. Acesso em: 22 mar. 2019. NEUFELD conta como o empenho pessoal do Presidente do Grupo Negociação sobre Facilitação do Comércio, e de quatro amigos, permitiu fatiar o acordo em partes, com vistas a reduzir o número de colchetes, o que contou ainda com o apoio decisivo do próprio Diretor-Geral da OMC eleito em setembro/2013, o diplomata brasileiro Roberto Azevêdo (NEUFELD, Nora. *The long and winding...*, *op. cit.*, p. 10-11).

[24] A Lista Completa de Ratificações do AFC está disponível em: https://tfafacility.org/ratifications. Acesso em: 29 ago. 2020.

a comunidade aduaneira internacional, mesmo sem caráter vinculante. Sobre isso conversaremos no tópico 3, adiante.

E o segundo, a uma nova era de negociações comerciais que se iniciava entre países desenvolvidos e em desenvolvimento, ou de menor desenvolvimento relativo, onde as concessões não mais se restringiam apenas a prazos de implementação de medidas, mas a fornecimento de assistência técnica e apoio para fortalecimento de capacidades, inclusive condicionando os referidos prazos de implementação. Esse é o tema do tópico 4, na sequência.

3 Estrutura dispositiva do AFC: a influência da Convenção de Quioto Revisada, da OMA

O AFC, em sua Seção I, é composto por doze artigos, que buscam disciplinar, como exposto, as disposições dos Artigos V, VIII e X do GATT, e são assim intitulados, na tradução oficial para a língua portuguesa, no Brasil: Publicação de Disponibilidade da Informação (Art. 1), Oportunidade para formular comentários, informação antes da entrada em vigor e consultas (Art. 2), Soluções Antecipadas (Art. 3), Procedimentos de Recurso ou Revisão (Art. 4), Outras medidas para aumentar a imparcialidade, a não discriminação e a transparência (Art. 5), Disciplinas sobre taxas e encargos incidentes sobre a importação ou exportação, ou em conexão a estas, e sobre penalidades (Art. 6), Liberação e despacho aduaneiro de bens (Art. 7), Cooperação entre Órgãos de Fronteira (Art. 8), Circulação sob controle aduaneiro de bens destinados à importação (Art. 9), Formalidades relacionadas à importação, exportação e trânsito (art. 10), Liberdade de Trânsito (art. 11), e Cooperação Aduaneira (art. 12).[25]

Os temas enumerados são notoriamente pouco explorados pela OMC (em que pese já haver contenciosos sobre os citados Artigos

---

[25] O AFC, como os demais acordos no âmbito da OMC, é redigido nos seguintes idiomas autênticos: inglês, francês e espanhol. A tradução oficial para a língua portuguesa, no Brasil, deriva do Decreto Legislativo de aprovação (nº 1, de 04.03.2016, publicado no Diário do Senado Federal de 24.02.2016, p. 161 a 209) e consta no Decreto de promulgação (nº 9.326, de 03.04.2018, publicado no Diário Oficial da União de 04.04.2018, Seção I, p. 3 a 11). Para não alongar o presente estudo, não discutiremos as opções de tradução, no Brasil, deixando-as para futura jornada de maior envergadura, na qual se pretende também analisar mais detidamente cada dispositivo normativo do AFC. A numeração dos artigos, em respeito à adotada no AFC, é, aqui, transcrita em números cardinais.

V, VIII e X do GATT),[26] mas já figuram, em sua quase totalidade, há décadas, em acordos sob a batuta da Organização Mundial das Aduanas (OMA, nome adotado a partir de 1994 pelo Conselho de Cooperação Aduaneira/CCA).[27]

Sobressai, entre esses acordos, no âmbito da OMA, a Convenção de Quioto Revisada (CQR, apelido dado à "Convenção para Simplificação e Harmonização dos Regimes Aduaneiros", celebrada em 18.05.1973, e emendada em 26.06.1999, tendo entrado em vigor internacional, na versão revista, em 03.02.2006), constituindo a principal fonte inspiradora de grande parte das disposições dos artigos 1 a 12 do AFC.[28]

---

[26] No Índice Analítico encontrado no sítio *web* da OMC, podem ser encontrados contenciosos (já na era OMC) a respeito do Artigo V (*v.g.*, DS 366 – Panamá x Colômbia/restrições de portos de entrada), do Artigo VIII (*v.g.*, DS 56 – Estados Unidos x Argentina/medidas afetando importações de calçado, têxteis, roupas e outros artigos), e do Artigo X (*v.g.*, DS 394 – Estados Unidos x China/medidas relativas a exportação de diversas matérias-primas) do GATT. Disponível em: https://www.wto.org/english/res_e/publications_e/ai17_e/gatt1994_e.htm. Acesso em: 22 mar. 2019.

[27] A Convenção para Criação de um Conselho de Cooperação Aduaneira (CCA) foi assinada em Bruxelas, em 15.12.1950, por treze países, e entrou em vigor em 04.11.1952, data do depósito do sétimo instrumento de ratificação, sendo a sessão inaugural do CCA realizada em Bruxelas, em 26.01.1953, com a participação de 17 países europeus. Já em seus primeiros anos de vida, o CCA foi precursor na análise da valoração aduaneira, em sua "Convenção sobre Valoração de Mercadorias para Fins Aduaneiros", conhecida como "Definição de Valor de Bruxelas – DBV" (posteriormente superada pelo Acordo de Valoração Aduaneira). Ainda na década de setenta do século passado, o CCA já buscava a uniformização de regimes e procedimentos aduaneiros, com a Convenção de Quioto (que viria a ser revista de 1995 a 1999, como exposto no tópico 2 deste estudo). E, cerca de dez anos depois, já colocava em prática a linguagem oficial do comércio internacional, na "Convenção Internacional sobre o Sistema Harmonizado de Designação e Codificação de Mercadorias", rompendo a barreira dos diferentes idiomas do globo, estabelecendo classificação numérica que norteia, até os dias atuais, o comércio em todo o mundo. Com o advento da OMC, o CCA decidiu adotar o nome de fantasia de OMA (Organização Mundial das Aduanas). A OMA, assim, na época em que foi redigido o AFC, já detinha domínio técnico sobre as melhores práticas internacionais aduaneiras, que incentiva em suas ferramentas e instrumentos, e já havia propagado a seus membros tais práticas, em acordos, guias e estândares (TREVISAN, Rosaldo. *O Imposto de Importação e o Direito...*, *op. cit.*, p. 103-104, e 134-137). A OMA possui, hoje, 183 membros, tendo o Brasil depositado o instrumento de ratificação da convenção que instituiu o CCA, em 19.01.1981 (Disponível em: http://www.wcoomd.org/en/about-us/wco-members/membership.aspx. Acesso em: 22 mar. 2019).

[28] A CQR conta, hoje, com 122 membros (Disponível em: http://www.wcoomd.org/-/media/wco/public/global/pdf/about-us/legal-instruments/conventions-and-agreements), sendo o Brasil o último entre os 14 países com maiores Produtos Internos Brutos, e o último "BRIC" a integrar a convenção, em procedimento de adesão que tardou devido à lentidão nos trâmites burocráticos para adesão. O Brasil assumiu publicamente o compromisso de aderir à CQR em evento realizado em São Paulo, com a participação do Secretário-Geral da OMA, em 7-8.11.2011, e preparou minuta de adesão, traduzindo o texto da CQR (Corpo e Anexo Geral), indicando, inclusive, os Anexos Específicos para os quais manifestará adesão, tendo sido o texto analisado, posteriormente, pela Procuradoria da Fazenda Nacional, e enviado ao Congresso Nacional em 05.05.2016 (pelo Aviso nº 240, da Casa Civil – Mensagem/MSC nº 200). Em 18.06.2019, o Congresso Nacional aprovou o texto da CQR, por meio do Decreto

Aliás, o caráter complementar entre o AFC e a CQR, entre outros instrumentos da OMA, foi atestado, inclusive, pelo atual Secretário-Geral da OMA, Kunio Mikuriya, em 20.01.2014, em reunião com o então Diretor-Geral da OMC, Roberto Azevêdo, em Genebra, na qual foi acertada cooperação entre as organizações para implementação do AFC, cooperação essa que já se manifesta no Programa MERCATOR, adotado em junho de 2014, que tem a finalidade de preparar os membros da OMA na implementação do AFC, da OMC.[29]

O primeiro artigo do AFC, que trata, basicamente, da publicação de maneira não discriminatória e facilmente acessível, de procedimentos, formulários, taxas e encargos, e normas, em geral, se possível com utilização de Internet, e da disponibilização de centros de informação para responder a questionamentos em prazo razoável a ser fixado pelos membros, guarda especial correspondência com o Capítulo 9 do Anexo Geral (AG) da CQR, que trata da obtenção, sem dificuldade, de informações úteis (9.1), inclusive com emprego de tecnologia da informação (9.3).

O segundo artigo do AFC permite a participação na elaboração normativa, com oportunidade para que os operadores, em geral, apresentem comentários sobre propostas normativas, antes de sua entrada em vigor, estabelecendo ainda consultas regulares entre órgãos de fronteira e operadores, relacionando-se à previsão na CQR

Legislativo nº 56/2019, tendo o Brasil depositado o instrumento de ratificação junto à OMA em 5.9.2019, ocorrendo a promulgação em 13.03.2020, por meio do Decreto nº 10.276/2019 (Disponível em: http://www.planalto.gov.br/ccivil_03/_ato2019-2022/2020/decreto/D10276. htm). Sobre a comparação entre disposições da CQR e do AFC: WOLFFGANG, Hans-Michael; KAFEERO, Edward. *Legal thoughts on how to merge trade facilitation and safety and security, Memorias de la Reunión Mundial de Derecho Aduanero*: Bruselas, Academia Internacional de Derecho Aduanero, 2015, p. 158-160; e TREVISAN, Rosaldo. *O Imposto de Importação e o Direito...*, *op. cit.*, p. 136-137. CUÉLLAR traz ainda institutos do AFC que encontram relação com outros instrumentos da OMA (CUÉLLAR, Aníbal Uscátegui. *La* Organización Mundial de Aduanas y la facilitación del comercio legítimo. *In*: PARDO CARRERO, Germán (Coord.). *Acuerdos Comerciales y Aspectos Relacionados con el Comercio Exterior*. Bogotá: Universidad del Rosario, 2014, p. 562-577). Cabe salientar, em adição, que a CQR se encontra em novo processo de revisão, no âmbito da OMA, desde novembro de 2018 (Disponível em: http:// www.wcoomd.org/en/media/newsroom/2018/november/highlights-of-the-wco-global-conference-on-the-comprehensive-review-of-the-rkc.aspx). Todos os acessos em: 29 ago. 2020.

[29] Maiores informações referentes ao encontro disponíveis em: http://www.wcoomd.org/en/ media/newsroom/2014/january. O Programa MERCATOR é trabalhado em dois "caminhos", um geral ("*overall track*"), que consiste em em desenvolvimento de ferramentas e instrumentos (hoje cerca de 50) para a facilitação, que se somam à CQR, e são compilados em um Guia de Implementação para a Seção I (Artigos 1 a 12) do AFC, e outro específico ("*tailor-made track*"), que envolve missões de acompanhamento e de assistência em determinados temas relativos à Seção I do AFC, tendo sido realizadas, em 2 anos, 180 assistências técnicas, em mais de 70 países (Disponível em: http://www.wcoomd.org/-/media/wco/public/global/ pdf/topics/wto-atf/mercator-programme). Ambos os acessos em: 22 mar. 2019.

para difusão prévia de conteúdo de normas (AG-9.2) e cooperação Aduana-Comércio (AG-1.3 e 6.8).

O terceiro artigo do AFC possibilita que, de forma prévia à realização de uma operação aduaneira, a Aduana possa, mediante requerimento, sanar dúvidas (*v.g.*, de classificação ou origem de mercadorias), com efeitos vinculantes, em prazo determinado, o que gera maior previsibilidade e segurança jurídica. O procedimento, hoje conhecido no Brasil como Solução de Consulta (e de Divergência), é tratado como Resolução Antecipada, pelo AFC, e encontrava disciplina mais genérica na CQR, nas normas 9.4, 9.5, 9.8 e 9.9 (AG).

O AFC prevê, em seu quarto artigo, o direito de recurso administrativo e/ou judicial, de forma não discriminatória, em relação a decisões motivadas, inclusive, de outros órgãos, além da Aduana. A redação do AFC, nesse aspecto, é menos incisiva que a presente nas disposições do AG-Capítulo 10 da CQR (que trata de recurso a uma instância independente da Aduana – 10.5), embora haja substancial semelhança nos textos.

No artigo quinto, o AFC traz temas pontuais que teve dificuldade em agrupar em outros artigos, sobre inspeções reforçadas, retenção e procedimentos de teste (análises laboratoriais/perícias).

O sexto artigo do AFC se refere a matéria tributária/aduaneira – tratando de "taxas e encargos", que devem ser publicados, e, se viável, reduzidos, devendo ser limitados aos custos dos serviços prestados, em regra – e de matéria sancionatória, versando sobre proporcionalidade, motivação e denúncia espontânea. Na CQR, a matéria tributária, não limitada a "taxas e encargos", é tratada no AG-Capítulo 4, e as infrações, no Anexo Específico "H".

Grande parte dos temas essencialmente aduaneiros está no sétimo artigo do AFC, que trata de processamento do despacho antes da chegada das mercadorias, pagamento eletrônico de tributos, separação entre liberação e determinação final dos tributos devidos (tema tratado no Brasil sob o nome de "revisão aduaneira"), gestão de risco, auditoria posterior à liberação, publicação de tempos médios de liberação, operadores econômicos autorizados, remessas expressas e mercadorias perecíveis. Sobre tais temas, a contribuição da OMA não se limita, por certo, à CQR (que, em seus Capítulos 3 e 6 do AG trata praticamente de todos os temas), mas a diversos instrumentos e ferramentas desenvolvidos nas últimas décadas.

Os artigos 8 e 12 do AFC, que poderiam ser agrupados, ao menos didaticamente, tratam de cooperação, respectivamente, entre os órgãos de fronteira, e entre Aduanas, temas que podem também ser encontrados na CQR, no AG (3.35 e 6.7). E, também os artigos 9 e 11, que poderiam ser, igualmente, unidos, tratam de trânsito aduaneiro, tema disciplinado no Anexo Específico "E", Capítulo 1, da CQR, sendo o artigo 9 referente ao que se conhece por "trânsito aduaneiro de importação", e o artigo 11, sobre "trânsito de passagem" (o que no GATT, desde o Artigo V, em 1947, é tratado como "liberdade de trânsito").

Por fim, o artigo 10, que divide com o já citado artigo 7 o título de artigo "genuinamente aduaneiro", dispõe sobre formalidades e documentos relacionados a importação, exportação e trânsito, sobre a aceitação de cópias impressas ou eletrônicas, incentivo à utilização de normas internacionais e à adoção de "guichê" (ou portal) único, limitação a inspeções pré-embarque, não instituição de obrigatoriedade de uso de despachantes aduaneiros, procedimentos comuns de fronteira, bens rejeitados, admissão temporária e aperfeiçoamento ativo/passivo. Também nestes temas a OMA desenvolveu variados instrumentos e ferramentas, destinados ao aprimoramento e à modernização das Aduanas. A CQR trata de aspectos documentais no AG-3.11 a 3.19, de tecnologia da informação no AG-7, e da faculdade de utilização de despachante aduaneiro (de forma mais enfática que o AFC) no AG-8. E, além da admissão temporária (Anexo Específico "G") e do aperfeiçoamento (Anexo Específico "F"), a CQR trata ainda de outros regimes aduaneiros não mencionados no AFC, como os depósitos aduaneiros (Anexo Específico "D").

Tanto a OMA quanto a OMC disponibilizam importantes instrumentos para melhor compreensão do conteúdo dos artigos 1 a 12 do AFC.

A OMA divulga em seu sítio web um "Guia para Implementação da Seção I" ("*Implementation Guidance for Section I*"), que contém, para cada dispositivo normativo, um comentário geral, o texto do artigo do AFC e seu vínculo com a CQR e outras ferramentas da OMA (convenções, guias, recomendações, compêndios, estudos e outros), exemplos de melhores práticas dos membros, e indicadores de desempenho.[30]

A OMC direcionou *link* específico para o AFC ("*TFAFacility*"), onde podem ser encontrados, por disposição normativa, estudos de caso e iniciativas, e guias gerais (tanto da OMA, quanto da UNCTAD – Conferência das Nações Unidas para Comércio e Desenvolvimento, e do Banco Mundial, entre outros), assim como qual a atividade regulada, quais as autoridades diretamente envolvidas, e quais as novidades, em

---

[30] Disponível em: http://www.wcoomd.org/en/topics/wco-implementing-the-wto-atf/mercator-programme/overall-track/wco-instruments-and-tools/atf.aspx. Acesso em: 22 mar. 2019.

termos de requerimentos. Podem ainda ser visualizadas as ratificações e notificações, e as categorizações, por membro, e por dispositivo.[31]

É importante esclarecer que, apesar de grande parte das disposições do AFC/OMC já encontrar antecedente na CQR/OMA, há indiscutível vantagem do AFC no que se refere à existência de um órgão de solução de controvérsias específico, na OMC.[32]

Assim, a inclusão de matérias aduaneiras no corpo do AFC, algumas com relação direta aos Artigos V, VIII e X do GATT, e outras indiretamente a eles vinculadas, representou um avanço, no sentido de possibilitar que o descumprimento de obrigações seja objeto de um contencioso internacional específico, em caso de não ser frutífera a via inicial do consenso entre as partes.[33]

4 Estrutura procedimental do AFC: a nova aproximação com o desenvolvimento

A Seção II do AFC (artigos 13 a 22 – "Disposições de tratamento especial e diferenciado para países em desenvolvimento Membros e países de menor desenvolvimento relativo Membros")[34] bem revela que

---

[31] Disponível em: https://www.tfafacility.org. Acesso em: 22 mar. 2019.

[32] Como destaca BAPTISTA, "... *a jurisdição do Órgão de Solução de Controvérsias da OMC sobre todos os Membros sendo obrigatória e dotada de sanção é um avanço extraordinário na história do Direito Internacional*", remetendo ao ideal "kantiano" da "*pax perpetua*" – BAPTISTA, Luiz Olavo. Direito é História: alocução de abertura da Conferência do Instituto de Direito do Comércio Internacional e Desenvolvimento, em São Paulo, In: BAPTISTA, Luiz Olavo; CELLI JÚNIOR, Umberto; e YANOVICH, Alan (Org.). 10 Anos de OMC: uma análise do Sistema de Solução de Controvérsias e Perspectivas. São Paulo: Lex, 2017, p. 17. A CQR, por seu turno, possui um único artigo (art. 14 do Corpo) sobre solução de controvérsias, remetendo a negociações diretas ou ao Comitê de Gestão da convenção, "podendo" as partes previamente acordar que as recomendações emitidas por tal Comitê serão de cumprimento obrigatório.

[33] BASALDÚA critica a amplitude do conteúdo do AFC, no que excedeu aos Artigos V, VIII e X do GATT (BASALDÚA, Ricardo Xavier. Algunas reflexiones sobre la OMC a veinte años de su creación. In: MARTINEZ, Jean Claude (Dir.). *L'OMC de Marrakech à Washington (1994-2017)*. Paris: L'Harmattan, 2017, p. 85-96). Sobre o contencioso, na OMC, remete-se a: JACKSON, John Howard. *The World Trading..., op. cit.*, p. 107-137; VAN DEN BOSSCHE, Peter. *The Law and Policy..., op. cit.*, p. 172-304; BASALDÚA, Ricardo Xavier. *La Organización Mundial..., op. cit.*, p. 563-614; MARCEAU, Gabrielle. *A History of Law and Lawyers..., op. cit.*, p. 1-628; THORSTENSEN, Vera. *Organização Mundial..., op. cit.*, p. 371-385; THORSTENSEN, Vera; OLIVEIRA, Luciana. *O Sistema de Solução de Controvérsias da OMC: uma primeira leitura*. São Paulo: Aduaneiras, 2014, p. 15-340; e BAPTISTA, Luiz Olavo; CELLI JÚNIOR, Umberto; YANOVICH, Alan (Org.). 10 Anos de OMC: uma análise..., op. cit., p. 23-282.

[34] A OMC não classifica seus membros em "desenvolvidos" e "em desenvolvimento", restando tal categorização a cargo de cada membro. No que se refere aos "países de menor desenvolvimento relativo" (LDC – "Least Developed Countries"), respeita-se a classificação adotada no âmbito da Organização das Nações Unidas (ONU), que hoje inclui como LDC

o acordo dispensou um tratamento bem mais detalhado ao tema do desenvolvimento, em comparação ao que usualmente figurava desde a década de 60 do século passado, quando foi inserida a Parte IV ao GATT, tratando de "Comércio e Desenvolvimento".

Tal tratamento detalhado se deve, fundamentalmente, à dificuldade em prosseguir com as negociações do tema da facilitação do comércio a partir das bases e da metodologia anteriormente utilizada. Necessária, então, uma nova aproximação ao tema, que contemplasse não só diferença de grau de desenvolvimento entre os países em termos de prazo de cumprimento, mas em função de sua própria estrutura, da necessidade de assistência e de apoio.[35]

É na assistência e no apoio à capacitação que repousa o comando do artigo 13 do AFC, que impede a exigência da implementação de uma disposição enquanto o membro em desenvolvimento ou de menor desenvolvimento relativo não tenha adquirido a capacidade suficiente para a implementação, inclusive financeira.[36]

O AFC cria, no artigo 14, três categorias de disposições, aplicáveis a cada um dos comandos dos artigos 1 a 12: a categoria "A", que indica cumprimento do dispositivo; a categoria "B", que assinala demanda por prazo adicional para implementação da disposição; e a categoria "C", que expressa necessidade de assistência e apoio à capacitação, como condições à implementação.[37]

As disposições indicadas como categoria "A" devem ser implementadas a partir da data em vigor do AFC (artigo 15). Em relação às demais categorias, os artigos 16 a 18 esclarecem sobre prazos e solicitação de assistência e apoio à capacitação, podendo haver, inclusive,

---

47 países (Disponível em: https://www.un.org/development/desa/dpad/least-developed-country-category/ldcs-at-a-glance.html. Acesso em: 22 mar. 2019).

[35] CASTRO JÚNIOR destaca como o cenário de tentativa de elaboração de uma nova ordem econômica internacional, a partir de Bretton Woods, impacta nos países em desenvolvimento, e o papel da UNCTAD no atendimento das crescentes preocupações com a desigualdade no comércio internacional, ressaltando a necessidade de "... corrigir as desigualdades e injustiças atuais, de forma a permitir a eliminação do fosso que separa os países desenvolvidos daqueles em desenvolvimento" (CASTRO JÚNIOR, Osvaldo Agripino de. Direito Econômico Internacional e comércio marítimo: visão geral. *In:* BRITTO, Demes (Coord.). *Temas atuais do Direito Aduaneiro brasileiro e notas sobre o Direito Internacional.* São Paulo: IOB, 2012, p. 352-356).

[36] A palavra financeira acabou constando na nota de rodapé ao artigo 12.2 do AFC, na definição de "assistência e apoio à capacitação", como "prestação de assistência técnica, financeira ou qualquer outra forma de assistência mutuamente acordada".

[37] Os membros em desenvolvimento e de menor desenvolvimento relativo designarão por si próprios, individualmente, as disciplinas a incluir em cada categoria. Como exposto no tópico 3, as notificações sobre as inclusões nas categorias, por membro, e por categoria, estão disponíveis para consulta em: https://www.tfafacility.org. Acesso em: 22 mar. 2019.

transferências de disposições entre as categorias "B" e "C" (artigo 19), mediante notificação específica.

O artigo 20 do AFC estabelece o período de carência, para submissão de contenciosos ao mecanismo de solução de controvérsias da OMC. Tendo em conta que o AFC entrou em vigor em 22.02.2017, desde 22.02.2019 já podem ser submetidos a tal mecanismo contenciosos sobre disposições notificadas como categoria "A" por membros em desenvolvimento (sendo dilatada em mais quatro anos a data para os membros de menor desenvolvimento relativo). No que se refere às demais categorias, a contagem do período de carência depende do prazo adicional solicitado ("B"), respeitados os prazos máximos estabelecidos, ou da prestação de assistência e apoio à capacitação (por membros doadores, nos moldes dos artigos 21 e 22).

Para gerenciar as atividades de facilitação, e a implementação e o acompanhamento do acordo, no âmbito da OMC, cria-se, na Seção III do AFC (artigo 23) um Comitê de Facilitação do Comércio,[38] aberto à participação e todos os membros, que se reunirá ao menos uma vez por ano, incentivando-se os membros a também estabelecerem Comitês Nacionais de Facilitação do Comércio.[39]

Percebe-se que o AFC, com a longa disciplina relativa a "desenvolvimento", inaugura uma nova forma de tratar o tema, em negociações sobre comércio internacional, e que certamente afetará o futuro de novas avenças, principalmente no âmbito da OMC.

5 O AFC e o ordenamento jurídico brasileiro: fundamento constitucional

Antes de analisar o impacto do AFC na legislação aduaneira brasileira, é necessário examinar a forma pela qual os tratados internacionais

---

[38] O Comitê de Facilitação do Comércio, da OMC, é, atualmente, presidido por Katrina Naut, da República Dominicana, e informações sobre as últimas reuniões estão disponíveis em: https://www.wto.org/english/tratop_e/tradfa_e/comm_tradfa_e.htm. Acesso em: 29 ago. 2020.

[39] A OMC elaborou estudo sobre "Comitês Nacionais de Facilitação do Comércio: práticas atuais e desafios", disponível em: https://www.wto.org/spanish/tratop_s/tradfa_s/tradfa_s.htm. A OMA, de igual forma, desenvolveu um "Guia para Comitês Nacionais de Facilitação do Comércio", e apresenta em seu sítio web diversos estudos de caso sobre o tema – disponível em: http://www.wcoomd.org/en/topics/wco-implementing-the-wto-atf/wto-agreement-on-trade-facilitation/national-committees-on-trade-facilitation.aspx. Ambos os acessos em: 22 mar. 2019.

são introduzidos em nosso ordenamento jurídico, segundo a Constituição Federal brasileira.

O processo de incorporação de tratados internacionais ao ordenamento jurídico brasileiro não é detalhadamente normatizado, mas é possível, a partir do texto constitucional atual, dos que o antecederam, das discussões travadas no processo legislativo da Assembleia Nacional Constituinte, e da própria processualística internacional, concluir que passa, em regra, após a assinatura, expressão precária de consentimento, pelas fases do assentimento parlamentar, da ratificação, na ordem externa, expressão definitiva do consentimento, e da promulgação, na ordem interna, e que sempre competiu ao Presidente da República celebrar tratados (assinar, ratificar e promulgar), desde que os submetesse ao parlamento; e, ao parlamento, "resolver definitivamente" a questão, "aprovando ou não" o tratado celebrado pelo presidente.[40]

Depois de ultrapassada tal ritualística, o que, no caso, ocorreu com o AFC, como descrito de início, o tratado, no Brasil, é recebido, no ordenamento jurídico, em regra, com estatura de paridade com a lei ordinária, conforme interpretação constitucional emanada pelo Supremo Tribunal Federal, originada no RE nº 80.004/SE, e expressa, *v.g.*, na ADIn nº 1.480/DF.[41]

---

[40] A Constituição Federal brasileira de 1988 estabelece, em seu artigo 84, VIII, que compete privativamente ao Presidente da República celebrar tratados internacionais, sujeitos a referendo do Congresso Nacional; e, em seu artigo 49, I, que compete exclusivamente ao Congresso Nacional resolver definitivamente sobre tratados internacionais que acarretem encargos ou compromissos gravosos ao patrimônio nacional. CACHAPUZ DE MEDEIROS, ex-consultor jurídico do Itamaraty, elaborou detalhado estudo sobre as discussões que levaram à redação dos artigos 49, I, e 84, VIII, da Constituição de 1988, demonstrando como a expressão "resolver definitivamente" representa, em verdade "aprovar ou não", tendo o texto sido alterado pelo relator após votação de primeiro turno, mediante a justificativa de que era mais adequado à língua portuguesa (CACHAPUZ DE MEDEIROS, Antônio Paulo. *O poder de celebrar tratados*: competência dos poderes constituídos para a celebração de tratados, à luz do Direito Internacional, do Direito Comparado e do Direito Constitucional Brasileiro. Porto Alegre: Fabris, 1995, p. 339-382). Cabe registrar, no entanto, a divergência doutrinária, existente, de forma mais substancial entre os tributaristas, em relação ao efetivo papel, e até à necessidade, da promulgação. Paulo de Barros CARVALHO, por exemplo, afirma que o decreto de promulgação "... dista de ser uma providência necessária", e que serve, pura e simplesmente para regulamentar o decreto legislativo, conferindo-lhe maior operatividade – Tratados Internacionais em Matéria Tributária – Estudo de um Caso Concreto. *In*: AMARAL, Antonio Carlos Rodrigues do (Coord.). *Tratados internacionais na ordem jurídica brasileira*. São Paulo: Lex: Aduaneiras, 2005, p. 262-265. Sobre tal divergência, manifestamos posicionamento em: TREVISAN, Rosaldo. *O Imposto de Importação e o Direito...*, *op. cit.*, p. 159-172.

[41] A Convenção de Viena sobre o Direito dos Tratados entre Estados, da qual o Brasil é parte, assegura, em seu artigo 27, a primazia do Direito Internacional. Mas o texto constitucional brasileiro, ao contrário de diversos outros, como o Francês (art. 55), o Argentino (art. 75, incisos 22 e 24) e o Paraguaio (arts. 137 e 145), não trata expressamente de supralegalidade

O entendimento de "paridade" expresso no RE nº 80.004/SE, da década de 70 do século passado, que modifica a interpretação histórica da Suprema Corte brasileira, pela prevalência dos tratados,[42] sempre deixou de lado disposições tributárias, tendo o Código Tributário Nacional (CTN – art. 98) expressamente disciplinado o tema com entendimento pela prevalência de tratados internacionais, assentado à época de sua redação, em que pese a inadequação terminológica: "Os tratados e as convenções internacionais revogam ou modificam a legislação tributária interna, e serão observados pela que lhes sobrevenha".[43]

Assim, versando o tratado sobre matéria tributária, não há que se falar em paridade, mas em primazia do Direito Internacional. Aliás, em interpretação sistêmica do texto constitucional, poder-se-ia concluir pela primazia inclusive em matéria aduaneira, e ainda que inexistente o art. 98 do CTN. Como afirma Tôrres, ao defender que o art. 98 apenas confirma a prevalência da aplicabilidade das normas internacionais sobre o direito interno, como decorrência da aplicação do artigo 4º da Constituição Federal de 1988: "...se ele (o art. 98) não existisse, pelas características do sistema brasileiro, ... em nada se alteraria o mecanismo de recepção".[44]

---

de tratados, a não ser em matéria de Direitos Humanos. A disciplina do conflito entre tratados e leis posteriores, segundo Mello, foi "a grande ausência" da Constituição de 1988 (MELLO. Celso D. de Albuquerque. *Direito Constitucional Internacional: uma introdução*. Rio de Janeiro: Renovar, 1994, p. 343).

[42] Externado, *v.g.*, na Apelação Cível nº 9.587/DF, de 1951, e na Apelação Cível nº 7.872/RS, de 1943.

[43] Adiantamos que a expressão "e as convenções" poderia ser suprimida, sem prejuízo ao conteúdo do texto. E a expressão "devem ser observados pela que lhes sobrevenha" é exatamente o reconhecimento da primazia do tratado internacional. Deve ser feito apenas reparo no excerto "revogam ou modificam", porque um tratado não revoga nem modifica a lei interna, e nem o oposto. Como ensina BORGES, no caso do art. 98 não se dá revogação da norma interna, mas sim a sua "desaplicação", numa decorrência da aplicação do tratado (BORGES, José Souto Maior. *Curso de Direito Comunitário*: instituições de direito comunitário comparado: União Europeia e MERCOSUL. 2. ed. São Paulo: Saraiva, 2009, p. 264). Também SCHOUERI afirma que "os tratados internacionais não revogam a legislação interna: apenas prevalecem", utilizando-se da feliz analogia sugerida por Klaus Vogel, de que os tratados – mais especificamente os acordos de bitributação – operam como uma máscara, colocada sobre o direito interno, tapando determinadas partes deste, sendo que os dispositivos do direito interno que continuam visíveis (por corresponderem aos buracos recortados no cartão) são aplicáveis (SCHOUERI, Luís Eduardo. Notas sobre os Tratados Internacionais sobre Tributação. *In*: AMARAL, Antonio Carlos Rodrigues do (Coord.). *Tratados internacionais na ordem jurídica brasileira*. São Paulo: Lex: Aduaneiras, 2005, p. 213).

[44] TÔRRES, Heleno Taveira. Aplicação dos Tratados e Convenções Internacionais em Matéria Tributária no Direito Brasileiro. *In*: AMARAL, Antonio Carlos Rodrigues do (Coord.). *Tratados internacionais na ordem jurídica brasileira*. São Paulo: Lex: Aduaneiras, 2005, p. 168. Sobre o tema, desenvolvemos argumento mais detalhado em: TREVISAN, Rosaldo. *O Imposto de Importação e o Direito..., op. cit.*, p. 201-207.

Entendemos, na mesma linha, que o AFC tem estatura legal, e que deve ser observado pela legislação superveniente.

6 O AFC e a Aduana, no Brasil: progressos na implementação

As disposições que constam no AFC não representam novidade substancial, no Brasil, que já vem acompanhando há décadas o tratamento dos temas no âmbito da OMA, em que institutos como "guichê (portal) único", gestão de risco, auditorias *a posteriori*, estudos sobre tempos médios de liberação, utilização de tecnologia da informação, tratamento a operadores autorizados, fortalecimento de capacidades, gestão coordenada de fronteiras, cooperação Aduana-Aduana, cooperação Aduana-Comércio e cooperação Aduana-outros órgãos, entre outros, já estavam desenvolvidos, e detalhados em documentos internacionais específicos.[45]

Ao realizar autoavaliação do cumprimento das disposições do AFC, a Receita Federal do Brasil (RFB), no documento intitulado "Acordo de Facilitação do Comércio", detalhou individualmente os dispositivos constantes dos artigos 1 a 12 do AFC que eram de competência do órgão, tecendo comentários a cada comando normativo, e manifestando-se sobre o enquadramento nas categorias estabelecidas no artigo 14 ("A", "B" ou "C"). Como resultado, indicou-se que o Brasil já cumpria (classificando-se em categoria "A") todas as disposições do AFC, exceto as seguintes: 7.1 (processamento antecipado do despacho de importação), 7.7.3 (medidas mínimas de facilitação para operadores autorizados), e 11.9 (processamento antecipado do despacho de bens em trânsito).[46]

---

[45] Em 2008, a OMA adotou documento denominado "Aduanas no Século XXI, Aprimorando o Crescimento e o Desenvolvimento por meio de Facilitação do Comércio e Segurança nas Fronteiras", no qual se identificam basicamente todos esses institutos, alguns de forma já substancialmente evoluída (Disponível em: http://www.wcoomd.org/~/media/wco/public/ global/pdf/topics/key-issues/customs-in-the-21st-century/annexes/annex_ii_en.pdf?la=en. Acesso em: 22 mar. 2019). Como salienta Juárez, a simples observação da página *web* mostra que a maioria das iniciativas aduaneiras contidas no AFC já se encontravam desenvolvidas nos distintos instrumentos da OMA – mais de 40 (JUÁREZ, Héctor H. *El Acuerdo de Facilitación del Comercio en el MERCOSUR, El Derecho*, 07.07.2016, n. 13.992, año LIV, ed. 268, p. 2). LABANDERA indica alguns desses instrumentos da OMA, e, ainda, instrumentos no âmbito da UNCTAD (LABANDERA, Pablo. La "facilitación de comercio" como uno de los "nuevos temas del comercio internacional": su trascendencia para el Derecho Aduanero. *In*: COTTER, Juan Patricio (Coord.). *Estudios de Derecho Aduanero*: homenaje a los 30 años del Código Aduanero. Buenos Aires: Abeledo-Perrot, 2011, p. 72-81).

[46] "Acordo de Facilitação do Comércio" (Autoavaliação do cumprimento do AFC). Disponível em: idg.receita.fazenda.gov.br/orientacao/aduaneira/...e.../AcordodeFacilitaoOMCnovo. pdf. Acesso em: 22 mar. 2019.

Sem prejuízo de que se possa divergir dessa autoavaliação, ou complementá-la, com disposições que não estavam a cargo da RFB, é de se destacar que o Brasil notificou à OMC, em 25.04.2014 (WT/PCTF/N/BRA/1), que não cumpria, além dessas três, ainda outras duas disposições (3.6, "b" – prazo para emissão de soluções antecipadas; e 3.9, "a", ii – resoluções antecipadas referentes a origem das mercadorias).[47]

No entanto, em notificações posteriores, em 17.03.2017 (G/TFA/N/BRA/1*) e em 12.03.2018 (G/TFA/N/BRA/1/Add.1), resumiu os dispositivos em categoria "B" aos três indicados pela RFB, apenas alterando a data indicativa de implementação para uma data definitiva (7.1 e 7.7.3 – de 31.12.2017 para 31.12.2019; e 11.9, mantendo-se a data de 31.12.2019).[48]

É nítido que a RFB vem trabalhando para implementar essas disposições, o que se percebe por recentes alterações normativas, como as estabelecidas na IN RFB nº 1.813, de 13.07.2018, que altera a norma-base do despacho aduaneiro de importação (IN RFB nº 680, de 02.10.2006), permitindo, entre outros, o registro de declaração de importação antes da descarga para determinados Operadores Econômicos Autorizados (OEA), as sucessivas alterações na IN RFB nº 1.813, de 13.07.2018, que trata do Programa OEA brasileiro, buscando adequação ao artigo 7.7.3, ou ainda as medidas adotadas no âmbito do "Portal Único de Comércio Exterior" (Pucomex), como o novo despacho aduaneiro de exportação e a Declaração Única de Importação (DUIMP).

---

[47] Thorstensen, Ferraz, Nogueira e Eleoterio justificam, em 2015, a avaliação de que havia descumprimento das normas de resolução antecipada porque o Brasil não tem regras sobre resolução antecipada (solução de consulta) específica em relação a regras de origem ou valoração aduaneira, e que não estabelece tempo para responder às consultas. E acrescentavam ainda que entendiam descumprida a disposição 10.4, sobre "guichê (portal) único", porque o Brasil ainda estava implementando seu programa, que deveria ser concluído em 2017. Sobre o processamento antecipado (7.1), informam que existia apenas na via marítima; sobre medidas de facilitação para os operadores autorizados (7.7.3), que a legislação que tratava da matéria (Instrução Normativa-IN da RFB 1.073/2010 – hoje revogada pela IN RFB 1.737/2017, e que trata de remessas expressas) ainda necessitava de soluções tecnológicas para implementação de suas disposições; e, sobre processamento antecipado do despacho de bens em trânsito (11.9), que o Brasil não possuía sistema adequado para receber as solicitações antecipadas (THORSTENSEN, Vera; FERRAZ, Lucas; NOGUEIRA, Thiago; ELEOTERIO, Belisa. *The Trade Facilitation Agreement and its Impacts to the Brazilian Transformation Industry*. Disponível em: http://wtochairs.org/brazil/research/trade-facilitation-agreement-and-its-impacts-brazilian-transformation-industry. Acesso em: 22 mar. 2019).

[48] Disponível em: https://www.tfafacility.org/notifications. Acesso em: 22 mar. 2019.

Além disso, o Brasil já possui um Comitê Nacional de Facilitação do Comércio (Confac), criado pelo Decreto nº 8.807, de 12.07.2016 (art. 5º), dentro da estrutura da Câmara de Comércio Exterior (CAMEX).[49]

O que se percebe, em tais medidas, é a preocupação com a simplificação dos procedimentos aduaneiros, a intensificação de soluções informatizadas, a eliminação de duplicidades de registro, e a otimização de alocação de recursos, que são fundamentos não só da facilitação do comércio, mas da Aduana do Século XXI. A preocupação com o cumprimento do AFC, assim, opera como impulsionador do processo de modernização das Aduanas, e vice-versa.

A discussão sobre o efetivo cumprimento de determinadas disposições, pelo Brasil (ou por outro país em desenvolvimento), qualquer que seja sua categorização, já pode, com a vigência do AFC, e com a cessação de carência para as disposições de categoria "A" (em 22.02.2019) – e, em pouco tempo, para as disposições de categoria "B" – ser submetida ao mecanismo de solução de controvérsias da OMC. E, de imediato, o AFC já pode ser invocado perante a Administração, e em juízo, no país.

Há que se verificar, em uma avaliação de cumprimento, qual é o efetivo conteúdo do comando normativo presente no AFC. É certo que, entre os 143 dispositivos presentes nos 12 artigos da Seção I do AFC, 30 se referem a "envidar esforços no sentido de", ou "incentivar" a adoção de medidas, ou ainda utilizam a expressão "na medida do possível". E, como 12 são apenas explicativos e 14 estabelecem faculdades, restariam 87 comandos normativos efetivamente estabelecendo obrigações. No entanto, veja-se que mesmo os 30 comandos inicialmente citados podem ser objeto de descumprimento: basta que "se envidem esforços em sentido contrário", que se incentive o oposto das medidas, ou que se prove ser possível implementar medida que não está sendo tomada, para que se verifique o descumprimento. Não entendemos, então, haver disposições inócuas no texto, que deve sempre ser lido de forma sistemática.

Veja-se, por exemplo, o citado artigo 7.1 (inserido como categoria "B", pelo Brasil), que dispõe que cada membro "adotará ou manterá procedimentos que permitam a apresentação de documentos correspondentes à importação... a fim de iniciar o processamento antes da

---

[49] As atas de reunião e os relatórios de atividade do Confac estão disponíveis em: http://www.camex.gov.br/confac. Acesso em: 22 mar. 2019. No mesmo sítio se encontra *link* para informação de que comissões locais de facilitação serão instaladas em portos, aeroportos e fronteiras terrestres (Comissões Locais de Facilitação do Comércio – Colfac).

chegada dos bens, com o objetivo de agilizar a liberação". Lendo o comando, percebe-se que não está a obrigar a liberação dos bens antes de sua chegada ao país, mas simplesmente a estabelecer a possibilidade de antecipação da apresentação da documentação, com vistas a iniciar o despacho antes da chegada, e, consequentemente, agilizar a liberação. É interessante verificar, no caso, *v.g.*, se tal possibilidade se encontra contemplada na citada IN RFB nº 680/2006 (*v.g.*, em seu art. 17).

Importante recordar, por fim, em sintonia com o tópico anterior deste estudo, que o AFC se impõe à legislação preexistente e deve ser observado pela que sobrevenha, e que eventual descumprimento pode ser objeto de apreciação interna (administrativa ou judicial) ou internacional (entre membros, perante a OMC).

7 Considerações finais: o que se espera do AFC

Como exposto no tópico 6, há relação direta entre as medidas de facilitação previstas no AFC e o processo de modernização aduaneira. E a modernização das Aduanas, com fluidez no comércio lícito, está associada a uma sequência atrelada ao crescimento econômico, com redução de custos, competitividade, atração de investimentos e geração de riqueza.

Em 2012, a Organização para Cooperação Econômica e Desenvolvimento (OCDE) publicou estudo – TAD/TC/WP(2012)24 – de Moïsé e Sorescu, com versão ainda em elaboração do AFC, analisando, por dispositivo do acordo, o impacto em termos de redução custos de comércio, por tipo de país (inclusive os não membros da OCDE) e por grupos geográficos, considerando 78 variáveis, estimando potencial de redução de custos de comércio em até 12%, *v.g.*, para países de baixa renda, e identificando os indicadores com mais impacto, em função do tipo de país, destacando-se, em geral, formalidades (documentos, automatização e procedimentos).[50]

Outro estudo efetuado ainda na etapa de confecção do AFC, no âmbito da Câmara Internacional de Comércio (ICC), por Hufbauer e Schott, cita que os custos de comércio representam, em média, 10 % *ad valorem*, enquanto as tarifas representam 5%, o que demonstra a

---

[50] MOÏSÉ, Evdokia; SORESCU. Silvia. Trade Facilitation Indicators: The Potential Impact of Trade Facilitation on Developing Countries' Trade. Disponível em: https://www.oecd.org/dac/aft/TradeFacilitationIndicators_ImpactDevelopingCountries.pdf. Acesso em: 22 mar. 2019.

importância, nos dias atuais, de implementar medidas de facilitação para redução de custos de comércio.[51]

Em relação ao Brasil, Thorstensen, Ferraz, Nogueira e Eleoterio indicaram que uma única medida, o "Portal Único", pode representar impacto positivo de US$70 bilhões por ano no Produto Interno Bruto (PIB).[52] E a Exposição de Motivos MRE/MF/MDIC nº 297, de 08.09.2015, que acompanha o AFC, no Brasil, expressa que o acordo "poderá levar a redução dos custos comerciais entre US$350 bilhões e US$1 trilhão, além de gerar um aumento estimado em cerca de US$33 bilhões a US$100 bilhões nas exportações globais anuais e de US$67 bilhões no PIB global, de acordo com projeções da OMC, da OCDE e do Banco Mundial".[53]

Em complemento ao que esperam os economistas, em relação aos impactos positivos do AFC (com análises que demandam constante atualização, em face das mutações de cenário), o que se espera, do ponto de vista jurídico, é mais previsibilidade e segurança jurídica, mais cooperação, e procedimentos mais céleres, simplificados e automatizados, o que ocasiona, indubitavelmente, melhor aproveitamento de recursos para a própria Administração, e redução de custos para os operadores. É, em síntese, o círculo virtuoso do livre comércio, sem discriminação.

Referências

BAPTISTA, Luiz Olavo. Direito é História: alocução de abertura da Conferência do Instituto de Direito do Comércio Internacional e Desenvolvimento, em São Paulo, In: BAPTISTA, Luiz Olavo; CELLI JÚNIOR, Umberto; YANOVICH, Alan (Org.). *10 Anos de OMC*: uma análise do Sistema de Solução de Controvérsias e Perspectivas. São Paulo: Lex, 2017, p. 13-22.

---

[51] HUFBAUER, Gary; SCHOTT, Jeffrey. *Payoff from the World Trade Agenda 2013*. Disponível em: https://cdn.iccwbo.org/content/uploads/sites/3/2013/04/Payoff-from-the-World-Trade-Agenda-2013.pdf. Acesso em: 22 mar. 2019.

[52] THORSTENSEN, Vera; FERRAZ, Lucas; NOGUEIRA, Thiago; ELEOTERIO, Belisa. *The Trade Facilitation Agreement...*, *op. cit.*, p. 15.

[53] A mesma Exposição de Motivos dispõe ainda que, no Brasil, a criação do Portal Único de Comércio Exterior pretende reduzir o tempo de processamento de exportações de 13 para 8 dias, e o de processamento de importações, de 17 para 10 dias, e que, segundo estudo encomendado pela Confederação Nacional da Indústria à Fundação Getúlio Vargas, o tempo excessivo gasto no despacho aduaneiro de bens representa um encarecimento de 14,22% das compras no exterior e de 8,65% dos embarques para outros países, e, quando o portal único estiver totalmente implementado, esse custo adicional que incide sobre os produtos cairá para 8,36% e 5,32%, respectivamente. Por fim, estima o estudo que sem a implementação das medidas de facilitação, as exportações totalizarão US$294 bilhões em 2022, e, com as medidas, alcançarão US$310 bilhões. Para as importações, o impacto também é grande, com aumento de US$267 bilhões para US$301,3 bilhões.

OSVALDO AGRIPINO DE CASTRO JUNIOR [Coord.]
CONSTITUIÇÃO, TRIBUTAÇÃO E ADUANA NO TRANSPORTE MARÍTIMO E NA ATIVIDADE PORTUÁRIA

BARRAL, Welber. Protecionismo e neoprotecionismo no comércio internacional. *In:* BARRAL, Welber (Org.). *O Brasil e o protecionismo,* São Paulo: Aduaneiras, 2002, p. 13-38.

BASALDÚA, Ricardo Xavier. *La Organización Mundial del Comercio y la regulación del comercio internacional.* 2. ed. Buenos Aires: Abeledo-Perrot, 2013.

BASALDÚA, Ricardo Xavier. Algunas reflexiones sobre la OMC a veinte años de su creación. *In:* MARTINEZ, Jean Claude (dir.). *L'OMC de Marrakech à Washington (1994-2017).* Paris: L'Harmattan, 2017, p. 69-101.

BONET, Marta. Facilitación de comercio. *In:* MATUS BAEZA, Mario; UNGER, Mark (Ed.). *Derecho de la Organización Mundial del Comercio (OMC).* Bogotá: Universidad Externado de Colombia, 2016, p. 983-1011.

BORGES, José Souto Maior. *Curso de Direito Comunitário:* instituições de direito comunitário comparado: União Europeia e MERCOSUL. 2. ed. São Paulo: Saraiva, 2009.

BRASIL. Decreto nº 10.276, de 13.03.2020. Disponível em: http://www.planalto.gov.br/ ccivil_03/_ato2019-2022/2020/decreto/D10276.htm.

CACHAPUZ DE MEDEIROS, Antônio Paulo. *O poder de celebrar tratados:* competência dos poderes constituídos para a celebração de tratados, à luz do Direito Internacional, do Direito Comparado e do Direito Constitucional Brasileiro. Porto Alegre: Fabris, 1995.

CAMEX. Comitê Nacional de Facilitação do Comércio (Confac). Atas de reunião e relatórios de atividade. Disponíveis em: http://www.camex.gov.br/confac.

CARVALHO, Paulo de Barros. Tratados internacionais em matéria tributária – estudo de um caso concreto. *In:* AMARAL, Antonio Carlos Rodrigues do (Coord.). *Tratados internacionais na ordem jurídica brasileira.* São Paulo: Lex: Aduaneiras, 2005, p. 247-265.

CASTRO JÚNIOR, Osvaldo Agripino de. Direito Econômico Internacional e Comércio Marítimo: Visão Geral. *In:* BRITTO, Demes (Coord.). *Temas atuais do Direito Aduaneiro brasileiro e notas sobre o Direito Internacional.* São Paulo: IOB, 2012, p. 341-402.

COELHO, Flávio José Passos. *Facilitação comercial:* desafio para uma Aduana moderna. São Paulo: Aduaneiras, 2008.

CUÉLLAR, Aníbal Uscátegui. La Organización Mundial de Aduanas y la facilitación del comercio legítimo. *In:* PARDO CARRERO, Germán (Coord.). *Acuerdos comerciales y aspectos relacionados con el comercio exterior.* Bogotá: Universidad del Rosario, 2014, p. 557-582.

FERNANDES, Rodrigo Mineiro; MORINI, Cristiano; MACHADO, Luiz Henrique Travassos; TREVISAN, Rosaldo. A Linha Azul no Brasil: diagnóstico e desafios. *Cadernos de Finanças Públicas,* Brasília, Escola de Administração Fazendária, n. 13, dez. 2013, p. 37-68.

HUFBAUER, Gary; e SCHOTT, Jeffrey. *Payoff from the World Trade Agenda 2013.* Disponível em: https://cdn.iccwbo.org/content/uploads/sites.3.2013/04/Payoff-from-the-World-Trade-Agenda-2013.pdf.

IBARRA PARDO, Gabriel. *Las grandes controversias del multilateralismo:* crisis del principio de la nación más favorecida, distorsiones de la competencia y temas ambientales. Bogotá: Legis, 2018.

JACKSON, John Howard. *The World Trading System: Law and Policy of International Economic Relations.* 2. ed. *Cambridge*: MIT, 1997.

JUÁREZ, Héctor H. El Acuerdo de Facilitación del Comercio en el MERCOSUR. *El Derecho*, año LIV, n. 13.992, ed. 268, p. 1-4, 07 jul. 2016.

LABANDERA, Pablo. La "facilitación de comercio" como uno de los "nuevos temas del comercio internacional" – su trascendencia para el Derecho Aduanero. *In*: COTTER, Juan Patricio (Coord.). *Estudios de Derecho Aduanero*: homenaje a los 30 años del Código Aduanero. Buenos Aires: Abeledo-Perrot, 2011, p. 63-91.

MARCEAU, Gabrielle; PORGES, Amelia; BAKER, Daniel Ari. Introduction and Overview. *In*: MARCEAU, Gabrielle (Dir.). *A History of Law and Lawyers in the GATT/WTO*: The Development of the Rule of Law in the Multilateral Trading System. Cambridge: Cambridge University, 2015, p. 1-59.

MAVROIDIS, Petros C. The Genesis of the GATT Summary. *In*: HORN, Henrik HORN; MAVROIDIS, Petros C. *Legal and Economic Principles of World Trade Law*. New York: Cambridge University, 2013, p. 1-8.

MELLO. Celso D. de Albuquerque. *Direito Constitucional Internacional*: uma introdução. Rio de Janeiro: Renovar, 1994.

MOÏSÉ, Evdokia; SORESCU. Silvia. *Trade Facilitation Indicators*: The Potential Impact of Trade Facilitation on Developing Countries' Trade. Disponível em: https://www.oecd.org/dac/aft/TradeFacilitationIndicators_ImpactDevelopingCountries.pdf.

NEUFELD, Nora. *The long and winding road*: how WTO members finally reached a Trade Facilitation Agreement. *Disponível em*: https://www.wto.org/english/res_e/reser_e/ersd201406_e.pdf.

OMA-DOCUMENTOS. Aduanas no século XXI, aprimorando o crescimento e o desenvolvimento por meio de facilitação do comércio e segurança nas fronteiras. Disponível em: http://www.wcoomd.org/~/media/wco/public/global/pdf/topics/key-issues/customs-in-the-21st-century/annexes/annex_ii_en.pdf?la=en.

OMA-DOCUMENTOS. Guia para comitês nacionais de facilitação do comércio. Disponível em: http://www.wcoomd.org/-/media/wco/public/global/pdf/about-us/legal-instruments/conventions-and-agreements.aspx.

OMA-DOCUMENTOS. Lista de membros da OMA. Disponível em: http://www.wcoomd.org/en/about-us/wco-members/membership.aspx.

OMA-DOCUMENTOS. Programa MERCATOR: guia para implementação da Seção I do AFC. Disponível em: http://www.wcoomd.org/en/topics/wco-implementing-the-wto-atf/mercator-programme/overall-track/wco-instruments-and-tools/atf.aspx.

OMA-DOCUMENTOS. Programa MERCATOR: missões realizadas. Disponível em: http://www.wcoomd.org/-/media/wco/public/global/pdf/topics/wto-atf/mercator-programme.

OMA-DOCUMENTOS. Programa MERCATOR: *Press Release*. Disponível em: http://www.wcoomd.org/en/media/newsroom/2014/january.

OMC-*DOCUMENTOS*. Agenda da conferência de Londres (1946). Disponível em: https://www.wto.org/english/docs_e/gattdocs_e.htm.

OMA-DOCUMENTOS. Carta de Havana. Disponível em: https://www.wto.org/spanish/docs_s/legal_s/prewto_legal_s.htm.

OMA-DOCUMENTOS. Comitê de Facilitação do Comércio: informações. Disponível em: https://www.wto.org/english/tratop_e/tradfa_e/comm_tradfa_e.htm.

OMA-DOCUMENTOS. Comitês Nacionais de Facilitação do Comércio: práticas atuais e desafios. Disponível em: https://www.wto.org/spanish/tratop_s/tradfa_s/tradfa_s.htm.

OMA-DOCUMENTOS. Conferências ministeriais: informes e documentos. Disponíveis em: https://www.wto.org/english/thewto_e/minist_e/minist_e.htm.

OMA-DOCUMENTOS. Decisão adotada pelo Conselho Geral em julho de 2004 ("Pacote de Julho"). Disponível em: https://www.wto.org/english/tratop_e/dda_e/draft_text_gc_dg_31july04_e.htm.

OMA-DOCUMENTOS. GATT/1947: partes contratantes. Disponível em: https://www.wto.org/spanish/thewto_s/whatis_s/tif_s/fact4_s.htm.

OMA-DOCUMENTOS. Índice analítico da OMC (por Artigo do GATT). Disponível em: https://www.wto.org/english/res_e/publications_e/ai17_e/gatt1994_e.htm.

OMA-DOCUMENTOS. Lista completa de ratificações do AFC. Disponível em: https://tfafacility.org/ratifications.

OMA-DOCUMENTOS. Minuta consolidada do texto negociado (versão original e revisões) – GNFC (TN/TF/W/165 – 2009). Disponível em: https://docs.wto.org.

OMA-DOCUMENTOS. Minutas referentes às 53 reuniões do GNFC. Disponíveis em: https://docs.wto.org/dol2fe/Pages/FE_Browse/FE_B_009.aspx?TopLevel=8681#/.

OMA-DOCUMENTOS. "TFAFacility". Disponível em: https://www.tfafacility.org .

ONU. Lista de países de menor desenvolvimento relativo (LDC). Disponível em: https://www.un.org/development/desa/dpad/least-developed-country-category/ldcs-at-a-glance.html.

PRAZERES, Tatiana. *Comércio internacional e protecionismo*: as barreiras técnicas na OMC. São Paulo: Aduaneiras, 2003.

RFB. Acordo de Facilitação do Comércio. Disponível em: idg.receita.fazenda.gov.br/orientacao/aduaneira/...e.../AcordodeFacilitaoOMCnovo.pdf.

SCHOUERI, Luís Eduardo. Notas sobre os tratados internacionais sobre tributação. *In*: AMARAL, Antonio Carlos Rodrigues do (Coord.). *Tratados internacionais na ordem jurídica brasileira*. São Paulo: Lex: Aduaneiras, 2005, p. 189-240.

THORSTENSEN, Vera. *Organização Mundial do Comércio*: as regras do comércio internacional e a nova rodada de negociações multilaterais. São Paulo: Aduaneiras, 2009.

THORSTENSEN, Vera; FERRAZ, Lucas; NOGUEIRA, Thiago; ELEOTERIO, Belisa. The Trade Facilitation Agreement and its Impacts to the Brazilian Transformation Industry. Disponível em: http://wtochairs.org/brazil/research/trade-facilitation-agreement-and-its-impacts-brazilian-transformation-industry.

THORSTENSEN, Vera; OLIVEIRA, Luciana. *O sistema de solução de controvérsias da OMC*: uma primeira leitura. São Paulo: Aduaneiras, 2014.

TÔRRES, Heleno Taveira. Aplicação dos tratados e convenções internacionais em matéria tributária no direito brasileiro. *In*: AMARAL, Antonio Carlos Rodrigues do (Coord.).

Tratados internacionais na ordem jurídica brasileira. São Paulo: Lex: Aduaneiras, 2005, p. 141-174.

TREVISAN, Rosaldo. Direito Aduaneiro no Brasil: a hora e a vez da internacionalização. *In*: TREVISAN, Rosaldo (Org.). *Temas atuais de Direito Aduaneiro II*. São Paulo: Lex, 2015, p. 11-60.

TREVISAN, Rosaldo. *O Imposto de Importação e o Direito Aduaneiro Internacional*. São Paulo: Aduaneiras/LEX, 2017.

VAN DEN BOSSCHE, Peter. *The Law and Policy of the World Trade Organization*: Texts, cases and materials. New York: Cambridge University, 2005.

WOLFFGANG, Hans-Michael; KAFEERO, Edward. *Legal thoughts on how to merge trade facilitation and safety & security, Memorias de la Reunión Mundial de Derecho Aduanero – Bruselas, Academia Internacional de Derecho Aduanero*, 2015, p. 153-169.

Informação bibliográfica deste texto, conforme a NBR 6023:2018 da Associação Brasileira de Normas Técnicas (ABNT):

TREVISAN, Rosaldo. O acordo sobre a facilitação do comércio e seu impacto na legislação aduaneira brasileira. *In*: CASTRO JUNIOR, Osvaldo Agripino de (Coord.). *Constituição, tributação e aduana no transporte marítimo e na atividade portuária*. Belo Horizonte: Fórum, 2021. p. 37-67. ISBN 978-65-5518-002-2.

COMPLIANCE TRIBUTÁRIO NAS ATIVIDADES PORTUÁRIA, MARÍTIMA E ADUANEIRA

ANDRÉ HENRIQUE LEMOS
EDMO COLNAGHI NEVES

1 *Compliance* – Noções gerais

1.1 O que é?

Compliance literalmente significa "Conformidade". O termo vem sendo utilizado largamente no Brasil em sua versão original em Inglês, assim como ocorre com inúmeros outros termos. Adotamos, por exemplo, a expressão "AIDS" ao invés de "SIDA", ou "SITE" ao invés de "SÍTIO", como fazem os portugueses.

Compliance é a conformidade com as leis em geral, com princípios éticos estabelecidos e acolhidos pela organização, bem como por suas políticas internas. Ressalte-se, desde logo, que o *Compliance* vai além do Direito e pode não seguir as suas determinações em todos os casos, tais como aqueles em que um determinado ato pode ser legal, mas é imoral.

Nesse sentido diz-se que há *Compliance* se a organização, empresa ou entidade efetivamente observa as leis em geral e a ética nos negócios. E, ao contrário, falta *Compliance* quando não se observa na rotina das atividades a obediência desses comandos. Estamos aqui, portanto, na seara da eficácia, não da eficácia jurídica, mas da eficácia social.

Como veremos mais adiante, o profissional de *Compliance* não se limita a dar um parecer, negociar um contrato ou promover a defesa de um interesse em um litígio; vai além, adota estratégias para assegurar continuamente a adesão da entidade ao direito, às políticas internas e à moral.

1.2 Para quem?

O *Compliance*, a observância das normas legais, princípios éticos e políticas internas devem alcançar os denominados *stakeholders*, partes interessadas, ou seja, fornecedores, clientes, consorciados, empregados, administradores e acionistas ou quotistas.

A lei anticorrupção, tema recorrente quando se trata de *Compliance*, embora seja somente uma pequena parte do universo de *Compliance*, estabelece sua aplicação a sociedades empresárias e às sociedades simples, personificadas ou não, independentemente da forma de organização ou modelo societário adotado, bem como a quaisquer fundações, associações de entidades ou pessoas, ou sociedades estrangeiras, que tenham sede, filial ou representação no território brasileiro, constituídas de fato ou de direito, ainda que temporariamente.

1.3 Por quê?

De acordo com a legislação brasileira, não existe um comando geral e irrestrito de que todas as organizações tenham um programa de *Compliance* e integridade. Dito isso, vamos demonstrar, por várias razões, que a implantação, desenvolvimento e manutenção de um programa de *Compliance* e integridade é cada vez mais necessária.

Primeiramente, há que se ressaltar que alguns Estados-membros da Federação já estabelecem que para participar de licitações públicas será obrigatória a existência de um programa de *Compliance* e integridade, como acontece, por exemplo, no Rio de Janeiro, Distrito Federal e em Pernambuco.

Outro ponto a ser considerado, ainda no âmbito das prescrições legais, diz respeito à dosimetria da pena por infrações relativas à corrupção. Segundo a lei anticorrupção, as empresas e entidades que demonstrarem a adoção de um efetivo programa de integridade poderão ter suas penalidades reduzidas até um determinado percentual, previsto em regulamentação.

Assim, temos mais um motivo para a implementação de um programa de *Compliance*. Note-se, porém, que o programa deve ser efetivo, comprovado, e não somente um programa "de fachada" ou negligente, como faz referência a cartilha do CADE sobre o *Compliance* Concorrencial.

Nessa linha, segue-se que, embora a existência de um Programa de *Compliance* não elimine completamente a possibilidade de violações, a sua quantidade e seu impacto certamente serão mitigados, haja vista a cultura de observância que se espraia continuamente pela organização. A existência de todos os seus elementos, preventivos, repressivos e de detecção em pleno e diuturno funcionamento, reduzirão em quantidade razoável as iniciativas de infração pelos *stakeholders*.

Mais um motivo se perfila nesta dentre os motivos para um Programa de *Compliance* e Integridade: a proteção dos administradores. A legislação societária já estabelecia desde a década de setenta as obrigações dos administradores: deveres de lealdade, de informação e de diligência. Já era conhecida a determinação de que um administrador deve atuar em nome da organização como um homem probo e diligente atua em nome dos próprios negócios. Tais ditames encontram-se reproduzidos no atual Código Civil, especialmente naqueles dispositivos que dizem respeito ao direito empresarial.

Ora, um administrador diligente certamente tomará todas as medidas necessárias para prevenir que a organização cometa atos de corrupção e de violação da legislação em geral, impedindo, assim, que sofra punições, o que comprometeria sua sustentabilidade.

E, dessa forma, a adoção e manutenção de um Programa de *Compliance* e Integridade viabiliza tal atitude diligente, implicando a existência de uma efetiva Governança Corporativa e comprovando que os administradores não foram negligentes em prevenir as infrações, o que, no mínimo, lhes servirá de prova de defesa em caso de eventuais acusações.

Entre as várias obrigações que administradores assumem estão aquelas responsabilidades tributárias, sendo um exemplo a existência em cada empresa de um responsável formal pelo CNPJ perante a Receita Federal.

Nessa linha, é de se lembrar também o que estatui o Código Tributário Nacional, em seu artigo 135:

> Art. 135. São pessoalmente responsáveis pelos créditos correspondentes a obrigações tributárias resultantes de atos praticados com excesso de poderes ou infração de lei, contrato social ou estatutos: (...) II – os mandatários, prepostos e empregados; III – os diretores, gerentes ou representantes de pessoas jurídicas de direito privado.

Assim, vê-se que um Programa de *Compliance* e Integridade pode mitigar os riscos dos administradores, inclusive quanto à sua responsabilidade tributária relativa à organização que lideram. Outro tema a ser considerado quando se trata de *Compliance* é o aspecto reputacional. A sociedade brasileira tem acompanhado na mídia em geral, durante os últimos dez anos, inúmeros escândalos de corrupção e o inexorável efeito na perda de valor das empresas, especialmente aquelas listadas na Bolsa de Valores, em decorrência da má reputação. No âmbito internacional, quando da divulgação dos casos de corrupção na FIFA, prisões e julgamentos, inúmeros patrocinadores de importância ameaçaram retirar o apoio àquela organização.

O fato é que má reputação afasta os negócios e traz ruína. De outro lado, uma organização que previne a corrupção, implementando e desenvolvendo o seu programa de *Compliance* e Integridade melhora sua reputação, atraindo mais e melhores negócios. Outro efeito também decorrente da boa reputação é a atração e retenção de profissionais qualificados que ao final do dia serão as pessoas que vão fazer a diferença no resultado.

No relacionamento com os fornecedores e demais *stakeholders* observa-se mais um benefício do Programa de *Compliance* e Integridade efetivo, qual seja, aquele de prevenir desvios financeiros nos negócios com essas empresas e pessoas. A existência de uma forte cultura de ética nos relacionamentos comerciais, bem como a existência e divulgação de canais de denúncias, não somente para os funcionários, bem como para os terceiros, reduzirá os riscos de tais desvios.

De outro lado, na área Tributária, é muito comum a contratação de consultores e outros profissionais para atuarem em nome da empresa perante as Administrações Fazendárias e perante as Repartições aduaneiras, onde se processam as importações, exportações e onde se recolhem os respectivos tributos.

Tal atuação pode gerar responsabilidade objetiva no caso de cometimento de ilícios no interesse da contratante. Destarte, havendo uma política de *Compliance* para contratação de consultores e outros terceiros, tal risco será mitigado.

Por fim, ressalte-se a importância de se ter o orgulho de possuir ou trabalhar em uma entidade que comunga de princípios e valores éticos, de tal sorte a poder compartilhar isso nos relacionamentos sociais e familiares, diferentemente do que vem acontecendo com várias organizações grandes do país, cujos executivos amiúde precisam se esconder ou ocultar o nome de suas empresas.

1.4 Instrumentos de *Compliance*

1.4.1 Programa de integridade

Os Programas de *Compliance* e Integridade visam estabelecer uma estratégia para alcançar a prosperidade e a longevidade das entidades e organizações. Cada qual, naturalmente, tem seus objetivos e seu objeto social. Sendo uma organização empresarial, seu objetivo será o lucro, independentemente de seu objeto social.

Não sendo uma entidade empresarial, terá outros objetivos, mas, de qualquer forma, buscará desenvolver aquilo que foi discriminado em seu objeto social.

Para assegurar de modo efetivo a realização do seu objeto social, no entanto, devem ser superados obstáculos que, naturalmente, surgem em suas atividades rotineiras. Dentre eles destacam-se alguns, como, por exemplo, as violações legais e éticas e as consequências decorrentes, como penalidades pecuniárias, de restrição de liberdade e reputacionais.

Nessa medida, um Programa de *Compliance* e Integridade se apresenta como estratégia para evitar que tais violações aconteçam e, se vierem a acontecer, os respectivos mecanismos para corrigir seus efeitos deletérios.

Nesse sentido, inicia-se um programa de *Compliance* e Integridade assegurando-se de que a liderança da empresa esteja efetivamente comprometida com o respeito à lei em geral e aos princípios éticos. É o conhecido *"tone at the top"*, ou o tom da liderança.

Aqui estamos também num campo denominado de Governança Corporativa. Acionistas, conselheiros, diretores, comitê executivo de auditoria e a alta gerência devem receber treinamentos, firmar documentos e adotar hábitos que efetivamente externalizem tal comprometimento.

"Walk the talk" é outra expressão costumeira quando se fala de *Compliance*. Significa que o discurso, o que se diz, deve refletir em atitudes concretas. Aqueles que governam a entidade não devem se limitar às palavras, mas devem liderar pelo exemplo.

O tom da liderança observa-se quando o presidente da organização estabelece seu comprometimento com a observância da lei e dos princípios éticos de modo escrito e divulga isso continuamente a todos os *stakeholders*. Também é observado quando a liderança da organização elege um diretor de *Compliance* e integridade que participa de todas as reuniões da diretoria, tem equipe e orçamento. Outra maneira de comprovar o tom da liderança em *Compliance* é incluir esse tema como pauta obrigatória e regular das reuniões da diretoria e da gerência, bem como dos discursos e apresentações dos líderes.

1.4.2 Gestão de riscos

Toda atividade humana está sujeita a riscos. As atividades das empresas e outros tipos de organização não acontecem de modo diferente. Destarte, para se obter êxito em uma empreitada é necessário, primeiro, conhecer os riscos. Diz-se, com razão, que o maior risco é não conhecer os riscos.

Assim, o conhecimento dos riscos pode advir de várias fontes, tais como relatórios de auditoria dos anos anteriores, relatórios de processos judiciais e procedimentos administrativos, mas principalmente das ponderações dos gestores das áreas operacionais das organizações, que, lidando diariamente com suas atividades, devem ter ferramentas de controle, personificando, assim, a chamada primeira linha de defesa.

Depois se seguirá a segunda linha defesa, composta por vários departamentos, tais como os controles financeiros, a área de qualidade, a área de segurança e a própria área de *Compliance*, entre outras e, por fim, na terceira linha de defesa, a auditoria, que irá verificar se as duas primeiras linhas de defesa estão funcionando efetivamente.

Conhecidos os riscos, esses devem ser apropriadamente registrados, para que se inicie a etapa seguinte, que é a avaliação dos riscos, a saber, a avaliação qualitativa e a avaliação quantitativa. Na avaliação quantitativa, os riscos serão identificados segundo a probabilidade de sua ocorrência, pequena, média ou grande e quanto aos seus impactos na organização, da mesma forma, se há um pequeno, médio ou alto impacto e assim é possível desenhar e visualizar uma matriz de riscos.

No passo seguinte, faz-se a avalição quantitativa, atribuindo-se números à probabilidade de o risco acontecer, em termos de percentagem, e ao seu impacto financeiro, ou seja, qual o valor econômico do impacto do risco. Essa avaliação quantitativa também servirá para a etapa seguinte, caso se queira fazer um provisionamento para mitigar o impacto financeiro do risco, caso ele venha a se concretizar.

Conhecidos e avaliados os riscos, é tempo de tomar atitudes. O gestor pode decidir eliminar o risco, transferi-lo, reduzi-lo ou mesmo não tomar atitude alguma, com ou sem provisionamento financeiro. Eliminar o risco nem sempre é possível, embora fosse o ideal em muitas situações. Há organizações que estabelecem políticas para revisão de riscos, dependendo do montante envolvido nos contratos que estão para firmar.

Nesses casos, analisados todos os tipos de riscos ou, pelo menos, os mais importantes, tais como riscos operacionais, técnicos, riscos de mercado, financeiros, reputacionais, legais e de *Compliance*, o corpo gerencial toma a decisão de, por vezes, não assinar um contrato ou não enviar uma proposta de negócios vinculante, é tomada a decisão *"NO GO"*. Nesses casos o risco é eliminado.

Em outras situações, a decisão é transferir o risco. Nesse caso, análises de custo-benefício são realizadas e o risco passa a ser de outra entidade, como acontece, por exemplo, na contratação de um seguro. Nesses casos, embora exista um custo, se o risco vier a acontecer, esse será suportado pela seguradora.

Há também a possibilidade de se reduzir o risco. Em contratos entre entidades privadas, por vezes, se estabelece que caso venham a ocorrer danos à outra parte, entre certas condições, esse dano fica limitado a um determinado valor, obviamente observando-se as determinações da legislação civil sobre o assunto.

Por fim, há ainda a alternativa de não se tomar atitude nenhuma quanto ao risco. Por vezes, é economicamente mais interessante simplesmente deixar de tomar qualquer atitude e, caso o risco venha a se concretizar, tomar as atitudes para corrigir o dano. Tendo ou não provisão para tanto.

Certa feita, em determinada empresa, que tinha uma frota de aproximadamente trezentos veículos, analisado o histórico de sinistros, envolvendo furtos e batidas, tomou-se a decisão de não fazer mais seguro, haja vista que o custo do seguro de toda a frota era muito mais caro do que os gastos médios anuais com reposição e consertos de veículos. Cada organização deve, assim, considerar seu apetite para riscos.

Nesse diapasão, cumprir as normas tributárias e tomar as medidas para que os funcionários conheçam a legislação respectiva é altamente recomendável, haja vista os altos valores das multas e o histórico das autuações tributárias que tem crescido a cada ano.

1.4.3 Código de Conduta, políticas e *Compliance* e procedimentos

O Código de Conduta é uma peça fundamental dentro de um Programa de *Compliance* e Integridade. Ali se descrevem os valores que guiam a entidade, o comprometimento de sua liderança e as diretrizes da organização sobre os principais temas.

A análise de riscos anteriormente realizada irá influenciar sua produção, informando quais os pontos mais sensíveis para a sua sustentabilidade e esses são temas específicos. De outro lado, há temas gerais que necessariamente devem ser abordados, independentemente do tipo de organização e os riscos do mercado em que se insere.

Alguns desses temas são: a proibição de qualquer espécie de pagamento indevido, a vedação a qualquer espécie de discriminação, assédio moral e sexual, como tratar presentes e oferta ou recebimento de entretenimento, uso de ativos da empresa, sigilo de informações da organização, conflitos de interesse, informações privilegiadas, livros e registros financeiros, fornecedores, relacionamento com autoridades públicas, lavagem de dinheiro e outros.

Além do Código de Conduta, pode ser necessário que alguns temas sejam aprofundados, estabelecendo-se uma série de detalhes. Nesses casos, criam-se as Políticas de *Compliance*, Procedimentos e até mesmo formulários específicos, como no caso do *Questionário sobre conflitos de interesse* ou no *Questionário para auditoria de entidades que solicitam doações*, por exemplo.

Se o Código de Conduta estabelece que não é política da organização oferecer e receber presentes em troca de firmar contratos, sendo seus diferenciais a qualidade e preços competitivos, será na Política de Presentes e Entretenimento que serão estabelecidas as exceções a esse princípio, os limites do aceitável, regras e sistemas de aprovação prévios e posteriores.

Recomenda-se que não sejam feitas muitas políticas para todos os temas, mas somente para aqueles de maior importância. Em *Compliance* busca-se a efetividade do cumprimento das normas, se a organização, a exemplo do Estado brasileiro, começa a produzir uma quantidade enorme de políticas, certamente as partes interessadas não conhecerão todas essas políticas e assim teremos a sua ineficácia. Deve-se se concentrar naquilo que é mais importante.

1.4.4 Comunicação e treinamentos corporativos

Produzidas as normas internas da organização, mencionadas no item anterior e que podem sempre ser revistas, atualizadas e ampliadas, deve-se produzir campanhas periódicas de comunicação para que todos conheçam bem o seu conteúdo, passo inicial para o seu cumprimento.

Na Faculdade, aprende-se que ninguém se escusa de cumprir a lei alegando que não a conhece. Pois bem, esse é um primado do Direito e é até necessário pensando-se nas dimensões de um país, na eficácia social das normas e das necessidades para sua aplicação. No entanto, em *Compliance*, busca-se efetivamente fomentar que todos os *stakeholders* tenham oportunidades exaustivas de conhecer as normas e, mais do que isso, que firmem documentos demonstrando que receberam a cópia do Código de Conduta e que participaram de treinamentos, de modo periódico e reiterado.

A tributação no Brasil tem observado um fenomenal processo de informatização, e os contribuintes devem acompanhar essa evolução se não quiserem sofrer os riscos de penalidades. O SPED e as declarações de imposto de renda das pessoas físicas e jurídicas enviados pela Internet são apenas alguns exemplos. Aqueles na organização que são responsáveis não só pela obrigação tributária principal, mas também pelas obrigações tributárias acessórias, registrar livros, documentos e prestar informações ao Fisco, devem receber treinamentos periódicos sobre a legislação tributária que se altera rapidamente.

1.4.5 Canal de denúncias

Além do aspecto preventivo do *Compliance*, seja no contexto de produzir normas internas ou de comunicar e dar treinamentos sobre tais normas, bem como sobre alguns temas de Direito, a área de *Compliance* deve também buscar detectar as violações a tais normas, de tal sorte a ser proativa, seja na sua repressão, punição ou correção.

Dessa forma, programas de *Compliance* e integridade, mundiais e nacionais, decorrentes das mais variadas legislações, estabelecem a necessidade de se instalar canais de denúncias. Tais canais podem ser administrados pelas próprias organizações ou podem ser objeto de serviço terceirizado. Deve-se criar uma cultura de sigilo sobre os temas que são denunciados de tal forma a criar credibilidade na comunidade que utilizará os canais.

Eles devem ser informados pelos princípios da não retaliação e da não discriminação. A observância de tais princípios criará a citada credibilidade. Por vezes e pelos mais variados motivos, as pessoas se sentem inseguras em apresentar uma denúncia, preferindo ficar caladas. Por isso a credibilidade é importante e isso se constrói garantindo que aqueles que fizerem denúncia não sofrerão discriminação, nem retaliação.

Os canais de denúncia não se resumem a números de telefone dedicados a receber as informações sobre a violação da legislação em geral e de princípios éticos, nem a endereços de *e-mail*. Por vezes, o denunciante prefere conversar pessoalmente, ao invés de fazer uma chamada telefônica ou escrever uma mensagem.

Nesses casos, várias pessoas podem ser indicadas para ouvir as denúncias, como, por exemplo, o gerente do Jurídico, do RH, do

Financeiro, da Auditoria, os Diretores, o Presidente e os próprios profissionais da área de *Compliance* que, após ouvirem e recomendarem, deverão registrar as informações em uma base de dados, para que se prossigam as investigações necessárias.

Questão interessante que se põe quando tratamos de canais de denúncia é saber se serão permitidas denúncias anônimas ou se será sempre exigida a identificação do denunciante, como fazem alguns órgãos públicos. Há quem defenda que é importante exigir a identificação do denunciante a fim de se evitar denúncias falsas ou sem fundamento.

De fato, isso ocorre muitas vezes, mas será trabalho da área de *Compliance* fazer a investigação e desvendar a veracidade e a fundamentação do que foi denunciado. Certamente isso será um trabalho adicional, no entanto, isso ampliará o campo amostral de violações avaliadas, aumentando-se a efetividade do Programa de *Compliance* e Integridade.

1.4.6 Investigações internas e Comitê Disciplinar e Corretivo

Ao receber as denúncias, seja por meio de canais pessoais ou eletrônicos, internos ou externos, com ou sem anonimato, e observando os princípios da não discriminação e não retaliação, já se inicia o processo de investigação, devendo aquele que receber as denúncias ter uma atitude neutra, sem preconceitos, buscando extrair o máximo de informações e estimulando a continuidade da cooperação.

As investigações devem ser revestidas de sigilo, e os investigadores devem ter o compromisso mantido nesse sentido, de tal forma a alcançar a efetividade em tais operações, evitando-se, assim, que terceiros destruam provas que estão por ser descobertas, ou que existam julgamentos precipitados, causando danos irreversíveis aos investigados.

A investigação deve resultar na produção de um relatório em que devem constar o resumo da denúncia, data e local da denúncia, pessoas denunciadas, nome do denunciante se disponível, documentos que foram investigados durante a diligência, se possível a inclusão de cópias de tais documentos, pessoas entrevistadas, atas das reuniões das entrevistas, considerações sobre o organograma em que o investigado se insere, avaliações de possíveis parcerias do investigado, recomendações sobre o perfil do investigado emanadas pelo superior hierárquico da pessoa investigado e, em último caso, se necessário, entrevista investigativa com o próprio investigado.

Todas essas informações e outras devem ser incluídas no relatório, com resumo e também uma descrição detalhada, com a respectiva conclusão e sugestão ao comitê disciplinar e corretivo sobre quais as medidas devem ser tomadas em virtude do que foi encontrado.

Suponha-se, por exemplo, que documentos fiscais venham a ser falsificados, para melhorar o resultado de determinada área de negócios. Nesse caso, estaremos diante de crimes tributários, o que poderá redundar em uma demissão por justa causa, pedido de abertura de inquérito policial e que também deverá redundar na revisão dos controles que falharam.

Tais decisões serão tomadas por um Conselho Disciplinar e Corretivo que, de posse dos relatórios de investigação, se reunirá e discutirá qual a melhor medida a ser adotada. Tais Conselhos podem ser formados por um representante da área de *Compliance* e por líderes de outras áreas, como o Jurídico, o RH, o Financeiro/Controladoria, Auditoria, o Presidente e, ocasionalmente, o diretor da área diretamente atingida pela violação.

1.4.7 Auditorias legais e controles

Outro ponto importante dos Programas de *Compliance* e Integridade sãos os sistemas de auditorias legais, as *"due diligence"* e os sistemas de controle prévio. Contratando fornecedores em geral e, em especial, prestadores de serviços que atuam perante o Governo em nome da organização, auditorias prévias devem ser feitas de tal forma a garantir a confiabilidade desses terceirizados. Auditorias legais também podem ter lugar na hipótese de fusões e incorporações, bem como nos casos de solicitações de doações e patrocínios apresentados por terceiros, que precisam ser averiguados.

Sistemas de controles também são importantes como, por exemplo, sobre a dação e recebimento de presentes e entretenimento de e para clientes, fornecedores e outros parceiros de negócios, como consorciados ou distribuidores ou, ainda, sobre os controles de livros contábeis e financeiros, que devem ser completos e precisos, como prescreve a legislação, nacional ou estrangeira, como é o caso do *USGAAP – United States General Accepted Accountancy Principles*.

Esses controles contábeis e financeiros interessam de perto o cumprimento das obrigações tributárias, principal e acessória, especialmente quando se trata do IRPJ, CSLL ou mesmo de outros tributos, como o ICMS, sendo utilizados para se arbitrar o imposto devido na falta de uma escrita fiscal apropriada.

1.4.8 Monitoramento, revisão e *Compliance Officer*

Todos esses mecanismos devem ser objeto de constante monitoramento e avaliação, não devendo se surpreender que entre em ação a terceira linha de defesa, a auditoria, avaliando o trabalho que vem sendo feito pelo *Compliance*.

Essa área deve ter um líder que comande as iniciativas e que lhe seja assegurada autonomia e independência. Preferencialmente deve se reportar ao Conselho de Administração, se houver, ou ao Presidente da empresa. Não precisa necessariamente ser um advogado, mas não o sendo, deve contar com o apoio de um profissional do direito que lhe preste a devida consultoria, sobre direito empresarial em geral e em particular sobre a legislação anticorrupção, por exemplo.

O líder de *Compliance*, por vezes denominado de *Compliance Officer*, poderá também ser um profissional que preste serviços sem vínculo empregatício, de modo independente, e poderá contar com uma rede de apoio, profissionais de outros departamentos, que voluntariamente dedicam parte do seu tempo a apoiar as atividades de *Compliance*, fazendo apresentações e investigações, mediante prévio treinamento e contínua supervisão do líder ou líderes de *Compliance*.

2 *Compliance* tributário

Diante da amplitude do tema *Compliance* Tributário, importante para a didática e comunicação que se inicie pela definição do seu conceito e respectivo contexto normativo.

Sem a intenção de esgotar o tema ou estabelecer verdades absolutas, objetiva-se elucidar o conceito de *Compliance* como gênero, para, em seguida, aplicá-lo ao cenário tributário pátrio, como espécie.

Compliance vem do verbo inglês: *to comply*; um substantivo que significa conformidade, "estar de acordo com" e sua utilização está associada à integridade, a um sistema de governança e prevenção à corrupção, com metodologia própria para prevenir, detectar e remediar não conformidades éticas, incentivando uma atuação com transparência voltada ao bem comum; conhecido em escala global e aplicado no ambiente público e privado.

Compliance defende a condução íntegra nos negócios, ética na administração pública e maior retidão e transparência na interação entre ambos, e mais especificamente para esse artigo, nos casos das relações tributárias, isto é, àquela relação formada entre Fisco tributante e o Administrado tributado, para possibilitar que parte da riqueza deste seja entregue àquele com a finalidade de promover o funcionamento do Estado e atendimento das necessidades sociais.

Como se viu, a terminologia anglófona não se encerra apenas em cumprir leis, mas também a se ter um conjunto de práticas, dentro das corporações, para melhorar o cumprimento das legislações, prevenir e controlar os ilícitos nas relações privadas e públicas, em um movimento não só legislativo e de operações policiais (vide Lava-Jato), mas também algo ditado pelo mercado – seja por meio de órgãos de controle (BACEN, CVM, COAF), seja por administradores (maior controle de fornecedores e tomadores de serviços) e acionistas (por intermédio de *due diligence*, por exemplo) ou até de consumidores, descontentes com planejamentos tributários agressivos.

2.1 Constituição Federal, sistema tributário nacional e legislação correlata

Viu-se acima que *Compliance* é estar em conformidade com a lei, logo, remete à legalidade.

A Constituição Federal prestigia a legalidade, alçada a *status* de princípio, seja legalidade "gênero",[1] seja legalidade "específica" para o direito tributário,[2] sendo lição escorreita já nos primeiros dias nos bancos acadêmicos que a Administração Pública deve seguir o que a lei determina, e o administrado, fazer tudo o que a lei não proíba.

Luís Eduardo Schoueri[3] leciona que a ideia da legalidade é própria do Estado de Direito.

Ensina Hugo de Brito Machado[4] que no tocante ao princípio da legalidade, a Constituição é explícita, tanto para a criação como para o aumento de tributo.

Vê-se da topografia do sistema tributário nacional desenhada pela Constituição Federal que o princípio da legalidade tributária situa-se na seção das limitações do poder de tributar.

---

[1] "Art. 5º Todos são iguais perante a lei, sem distinção de qualquer natureza, garantindo-se aos brasileiros e aos estrangeiros residentes no País a inviolabilidade do direito à vida, à liberdade, à igualdade, à segurança e à propriedade, nos termos seguintes: (...) II – ninguém será obrigado a fazer ou deixar de fazer alguma coisa senão em virtude de lei;"

[2] "Art. 150. Sem prejuízo de outras garantias asseguradas ao contribuinte, é vedado à União, aos Estados, ao Distrito Federal e aos Municípios: I – exigir ou aumentar tributo sem lei que o estabeleça;"

[3] SCHOUERI, Luís Eduardo. *Direito Tributário*. 8. ed. São Paulo: Saraiva, 2018, p. 292.

[4] MACHADO, Hugo de Brito. *Curso de Direito Tributário*. 38. ed. São Paulo: Malheiros, 2017, p. 32.

Assim, pautando-se, já de início, pelo princípio da legalidade, não se torna exagero concluir que o *Compliance* tem como fonte primeira a Constituição Federal, afinal, repita-se: estar em conformidade é estar em *Compliance*. Noutro falar, começando-se pela conformidade, já se percebe que a Carta Magna é o "olho d'água" para o *Compliance*.

Cabe ressalvar que também sob o plano infraconstitucional – o Código Tributário Nacional – CTN – também prestigia a legalidade.[5]

Portanto, o ambiente de estar em conformidade tem seu nascedouro na Constituição Federal, desdobrando-se ao plano infraconstitucional.

Por outro lado, inconteste a complexidade do sistema tributário brasileiro, o qual conta com uma carga tributária composta por mais de 90 (noventa) tributos e algumas dezenas de obrigações acessórias, fato que, além de tornar árdua a tarefa do Contribuinte, acaba por deixar a exploração de atividade econômica no país muito cara, complexa e pouco competitiva; somando-se à corrupção, tem-se o pejorativo "custo Brasil" tão conhecido no mundo empresarial.

Esse cenário é extremamente convidativo a erros e ilicitudes, o que proporciona um ambiente fértil para utilização de subterfúgios, tais como a corrupção e a evasão fiscal, desincentivando cuidados com temas ligados à Ética e *Compliance Tributário*.

Outra característica marcante de nosso sistema tributário tem sido a crescente informatização dos processos de arrecadação, os quais proporcionaram avanços nos cruzamentos de informações com a finalidade de combater a sonegação fiscal, como, por exemplo, o SPED Fiscal e o ESocial, mas que não simplificaram ou desburocratizaram a rotina dos contribuintes.

Diante desse contexto, surge a necessidade de um fortalecimento dos sistemas de integridade e *Compliance* corporativo e público em uma seara indispensável do funcionamento do Estado, como a tributária, envolvendo, entre outros, profissionais contábeis, do direito, da administração, da economia, dos Recursos Humanos, para que, unidos, consigam obter os melhores resultados nessa multi e interdisciplinaridade que envolve o *Compliance*.

Adicionando-se ao que já se disse, por outra viseira, pouco provável que uma organização abrace a atuação ética espontaneamente, isto é, sem considerar a lei como uma base inspiradora e vinculante que obriga a todos.

---

[5] "Art. 97. Somente a lei pode estabelecer: I – a instituição de tributos, ou a sua extinção;"

Nesse sentido, instituíram-se no Brasil relevantes iniciativas normativas – originadas em décadas anteriores em outros países,[6] dando-se escala global ao assunto –, culminando em um incentivo claro à adequação aos mandamentos tributários e à adoção do *Compliance* Tributário.

Esse movimento internacional impactou o cenário normativo nacional, em especial, por força de compromissos internacionais assumidos pelo Brasil, em temas relacionados ao *Compliance*, chegando às disposições normativas de *Compliance* Tributário.

Por força desse compromisso internacional, o Brasil promulgou a Lei nº 10.467/2002, que preencheu lacunas importantes em nosso ordenamento jurídico, introduzindo o Capítulo II – Dos crimes praticados por particular contra a administração pública estrangeira – ao Título XI do Código Penal, definindo "funcionário público estrangeiro" para fins penais e tipificou a corrupção ativa em transações comerciais internacionais e o tráfico de influências em transações comerciais internacionais, além de incluí-los no rol dos crimes antecedentes da lavagem de dinheiro, vindo o Brasil a ser positivamente avaliado no monitoramento da implantação dos termos da Convenção da OCDE.

Ainda em atendimento à Convenção da OCDE, o Brasil promulgou a Lei nº 12.846/13, conhecida como Lei Anticorrupção ou Lei da Empresa Limpa.

Um traço importante desse diploma legal é a responsabilidade objetiva atribuída às pessoas jurídicas pelo cometimento, direto ou por meio de seus terceiros, de atos lesivos em face da administração pública e destaque dado ao Programa de *Compliance* como importante mecanismo de defesa das organizações, tanto em termos operacionais, quanto em termos procedimentais.

A sua regulamentação veio por intermédio do Decreto nº 8.420/15, que, em seu artigo 42, detalhou os pontos essenciais de um Programa de *Compliance*, dando ênfase, entre outros pilares, aos registros contábeis, controles internos e demonstrações financeiras, elementos esses ligados ao campo tributário.

Especificamente a respeito das áreas fiscal e tributária, também no ano de 2015 adveio um acordo firmado entre Brasil e EUA, conhecido

---

[6] A lei americana FCPA (*Foreign Corrupt Practices Act*), da década de 1970, com foco em inibir a corrupção pública e irregularidades em registros contábeis, incentivou nitidamente à cultura de *Compliance*. Sobrevieram os tratados internacionais como os promovidos pela OEA (Organização dos Estados Americanos) em 1996, pela OCDE (Organização para a Cooperação e Desenvolvimento Econômico) em 1997 e ONU (Organização das Nações Unidas), em 2003.

pelo acrônimo em inglês FACTA (O *Foreign Account Tax Compliance Act*), que tem por objetivo a prevenção de evasão de recursos auferidos no exterior, por pessoas físicas e jurídicas que utilizam instituições financeiras nos EUA para esconder seus rendimentos.

Bom se diga que o Senado Federal dos EUA divulgou em 2008 um relatório de evasão fiscal tributária, referente a bancos situados em paraísos fiscais e protegidos por sigilo fiscal, informando que teriam sido perdidos US$100 bilhões em receitas tributárias, com tal prática, cuja base foram os escândalos financeiros do LGT *Bank*, em Liechtenstein e o USB AG.

A partir de 2009, a OCDE declarou o fim da era do sigilo bancário, sobrevindo em 2010 a alteração da Convenção sobre Assistência Mútua Administrativa em Matéria Tributária (Convenção Multilateral), quando se permitiu a assinatura de Estados não membros do Conselho da Europa ou da OCDE, estendendo-se a troca de informações tributárias, ocasionando um aumento de jurisdições aderentes, possibilitando que tais trocas se dessem a pedido ou de modo automático. Até maio de 2018, tinha-se mais de 120 jurisdições aderentes.

Desde 2014, a não adesão ao FACTA gera uma penalização por retenção na fonte no percentual de 30% incidentes sobre qualquer rendimento fixo, determinável, anual ou periódico de origem norte-americana e, a partir de 2017, sobre qualquer pagamento de origem norte-americana.

O acordo, que passou a viger no Brasil por meio do Decreto nº 8.506/2015, permite sejam trocadas com os EUA, automática e anualmente, informações sobre certas movimentações financeiras e que impõe às instituições financeiras (sociedades financeiras, seguradoras, bancos, entidades de investimentos, gestoras de fundos, organismos de investimento coletivo) a obrigação de reportarem às autoridades fiscais americanas casos que apresentem indícios de rendimentos não declarados.

Enfim, o FACTA desponta como um anseio social de escala global; é uma espécie de Lei de *Compliance* Tributário de Contas Estrangeiras.

No Brasil, o *Compliance* Tributário foi introduzido pelo Estado de São Paulo com a Lei Complementar nº 1.320, de 2018, a qual pretende desenvolver um Programa de Estímulo à Conformidade Tributária, denominado "Nos Conformes".[7]

---

[7] https://www.al.sp.gov.br/repositorio/legislacao/lei.complementar/2018/lei. complementar-1320-06.04.2018.html.

Com base em critérios objetivos, a lei estabelece uma classificação dos contribuintes e seus fornecedores, com base em perfil de risco, tudo de modo a promover uma autorregulação do mercado para fins de conformidade tributária.

Não se olvide que, como parte importante desse contexto normativo relacionado ao *Compliance* Tributário, temos a Lei de Crimes contra a Ordem Tributária (nº 8.137/90).

Em síntese, infere-se que *Compliance* Tributário, sob o pálio da Administração Pública, norteia o interesse público associado ao combate à corrupção, ponto muito importante para a melhor utilização dos recursos públicos e transparência na condução da máquina pública, assim como ética e transparência na relação jurídico-tributária, sobretudo ao que se refere aos processos de arrecadação, fiscalização e penalização dos contribuintes.

Por parte dos Administrados, *Compliance* Tributário significa condução ética dos negócios, boas práticas de governança corporativa, regularidade e conformidade com as obrigações tributárias e integridade e transparência como valores a serem seguidos em sua rotina fiscal.

Dessa forma, defende-se o *Compliance* enquanto gênero e o *Compliance* Tributário enquanto espécie como caminhos para a melhoria da gestão da ética no domínio estatal da imposição tributária, da sustentabilidade das empresas, harmonia na relação jurídico-tributária e manutenção do Estado.

É a integridade que se impõe como uma nova fronteira na governança pública e privada, ultrapassando a questão da conformidade, necessitando de um planejamento inter e multidisciplinar para que seus programas de integridade sejam efetivos e perenes.

2.2 Tributação nas atividades portuária, marítima e aduaneira

De regra, os regimes de tributação são o SIMPLES, Lucro Presumido, Lucro Real e Lucro Arbitrado, não sendo diferente para as atividades portuária, marítima e aduaneira, e sempre, antes de se fazer a escolha, imprescindível que o empreendedor escolha profissionais de qualidade – contabilidade e direito –, prevenindo-se de dissabores futuros por falta de se contextualizar sua operação.

Enfim, não basta ser bom no que se faz, sem se preocupar com a administração do seu empreendimento. A opção pelo regime de tributação não tem uma "receita de bolo" única, precisando-se analisar o todo.

O escopo do presente escrito não é cair nas minúcias de qual regime de tributação optar, mas saber quais existem e que tipo de análise há ser feita, visando à tributação mais adequada e lícita, diante do que o ordenamento oferece.

Avaliar despesas com pessoal; projeção de receitas auferidas; número de empregados, por exemplo, pode ser o início das investigações para se saber se o SIMPLES compensará mais que o Lucro Presumido ou o Lucro Real. O Lucro Presumido, para o ramo da prestação de serviços, de regra, possui 11,33% de tributos federais (IRPJ, CSLL, PIS e COFINS), mais ISS (em favor do Município, em caso de o objeto social contemplar a prestação de serviços), e ainda, Contribuição Previdenciária sobre a Receita Bruta (CPRB) (INSS, em caso de se ter empregados). Lucro Real para despesas altas e comprovadas.

Em uma operação que envolva o comércio exterior, por exemplo, o operador de *Compliance* tributário, visando, de início – e no mínimo –, à conformidade, terá de saber que haverá uma gama de tributos a serem analisados, quais sejam, (1) o Imposto de Importação – II, (2) Imposto de Exportação – IE, (3) Imposto sobre Produto Industrializado – IPI, (4) Imposto sobre Operações de Câmbio – IOF, (5) Programa de Integração Social e de Formação do Patrimônio do Servidor Público – PIS/PASEP- -Importação, (6) Contribuição Social para o Financiamento da Seguridade Social para o Financiamento da Seguridade Social – COFINS-Importação, (7) Adicional ao Frete para Renovação da Marinha Mercante – AFRMM, (8) Contribuição de Intervenção no Domínio Econômico Incidente sobre a Importação e a Comercialização – CIDE, (9) Taxa de Utilização do Sistema Integrado de Comércio Exterior – SISCOMEX, (10) Preço de Transferência (*Transfer Pricing*), voltado ao Imposto de Renda da Pessoa Jurídica – IRPJ e a Contribuição Social sobre o Lucro Líquido – CSLL e (11) o Imposto sobre Circulação de Mercadorias e Serviços de Transporte Interestadual e Intermunicipal e de Comunicação – ICMS.

Passos mal dados podem ensejar lançamento tributário do fisco federal, entendendo que houve dolo – vontade livre e consciente de se lesar o fisco –, e, por conseguinte, cobrando-se o tributo supostamente devido, acrescidos de juros de mora e multa qualificada (150%), hipótese em que poderá, ao fim e ao cabo, ser deflagrada uma ação penal em face do agente.

De se ver nesse exemplo, além de se cobrar o tributo da hipotética operação, em tese, o agente poderá ter contra si uma ação judicial visando lhe restringir a liberdade. Noutras palavras, tudo isso tem a ver com o *Compliance* tributário.

A seguir, abordar-se-á tributação mais específica, destacando-se algumas questões tributárias no tocante a importação, dando-se noções básicas de tais temas, em razão do escopo e limitação desse escrito, com destaque para casuísticas decididas no Conselho Administrativo de Recursos Fiscais (CARF), e ainda algumas outras decisões do CARF sobre casos destacados de outros tributos.

2.2.1 O exemplo da tributação na importação

Como se disse, no presente artigo, apenas se dará noções básicas sobre a estrutura dos tributos contidos abaixo, sem conotações teóricas aprofundadas, como, por exemplo, tecer a minúcias a estrutura de suas respectivas regras-matrizes de incidência tributária (RMIT), escólio do Prof. Paulo de Barros Carvalho, devendo ter o operador de *Compliance* tributário, domínio as hipóteses de incidências, fatos geradores, RMIT (aspectos material, pessoal, quantitativo, espacial, temporal), deveres instrumentais (obrigações acessórias). Esse *Compliance*, muitas vezes, englobará, no mínimo, 2 (dois) profissionais, nessa atividade inter e multidisciplinar: direito e contabilidade, ou, ainda, um terceiro, do comércio exterior, para que todos possam avaliar a correta classificação da mercadoria importada ou exportada; suas repercussões tributárias; despesas de capatazia.

Além disso, o profissional de *Compliance* tributário também terá de se manter atualizado com o que decidem os tribunais administrativos e judiciais, para que, então, possa ter uma visão sistemática e/ou holística da operação, podendo fazer uma gestão dos riscos da atividade, planejando os destinos de seu cliente.

Não se olvide, portanto, que o profissional de *Compliance* tributário deverá ser um pesquisador, um estudioso, devendo desenvolver uma metodologia,[8] para que, com isso, possa colher melhores frutos e não comprometer o futuro de seu tomador de serviços.

Principiando pelo Imposto de Importação, destacaremos suas noções básicas para que sirva como uma espécie de roteiro, mas sem qualquer caráter exaustivo, vez que, por meio desse artigo, apenas se pretende linhas gerais, com ênfase em algumas decisões sobre assuntos mais latentes, estimulando o leitor a mergulhar nesse grande oceano – muitas vezes agitado – da tributação que envolve o tema proposto.

---

[8] PASOLD, Cesar Luiz. *Metodologia da pesquisa jurídica*: teoria e prática. 13. ed. Florianópolis: Conceito Editorial. 2015.

Desse modo, como sujeito ativo temos a União (artigo 22, VIII, da CF/88), que é a titular da competência tributária impositiva de instituir, alterar ou suprimir o aludido tributo (artigo 153, I, da CF/88), cabendo ao Ministério da Fazenda, a fiscalização e o controle (artigo 237, CF/88).

A União poderá ceder sua capacidade tributária a terceiros – pessoas jurídicas (públicas e privadas) ou pessoas naturais –, afeiçoando o caráter parafiscal do referido tributo.

Em termos tributários, o Comércio Exterior no Brasil (importação e exportação) compõe-se dos seguintes órgãos:

a) Câmara de Comércio Exterior – CAMEX, cujos objetivos são formular, adotar, implementar e coordenar políticas e atividades para o setor;

b) Secretaria de Comércio Exterior – SECEX, órgão licenciador do Comércio Exterior;

c) Secretaria da Receita Federal do Brasil – RFB, a quem cabe a administração dos tributos internos e aduaneiros da União;

d) Banco Central do Brasil – BACEN, que estabelece norma sobre movimentação de moedas e operações de câmbio.

O sujeito passivo é o contribuinte, pessoa natural ou jurídica, que realize importação ou pratique atos atinentes à aquisição direta de produtos estrangeiros, de acordo com o artigo 153, I, da CF/88 c/c artigo 22 do CTN e artigo 31 do Decreto-Lei nº 37/66.

Além do contribuinte, também é sujeito passivo o responsável pelo imposto (artigos 105 e 106 do Decreto nº 6.759/2009 – Regulamento Aduaneiro – RA[9]).

---

[9] "Art. 105. É responsável pelo imposto: I – o transportador, quando transportar mercadoria procedente do exterior ou sob controle aduaneiro, inclusive em percurso interno (Decreto-Lei nº 37, de 1966, art. 32, caput, inciso I, com a redação dada pelo Decreto-Lei nº 2.472, de 1988, art. 1º); (...) II – o depositário, assim considerada qualquer pessoa incumbida da custódia de mercadoria sob controle aduaneiro (Decreto-Lei nº 37, de 1966, art. 32, caput, inciso II, com a redação dada pelo Decreto-Lei nº 2.472, de 1988, art. 1º); ou III – qualquer outra pessoa que a lei assim designar.
Art. 106. É responsável solidário: I – o adquirente ou o cessionário de mercadoria beneficiada com isenção ou redução do imposto (Decreto-Lei nº 37, de 1966, art. 32, parágrafo único, inciso I, com a redação dada pela Medida Provisória nº 2.158-35, de 2001, art. 77); II – o representante, no País, do transportador estrangeiro (Decreto-Lei nº 37, de 1966, art. 32, parágrafo único, inciso II, com a redação dada pela Medida Provisória nº 2.158-35, de 2001, art. 77); III – o adquirente de mercadoria de procedência estrangeira, no caso de importação realizada por sua conta e ordem, por intermédio de pessoa jurídica importadora (Decreto-Lei nº 37, de 1966, art. 32, parágrafo único, alínea "c", com a redação dada pela Lei nº 11.281, de 20 de fevereiro de 2006, art. 12); IV – o encomendante predeterminado que adquire mercadoria de procedência estrangeira de pessoa jurídica importadora (Decreto-Lei nº 37, de 1966, art. 32, parágrafo único, alínea "d", com a redação dada pela Lei nº

O aspecto material é a importação de produtos estrangeiros (artigo 153, I, CF/88), cabendo registrar que a doutrina se posiciona como "produto" sendo um gênero, tendo sua existência física, corpórea, atômica,[10] e também intangível, a exemplo de um *software*, bem como energia elétrica.[11] Nesse particular – dos intangíveis –, há posições divergentes, como ressalva o Prof. Solon Sehn, o qual, inclusive, diz que o Prof. Eduardo Soares de Melo revisou seu posicionamento.

Informa o autor que a tributação de intangíveis somente poder ocorrer por meio de lei complementar (artigo 154, I, CF/88), sendo os intangíveis qualificáveis como serviço, somente poderiam ser tributos pelos Municípios, DF e pelos Estados (artigos 156, III, e 150, II, CF/88),[12] cuja posição comungamos.

O aspecto quantitativo (base de cálculo e alíquota) reúne longo e amplo campo de abordagens, que tentaremos subtrair na forma mais didática possível, a começar pelo que dispõem os artigos 20, do CTN, 6º, do DL nº 37/66, 4º, do DL nº 730/69, e 1º, do DL nº 1.111/70.

11.281, de 2006, art. 12); V – o expedidor, o operador de transporte multimodal ou qualquer subcontratado para a realização do transporte multimodal (Lei nº 9.611, de 1998, art. 28, caput); VI – o beneficiário de regime aduaneiro suspensivo destinado à industrialização para exportação, no caso de admissão de mercadoria no regime por outro beneficiário, mediante sua anuência, com vistas à execução de etapa da cadeia industrial do produto a ser exportado (Lei nº 10.833, de 2003, art. 59, caput); e VII – qualquer outra pessoa que a lei assim designar. §1º A Secretaria da Receita Federal do Brasil poderá (Medida Provisória nº 2.158-35, de 2001, art. 80; e Lei nº 11.281, de 2006, art. 11, §1º): I – estabelecer requisitos e condições para a atuação de pessoa jurídica importadora: a) por conta e ordem de terceiro; ou b) que adquira mercadorias no exterior para revenda a encomendante predeterminado; e II – exigir prestação de garantia como condição para a entrega de mercadorias, quando o valor das importações for incompatível com o capital social ou o patrimônio líquido do importador, do adquirente ou do encomendante. §2º A operação de comércio exterior realizada mediante utilização de recursos de terceiro presume-se por conta e ordem deste, para fins de aplicação do disposto no inciso III do caput e no §1º (Lei nº 10.637, de 2002, art. 27). §3º A importação promovida por pessoa jurídica importadora que adquire mercadorias no exterior para revenda a encomendante predeterminado não configura importação por conta e ordem de terceiros (Lei nº 11.281, de 2006, art. 11, caput). §4º Considera-se promovida na forma do §3º a importação realizada com recursos próprios da pessoa jurídica importadora, participando ou não o encomendante das operações comerciais relativas à aquisição dos produtos no exterior (Lei nº 11.281, de 2006, art. 11, §3º, com a redação dada pela Lei nº 11.452, de 2007, art. 18). §5º A operação de comércio exterior realizada em desacordo com os requisitos e condições estabelecidos na forma da alínea "b" do inciso I do §1º presume-se por conta e ordem de terceiros (Lei nº 11.281, de 2006, art. 11, §2º). §6º A Secretaria da Receita Federal do Brasil disciplinará a aplicação dos regimes aduaneiros suspensivos de que trata o inciso VI do caput e estabelecerá os requisitos, as condições e a forma de admissão das mercadorias, nacionais ou importadas, no regime (Lei nº 10.833, de 2003, art. 59, §2º)."

[10] NETO, Miguel Hilú. *Imposto sobre importações e bens virtuais*. Rio de Janeiro: Forense, 2001, p. 79.

[11] MELO, José Eduardo Soares de. *Importação e exportação no direito tributário*: impostos, taxas e contribuições. 2. ed. São Paulo: Revista dos Tribunais, 2012, p. 61.

[12] SEHN, Solon. *Imposto de importação*. São Paulo: Noeses, 2016, p. 94.

O CTN determina que a base de cálculo é (i) quando a alíquota seja específica, a unidade de medida adotada pela lei tributária; (ii) quando a alíquota seja *ad valorem*, o preço normal que o produto ou seu similar alcançaria, ao tempo da importação, uma venda em condições de livre concorrência, para entrega no porto ou lugar de entrada do produto no país e (iii) quando se trate de produto apreendido ou abandonado, levado a leilão, o preço da arrematação.

O DL nº 37/66 adotou que é "preço normal da mercadoria", assim considerado como sendo o preço da fatura. Já o DL nº 1.111/70 dispôs que é o "preço de referência", nos casos de disparidade de preços de importação de mercadoria de diversas origens, prejudicando a produção interna similar.

Em 1994, a partir da Rodada do Uruguai de Negociações do GATT, agregaram-se vários acordos, inclusive o de *valoração aduaneira*, advindo o Decreto Legislativo nº 230/1994 (promulgado pelo Decreto nº 1.335/94), sendo aplicado a partir de 1998 pelo Decreto nº 2.498/1998.

No que tange à *valoração aduaneira*, define o artigo 75 do RA que a base de cálculo é (a) quando a alíquota for *ad valorem*, o valor aduaneiro apurado segundo as normas do artigo VII do Acordo Geral sobre Tarifas e Comércio (GATT) 1994 – Acordo de Valoração Aduaneira (Decreto nº 1.765/1995); e (b) quando a alíquota for específica, a quantidade de mercadoria expressa na unidade de medida estabelecida.

Ad valorem tem-se quando a alíquota é um percentual, definido pela Tarifa Externa Comum (TEC) (artigo 90 RA), a qual é uma tabela em que consta o código do produto, sua descrição e a alíquota do II.

Além disso, o mesmo RA, em seu artigo 77, trata sobre o que integra o *valor aduaneiro*:

> Art. 77. Integram o valor aduaneiro, independentemente do método de valoração utilizado (Acordo de Valoração Aduaneira, Artigo 8, parágrafos 1 e 2, aprovado pelo Decreto Legislativo nº 30, de 1994, e promulgado pelo Decreto no 1.355, de 1994; e Norma de Aplicação sobre a Valoração Aduaneira de Mercadorias, Artigo 7º, aprovado pela Decisão CMC nº 13, de 2007, internalizada pelo Decreto no 6.870, de 4 de junho de 2009): (Redação dada pelo Decreto nº 7.213, de 2010).
>
> I – o custo de transporte da mercadoria importada até o porto ou o aeroporto alfandegado de descarga ou o ponto de fronteira alfandegado onde devam ser cumpridas as formalidades de entrada no território aduaneiro;
>
> II – os gastos relativos à carga, à descarga e ao manuseio, associados ao transporte da mercadoria importada, até a chegada aos locais referidos no inciso I; e

III – o custo do seguro da mercadoria durante as operações referidas nos incisos I e II.

De se notar a gama de fixações de hipóteses de incidência, tudo com a intenção de se escoimar valores aduaneiros arbitrários ou fictícios, evitando-se importações *subfaturadas* ou *superfaturadas*.

O Acordo de Valoração Aduaneira, aprovado pelo Conselho do Mercado Comum do Mercosul (Decreto nº 1.765/1995), estabelece 6 (seis) métodos específicos para apuração da base de cálculo, com ordem sequencial e obrigatória, as quais, por ora, deixa-se de tecer comentários, devido aos objetivos do presente artigo.

Já a alíquota, o outro componente do aspecto quantitativo da hipótese de incidência, do mesmo modo que a base de cálculo tem suas ricas peculiaridades, classificando-se como gerais (para as importações em geral e previstas na TEC), convencionais (por meio de acordos internacionais, bilaterais ou multilaterais, prevalecendo sobre as gerais) ou diferenciais (percentual superior às gerais e visa à retaliação aduaneira).

De acordo com a classificação dos produtos, seguinte a sua respectiva Nomenclatura Comum do Mercosul (NCM), com 2 (dois) dígitos, somando-se a outros 6 (seis), que a precedem e são internacionais, o produto a ser classificado obterá, então, sua correta alíquota.

Para que se chegue à correta classificação fiscal, o intérprete terá de ter conhecimentos do Sistema Harmonizado de Designação e Codificação de Mercadorias; Nomenclatura Comum do Mercosul (NCM) e a Tarifa Externa Comum (TEC). Além disso, sobre as Regras de Classificação Fiscal de Mercadorias, Regras de Classificação Fiscal de Mercadorias, Regras Gerais para Interpretação do Sistema Harmonizado, Regra Geral Complementar (RGC), Notas Explicativas do Sistema Harmonizado (NESH).

Fácil perceber a vastidão do assunto, que, para toda a mercadoria, haverá de ter uma classificação fiscal. Muitas vezes, dos 8 (oito) dígitos que possui a NCM respectiva, há convergência em 6 (seis), cujos primeiros são de classificação mundial, cabendo os últimos 2 (dois) ao Mercosul, como se viu acima.

Não raro, após o tributo ter lançamento por classificação incorreta – por 1 (um) dígito que seja –, vem o contribuinte em sua defesa e apresenta uma classificação; na marcha do processo administrativo fiscal, é produzida prova pericial, reforçando uma das partes ou até nenhuma delas. Ensejando um recurso ao CARF, muitas vezes o julgamento é convertido em diligência para que outra prova pericial se faça, o que pode redundar em outro resultado, e ainda, sobrevindo o julgamento, podem os conselheiros entender que nenhuma das classificações são corretas.

2.3 Casuísticas decididas pelo CARF

Acerca de alguns dos temas acima abordados, traz-se à colação entendimentos do Conselho Administrativo de Recursos Fiscais (CARF), coletados em sua *website* (www.carf.fazenda.gov.br), aproveitando-se também para citar outros casos que envolvem esse grande universo da tributação do comércio exterior, ilustrados na tabela a seguir:

(continua)

Tributos	Assunto	Acórdão/Relator/votação
1) Imposto de Importação – II	1) Responsabilidade tributária. Depositário. Tributos e multa. Extravio. Possibilidade.	1) 3401-005.307/Leonardo Ogassawara de Araújo Branco/ maioria de votos.
	2) Base de cálculo. Valor aduaneiro. Remuneração de concessionárias. Comissão pelo uso da marca, publicidade, garantia, treinamento e assistência técnica. Exclusão.	2) 9303-007.707/Luiz Eduardo de Oliveira Santos (Relator) e Vanessa Marini Cecconello (redatora designada)/maioria de votos.
	3) Multa por diferença entre preço declarado e preço praticado. Ônus da fiscalização.	3) 3402-005.979/Maysa de Sá Pittondo Deligne/votação unânime pela negativa de provimento do recurso de ofício.
	Valoração aduaneira. Base de cálculo. Regra do AVA-GATT. Fraude, sonegação ou conluio. Regras de arbitramento.	4) 3302-005.732/Fenelon Moscoso de Almeida/votação unânime pela negativa de provimento ao recurso voluntário.
	4) Interposição fraudulenta. Dano ao erário. Pena de perdimento. Mercadoria não localizada ou consumida. Multa equivalente ao valor aduaneiro. Procedência da autuação.	
2) IPI	1) Crédito presumido de IPI. Coeficiente de exportação. Base de cálculo. Receitas de exportação de produtos não industrializados. Inclusão. Possibilidade.	1) 9303-007.747/Érika Costa Camargos Autran/maioria de votos nesse particular.
	2) Crédito presumido de IPI. Variações cambiais. Receitas de exportação. Base de cálculo. Inclusão.	2) 3201-004.671/Tatiana Josefovicz Belisário (relatora) e Marcelo Giovani Vieira (redator designado)/votação por qualidade pelo provimento parcial do recurso voluntário.

ANDRÉ HENRIQUE LEMOS, EDMO COLNAGHI NEVES
COMPLIANCE TRIBUTÁRIO NAS ATIVIDADES PORTUÁRIA, MARÍTIMA E ADUANEIRA 93

(*continua*)

Tributos	Assunto	Acórdão/Relator/votação
3) IOF	1) IOF-Crédito. Mútuo de recursos financeiros. Responsabilidade pela cobrança e recolhimento do imposto é da pessoa jurídica que concede o crédito.	1) 3302-002.711/Walber José da Silva/voto de qualidade pela negativa do recurso voluntário.
	Operações de crédito. Não há isenção ou não incidência do IOF nos empréstimos concedidos por pessoa jurídica domiciliada no Brasil a pessoa jurídica domiciliada no exterior. Capital financeiro não é mercadoria e sua movimentação não se equipara a uma operação de exportação de mercadoria.	
4) PIS/COFINS-Importação	1) PIS/COFINS-Importação. Valor aduaneiro. Despesas de descarga e movimentação importadas. Capatazia. Capatazia se trata de valor referente a movimentação das mercadorias após a chegada no porto de destino, não compondo o valor aduaneiro, e por conseguinte, também não compondo a base de cálculo do PIS/COFINS-Importação.[13] 2) PIS/COFINS-Importação. Base de cálculo. Valor aduaneiro. Inclusão do valor das próprias contribuições. Impossibilidade.	1) 3402-006.218/Maysa de Sá Pittondo Deligne/votação por maioria pela negativa de provimento ao recurso de ofício. 2) 3002-000.548/Carlos Alberto da Silva Esteves/votação unânime pelo provimento parcial do recurso voluntário, excluindo o ICMS e as próprias contribuições da base de cálculo do PIS/COFINS-Importação.
5) Preços de transferência	1) Exportação. Método PVA. Preço-parâmetro. Dedução de tributos que guardem semelhança com o ICMS, ISS, PIS e COFINS. Possibilidade.	1) 1302-002.814/Rogério Aparecido Gil/maioria de votos pela negativa de provimento ao recurso voluntário.

---

[13] Embora a tabela trate de casuísticas decididas pelo CARF, pedimos atenção ao leitor ao que fora decidido pelo STJ, no REsp nº 1.239.625/SC, AgRg no REsp nº 1.434.65/CE e AREsp nº 1.249.528/RS, DJe 15/03/2018, nos quais se entendeu que as despesas com serviços de capatazia não devem compor a base de cálculo do Imposto de Importação.

(conclusão)

Tributos	Assunto	Acórdão/Relator/votação
6) Classificação de mercadorias	1) Revisão aduaneira. Desembaraço. Legalidade. 2) Revisão aduaneira. Alteração de critério jurídico. Alteração da classificação fiscal anterior. Inocorrência. Multa por classificação incorreta de mercadorias na NCM/TEC. 1% sobre o valor aduaneiro. Aplicação.	1) 3401-005.376/André Henrique Lemos (relator) e Rosaldo Trevisan (redator *ad hoc*)/votação unânime pela negativo de provimento do recurso voluntário. 2) 3302-006.430/Paulo Guilherme Déroulède/votação unânime pela negativa de provimento do recurso voluntário.
7) Regimes aduaneiros	1) Exportação temporária. Descumprimento do prazo. Reimportação. Fato gerador dos impostos incidentes na importação. Aplicação de multa administrativa por importação desamparada de guia de importação. Ocorrência.	1) 9303-007.541/Jorge Olmiro Lock Freire/maioria de votos pela negativa de provimento ao recurso especial do contribuinte.
8) Drawback suspensão	1) Drawback suspensão. Prova de que a mercadoria foi exportada ou devidamente utilizada no processo produtivo. Necessidade. Ato Concessório. Comprovação do adimplemento. Registro de exportação. Obrigatoriedade.	1) 3302-005.607/Raphael Madeira Abad/votação unânime pela negativa de provimento do recurso voluntário.
9) Obrigações acessórias	1) Registro de entrega de carga. Prazo. Descumprimento. Multa. Cabimento. O depositário deve informar previamente, no sistema específico, a entrega da carga ao importador, sob pena de multa do artigo 107, DL 37/66. Penalidade. Graduação. Dúvida. Havendo dúvida sobre a graduação de penalidade por descumprimento às regras de controle aduaneiro, deve a norma ser interpretada de maneira mais favorável ao interveniente.	1) 3401-003.795/Robson José Bayerl/maioria de votos pelo provimento parcial do recurso voluntário.

2.4 PIS/COFINS – Regime da não cumulatividade e o aproveitamento de créditos de insumos para o setor de prestação de serviços portuários

Por meio da Solução de Consulta nº 107, de 25.03.2019, da COSIT, a Receita Federal do Brasil, decidiu que os gastos com manutenção e operacionalização de sistemas de monitoramento, de vigilância, de controle de acesso e de segurança nas áreas portuárias e de armazenagem, exigidos por lei e utilizados no processo de prestação de serviço de armazenagem e de movimentação de mercadorias, sob controle aduaneiro, permitem a apuração de créditos da não cumulatividade da Contribuição para o PIS/PASEP e da COFINS, vez que entendidos como insumos.

Essa decisão de Solução de Consulta vem ao encontro do que fora decidido pela 1ª Seção do STJ (REsp nº 1.221.170/PR), oportunidade em que deliberou sobre itens essenciais para a tomada de créditos, incluindo o ramo da prestação de serviços, além de ser uma interpretação que se soma ao Parecer Normativo da RFB nº 5/2018.

Portanto, vê-se mais um elemento importante para o *Compliance* tributário do setor, possibilitando o estudo acurado sobre a possibilidade do aproveitamento de créditos do PIS e da COFINS.

3 Considerações finais

Estar em conformidade tem seu nascedouro na Constituição Federal, desdobrando-se ao plano infraconstitucional, formando um grande ecossistema legislativo e normativo; uma realidade mundial que exige transparência e integridade, exigindo que as organizações estejam alinhadas a esse fato, pois as alheias ou na contramão desse fato, certamente perderá seu espaço.

Estar em conformidade tributária não é apenas cumprir o que dizem as leis e as normas determinam, isoladamente; não é apenas pagar tributos e obedecer todas as obrigações acessórias, mas, sobretudo, conhecer as obrigações tributárias (principal e acessórias); acompanhar as decisões administrativas e judiciais, a fim de poder mensurar os riscos e a perenidade da atividade.

Estar em conformidade é ter rotinas de planejamento e estratégia, de modo sistemático.

Estar em conformidade é persistir e perseverar com olhos atentos na excelência.

Referências

CARVALHO, André Castro; ALVIM, Tiago Cripa; BERTOCCELLI, Rodrigo de Pinho; VENTURINI, Otavio (Coord.). *Manual de Compliance*. Rio de Janeiro: Forense, 2019.

CARVALHO, Paulo de Barros. *Direito Tributário linguagem e método*. 6. ed. São Paulo: Noeses, 2016.

CARVALHO, Paulo de Barros (Coord.); BRITO, Lucas Galvão de; DIAS, Karem Jureidini (Org.). *Compliance no Direito Tributário*. São Paulo: Thomson Reuters Brasil.

FERNANDES, Rodrigo Mineiro. *Introdução ao Direito Aduaneiro*. São Paulo: Intelecto, 2018.

FOLLONI. André Parmo. *Tributação sobre o comércio exterior*. São Paulo: Dialética, 2005.

LUZ, Rodrigo. *Comércio internacional e legislação aduaneira*. 7. ed. rev., ampl. e atual. Juspodivm, 2018.

MACHADO, Hugo de Brito. *Curso de Direito Tributário*. 38. ed. São Paulo: Malheiros, 2017.

MADRUGA, Edgar; SILVA, Fábio Almeida e; OLIVEIRA, Fabio Rodrigues de (coordenadores). *Compliance tributário*: práticas, riscos e atualidades. São Paulo: Realejo Edições, 2018.

MELO, José Eduardo Soares de. *Importação e exportação no direito tributário*: impostos, taxas e contribuições. 2. ed. rev., atual. e reform. da obra "A importação no direito tributário". São Paulo: Revista dos Tribunais, 2012.

NETO, Miguel Hilú. *Imposto sobre importações e imposto sobre exportações*. São Paulo: Quartier Latin, 2003.

NEVES, Edmo Colnaghi. *Compliance empresarial*: o tom da liderança: estrutura e benefício do programa. São Paulo: Trevisan, 2018.

PASOLD, Cesar Luiz. *Metodologia da pesquisa jurídica: teoria e prática*. 13. ed. Florianópolis: Conceito Editorial, 2015.

SCHOUERI, Luís Eduardo. *Direito Tributário*. 8. ed. São Paulo: Saraiva, 2018.

SEHN, Solon. *Imposto de importação*. São Paulo: Noeses, 2016.

TREVISAN, Rosaldo. *O imposto de importação e o direito aduaneiro internacional*. São Paulo: Aduaneiras, Lex Produtos Jurídicos, 2017.

Informação bibliográfica deste texto, conforme a NBR 6023:2018 da Associação Brasileira de Normas Técnicas (ABNT):

LEMOS, André Henrique; NEVES, Edmo Colnaghi. *Compliance* tributário nas atividades portuária, marítima e aduaneira. *In*: CASTRO JUNIOR, Osvaldo Agripino de (Coord.). *Constituição, tributação e aduana no transporte marítimo e na atividade portuária*. Belo Horizonte: Fórum, 2021. p. 69-96. ISBN 978-65-5518-002-2.

QUESTÕES CONTROVERTIDAS ACERCA DO REAJUSTE DA TAXA DE UTILIZAÇÃO DO SISCOMEX (TUS) À LUZ DA JURISPRUDÊNCIA DOS TRIBUNAIS PÁTRIOS E DO RECENTE ENTENDIMENTO DO SUPREMO TRIBUNAL FEDERAL

CAMILA MARIA MELLO CAPELARI
GABRIELLE THAMIS NOVAK FÓES

1 Introdução

Os intervenientes do comércio exterior em nosso território nacional, tanto públicos quanto privados, fazem uso da ferramenta SISCOMEX (Sistema Integrado de Comércio Exterior) para fins de perfectibilizar suas operações internacionais. Em contrapartida pela utilização do referido sistema, os usuários pagam uma taxa, a qual foi instituída com intuito de manter a ferramenta em funcionamento.

A Lei nº 9.716/98 criou a taxa em comento, sendo que em seu artigo 3º, §2º, que será aprofundado em tópico posterior, há previsão de reajuste anual do tributo pelo Ministério da Fazenda, para que se iguale aos custos da operação e dos investimentos feitos para funcionamento do sistema, o que, até 2011, não ocorria desde a edição da citada lei.

Com a publicação da Portaria MF nº 257/11, os valores referentes à taxa de utilização do SISCOMEX (TUS) foram, então, reajustados

OSVALDO AGRIPINO DE CASTRO JUNIOR [Coord.]
CONSTITUIÇÃO, TRIBUTAÇÃO E ADUANA NO TRANSPORTE MARÍTIMO E NA ATIVIDADE PORTUÁRIA

em mais de 500% e este aumento abrupto trouxe dúvida aos usuários quando à sua validade legal.

É diante deste cenário que se analisa e critica o reajuste realizado com base tanto no artigo 3º, §2º, da Lei nº 9.716/98, quanto na Portaria MF nº 257/11, atendo-se o presente trabalho à legalidade e validade do aumento sob enfoque constitucional e infraconstitucional.

Como tópico introdutório abordaram-se aspectos gerais sobre o Sistema Integrado de Comércio Exterior SISCOMEX em sua concepção legal e funcionamento, focando-se na origem e propósito da ferramenta e da Taxa de utilização, bem ainda na justificativa dada para fins de reajustar excessivamente o tributo criado para uso do sistema.

A análise e a crítica ao artigo 3º, §2º, da Lei nº 9.716/98 e à Portaria MF nº 257/11 diante dos aspectos legal, constitucional e à luz da jurisprudência mais recente, apenas serão tratadas depois de se entender como referido reajuste ocorreu diante da ausência de comprovação da necessidade do reajuste na proporção realizada.

Como tópico final, criticou-se a atualização do valor da taxa como um todo, demonstrando-se, diante do confronto entre a Nota Técnica Conjunta Cotec/Copol/Coana nº 2, de 06.04.2011, e o texto da Portaria MF nº 257, de 2011, o entendimento, inclusive maciço, da jurisprudência atual, de que o reajuste é indevido.

Serve também o referido estudo como alerta aos atuantes no comércio exterior, mormente aos importadores que suportam o pagamento da taxa de utilização do SISCOMEX (TUS), os quais possuem o direito de questionar o tema judicialmente e requerer a correta aplicação da lei e dos princípios constitucionais, inclusive para repetição do indébito tributário.

2 O Sistema Integrado de Comércio Exterior (SISCOMEX)

Antes de adentrar intimamente na temática do presente artigo, faz-se necessário tecer elucidações acerca do nascimento e propósito do Sistema Integrado de Comércio Exterior (SISCOMEX).

Para fins do presente trabalho, comentaremos acerca da instituição deste instrumento e do tributo pago pelo contribuinte que o utiliza, abordando, igualmente, a justificativa apresentada pelo poder público para o reajuste realizado no patamar de mais de 500% no valor da taxa, aspecto este que garante a formação do entendimento de que o aumento é indevido.

2.1 Origem e propósito do Sistema Integrado de Comércio Exterior (SISCOMEX)

Segundo o sítio do Portal SISCOMEX[1] do Governo Federal, o Sistema Integrado de Comércio Exterior, que nasceu do Decreto nº 660, de 25 de setembro de 1992, "iniciou suas operações em 1993 como uma interface eletrônica entre os exportadores e os diversos órgãos governamentais que intervêm no comércio exterior".

Ainda de acordo com o portal, o propósito do sistema era, inicialmente, por meio da informatização de processos, simplificar as operações brasileiras de exportação. No ano de 1997, a ferramenta se expandiu com a concepção de novo módulo direcionado para operações de importação.

O Decreto nº 660/1992, instituidor do sistema, dispõe, em seu art. 2º, que "o SISCOMEX é o instrumento administrativo que integra as atividades de registro, acompanhamento e controle das operações de comércio exterior, mediante fluxo único, computadorizado, de informações".

Além de operadores do comércio exterior, o SISCOMEX também é acessado por órgãos governamentais intervenientes. Por isso, pode-se afirmar que o sistema centraliza informações e traz efetividade na fiscalização aduaneira, ao passo que mediante a ferramenta é possível acompanhar tempestivamente a saída e o ingresso de mercadorias no país, mediante a troca de dados realizadas entre exportador/importador com os órgãos responsáveis.

Segundo o sítio da Receita Federal, as principais vantagens do sistema são:

> harmonização de conceitos e uniformização de códigos e nomenclaturas; ampliação dos pontos do atendimento; eliminação de coexistências de controles e sistemas paralelos de coleta de dados; simplificação e padronização de documentos; diminuição significativa do volume de documentos; agilidade na coleta e processamento de informações por meio eletrônico; redução de custos administrativos para todos os envolvidos no Sistema; crítica de dados utilizados na elaboração das estatísticas de comércio exterior.[2]

---

[1] Disponível em: http://portal.siscomex.gov.br/conheca-o-portal/O_Portal_Siscomex. Acesso em: 15 mar. 2019.

[2] Disponível em: http://receita.economia.gov.br/orientacao/aduaneira/manuais/despacho-de-importacao/topicos-1/conceitos-e-definicoes/siscomex. Acesso em: 15 mar. 2019.

É de fácil conclusão que a criação da ferramenta trouxe avanços ao desenvolvimento do comércio exterior no país, além de celeridade aos trâmites, minimização de custos e de uso de documentação física, bem ainda eficiência no controle aduaneiro pelos órgãos de fiscalização. Além disso, o sistema viabilizou ao governo federal o controle e registro de estatísticas das operações de comércio exterior no território nacional, o que contribui para o desenvolvimento dessa área e, consequentemente, do nosso país.

2.2 A Taxa de Uso do Sistema Integrado de Comércio Exterior (SISCOMEX)

Ab initio, importante relembrar que o artigo 145, II, da Constituição Federal garantiu natureza tributária a todas as taxas. Por conseguinte, deve-se sujeitar ao processo legislativo peculiar à matéria tributária. Portanto, indispensável a aplicação do artigo 150, I, do mesmo diploma federal.[3]

A taxa é uma espécie de tributo pago pelo exercício regular do poder de polícia, ou a utilização, efetiva ou potencial, de serviço público específico e divisível, prestado ao contribuinte ou posto à sua disposição (art. 77, CTN).

Acerca da conceituação da taxa, Kiyoshi Harada acrescenta:

> Podemos conceituar a taxa como um tributo que surge da atuação estatal diretamente dirigida ao contribuinte, quer pelo exercício do poder de polícia, quer pela prestação efetiva ou potencial de um serviço público específico e divisível, cuja base de cálculo difere, necessariamente, da de qualquer imposto. Ainda que, no plano pré-jurídico, quando o legislador está para criar a taxa, a ideia de contraprestação tenha motivado sua instituição legal, tal noção deve desaparecer assim que introduzida no ordenamento jurídico positivo. O móvel da atuação do Estado não é o recebimento da remuneração, mas a prestação do serviço público ou o exercício do poder de polícia, impondo restrições ao exercício dos direitos individuais e de propriedade, na defesa do bem comum.[4]

---

[3] "Art. 145. A União, os Estados, o Distrito Federal e os Municípios poderão instituir os seguintes tributos: [...] II – taxas, em razão do exercício do poder de polícia ou pela utilização, efetiva ou potencial, de serviços públicos específicos e divisíveis, prestados ao contribuinte ou postos a sua disposição;
Art. 150. Sem prejuízo de outras garantias asseguradas ao contribuinte, é vedado à União, aos Estados, ao Distrito Federal e aos Municípios: I – exigir ou aumentar tributo sem lei que o estabeleça; [...]"

[4] HARADA, Kiyoshi. *Direito financeiro e tributário.* 7. ed. São Paulo: Atlas, 1997. p. 256.

Assim, como forma de contraprestação pela prestação do serviço público referente à disponibilização da ferramenta SISCOMEX e da fiscalização aduaneira mobilizada, restou instituída a Taxa de Utilização do referido sistema. Essa taxa é devida em cada registro de Declaração de Importação e Adição de Mercadoria, mediante Sistema Integrado de Comércio Exterior, cobrada dos importadores atuantes no mercado externo.

O Executivo, na exposição de motivos nº 616, de 09 de outubro de 1998/MF, publicado no *Diário do Congresso Nacional* na data de 11 de novembro de 1998, embasou a instituição de tal taxa ante a implantação e a manutenção do referido sistema pela Administração, culminando-se na regulação da Lei nº 9.716/1998: "Art. 3º: Fica instituída a Taxa de Utilização do Sistema Integrado de Comércio Exterior – SISCOMEX, administrada pela Secretaria da Receita Federal do Ministério da Fazenda".

Os incisos I e II do §1º do referido artigo valoraram a taxa à razão de R$30,00 (trinta reais) por Declaração de Importação e R$10,00 (dez reais) para cada adição de mercadorias à Declaração de Importação, observado limite fixado pela Secretaria da Receita Federal.

Podemos dizer que a Taxa de Utilização do SISCOMEX (TUS) tem como fato gerador a utilização desse sistema, sendo devida independentemente da ocorrência de impostos ou outros tributos a recolher. É debitada em conta corrente informada pelo operador responsável pelo despacho aduaneiro de importação, juntamente com os demais tributos incidentes na operação.

Até o ano de 2011 os importadores recolhiam o valor acima citado. Contudo, naquele ano, com a edição da Portaria do Ministério da Fazenda nº 257 publicada em 23.05.2011, majorou-se para R$185,00 (cento e oitenta e cinco reais) o valor por registro da Declaração de Importação e R$29,50 (vinte e nove reais e cinquenta centavos) para cada adição de mercadorias na DI.

Compreendida a origem e o propósito do Sistema Integrado de Comércio Exterior e da taxa de utilização da ferramenta, passa-se a analisar o reajuste realizado pelo governo federal no tributo em questão.

3 O reajuste da Taxa de Utilização do SISCOMEX implementado pela Portaria MF nº 257, de 23.05.2011

De acordo com o abordado alhures, desde a criação da taxa de utilização do SISCOMEX (TUS) pela Lei nº 9.716/98 até o ano de 2011, os valores do tributo não eram reajustados. A atualização é autorizada pelo §2º do artigo 3º da lei citada, no seguinte sentido: "Os valores de que trata o parágrafo anterior poderão ser reajustados, anualmente, mediante ato do Ministro de Estado da Fazenda, conforme a variação dos custos de operação e dos investimentos no SISCOMEX".

Assim, restou editada a Portaria MF nº 257, de 23.05.2011, que fixou o valor de R$185,00 (cento e oitenta e cinco reais), para o que antes custava R$30,00 (trinta reais) para cada registro de Declaração de Importação. De mesmo modo, fixou-se o montante de R$29,50 (vinte e nove reais e cinquenta centavos), anteriormente no custo de R$10,00 (dez reais), para cada adição de mercadoria inserida na Declaração de Importação. Ou seja, percebe-se que os valores da taxa foram praticamente corrigidos em percentual superior a 500%.

Participamos do entendimento de que o reajuste dos valores é necessário, pois, em tese, a taxa foi criada com intuito de financiar os custos da operação do sistema e financiar os investimentos de melhorias no mesmo, sendo certo que havendo aumento nos custos, a atualização do tributo deveria acompanhar essa crescente. Entrementes, referida atualização deve se dar com observância à lei e aos princípios constitucionais inerentes.

A Receita Federal do Brasil apresentou a Nota Técnica Conjunta Cotec/Copol/Coana nº 2/2011, que foi base para edição da portaria acima citada. Através dessa nota, afirmou-se, em suma, que o reajuste se deu dentro da legalidade e teve como justificativa o aumento real dos custos de manutenção, melhoria e expansão do sistema da receita, necessário ao atendimento do SISCOMEX, cujas receitas não mais cobriam as despesas com custos de operação e investimento, apresentando, para tanto, os valores referentes aos custos do sistema e à arrecadação da taxa.

Restou argumentado pela Receita Federal, ainda, que para o cálculo dos custos e investimentos no SISCOMEX, devem ser considerados: (i) o aumento em percentual (pois não seria possível distinguir quais equipamentos são utilizados para a operação do SISCOMEX e quais são destinados às demais áreas de fiscalização) com investimentos em expansão e a atualização do parque tecnológico da Receita e o crescimento da largura da banda de rede de longa distância; e (ii) os valores pagos às empresas de tecnologia da informação que prestam serviços tanto de manutenção como de atualização dos programas de computador da Receita.

Contudo, o percentual de utilização para as atividades de fiscalização do comércio exterior, citado pela Receita Federal, deixou de ser informado, sendo apenas apresentado o custo geral incorrido, que a título de exemplo, em 2010, foi de R$79,8 milhões (valor este que correspondente apenas a 61% do valor arrecadado com a Taxa Siscomex no mesmo ano)[5].

Em tópico próprio trataremos respectivamente acerca do confronto entre os custos do sistema e os valores arrecadados com as taxas, com intuito de elucidar que a justificativa dada pelo poder público para o aumento é, na verdade, carente de comprovação na prática.

Por isso, não se pode negar que o aumento abrupto do valor e a forma como foi realizado trouxeram dúvida quanto à sua validade. Nesse sentido, em que pese o propósito original que moveu o legislador ao reajuste, o presente trabalho visa demonstrar alguns defeitos na sua constituição, o qual conclui pela inviabilidade da exigibilidade de tal exação.

Os defeitos resumem-se em dois, quais sejam: afronta constitucional na delegação outorgada pelo artigo 3º da Lei nº 9.716/98, por não se adequar aos pressupostos exigidos para o exercício da delegação da norma; e ausência de comprovação do aumento dos custos de operação e investimento a justificar a majoração da arrecadação. E é a respeito dessas teses, editadas para o fim de invalidar o reajuste da TUS, que abordaremos nos próximos tópicos.

4 Aspectos relativos à inconstitucionalidade da delegação contida no art. 3º, §2º, da Lei nº 9.716/1998, à luz do entendimento recente do Supremo Tribunal Federal em repercussão geral

Conforme abordado em letras anteriores, a Taxa de Utilização do SISCOMEX (TUS), que é um tributo e, portanto, deve seguir procedimento legislativo como tal, foi reajustada em mais de 500%, no ano de 2011, depois de um longo período de tempo sem alteração (desde sua criação), por ato do Poder Executivo (Portaria MF nº 257, de 23.05.2011), ou seja, por um instrumento infralegal.

A primeira controvérsia que destacamos quanto ao reajuste realizado diz respeito à inobservância ao princípio constitucional da legalidade quando da majoração por portaria ministerial. Essa inteligência vem estatuída no art. 150, inciso I, da CF/88, e ensina que

---

[5] Valor de R$130.753.316,83.

OSVALDO AGRIPINO DE CASTRO JUNIOR [Coord.]
CONSTITUIÇÃO, TRIBUTAÇÃO E ADUANA NO TRANSPORTE MARÍTIMO E NA ATIVIDADE PORTUÁRIA

dentre as garantias constitucionais do contribuinte, há a criação ou majoração de tributos apenas por meio de Lei, aqui em sentido estrito.

Repetindo o ditame constitucional, o Código Tributário Nacional, em seu artigo 97, taxativamente elenca no rol das matérias sujeitas à reserva legal a majoração de tributo.

Por assim dizer, em Direito Tributário "apenas a lei é a causa, a origem da tributação, não se podendo falar em tributo sem lei que o crie".[6]

Não se duvidando de que a TUS é uma espécie tributária de que trata o art. 145, inciso II, da Constituição Federal, ao passo que possui todos os requisitos para enquadramento nesta natureza jurídica, cabe a nós questionar se o regime legislativo utilizado para majoração (ou atualização, como menciona o poder público) da taxa foi o corretamente aplicado. Vislumbramos que não.

Ora, ficando estabelecido o princípio da legalidade, onde somente a lei pode fixar base de cálculo, alíquotas e majorar o valor de tributos, é consequência lógica que o legislador não poderia delegar ao Poder Executivo tal atribuição para a TUS. Isso porque a majoração não estaria sendo realizada por lei, mas sim por ato infralegal.

O mestre Carrazza esclarece que é "evidente, portanto, que o Executivo não poderá apontar – nem mesmo por delegação legislativa – nenhum aspecto essencial da norma jurídica tributária, sob pena de flagrante inconstitucionalidade".[7]

De outro lado, a jurisprudência majoritária dos Tribunais Regionais Federais, com base no entendimento do Supremo Tribunal Federal, tem demonstrado que quanto à reserva legal para a majoração de tributo, a Portaria do Ministério da Fazenda nº 257/11 é válida, pois há autorização expressa prevista na Lei nº 9.716/98 e também por se enquadrar dentre às prerrogativas do Poder Executivo quanto ao controle e fiscalização do comércio exterior (artigo 237 da CF/88).

Em que pesem os julgados defendendo a "validade da majoração pela portaria ministerial", o Tribunal Regional Federal da 4ª Região tem tornado inexigível o excesso do reajuste instituído pela referida normativa, sob argumento de que o critério utilizado na atualização,

---

[6] Nesse espeque, relevante trazer à baila os ensinamentos de Roque Antonio Carrazza: O tributo, pois, deve nascer da lei (editada, por óbvio, pela pessoa política competente). Tal lei deve conter todos os elementos e supostos da norma jurídica tributária (hipótese de incidência do tributo, seus sujeitos ativos e passivo e suas bases de cálculo e alíquotas) [...]. (*Curso de direito constitucional tributário*. 17. Ed. São Paulo: Malheiros, 2002. p. 217).

[7] CARRAZA, Roque Antonio. *Curso de Direito Constitucional Tributário*. 17. ed. São Paulo: Malheiros, 2002. p. 217.

qual seja, a elevação dos custos de manutenção do SISCOMEX, não restou comprovado pela Fazenda Nacional.

Com isso, o Tribunal Regional Federal da 4ª Região vem glosando o valor da taxa que fica acima da aplicação do percentual de 131,60%, que corresponde à variação de preços medida pelo INPC entre janeiro de 1999 e abril de 2011. Ou seja, de acordo com esse entendimento a Taxa passaria a ser de R$69,48 por DI, em vez de R$185,00, ao passo que apenas se permite o reajuste decorrente da inflação.

Ainda que benéfica aos contribuintes, a inteligência acima citada, que será melhor abordada no tópico subsequente, não possui o condão de invalidar integralmente o reajuste realizado, sendo necessário retomar a análise deste caso junto à decisão proferida pelo STF quanto ao mérito da majoração.

Voltando a esse tema, o Supremo Tribunal Federal tem "acompanhado um movimento de maior flexibilização do Princípio da Legalidade em matéria de delegação legislativa, desde que o legislador estabeleça o desenho mínimo que evite o arbítrio".[8] Esse entendimento vem sendo sedimentado pelo órgão supremo. Contudo, essa flexibilização é aplicada com limites e requisitos, ponto este que nos faz adentrar ao critério que evidencia a total invalidade da majoração da taxa.

Colhemos do julgamento realizado pela Segunda Turma do Supremo Tribunal Federal no RE nº 1.095.001,[9] com publicação em 28 de maio de 2018, o entendimento de que majorar um tributo por ato infralegal (portaria ministerial) apenas torna-se válido quando a legislação que delega ao Poder Executivo tal atribuição expressar os parâmetros mínimos e máximos a evitar o arbítrio fiscal.

---

[8] Ministro Dias Toffoli, em seu voto relator no julgamento do Ag.Reg. no Recurso Extraordinário nº 1.095.001/SC.

[9] "Agravo regimental no recurso extraordinário. Taxa SISCOMEX. Majoração. Portaria. Delegação. Artigo 3º, §2º, Lei nº 9.716/98. Ausência de balizas mínimas definidas em lei. Princípio da Legalidade. Violação. Atualização. Índices oficiais. Possibilidade. 1. A jurisprudência do Supremo Tribunal Federal tem acompanhado um movimento de maior flexibilização do Princípio da Legalidade em matéria de delegação legislativa, desde que o legislador estabeleça o desenho mínimo que evite o arbítrio. 2. Diante dos parâmetros já traçados na jurisprudência da Corte, a delegação contida no art. 3º, §2º, da Lei nº 9.716/98 restou incompleta ou defeituosa, pois o legislador não estabeleceu o desenho mínimo que evitasse o arbítrio fiscal. 3. Esse entendimento não conduz a invalidade da taxa SISCOMEX, tampouco impede que o Poder Executivo atualize os valores previamente fixados na lei, de acordo com os índices oficiais, conforme amplamente aceito na jurisprudência da Corte. 4. Agravo regimental não provido. 5. Não se aplica ao caso dos autos a majoração dos honorários prevista no art. 85, §11, do novo Código de Processo Civil, uma vez que não houve o arbitramento de honorários sucumbenciais."

E nesse viés, o §2º do artigo 3º da Lei nº 9.716/98 é expresso ao vincular o reajuste do preço à variação dos custos de operação e dos investimentos no SISCOMEX. Ou seja, o legislador não autoriza a simples atualização monetária da taxa criada pelo *caput*, mas sim a alteração de seu valor por critério diverso que a simples aplicação de índices oficiais de correção. Por assim dizer, trata-se de uma majoração tributária e não atualização, sem definição de padrões mínimos e máximos para fixação dos valores.

Em outras palavras, a portaria ministerial não se enquadra nos requisitos de flexibilização do princípio da legalidade em matéria de delegação legislativa, o que evidencia violação ao referido ditame constitucional.

A lição de Paulo de Barros Carvalho abaixo colacionada esclarece ainda mais o critério ensejador da formação do entendimento do Supremo Tribunal Federal:

> Assinala-se que à lei instituidora do gravame é vedado deferir atribuições legais a normas de inferior hierarquia, devendo, ela mesma, desenhar a plenitude da regra matriz da exação, motivo por que é inconstitucional certa prática, cediça no ordenamento brasileiro, e consistente na delegação de poderes para que órgãos administrativos completem o perfil dos tributos. É o que acontece com diplomas normativos que autorizam certos órgãos da Administração Pública Federal a expedirem normas que dão acabamento à figura tributária concebida pelo legislador ordinário. Mesmo nos casos em que a Constituição dá ao Executivo Federal a prerrogativa de manipular o sistema de alíquotas, como no Imposto sobre Produtos Industrializados (IPI), tudo se faz dentro de limites que a lei especifica.[10]

Assim, aprendemos que há afronta ao princípio da legalidade em delegação legislativa quando o legislador deixar de determinar critérios idôneos para excluir o arbítrio da autoridade delegada. São esses os critérios considerados válidos para se aferir a constitucionalidade de norma regulamentar: "a) o fato de a delegação poder ser retirada daquele que a recebeu, a qualquer momento, por decisão do Congresso; b) o fato de o Congresso fixar padrões que limitam a ação do delegado; c) a razoabilidade da delegação".[11]

---

[10] BARROS CARVALHO, Paulo de. *Curso de Direito Tributário*. 7. ed. São Paulo: Saraiva, 1996. p. 48.

[11] "Agravo regimental no recurso extraordinário. Taxa SISCOMEX. Majoração. Portaria. Delegação. Artigo 3º, §2º, Lei nº 9.716/98. Ausência de balizas mínimas definidas em

O Sr. Ministro Dias Toffoli ainda asseverou:

Na espécie, o art. 3º da Lei nº 9.716/98 fixou o valor inicial da taxa SISCOMEX e no §2º do citado dispositivo legal delegou ao regulamento a possibilidade de reajustar, anualmente, o valor da taxa, "conforme a variação dos custos de operação e dos investimentos ao SISCOMEX".

Embora o critério inicialmente adotado pelo legislador esteja vinculado aos custos da atividade estatal – custos da operação e dos investimentos – o que nos parece, a priori, razoável, é certo que não se fixou um limite máximo dentro do qual o regulamento poderia trafegar em termos de subordinação.

Diante dos parâmetros já traçados na jurisprudência da Corte, a meu ver, a delegação contida no art. 3º, §2º, da Lei nº 9.716/98 restou incompleta ou defeituosa, pois o legislador não estabeleceu o desenho mínimo que evitasse o arbítrio fiscal. Importa notar, no entanto, que esse entendimento não conduz à invalidade da taxa SISCOMEX, tampouco impede que o Poder Executivo atualize os valores previamente fixados na lei, de acordo com os índices oficiais, conforme amplamente aceito na jurisprudência da Corte.[12]

---

lei. Princípio da Legalidade. Violação. Atualização. Índices oficiais. Possibilidade. 1. A jurisprudência do Supremo Tribunal Federal tem acompanhado um movimento de maior flexibilização do Princípio da Legalidade em matéria de delegação legislativa, desde que o legislador estabeleça o desenho mínimo que evite o arbítrio. 2. Diante dos parâmetros já traçados na jurisprudência da Corte, a delegação contida no art. 3º, §2º, da Lei nº 9.716/98 restou incompleta ou defeituosa, pois o legislador não estabeleceu o desenho mínimo que evitasse o arbítrio fiscal. 3. Esse entendimento não conduz a invalidade da taxa SISCOMEX, tampouco impede que o Poder Executivo atualize os valores previamente fixados na lei, de acordo com os índices oficiais, conforme amplamente aceito na jurisprudência da Corte. 4. Agravo regimental não provido. 5. Não se aplica ao caso dos autos a majoração dos honorários prevista no art. 85, §11, do novo Código de Processo Civil, uma vez que não houve o arbitramento de honorários sucumbenciais."

[12] "Agravo regimental no recurso extraordinário. Taxa SISCOMEX. Majoração. Portaria. Delegação. Artigo 3º, §2º, Lei nº 9.716/98. Ausência de balizas mínimas definidas em lei. Princípio da Legalidade. Violação. Atualização. Índices oficiais. Possibilidade. 1. A jurisprudência do Supremo Tribunal Federal tem acompanhado um movimento de maior flexibilização do Princípio da Legalidade em matéria de delegação legislativa, desde que o legislador estabeleça o desenho mínimo que evite o arbítrio. 2. Diante dos parâmetros já traçados na jurisprudência da Corte, a delegação contida no art. 3º, §2º, da Lei nº 9.716/98 restou incompleta ou defeituosa, pois o legislador não estabeleceu o desenho mínimo que evitasse o arbítrio fiscal. 3. Esse entendimento não conduz a invalidade da taxa SISCOMEX, tampouco impede que o Poder Executivo atualize os valores previamente fixados na lei, de acordo com os índices oficiais, conforme amplamente aceito na jurisprudência da Corte. 4. Agravo regimental não provido. 5. Não se aplica ao caso dos autos a majoração dos honorários prevista no art. 85, §11, do novo Código de Processo Civil, uma vez que não houve o arbitramento de honorários sucumbenciais."

E reafirmando a jurisprudência pela inconstitucionalidade do aumento da Taxa Siscomex por meio de ato infralegal, ratificando a decisão alhures citada e alinhando-se, também, ao entendimento da 1ª Turma (RE nº 959.274), de que o aumento excessivo ocorreu a partir de delegação legislativa defeituosa, tivemos o recente julgamento *do Recurso Extraordinário nº 1258934*[13] *na sistemática de repercussão geral (Tema 1085).*

E em que pese discordarmos da inteligência de que é válida a majoração da taxa por meio de ato infralegal quando há autorização legislativa delegada, desde que acompanhada de critérios para fixação da delegação, já que não há permissivo constitucional que traga exceção ao princípio da reserva legal em matéria tributária, é de se compartilhar do entendimento perfilado pela maioria do Plenário do STF, por ser uma tese de coerência suficiente a justificar a inconstitucionalidade da majoração da taxa aqui defendida, pois observa, além do princípio da legalidade – ainda que de forma flexibilizada –, os princípios da razoabilidade e proporcionalidade.

Do julgamento realizado firmou-se a seguinte tese:

> A inconstitucionalidade de majoração excessiva de taxa tributária fixada em ato infralegal a partir de delegação legislativa defeituosa não conduz à invalidade do tributo nem impede que o Poder Executivo atualize os valores previamente fixados em lei de acordo com percentual não superior aos índices oficiais de correção monetária.

Assim, percebe-se que a repercussão geral julgada se refere à inconstitucionalidade do aumento da taxa, e não do tributo em si. Nesse sentido, a TUS se mantém válida e continua sendo devida, autorizando que o Poder Executivo proceda com o reajuste da sua base de cálculo, previsto na Lei nº 9.716/1998, desde que seja por índices oficiais de correção monetária, como o INPC, o que reduz o valor da taxa de R$185,00 para R$69,48, conforme já mencionado.

Mas o ponto que se faz necessário destacar com relação ao julgado em análise é o fato de ter sido realizado em sede de repercussão geral, o que gera questionamentos acerca dos desdobramentos de sua aplicação. Embora ter como característica o efeito *erga omnes*, o entendimento definido em sede de repercussão geral não tem aplicação imediata à todos os contribuintes.

---

[13] STF, Recurso Extraordinário nº 1258934, Relator Ministro Presidente Marco Aurélio, julg. 25.03.20.

Ademais, a Corte não modulou os efeitos da decisão tomada em repercussão geral, com isso, as empresas que ainda não têm ações judiciais podem pedir a devolução dos valores excedentes pagos a título da taxa dentro do prazo quinquenal prescricional.

Assim, tomando como base os próprios dizeres constantes da decisão do Plenário do STF, aqueles que não litigaram judicialmente questionando a referida majoração e sua restituição, e assim querem permanecer, deverão aguardar o trânsito em julgado da decisão, seguido da edição do novo ato normativo que tratará da base de cálculo da Taxa Siscomex, nos termos impostos no julgamento.

A vista disso, vislumbra-se a hipótese de questionamento na via administrativa para esses contribuintes que não judicializaram a questão. Entretanto, juntamente com essa hipótese vem a insegurança jurídica, pois, ainda que o Código de Processo Civil, na parte atinente às decisões prolatadas em sede de repetitivo e repercussão, bem ainda o §2°, art. 62, do Regimento Interno do Conselho Administrativo de Recursos Fiscais (CARF), estabeleça que as decisões pronunciadas pelo STF e STJ deverão ser reproduzidas pelos Conselheiros, não se sabe o tratamento a ser dado pela Receita Federal do Brasil aos pedidos fundamentados nas citadas jurisprudências.

Isso porque remanesce a inteligência do CARF no sentido de que não há entendimento consolidado antes do trânsito em julgado da decisão judicial em repercussão ou repetitivo. Assim, tal fato levanta incerteza de êxito do pleito administrativo neste momento, tornando, portanto, a medida judicial mais segura ao importador.

Por outro lado, levando em consideração a hipótese de que o reajuste da taxa realizado pela portaria ministerial é válido, torna-se necessário observar se o critério delegado pelo artigo 3°, §2°, da Lei n° 9.716/98 e utilizado pela Receita Federal para fins da atualização é comprovadamente compatível com o reajuste realizado.

5 Verificação do excesso: confronto entre o texto da Nota Técnica Conjunta Cotec/Copol/Coana n° 2, de 06.04.2011, e o texto da Portaria MF n° 257/2011, segundo jurisprudência do Tribunal Regional Federal da 4ª Região

Além das controvérsias anteriormente apontadas, passamos a enaltecer o defeito verificado no reajuste da taxa quanto à ausência de critérios legitimadores do aumento do referido tributo, quais sejam: adequação, necessidade e proibição de excesso.

Chama-se atenção para a função da taxa como contraprestação pela atuação do Estado. Ao provocar a elevação da taxa deve-se sempre manter no horizonte o custo da atuação estatal, sob risco de incorrer em confisco ao cobrar do contribuinte valor desproporcional à atividade.

Como dito alhures, a majoração em tela traduz um aumento de mais de 500% pela mesma atividade do Poder Público que já vinha sendo realizada, isto é, a manutenção do Sistema SISCOMEX.

O critério estabelecido no §2º do artigo 3º da Lei nº 9.716, de 1998, "autoriza" reajuste conforme a variação dos custos de operação e dos investimentos no SISCOMEX.

Nesse sentido, necessário observarmos se realmente o aumento do valor da taxa pela utilização do SISCOMEX, determinado pela Portaria MF nº 257, de 2011, observou o critério estabelecido no §2º do artigo 3º da Lei nº 9.716, de 1998.

Nesse contexto, o Tribunal Regional Federal da 4ª Região analisou com maestria a questão. Para tanto, colaciona-se ementa de julgado da Segunda Turma do citado tribunal:

> TAXA DE UTILIZAÇÃO DO SISCOMEX. PODER DE POLÍCIA. COMÉR-CIO EXTERIOR. LEI Nº 9.718, DE 1998, ARTIGO 3º. LEGITIMIDADE. É legítima a instituição da taxa de utilização do Siscomex, instituída pelo artigo 3º da Lei nº 9.718, de 1998, tendo como fato gerador o exercício de poder de polícia da União no âmbito do comércio exterior. TAXA DE UTILIZAÇÃO DO SISCOMEX. PORTARIA MF Nº 257, DE 2011. REAJUSTE DE VALORES. EXCESSO. É excessivo o reajuste aplicado aos valores da taxa de utilização do Siscomex pela Portaria MF nº 257, de 2011, cabendo a glosa de tal excesso.[14]

A análise do acórdão acima vem do próprio argumento trazido pela União Federal nos autos, qual seja, os dados da Nota Técnica Conjunta Cotec/Copol/Coana nº 2, de 06.04.2011, os quais, no entendimento da Fazenda Nacional, justificam o aumento. Para tanto, cita o trecho abaixo:

> DOS CUSTOS DE OPERAÇÃO E INVESTIMENTOS DO SISCOMEX
> 7. Os custos de operação do SISCOMEX compreendem, além do custo de produção e atualização do próprio sistema informatizado, os custos com a infraestrutura tecnológica necessária para o seu pleno funcionamento.

---

[14] TRF4, Apelação Cível nº 5009893-06.2014.404.7205, 2ª Turma, Des. Federal Rômulo Pizzolatti, por unanimidade, juntado aos autos em 27/05/2015.

8. A rede de longa distância da RFB, responsável pela comunicação de dados entre as diversas unidades de comércio exterior desta Secretaria, é fundamental para o pleno funcionamento do SISCOMEX, por permitir que o sistema seja utilizado nas mais diversas localidades do Brasil. Além disso, o parque tecnológico da RFB, representado pelo número de computadores em utilização pelo corpo funcional da instituição, deve ser considerado nos custos de operação do SISCOMEX.

9. A tabela a seguir apresenta o aumento no volume da infraestrutura tecnológica diretamente utilizada pela RFB para operação dos seus sistemas informatizados. [15]

Da leitura do trecho colacionado e restando estabelecido o fato gerador da taxa, nos termos do artigo 77 do CTN, é possível concluir que há irregularidade quanto à finalidade e quanto ao propósito tributário da referida taxa, ao passo que a aplicação dos recursos obtidos com o tributo não está sendo apenas no custeio da infraestrutura tecnológica necessária para o funcionamento do SISCOMEX, mas também do próprio parque tecnológico da Receita Federal.

Ademais, importante que o inteiro teor da Nota Técnica seja elucidado, pois a mesma apresenta os valores arrecadados pela fiscalização com a taxa SISCOMEX no mesmo período de aumento dos custos de manutenção, operação e desenvolvimento do sistema.

Essa análise restou muito bem efetivada pela Segunda Turma do Tribunal Regional Federal da 4ª Região, no julgamento da Apelação nº 5018829-32.2014.404.7201/SC, realizado em agosto de 2015, quando, ao confrontar os custos da operação e investimento do sistema versus a arrecadação da taxa, até o ano de 2011, restou concluído que, ainda sem reajuste entre os anos de 1999 e 2011, o valor arrecadado com a taxa de utilização do SISCOMEX cobria tais custos.

Ainda é possível verificar dos dados apontados pela Nota Técnica, que os custos suportados para fins de operar e investir no sistema se conservaram relativamente estáveis durante os anos. De outro lado, a arrecadação se eleva de forma íngreme a partir da edição da portaria ministerial, sem, contudo, corresponder aos gastos do sistema. Para fins de exemplificar, no ano de 2011, os gastos informados pela Receita Federal com o SISCOMEX foram de R$118.664.000,00, já a arrecadação daquele mesmo ano, com a taxa já majorada, foi de R$443.449.082,05.

---

[15] TRF4, Apelação Cível nº 5009893-06.2014.404.7205, 2ª Turma, Des. Federal Rômulo Pizzolatti, por unanimidade, juntado aos autos em 27/05/2015.

Em outras palavras, não temos dúvidas de que há excesso no reajuste fixado e que não logrou êxito a Fazenda Nacional ao tentar comprovar o aumento dos custos do sistema. Isso, via de consequência, torna incoerente a justificativa do aumento da taxa apenas para cobrir tais gastos.

Ficou assentado pelo Tribunal Regional Federal da 4ª Região, diante de tal controvérsia, que não houve prova do aumento dos custos a justificar o aumento da arrecadação, sendo que a atualização dada pela Portaria MF nº 257/2011 apenas se mantém legal se o reajuste respeitar a variação do INPC de 01/99 a 04/11, correspondente ao percentual de 131,60%. Isso implica o valor de R$69,48, ao invés de R$185,00 (por registro de DI) e de R$13,11, ao invés de R$29,50 (por registro de adição à DI). Isso porque o referido tributo tem a finalidade de repor custos do sistema. Com isso, o excesso que ultrapassa os valores citados merece ser glosado e repetido ao contribuinte.

Apenas a título informativo, a União vem recorrendo do entendimento acima citado também ao Superior Tribunal de Justiça, tribunal este que, em geral, vem negando seguimento ao recurso. A exemplo, temos a decisão do ministro Herman Benjamin, que impediu a continuidade do Recurso Especial nº 1.613.402/PR, argumentando que a análise do processo implicaria revisão de provas, vedada pela Súmula nº 7 do STJ.

Já em outro caso analisado pela Segunda Turma do STJ, no REsp nº 1.762.837/PR,[16] também de relatoria do ministro Herman Benjamim,

---

[16] "TRIBUTÁRIO E CONSTITUCIONAL. TAXA DE UTILIZAÇÃO DO SISTEMA INTEGRADO DE COMÉRCIO EXTERIOR – SISCOMEX. DISCUSSÃO SOBRE O EXCESSO DE REAJUSTE DOS VALORES. QUESTIONAMENTO SOBRE A PERTINÊNCIA ENTRE A ATUALIZAÇÃO E OS CUSTOS DE INVESTIMENTOS NO SISCOMEX. NECESSIDADE DE COMPLEMENTAÇÃO DA DECISÃO A QUO. RETORNO AO TRIBUNAL DE ORIGEM. HISTÓRICO DA DEMANDA 1. Discute-se, em síntese, o excesso na atualização dos valores da taxa de utilização do Siscomex autorizada pela Portaria MF 257/2011. 2. Conforme asseverado pela Fazenda, o reajuste teria ocorrido sob o amparo da lei e teve como justificativa o aumento real dos custos de manutenção, melhoria e expansão do sistema da Receita, necessário como um todo ao pleno atendimento do Siscomex, cujas receitas não mais cobriam as despesas segundo a Nota Técnica apresentada. Logo, estaria de acordo com a norma que permite sua adequação aos custos de operação e investimento. MÉRITO 3. A Taxa Siscomex foi instituída pela Lei 9.716/1998, que no art. 3º, §2º, preceitua: "Os valores de que trata o parágrafo anterior poderão ser reajustados, anualmente, mediante ato do Ministro de Estado da Fazenda, conforme a variação dos custos de operação e dos investimentos no SISCOMEX". 4. Assim, em que pese ter havido expressiva majoração do valor da indigitada taxa, promovida pela Portaria MF 257/2011, haverá dúvida ao afirmar que o reajuste levado a efeito pela autoridade administrativa tenha desbordado dos parâmetros legais – mormente quando se pensa nos investimentos realizados e levando-se em consideração que o tributo em questão se manteve com o valor inalterado desde 1998 –, bem como quanto à presunção de legalidade de que goza o ato administrativo que o elevou. 5. Ademais, a própria Nota

restou pautado para devolver os autos ao Tribunal Regional Federal da 4ª Região para que sejam analisados os custos de operação e de modernização do SISCOMEX, diante dos aclaratórios apresentados pela União acerca de suposta omissão do tribunal de origem quanto aos dados trazidos.

Entrementes, o julgamento mais recente que verificamos no Superior Tribunal de Justiça, publicado em 13.02.2019, manifesta o entendimento, praticamente majoritário naquele tribunal, que o mérito do tema tratado no recurso especial[17] abarca matéria constitucional consistente na inconstitucionalidade do próprio art. 3º, §2º, da Lei nº 9.716/98, ao argumento de que não poderia ter feito tal delegação (violação ao princípio da legalidade previsto no art. 150, I, da CF/88). Assim, não comporta ao STJ a análise de afrontas à Carta Magna, ao passo que é matéria a ser tratada em recurso extraordinário e apreciada pelo Supremo Tribunal Federal.

Com isso, concluímos que a controvérsia acerca da validade do reajuste da taxa de utilização do SISCOMEX vem caminhando para definição junto ao Supremo Tribunal Federal, que, muito embora ainda não tenha formado precedente de observância obrigatória, manifestou, por meio da Segunda Turma, relevante posicionamento sobre o mérito do tema, o qual certamente será ponderado pelos tribunais regionais

---

Técnica juntada pela Fazenda demonstra o exorbitante aumento dos custos suportados pelo erário para manter o sistema Siscomex.
Dessa forma, em vez de tais gastos serem suportados pelo Estado brasileiro e seus cidadãos como um todo, devem ser direcionados aos usuários do sistema. 6. Em face de todo o exposto, a Segunda Turma do STJ, ao apreciar a mesma matéria no REsp 1.659.074, na sessão do dia 3.5.2018, decidiu afastar a orientação do Tribunal a quo, que considera indevida a atualização da taxa Siscomex normatizada pela Portaria 257/2011. 7. Por consequência, não poderá subsistir a adoção do índice INPC para atualizar o retromencionado tributo. 8. Verifica-se a necessidade de exame mais profundo da relação entre a razoabilidade do reajuste da taxa com os custos de investimentos realizados no sistema Siscomex. Nada obstante, tendo em vista o óbice da Súmula 7/STJ para examinar essa circunstância na presente instância, mister encaminhar o feito para o Tribunal de origem para que possa proceder à percuciente apreciação das questões de fato.
CONCLUSÃO 9. Entende-se que a melhor solução repousa na devolução do presente feito à Corte regional, para que possa esclarecer se há ou não compatibilidade da Nota Técnica com os custos não só da operação, mas dos investimentos do Siscomex. Caso em que será ponderado se prevalece ou não o reajuste nos termos propostos pelo Estado.
10. Recurso Especial da Fazenda Nacional parcialmente provido, para que seja devolvido o presente processo ao Tribunal a quo a fim de que se manifeste sobre a questão da adequação entre as informações contidas na Nota Técnica e os custos não só de operação, mas, principalmente, dos investimentos no Siscomex. Recurso Especial do particular prejudicado."
(REsp nº 1762837/PR, Rel. Ministro HERMAN BENJAMIN, SEGUNDA TURMA, julgado em 08.11.2018, *DJe* 19.11.2018)

[17] AgInt no REsp nº 1727951/RS, Rel. Ministro Mauro Campbell Marques, Segunda Turma, julgado em 07/02/2019, *DJe* 13.02.2019.

federais e demais magistrados de primeiro grau quando de suas decisões. Ademais, dois ministros da Primeira Turma da Corte já se posicionaram em sintonia com referido entendimento. Ou seja, o cenário se mostra positivo aos contribuintes.

6 Considerações finais

A presente pesquisa nos reitera a premissa que toda lei criada merece ser densamente analisada, pois pode apresentar falhas e lacunas que geram indagação junto ao Judiciário. O direito brasileiro nos dá meios, através da Lei Maior, de questionar desde o nascimento da norma que cria obrigações, até a forma como a mesma vem sendo aplicada na prática.

Isso porque vivemos num Estado Democrático de Direito, consagrado pelo art. 1º da Constituição Federal de 1988, fundado na soberania popular, na cidadania e na dignidade da pessoa humana. Com isso, é nosso dever fiscalizar a atuação estatal na arrecadação fiscal, protegendo o interesse da sociedade em desfavor de qualquer arbítrio do poder público, fazendo valer os princípios estatuídos pela Carta Magna.

A balança comercial brasileira vem, desde 2015, registrando superávit nas operações de comércio internacional. A exemplo, o ano de 2017 fechou com recorde histórico, sendo que as exportações movimentaram US$217,74 bilhões ao Brasil, e as importações somaram uma quantia de US$150,74 bilhões.[18] Os valores são extremamente significativos e confirmam a relevância do comércio exterior para o crescimento do país.

Acreditamos que com o comércio exterior o Governo Federal tem nas mãos um vigoroso instrumento para desenvolvimento exponencial do Brasil, para tanto, necessita incentivar economicamente a atuação dos importadores e exportadores.

Além de criar ferramentas de desburocratização, como o SISCOMEX, assinar novos acordos internacionais para abertura de mercado, bem como implementar mudanças nas operações,[19] impulsionadas pelo Acordo de Facilitação do Comércio Internacional assinado

---

[18] Dados veiculados pelo Ministério da Indústria, Comércio Exterior e Serviços (MDIC). Disponível em: http://www.mdic.gov.br/balanca-comercial. Acesso em: 15 mar. 2019.

[19] DU-e (Declaração Única de Exportação), DUIMP (Declaração Única de Importação), LPCO (Licença, Permissão, Certificados e Outros Documentos), CCT (Controle de Carga e Trânsito), entre outros.

pelo governo em 2017 com a Organização Mundial do Comércio, cremos que o Poder Público, através de regimes aduaneiros, benefícios fiscais e com a razoável e proporcional arrecadação dos tributos incidentes nas operações, estará nutrindo as empresas brasileiras atuantes no comércio exterior, tornando-as mais competitivas e visíveis no mercado externo.

Por assim dizer, deve fazer parte de um programa de desenvolvimento nacional a válida e coerente criação e majoração de tributos incidentes na importação, como, no caso, a taxa de utilização do SISCOMEX. Entendemos que caso a atualização realizada pelo Ministério da Fazenda, por meio da Portaria MF nº 257/2011, tivesse sido editada com o crivo da legalidade e constitucionalidade, inúmeros custos mobilizados com processos judiciais e repetições de indébitos tributários, para fins de invalidar a norma que indevidamente reajustou a taxa, seriam evitados.

De outro lado, o tema ora trabalhado se apresenta, neste momento, consolidado nos tribunais pátrios, mormente no guardião da CF/88, o Supremo Tribunal Federal, após julgamento do Recurso Extraordinário nº 1258934, na sistemática de repercussão geral (Tema 1085), reafirmando a jurisprudência pela inconstitucionalidade do aumento da Taxa Siscomex por meio de ato infralegal a partir de delegação legislativa defeituosa, vinculando os judiciários a seguir tal entendimento.

Esse cenário, além de trazer segurança jurídica ao tema em debate, gera a redução considerável do valor da Taxa de Utilização do SISCOMEX, situação que, por menor que possa parecer diante do montante geral destinado aos custos com as operações de importação, diminui os custos do importador e incentiva o comércio internacional de mercadorias, aquecendo a economia interna, gerando empregos e renda ao país.

Referências

BARROS CARVALHO, Paulo de. *Curso de Direito Tributário*. 7. ed. São Paulo: Saraiva (1996.

BRASIL. Superior Tribunal de Justiça. REsp nº 1.613.402/PR, Ministro Relator Herman Benjamin. Julgado em 29.06.2016. Disponível em: www.stj.jus.br.. Acesso em: 15 mar. 2019.

BRASIL. Superior Tribunal de Justiça. REsp nº 1.727.951/RS, Ministro Relator Mauro Campbell Marques. Julgado em 07.02.2019. Disponível em: www.stj.jus.br.. Acesso em: 15 mar. 2019.

BRASIL. Superior Tribunal de Justiça. REsp nº 1.762.837/PR, Ministro Relator Herman Benjamin. Julgado em 08.11.2018. Disponível em: www.stj.jus.br.. Acesso em: 15 mar. 2019.

BRASIL. Supremo Tribunal Federal. AgRg no RE nº 1.095.001/SC. Ministro Relator Dias Toffoli. Publicado em 28 de maio de 2018. Disponível:www.stf.jus.br. Acesso em: 15 mar. 2019.

BRASIL. Supremo Tribunal Federal. RE nº 959.274/SC. Ministro Relator Roberto Barroso. Julgado em 20.04.2018. Disponível em: www.stf.jus.br. Acesso em: 15 mar. 2019.

BRASIL. Supremo Tribunal Federal. RE nº 1258934, Relator Ministro Presidente Marco Aurélio. Julgado em 25.03.20. Disponível em: www.stf.jus.br. Acesso em: 03 set. 2020.

BRASIL. Tribunal Regional Federal da 4ª Região. Apelação Cível nº 5009893-06.2014.404.7205, Des. Federal Rômulo Pizzolatti, julgado em 27.05.2015. Disponível: http://www2.trf4.jus.br/trf4/. Acesso em: 15 mar. 2019.

CARRAZA, Roque Antonio. *Curso de Direito Constitucional Tributário*. 17. ed. São Paulo: Malheiros, 2002.

HARADA, Kiyoshi. *Direito Financeiro e Tributário*. 7. ed. São Paulo: Atlas, 1997.

MINISTÉRIO DA INDÚSTRIA, COMÉRCIO EXTERIOR E SERVIÇOS (MDIC). Disponível em http://www.mdic.gov.br/balanca-comercial. Acesso em: 15 mar. 2019.

PORTAL SISCOMEX. Disponível em http://portal.siscomex.gov.br/conheca-o-portal/O_Portal_Siscomex. Acesso em: 15 mar. 2019.

RECEITA FEDERAL DO BRASIL. Disponível em http://receita.economia.gov.br/orientacao/aduaneira/manuais/despacho-de-importacao/topicos-1/conceitos-e-definicoes/siscomex. Acesso em: 15 mar. 2019.

Informação bibliográfica deste texto, conforme a NBR 6023:2018 da Associação Brasileira de Normas Técnicas (ABNT):

CAPELARI, Camila Maria Mello; FÓES, Gabrielle Thamis Novak. Questões controvertidas acerca do reajuste da Taxa de Utilização do Siscomex à luz da jurisprudência dos tribunais pátrios. *In*: CASTRO JUNIOR, Osvaldo Agripino de (Coord.). *Constituição, tributação e aduana no transporte marítimo e na atividade portuária*. Belo Horizonte: Fórum, 2021. p. 97-116. ISBN 978-65-5518-002-2.

A PENA DE PERDIMENTO – UMA RELEITURA SOB A ÓPTICA DO ESTADO DEMOCRÁTICO DE DIREITO E DO DIREITO DE PROPRIEDADE

PAULO JOSÉ ZANELLATO FILHO

Introdução

Através da história várias concepções acerca do constitucionalismo surgiram. Atualmente, porém, fala-se em Constitucionalismo Democrático para afirmar a ideia de que a Constituição é viva, significando que a Constituição é responsiva ao envolver necessidades sociais a ideais de justiça fundamental.[1]

O constitucionalismo democrático é, nas palavras de Luiz Roberto Barroso, "uma fórmula política baseada no respeito aos direitos fundamentais e no autogoverno popular. E é, também, um modo de organização social fundado na cooperação de pessoas livres e iguais".[2]

Nesse contexto, o constitucionalismo democrático está ligado justamente ao paradoxo que a autoridade constitucional depende tanto da sua responsividade democrática quanto da sua legitimação enquanto lei.[3]

---

[1] POST, Robert and SIEGEL, Reva. Democratic Constitutionalism. *In:* BALKIN, Jack; SIEGEL, Reva. *The Constitution in 2020.* Oxford: Oxford University Press, 2009, p. 25-34, p. 25.

[2] BARROSO, Luiz Roberto. *O Constitucionalismo democrático no Brasil:* crônica de um sucesso imprevisto. Disponível em: https://pt.scribd.com/doc/157131398/O-constitucionalismo-democratico-no-Brasil-pdf. Acesso em: 08 dez. 2014, p. 2.

[3] POST, Robert and SIEGEL, Reva. Democratic Constitutionalism. *In:* BALKIN, Jack; SIEGEL, Reva. *The Constitution in 2020.* Oxford: Oxford University Press, 2009, p. 25-34, p. 27.

Comumente, diz-se que a constituição institui as regras do jogo da ordem jurídica estabelecida, devendo ser observada tanto pelos cidadãos quanto pelo Governo. Algumas das regras estabelecidas são claras e específicas, enquanto outras expressam normas gerais e princípios.

A responsividade democrática residente justamente na significação, ou melhor, na interpretação que se atribui a essas normas gerais e princípios constitucionais. Será responsiva a interpretação conforme às normas constitucionais, aos os ideais políticos, econômicos, sociais e de justiça empregados na sociedade em um dado momento histórico. Assim, a responsividade implica um processo contínuo de interpretação e reinterpretação das normas constitucionais, de acordo com o arcabouço ético e social vigente.

Nesse sentido, Post e Siegel ressaltam ser intrínseca ao constitucionalismo a existência de conflitos sobre determinados significados constitucionais, de forma que o denominado "refluxo" insere-se dentro de um contexto de normalidade no desenvolvimento de uma cultura constitucional. Nas palavras dos autores, "o refluxo procura manter a sensibilidade democrática do significado constitucional".[4]

A respeito do constitucionalismo democrático de Post e Siegel, sustenta Bunchaft

> que este legitima a atuação do judiciário por meio da utilização de princípios constitucionais de abertura argumentativa no processo de interpretação constitucional, potencializando o engajamento público expresso em termos de interações entre as Cortes e os movimentos sociais.[5]

Neste ensaio, pretendemos uma reinterpretação da pena de perdimento face ao princípio democrático e o direito fundamental da propriedade, o qual sofreu diversas transformações ao longo da história, vindo hodiernamente a consagrar-se como princípio basilar da própria teoria constitucional brasileira, com vistas a identificar em quais casos e se a pena de perdimento é ou não constitucional.

Para tanto, desenvolveremos o conceito do Estado Democrático de Direito sob a perspectiva de que tal princípio reforça a proteção aos Direitos Fundamentais e à dignidade da pessoa humana.

---

4 POST, Robert e SIEGEL, Reva. Roe Rage: Democratic Constitutionalism and the Backlash". In: *Harvard Civil Rights-Civil Liberties Law Review*. 2007. Disponível em: http//ssrn.com/abstract//990968, p. 379.

5 BUNCHAFT, Maria Eugenia. Constitucionalismo democrático versus minimalismo judicial. *Revista Direito, Estado e Sociedade*, n. 38, p. 154 a 180, jan./jun. 2011, p. 158.

Ato contínuo, pretendemos analisar a corrente que justifica a aplicação da pena de perdimento como um instrumento histórico de proteção ao Erário, com vistas a verificar sua validade.

Adiante, analisaremos ainda os decretos-lei que preveem a aplicação da pena de perdimento sob o manto dos princípios Democrático, Republicano e da Legalidade; passando, ao final, a confrontar o direito de propriedade e seu âmbito de proteção em face do interesse público de proteção ao Erário, com o fim de determinar em quais casos e se a pena de perdimento pode ser aplicada, em consonância com a Constituição Federal de 1988.

1 O Estado Democrático de Direito

O Estado Democrático de Direito não é princípio cujo conteúdo resta delimitado definitivamente. É, antes, conceito plurissignificativo, princípio que se conforma de acordo com as transformações históricas que contribuíram para o desenvolvimento da atual noção que temos sobre o tema.[6]

A proposta pretendida neste trabalho, contudo, não é compreender os diversos significados que o Estado Democrático de Direito possuiu ao longo da história. Pretende, sim, posicionar o Estado Democrático de Direito como norma de controle, que tem por objetivo "repor a normalidade constitucional alterada através da promoção do ajustamento constitucional da situação irregular de poder".[7]

Para tanto, se faz imprescindível realizarmos um breve escorço a respeito da evolução do Estado de Direito e sua imbricação com o Princípio Democrático, seguindo a partir daí a noção de Estado Democrático de Direito.

---

[6] A respeito da polissemia do conceito de Estado Democrático de Direito, Alerta Aliomar Baleeiro: "Não há, na Ciência Política, consenso em torno da expressão 'democracia'. A Ambiguidade e a polissemia do termo são notáveis e os distintos significados, com que o conceito é empregado, tornam-no impreciso e obscuro". BALEEIRO, Aliomar. *Limitações Constitucionais ao Poder de Tributar*. 7. ed. rev. e compl. à luz da Constituição de 1988 até Emenda Constitucional nº 10/96. Rio de Janeiro: Forense. 1999, p. 4.

[7] PEREIRA, Rodolfo Viana. Controle e Legitimidade Democrática. *In*: FELLET, André; NOVELINO, Marcelo (Org.). *Constitucionalismo e democracia*. Salvador: Juspodivm. 2013, p. 76. A respeito das normas de controle, prossegue o autor: "as normas têm como finalidade inserir um corte normativo no seio dos sistemas político e social, a fim de controlar o processo democrático de formação do poder, seja no que se refere às estruturas institucionais (poderes estatais, arenas públicas institucionalizadas), seja no que tange aos procedimentos decisórios (processo eleitoral, processo legislativo, canais participativos, etc.), seja quanto aos agentes de poder (representantes, cidadãos), seja quanto aos valores sociais definidos pela própria comunidade política".

OSVALDO AGRIPINO DE CASTRO JUNIOR [Coord.]
CONSTITUIÇÃO, TRIBUTAÇÃO E ADUANA NO TRANSPORTE MARÍTIMO E NA ATIVIDADE PORTUÁRIA

Nesse *mister*, destacamos a obra Pietro Costa e Danilo Zolo, *Estado de Direito – História, Teoria e Crítica*, a qual apresenta uma curada reconstrução histórico-teórica do *Estado de Direito* e uma discussão *crítica* das suas estruturas.

Nessa obra, anota Pietro Costa que o Estado de Direito constituiu-se inicialmente como instrumento[8] que pretendia pôr amarras ao exercício do poder pelo Estado, isto é, impor limites à atividade do soberano. Nessa trilha, Rodolfo Viana Pereira leciona que o Estado de Direito ancorou sua primeira justificação na capacidade de conter a manipulação da esfera política através das normas jurídicas e em prol da liberdade individual.[9]

Nessa aproximação inicial, a lei era entendida como o caminho indispensável para liberdade e promoção da segurança jurídica dos sujeitos, instrumento último de proteção do indivíduo contra as arbitrariedades do soberano. No entanto, observa Pietro Costa que a "lei não é apenas um momento interno à organização da soberania: extrai sentido da sua destinação funcional, da conexão com um indivíduo que nela encontra a moldura e a tutela de sua ação".[10] É nesse contexto que se formam as primeiras noções do princípio da legalidade ('*nullum crimen sine lege*') e igualdade jurídica (igual submissão de todos perante a lei).[11]

A partir da segunda metade do século XIX, a fórmula do Estado de Direito ganha outro relevo na doutrina jurídica alemã. A questão que surge é: como impor limites ao Estado, enquanto titular de um poder absoluto, se ele não conhece nenhum poder superior?

A juspublicística alemã encontra a solução para este problema na ideia de autolimitação ou ainda, partindo dela, na concepção que o Estado de Direito, enquanto Estado soberano, ao se autolimitar, coloca-se como sujeito jurídico titular de direitos e deveres, devendo respeitar tanto o direito objetivo como os direitos dos sujeitos com os quais entra em relação. Por um lado, a fórmula do '*Rechtsstaat*' alemã, que de certa forma

---

[8] Para Pietro Costa: "O Estado de Direito apresenta-se, em suma, como um meio para atingir um fim: espera-se que ele indique como intervir (através do "direito") no 'poder' com a finalidade de fortalecer a posição dos sujeitos". COSTA, Pietro. O Estado de Direito: uma aproximação Histórica. *In*: COSTA, Pietro; ZOLO, Danilo. *Estado de Direito*: história, teoria e crítica. São Paulo: Martins Fontes. 2006, p. 96.

[9] PEREIRA, Rodolfo Viana. *Direito constitucional democrático*: controle e participação como elementos fundantes e garantidores da constitucionalidade. Rio de Janeiro: Lumen Juris. 2008. P. 46.

[10] COSTA. Pietro. O Estado de Direito: uma aproximação histórica. *In*: COSTA, Pietro; ZOLO, Danilo. *Estado de Direito*: história, teoria e crítica. São Paulo: Martins Fontes. 2006, p. 103.

[11] COSTA. Pietro. *Ibidem*, p. 103.

é análoga ao *rule of law* britânico,[12] concentra atenção a impor precisos vínculos jurídicos e controles jurisdicionais à atividade administrativa, mas hesita, por outro, em pôr limites à atividade legislativa.[13]

Já em Hans Kelsen, o Estado passa a ser visto não como um 'ente real', mas como um objeto teórico construído pelo jurista. Para o jusfilósofo austríaco, Estado e o Direito identificam-se.[14] Com o desenvolvimento da sua análise dinâmica do ordenamento – hierarquizando as normas jurídicas, subordinando-as à norma fundamental (constitucional) – o Estado de Direito deu lugar à figura do Estado de Direito Constitucional, adquirindo agora uma dimensão rigorosamente formal.[15]

Posteriormente, a redefinição do papel do Estado, sua colocação na posição de "garantista" e colisão com uma classe de direitos sociais e trabalhistas como direitos fundamentais da pessoa humana e sob a proteção do Estado, faz surgir o Estado de Direito Social,[16] seguindo-se

---

[12] Aponta Pietro Costa: "[...] o diceyano *rule of law* e a fórmula alemã do 'Staatsrecht' parecem análogos: não apenas porque ambos focalizam o mesmo campo de tensão entre poder e direito, como também porque compartilham da mesma aporia, ou seja, a dificuldade de compor o caráter absoluto do poder soberano com um sistema de vínculos funcionais ligados à proteção da esfera jurídica individual". COSTA, Pietro. *Idem*, p. 148.

[13] Cf. COSTA. Pietro. *Idem*, p. 133-139.

[14] Nesse sentido V. Hans Kelsen: "A questão decisiva, do ponto de vista do indivíduo subordinado às normas, é se a vinculação se opera com a sua vontade ou sem a sua vontade – eventualmente mesmo contra a sua vontade. É aquela diferença que se costuma caracterizar como a oposição entre autonomia e heteronomia e que a teoria jurídica costuma verificar essencialmente, no domínio do Direito do Estado. Aqui, ela aparece como diferença entre democracia e autocracia, ou república e monarquia; e é também neste domínio que ela fornece a divisão usual das formas do Estado. Simplesmente, aquilo que se concebe como forma do Estado é apenas um caso especial da forma do Direito em geral. É a forma do Direito, isto é, o método de criação jurídica no escalão mais elevado da ordem jurídica, ou seja, no domínio da Constituição". KELSEN, Hans. *Teoria Pura do Direito*. 4. ed. Tradução de Dr. João Baptista Machado. Coimbra: Armênio Amado – Editor. 1976, p. 377-378.

[15] COSTA. Pietro. O Estado de Direito: Uma aproximação Histórica. *In:* COSTA, Pietro; ZOLO, Danilo. *Estado de Direito*: história, teoria e crítica. São Paulo: Martins Fontes. 2006, p. 155-162.

[16] No tocante ao Estado de Direito Social v. Paulo Bonavides: "Quando o Estado, coagido pela pressão das massas, pelas reivindicações que a impaciência do quarto estado faz ao poder político, confere, no Estado constitucional ou fora deste, os direitos do trabalho, da previdência, da educação, intervém na economia como distribuidor, dita o salário, manipula a moeda, regula os preços, combate o desemprego, protege os enfermos, dá ao trabalhador e ao burocrata a casa própria, controla as profissões, compra a produção, financia as exportações, concede crédito, institui comissões de abastecimento, provê necessidades individuais, enfrenta crises econômicas, coloca na sociedade todas as classes na mais estreita dependência de seu poderio econômico, político e social, em suma, estende sua influência a quase todos os domínios que dantes pertenciam, em grande parte, à área de iniciativa individual, nesse instante o Estado pode, com justiça, receber a denominação de Estado social". BONAVIDES, Paulo. *Do Estado Liberal ao Estado Social*. 7. ed. São Paulo : Malheiros, 2004, p. 186.

tal concepção até o surgimento dos regimes totalitários, que acabaram por aniquilar o preceito.

A queda desses regimes, com o fim da Segunda Grande Guerra, implicou a necessidade de retomada de uma teoria que não apenas impusesse limites ao exercício do poder pelo Estado, mas também o legitimasse. Surgiu então a fórmula do Estado Democrático de Direito, que reúne os princípios do Estado Democrático e do Estado de Direito, como aponta José Afonso da Silva, "não como simples reunião formal dos respectivos elementos, porque, em verdade, revela um conceito novo que os supera".[17]

Numa concepção mais formal, democracia pode ser entendida meramente como um "método de decisão que pretende resolver o problema da titularidade e exercício do poder no interior de uma determinada comunidade política".[18] A partir dos ideais desenvolvidos na modernidade, por teóricos como Rousseau, a democracia caracteriza-se pelo governo do povo, para o povo, como governo da maioria, isto é, traduz-se na linguagem da legitimação do poder, ou seja, no fato de remeter a sua titularidade ao princípio da soberania popular.[19]

Nesse sentido, o Estado Democrático de Direito deve ser entendido como organização política em que o poder emana do povo, que exerce a soberania popular diretamente ou por meio de representantes escolhidos por meio de eleições livres e periódicas, por meio de sufrágio universal e pelo voto direto e secreto, para o exercício de mandatos periódicos, nos termos da Constituição.

Ensina Alexandre de Morais que "O Estado Democrático de Direito significa a exigência de reger-se por normas democráticas, com eleições livres, periódicas e pelo povo, bem como o respeito das autoridades públicas aos direitos e garantias individuais".[20]

A expressão Estado Democrático de Direito, no entanto, abarca conceito mais amplo do que esse meramente formal. No Brasil, compõem o princípio seus fundamentos (art. 2º, CF) e objetivos (art. 3º, CF), vale dizer, ao lado da forma, devem ser associados outros princípios que vão lhe dar a compostura material.

---

[17] SILVA, José Afonso. *Curso de Direito Constitucional Positivo*. 34. ed. rev. e atual., São Paulo: Malheiros. 2011, p. 112.

[18] PEREIRA, Rodolfo Viana. *Direito constitucional democrático*: controle e participação como elementos fundantes e garantidores da constitucionalidade. Rio de Janeiro: Lumen Juris. 2008, p. 64.

[19] PEREIRA, Rodolfo Viana. *Idem*, p. 268.

[20] MORAES, Alexandre de. *Constituição do Brasil interpretada e legislação constitucional*. São Paulo: Atlas. 2005, p. 131.

Não diverge dessa opinião Inocêncio Mártines Coelho, ao asseverar que o Estado Democrático de Direito:

> aparece como superconceito, do qual se extraem – por derivação, inferência ou implicação – diversos princípios, como o da separação dos Poderes, o do pluralismo político, o da isonomia, o da legalidade e, até mesmo, o princípio da dignidade da pessoa humana, em que pese, com relação a este último, como Miguel Reale, por exemplo, para quem a pessoa é o valor-fonte dos demais valores, aos quais serve de fundamento como categoria ontológica pré-constituinte ou supraconstitucional.[21]

Portanto, podemos afirmar que o Estado Democrático de Direito não se desenvolve apenas no seu sentido formal, "mas principalmente no sentido material, isto é, mediante a realização dos direitos fundamentais, tendo como referência mais decisiva o princípio fundamental, material, da garantia da dignidade humana".[22]

Atualmente, afirma Marçal Justen Filho:

> O Estado Democrático de Direito caracteriza-se não apenas pela supremacia da Constituição, mas pelo respeito aos direitos fundamentais e pela supremacia da soberania popular. Também envolve reconhecimento da condição de cidadão como sujeito de direito, de que decorre o compromisso com a realização da dignidade humana e os direitos fundamentais, inclusive por meio de uma atuação estatal ativa e interativa.[23]

A par desses conceitos, podemos retomar a noção do princípio do Estado Democrático de Direito como norma de controle, levantada linhas atrás.

Se tomarmos como exemplo os instrumentos normativos que tratam da pena de perdimento, é facilmente verificável que os mesmos datam anteriormente à Constituição Federal. Para averiguar a conformação dessas normas infraconstitucionais à novel Constituição de 1988, tais instrumentos normativos deverão ser verificados face ao princípio do Estado Democrático de Direito em toda sua plenitude, vale dizer, deverão ser analisados primeiramente quanto à sua legitimação

---

[21] MENDES, Gilmar Ferreira. COELHO, Inocêncio Mártires. BRANCO, Paulo Gustavo Gonet. Curso de Direito Constitucional. 4. ed., ver. e atual. São Paulo: Saraiva, 2009, p. 171.

[22] PEREIRA DA COSTA, Maria Isabel. *Constitucionalismo ou neoliberalismo*: o que interessa a quem?. Porto Alegre: Síntese. 1999, p. 47.

[23] JUSTEN FILHO, Marçal. *Curso de Direito Administrativo*. 8. ed. Rev., Ampl. e atual. Belo Horizonte: Fórum, 2012, p. 78.

democrática, isto é, se são atos normativos emanados pelo Poder Legislativo, com representantes eleitos pelo povo em eleições livres; bem como, e principalmente, se são instrumentos que se coadunam com a gama de direitos fundamentais constantes da Carta Magna.

No caso de esses instrumentos legais gerarem *outputs* indesejados pela nova Ordem Constitucional, sejam eles procedimentais ou materiais, o princípio do Estado Democrático de Direito deve servir como filtro primeiro, anunciando a sua morte ou irradiando seus efeitos.

2 A corrente da constitucionalidade da pena de perdimento com fundamento na tradição histórica de proteção ao Erário

A corrente que ampara a constitucionalidade da pena de perdimento com base na tradição histórica de proteção ao erário foi sustentada por Jean Marcos Ferreira, na sua obra *Confisco e Perda de Bens no Direito Brasileiro*.

De acordo com Ferreira, não há dúvidas de que o artigo 5º, em seus incisos XLV e XLVI, da Constituição Federal, cuida de matéria penal, não servindo, portanto, como fundamento constitucional para aplicação da pena de perdimento aduaneira. Contudo, muito embora a Constituição não mais traga no seu bojo qualquer dispositivo para embasar a aplicação desta sanção, a pena de perdimento deve ser considerada constitucional em função de dois argumentos distintos: primeiro, por encontrar fundamento de validade na própria tradição histórica de proteção ao erário; e, segundo, no fato de que nem tudo deve estar previsto na Constituição para que seja constitucional.[24]

De fato, se observarmos as constituições que antecederam a atual Constituição de 1988, notaremos que a maior parte delas não previa a aplicação dessa penalidade. Contudo, mesmo não havendo previsão constitucional, a pena de perdimento esteve presente na legislação infraconstitucional, sem que sua constitucionalidade fosse questionada por falta de dispositivo expresso na Constituição que validasse sua aplicação.

---

[24] Nesse ponto afirma Jean Marcos Ferreira: "A penalidade fiscal denominada perda encontra fundamento, em primeiro lugar, na própria tradição histórica. Suas origens remontam ao Direito Luso-Brasileiro. As Constituições de 1824, 1891, 1934 e 1937 não a previam. Previu-a, entretanto, a legislação infraconstitucional. Não é preciso que tudo esteja expressamente escrito na Constituição para que exista". FERREIRA, Jean Marcos. *Confisco e perda de bens no direito brasileiro*, p. 203.

A Constituição do Império de 1824, por conceber o direito de propriedade como um direito absoluto, inviolável, foi a primeira a proibir expressamente a aplicação de penas de confiscação de bens (art. 179, XX, CF/1824), mas chegou a permitir a desapropriação mediante prévia indenização.

A Constituição da República de 1891, por sua vez, manteve as mesmas feições para a proteção da propriedade, porém retirou do bojo do seu texto a proibição à aplicação da pena de confisco. É nesse período que é editada a Nova Consolidação das Leis das Alfândegas e Mesas de Rendas da República de 1894, que previa a aplicação da pena de perdimento de bens. Porém, já na Constituição de 1934 (art. 113, nº 29), voltou-se a prever no seu corpo a proibição ao confisco de bens.

Mas foi somente na Constituição de 1946 que o termo perdimento de bens apareceu no texto Constitucional, ao prever no seu art. 141, §31, que a "lei disporá sobre o sequestro e o perdimento de bens, no caso de enriquecimento ilícito, por influência ou com abuso de cargo ou função pública, ou de emprego em entidade autárquica".

Como visto, a aplicação da pena de perdimento passou a constar de disposição expressa na Constituição de 1946, mas apenas para os casos de enriquecimento ilícito, por influência ou com abuso de cargo ou função pública, ou de emprego em entidade autárquica.

Seguindo a mesma linha, a Constituição de 1967 (art. 150, §11) previa a possibilidade de aplicação da pena de perdimento, acrescendo, contudo, a hipótese de seu emprego também nos casos de ocorrência de dano ao Erário.

Por outro lado, como já mencionamos anteriormente, há previsão para aplicação da pena de perdimento desde a Nova Consolidação das Leis das Alfândegas e Mesas de Rendas da República de 1894, a qual somente veio a ser expressamente revogada pelo Decreto-Lei nº 37/66, atualmente em vigor.

Contudo, em que pese admitirmos a existência de legislações que datam desde a época da República tratando da pena de perdimento, não podemos admitir a constitucionalidade do instituto meramente por uma tradição histórica de proteção ao Erário. Pelo contrário, a Constitucionalidade do instituto demanda uma análise sistemática face à Constituição de 1988, necessitando os dispositivos que preveem a aplicação dessa penalidade estarem em conformidade com a atual ordem jurídica, para que possamos reconhecer a sua recepção.

A existência dessa tradição histórica apenas vem corroborar com a tese de que a Constituição não deve necessariamente prever expressamente a aplicação da pena de perdimento para que esta seja

OSVALDO AGRIPINO DE CASTRO JUNIOR [Coord.]
CONSTITUIÇÃO, TRIBUTAÇÃO E ADUANA NO TRANSPORTE MARÍTIMO E NA ATIVIDADE PORTUÁRIA

considerada constitucional. A análise quanto à recepção do instituto exige, portanto, uma "filtragem constitucional", teoria retratada por Paulo Ricardo Schier.[25] De acordo com Schier,

> [...] desenvolveu-se a idéia de filtragem constitucional, que tomava como eixo a defesa da força normativa da Constituição, a necessidade de uma dogmática constitucional principialista, a retomada da legitimidade e vinculabilidade dos princípios, o desenvolvimento de novos mecanismos de concretização constitucional, o compromisso ético dos operadores do Direito com a Lei Fundamental e a dimensão ética e antropológica da própria Constituição, a constitucionalização do direito infraconstitucional, bem como o caráter emancipatório e transformador do direito como um todo.
>
> Assim, sustentou-se que a filtragem constitucional pressupõe a preeminência normativa da Constituição, projetando-a para uma específica concepção da Constituição enquanto sistema aberto de regras e princípios, que permite pensar o Direito Constitucional em sua perspectiva jurídico-normativa em diálogo com as realidades social, política e econômica.[26]

Logo, a filtragem constitucional nada mais é do que a interpretação da legislação infraconstitucional à luz da Constituição, tomando como premissa a força normativa e dogmática da Constituição na sua inteireza. Pretendemos avaliar neste ponto se os Decretos-Leis nºs 37, de 18 de novembro de 1966, e 1.455, de 7 abril de 1977, que tratam da a pena de perdimento, foram recepcionados pela Constituição Federal de 1988, tomando como norte especialmente a teoria da filtragem constitucional exposta acima em linhas gerais.

3   Contexto histórico: o caso dos decretos-leis editados no período do Golpe Militar

Durante o século XX, a humanidade assistiu à ascensão de um novo regime político, totalitário, que constituiu o estado máximo de deformação da condição humana e o terror reduziu o indivíduo a um objeto, incapacitando-o para a ação política.[27]

---

[25]   A respeito da filtragem constitucional vide: SCHIER, Paulo Ricardo. *Filtragem constitucional*: construindo uma nova dogmática jurídica. Porto Alegre: Sérgio Antonio Fabris Editor, 1999.

[26]   SCHIER, Paulo Ricardo. Novos desafios da filtragem constitucional no momento do Neoconstitucionalismo. *Revista Eletrônica de Direito do Estado*, n 04, out./dez. 2005, p. 2.

[27]   TELES, Edson. Entre justiça e violência: estado de exceção nas democracias do Brasil e da África do Sul. *In*: TELES, Edson *et al*. *O que resta da Ditadura*: a exceção brasileira. São Paulo: Boitempo, 2010, p. 299.

No Brasil, o regime totalitário teve seu ápice com o Golpe Militar de 1964 e perdurou ate 1979, com a eleição do presidente João Batista de Oliveira Figueiredo. Durante o período do regime ditatorial, o Estado autoritário introduziu diversas mudanças que acabaram por substituir ou assimilar as instituições democráticas pelo Estado, fundado na doutrina de Segurança Nacional.

Entre as mudanças mais significativas, no plano do direito, destaca-se a edição dos Atos Institucionais nºs 1 a 5 e a promulgação da Constituição de 1967. Porém, para fins do estudo pretendido, interessa-nos apenas o Ato Institucional nº 2, haja vista que foi sob a égide desse Ato Institucional que o Decreto-Lei nº 37, de 18 de novembro de 1966, que prevê as hipóteses para aplicação da pena de perdimento, foi editado.

O Ato Institucional nº 2, de 27 de outubro de 1965, editado pelo Marechal Humberto de Alencar Castelo Branco, previa no seu artigo 31 a possibilidade de o Presidente da República decretar o recesso do Congresso Nacional, Assembleias Legislativas e Câmara de Vereadores mediante a edição de Ato Complementar a ser baixado pelo Presidente. Já o parágrafo único desse mesmo artigo autorizou ao Poder Executivo que legislasse mediante decretos-leis em todas as matérias previstas na Constituição e na Lei Orgânica.

Pouco tempo depois foi editado o Ato Complementar nº 23, de 20 de outubro de 1966, o qual decretou o recesso do Congresso Nacional e autorizou ao Presidente da República que baixasse decretos-leis sobre todas as matérias previstas na Constituição então vigente, perdurando o recesso do Congresso Nacional até data de 22 de novembro de 1966.[28]

Como visto, o Decreto-Lei nº 37, de 18 de novembro de 1966, foi editado por ato unilateral do Poder Executivo e em um período que o Congresso Nacional, reduto dos representantes eleitos pelo povo mediante eleições livres, encontrava-se com as portas fechadas[29] e, portanto, impedido de fazer qualquer juízo de valor acerca desses instrumentos normativos.

De outra sorte, quanto ao Decreto-Lei nº 1.455/76, importante destacar que muito embora este diploma normativo tenha sido expedido

---

[28] Informação obtida no banco de dados Folha – *Folha de São Paulo*. Disponível em: http://almanaque.folha.uol.com.br/brasil_20out1966.htm. Acesso em: 16 ago. 2015.

[29] Art. 1º, do Ato Complementar nº 23, de 20 de outubro de 1966, baixado pelo Presidente Castelo Branco, que usando da atribuição conferida pelo art. 31 do Ato Institucional nº 2, de 27 de outubro de 1985, determinou o recesso do Congresso Nacional até data de 22 de novembro de 1966.

pelo Poder Executivo enquanto o Congresso Nacional estava em atividade legislativa e este tenha sido ratificado pelo Congresso Nacional em 27 de maio de 1976, através do Decreto Legislativo nº 44, tal ratificação não significa que o referido decreto-lei tenha perpassado por um crivo democrático, haja vista que esta ratificação apenas dispensa o referendo parlamentar previsto no artigo 25 do ADCT, afastando a revogação automática prevista na Constituição. Portanto, o fato de ter ocorrido a ratificação ora mencionada não importa na recepção automática do referido decreto-lei face à ordem constitucional de 1988. A recepção somente se dará se o decreto-lei em tela se conformar ao conjunto de regras e princípios previstos pela Constituição Federal de 1988.

O mesmo raciocínio, porém, não se aplica com relação ao Decreto-Lei nº 37/66. Isso porque, inexistindo ratificação pelo Congresso Nacional quanto à norma em tela, não restam dúvidas de que devem ser aplicadas as disposições do artigo 25, inciso I, do Ato das Disposições Constitucionais Transitórias, restando revogado expressamente tal decreto-lei.

4 A pena de perdimento sob a óptica dos princípios democrático, republicano e da legalidade

Desde antes do advento do Estado de Direito, mas principalmente a partir desse momento histórico, a influência do Estado nas relações econômicas e sociais do homem demandou a construção de uma administração *sub lege*.[30] Seja no sentido de "Estado Legal" ou de "Estado de Direito",[31] para que a administração pública possa impor vínculos aos administrados, é preciso que o faça por meio de lei.

A concepção do que se constitui lei, contudo, alterou-se ao longo do tempo. Com a formação do Estado moderno, que num primeiro momento era marcado por regimes absolutistas, o monarca chamava para si a prerrogativa de "dizer a lei". No entanto, os abusos cometidos por esses Governos, desencadearam diversas revoltas, notadamente

---

[30] COSTA, Pietro; DASTOLI, Carlos Alberto (Org.). *Estado de Direito:* história, teoria, crítica, p. 152.

[31] A distinção entre Estado Legal e Estado de Direito é feita por Pietro Costa. Segundo o autor, Estado Legal "persegue uma rígida e geral submissão da administração à Lei, mesmo quando não estão em jogo interesses individuais, e se configura como 'uma forma especial de governo', ao passo que o traço característico do Estado de Direito é o seu caráter instrumental, funcional: é para fortalecer a esfera jurídica do indivíduo que ele quer impor vínculos jurídicos à administração". COSTA, Pietro; DASTOLI, Carlos Alberto (Org.). *Estado de Direito:* história, teoria, crítica, p. 152.

a revolução Francesa, o que culminou na criação de mecanismos de proteção contra estes abusos.

O desenvolvimento do Estado de Direito para o Estado Social e, posteriormente, para o Estado Democrático de Direito, colocou o Estado não apenas numa posição de "garantista" de uma classe de direitos sociais e trabalhistas, assim como os direitos fundamentais da pessoa humana, como também determinou que o Governo fosse exercido pelo próprio povo, destinatário das leis emanadas pelo Estado.

A partir do Estado Democrático de Direito, a administração *sub lege* ganha novos contornos, demandando que a expressão "Lei" deva ser entendida no sentido de *lex escripta*, expressão da vontade geral da nação, ato oriundo do Poder Legislativo – entidade representativa do povo – único órgão que detém a autoridade e legitimidade para editar atos normativos. A conformação do princípio democrático ao ideal republicano implicou ainda na necessidade de legitimação desse poder através de eleições periódicas e populares para nomeação dos representantes do povo.

No contexto do Estado Democrático de Direito, sempre que uma "Lei" for editada sem a devida representatividade, isto é, por órgão diverso do Poder Legislativo, cujos representantes do povo foram eleitos livremente, o diploma normativo emanado ferirá frontalmente o princípio da Legalidade, Democrático e Republicano, exceto nos casos em que a própria ordem Constitucional expressamente recepciona esses diplomas normativos, a exemplo do artigo 83 da Constituição de 1891.[32]

No que toca aos Decretos-Leis nºs 37/66 e 1.455/76, merecem referência as lições de José Afonso da Silva. Como aponta o eminente jurista, o fenômeno da recepção constitucional não altera a natureza do ato recepcionado. Para elucidar a questão, exemplifica o autor:

> [...] suponha-se que determinada medida se faça mediante decreto do Poder Executivo sob um ordenamento constitucional vigente, sob o qual, portanto, é válido. Aí vem nova Constituição e exige que a matéria constante desse decreto deva ser definida em lei. Que significado tem essa determinação constitucional? O que a Constituição quis, em tal situação, foi dar nova forma de disciplina da matéria, retirando-a do âmbito do Poder Executivo e passando-a para a competência do Poder Legislativo. Isso significa que a Constituição superveniente não quer

---

[32] BRASIL. Constituição de 1891. "Art. 83 – Continuam em vigor, enquanto não revogadas, as leis do antigo regime no que explícita ou implicitamente não forem contrárias ao sistema do Governo firmado pela Constituição e aos princípios nela consagrados."

mais que aquela questão seja disciplinada por ato do Poder Executivo, por entender que sua importância exige o controle do Poder Legislativo, mediante lei formal ou decreto legislativo.

Ora, se assim é, a toda evidência, não há recepção do decreto que, no regime anterior disciplinava a matéria. Ao contrário, ao exigir lei ou ato do Congresso Nacional para tal disciplina, a Constituição repudiou sua previsão por meio de decreto. Não pode haver recepção de decreto em forma de lei em tal situação, primeiro porque a recepção não acolhe o ato segundo a natureza que ele tem no regime anterior; segundo, porque seria ilógico a Constituição exigir lei ou decreto legislativo, repudiando a disciplina por decreto do Executivo, e, ao mesmo templo, recepcionar o mesmo decreto como ato legislativo exigido.[33]

É justamente este o caso dos decretos-leis acima referidos, que trazem no seu bojo a previsão para aplicação da pena de perdimento.

Com efeito, os decretos-leis em questão não foram editados pelo Poder Legislativo, mas pelo Poder Executivo e, especialmente na edição do Decreto-Lei nº 37/66, em um período que a Ditadura Militar selou as portas do Congresso Nacional.

Tomando o Executivo para si um poder quase absoluto, mas sem legitimidade democrática, temos como certo que esses instrumentos normativos não foram recepcionados pela Constituição Federal de 1988. Assim, tais atos normativos reputavam-se válidos sob a égide da Constituição de 1967, porque esta expressamente concedeu ao Poder Executivo competência para expedição destes decretos-leis com tal conteúdo. Entretanto, a partir da Constituição de 1988, com a retomada dos princípios democrático e republicano, a expedição de atos normativos pelo Poder Executivo, sem que o Legislativo tenha se manifestado a seu respeito (como ocorre no caso das medidas provisórias convertidas em lei), não mais se compatibiliza com a Constituição, razão pela qual os referidos decretos-leis não foram recepcionados pela nova ordem constitucional.

5 Pena de perdimento e o direito fundamental da propriedade

Chegamos agora a um ponto de tensão entre o direito fundamental à propriedade e o interesse público envolvido na aplicação da pena de

---

[33] SILVA, José Afonso da. Parecer. Disponível em: http://s.conjur.com.br/dl/parecer_joseafonso. pdf. Acesso em: 28 jan. 2015, p. 4-5.

perdimento: a proteção ao erário público. Perguntamos: pode o direito de propriedade dos Administrados, relativamente aos bens importados submetidos ao regime de controle aduaneiro, ver aplicada a pena de perdimento, sanção que tem como consequência a expropriação forçada de seus bens, sobretudo face ao direito fundamental da propriedade e a função social da propriedade e da empresa?

Para responder a essa pergunta, devemos primeiramente verificar o âmbito de proteção constitucional ao direito de propriedade. Somente assim, poderemos ponderar o conflito de interesse entre o Poder Público, que pretende a proteção ao Erário; e, o particular, que pretende a preservação da propriedade privada.

Seguindo a tradição histórica do Estado brasileiro, a Constituição Federal de 1988 concebeu o direito de propriedade do cidadão como um direito fundamental, garantindo-a em diversos artigos, entre eles, o art. 5º, incisos XXII e XXIII, e o art. 170, inciso II.

Desde sua feição inicial, o direito de propriedade sofreu profunda transformação. O conceito tradicional de propriedade privada, como elemento destinado a assegurar a subsistência do homem, perdeu significação. A propriedade tradicional, que englobava apenas os bens móveis e imóveis, passou a abranger também os bens de índole patrimonial, inclui o conjunto de direitos e obrigações economicamente apreciáveis, tais como coisas, créditos, débitos e todas as relações jurídicas de conteúdo econômico.[34]

No que diz respeito ao conceito de propriedade, importante trazer à baila as lições de Fernando Rey Martínez, o qual assevera que a definição de propriedade deve considerar dois aspectos, primeiro, a definição dos bens protegidos e, segundo, os atributos da propriedade. Com alicerce nas decisões proferidas pelo Tribunal Europeu de Direito Humanos e Comissão Europeia de Direitos Humanos, demonstra Martínez que ao termo 'bens' deve ser conferido o sentido mais amplo possível, característico do direito internacional, podendo ser entendido como: a) os móveis, imóveis e direitos reais; b) os direitos personalíssimos, tanto derivados de uma relação entre duas ou mais pessoas privadas (como direitos de créditos ou direitos resultantes da propriedade de ações da bolsa de valores), como os que se deduzem de uma relação de direito público, por exemplo, o direito ao pagamento de pensão; e, c) as propriedades incorpóreas, como a propriedade industrial

---

[34] GUIMARÃES, Ylves José de Miranda. *Comentários à Constituição:* direitos e garantias individuais e coletivas. Rio de Janeiro: Forense, 1989, p. 736.

(patentes e invenções). No que tange aos atributos da propriedade, pontua os atributos da propriedade como sendo: 1) a livre disposição dos bens (observada, contudo, a função social da propriedade); 2) a atribuição de valor patrimonial ao bem.[35]

Nessa mesma linha, afirma Eduardo Cordeiro Quinzacara, com supedâneo em renomada doutrina francesa e italiana, que atualmente não há que se falar mais em "propriedade", mas em "propriedades", porque o interesse da sociedade exige que a apropriação dos bens se sujeite a estatutos em harmonia com os fins perseguidos pela sociedade.[36]

Daí por que sustenta Quinzacara que a pluralidade de estatutos dominiais não compromete a unidade conceitual da propriedade privada. Segundo o autor, conquanto a função social tem implicado uma ruptura ou fragmentação do direito de propriedade, persiste um conteúdo unitário, sem prejuízo de que se varie sua extensão e o número de poderes que se lhe atribuem ao proprietário em consideração à transcendência social dos bens, condição esta que determina o próprio conteúdo concreto do direito, podendo ele ser extremamente variável (variando desde a propriedade imóvel até a propriedade intelectual), não unitário, nem sempre igual, como tampouco é o sujeito que projeta seu poder sobre as coisas.[37]

Portanto, o direito de propriedade deve ser entendido da maneira mais ampla possível, englobando tanto os bens corpóreos, incorpóreos, direitos e obrigações com conteúdo econômico.

Por outro lado, porém, devemos levar em conta que o direito à propriedade não é um direito absoluto, mas deve sim ser amoldado de acordo com a função social.

Do exercício do direito de propriedade em conformidade com a sua função social decorre o dever de todos respeitarem a propriedade do particular, implicando uma relação jurídica bifronte, pela qual o reconhecimento da propriedade de um implica o reconhecimento da propriedade do outro. Corolário do dever mútuo de respeito do direito fundamental à propriedade é a sua compatibilização com o bem-estar

---

[35] MARTÍNEZ, Fernando Rey. El Derecho de Propriedad Privada em el Derecho Europeo. *Revista de Estudios Europeos nº. 8*, 1994, pp. 53-70, Disponível em: https://uvadoc.uva.es/bitstream/10324/2818/1/ DerechoPropiedadPrivada.pdf. Acesso em: 21 jan. 2015, p. 55-56.

[36] CORDERO QUINZACARA, Eduardo. De la propiedad a las propiedades: la evolución de la concepción liberal de la propiedad. *Revista de Derecho de la Pontificia Universidad Católica de Valparaíso*, Valparaíso, n. 31, dic. 2008. Disponível em: http://www.scielo.cl/scielo.php?script=sci_arttext&pid=S0718-85120080002000014&lng=es&nrm=iso. Acesso em 20 jan. 2015. http://dx.doi.org/ 10.4067/S0718-68512008000200014. p 493-525. p. 514.

[37] *Ibidem*, p. 504, 522

social e com o próprio interesse público, não podendo o exercício do direito à propriedade configurar obstáculo à realização dos objetivos do Estado.

Sempre que o interesse público ou social exigir, a propriedade privada pode ser restringida, limitada ou até mesmo expropriada, desde que por meio de lei. A respeito da restrição ao direito de propriedade, já chamava a atenção Pontes de Miranda quando anotava que na Constituição só se garante a instituição da propriedade, sendo suscetível de mudança, por lei, o conteúdo e os limites do direito de propriedade.[38]

O direito de propriedade está submetido, portanto, a um processo de relativização pela legislação ordinária, a qual estabelecerá os parâmetros para o seu exercício, de modo que as disposições legais relativas ao conteúdo da propriedade têm caráter constitutivo. Isso não significa, porém, que o legislador possa esvaziar o conteúdo do direito de propriedade.[39] O legislador ordinário deve antes resguardar o direito de propriedade, de modo que ao Estado cumpre o *mister* de estrita observância ao princípio da proporcionalidade quando da aplicação de limitações ou restrições ao direito de propriedade, especialmente quando decorrentes do poder de polícia.

É nesse sentido que Gilmar Ferreira Mendes, com esteio em vasta jurisprudência do Tribunal Constitucional Alemão, observa haver a necessidade de ponderação entre o interesse público envolvido e o interesse individual do cidadão. Porém, segundo o autor,

> É notória a dificuldade para compatibilizar esses valores e interesse diferenciados. Daí enfatizar-se que o poder de conformação do legislador é tanto menor quanto maior for o significado da propriedade como elemento de preservação da liberdade individual. Ao contrário, a faculdade do legislador para definir o conteúdo e impor restrições ao direito de propriedade há de ser tanto mais ampla, quanto mais intensa for a inserção do objeto do direito de propriedade no contexto social. Vê-se, pois, que o legislador dispõe de uma relativa liberdade na definição do conteúdo da propriedade e na imposição de restrições. Ele deve preservar, porém, o núcleo essencial do direito de propriedade, constituído pela utilidade privada e, fundamentalmente, pelo poder de disposição. A vinculação social da propriedade, que legitima a imposição

---

[38] MIRANDA, Pontes. *Comentários à Constituição de 1946*. 2. ed. Vol. IV (Arts. 141-156), 1953. Max Limonad, 1953, p. 214.

[39] MENDES, Gilmar Ferreira. COELHO, Inocêncio Mártires. BRANCO, Paulo Gustavo Gonet. *Curso de Direito Constitucional*, p. 383.

de restrições, não pode ir ao ponto de coloca-la, única e exclusivamente, a serviço do Estado ou da comunidade.[40]

Como visto, a harmonização entre os interesses conflitantes do Estado e do indivíduo perpassa pelo princípio da proporcionalidade, o qual exige que o legislador ordinário observe se a norma restritiva ao direito de propriedade é adequada, estritamente exigível, não excessiva e proporcional em sentido estrito.

Mais do que isso, como critério de ponderação entre os interesses conflitantes (público e privado), o princípio da proporcionalidade impõe que a medida restritiva a ser adotada se justifique, necessariamente, como meio a tutelar outro bem jurídico constitucionalmente relevante.[41]

Aqui se ressalta que a denominada teoria do limite dos limites impõe ainda ao legislador o dever de garantir a preservação do conteúdo essencial dos direitos fundamentais, impedido que ele restrinja o chamado "núcleo essencial" de proteção do direito fundamental, funcionando esse dever de proteção como um limite à própria possibilidade de limitação do direito de propriedade.

No escólio de Ingo Wolfgang Sarlet, a ideia por trás da teoria do limite dos limites é a de que existem conteúdos invioláveis dos direitos fundamentais que se reconduzem a posições indisponíveis às intervenções dos poderes estatais. Assim, "mesmo quando o legislador está constitucionalmente autorizado a editar normas restritivas, ele permanece vinculado à salvaguarda do núcleo essencial dos direitos restringidos".[42]

Visando orientar o caminho para identificar eventual afronta ao direito fundamental da propriedade por meio de Lei, sugere Gilmar Ferreira Mendes sejam respondidos os seguintes questionamentos:

I. Submetem-se as posições patrimoniais afetadas pela Lei
1. Ao conceito e
2. amplitude do âmbito de proteção do direito de propriedade?
II. A lei restringe ou limita as liberdades decorrentes do direito de propriedade?
1. A lei restringe as faculdades inerentes ao direito de propriedade mediante normas gerais e abstratas de caráter conformativo-restritivo?

---

[40] *Ibidem*, p. 384.
[41] SARLET, Ingo Wolfgang; MARINONI, Luiz Guilherme; MITIDIERO, Daniel. *Curso de Direito Constitucional*, p. 354.
[42] *Ibidem*, p. 358.

2. A lei suprime, parcial ou totalmente, posições jurídicas individuais e concretas vinculadas ao direito de propriedade ou autoriza a Administração que o faça?

III. A intervenção justifica-se do prisma constitucional

1. A lei foi promulgada com observância das regras de competência e do processo legislativo?

2. No caso de leis que definem conteúdo ou impõem limites ao direito de propriedade:

a) Cuida-se de uma decisão tomada pelo próprio legislador ou pode haver delegação indevida no que concerne a aspectos substanciais da decisão normativa?

b) Pode/deve a intervenção ou restrição ao direito de propriedade ou a outro valor patrimonial ser adequadamente atenuada/compensada mediante indenização ou cláusula de transição?

c) A lei respeitou a garantia institucional da propriedade?

Através desse esquema, pretende o autor verificar se o bem jurídico afetado pela lei enquadra-se no conceito de propriedade e, portanto, se é protegido pelo direito fundamental à propriedade. Em seguida, procura determinar se a lei apenas conforma o direito de propriedade (com a sua função social) ou restringe parcial ou totalmente o direito. Por fim, procura apontar se a lei justifica-se sob o prisma constitucional. Não sendo esse o caso, estaríamos diante de uma lei que afronta o direito fundamental da propriedade e, consequentemente, inconstitucional.

Assim, para verificar a eventual afronta de lei ao direito fundamental da propriedade, devemos perguntar primeiro: submetem-se as posições patrimoniais afetadas pela lei ao conceito e amplitude do âmbito de proteção do direito de propriedade?

Visando responder esse questionamento, demonstramos anteriormente que o conceito de propriedade se ampliou na sociedade moderna para incorporar ao seu conceito tanto os "bens" no sentido mais amplo possível, quanto os direitos e obrigações com conteúdo econômico. O termo "bens", contudo, é gênero do qual "mercadoria" (assim entendido como o produto destinado ao comércio, seja ele natural ou industrial[43]) é espécie. A conclusão que chegamos é que os bens ou mercadorias importados pelas pessoas físicas ou jurídicas, por constituírem-se patrimônio, ativo necessário à consecução das atividades empresariais, enquadram-se no conceito de propriedade.

---

[43] VIEIRA, José Roberto. *A regra-matriz de incidência do IPI texto e contexto*, p. 81.

Outrossim, ratificamos o pensamento de Denise de Cássia Daniel, quem sustenta a possibilidade de ser também a pessoa jurídica titular de direitos fundamentais, os quais são determinantes para a sua inserção no mundo jurídico como sujeito de direitos e obrigações.[44]

Portanto, não restam dúvidas de que as posições patrimoniais afetadas pelos Decretos-Leis n°s 37/66 e 1.455/67 enquadram-se no conceito e amplitude do âmbito de proteção do direito de propriedade.

A segunda questão a ser respondida é se a lei restringe ou limita as liberdades decorrentes do direito de propriedade. Para saber isso, precisamos averiguar se a lei restringe as faculdades inerentes ao direito de propriedade mediante normas gerais e abstratas de caráter conformativo-restritivo ou se a lei suprime, parcial ou totalmente, posições jurídicas individuais e concretas vinculadas ao direito de propriedade ou autoriza a Administração que o faça.

Compulsando os Decretos-Leis n°s 37/66 e 1.455/67, vislumbramos que em nenhum momento os mesmos restringem, mediante normas gerais de abstratas de caráter conformativo-restritivo, o direito de propriedade, mas autorizam que mediante a aplicação da pena de perdimento, a Administração Pública suprima totalmente o direito de propriedade. Isso porque os bens ou mercadorias importadas pelas pessoas físicas ou jurídicas constituem-se ativo necessário à consecução das atividades empresariais. Assim, a aplicação da pena de perdimento, assim entendida como sanção que tem por objeto a declaração da perda de bens do particular em favor do Estado, suprime por completo o direito de propriedade dos importadores.

Seguindo no caminho sugerido por Gilmar Ferreira Mendes, para verificarmos eventual lesão da lei ao direito de propriedade, devemos indagar ainda se a intervenção justifica-se do prisma constitucional, inquirindo-se inicialmente se a lei foi promulgada com observância das regras de competência e do processo legislativo. Como os Decretos-Leis n°s 37/66 e 1.455/67 são atos normativos que autorizam a supressão do direito de propriedade pela Administração Pública, devemos procurar saber ainda se esta é uma decisão tomada pelo próprio legislador ou se

---

[44] DANIEL, Denise de Cássia. O Imposto sobre a Renda das Pessoas Jurídicas e a compensação dos prejuízos fiscais. Dissertação de Mestrado, UFPR, Janeiro 2006, p. 40. Segundo a Denise de Cássia Daniel: "é absurdo pensar em não reconhecer os direitos fundamentais dos principais contribuintes do Estado, posto que tal hipótese leva também à negação da universalidade dos princípios constitucionais da capacidade contributiva, da vedação ao confisco e da proteção ao mínimo existencial". DANIEL, Denise de Cássia. *O Imposto sobre a Renda das Pessoas Jurídicas e a compensação dos prejuízos fiscais*, p. 39.

pode haver delegação indevida no que concerne a aspectos substanciais da decisão normativa.

A nosso ver, a resposta para ambos os questionamentos deve ser negativa. Isso porque a aplicação da pena de perdimento exige estrita observância ao princípio da legalidade. Por força do previsto no artigo 5º, II, da Constituição Federal e, por configurar-se como sanção administrativo-tributária, a pena de perdimento deve estar prevista em lei, pois "somente a Lei formalmente compreendida, vale dizer, como ato oriundo do Poder Legislativo, é ato normativo próprio à criação de fatos jurígenos, deveres e sanções tributárias".[45]

Para verificarmos a adequação da penalidade ao princípio da legalidade, manifestamos que os Decretos-Leis nº 37, de 18 de novembro de 1966 e 1.455, de 7 abril de 1967, foram editados por ato unilateral do Poder Executivo e, especialmente o Decreto-Lei nº 37/66 foi expedido em um período que o Congresso Nacional, reduto dos representantes eleitos pelo povo mediante eleições livres, encontrava-se com as portas fechadas, estando impedido, portanto, de fazer qualquer juízo de valor acerca desse instrumento normativo. Como os atos normativos em questão não foram emanados pelo Poder Legislativo, entendemos que os diplomas legais em questão foram editados sem observância das regras de competência e do processo legislativo, tal como estabelecido pela Constituição de 1988.

Assim, por terem sido expedidos os Decretos-Leis nºs 37/66 e 1.455/67 pelo Poder Executivo e não pelo Poder Legislativo, no contexto da Constituição Federal de 1988, concluímos que não apenas houve uma delegação indevida no que concerne a aspectos substanciais da decisão normativa, como tratam os referidos decretos-leis de normas promulgadas sem a observância das regras de competência e do processo legislativo.

Por fim, para situarmos se a intervenção se justifica do prisma constitucional, devemos saber se pode ou deve a intervenção ou restrição ao direito de propriedade ou a outro valor patrimonial ser adequadamente atenuada ou compensada mediante indenização ou cláusula de transição, e ainda, se a lei respeitou a garantia institucional da propriedade.

---

[45] Aliomar Baleeiro é categórico em afirmar que "Somente a Lei, formalmente compreendida, vale dizer, como ato oriundo do Poder Legislativo, é ato normativo próprio à criação de fatos jurígenos, deveres e sanções tributárias". BALEEIRO, Aliomar. *Limitações constitucionais ao poder de tributar*, p. 73.

Para responder a esse questionamento, devemos sopesar o bem jurídico protegido pela pena de perdimento (o erário público) face ao direito fundamental da propriedade, tomando como norte o princípio da proporcionalidade.

No que concerne à adequação e necessidade, expusemos ainda que o direito de propriedade está submetido a um processo de relativização pela legislação ordinária, a qual estabelecerá os parâmetros para o seu exercício, de modo que as disposições legais relativas ao conteúdo da propriedade tem caráter constitutivo. Porém, essa relativização não significa que o legislador possa esvaziar o conteúdo do direito de propriedade.[46]

Nesse ponto, a teoria do limite dos limites impõe ainda ao legislador o dever de garantir a preservação do conteúdo essencial dos direitos fundamentais, impedido que ele restrinja o chamado "núcleo essencial" de proteção do direito fundamental. Assim, a garantia ao direito de propriedade demanda a necessidade de salvaguarda da utilidade privada para o titular do direito de propriedade e a possibilidade de sua disposição,[47] preservando-se seu núcleo essencial.

O legislador ordinário deve resguardar, portanto, o direito de propriedade, de modo que ao Estado cumpre o dever de observância ao princípio da proporcionalidade quando da aplicação de limitações ou restrições ao direito de propriedade, especialmente quando decorrentes do poder de polícia.

Por outro lado, o Erário também merece proteção, especialmente em razão da função social que exerce o tributo no contexto do Estado Democrático de Direito, o qual serve de instrumento para consecução do objetivo constitucional de promoção da justiça social. A proteção ao Erário, contudo, pode dar-se de formas outras que não apenas mediante a aplicação da pena de perdimento, a qual esvazia por completo o direito de propriedade dos importadores. O Erário nestes casos pode ser protegido mediante a aplicação de penalidades menos severas, tal como a imposição de multas, suspensão do Radar do importador, impedindo que este temporariamente venha a realizar novas importações, etc.

Nos casos mais graves, como no caso de crimes de contrabando ou descaminho, a pena de perdimento pode ser aplicada, a nosso ver, agora não mais como mero instrumento de proteção ao Erário, mas como penalidade prevista na própria Constituição. Por constituir-se

---

[46] MENDES, Gilmar Ferreira. COELHO, Inocêncio Mártires. BRANCO, Paulo Gustavo Gonet. *Curso de Direito Constitucional*, p. 383.

[47] *Ibidem*, p. 400.

como crime, a pena de perdimento poderá ser aplicada neste caso com fundamento no artigo 5º, inciso XLV, da Constituição Federal, desde que prevista tal penalidade na lei.

Como visto, com exceção dos casos em que a pena de perdimento é aplicada em função de um crime praticado pelo cidadão, na nossa opinião, todos os demais casos não guardam estrita observância ao princípio da proporcionalidade, dada a inexistência de adequação e necessidade, haja vista que existem outras formas de proteção ao Erário aptas a evitar a fraude, sem que, contudo, fosse esvaziado o conteúdo do direito de propriedade dos importadores sobre suas mercadorias, necessárias à consecução de suas atividades fins.

Referências

BALEEIRO, Aliomar. *Limitações constitucionais ao poder de tributar*. 7. ed. rev. e compl. à luz da Constituição de 1988 até Emenda Constitucional nº 10/96. Rio de Janeiro: Forense. 1999

BONAVIDES, Paulo. *Do Estado Liberal ao Estado Social*. 7. ed. São Paulo: Malheiros, 2004

CORDERO QUINZACARA, Eduardo. De la propiedad a las propiedades: La evolución de la concepción liberal de la propiedad. *Revista de Derecho de la Pontificia Universidad Católica de Valparaíso*, Valparaíso, n. 31, dic. 2008. Disponível em: http://www.scielo.cl/scielo.php? script=sci_arttext&pid=S0718-85120080002000014&lng=es&nrm=iso. Acesso em: 20 jan. 2015. http://dx.doi.org/ 10.4067/S0718-68512008000200014.

COSTA. Pietro. O Estado de Direito: Uma aproximação Histórica. *In*: COSTA, Pietro; ZOLO, Danilo. *Estado de Direito*: história, teoria e crítica. São Paulo: Martins Fontes. 2006

DANIEL, Denise de Cássia. *O Imposto sobre a Renda das Pessoas Jurídicas e a compensação dos prejuízos fiscais*. Dissertação de Mestrado, UFPR, Janeiro 2006.

FERREIRA, Jean Marcos. *Confisco e perda de bens no direito brasileiro*. Campo Grande: J. M Ferreira. 2000.

FOLHA DE S.PAULO. Disponível em: http://almanaque.folha.uol.com.br/brasil_20out1966.htm. Acesso em: 16 ago. 2015.

GUIMARÃES, Ylves José de Miranda. *Comentários à Constituição*: direitos e garantias individuais e coletivas. Rio de Janeiro: Forense, 1989.

JUSTEN FILHO, Marçal. *Curso de Direito Administrativo*. 8. ed. Rev., Amp e atual. Belo Horizonte: Fórum. 2012.

KELSEN, Hans. *Teoria Pura do Direito*. 4. ed. Tradução de Dr. João Baptista Machado. Coimbra: Armênio Amado – Editor. 1976.

MARTÍNEZ, Fernando Rey. El derecho de propiedad privada en el derecho europeo. *Revista de Estudios Europeos*, nº 8, 1994.

MORAES, Alexandre de. *Constituição do Brasil interpretada e legislação constitucional*. São Paulo: Atlas. 2005.

MENDES, Gilmar Ferreira. COELHO, Inocêncio Mártires. BRANCO, Paulo Gustavo Gonet. *Curso de Direito Constitucional*. 4. ed., ver. e atual. São Paulo: Saraiva, 2009.

MIRANDA, Pontes. *Comentários à Constituição de 1946*. 2. ed. Vol. IV (Arts. 141-156), 1953. Max Limonad, 1953.

PEREIRA DA COSTA, Maria Isabel. *Constitucionalismo ou neoliberalismo*: o que interessa a quem?. Porto Alegre: Síntese, 1999.

PEREIRA, Rodolfo Viana. Controle e legitimidade democrática. *In*: FELLET, André; NOVELINO, Marcelo (Org.). *Constitucionalismo e democracia*. Salvador: Juspodivm, 2013.

SARLET, Ingo Wolfgang; MARINONI, Luiz Guilherme; MITIDIERO, Daniel. *Curso de Direito Constitucional*. 3. ed. rev., atual. e amp., São Paulo: Revista dos Tribunais, 2014.

SCHIER, Paulo Ricardo. *Filtragem Constitucional*: construindo uma nova dogmática jurídica. Porto Alegre: Sérgio Antonio Fabris Editor, 1999.

SCHIER, Paulo Ricardo. Novos desafios da filtragem constitucional no momento do Neoconstitucionalismo. *Revista Eletrônica de Direito do Estado*, n. 04, out./dez. 2005.

SILVA, José Afonso. *Curso de Direito Constitucional Positivo*. 34. ed. rev. e atual., São Paulo: Malheiros. 2011.

SILVA, José Afonso da. Parecer. Disponível em: http://s.conjur.com.br/dl/parecer_joseafonso. pdf. Acesso em: 28 jan. 2015. p. 4-5.

TELES, Edson *et al*. *O que resta da Ditadura*: a exceção brasileira. São Paulo: Boitempo. 2010.

VIEIRA, José Roberto. *A regra-matriz de incidência do IPI texto e contexto*, Curitiba: Juruá, 1993.

Informação bibliográfica deste texto, conforme a NBR 6023:2018 da Associação Brasileira de Normas Técnicas (ABNT):

ZANELLATO FILHO, Paulo José. A pena de perdimento: uma releitura sob a óptica do Estado Democrático de Direito e do direito de propriedade. *In*: CASTRO JUNIOR, Osvaldo Agripino de (Coord.). *Constituição, tributação e aduana no transporte marítimo e na atividade portuária*. Belo Horizonte: Fórum, 2021. p. 117-140. ISBN 978-65-5518-002-2.

HISTÓRICO E ASPECTOS GERAIS DO PROGRAMA BRASILEIRO DE OPERADOR ECONÔMICO AUTORIZADO (OEA)

LUCIANA MATTAR VILELA NEMER
PRISCILLA YLRE PEREIRA DA SILVA

Introdução

O comércio internacional acompanha o desenvolvimento da humanidade. Fatores históricos e econômicos influenciaram o processo de evolução do comércio entre os povos, tais como a consolidação dos Estados soberanos, a criação de organismos internacionais, o desenvolvimento tecnológico dos transportes, entre outros.

Características comuns são notadas na evolução das transações universais. Com o objetivo de atingir os mais diversos mercados consumidores, os agentes econômicos buscam trabalhar com fronteiras nacionais porosas que apresentem menos entraves burocráticos e menores custos para o fluxo de mercadorias. Em contrapartida, os Estados soberanos pretendem manter a maior parcela possível de sua soberania nacional, realizando o controle alfandegário das entradas e saídas de mercadorias de seus respectivos territórios, principalmente em face da intensificação das transações de comércio exterior.

Portanto, o comércio internacional de mercadorias desenvolveu-se em torno de duas forças aparentemente antagônicas: de um lado, o desejo dos agentes econômicos de facilitar o comércio, reduzindo barreiras e os custos delas decorrentes; de outro, o poder soberano estatal de ditar as normas internas que irão reger o trânsito de mercadorias para dentro e fora de suas fronteiras.

Diz-se que o conflito é aparente, porque desde o início das transações entre os países, a exemplo da Idade Média, em que se desenvolveu a *Lex Mercatoria*, sempre foi possível encontrar pontos de congruência dos interesses supracitados.

No Brasil, destaca-se que a Constituição Federal brasileira de 1988 expõe formalmente as diretrizes de convergência entre esses poderes supostamente opostos.

Do preâmbulo do texto constitucional, onde se encontra a exposição das reflexões, dos valores e das intenções do constituinte originário,[1] se destaca que o desenvolvimento, aqui incluído o desenvolvimento econômico, é um dos direitos que devem ser assegurados pelo Estado Democrático de Direito.

Já o artigo 3º dessa primeira Carta Constitucional brasileira a expor os objetivos fundamentais da República, por sua vez, elenca o desenvolvimento nacional,[2] entendido aqui como o desenvolvimento econômico e social sustentável, como um dos objetivos que devem ser perseguidos pela República Federativa do Brasil.

E, nesse mesmo diapasão, no artigo 4º, inciso IX, encontra-se disposto que um dos princípios que regem as relações internacionais do Estado brasileiro é a cooperação entre os povos para o progresso da humanidade. Vale ressaltar que tal disposição é interpretada por doutrinadores como a positivação do compromisso do Estado brasileiro de participar e promover a integração internacional nos campos social e econômico, isso porque a efetiva cooperação entre nações é essencial para prover o direito ao desenvolvimento, seja aos países mais pobres ou aos países em desenvolvimento.[3]

Dessarte, no âmbito do desenvolvimento econômico, coloca-se como postura estatal congruente às disposições constitucionais, entre outras ações, a formulação de políticas nacionais e a adoção de políticas

---

[1] BARCELLOS, Ana Paula de; BARROSO, Luís Roberto. Preâmbulo da CR: Função e Normatividade. *In:* CANOTILHO, J. J. Gomes; MENDES, Gilmar F.; SARLET, Ingo W.; STRECK, Lênio L. *Comentários à Constituição do Brasil.* São Paulo: Saraiva, 2013, p. 211.

[2] MORAIS, José Luiz Bolzan de; STRECK, Lênio L. Comentários ao artigo 3º da Constituição. *In:* CANOTILHO, J. J. Gomes; MENDES, Gilmar F.; SARLET, Ingo W.; STRECK, Lênio L. *Comentários à Constituição do Brasil.* São Paulo: Saraiva, 2013, p. 304.

[3] PIOVESAN, Flávia. Comentários ao artigo 4º, inciso IX, da Constituição *In:* CANOTILHO, J. J. Gomes; MENDES, Gilmar F.; SARLET, Ingo W.; STRECK, Lênio L. *Comentários à Constituição do Brasil.* São Paulo: Saraiva, 2013, p. 373-375.

internacionais voltadas ao fomento da cooperação internacional para a facilitação, eficiência e consequente desenvolvimento do comércio internacional, de maneira a respeitar o princípio do desenvolvimento sustentável e proteger os demais direitos dos cidadãos, como a liberdade, a segurança e a saúde.

Isso demonstra que, apesar do aparente antagonismo entre os interesses dos agentes econômicos e do Estado regulador, ambos se encontram, em alguma medida, no objetivo final de alcançar o desenvolvimento socioeconômico e a geração de riqueza.

Na atualidade, uma das formas de instrumentalizar os pontos de convergência entre o desejo dos agentes econômicos de facilitar o comércio, e o dever-poder do Estado soberano de ditar as normas internas que irão reger as entradas e saídas internacionais de mercadorias, é o desenvolvimento do Programa do Operador Econômico Autorizado (OEA), em escala mundial.

Por meio da habilitação de agentes econômicos privados que cumprirem requisitos legais de transparência e segurança em suas operações e por meio do diálogo entre as aduanas de diferentes países, criou-se um contexto adequado para o desenvolvimento do comércio internacional de forma célere, sem que haja perda do controle aduaneiro.

A mitigação dos riscos promovida pelo OEA insere-se em um projeto internacional nascido na Organização Mundial das Aduanas (OMA), e a compreensão do projeto implementado a nível mundial é passo necessário para a análise do programa brasileiro regulamentado pela Receita Federal do Brasil (RFB).

1 O surgimento da OMA e do OEA

Após lidar com as consequências de períodos de avanço do nacionalismo, que se deflagrou em duas guerras mundiais, Estados Unidos e Europa idealizaram um sistema internacional baseado no diálogo e na integração entre países que possibilitasse a recuperação política e econômica global.

Organismos de discussão multilateral de temas comuns foram ganhando espaço nas tratativas internacionais, a exemplo da Organização das Nações Unidas (ONU) e suas ramificações.

Nesse contexto, em 1952 foi instituído, por 17 países europeus, o Conselho de Cooperação Aduaneira, cuja convenção visava assegurar o máximo grau de harmonia e uniformidade dos sistemas aduaneiros, estudar as questões afetas ao processo de desenvolvimento e melhoria das técnicas e legislação aduaneira e promover a cooperação entre os governos nessa seara.[4]

Uma convenção é uma espécie de tratado internacional solene e multilateral que versa sobre assunto de interesse geral entre as partes, no qual a vontade delas é paralela e uniforme,[5] nesse caso, a vontade paralela e uniforme das partes signatárias do tratado era a facilitação do comércio internacional e a melhoria da sua segurança, mediante o aprimoramento técnico dos sistemas aduaneiros e sua consequente padronização.

O Conselho de Cooperação Aduaneira foi criado tendo como funções principais:

a) estudar todas as questões relativas à Cooperação aduaneira que as Partes Contratantes convencionaram promover conforme os objetivos gerais do Convênio;

b) examinar os aspectos técnicos dos regimes aduaneiros, bem como os fatores econômicos relacionados, com vistas a propor a seus Membros meios práticos de obter-se o mais alto grau de harmonização e de uniformização;

c) elaborar, projetos de convênios e de emendas aos convênios, bem como recomendar sua adoção aos Governos interessados;

d) fazer recomendações para assegurar a interpretação e a aplicação uniformes dos convênios concluídos como consequência de seus trabalhos, bem como da Convenção sobre a Nomenclatura para a Classificação das Mercadorias nas Tarifas Aduaneiras e da Convenção sobre o valor Aduaneiro das Mercadorias elaboradas pelo Grupo de Estudos para a União Aduaneira Europeia e, para esse fim, de preencher as funções que lhe forem expressamente atribuídas pelas disposições dos Convênios citados;

e) fazer recomendações enquanto organismo de conciliação para a solução de divergências que venham a surgir a respeito da interpretação ou da aplicação das Convenções citadas no parágrafo d) acima, conforme às disposições das referidas Convenções; as partes interessadas poderão, de comum acordo, se engajar de antemão a conformar-se à recomendação do Conselho;

f) assegurar a difusão das informações concernentes à regulamentação e à técnica aduaneira;

---

4 CONVENÇÃO para a criação de um Conselho de Cooperação Aduaneira. *Convention Establishing a Customs Co-Operation Council*. 15 nov. 1950

5 MAZZUOLI, Valerio de Oliveira. *Curso de Direito Internacional Público*. São Paulo: Revista dos Tribunais, 2015, p. 207.

g) fornecer aos Governos interessados, de oficio ou a seu pedido, informações ou conselhos sobre as questões aduaneiras pertinentes ao quadro dos objetivos gerais do presente Convênio, e de fazer recomendações a respeito;
h) cooperar com os outros organismos intergovernamentais no que se refere a matérias de sua competência.[6]

Com ação pautada em seus objetivos e princípios fundadores, o Conselho de Cooperação Aduaneira ampliou-se para contemplar membros não europeus. Nesse processo de ampliação, o Brasil decidiu por aderir ao Conselho e, por meio do Decreto nº 85.801, de 10 de março de 1981, promulgou o Convênio, que entrou em vigor na data do depósito de seu instrumento de adesão.

Posteriormente, em 1994,[7] o Conselho de Cooperação Aduaneira modificou o seu nome, dando, então, origem à atual Organização Mundial das Aduanas (OMA).

Atualmente, a OMA organiza-se em diversos órgãos de trabalho, sendo o Conselho, criado em 1952, ainda o seu principal órgão, nele todos os Estados-membros da organização têm o direito de ser representados e, é por meio dele que são tomadas as decisões finais sobre as ações da OMA e é para ele que se reportam todos os demais órgãos da organização.[8]

A estrutura da OMA é composta por comitês responsáveis por matérias específicas e diversos grupos de trabalho, que se esforçam para encontrar soluções diversas para os problemas encontrados no comércio global, como o *Permanent Technical Committee*, responsável pelas atividades relacionadas à harmonização e à simplificação de procedimentos aduaneiros e o *Enforcement Committee*, que é responsável pelas políticas de *compliance*, controle e inteligência da OMA, traçando estratégias para atuar em questões relacionadas à fraude comercial, tráfico ilícito de drogas e demais ilícitos referentes ao comércio internacional.[9]

Mesmo antes da modificação de seu nome, o objetivo da OMA sempre foi a simplificação e a facilitação dos processos aduaneiros no

---

[6] BRASIL. Decreto nº 85.801, 10 de março de 1981, que promulga o Convênio de Criação de um Conselho de Cooperação Aduaneira. Publicado no *DOU* em 11.03.1981, seção 1, página 4763.

[7] WEERTH, C. The World Customs Organization: A History Of 65 Years Of Growth And Its Legal Milestones. *Customs Scientific Journal*, v. 7, n. 2, 31 dez. 2017, p. 18.

[8] WORLD CUSTOMS ORGANIZATION. *WCO Working Bodies*. Disponível em: http://www. wcoomd.org/en/about-us/wco-working-bodies.aspx. Acesso em: 03 maio 2019.

[9] Idem.

comércio internacional.[10] Para que essa missão seja perseguida com sucesso, os Estados-membros devem garantir que a administração de suas fronteiras funcione de maneira satisfatória e eficiente, reduzindo barreiras e entraves desnecessários, isto é, aqueles procedimentos que não trazem melhoria real à segurança do fluxo do comércio internacional.[11]

Para tanto, discutem-se técnicas e mecanismos para auxiliar a organização aduaneira dos países membros, harmonizando-a ao comércio internacional, por meio da criação de instrumentos legais, como convenções e acordos aos quais podem vincular-se os Estados-membros, e de instrumentos legais não vinculativos, como recomendações.[12]

Como exemplo, em 1983, objetivando a facilitação do comércio internacional e a padronização dos sistemas aduaneiros, a Organização apresentou à comunidade internacional a Convenção sobre o Sistema Harmonizado de Designação e de Codificação de Mercadorias, que dispunha acerca de um método global sistemático de classificação de mercadorias para o comércio.

A supracitada Convenção é o instrumento legal vinculativo da OMA com maior número de países adeptos e foi inserida no ordenamento jurídico brasileiro no mesmo ano do início de sua vigência internacional, por meio do Decreto nº 97.409, de 22 de dezembro de 1988.[13]

Ainda, dentre os instrumentos legais originados da OMA, destaca-se a Convenção de Quioto Revisada, que, apesar de datada de 1973 e revisada em 1999, apenas entrou em vigor internacionalmente em fevereiro de 2006. A Convenção de Quioto Revisada traz diversos procedimentos para facilitar o comércio internacional e, ao mesmo tempo, tornar mais eficientes os mecanismos de controle das fronteiras e de proteção da sociedade.

O tratado objetiva a simplificação e harmonização dos sistemas aduaneiros globais, trazendo, para tanto, os seguintes princípios em seu preâmbulo:

---

[10] WORLD CUSTOMS ORGANIZATION. *WCO Goals*. Disponível em: http://www.wcoomd. org/en/about-us/what-is-the-wco/goals.aspx. Acesso em: 18 abr. 2019.

[11] ARANGO-VÁSQUEZ, Leonel; BETANCUR, Lina Cecilia Cardona; URIBE, Andrea Ceballos. Implementación del Operador Económico Autorizado en América Latina y su incidencia en la cadena logística en Colombia. *In: Escenarios: Empresa y Territorio*, v. 7, n. 9, maio 2018, Medellín, Colombia, p. 15-58.

[12] WEERTH, C. The World Customs Organization: A History Of 65 Years Of Growth And Its Legal Milestones. *Customs Scientific Journal*, v. 7, n. 2, 31 dez. 2017, p. 23.

[13] BRASIL. Decreto nº 97.409, de 22 de dezembro de 1988, que promulga a Convenção Internacional sobre o Sistema Harmonizado de Designação e de Codificação de Mercadorias. Publicado no *Diário Oficial da União* em 27.12.1988. Disponível em: http://www.planalto. gov.br/ccivil_03/decreto/1980-1989/D97409.htm. Acesso em: 03 maio 2019.

Execução de programas de modernização permanente dos regimes aduaneiros e práticas aduaneiras e de melhoria da sua eficácia e do seu rendimento

Aplicação dos regimes aduaneiros e das práticas aduaneiras de forma mais previsível, coerente e transparente.

Disponibilização de toda a informação necessária às partes interessadas, no que se refere à legislação, regulamentação, diretivas administrativas, regimes aduaneiros e práticas aduaneiras.

Adoção de técnicas modernas, tais como sistemas de gestão de risco e controles de auditoria bem como a mais ampla utilização possível das tecnologias da informação.

Cooperação, sempre que for o caso, com outras autoridades nacionais, outras administrações aduaneiras e o comércio.

Aplicação de normas internacionais adequadas.

Abertura às partes interessadas de vias de recurso administrativo e judicial facilmente acessíveis.[14]

Percebe-se que esse gradativo desenvolvimento dos tratados internacionais ligados ao aprimoramento dos sistemas aduaneiros e sua padronização voltada à eficiência ocorreu de maneira paralela a um processo de ressignificação do papel das aduanas e das expectativas internacionais acerca dos sistemas aduaneiros.

De acordo com Widdowson,[15] tradicionalmente, as aduanas têm o papel de representar uma barreira pela qual deve passar todo o fluxo de comércio internacional, uma espécie de porteira das fronteiras dos seus respectivos países, muitas vezes com poderes de fiscalização que permitem a intervenção nas transações comerciais tendo como fundamento a mera intervenção, sem que tenha sido identificado risco real inerente à operação, independentemente de o seu objetivo principal ser a arrecadação de tributos e a fiscalização dessa arrecadação, a segurança das fronteiras, ou o conjunto de ambos os objetivos.[16]

Em 1998 em Genebra, no Simpósio da Organização Mundial do Comércio, foram identificados entraves internacionais à facilitação do comércio, que, diretamente ligados à concepção tradicional dos objetivos das aduanas, transformam a passagem pelas alfândegas em verdadeiros gargalos da cadeia de suprimentos internacional, quais

---

[14] WORLD CUSTOMS ORGANIZATION. *International Convention on the simplification and harmonization of custos procedures (as amended)*, 1999.

[15] WIDDOWSON, David. The Changing Role of Customs: Evolution or Revolution? *World Customs Journal*, vol 1, n. 1, 2007, p. 31-32.

[16] WIDDOWSON, David. The Changing Role of Customs: Evolution or Revolution?, p. 32.

sejam: (i) os requerimentos excessivos de documentação pelos governos; (ii) a ausência de automação e utilização de tecnologia; (iii) a ausência de transparência acerca dos critérios para realização da importação e exportação; (iv) os procedimentos aduaneiros inadequados, e (v) a ausência de cooperação e modernização entre as aduanas e outras agências governamentais.[17]

O novo entendimento acerca do papel da aduana, dessa maneira, foca na dupla necessidade de assegurar a eficiência e a agilidade no fluxo comercial e de garantir a segurança das operações do comércio internacional em toda a cadeia logística, desde a origem até o destino.

Além da identificação dos entraves à facilitação do comércio, o acontecimento dos ataques terroristas de 11 de setembro de 2001 modificou as necessidades e critérios de segurança internacionais.

A comunidade internacional logo entendeu que a almejada garantia de segurança, por sua vez, só seria possível por meio de parcerias entre aduanas e os agentes intervenientes no setor em comento, bem como aquelas entre as administrações aduaneiras das diferentes nações.[18]

A necessidade da ressignificação e remodelação do papel das alfândegas tornava-se cada vez mais relevante à medida que grupos criminosos organizados se aproveitavam da incapacidade de onipresença do Estado e dos desencontros de interesses entre agentes intervenientes e aduanas para escamotear produtos ilícitos (contrabando) ou produtos lícitos sem registro ou autorização (descaminho) às margens do trâmite legal de importação e exportação.[19]

Dessa maneira, a tensão entre o desejo dos agentes econômicos de facilitar o comércio, reduzindo barreiras burocráticas e os custos decorrentes, e o poder-dever soberano estatal de ditar as normas internas que irão reger o trânsito de mercadorias para dentro e fora de suas fronteiras, deu lugar à mutua cooperação, para assegurar, principalmente, a segurança no comércio internacional.

A mudança no papel das alfândegas pode ser depreendida pela própria modificação dos conceitos operacionais utilizados no dia a dia. O termo "contaminação logística", antes utilizado no comércio internacional para referir-se a incidentes químicos, mecânicos ou sanitários que resultavam na inutilização da carga, passou a ser

---

[17] WIDDOWSON, David. The Changing Role of Customs: Evolution or Revolution?, p. 33-34.

[18] MIKURIYA, Kunio. Supply chain security: The customs community's response. *World Customs Journal*, vol 1, n. 2, 2007, p. 51-60.

[19] BRASIL. Receita Federal do Brasil. *Perguntas & Respostas – Programa Brasileiro de OEA*. 2018.

empregado também para identificar os embarques internacionais para transportes de cargas ilícitas.[20]

Nesse cenário, as aduanas, mesmo que continuassem exercendo essencialmente a mesma função de antes, qual seja, controlar o movimento de mercadorias, documentos e pessoas entre países pelas fronteiras, passaram a ter como missão desempenhar importante papel na proteção da sociedade contra a entrada e saída de produtos ilícitos dos países, mercadorias prejudiciais à saúde nacional e, também, na promoção da prosperidade econômica por meio da facilitação segura do comércio internacional.[21]

Em posição de vanguarda, os Estados Unidos da América implementaram o programa *Customs-Trade Partnership Against Terrorism* (C-TPAT), no qual os importadores, transportadores e prestadores de serviços logísticos adotariam as melhores práticas de segurança para a proteção do fluxo do comércio internacional de acordo com o estabelecido pela aduana estadunidense, em troca de uma certificação do programa, reconhecimento como agente ativo do combate ao terrorismo junto ao governo dos Estados Unidos, e outros benefícios aduaneiros, como menor tempo de espera das mercadorias na fronteira e menor percentual de inspeções de suas mercadorias pela Aduana.[22]

Tendo como premissa a experiência norte-americana, como solução para os problemas identificados na cadeia de comércio internacional, a Organização Mundial das Aduanas percebeu que poderia firmar parcerias, em variados níveis, para atender aos interesses público e particular.

Dessa maneira, em 2002, a OMA criou uma força-tarefa para desenvolver diretrizes gerais, aplicáveis internacionalmente, para garantir a segurança e facilitar o fluxo do comércio exterior.[23]

---

[20] MORINI, Cristiano; LEOCE, Gustavo. *Logística internacional segura*: Operador Econômico Autorizado (OEA) e a gestão de fronteiras no século XXI. São Paulo: Atlas, 2011.

[21] MIKURIYA, Kunio. Supply chain security: The customs community's response. *World Customs Journal*, v. 1, n. 2, 2007, p. 51-60.

[22] ALTEMÖLLER, Frank. Towards an international regime of supply chain security: an international relations perspective. *World Customs Journal*, v. 5, n. 2, 2011, p. 21-32.

[23] WORLD CUSTOMS ORGANIZATION. Special Report on security and facilitation. *WCO News*, n 45, 2004, p 9-10. Disponível em: http://www.wcoomd.org/en/media/wco-news-magazine/~/media/068548289EEA4FAFBAC79F011BFE2326.pdf. Acesso em: 18 abr. 2019.

E em 2005 nasceu desse grupo de trabalho o *SAFE* (*Security and Facilitation in a Global Environment*) *Framework of Standards*,[24] que é constantemente atualizado para adequar-se ao desenvolvimento tecnológico do comércio internacional e para atender às novas demandas dos mais diversos intervenientes nessa cadeia.

A OMA definiu que os objetivos do marco SAFE são, entre outros, permitir o gerenciamento integrado e harmonizado da cadeia de comércio internacional em todos os modais de transporte, aperfeiçoar o papel, as funções e as capacidades das Aduanas para atender aos desafios e oportunidades da contemporaneidade e promover o movimento contínuo de mercadorias através do comércio internacional seguro.[25]

Os quatro elementos principais da estrutura do marco SAFE são: a) a harmonização das exigências de informações eletrônicas antecipadas no embarque, desembarque e trânsito de cargas; b) o comprometimento dos países associados a empregar ações que consistam em gerenciamento de riscos para lidar com ameaças de segurança; c) a exigência de que a administração aduaneira do país remetente realize uma inspeção pré-embarque de cargas de alto risco, preferencialmente não invasiva, caso haja pedido razoável do país receptor da mercadoria; d) a sugestão de benefícios que as Aduanas fornecerão às empresas que atenderem aos padrões mínimos de segurança e às práticas no comércio internacional.[26]

São definidos, ainda, três pilares para a implementação do marco SAFE: (i) o pilar de acordos Alfândega-Alfândega, (ii) o pilar de parcerias Alfândega-Empresas e, (iii) o pilar de cooperação Alfândega-outras agências governamentais e intergovernamentais.

O primeiro pilar diz respeito à cooperação necessária entre aduanas, no sentido de implementarem padrões comuns de maximização da segurança e facilitação no fluxo internacional de comércio.

O ponto central desse pilar é a implementação de sistemas interoperáveis e harmonizados que utilizem tecnologia avançada o suficiente para identificar cargas e meios de transporte de alto risco para a segurança do fluxo comercial e que possibilitem o intercâmbio e informação.[27]

---

[24] WORLD CUSTOMS ORGANIZATION. *Safe Framework of Standards*, 2018. Disponível em: http://www.wcoomd.org/-/media/wco/public/global/pdf/topics/facilitation/instruments-and-tools/tools/safe-package/safe-framework-of-standards.pdf?la=en. Acesso em: 18 abr. 2019.

[25] WORLD CUSTOMS ORGANIZATION. *Safe Framework of Standards*, 2018, p. 2.

[26] WORLD CUSTOMS ORGANIZATION. *Safe Framework of Standards*, 2018, p. 2.

[27] WORLD CUSTOMS ORGANIZATION. *Safe Framework of Standards*, 2018, p. 6.

Tendo em vista o crescente volume de mercadorias que transitam entre as fronteiras atualmente, reconheceu-se não ser mais possível realizar a tradicional fiscalização manual de contêineres e demais cargas, sendo necessário, para assegurar a agilidade do comércio internacional sem o comprometimento na fiscalização, por exemplo, a utilização de escaneamento – inspeção não invasiva.

Ainda como parte desse pilar da estrutura normativa, convencionou-se que as informações acerca da carga a ser exportada devem ser repassadas à aduana antes de a carga ser colocada em contêineres ou acondicionada de outra maneira para sair do país, bem como as informações das mercadorias que serão importadas devem ser repassadas à aduana anteriormente ao desembarque nos recintos alfandegados do país receptor.

Como se depreende das disposições expostas, muitos dos parâmetros instituídos pela normativa SAFE já foram internalizados pelo Brasil em seu sistema de controle aduaneiro, como a inspeção não invasiva de contêineres e a implementação de sistema digital para o fluxo de informações relativos à importação e exportação.

O segundo pilar refere-se às parcerias entre as Aduanas e as empresas intervenientes no comércio internacional, tendo como principal objetivo a criação de um sistema internacional de identificação de empresas intervenientes no comércio internacional que oferecem alto grau de confiabilidade e segurança no mercado global por cumprirem os padrões de segurança estabelecidos e reduzirem o risco na cadeia de suprimentos do comércio internacional.[28]

É dentro desse contexto que o programa do Operador Econômico Autorizado (OEA) faz parte dos pilares do marco SAFE.

Por meio do programa, por um lado, os agentes econômicos que, voluntariamente, cumprirem requisitos operacionais de transparência e segurança podem gozar de maior facilidade nos trâmites aduaneiros, recebendo benefícios tangíveis, principalmente no que se refere ao processamento ágil das suas operações de exportação e importação e melhor reputação para conseguir oportunidades ótimas de negócios internacionais.

Por outro lado, os países que implementam o programa concentram esforços para aprimorar os pontos mais sensíveis nos processos de importação e exportação, direcionando o investimento dos recursos estatais de forma eficiente para combater atividades

---

[28] WORLD CUSTOMS ORGANIZATION. *Safe Framework of Standards*, 2018, p. 23.

ilícitas com o intuito de fomentar o crescimento econômico nacional e de tornar-se um país mais seguro à rede de comércio internacional.[29]

Assim, o Programa do OEA permite que se firme uma parceria entre o Poder Público e particulares que resulte na convergência de interesses que outrora pareciam antagônicos, quais sejam, a facilitação do comércio internacional e o controle estatal efetivo para combater os riscos aduaneiros gerados pela intensificação do comércio.

O terceiro pilar refere-se à cooperação e comunicação entre as aduanas e as demais agências governamentais de seus próprios países que também intervêm no fluxo de comércio internacional.

O principal objetivo do terceiro pilar é assegurar que os governos respondam aos desafios de assegurar a segurança e o fluxo do comércio internacional de forma eficiente, eliminando as burocracias desnecessárias, o preenchimento de requisitos duplicados para diferentes agências governamentais e as inspeções duplicadas da mesma carga.

2 O programa brasileiro do OEA

Conforme já exposto, a Constituição brasileira de 1988 consagra objetivos e princípios compatíveis com os esforços e tratados internacionais para a facilitação do comércio global, bem como positiva os princípios da eficiência, transparência e moralidade, fundamentais à administração pública e diretamente relacionados às políticas internacionais de facilitação do comércio.

Dessa forma, coerentemente à sua tradicional postura internacional de favorecimento à facilitação do comércio internacional, apesar de não fazer parte do grupo de países signatários da Convenção de Quioto Revisada,[30] em fevereiro de 2005, o Brasil assinou a Carta de Intenção para implementação da normativa SAFE.

Antes da assinatura da Carta de Intenção e da implementação do programa do Operador Econômico Autorizado, o Brasil havia instituído, desde 1999, um programa de facilitação do comércio e segurança de caráter nacional, reconhecido pela OMA, intitulado Linha Azul, conhecido como Despacho Aduaneiro Expresso.[31]

---

[29] WORLD CUSTOMS ORGANIZATION. *Safe Framework of Standards*, 2018, p. 3.

[30] Posteriormente, mediante o Decreto nº 9.326, de abril de 2018, foi promulgado no Brasil o acordo sobre a Facilitação do Comércio, cujo teor das disposições é similar ao disposto na Convenção de Quioto Revisada.

[31] MORINI, Cristiano; LEOCE, Gustavo. *Logística internacional segura*: Operador Econômico Autorizado (OEA) e a gestão de fronteiras no século XXi. São Paulo: Atlas, 2011 p.105-109.

Diferentemente do Programa do Operador Econômico Autorizado, que possibilita a habilitação de quase todo o tipo de empresa interveniente no comércio internacional, desde que cumpram os requisitos necessários,[32] apenas poderiam habilitar-se para operar no programa Linha Azul um determinado segmento de grandes empresas intervenientes no comércio internacional, cuja atividade econômica principal fosse a indústria, extrativa ou de transformação, excetuadas as atividades de apoio à extração de minerais, que cumprissem os requisitos mínimos de segurança determinados pela Receita Federal do Brasil e se enquadrassem nas categorias previstas.

Tal habilitação possibilitava a essas empresas atuar de maneira mais próxima e transparente junto à Receita Federal, em contrapartida, recebendo benefícios como a redução do tempo do processo para a liberação das mercadorias destinadas ao ou provenientes do exterior.

Para a manutenção dos benefícios do regime, as empresas habilitadas tinham que demonstrar a regularidade nas suas obrigações tributárias e aduaneiras, bem como estar sujeitas à realização, a qualquer tempo, pela Receita Federal, de auditoria virtual relativa a todas as operações efetuadas pela empresa.

Muitos dos critérios de admissão das empresas no Linha Azul eram compatíveis com a Convenção de Quioto Revisada e a estrutura normativa SAFE, motivo pelo qual, quando foi anunciada a implementação do programa do Operador Econômico Autorizado, foi facilitada a habilitação como OEA das empresas já habilitadas no Linha Azul.

Instituído pela Estrutura Normativa SAFE da OMA, o Programa Brasileiro do OEA decorre da internalização do Anexo da Diretriz do Mercosul/CCM nº 32 de 2008 por meio do Decreto nº 6.870 de 2009, que, ao dispor sobre as Normas de Controle Aduaneiro nas Administrações Aduaneiras do Mercosul, estabeleceu a possibilidade de adoção de medidas de facilitação para operadores que cumpram com requisitos exigidos na legislação aduaneira.

No âmbito da autoridade aduaneira brasileira, o programa foi lançado com a publicação da Instrução Normativa RFB nº 1.521/2014, posteriormente substituída pela Instrução Normativa RFB nº 1.598, de 09 de dezembro de 2015, que prevê, dentre outros, os princípios,

---

[32] O artigo 4º da Instrução Normativa da Receita Federal do Brasil nº 1.598/2015 dispõe que "Poderão ser certificados os seguintes intervenientes da cadeia logística: I – o importador; II – o exportador; III – o transportador; IV – o agente de carga; V – o depositário de mercadoria sob controle aduaneiro em recinto alfandegado; VI – o operador portuário ou aeroportuário; VII – (Revogado (a) pelo(a) Instrução Normativa RFB nº 1834, de 26 de setembro de 2018); VIII – o Recinto Especial para Despacho Aduaneiro de Exportação (Redex)".

objetivos, sujeitos, modalidades, benefícios, condições, requisitos, critérios e prazos para os procedimentos de certificação.

A teor da norma regulamentar citada, o Programa Brasileiro do OEA consiste na certificação dos intervenientes da cadeia logística do comércio internacional que representam baixo grau de risco à segurança física da carga e ao descumprimento das obrigações tributárias e aduaneiras e tem elencados os seguintes princípios e objetivos:

> Art. 2º O Programa OEA será regido pelos seguintes princípios:
> I – facilitação;
> II – agilidade;
> III – simplificação;
> IV – transparência;
> V – confiança;
> VI – voluntariedade;
> VII – parceria público-privada;
> VIII – gestão de riscos;
> IX – padrões internacionais de segurança;
> X – conformidade aos procedimentos e à legislação; e
> XI – ênfase na comunicação por meio digital.
> Art. 3º São objetivos do Programa OEA:
> I – proporcionar maior agilidade e previsibilidade no fluxo do comércio internacional;
> II – buscar a adesão crescente de operadores econômicos, inclusive pequenas e médias empresas;
> III – incrementar a gestão do risco das operações aduaneiras;
> IV – firmar Acordos de Reconhecimento Mútuo (ARM) que atendam aos interesses do Brasil;
> V – implementar processos de trabalho que visem à modernização da Aduana;
> VI – intensificar a harmonização dos processos de trabalho com outros órgãos regulatórios do comércio exterior;
> VII – elevar o nível de confiança no relacionamento entre os operadores econômicos, a sociedade e a Secretaria da Receita Federal do Brasil (RFB);
> VIII – priorizar as ações da Aduana com foco nos operadores de comércio exterior de alto risco ou de risco desconhecido; e
> IX – considerar a implementação de outros padrões que contribuam com a segurança da cadeia logística.[33]

---

[33] BRASIL. Receita Federal do Brasil. Instrução Normativa nº 1.598, de 09 de dezembro de 2013 (e posteriores alterações). Publicado no *Diário Oficial da União* de 11.12.2015, seção 1, página 33.

De adesão voluntária, o programa almeja alcançar o maior número de intervenientes para, entre outros, ativar a gestão integrada e harmonizada da cadeia logística para todos os modos de transporte e promover o movimento contínuo de mercadorias por meio de abastecimento do comércio internacional seguro, melhorando, assim, os níveis de eficiência do comércio exterior.

Para tanto, oferece às empresas certificadas vantagens como a redução no percentual de cargas selecionadas para conferência, prioridade no processamento de despachos, parametrização imediata, prazos reduzidos para resposta às consultas fiscais, participação em fóruns consultivos OEA-RFB, além de benefícios específicos aplicáveis aos intervenientes de acordo com cada modalidade certificação.[34]

Possuindo alcance mundial, o Programa OEA já se encontra implementado em 77 países e permite a celebração de Acordos de Reconhecimento Mútuo (ARM), conferindo às empresas certificadas reconhecimento internacional, com o oferecimento de benefícios nos demais territórios integrantes do programa e resultando na redução dos custos logísticos e aumento da previsibilidade nas transações entre os intervenientes certificados como OEA.[35]

O primeiro ARM firmado pelo Brasil ocorreu em 13.12.2016, com o Uruguai, por meio do reconhecimento mútuo dos exportadores e transportadores terrestres.[36] Além disso, foram estabelecidos planos de trabalho conjunto com outros países (Estados Unidos, Argentina, Bolívia, México), objetivando a celebração de novos acordos nesse sentido.

Em termos comerciais, a certificação como OEA importa na chancela da autoridade aduaneira do atendimento dos níveis globais de conformidade e confiabilidade exigidos pelo programa por parte da empresa certificada, representando substancial vantagem concorrencial no mercado nacional e internacional.

No Brasil, o Programa OEA possibilita a certificação do operador em duas modalidades: (i) OEA-Segurança (OEA-S), com base em

---

[34] Idem.

[35] WORLD CUSTOMS ORGANIZATION. *Compendium of Authorized Economic Operator Programmes*, 2018. Disponível em: http://www.wcoomd.org/-/media/wco/public/global/pdf/topics/facilitation/instruments-and-tools/tools/safe-package/aeo-compendium.pdf?db=web. Acesso em: 18 abr. 2019.

[36] BRASIL. Receita Federal. *Acordo de e reconhecimento mútuo entre a Secretaria da Receita Federal do Brasil, órgão do Ministério da Fazenda da República Federativa do Brasil, e a Direção Nacional de Aduanas da República Oriental do Uruguai*, de 13 de dezembro 2016. Disponível em: http://receita.economia.gov.br/acesso-rapido/legislacao/acordos-internacionais/acordos-de-reconhecimento-mutuo/uruguai/acordo-de-reconhecimento-mutuo-brasil-uruguai. Acesso em: 18 abr. 2019.

critérios de segurança aplicados a cadeia logística no fluxo de operação do comércio exterior, como a segurança da carga, o controle de acesso físico às mercadorias, o oferecimento de treinamento à equipe de colaboradores, a segurança física das instalações e a gestão e controle dos parceiros da empresa certificada e; (ii) OEA-Conformidade (OEA-C), que apresenta níveis diferenciados quanto aos critérios exigidos e aos benefícios concedidos (Nível 1 e Nível 2), com base em critérios de cumprimento das obrigações tributárias e aduaneiras, como a diligência na divulgação da descrição completa das mercadorias, correta classificação fiscal das mercadorias, realização de controle cambial satisfatório, entre outros.

Vale destacar ainda que, conforme a normativa vigente, podem ser certificados no Programa Brasileiro do OEA o importador, o exportador, o transportador, o agente de carga, o depositário de mercadoria sob controle aduaneiro em recinto alfandegado, o operador portuário ou aeroportuário.

No caso dos importadores e exportadores, vale a ressalva de que esses poderão ser certificados como OEA se atuarem preponderantemente por conta própria, assim considerada a empresa que realize no mínimo 90% (noventa por cento) de suas operações utilizando seus próprios recursos, considerando o valor das operações e a quantidade de declarações de despacho aduaneiro nos últimos 24 (vinte e quatro) meses.

3   Admissão no programa

A admissão no processo de certificação inicia-se com a formalização do pedido perante a Receita Federal do Brasil, instruído de Questionário de Autoavaliação (QAA), em conformidade ao que dispõe a Instrução Normativa RFB nº 1.598/2015.

O QAA visa permitir a análise pela autoridade certificadora dos critérios de elegibilidade ao programa, tais como histórico de cumprimento da legislação aduaneira, disposição de sistemas informatizados de gestão comercial, contábil, financeira e operacional, solvência financeira adequada, política para a seleção de parceiros comerciais, política de recursos humanos e a adoção de procedimentos de segurança e análise de riscos da cadeia logística por parte do requerente.

Na resposta ao QAA o interveniente interessado em obter a certificação deve demonstrar conhecimento e adoção das melhores práticas de gestão da segurança da cadeia logística e do atendimento das obrigações tributárias e aduaneiras, conforme o caso.

Por essa razão, um importante passo para o interveniente interessado é realizar a revisão dos procedimentos e rotinas internas para que reflitam a realidade operacional, mas, sobretudo, que contemplem o pleno atendimento das obrigações tributárias e aduaneiras, conforme os padrões de segurança da cadeia logística contidos nas normas de referência ABNT NBR ISO 28000, ABNT NBR ISO 28001 e ABNT NBR ISO 28004, além das demais aplicáveis especificamente ao desempenho da função que ocupa na cadeia logística internacional.

A sigla ISO refere-se à *International Organization for Standardization*, que é uma organização internacional não governamental cujos membros já somam 164 organizações de padronização, cada uma vinculada a um país.

O processo de criação de padrões globais mediante consenso voluntário, cerne da ISO, possibilita a facilitação do comércio internacional e o crescimento exponencial do seu fluxo, objetivando a implementação de padrões de segurança e eficiência da cadeia logística.[37]

A Associação Brasileira de Normas Técnicas (ABNT) é a organização de padronização que representa o Brasil na ISO, e, consequentemente, realiza as traduções oficiais dos documentos publicados pela ISO, que são bases fundamentais para a admissão no Programa do Operador Econômico Autorizado.

Nesse contexto, a Norma ISO 28000 determina especificações para sistemas de gestão de segurança para a cadeia logística, baseando-se na metodologia "planejar-fazer-checar-agir".[38]

Para atingir o seu principal objetivo de melhorar a segurança da cadeia logística, a norma determina os requisitos mínimos para a implementação de um sistema completo de gestão de segurança, mediante, entre outras especificações, a adoção de uma política de gestão de segurança global em conformidade com os parâmetros internacionais, a implementação de procedimentos de avaliação de risco e de medidas específicas para o controle dos riscos verificados, cujos critérios mínimos são expostos na norma.

Dessa maneira, a admissão no Programa do Operador Econômico Autorizado é garantida àqueles que adequam seus procedimentos internos ao padrão global, criado mediante consenso da comunidade internacional, de requisitos mínimos para a gestão de risco e segurança

---

[37] MURPHY, Craig; YATES, JoAnne. *The International Organization for Standardization (ISO)*: Global governance through voluntary consensus. New York: Routledge, 2009, p. 46-67.

[38] ASSOCIAÇÃO BRASILEIRA DE NORMAS TÉCNICAS. *NRB ISO 28000*: Especificação para sistemas de gestão de segurança para a cadeia logística. Rio de Janeiro, 2009.

da cadeia logística do comércio internacional, tornando-a, por meio da padronização, mais segura e eficiente.

O caráter da certificação, concedida pelo Chefe da Equipe de Gestão de Operador Econômico Autorizado por meio da emissão de Ato Declaratório Executivo, é precário, podendo o Operador Econômico Autorizado ser excluído do programa a qualquer tempo, caso deixe de cumprir os requisitos e critérios específicos da modalidade de certificação à qual aderiu.

Por tratar-se de programa que visa fomentar a facilitação do comércio internacional, agregando valor à cadeia de suprimento e a segurança e eficiência no fluxo do comércio global, mesmo que sua adesão ao programa tenha sido voluntária, os Operadores Econômicos Autorizados são colocados sob constante fiscalização, para que a manutenção de sua certificação seja condicionada à excelência no cumprimento dos critérios e requisitos internacionais de segurança.

Considerações finais

Com a Organização Mundial das Aduanas foi possível espraiar os projetos de integração aduaneira entre nações, de forma que o comércio internacional atinja sua maior capacidade de extensão mantendo-se a segurança das operações.

O Programa do Operador Econômico Autorizado (OEA), cuja origem remonta à consolidação de programas já implementados na Europa e nos Estados Unidos, consagra os esforços e tratados internacionais para a facilitação do comércio global, bem como positiva os princípios da eficiência, transparência e moralidade, fundamentais à administração pública e diretamente relacionados às políticas inter-nacionais de facilitação do comércio.

Por meio do programa são firmadas parcerias entre aduanas, agentes intervenientes do comércio internacional e outros órgãos governamentais. O posto-chave para o sucesso do programa é a voluntariedade. As autoridades aduaneiras criam benefícios para que os próprios agentes particulares tenham interesse em investir na implementação de recursos de transparência e segurança, em uma nítida parceria de ganhos recíprocos (*win-win*).

O interesse público é atingido por meio da concentração de esforços e recursos nos pontos mais críticos à segurança do trânsito internacional de mercadorias, permitindo, por outro lado, a adoção de medidas que facilitam a realização das operações de comércio exterior desenvolvidas por intervenientes reconhecidamente mais seguros, os Operadores Econômicos Autorizados.

Durante o processo de implementação do programa em nível mundial, cada agente assume as suas responsabilidades de gestão, transparência e risco, gozando, em contrapartida, de diversos benefícios, em âmbito institucional, comercial, competitivo, a depender das regulações nacionais e dos Acordos de Reconhecimento Mútuos firmados entre os países.

O programa contempla a realização de parcerias entre os países participantes, os Acordos de Reconhecimento Mútuo. Atualmente, o Brasil já possui celebrado acordo nesse sentido com o Uruguai e dialoga com países como Estados Unidos, México, Argentina e Bolívia para a elaboração de novos acordos. Assim, quanto maior a rede de diálogo e padronização, as empresas brasileiras terão maior acesso a novos mercados, carregando consigo o desenvolvimento econômico nacional.

O sistema, portanto, inova ao propor uma visão diferente aos atores envolvidos no comércio exterior, onde a superação da tradicional disputa entre interesses particulares e interesse público deu lugar a um ambiente de cooperação entre as partes, em que cada interveniente (público e privado) na cadeia logística cumpre a sua função e os seus objetivos, enquanto auxilia os demais a fazerem o mesmo.

O programa foi internalizado no Brasil na direção do que prevê a Constituição Federal, que contempla o desenvolvimento econômico e social sustentável como um dos direitos que devem ser assegurados pelo Estado Democrático de Direito e, contempla a cooperação internacional para o progresso da humanidade como objetivo que deve ser perseguido pela República Federativa do Brasil, pois essencial para prover o direito ao desenvolvimento.

Referências

ALTEMÖLLER, Frank. Towards an international regime of supply chain security: an international relations perspective. *World Customs Journal*, v. 5, n. 2, 2011, p. 21-32.

ARANGO-VÁSQUEZ, Leonel; BETANCUR, Lina Cecilia Cardona; URIBE, Andrea Ceballos. Implementación del Operador Económico Autorizado en América Latina y su incidencia en la cadena logística en Colombia. *Escenarios: Empresa Y Territorio*, v. 7, n. 9, maio 2018, Medellín, Colombia, p. 15-58.

ASSOCIAÇÃO BRASILEIRA DE NORMAS TÉCNICAS. *NRB ISO 28000*: Especificação para sistemas de gestão de segurança para a cadeia logística. Rio de Janeiro, 2009.

ASSOCIAÇÃO BRASILEIRA DE NORMAS TÉCNICAS. *NRB ISO 28001*: Melhores práticas para implementação de segurança na cadeia logística, avaliações e planos. Rio de Janeiro, 2011.

BRASIL. Decreto nº 85.801, de março de 1981, que promulga o Convênio de Criação de um Conselho de Cooperação Aduaneira. *Diário Oficial* de 11/03/1981, seção 1, páginas 4763-4768. Disponível em: http://www.planalto.gov.br/ccivil_03/Atos/decretos/1981/D85801.html. Acesso em: 02 maio 2019.

BRASIL. Decreto nº 97.409, de 22 de dezembro de 1988, que promulga a Convenção Internacional sobre o Sistema Harmonizado de Designação e de Codificação de Mercadorias. *Diário Oficial da União* em 27/12/1988. Disponível em: http://www.planalto.gov.br/ccivil_03/decreto/1980-1989/D97409.htm. Acesso em: 03 maio 2019

BRASIL. Receita Federal. Acordo de reconhecimento mútuo entre a Secretaria da Receita Federal do Brasil, órgão do Ministério da Fazenda da República Federativa do Brasil, e a Direção Nacional de Aduanas da República Oriental do Uruguai, de 13 de dezembro 2016. Disponível em: http://receita.economia.gov.br/acesso-rapido/legislacao/acordos-internacionais/acordos-de-reconhecimento-mutuo/uruguai/acordo-de-reconhecimento-mutuo-brasil-uruguai. Acesso em: 18 abr. 2019.

BRASIL. Receita Federal. *Instrução Normativa RFB nº 1598, de 09* de dezembro de 2015. Publicada no Diário Oficial de 11/12/2015, seção 1, página 33.

BRASIL. Receita Federal. (2015). *Programa Brasileiro de Operador Econômico Autorizado*: Perguntas e Respostas. Disponível em: http://idg.receita.fazenda.gov.br/orientacao/aduaneira/importacao-eexportacao/oea/arquivos-eimagens/arquivos/perguntas-respostasnovo.pdf. Acesso em: 27 mar. 2019.

CANOTILHO, J. J. Gomes; MENDES, Gilmar F.; SARLET, Ingo W.; STRECK, Lênio L. *Comentários à Constituição do Brasil*. São Paulo: Saraiva, 2013

CONVENÇÃO para a criação de um Conselho de Cooperação Aduaneira = *Convention Establishing a Customs Co-Operation Council*. 15 nov. 1950. Disponível em: http://www.wcoomd.org/-/media/wco/public/global/pdf/about-us/legal-instruments/conventions-and-agreements/ccc/convccc.pdf?la=en. Acesso em: 18 abr. 2019.

MAZZUOLI, Valerio de Oliveira. *Curso de Direito Internacional Público*. São Paulo: Editora Revista dos Tribunais, 2015

MIKURIYA, Kunio. Supply chain security: The customs community's response. *World Customs Journal*, v. 1, n. 2, 2007, p. 51-60. Disponível em: http://worldcustomsjournal.org/Archives/Volume%201%2C%20Number%202%20(Sep%202007)/06%20supply_chain_security_the_customs_communitys_response.pdf. Acesso em: 27 mar. 2019.

MORINI, Cristiano; LEOCE, Gustavo. *Logística internacional segura*: Operador Econômico Autorizado (OEA) e a gestão de fronteiras no século XXI. São Paulo: Atlas, 2011.

MURPHY, Craig; YATES, JoAnne. *The International Organization for Standardization (ISO)*: Global governance through voluntary consensus. New York: Routledge, 2009.

WEERTH, C. The World Customs Organization – A History Of 65 Years Of Growth And Its Legal Milestones. *Customs Scientific Journal*, v. 7, n. 2, p. 17-24, 31 dez. 2017. Disponível em: https://ccjournals.eu/ojs/index.php/customs/article/view/752/773. Acesso em: 27 mar. 2019.

WIDDOWSON, David. The Changing Role of Customs: Evolution or Revolution? *World Customs Journal*, vol 1, n. 1, 2007, p. 31-37. Disponível em: http://worldcustomsjournal.org/Archives/Volume%201,%20Number%201%20(Mar%202007)/00%20Complete%20Issue%20WCJ_Volume_1_Number_1.pdf#page=39. Acesso em: 04 maio 2019.

WORLD CUSTOMS ORGANIZATION. *Compendium of Authorized Economic Operator Programmes*, 2018. Disponível em: http://www.wcoomd.org/-/media/wco/public/global/pdf/topics/facilitation/instruments-and-tools/tools/safe-package/aeo-compendium.pdf?db=web. Acesso em: 18 abr. 2019.

WORLD CUSTOM ORGANIZATION. *International Convention on the simplification and harmonization of custos procedures (as amended)*, 1999. Disponível em http://www.wcoomd.org/-/media/wco/public/global/pdf/topics/facilitation/instruments-and-tools/conventions/Quioto-convention/revised-Quioto-convention/body_gen-annex-and-specific-annexes.pdf?la=en. Acesso em 04 maio 2019.

WORLD CUSTOMS ORGANIZATION. *Safe Framework of Standarts*, 2018. Disponível em: http://www.wcoomd.org/-/media/wco/public/global/pdf/topics/facilitation/instruments-and-tools/tools/safe-package/safe-framework-of-standards.pdf?la=en. Acesso em: 27 mar. 2019.

WORLD CUSTOMS ORGANIZATION. *WCO Goals*. Disponível em: http://www.wcoomd.org/en/about-us/what-is-the-wco/goals.aspx. Acesso em: 18 abr. 2019.

WORLD CUSTOMS ORGANIZATION. Special Report on security and facilitation. *WCO News*, n 45, 2004, p 9-10. Disponível em: http://www.wcoomd.org/en/media/wco-news-magazine/~/media/068548289EEA4FAFBAC79F011BFE2326.pdf. Acesso em: 18 abr. 2019.

Informação bibliográfica desse texto, conforme a NBR 6023:2018 da Associação Brasileira de Normas Técnicas (ABNT):

NEMER, Luciana Mattar Vilela; SILVA, Priscilla Ylre Pereira da. Histórico e aspectos gerais do Programa Brasileiro de Operador Econômico Autorizado – OEA. *In*: CASTRO JUNIOR, Osvaldo Agripino de (Coord.). *Constituição, tributação e aduana no transporte marítimo e na atividade portuária*. Belo Horizonte: Fórum, 2021. p. 141-161. ISBN 978-65-5518-002-2.

DESCAMINHO E LAVAGEM DE DINHEIRO NO COMÉRCIO EXTERIOR: IMPORTÂNCIA DO COMBATE À PRÁTICA CRIMINOSA COMO FATOR DE DESENVOLVIMENTO NO ÂMBITO DA TRANSNACIONALIDADE

OSVALDO AGRIPINO DE CASTRO JÚNIOR
JOANA STELZER
TARCÍSIO VILTON MENEGHETTI

Introdução

O artigo objetiva contribuir para o desenvolvimento brasileiro por meio do estudo da importância socioeconômica do combate ao descaminho e à lavagem de dinheiro nas operações de comércio exterior. É importante mencionar que, em face da pesquisa em julgados do Poder Judiciário envolvendo temas aduaneiros, acrescentou-se a análise das instituições estatais que atuam no comércio exterior ao projeto inicial, vez que essa abordagem institucional é relevante para melhor compreensão do combate ao descaminho e à lavagem de dinheiro no Brasil.

— Dessa forma, os objetivos do artigo são: a) avaliar as peculiaridades dos crimes de descaminho e lavagem de dinheiro, b) verificar a importância da ética no âmbito das práticas econômicas para o desenvolvimento do Estado brasileiro e c) identificar a necessidade do combate à criminalidade nas operações de comércio exterior, com vista ao desenvolvimento no âmbito da transnacionalidade.[1]

---

[1] Aqui considerado fenômeno decorrente da globalização, segundo o qual, as empresas buscam espaços não regulados, a fim de reduzir encargos sociais, tributários e ambientais, e maximizar o lucro.

Há fatores importantes que influenciam o crescimento e o desenvolvimento econômico de um país, como a qualidade de infraestrutura, a educação, o desenvolvimento tecnológico, mas, principalmente, a qualidade do marco institucional, fundamental em áreas estratégicas da economia, como o comércio exterior.

Nesse sentido, em que pese a relevância do combate às práticas criminosas no comércio exterior, especialmente descaminho e lavagem de dinheiro, é importante que tais políticas observem não só o princípio da legalidade, mas também o princípio da segurança jurídica, que envolve a confiança e a boa-fé do administrado que atua no comércio exterior, e o do consequencialismo, uma recente inovação legal na Lei de Introdução às Normas do Direito Brasileiro, que exigem maior motivação no ato administrativo, conforme os arts. 20 e 21:

> Art. 20. Nas esferas administrativa, controladora e judicial, não se decidirá com base em valores jurídicos abstratos sem que sejam consideradas as consequências práticas da decisão. (Incluído pela Lei nº 13.655, de 2018)
> Parágrafo único. A motivação demonstrará a necessidade e a adequação da medida imposta ou da invalidação de ato, contrato, ajuste, processo ou norma administrativa, inclusive em face das possíveis alternativas. (Incluído pela Lei nº 13.655, de 2018)
> Art. 21. A decisão que, nas esferas administrativa, controladora ou judicial, decretar a invalidação de ato, contrato, ajuste, processo ou norma administrativa deverá indicar de modo expresso suas consequências jurídicas e administrativas. (Incluído pela Lei nº 13.655, de 2018)
> Parágrafo único. A decisão a que se refere o caput deste artigo deverá, quando for o caso, indicar as condições para que a regularização ocorra de modo proporcional e equânime e sem prejuízo aos interesses gerais, não se podendo impor aos sujeitos atingidos ônus ou perdas que, em função das peculiaridades do caso, sejam anormais ou excessivos. (Incluído pela Lei nº 13.655, de 2018)

Nesse cenário, almeja-se, em síntese, contribuir para o aperfeiçoamento do ambiente institucional-legal do comércio exterior, especialmente o que regula o controle aduaneiro, a fim de colaborar com o crescimento econômico (aumento exponencial de riqueza) combinado com desenvolvimento econômico, sem, contudo, inibir as atividades dos agentes econômicos que atuam nesse importante setor da economia brasileira, no âmbito de um cenário transnacionalizado que exige ética.

Nesse sentido, o tópico 1 trata dos conceitos e princípios relevantes para o tema, bem como acerca da importância da ética no âmbito das práticas econômicas para o desenvolvimento do Estado brasileiro.

O tópico 2 discorre sobre as peculiaridades do crime de descaminho e de lavagem de dinheiro, bem como sobre julgados e doutrina sobre controle aduaneiro, especialmente o que envolve a pena de perdimento, subvaloração aduaneira, vez que relevante para a compreensão do papel do Estado nesse setor.

Finalmente, o tópico 3 identifica a necessidade do combate à criminalidade nas operações de comércio exterior com vista ao desenvolvimento no âmbito da transnacionalidade.

A pesquisa usa o método indutivo[2] operacionalizado com as técnicas do referente, das categorias, dos conceitos operacionais e da pesquisa de fontes documentais, especialmente processos judiciais e administrativos envolvendo importação de mercadoria e julgados da Justiça Federal.

1 Questões introdutórias: conceitos e princípios

O objeto da pesquisa implica o seguinte questionamento: de que forma o combate ao Descaminho e à Lavagem de Dinheiro pode promover o desenvolvimento nacional, diante de um cenário transnacional, no qual o Estado busca combater grupos transnacionais, que procuram espaços não regulados? Nesse contexto, em que pese a relevância de tal política, o aparelho estatal de controle aduaneiro é eficaz? Em que medida tal combate deve ser efetuado, a fim de não inibir a atividade econômica dos atores do comércio exterior?

Nesse quadro, sustenta-se a que os meios repressivos do aparelho estatal na atividade de comércio exterior (Polícia Federal, Ministério Público Federal, Receita Federal e Poder Judiciário) necessitam compreender melhor a atividade aduaneira, a fim de incentivar os operadores a agirem de forma lícita e gerar, no âmbito da transnacionalidade, maior confiança dos operadores em benefício do desenvolvimento nacional.

A ética dos negócios,[3] além de fundamental na condução das operações de comércio exterior, possui importante papel para o desenvolvimento da nação. Afinal, a prática delituosa e a percepção

---

[2] Todos aspectos metodológicos constantes em: PASOLD, Cesar Luiz. *Prática da pesquisa jurídica*. 9. ed. Florianópolis: OAB/SC, 2004, p. 103.

[3] Sobre ética nas empresas, ver: ARRUDA, Maria Cecília Coutinho et al. *Fundamentos de ética empresarial e econômica*. São Paulo: Atlas, 2001. Sobre fundamentos da ética, ver: PERELMAN, Chaïm. *Ética e direito*. 2. ed. Trad. Maria Ermantina Galvão. São Paulo: Martins Fontes, 2004; ARISTÓTELES. *Ética a Nicômaco*. Trad. Mário da Gama Kury. 4. ed. Brasília: UnB, 2005.

de impunidade no âmbito público e privado, acarretam insatisfação empresarial e propiciam um meio cultural favorável para a continuidade de ações danosas.

Há fatores importantes que influenciam o crescimento e o desenvolvimento econômico de um país, como a qualidade de infraestrutura, a educação, o desenvolvimento tecnológico, mas, principalmente, a qualidade do marco institucional,[4] onde se insere o controle aduaneiro, tema da pesquisa.[5]

Nesse cenário, a pesquisa discute em que medida o combate aos crimes de descaminho e à lavagem de dinheiro nas operações de comércio exterior podem, ao promover o desenvolvimento do país, inibir a atuação do comércio exterior, diante de parâmetros exigidos pelos negócios transnacionais.[6]

Para tanto, são apresentadas as categorias relacionadas aos conceitos de descaminho e de lavagem de dinheiro, evidenciando, de um lado, a aplicação dos princípios da legalidade e da moralidade no âmbito das práticas econômicas para o desenvolvimento de um Estado.

Assim, identifica-se a importância do combate à criminalidade nas operações comerciais no âmbito da transnacionalidade. De outro lado, apresenta-se a eficácia do princípio da segurança jurídica, da confiança e da boa-fé do administrado.

Não se deve, contudo, esquecer que aos princípios da legalidade e da proteção da confiança ou da boa-fé dos administrados, ligam-se,

---

4 Nesse sentido: SOUZA NETTO, José Laurindo de. *A lavagem de dinheiro*: comentários à Lei nº 9.613/98. Curitiba: Juruá, 2003; ALBUQUERQUE, Roberto Chacon de. Lavagem de dinheiro nas operações financeiras veiculadas pela Internet. *Revista de Direito Bancário e do Mercado de Capitais*, São Paulo, Revista dos Tribunais, v. 7, n. 23, jan./mar. 2004, p. 397-414.

5 Deve-se mencionar a atividade do grupo de pesquisa Regulação da Infraestrutura e Juridicidade da Atividade Portuária, coordenado pelo Prof. Dr. Osvaldo Agripino de Castro Junior, do Programa de Mestrado e Doutorado em Ciência Jurídica da UNIVALI. O grupo de pesquisa tem como objetivo principal investigar o papel da regulação, ora considerada como forma de intervenção do Estado na economia, no desenvolvimento e eficácia da infraestrutura de transportes e portos, com ênfase no papel das agências reguladoras, especialmente ANTAQ, e tem realizado desde 2004 vários eventos regionais e nacionais para debater tais temas. Dentre as obras publicadas, podem ser citadas: CASTRO JUNIOR, Osvaldo Agripino de. *Direito regulatório e inovação nos transportes e portos nos Estados Unidos e Brasil*. Florianópolis: Conceito Editorial, 2009, 410 p; CASTRO JUNIOR, Osvaldo Agripino de; PASOLD, Cesar Luiz (Org.). *Direito portuário, regulação e desenvolvimento*. Belo Horizonte: Fórum, 2010, 474 p.

6 Nesse sentido: CONSELHO DE JUSTIÇA FEDERAL, Centro de Estudos Jurídicos. Comissão de Estudos sobre Crime de "Lavagem" de Dinheiro. *Relatório*. Disponível em: www.cjf.gov.br. Acesso em: 9 jun. 2009; EISELE, Andréas. *Crimes contra a Ordem Tributária*. 2. ed. São Paulo: Dialética, 2002. Sobre a necessidade de ética nos negócios como fator de competitividade, ver: WORLD TRADE ORGANIZATION (WTO). *Informe OMC 2008*: o comércio mundial em um processo de globalização. Disponível em: www.wto.org. Acesso em: 2 abr. 2009.

respectivamente, a presunção ou aparência de legalidade que têm os atos administrativos e a necessidade de que sejam os particulares defendidos, em determinadas circunstâncias, contra a desproporcional e mecânica aplicação da lei.

As diversas instituições que interferem nas operações de comércio exterior (tanto órgãos anuentes quanto intervenientes), em verdade, não se cingem exclusivamente às questões operacionais, mas possuem relevante papel no desenvolvimento.

Nesse sentido, Laura Valladão de Mattos ao citar John Stuart Mill, assevera que o autor "acreditava que as instituições preenchiam algumas vezes funções não plenamente conhecidas e, com freqüência, diferentes daquelas que originalmente foram concebidas para cumprir".[7]

Posturas éticas também ganham valor na sociedade contemporânea pós-moderna vivenciada hodiernamente, o que leva Ulrich Beck a afirmar que por globalização não se deve entender somente o aspecto econômico, já que andam de forma entrelaçada também os aspectos políticos, sociais e culturais.[8] Com efeito, vislumbra-se uma espécie de convergência entre os ideais éticos e os princípios da ordem econômica, sob risco de um ameaçar o outro.[9]

Segundo a Federação das Câmaras de Comércio Exterior:

A participação do Brasil no comércio mundial deverá ter sido pela primeira vez no passado recente inferior a 1%, inferior àquela alcançada por países como Hong Kong, Arábia Saudita, Taiwan, Suíça, Malásia e Tailândia. O percentual exato será conhecido em meados do ano, quando a Organização Mundial do Comércio (OMC) divulgará os dados oficiais do comércio mundial em 2016.

Ano passado, o fluxo de comércio brasileiro (exportações somadas às importações) atingiu a soma de US$ 323 bilhões. Em 2015, quando o país teve um comércio exterior no total de US$ 362 bilhões, o Brasil teve uma participação de 1% no volume comercializado por todos os países do mundo. Ano passado, as exportações brasileiras somadas às importações totalizaram US$ 323 bilhões e com isso a participação

---

[7] MATTOS, Laura Valladão de. Rumo a uma Sociedade melhor: uma análise da agenda de reformas econômicas de J. S. Mill. *Revista de Estudos Econômicos*, FEA/USP, São Paulo, v. 38, n. 2, abr./jun. 2008, p. 296.

[8] BECK, Ulrich. *Liberdade ou capitalismo*. Trad. Luiz Antônio Oliveira de Araújo. São Paulo: UNESP, 2003, p. 23. Ver também: LIPOVETSKY, Giles. *Os tempos hipermodernos*. Trad. Mário Vilela. São Paulo: Barcarolla, 2004.

[9] STELZER, Joana; GONÇALVES, Everton das Neves. *Law and Economics* e o justo direito do comércio internacional. *In*: BARRAL, Welber; PIMENTEL, Luís Otávio. *Teoria jurídica e desenvolvimento*. Florianópolis: Fundação Boiteux, 2006, p. 45.

brasileira no comércio internacional deverá ter sido inferior a 1%, percentual há muito não registrado.

Os números decrescentes revelam que a cada ano o Brasil se distancia do recorde histórico alcançado em 2011, quando o país registrou um fluxo de comércio no total de US$ 482 bilhões.

De acordo com a OMC, em 2015 a China teve o maior fluxo de comércio entre todos os países filiados à Organização, com uma participação de 12,71% no total de bens comercializados no planeta. A seguir vieram os Estados Unidos (8,81%), Alemanha (8,20%, Japão (3,71%), Holanda (3,65%) e Coreia do Sul (3,11%).

Mas o Brasil não fica atrás apenas dos gigantes do comércio internacional. Nona economia mundial, com uma população de mais de 200 milhões de habitantes, o Brasil teve uma soma de exportações e importações inferior a de países como Hong Kong (2,84%), Itália (2,87%), Reino Unido (2,75%), Rússia (2,70%), Canadá (2,57%), Bélgica (2,55%), Singapura (2,22%), México (2,16%), Emirados Árabes Unidos (1,95%), Arábia Saudita (1,92%), Espanha (1,75%), Índia (1,72%) Taiwan (1,70%), Suíça (1,30%), Malásia (1,27%) e Tailândia (1,24%).[10]

Esses números que marcam o cenário externo trazem a consciência sobre o empenho que precisa ser dado ao estudo da ordem jurídica reguladora das atividades negociais transnacionais.

A emergente realidade brasileira deve ser considerada ao abrigo das noções de criação de comércio, de interdependência nas relações internacionais, de ética, conceitos fundamentais que devem escorar os pilares do desenvolvimento do comércio externo. No decurso dos últimos 50 anos, a agenda econômica mundial passou por diferentes etapas e exigências, multiplicando os atores que circulam na arena externa, diversificando negócios e alternando modais. Nesse âmbito, emerge também a preocupação do comportamento ético do setor público e privado nos negócios externos brasileiros.

A sociedade, na medida em que toma consciência de si através da maturação político-ideológica, do implemento da cidadania ativa e, ainda, pela evolução econômico-material e comportamental, gera ansiedade em relação à norma e à sua aplicação que, por sua vez, deve acompanhar esse processo evolutivo. Do contrário, pode se tornar ineficaz e obsoleta, levando, ainda, ao mal-estar característico do Direito desvirtuado do fato social e do comportamento eticamente aceitável.

---

[10] Federação das Câmaras de Comércio Exterior (FCCE). Participação do Brasil no comércio mundial deverá ficar pela primeira vez abaixo de 1%. Disponível em: http://www.fcce.org.br/NoticiasTexto.aspx?idNoticia=668#. Acesso em 20 abr. 2019.

Não se desconhece que o Direito é importante fator para promover o crescimento econômico, mas é preciso ir além, fazendo com que a ordem jurídica influencie as instituições de comércio e promova a ética mesmo em condições econômicas marcadas pela ganância.[11]

Com isso, a "cooperação transnacional para o desenvolvimento necessita, ela própria, de se adaptar ao movimento de mundialização da economia. É um dado adquirido que, nos tempos que correm, a política de cooperação não se focaliza apenas na questão da ajuda".[12]

Tem razão Amartya Sen quando faz referência ao desenvolvimento como liberdade, contrastando com visões mais restritas como o mero crescimento do Produto Nacional Bruto (PNB). Isso significa que "os indivíduos podem efetivamente moldar seu próprio destino e ajudar uns aos outros. Não precisam ser vistos, sobretudo como beneficiários passivos de engenhosos programas de desenvolvimento".[13] Contudo, ainda conforme Sen, não é possível ser genericamente contra os mercados, pois se trata, acima de tudo, de uma realidade humana. Então, o problema que resta é a necessidade de buscar a liberdade através da realidade econômica que se apresenta.

Colabora-se, assim, com bases teóricas que explicam a possibilidade de alcançar crescimento (aumento exponencial de riqueza) combinado com desenvolvimento econômico (significa crescimento econômico com políticas sociais combinadas), no âmbito de um cenário transnacional que exige ética e eficiência do Estado, especialmente em atividade complexa como a que envolve o comércio exterior.

A sociedade transnacional é caracterizada como 'um espaço intermediário' que, não somente não se encaixa nas velhas categorias, mas também adquire lógica própria. Nesse terceiro espaço, percebe-se a emergência de uma "sociedade burguesa global",[14] fazendo com que o Estado seja pressionado severamente por cima e por baixo, de modo a fornecer respostas de categoria transnacional.

Sociologicamente, desmantela-se a ideia do 'container social'. Giddens deixa transparecer compreensão semelhante, mas, em referência

---

[11] Nesse sentido: STELZER, Joana; GONÇALVES, Everton das Neves. *Law and Economics* e o justo direito do comércio internacional, p. 47-48.

[12] BÉLANGER, Michel. *Instituições econômicas internacionais*. 3. ed. Tradução de Pedro Filipe Henriques. Lisboa: Instituto Piaget, 2007, p. 226.

[13] SEN, Amartya. *Desenvolvimento como liberdade*. 2. ed. Trad. Laura Teixeira Motta. São Paulo: Companhia das Letras, 2005, p. 26.

[14] BECK, Ulrich. *O que é globalização*. Trad. André Carone. São Paulo: Paz e Terra, 1999, p. 168.

à possível democracia transnacional, situando-a "num nível acima – bem como abaixo – do da nação".[15]

David Held e Anthony McGrew destacam a vulnerabilidade local frente às emergentes conexões além da fronteira em que se estabeleceram. Ao fazer desaparecerem as limitações do espaço e do tempo nos padrões de interação social, "a globalização cria a possibilidade de novas formas de organização social transnacional, como, por exemplo, as redes de produção e regimes reguladores globais, ao mesmo tempo em que torna as comunidades de determinados lugares vulneráveis às condições ou aos acontecimentos globais [...]".[16]

O Estado, com isso, transforma-se numa "arena fragmentada de formulação de decisões políticas, permeada por redes transnacionais (governamentais e não governamentais) e por órgãos e forças internos".[17] Destaca-se, em síntese, que emerge de importância comportamentos éticos muito além das fronteiras nacionais, mas que devem ser conhecidos e respeitados pelos Estados que tem por objetivo o progressivo desenvolvimento nacional.

Nesse sentido, deve-se mencionar que:

A confiança é um dos princípios fundamentais do direito contratual desde o direito romano. Depois, o grande jurista alemão Jhering a sistematizou como formulação principiológica em sua obra *Finalidade do Direito*. No direito contratual contemporâneo segue sendo um dos pilares que sustentam as relações contratuais em praticamente todos os ordenamentos jurídicos, agora chamado de princípio da boa-fé contratual. Tal princípio se baseia em dois conceitos essenciais: a confiança e a lealdade. Confia-se que o outro contraente será leal na relação contratual comigo, do contrário eu não aceitaria pactuar o mesmo.[18]

A ética é elementar para nortear a condução dos negócios, pois não somente tem o condão de gerar confiança entre as partes envolvidas, como pode promover o desenvolvimento de um país, ao considerar que toda a sociedade perde quando não são recolhidos tributos devidos ou não são cumpridas determinadas formalidades empresariais. Assim,

---

[15] GIDDENS, Anthony. *Mundo em descontrole*: o que a globalização está fazendo de nós. 4. ed. Trad. Maria Luiza X. de A. Borges. Rio de Janeiro: Record, 2005, p. 84. A tridimensionalidade dos espaços é característica marcante quando se fala em transnacionalidade.

[16] HELD, David; McGREW, Anthony. *Prós e contras da globalização*. Trad. Vera Ribeiro. Rio de Janeiro: Jorge Zahar, 2001, p. 21.

[17] HELD, David; McGREW, Anthony. *Prós e contras da globalização*, p. 31.

[18] NORONHA, Fernando. *O Direito dos contratos e seus princípios fundamentais*: autonomia privada, boa-fé, justiça contratual. São Paulo: Saraiva, 1994, p. 136-160.

ganham importância as operações de comércio exterior, tanto em virtude das altas quantias envolvidas quanto pela relevância social dos negócios envolvendo exportação ou importação.

O descaminho e a lavagem de dinheiro vêm maculando muitos negócios que, sem o devido controle por intermédio do aparelho repressor do Estado, incentiva e promove de forma crescente a irregularidade de atividades ligadas ao comércio externo. Entende-se que o combate aos crimes referidos pode promover o desenvolvimento nacional, desde que os meios repressivos existentes sejam eficazes no controle incentivem exportadores e importadores a agirem de forma lícita em benefício do desenvolvimento nacional, além de estimular investidores estrangeiros a se estabelecerem no Brasil.

Ademais, são apresentados os principais conceitos relevantes para o tema.

1.1 Conceitos

1.1.1 Ética

Abbagnano, em seu *Dicionário de Filosofia*, apresenta que a Ética possui duas concepções fundamentais. A primeira trata a ética como a ciência do "fim para o qual a conduta dos homens deve ser orientada e dos meios para atingir tal fim, deduzindo tanto o fim quanto os meios da natureza do homem".[19]

Por sua vez, a segunda apresenta a ética como a "ciência do móvel da conduta humana e procura determinar tal móvel com vistas a dirigir ou disciplinar essa conduta".[20] Em seguida, o mesmo autor ressalta que ambas as concepções atravessaram juntas a história da filosofia, mesclando-se de várias maneiras, principalmente nos mundos antigo e moderno. Elas, contudo, afirmam condições diversas.

A primeira fala a língua do ideal para o qual o homem se dirige por sua natureza e, por conseguinte, da 'natureza', 'essência' ou 'substância' do homem. Já a segunda fala dos 'motivos' ou 'causas' da conduta humana, ou das 'forças' que a determinam, pretendendo ater-se ao conhecimento dos fatos. A confusão entre ambos os pontos de

---

[19] ABBAGNANO, Nicola. *Dicionário de Filosofia*. Trad. Alfredo Bosi. São Paulo: Martins Fontes, 2003, p. 380.

[20] ABBAGNANO, Nicola. *Dicionário de Filosofia*, p. 380.

vista heterogêneos foi possibilitada pelo fato de que ambas costumam apresentar-se com definições aparentemente idênticas do *bem*.[21]

Como síntese, a primeira concepção apresenta a ética como o estudo do fim do agir humano, enquanto a segunda estuda as causas e motivos do agir humano. Ainda assim, percebe-se que há relação entre elas, pois ambas apresentam a ética como a ciência que se preocupa com o agir humano, de como deve agir o homem, e porque age desta ou daquela forma.

A ética é uma ciência que se preocupa tanto com o individual como com o coletivo, pois o agir humano, se por um lado tem a finalidade de conduzi-lo à felicidade, por outro, repercute na vida em sociedade, já que o agir invariavelmente alcança o outro. Diante desta perspectiva, a ética cumpre função essencial nesse estudo, pois ela é capaz de examinar inclusive o agir ligado às práticas de contrabando e descaminho.

1.1.2 Corrupção

Barboza define corrupção como:

> [...] prática desconforme a uma função e ao correspondente dever posicional à luz do sistema normativo relevante, prática na qual se verifica a utilização da função e do poder que dela deriva em prol de interesses espúrios, assim considerados por não serem os interesses daqueles em favor de quem a função foi instituída, sendo que esses interesses espúrios se materializam normalmente em vantagens econômicas, podendo ser de outra natureza.[22]

Em outras palavras, o conceito traz a questão de que a corrupção ocorre quando alguém se aproveita da função exercida ou posição ocupada para obter alguma vantagem pessoal, em geral, na forma econômica. A corrupção, na visão de Medeiros, abrange ainda as dimensões econômica, política, social e ética/moral.

Na dimensão política, a corrupção "significa o uso ilegal do poder público e de recursos financeiros de organismos governamentais com o objetivo de transferir, de forma ilícita, renda pública para determinados indivíduos ou grupo de indivíduos".[23]

---

[21] ABBAGNANO, Nicola. *Dicionário de Filosofia*, p. 380.

[22] BARBOZA apud OLIVEIRA, Manuel Berclis. *O fenômeno da corrupção na esfera pública brasileira*. 116f. Dissertação (Mestrado em Administração) – Programa de Pós-Graduação em Administração, Universidade Federal do Rio Grande do Norte, 2008, p. 20.

[23] OLIVEIRA, Manuel Berclis. *O fenômeno da corrupção na esfera pública brasileira*, p. 22.

A dimensão econômica está relacionada ao fato de, em geral, representar a sobreposição dos interesses privados aos públicos, ao mesmo tempo em que se pratica o ato ilícito e na função pública. O particular aproveita-se economicamente do bem público.

Além disso, a dimensão social traz o agente corruptor como traidor da própria sociedade, pois esta confiou no indivíduo, colocando-o naquele cargo ou possibilitando a ocupação deste. Daí advém o alto índice de reprovação às práticas de corrupção, pois o agente não comete um crime contra um particular, mas trai a sua sociedade.

Por fim, cabe trazer a dimensão ética/moral: "a corrupção é entendida como declínio moral, o desvio da personalidade do indivíduo que, no exercício do poder, age de forma danosa para a sociedade, em proveito próprio [...], gerando frustração e revolta no cidadão".[24]

1.1.3 Comércio exterior

Conjunto de operações comerciais entre um ou mais países, referindo-se à compra de bens ou serviços.

1.1.4 Descaminho

O crime de descaminho está configurado no art. 334 do Código Penal, o qual dispõe: "Art. 334 – Importar ou exportar mercadoria proibida ou iludir, no todo ou em parte, o pagamento de direito ou imposto devido pela entrada, pela saída ou pelo consumo de mercadoria".[25]

Mencione-se o equívoco, muitas vezes, por parte da Receita Federal, ao analisar a Declaração de Importação, com subvaloração real, e não descaminho. Nesse sentido, ao analisar a Apelação em Mandado de Segurança nº 2003.72.08.007397-5, a Colenda 2ª Turma do Egrégio Tribunal Regional Federal da 4ª Região, assim se manifestou:

> TRIBUTÁRIO. IMPORTAÇÃO. DESEMBARAÇO. Hipótese em que a autoridade reteve a mercadoria sem, contudo, sequer iniciar procedimento para a apuração do valor aduaneiro.
> Ademais, defende a União o procedimento do art. 68 da MP 2.158-35 quando, em verdade, não se trata de infração sujeita à pena de perdimento,

---

[24] OLIVEIRA, Manuel Berclis. *O fenômeno da corrupção na esfera pública brasileira*, p. 23.
[25] BRASIL. *Código Penal*. Disponível em: www.planalto.gov.br/ccivil/decreto-lei/del2848.htm. Acesso em: 10 jul. 2010.

OSVALDO AGRIPINO DE CASTRO JUNIOR [Coord.]
CONSTITUIÇÃO, TRIBUTAÇÃO E ADUANA NO TRANSPORTE MARÍTIMO E NA ATIVIDADE PORTUÁRIA

mas de multa, eis que a dúvida estabelecida diz respeito tão-somente ao valor da mercadoria. (Rel. Juiz Leandro Paulsen, j. 04.09.07)

Tal julgado foi confirmado pelo Egrégio Superior Tribunal de Justiça, ao julgar o Recurso Especial – RESP nº 1.067.249, da seguinte forma:

AgRg no Recurso Especial n.º 1.067.249 – SC (2008/0134644-5). Relator: Min. Benedito Gonçalves. Agravante: Fazenda Nacional. Agravado: Deuco Comércio de Presentes Ltda. EMENTA. PROCESSUAL CIVIL E ADMINISTRATIVO. AGRAVO REGIMENTAL NO RECURSO ESPECIAL. RETENÇÃO DE MERCADORIA IMPORTADA. DISCUSSÃO ACERCA DE INDÍCIOS CAPAZES DE COMPROVAR INFRAÇÃO DO CONTRIBUINTE PUNÍVEL COM PERDIMENTO DE BENS. REVOLVIMENTO DE MATÉRIA FÁTICO-PROBATÓRIA. SÚMULA N. 7/STJ.
1. Hipótese em que a Fazenda Nacional assevera que a retenção do bem importado é legal, porque o art. 68 da MP n. 2.158-35/2001 permite tal providência nos casos de infrações praticadas pelo contribuinte que sejam puníveis com a sanção de perdimento de mercadoria. Assim, a discussão trazida pela Fazenda pressupõe definir se a sanção aplicável ao recorrido seria a de perdimento.
2. O Tribunal *a quo* asseverou que a infração cometida pela contribuinte, ora recorrido, não se subsume à norma inscrita no art. 68 da MP n. 2.158-35/2001, porque não há indícios de infração punível com pena de perdimento. Assentou que a conduta da recorrida é punível mediante a aplicação da multa prevista no art. 88 da aludida Medida Provisória.
3. A revisão deste entendimento exarado pelo Tribunal *a quo*, no sentido de entender que a infração do recorrido seja punível com a pena de perdimento, demandaria o revolvimento de matéria fático-probatória, uma vez que a norma do art. 68 da referida MP exige "indícios de infração punível com pena de perdimento", enquanto que o Tribunal Regional asseverou que não está comprovada a existência desses indícios. Incidência da Súmula n. 7/STJ.
4. Agravo regimental não provido.

A Colenda 2ª Turma do TRF da 4ª Região, ao analisar o Agravo Regimental nº 2003.04.01.018222-7/PR, assim decidiu:

AGRAVO REGIMENTAL. APREENSÃO DE MERCADORIA. PENA DE PERDIMENTO. SUSPEITA DE SUBFATURAMENTO. LIBERAÇÃO MEDIANTE TERMO DE FIEL DEPOSITÁRIO.

1. Não se justifica a apreensão de mercadorias sob suspeita de subfaturamento, uma vez que não constitui hipótese de aplicação da pena de perdimento, mas infração administrativa, sujeita à pena de multa, podendo eventual diferença de tributo ser objeto de lançamento suplementar.

Os citados julgados aplicam-se ao caso de importação com suspeita de descaminho, vez que a Receita Federal ao não fazer a valoração aduaneira, aplica imediatamente a pena de perdimento, penalidade não prevista no caso de subfaturamento.

Acrescente-se que a legislação tributária (art. 88, em seu parágrafo único, da Medida Provisória nº 2.158-35/2001, c/c o art. 633, inc. I, do então Regulamento Aduaneiro, disciplinado pelo Decreto nº 4.543/2002), fixava a aplicação de *multa pecuniária* para aqueles casos onde seja identificada a divergência entre o preço pago ou praticado na importação, cuja diferença tributária alcançada após os procedimentos de valoração aduaneira (aplicação dos métodos sequenciais e substitutivos, IN SRF nº 327/2003, ainda em vigor).

Ademais, nos termos do art. 768 do Regulamento Aduaneiro vigente (Decreto nº 6.759, de 5 de fevereiro de 2009, alterado pelo Decreto nº 7.231, de 2010), a determinação e a exigência dos créditos tributários decorrentes de infração às normas do citado regulamento serão apuradas mediante processo administrativo fiscal, na forma do Decreto nº 70.235, de 1972 (Decreto-Lei nº 822, de 5 de setembro de 1969, art. 2º; e Lei nº 10.336, de 2001, art. 13, parágrafo único).

Mesmo em caso de desconsideração dos valores da transação internacional, a Receita Federal, como forma de bem aplicar a legislação vigente, deve determinar a instauração do procedimento de exame conclusivo, buscando comprovar o efetivo valor da mercadoria em questão, através da aplicação dos métodos substitutivos e sequenciais previstos legalmente.

Ademais, acerca do arbitramento na área do despacho aduaneiro, nos termos do art. 84, do Regulamento Aduaneiro de 2009, deve-se mencionar que:

Art. 84. O valor aduaneiro será apurado com base em método substitutivo ao valor de transação, no caso de descumprimento de obrigação referida no caput do art. 18, se relativo aos documentos comprobatórios da relação comercial ou aos respectivos registros contábeis, quando houver dúvida sobre o valor aduaneiro declarado (Lei nº 10.833, de 2003, art. 70, inciso I, alínea "a").

OSVALDO AGRIPINO DE CASTRO JUNIOR [Coord.]
CONSTITUIÇÃO, TRIBUTAÇÃO E ADUANA NO TRANSPORTE MARÍTIMO E NA ATIVIDADE PORTUÁRIA

Por sua vez, o Regulamento Aduaneiro vigente (Decreto nº 6.759, de 5 de fevereiro de 2009, alterado pelo Decreto nº 7.231, de 2010), assim trata do tema:

> Art. 86. A base de cálculo dos tributos e demais direitos incidentes será determinada mediante arbitramento do preço da mercadoria nas seguintes hipóteses:
> I – fraude, sonegação ou conluio, quando não for possível a apuração do preço efetivamente praticado na importação (Medida Provisória nº 2.158-35, de 2001, art. 88, caput); e
> II – descumprimento de obrigação referida no caput do art. 18, se relativo aos documentos obrigatórios de instrução das declarações aduaneiras, quando existir dúvida sobre o preço efetivamente praticado (Lei nº 10.833, de 2003, art. 70, inciso II, alínea "a").
> Parágrafo único. O arbitramento de que trata o caput será realizado com base em um dos seguintes critérios, observada a ordem seqüencial (Medida Provisória nº 2.158-35, de 2001, art. 88, caput; e Lei nº 10.833, de 2003, art. 70, inciso II, alínea "a"):
> I – preço de exportação para o País, de mercadoria idêntica ou similar; ou
> II – preço no mercado internacional, apurado:
> a) em cotação de bolsa de mercadoria ou em publicação especializada;
> b) mediante método substitutivo ao do valor de transação, observado ainda o princípio da razoabilidade; ou
> c) mediante laudo expedido por entidade ou técnico especializado.

Assim, ainda que haja suspeita quanto ao preço constante na Fatura Comercial que instrui uma operação de importação, não pode gerar uma *falsidade ideológica* do documento, capaz de sustentar a aplicação da pena de perdimento, caracterizando, indubitavelmente, arbitrariedade e abuso de autoridade. O tema será tratado com maior profundidade no capítulo seguinte.

1.1.5 Lavagem de dinheiro

Lavagem de dinheiro é o "método pelo qual um indivíduo ou uma organização criminosa processa os ganhos financeiros obtidos com atividades ilegais, buscando trazer a sua aparência para obtidos licitamente".[26]

---

[26] MENDRONI, Marcelo Batlouni. *Crime de lavagem de dinheiro*. São Paulo: Atlas, 2006, p. 7.

Em seguida, Marcelo Batlouni Mendroni também traz o conceito para lavagem de dinheiro utilizado pelo *Financial Crimes Enforcement Network* (FinCen), que é a Unidade de Inteligência Financeira dos Estados Unidos da América, da seguinte forma:

> A lavagem de dinheiro envolve dissimular os ativos de modo que eles possam ser usados sem que se possa identificar a atividade criminosa que os produziu. Através da lavagem de dinheiro, o criminoso transforma os recursos monetários oriundos da atividade criminal em recursos com uma fonte aparentemente legítima.

A essência da definição é que o crime de lavagem de dinheiro está ligado à prática de transformar ativos oriundos de atividades ilícitas em fontes aparentemente legítimas.

1.1.6 Princípio

Para Celso Antônio Bandeira de Mello:

> [...] princípio é, por definição, mandamento nuclear de um sistema, verdadeiro alicerce dele, disposição fundamental que se irradia sobre diferentes normas compondo-lhes o espírito e servindo de critério para sua exata compreensão e inteligência, exatamente por definir a lógica e a racionalidade do sistema normativo, no que lhe confere a tônica e lhe dá sentido harmônico. É o conhecimento dos princípios que preside a intelecção das diferentes partes componentes do todo unitário que há por nome de sistema jurídico positivo.[27]

Princípio, portanto, é o alicerce que dá sustento a todo o sistema jurídico positivo, é a norma principal que indica inclusive a racionalidade e como se interpretar as demais normas. Daí percebe-se a imensa importância dos princípios para o direito positivo.

1.1.7 Estado transnacional

Paulo Márcio Cruz e Zenildo Bodnar assim se manifestam sobre o conceito:

---

[27] MELLO, Celso Antônio Bandeira de. *Curso de Direito Administrativo*. São Paulo: Malheiros, 1996, p. 545.

[...] pode-se sugerir o conceito de Estado Transnacional como sendo a emergência de novos espaços públicos plurais, solidários e cooperativamente democráticos e livres de amarras ideológicas da modernidade, decorrente da intensificação da complexidade das relações globais, dotados de capacidade jurídica de governança, regulação, intervenção – e coerção – e com o objetivo de projetar a construção de um novo pacto de civilização.[28]

Dessa forma, o Estado Transnacional é resultado das pressões exercidas no mundo contemporâneo sobre a instituição do Estado, que já não oferece respostas aos anseios dos indivíduos. O Estado Transnacional nasce a partir do processo de abdicação das competências soberanas dos Estados nacionais.

Entre as características principais do Estado Transnacional estão sua atuação em âmbitos difusos que dizem respeito a todo o planeta, como a questão ambiental, a manutenção da paz e a defesa dos direitos humanos, e a capacidade de coerção para defesa dos direitos fundamentais estabelecidos democraticamente.

O Estado Transnacional, portanto, nasce também do espírito democrático para defender aqueles direitos considerados inalienáveis que os Estados nacionais sentem dificuldade em fazê-lo.[29] Não se deve, contudo, confundir Estado Transnacional com grupo transnacional, que são empresas privadas que buscam espaços não regulados.

1.1.8 Princípios

Para maior aprofundamento na temática, é importante ater-se aos conceitos de alguns princípios referentes às atividades da Administração Pública. O objetivo dessa seção é constatar como a prática da corrupção afronta os princípios gerais da Administração Pública. Tais princípios são: moralidade, legalidade, eficiência.

1.1.8.1 Moralidade

Hely Lopes Meirelles, utilizando a sistemática de Hauriou, apresenta o Princípio da Moralidade como:

---

28 CRUZ, Paulo Márcio; BODNAR, Zenildo. A Transnacionalidade e a Emergência do Estado e do Direito Transnacionais. *In*: CRUZ, Paulo Márcio; STELZER, Joana (Org.). *Direito e transnacionalidade.* Curitiba: Juruá, 2010, p. 48.

29 CRUZ, Paulo Márcio; BODNAR, Zenildo. A transnacionalidade e a emergência do Estado e do Direito Transnacionais, p. 47.

[...] o agente administrativo, como ser humano dotado da capacidade de atuar, deve, necessariamente, distinguir o Bem do Mal, o honesto do desonesto. E, ao atuar, não poderá desprezar o elemento ético de sua conduta. Assim, não terá que decidir somente entre o legal e o ilegal, o justo e o injusto, o conveniente e o inconveniente, o oportuno e o inoportuno, mas também entre o honesto e o desonesto. Por considerações de Direito e de Moral, o ato administrativo não terá que obedecer somente à lei jurídica, mas também à lei ética da própria instituição, porque nem tudo é legal é honesto, conforme já proclamavam os romanos: *"non omne quod licet honestum est"*.[30]

1.1.8.2 Eficiência

Para Hely Lopes Meirelles, o Princípio da Eficiência:

[...] exige que a atividade administrativa seja exercida com presteza, perfeição e rendimento funcional. É o mais moderno princípio da função administrativa, que já não se contenta em ser desempenhada apenas com legalidade, exigindo resultados positivos para o serviço público e satisfatório atendimento das necessidades da comunidade e de seus membros.[31]

O princípio da eficiência denota uma nova necessidade para o serviço público: a prestação de serviços não deve atender apenas os requisitos legais, mas ser eficiente, produtivo para a Administração Pública e consequentemente para a própria população. Ora, isto eleva ainda mais a necessidade de combate à corrupção, pois é preciso superar este estágio para poder se investir ainda mais em rendimentos melhores.

1.1.8.3 Legalidade

O Princípio da Legalidade: "[...] significa que o administrador público está, em toda a sua atividade funcional, sujeito aos mandamentos da lei e às exigências do bem comum, e deles não se pode afastar ou desviar, sob pena de praticar ato inválido e expor-se à responsabilidade disciplinar, civil e criminal, conforme o caso".[32]

---

[30] MEIRELLES, Hely Lopes. *Direito Administrativo brasileiro*. 27. ed. São Paulo: Malheiros, 2001, p. 87-88.

[31] MEIRELLES, Hely Lopes. *Direito Administrativo brasileiro*, p. 94.

[32] MEIRELLES, Hely Lopes. *Direito Administrativo brasileiro*, p. 86.

Após a apresentação dos conceitos relevantes e dos princípios da pesquisa, apresenta-se o tema do papel do Estado no combate aos crimes descaminho e de lavagem de dinheiro.

2 O papel do Estado no combate ao descaminho e à lavagem de dinheiro

Um aspecto relevante a ser mencionado, especialmente em face do papel importante que o comércio exterior exerce para o desenvolvimento de qualquer país, é aquele exercido pelas autoridades intervenientes nesse setor, como a Receita Federal, o Ministério Público Federal e a Polícia Federal.

Para abordar inclusive esse tema, este tópico é dividido em três partes: a primeira trata do crime de descaminho numa perspectiva crítica do duplo papel da Receita Federal, por ter mais relevância para o comércio exterior, pois atua como aduana e fiscal de tributos; a segunda aborda a lavagem de dinheiro e a terceira, de forma introdutória, discorre sobre o papel das instituições acima no controle aduaneiro.

2.1 Do crime de descaminho

Os crimes de descaminho e de contrabando estão previstos no Código Penal Brasileiro, em seus arts. 334 e art. 334-A, respectivamente, no âmbito do Título XI, que trata dos crimes praticados por particular contra a Administração Pública, mais especificamente no Capítulo II, que dispõe sobre os delitos praticados por particulares contra a Administração em geral, *in verbis:*

Descaminho (Redação dada pela Lei nº 13.008, de 26.6.2014)
Art. 334. Iludir, no todo ou em parte, o pagamento de direito ou imposto devido pela entrada, pela saída ou pelo consumo de mercadoria (Redação dada pela Lei nº 13.008, de 26.6.2014)
Pena – reclusão, de 1 (um) a 4 (quatro) anos. (Redação dada pela Lei nº 13.008, de 26.6.2014)
§1º Incorre na mesma pena quem: (Redação dada pela Lei nº 13.008, de 26.6.2014)
I – pratica navegação de cabotagem, fora dos casos permitidos em lei; (Redação dada pela Lei nº 13.008, de 26.6.2014)
II – pratica fato assimilado, em lei especial, a descaminho; (Redação dada pela Lei nº 13.008, de 26.6.2014)
III – vende, expõe à venda, mantém em depósito ou, de qualquer forma, utiliza em proveito próprio ou alheio, no exercício de atividade comercial

ou industrial, mercadoria de procedência estrangeira que introduziu clandestinamente no País ou importou fraudulentamente ou que sabe ser produto de introdução clandestina no território nacional ou de importação fraudulenta por parte de outrem; (Redação dada pela Lei nº 13.008, de 26.6.2014)

IV – adquire, recebe ou oculta, em proveito próprio ou alheio, no exercício de atividade comercial ou industrial, mercadoria de procedência estrangeira, desacompanhada de documentação legal ou acompanhada de documentos que sabe serem falsos. (Redação dada pela Lei nº 13.008, de 26.6.2014)

§2º Equipara-se às atividades comerciais, para os efeitos deste artigo, qualquer forma de comércio irregular ou clandestino de mercadorias estrangeiras, inclusive o exercido em residências. (Redação dada pela Lei nº 13.008, de 26.6.2014)

§3º A pena aplica-se em dobro se o crime de descaminho é praticado em transporte aéreo, marítimo ou fluvial. (Redação dada pela Lei nº 13.008, de 26.6.2014)

Contrabando

Art. 334-A. Importar ou exportar mercadoria proibida: (Incluído pela Lei nº 13.008, de 26.6.2014)

Pena – reclusão, de 2 (dois) a 5 (cinco) anos. (Incluído pela Lei nº 13.008, de 26.6.2014)

§1º Incorre na mesma pena quem: (Incluído pela Lei nº 13.008, de 26.6.2014)

I – pratica fato assimilado, em lei especial, a contrabando; (Incluído pela Lei nº 13.008, de 26.6.2014)

II – importa ou exporta clandestinamente mercadoria que dependa de registro, análise ou autorização de órgão público competente; (Incluído pela Lei nº 13.008, de 26.6.2014)

III – reinsere no território nacional mercadoria brasileira destinada à exportação; (Incluído pela Lei nº 13.008, de 26.6.2014)

IV – vende, expõe à venda, mantém em depósito ou, de qualquer forma, utiliza em proveito próprio ou alheio, no exercício de atividade comercial ou industrial, mercadoria proibida pela lei brasileira; (Incluído pela Lei nº 13.008, de 26.6.2014)

V – adquire, recebe ou oculta, em proveito próprio ou alheio, no exercício de atividade comercial ou industrial, mercadoria proibida pela lei brasileira. (Incluído pela Lei nº 13.008, de 26.6.2014)

§2º – Equipara-se às atividades comerciais, para os efeitos deste artigo, qualquer forma de comércio irregular ou clandestino de mercadorias estrangeiras, inclusive o exercido em residências. (Incluído pela Lei nº 4.729, de 14.7.1965)

§3º A pena aplica-se em dobro se o crime de contrabando é praticado em transporte aéreo, marítimo ou fluvial. (Incluído pela Lei nº 13.008, de 26.6.2014)

Percebe-se que são duas situações incriminadoras: "importar ou exportar mercadoria proibida", que diz respeito ao crime de contrabando; e, "Iludir, no todo ou em parte, o pagamento de direito ou imposto devido pela entrada, pela saída ou pelo consumo de mercadoria", referente ao crime de descaminho.

No descaminho, é suficiente a ação de iludir, ou seja, fraudar, burlar. Nesse sentido, trata-se de crime de mera conduta ou formal, que se aperfeiçoa independentemente do resultado lesivo.

O crime de descaminho, por ser delito praticado contra a Administração Pública e atingir diretamente a segurança pública, é delito apurado e de legítima competência da Polícia Federal, conforme dispõe o art. 144, §1º, I[33], da Constituição Federal de 1988.

Assim, nota-se que a despeito de ser um delito de ordem tributária, o descaminho não se confunde com a sonegação fiscal ou com os "Crimes contra a ordem Tributária", dada a natureza transnacional das operações que regula, o que leva a analisar esse tipo penal dentro de um contexto mais amplo, que envolve, por exemplo, acordos internacionais de cooperação e combate aos crimes transnacionais e às práticas desleais de comércio.

O delito de descaminho, via de regra, está associado à *fraude de valor*, no qual o importador, objetivando iludir parte do pagamento dos direitos aduaneiros, informa na declaração de importação um valor menor ao efetivo valor da transação, de modo a reduzir, fraudulentamente, a base de cálculo sobre a qual incidirão referidos impostos. Essa redução, denominada, subvaloração aduaneira, deve ser apurada com rigor técnico, por meio do procedimento de valoração aduaneira, conforme Anexo VII do GATT.

Esse procedimento deve ser feito a fim de que a Receita Federal não estigmatize o importador e incorra na criminalização do comércio exterior, tendo em vista que a empresa que importa pode também equivocar-se no preenchimento da documentação, especialmente quando há uma grande quantidade de normas e procedimentos que

---

[33] Art. 144, da Constituição Federal de 1988 – "A segurança pública, dever do Estado, direito e responsabilidade de todos, é exercida para a preservação da ordem pública e da incolumidade das pessoas e do patrimônio, através dos seguintes órgãos: §1º – A Polícia Federal, instituída por Lei como órgão permanente, organizado e mantido pela União e estruturado em carreira, destina-se a: I – apurar infrações penais contra a ordem política e social ou em detrimento de bens, serviços e interesses da União ou de suas entidades autárquicas e empresas públicas, assim como outras infrações cuja prática tenha repercussão interestadual ou internacional e exija repressão uniforme, segundo se dispuser a lei [...]". SENADO FEDERAL. *Legislação*. Disponível em: www.senado.gov.br/sf/legislacao/const/. Acesso em: 15 jun. 2009.

são modificados constantemente. Ademais, constata-se que o crime de descaminho, geralmente, estará associado a outras condutas delitivas, que lhe são acessórias ou complementares, como a lavagem de dinheiro.[34] Nesse sentido, deve-se mencionar que a Receita Federal, muitas vezes, viola o art. VII do GATT, bem como o Regulamento Aduaneiro,[35] o Ato Declaratório nº 17, de 23 de junho de 2004 e julgados do TRF da 4ª Região e do STJ, e aplica injustamente a pena de perdimento, causando problemas no desembaraço aduaneiro.

Dessa forma, cabe informar que não se aplica pena de perdimento, porque inaplicável à espécie, pois subfaturamento não acarreta no perdimento das mercadorias, mas tão-somente a aplicação de multa, conforme dispõe o art. 703, *caput*, do Regulamento Aduaneiro, bem como estabelecido no Ato Declaratório Interpretativo nº 17, de 23 de junho de 2004 (DOU de 26.06.04), aplicável a todos os casos semelhantes, a saber:

> Ato Declaratório Interpretativo nº 17, de 23 de junho de 2004 (DOU de 26.06.04) – Dispõe sobre a aplicação da multa de cem por cento sobre a diferença entre o preço declarado e o preço efetivamente praticado, na importação ou entre o preço declarado e o preço arbitrado.
>
> O Secretário da Receita Federal, no uso da atribuição que lhe confere o inciso III do art. 209 do Regimento Interno da Secretaria da Receita Federal, aprovado pela Portaria MF nº 259, de 24 de agosto de 2001,

---

[34] Com relação à conexão do descaminho com demais condutas ilícitas, transcreve-se: "Habeas Corpus Nº 27. 836-PR (2003/0053875-8) "(...) verifica-se que [...] mediante mais de uma ação – (I) induziu, em território nacional, cigarros provenientes do Paraguai, sem o pagamento dos tributos devidos, (II) se associou com outras cinco pessoas para o fim de cometer crimes, e (III) ocultou e dissimulou a origem e propriedade de bens, direitos ou valores provenientes do crime de descaminho – praticou três crimes não idênticos, razão pela qual incide a regra do concurso material (art. 69, *caput*, do Código Penal). Fixo, então, a pena privativa de liberdade definitiva em 11 (onze) anos de 4 (quatro) meses de reclusão, cujo regime inicial será fechado, haja vista a culpabilidade exacerbada e as circunstâncias judiciais preponderantemente desfavoráveis, na conformidade do art. 33, parágrafos 2º e 3º, do Código Penal, e artigo 10 da Lei nº 9.034/95 (...)". PORTAL DA JUSTIÇA FEDERAL DA 4ª REGIÃO. *Jurisprudência*. Disponível em: www.trf4.jus.br/trf4/jurisjud/pesquisa.php. Acesso em: 11 jun. 2009.

[35] "Art. 703. Nas hipóteses em que o preço declarado for diferente do arbitrado na forma do art. 86 ou do efetivamente praticado, aplica-se a multa de cem por cento sobre a diferença, sem prejuízo da exigência dos tributos, da multa de ofício referida no art. 725 e dos acréscimos legais cabíveis (Medida Provisória nº 2.158-35, de 2001, art. 88, parágrafo único). (Redação dada pelo Decreto nº 7.213, de 2010). §1º A multa de cem por cento referida no *caput* aplica-se inclusive na hipótese de ausência de apresentação da fatura comercial, sem prejuízo da aplicação de outras penalidades cabíveis (Lei nº 10.833, de 2003, art. 70, inciso II, alínea "b", item 2, e §6º). (Redação dada pelo Decreto nº 7.213, de 2010). §1º-A Verificando-se que a conduta praticada enseja a aplicação tanto de multa referida neste artigo quanto da pena de perdimento da mercadoria, aplica-se somente a pena de perdimento. (Incluído pelo Decreto nº 8.010, de 2013)"

184

OSVALDO AGRIPINO DE CASTRO JUNIOR [Coord.]
CONSTITUIÇÃO, TRIBUTAÇÃO E ADUANA NO TRANSPORTE MARÍTIMO E NA ATIVIDADE PORTUÁRIA

e tendo em vista o disposto no parágrafo único do art. 88 da Medida Provisória nº 2.158-35, de 24 de agosto de 2001, no inciso I do art. 633 do Decreto nº 4.543, de 26 de dezembro de 2002 _ Regulamento Aduaneiro, e o que consta no processo nº 10168.000523/2004-39, declara:
Artigo Único. A aplicação da multa prevista no inciso I do art. 633 do Decreto nº 4.543, de 26 de dezembro de 2002 – Regulamento Aduaneiro, independe da caracterização de fraude, sonegação ou conluio e alcança toda e qualquer situação em que seja constatada diferença entre o preço declarado e o preço efetivamente praticado na importação ou entre o preço declarado e o preço arbitrado.

Assim, sempre, quando houver suspeição acerca do preço declarado, o procedimento a ser adotado é a valoração aduaneira, conforme se pode extrair da ementa, o que muitas vezes não é efetuado pela Receita Federal, mas nunca aplicação da pena de perdimento, vez que incabível à espécie.

Mencione-se, ainda, em outra linha de raciocínio, que o voto divergente, a eminente Juíza Federal Eloy Bern Justo asseverou que existem precedentes da colenda 2ª Turma do TRF da 4ª Região acerca da aplicação de multa, quando se tratar de subfaturamento.

Dessa forma, a valoração aduaneira é necessária quando a autoridade aduaneira não concordar com o valor declarado, sendo possível o arbitramento, assim, não pode ser aplicada a pena de perdimento.

Conclusivamente pode-se afirmar que: a) o documento apresentado pelo importador pode demonstrar que o preço declarado na Declaração de Importação pode estar correto e refletir a realidade da operação realizada entre o importador e seu fornecedor, especialmente quando todas as exigências formuladas pela Receita Federal foram cumpridas, devendo, por conseguinte, ser relevada a pena de perdimento; b) se há indícios de subfaturamento, deve, necessariamente, ser aberto o procedimento de valoração aduaneiro, conforme dispõe o art. VII do Acordo Geral Sobre Tarifas e Comércio – GATT; c) as pesquisas de preços realizadas pela Receita Federal, embora seja método previsto legalmente, não conduzem à certeza necessária para se afirmar o preço da mercadoria, o que autorizaria a presunção de subfaturamento; d) quando ocorrem tais fatos, o auto de infração é, portanto, ilegal.

Às vezes, as conclusões da Receita Federal no exercício da função aduaneira são totalmente arbitrárias e dissonantes do princípio da legalidade, pois afirma que, no caso de subfaturamento, o valor informado caracterizaria uma declaração falsa, e, por consequência, é ideologicamente falso o documento, o que autorizaria a aplicação da pena de perdimento, com fulcro no art. 105, VI, do Decreto-Lei nº 37/66.

Caso permaneça o entendimento equivocado, qualquer situação de subfaturamento, de classificação fiscal equivocada, de declaração de quantidade a menor, todas, sem qualquer exceção, caracterizaria documento falso, o que não reflete a realidade, pois a legislação é clara, nos casos de subfaturamento, a penalidade é pecuniária, e não perdimento da mercadoria, conforme dispõe o art. 86 do Regulamento Aduaneiro, acima transcrito.

Assim, antes mesmo da vigência do Regulamento Aduaneiro (Decreto nº 6.759/09),[36] o Ato Declaratório Interpretativo SRF nº 17, de 23.06.04, acima transcrito, já havia disciplinado o procedimento de multa de cem por cento sobre a diferença entre o preço declarado e o preço efetivamente praticado na importação ou entre o preço declarado e o preço arbitrado.

Pelo que se pode concluir da leitura do dispositivo legal acima, quando houver diferença entre o preço declarado e o preço arbitrado, deverá, necessariamente, e independentemente de ter ocorrido fraude, sonegação ou conluio, o agente aduaneiro fazer o lançamento da multa, oportunizando, inclusive, a discussão acerca do preço declarado, mas nunca aplicar pena de perdimento e determinar o leilão do bem.

A doutrina pátria, em relação à impossibilidade de ser decretada a pena de perdimento no caso de subfaturamento, assim tem se manifestado:

> Como se infere, tão-somente a ocorrência de subfaturamento não autoriza a Fiscalização a considerar como inexistente a documentação apresentada pelo importador, tampouco há base legal para incidir a pena de perdimento. Ora, se a norma prevê que a Administração Aduaneira deve substituir a declaração falsa pela correta e aplicar a multa expressamente tipificada, cobrando os tributos devidos, não é cabível qualquer outro procedimento.[37]

Inúmeros são os julgados do Conselho de Contribuintes, ao analisar casos análogos, conforme se pode inferir dos seguintes julgados:

---

[36] Revogado pelo Decreto nº 7.213, de 15 de junho de 2010, publicado no *DOU* de 16 de junho de 2010.

[37] TEJADA, Sérgio. Defesa em juízo. In: FREITAS, Vladimir Passos (Coord.). *Importação e exportação no Direito brasileiro*. São Paulo: Revista dos Tribunais, 2004, p. 313, p. 324-5.

Acórdãos 16-23112, 05-2688, 17-6916, 07-4491, 4880, 17-12507, 07-6262, 07-6664, 07-9156, 17-17710, 17-19325.

Outro não é o entendimento do Tribunal Regional Federal da 4ª Região, esposado quando dos julgamentos das AMS nºs 2003.72.08.011481-3/SC (Des. Fed. Joel Ilan Parcionick), 2003.04.01.032091-0/SC (Des. Fed. Dirceu de Almeida Soares), 2004.72.08.000895-1/SC (Juíza Federal Vivian Josete Pantaleão Caminha).

Das decisões pesquisadas, destaca-se parte do voto da eminente Juíza Federal Vivian Josete Pantaleão Caminha, nos autos da Remessa *ex officio* em MS nº 2004.72.08.000895-1/SC, *verbis*:

> A medida liminar deferida no feito determinou à autoridade impetrada o prosseguimento do desembaraço aduaneiro das mercadorias importadas pela Autor. Tal ordem foi deferida em sede de reconsideração de decisão denegatória anterior, e levou em conta o fato de que a autoridade aduaneira investigava a possível ocorrência de subfaturamento das mercadorias importadas, irregularidade de que resultaria a imposição de multa à importadora, mas não o perdimento da mercadoria.

Por sua vez, no Agravo Regimental no AI nº 2003.04.01.018222-7/PR, tem-se:

> 1. Não se justifica a apreensão de mercadoria sob suspeita de subfaturamento, uma vez que não constitui hipótese de aplicação da pena de perdimento, mas infração administrativa sujeita à pena de multa, podendo eventual diferença de tributo ser objeto de lançamento posterior. (...) Rel. Dirceu de Almeida Soares, j. 10.06.03.

Quanto ao procedimento adotado pela Receita Federal de não instaurar o Procedimento de Valoração Aduaneira, esse caracteriza flagrante abuso de autoridade, a 1ª Câmara do 3º Conselho de Contribuintes assim já se manifestou, quando lavrou o Acórdão nº 301-31.658:

> Normalmente o 1º método de valoração aduaneira, ou seja, o valor da transação, é comprovado mediante a fatura comercial, documento que embasa a transação comercial. No caso em tela, a fiscalização, mediante indícios de subfaturamento, decidiu que o valor declarado pela interessada não correspondia ao valor efetivamente pago.
> Reconhece o acordo, por outro lado, o direito que têm as administrações aduaneiras de proceder às investigações a fim de se assegurarem da veracidade e exatidão de quaisquer declarações ou documentos apresentados pelo importador (art. 17 do Acordo). Quando eles

entenderem, comprovadamente, que as informações prestadas não merecem fé, deverão descaracterizar o valor da transação declarado e, em conformidade com as regras do Acordo, determinar o correto valor aduaneiro da mercadoria importada.

A prerrogativa que tem a autoridade aduaneira de rejeitar o valor de transação declarado pelo importador não se situa, todavia, no campo da discricionariedade. Analisando-se o texto do Acordo de Valoração Aduaneira, percebe-se que, apara afastar o 1º método de valoração, há o Fisco de comprovar a inexatidão ou falsidade da documentação apresentada, ou ainda a ocorrência de alguma das situações previstas no art. 1º, parágrafo 1º, alíneas "a" a "d" do Acordo (...). Somente nestas hipóteses, devidamente comprovadas, é que se admite a utilização de métodos substitutivos de valoração.

Assim, fica claro que subfaturamento é uma infração adminis-trativa punível com multa e que havendo diferença entre o preço declarado e aquele que entende a Receita Federal deveria ser praticado (arbitrado), deve incidir multa de cem por cento sobre esta diferença, demonstrando que a Receita Federal age arbitrariamente, quando:

a) não utiliza qualquer método de valoração aduaneira, preconizado na IN/SRF nº 327/03;

b) não faz nenhum arbitramento, o que oportuniza ao importador discutir administrativamente, depositando a diferença do imposto, e, conseqüentemente, liberando a mercadoria;

c) utiliza método de composição de custo mínimo da mercadoria não previsto legalmente, mas não indica qual o valor que deveria ser praticado;

d) afirma que a fatura comercial é ideologicamente falsa, ainda que o importador apresente referida fatura devidamente consularizada e não ter sido demonstrada a ocorrência de fraude;

e) apreende mercadoria legalmente importada; e

f) aplica a pena de perdimento no caso de subfaturamento, violando flagrantemente o disposto no art. 633, I, do Regulamento Aduaneiro.

Ademais, quando há suspeita de que o bem importado está subvalorado, a autoridade fiscal deve proceder à abertura de proce-dimento especial de valoração aduaneira, nos termos da IN/SRF nº 327/03, e constatada a impossibilidade de utilização dos métodos lá estabelecidos, bem como verificada a ocorrência de fraude, trata-se de método substitutivo, mas nunca utilizar qualquer outro método antes de se fazer a valoração aduaneira, máxime não haver qualquer indício de fraude.

Em realidade, a Receita Federal deve utilizar os critérios estabelecidos no Acordo Geral de Tarifas e Comércio (GATT), quando não concorda com os valores constantes na fatura comercial, e aplicar uma multa, porém, verificando que se aqueles critérios fossem adotados, certamente não aplica a pena de perdimento, pois os preços informados, muitas vezes, estão de acordo com os preços praticados no comércio internacional.

Os artigos 1º e 2º da Instrução Normativa nº 1169/2011 assim dispõem:

> Art. 1º O procedimento especial de controle aduaneiro estabelecido nesta Instrução Normativa aplica-se a toda operação de importação ou de exportação de bens ou de mercadorias sobre a qual recaia suspeita de irregularidade punível com a pena de perdimento, independentemente de ter sido iniciado o despacho aduaneiro ou de que o mesmo tenha sido concluído.
>
> CAPÍTULO I DOS INDÍCIOS DE IRREGULARIDADE
> Art. 2º As situações de irregularidade mencionadas no art. 1º compreendem, entre outras hipóteses, os casos de suspeita quanto à:
> I – autenticidade, decorrente de falsidade material ou ideológica, de qualquer documento comprobatório apresentado, tanto na importação quanto na exportação, inclusive quanto à origem da mercadoria, ao preço pago ou a pagar, recebido ou a receber;
> II – falsidade ou adulteração de característica essencial da mercadoria;
> III – importação proibida, atentatória à moral, aos bons costumes e à saúde ou ordem públicas;
> IV – ocultação do sujeito passivo, do real vendedor, comprador ou de responsável pela operação, mediante fraude ou simulação, inclusive a interposição fraudulenta de terceiro;
> V – existência de fato do estabelecimento importador, exportador ou de qualquer pessoa envolvida na transação comercial; ou
> VI – falsa declaração de conteúdo, inclusive nos documentos de transporte.
> §1º As dúvidas da fiscalização aduaneira quanto ao preço da operação devem estar baseadas em elementos objetivos e, entre outras hipóteses, na diferença significativa entre o preço declarado e os:
> I – valores relativos a operações com condições comerciais semelhantes e usualmente praticados em importações ou exportações de mercadorias idênticas ou similares;
> II – valores relativos a operações com origem e condições comerciais semelhantes e indicados em cotações de preços internacionais, publicações especializadas, faturas comerciais pro forma, ofertas de venda, dentre outros;

III – custos de produção da mercadoria;

IV – valores de revenda no mercado interno, deduzidos os impostos e contribuições, as despesas administrativas e a margem de lucro usual para o ramo ou setor da atividade econômica.

Note-se que, muito embora a Receita Federal utilize outro método substitutivo, este somente poderá ser utilizado quando ficar evidenciada a prática de fraude, o que não ocorre, regra geral, mas apenas e tão somente o agente fiscal entende que o preço praticado na importação estaria aquém do preço que deveria ser praticado, sem, contudo, instaurar o procedimento de valoração aduaneira, o que possibilita ao importador, inclusive, a liberação da sua mercadoria, com prestação de garantia.

A 3ª Turma da Câmara Superior de Recursos Fiscais, ao analisar o Recurso 115.765, quanto à questão de presunção de subfaturamento, assim decidiu:

> A ocorrência de subfaturamento não pode ser presumida; há de estar o fato satisfatória e concretamente comprovado no processo, por meio de elementos hábeis e idôneos, tais como notas, faturas que retratem vendas de mercadorias de produtos idênticos realizados pelo exportador na mesma época. A mera comparação dos valores dos equipamentos declarados nas D.Is com aqueles contidos em lista sugestiva de preços de venda, não se presta para dar suporte à alegação de subfaturamento. Recurso a que se dá provimento, por maioria de votos. (j. 27.03.96)

Ainda que se possa admitir a utilização de qualquer outro método de valoração, mesmo assim não se aplica a pena de perdimento, pois nas situações de subfaturamento a penalidade a ser aplicada é pecuniária, nos termos do art. 703, do Regulamento Aduaneiro.

A discricionariedade não cria um poder paralelo do administrador, como se ele pudesse estabelecer um sistema próprio de valores, paralelo àquele posto pelo legislador constituinte. De fato, os atos discricionários, assim como os vinculados, norteiam-se pelo mesmo vértice constitucional e devem representar, em homenagem ao princípio da boa-fé e da moralidade administrativa, a antítese da arbitrariedade.

Por oportuno, cumpre esclarecer que a própria legislação aduaneira define as diferenças entre o que é subfaturamento e subvaloração, sendo que o método substitutivo somente poderá ser utilizado em casos de subfaturamento, desde que evidenciada a fraude, o que não é o caso dos autos, pois existe somente uma suspeita de subvaloração.

Nos autos nº 2007.72.05.006036-0, o Procurador da Fazenda Nacional assim se manifestou:

No Subfaturamento, convém reiterar que a fraude é exposta de forma irrefutável, com a presença do elemento doloso, ou seja, a intenção de fraudar é inequívoca.

Considerando que não é raro observar certas confusões conceituais, urge distinguir os conceitos de Subvaloração e Subfaturamento, práticas que não se confundem, sendo que a primeira enseja a aplicação de multa, pois inexiste a fraude/dolo; enquanto que a segunda acarreta o perdimento das mercadorias, pela existência do elemento fraude/dolo. Vejamos a natureza de cada conceito:

Subvaloração: Em síntese, a base de cálculo do imposto de importação é o valor aduaneiro apurado segundo o Acordo de Valoração Aduaneira – AVA/GATT, que o define, basicamente, como o valor da transação (1º método), ou seja, o preço efetivamente pago, ou a pagar, pelas mercadorias em uma venda para exportação, pelo país de importação, com os ajustes necessários do artigo 8º. Tais ajustes são, por ex., royalties, comissões, corretagens, custos de embalagens, partes, ferramentas, materiais consumidos, projetos de design, etc.. Em suma, o importador declara o valor da mercadoria como sendo o que ele transacionou, adicionado do frete e dos ajustes devidos, se for o caso. Contudo, ocorre que por desconhecimento, descuido, ou qualquer outro motivo que não envolva fraude, isto é, dolo, o importador eventualmente não faz o ajuste necessário, o que leva à subvaloração da mercadoria, cabendo, portanto, o ajuste necessário pela fiscalização aduaneira, seguido da multa devida. Não cabe, portanto, o perdimento das mercadorias, somente da multa, por previsão legal.

Subfaturamento: O importador adquire a mercadoria do exterior mediante uma fatura comercial onde consta o valor real transacionado e, concomitantemente, forja uma outra fatura com o valor bem mais baixo, valor subfaturado, sendo esta última fatura a que ele apresenta à fiscalização aduaneira e instrui a Declaração de Importação. O valor declarado (subfaturado) é enviado pelas vias legais ao exportador (via BACEN – contrato de câmbio); a diferença entre o valor subfaturado e o valor real transacionado é enviado "por fora", à margem dos controles legais, via de regra remetido mediante doleiros. Neste caso, a fraude é irrefutável, não há como imaginar forja de faturas e a falsa declaração de valor sem que tenha existido o elemento dolo. Cabe, portanto, o perdimento das mercadorias, além da multa, conforme previsão legal. A fraude de Subfaturamento, analisada isoladamente, seria um motivo pleno de razoabilidade a justificar a parametrização especial para o canal cinza, já que aquele canal diz respeito à análise de valor.

No caso de importação, muitas vezes, ocorre subvaloração e não de subfaturamento, sendo que enquanto naquela deve ser observado o Acordo de Valoração Aduaneira, neste, evidenciado o dolo, pode ser aplicado o método substitutivo, mas nunca aplicada a pena de perdimento.

2.2 Do crime de lavagem de dinheiro

Quanto à lavagem de dinheiro, Castellar informa que a expressão teve origem nos Estados Unidos (*Money Laundering*), sendo criada para caracterizar o surgimento, por volta dos anos 20, de uma rede de lavanderias que tinha por objetivo facilitar a circulação de dinheiro oriundo de atividades ilícitas, conferindo-lhe a aparência de lícito.[38]

A Exposição de Motivos nº 692, de 18 de dezembro de 1996, referente à Lei nº 9.613/98[39] (Lei de Lavagem de Dinheiro), trouxe em seu texto que a Lavagem de Dinheiro tem como característica a introdução, na economia, de bens, direitos ou valores oriundos da atividade ilícita e que representam, no momento de seu resultado, um aumento de patrimônio do agente.

Por isso, a pesquisa não inclui, nos crimes antecedentes, aqueles delitos que não representam agregação, ao patrimônio do agente, de novos bens, direitos ou valores, como é o caso da sonegação fiscal. Nessa, o núcleo do tipo penal constitui-se na conduta de deixar de satisfazer obrigação fiscal. Não há em decorrência de sua prática, aumento de patrimônio com agregação de valores novos. Há, isso sim, manutenção de patrimônio existente em decorrência do não-pagamento da obrigação fiscal.

Para Marcos Antônio Barros,[40] "ao deixar de incluir o delito de sonegação no rol dos crimes primários, perde o legislador a rara oportunidade de tentar punir penalmente o sonegador contumaz, que constrói riquezas de origem ilícita".

Ademais, a Lei de Lavagem de Dinheiro (Lei n. 9.613/1998), assim dispõe: "Art. 1º Ocultar ou dissimular a natureza, origem, localização,

---

[38] CASTELLAR, João Carlos. *Lavagem de dinheiro*: a questão do bem jurídico. Rio de Janeiro: Revan, 2004. Sobre as questões que envolvem o direito e a economia de forma estrita, ver: ZYLBERSZTAJN, Decio. *Direito e economia*. Rio de Janeiro: Elsevier, 2005.

[39] SENADO FEDERAL. *Legislação*. Disponível em: www.senado.gov.br/sf/legislacao/ Acesso em: 15 jun. 2009.

[40] BARROS, Marco Antônio de. *Lavagem de dinheiro*: implicações penais, processuais e administrativas: análise sistemática da Lei nº 9.613/98. São Paulo: Oliveira Bastos, 1998, p. 34.

disposição, movimentação ou propriedade de bens, direitos ou valores provenientes, direta ou indiretamente, de infração penal. (Redação dada pela Lei nº 12.683, de 2012)".

Mencione-se, ainda, a existência de redes no comércio global ilícito:

> Existe uma espécie de continente do ilícito em que se entrelaçam as redes locais e as redes globais de tráfico. E o que transitam por essas redes? Não só produtos (contrabando, pirataria de bens simbólicos, clonagem de grifes, falsificação de produtos, carga roubada, venda de remédios com data vencida), mas também seres humanos (prostituição, venda de órgãos, trabalho forçado, bebês para adoção, imigrantes ilegais), drogas, cigarros, armas, e, logicamente, lavagem de dinheiro (fraudes financeiras, sonegação fiscal, descaminho, corrupção). Porque quem dispõe dos canais competentes para furar bloqueios e ludibriar controles não se importa efetivamente com o que negocia. Trata de ganhar dinheiro sujo e pronto final. Em contrapartida, aqueles que adquirem esses bens ou serviços, por ingenuidade ou por cálculo, ainda que seja para o consumo pessoal, não deixam de ser cúmplices indiretos do crime organizado ao viabilizar suas operações.[41]

Por sua vez, o uso dos proveitos ilícitos expõe a atividade criminosa praticada e, consequentemente, sujeita os criminosos à sanção penal. Em razão disso, a única possibilidade que traz razoável segurança aos criminosos é o reinvestimento dos proveitos ilícitos na própria atividade criminosa.[42]

Para Ballão:

> A lavagem de dinheiro surge como alternativa a essa limitação enfrentada pelos criminosos. Trata-se de um processo que permite dissimular a origem dos proveitos, omitindo assim o crime praticado. Funciona como uma espécie de filtro que impede que terceiros tomem conhecimento da origem ilícita dos proveitos. Aliás, não existe grande divergência acerca da conceituação da lavagem de dinheiro.[43]

---

[41] SROUR, Robert Henry. *Ética empresarial:* o ciclo virtuoso dos negócios. 3. ed. Rio de Janeiro: Elsevier, 2008, p. 98.

[42] BALLÃO, Wilson José Spinelli Andersen. *O papel da Financial Action Task Force on Money Laundering no combate internacional à lavagem de dinheiro.* Dissertação (Mestrado em Direito) – Faculdade de Direito, Universidade Federal de Santa Catarina, 2007, p. 66.

[43] BALLÃO, Wilson José Spinelli Andersen. *O papel da Financial Action Task Force on Money Laundering no combate internacional à lavagem de dinheiro,* p. 40.

Diante de tais fundamentos, conceitua-se lavagem de dinheiro como ato de prestar qualquer serviço financeiro destinado a não divulgar a real origem de dinheiro, de qualquer outro bem ou valor.

Nesse cenário, em estudo em torno do bem jurídico que seria protegido pela legislação criminalizadora da lavagem de capitais, Roberto Podval[44] conclui que:

a) ordem sócio-econômica não é bem jurídico, mas esfera da vida coletiva apta a merecer tutela penal através da proteção dos valores que a compõem;

b) nem sempre a lavagem de dinheiro fere a ordem sócio-econômica, pois há crime, ainda que o resultado, para tal ordem, seja positivo;

c) a circulação dos bens no mercado também não pode ser o bem tutelado, pois dependeria de análise futurista sobre eventual abalo econômico gerado pela lavagem;

d) o crime de lavagem de dinheiro difere do da receptação, porque, na lavagem, nem sempre há interesse patrimonial, caracterizando-se, antes, como um *plus* à receptação;

e) bem tutelado: administração da justiça. Afinal, os autores da lavagem, visando proteger os responsáveis pelo crime antecedente, acabam obstruindo a justiça, impossibilitando a punição dos culpados.

Aqui importa trazer a questionada distinção, em termos político-criminais entre dinheiro sujo, advindo de ilícitos penais, e dinheiro negro, oriundo da sonegação fiscal, da economia paralela.

2.3 O papel do Estado na atividade aduaneira

O Estado exerce papel fundamental na eficácia do comércio exterior. Entre tais atividades, o poder estatal verifica quais tributos e medidas de defesa de comercial (importação) devem incidir sobre os produtos sob sua responsabilidade.

Nesse sentido, deve-se mencionar que no Brasil os órgãos competentes mais importantes para implementar tal atividade são a Receita Federal, que analisa a Declaração de Importação, por exemplo, bem como Ministério Público Federal e Polícia Federal, que investigam e processam os responsáveis pelo cometimento de ilícitos penais relacionados ao comércio exterior, dentre os quais o descaminho e a lavagem de dinheiro.

---

[44] PODVAL, Roberto. O bem jurídico do delito de lavagem de dinheiro. *Revista Brasileira de Ciências Criminais*, a. 6, n. 24, out./dez. 1998, p. 221.

Ocorre que, as especificidades do comércio exterior exigem profissionais com perfil adequado, com capacitação legal e técnica para compreender a complexidade de uma operação internacional, que envolvem, por exemplo, produtos de alta sofisticação tecnológica. No Brasil, como se sabe, em que pese o esforço da Receita Federal para implementar com eficácia a sua atividade, há um problema, pouco comum em países com grande participação no comércio exterior.

Esse problema decorre das diversas atividades que o auditor fiscal da Receita Federal deve exercer institucionalmente e, de certa forma, incompatíveis, como arrecadação tributária, combate à sonegação fiscal, de um lado, e de outro lado, a análise de uma declaração de importação, que envolve conhecimento de economia política internacional, dentre outros. Ademais, o mesmo auditor fiscal deve também fiscalizar a contribuição previdenciária.

Em outros países, verifica-se uma maior especialização de tal atividade, o que se verifica com a distribuição de competências para órgãos de natureza diferente. Nos Estados Unidos, por exemplo, a arrecadação tributária e aplicação da lei tributária (*law enforcement*) são feitas por um órgão do governo federal (*Internal Revenue Service* – www. irs.gov) distinto daquele que exerce o controle aduaneiro (*US Customs and Border Protection* – www.cpb.gov).

No Brasil, de forma contrária, isso não ocorre, vez que a Receita Federal exerce tríplice função, quais sejam: a) controle aduaneiro, b) combate à sonegação fiscal, com grande quantidade de informações fiscais sobre o importador e exportador e c) fiscalização e arrecadação da contribuição previdenciária.

Constata-se, diante de tal quadro, uma tendência à criminalização do comércio exterior brasileiro, em face dos vários abusos cometidos, não somente pela Receita Federal, mas pela Polícia Federal e Ministério Público Federal. Dessa forma, é relevante maior aprofundamento no tema, em outra pesquisa, especialmente pela inibição de investimento causado pela insegurança jurídica que tal ambiente regulador exerce sobre a citada atividade.

Diante disso, é importante mencionar que, se de um lado é importante evitar a etiquetagem em face da criminalização dos agentes econômicos que atuam no comércio exterior, de outro lado, é importante combater a prática do descaminho e da lavagem de dinheiro.

A corrupção no Brasil e no mundo vem sendo pesquisada e combatida. Assim sendo, o trabalho demonstrou que o combate à lavagem de dinheiro é um instrumento importante para o comércio exterior, pois dá maior credibilidade às instituições, às empresas, ao Estado e à própria população do país.

Após a compreensão desses conceitos, passa-se agora a analisar a relevância do combate à criminalidade nas operações de comércio exterior.

3 A relevância do combate à criminalidade nas operações de comércio exterior

O direito vem cada vez mais se preocupando com a implementação de medidas que previnam e punam práticas criminosas relacionadas à corrupção. Durante muito tempo a principal medida foi o confisco dos bens obtidos ilicitamente, numa tentativa de impedir o desenvolvimento de organizações criminosas.

Com isso, surge a necessidade de os criminosos tentarem ocultar essas quantias auferidas de forma ilegal. A lavagem de dinheiro é uma possibilidade criada pelos criminosos para escaparem deste confisco.

Criminosos que auferem quantias significantes em função de atividades criminosas têm necessidade de dar uma aparência de legitimidade e legalidade a esses rendimentos. É através da lavagem de dinheiro que esses criminosos tentam evitar o confisco de seus ativos ilícitos ou até mesmo que esses ativos revelem as atividades criminosas que estão por trás da sua origem. Portanto, a lavagem de dinheiro dificulta ou até mesmo impossibilita o confisco dos proveitos de origem ilícita e em conseqüência a repressão das atividades criminosas.[45]

A lavagem de dinheiro, portanto, constitui-se a prática de tornar aparentemente legítimo o proveito obtido, ocultando a prática criminosa originária. A lavagem de dinheiro pode tornar muito difícil ou até mesmo impossível o confisco das quantias obtidas. Decorre daí que o ato de tornar crime a prática de lavagem de dinheiro é uma tentativa de ação contra o próprio crime organizado.[46]

---

[45] BALLÃO, Wilson José Spinelli Andersen. *O papel da Financial Action Task Force on Money Laundering no combate internacional à lavagem de dinheiro*, p. 66.

[46] "Além disso, considerando a estreita relação entre crime organizado e lavagem de dinheiro, a incriminação da conduta de legitimação de recursos ilícitos pode ser considerada propriamente um instrumento de combate ao crime organizado. Conjuntamente com o confisco dos proveitos de crime, a incriminação da lavagem de dinheiro representa uma estratégia que objetiva atacar as estruturas do crime organizado ao invés de simplesmente vedar a participação de seus membros". BALLÃO, Wilson José Spinelli Andersen. *O papel da*

O grande problema dessas estratégias é que cada país tem seu sistema jurídico e programas de repressão ao crime, sendo que o crime organizado já ocupa a esfera internacional. Por isso o combate à lavagem de dinheiro já alcançou patamares que extrapolam o âmbito nacional.

A vantagem da livre circulação de capitais para os criminosos decorre da dificuldade na repressão de crimes que envolvam mais de um sistema jurídico nacional. O problema é que a jurisdição dos países encontra-se confinada aos seus limites territoriais. Para resolver esse problema foi necessária a criação de mecanismos que permitissem a comunicação e a interação entre os sistemas jurídicos nacionais, possibilitando assim o combate à lavagem internacional de dinheiro.[47]

Resulta daí, então, a importância da promoção de um combate internacional à lavagem de dinheiro, o que pode ser feito por meio do sistema mundial antilavagem de dinheiro. Esse sistema tem início na década de 1980 a partir da Organização das Nações Unidas (ONU) e do Grupo de Ação Financeira sobre Lavagem de Dinheiro. O sistema mundial busca estabelecer mecanismos de comunicação e intercâmbio entre os sistemas jurídicos nacionais, contribuindo com o combate à lavagem de dinheiro.

Primeiramente, é importante destacar que há tanto medidas preventivas como repressivas, sendo que a primeira está baseada nas normas que regulamentam o sistema financeiro e a segunda no direito penal. Contudo, as abordagens não são excludentes:[48]

Financial Action Task Force on Money Laundering no combate internacional à lavagem de dinheiro, p. 67.

[47] BALLÃO, Wilson José Spinelli Andersen. *O papel da Financial Action Task Force on Money Laundering no combate internacional à lavagem de dinheiro*, p. 68.

[48] "Na abordagem repressiva a incriminação da lavagem de dinheiro é fundamental para a efetivação do confisco dos proveitos de crime. A lógica nesta hipótese parte do crime precedente em direção aos proveitos legitimados. Logo, o conhecimento do crime precedente demonstra-se essencial para a efetivação do confisco dos proveitos ilícitos. Em contraste, a abordagem preventiva de combate à lavagem de dinheiro envolve uma lógica inversa. Neste caso, a investigação tem início com a operação de lavagem de dinheiro e não com o crime precedente. As normas que regulamentam o sistema financeiro estabelecem uma série de obrigações às instituições financeiras, entre elas o dever de comunicar qualquer transação suspeita ou incomum às autoridades competentes. Como resultado, a detecção de fluxos de dinheiro de origem ilícita pelas instituições financeiras possibilita que as autoridades reconstruam o caminho até o crime precedente e seus agentes". BALLÃO, Wilson José Spinelli Andersen. *O papel da Financial Action Task Force on Money Laundering no combate internacional à lavagem de dinheiro*, p. 70.

Ocorre que diversas normas preventivas do sistema financeiro servem para auxiliar o Direito Penal na repressão do fenômeno da lavagem de dinheiro, enquanto que o poder de sanção do direito penal garante o cumprimento das normas preventivas pertinentes ao sistema financeiro. Não obstante essa relação entre a abordagem repressiva e a abordagem preventiva, o modelo de combate à lavagem de dinheiro proposto por cada uma delas é distinto. Em outras palavras, cada uma delas se utiliza de uma lógica própria de investigação.

Não há motivos para ignorar uma das abordagens em detrimento de outra, pois ambas são importantes para o combate à lavagem de dinheiro. A abordagem preventiva busca impedir a participação das instituições financeiras no processo de lavagem de dinheiro, enquanto a repressiva tem a intenção de inibir condutas consideradas repressivas pela sociedade.

Importante destacar também a existência de um sistema mundial de antilavagem de dinheiro, que se efetiva nas instituições tanto de direito interno como de direito internacional.

Este movimento contra a lavagem de dinheiro ganhou força, sobretudo, com os esforços da Organização das Nações Unidas – ONU, contra o tráfico de drogas, que resultou inclusive em medidas de recomendação para que os países adotassem em seus direitos internos tipificações de condutas criminosas nas quais há proveitos oriundos de práticas ilícitas. Essa medida surgiu com a Convenção de Viena, resultante das várias conferências realizadas pela ONU para debater o combate ao tráfico de drogas.[49]

Neste momento, é relevante trazer também a questão de que a lavagem de dinheiro está intimamente ligada ao tráfico de drogas, dado este que pode ser evidenciado com pesquisas às jurisprudências do Superior Tribunal Federal – STF e Superior Tribunal de Justiça – STJ, quais sejam:

PENAL. PROCESSUAL PENAL. RECURSO ESPECIAL. TRÁFICO INTERNACIONAL DE ENTORPECENTES, ASSOCIAÇÃO AO

---

[49] Sobre a importância destas medidas no combate à lavagem de dinheiro: "Ao incorporar as disposições da Convenção de Viena, os países passam a dispor de uma disciplina legal uniforme a respeito da lavagem de dinheiro. Essa uniformização traz segurança a toda comunidade internacional porque assegura que a lavagem de dinheiro estará sujeita à repressão na maioria dos países. Os benefícios de uma ampla repressão da lavagem de dinheiro são compartilhados por todos". BALLÃO, Wilson José Spinelli Andersen. *O papel da Financial Action Task Force on Money Laundering no combate internacional à lavagem de dinheiro*, p. 77.

TRÁFICO, LAVAGEM DE DINHEIRO E SONEGAÇÃO FISCAL. NECESSIDADE DE ESGOTAMENTO DA VIA ADMINISTRATIVA COMO CONDIÇÃO DE PROCEDIBILIDADE DA AÇÃO PENAL PELO CRIME DE SONEGAÇÃO. AUSÊNCIA DE LAUDO TOXICOLÓGICO. PRESCINDIBILIDADE. CONJUNTO PROBATÓRIO ROBUSTO A COMPROVAR A MATERIALIDADE DO DELITO. INCIDÊNCIA DA SÚMULA 7/STJ. ALEGADA VIOLAÇÃO DO ART. 12, §2º, DA LEI 6.368/76. PREJUDICADA APRECIAÇÃO. RECURSO CONHECIDO E IMPROVIDO. 1. Nos crimes contra a ordem tributária, previstos no art. 1º da Lei 8.137/90, a instauração da ação penal depende da constituição definitiva do crédito tributário, após o encerramento do procedimento fiscal na esfera administrativa, para que não constitua constrangimento ilegal, pela ausência de condição objetiva de punibilidade. Precedentes do STJ. 2. Prejudicado o pedido em relação à violação do art. 1º da Lei 8.137/90, uma vez que concedida ordem de *habeas corpus* ao paciente para afastar a condenação pela prática do delito de sonegação fiscal. (HC 77.986/MS, de minha relatoria, DJ 7/4/08) três. Consoante a jurisprudência do Superior Tribunal de Justiça a materialidade do crime de tráfico de entorpecentes deve ser comprovada mediante a juntada aos autos do laudo toxicológico definitivo. Entretanto, tal entendimento deve ser aplicado na hipótese em que há a apreensão da substância entorpecente, justamente para se aferirem as características da substância apreendida, trazendo subsídios e segurança ao magistrado para o seu juízo de convencimento acerca da materialidade do delito. 4. O laudo de exame toxicológico definitivo da substância entorpecente não é condição única para basear a condenação se outros dados suficientes, incluindo a vasta prova testemunhal e documental produzidas na instrução criminal, militam no sentido da materialidade do delito. 5. A análise de inexistência de prova da materialidade dos delitos de lavagem de dinheiro e associação para o tráfico demanda incursão no contexto fático-probatório dos autos, defeso em sede de recurso especial, nos termos do enunciado 7 da Súmula do STJ. 6. Prejudicada a análise da violação do art. 12, §2º, da Lei 6.368/76, em razão de julgamento de *habeas corpus*. 7. Recurso especial conhecido e improvido.

Verifica-se, portanto, que o tráfico internacional e a lavagem de dinheiro estão intimamente relacionados, pois o segundo é utilizado em grande escala para ocultar os proveitos obtidos com o primeiro. Disso decorre a necessidade urgente de investimento em medidas internacionais que viabilizem o combate à lavagem de dinheiro, pois os crimes aos quais esta prática se relaciona possuem âmbito internacional.

Além disso, se de um lado o combate à lavagem de dinheiro ganha força com a adoção em direito interno da necessidade de positivação da lavagem de dinheiro como prática criminosa, por outro também representam papel importante as regras editadas pelas próprias instituições financeiras, através das chamadas *soft law*.[50]

> [...] o combate à lavagem de dinheiro em alguns países não se iniciou através de normas positivadas, mas por meio de regras privadas editadas pelas próprias instituições financeiras, como é o caso do Código Suíço de Conduta. Desde então, as normas de *soft law* que tratam do combate à lavagem de dinheiro se desenvolveram de tal forma que atualmente são fundamentais ao sistema mundial antilavagem de dinheiro. O espaço conquistado pelas normas de *soft law* no sistema mundial antilavagem de dinheiro pode ser explicado pela aversão que as instituições financeiras têm a interferências governamentais. O fato é que o envolvimento em investigações e procedimentos judiciais relacionadas à lavagem de dinheiro pode abalar a credibilidade pública das instituições financeiras.[51]

Para as instituições financeiras, serem acusadas de envolvimento com crimes de lavagem de dinheiro é um abalo enorme em sua reputação, resultando em descrédito e prejuízos sociais e econômicos em grandes proporções. Por isso é essencial que, inclusive, essas instituições promovam em suas medidas formas de combater a lavagem de dinheiro.

Embora haja um forte crescimento econômico no Brasil, o país também esbarra na pouca participação no mercado internacional. Por sua vez, um dos fatores mais relevantes para isso é o marco institucional. Nessa linha de discussão o combate à corrupção, aos crimes de contrabando, descaminho e lavagem de dinheiro, e outras práticas criminosas como a pirataria tornam-se um fator importantíssimo para aumento de reputação junto à comunidade internacional.

O problema é que quando se fala em combate à corrupção em geral se pensa somente no papel do Estado, como operações policiais

---

[50] Para o conceito de *soft law*, observa-se o que assinala Maíra Rocha Machado: "A expressão *soft law* refere-se aos instrumentos elaborados por Estados e atores não estatais, não vinculantes juridicamente, mas que influenciam a conduta dos Estados, das organizações internacionais e dos indivíduos. Desde a década de 1980, os instrumentos *soft law* proliferaram em várias áreas, assumindo as mais variadas formas, tais como declarações, códigos de conduta, resoluções e decisões de organismos internacionais, planos de ação, padrões de performance e recomendações. Podem englobar desde resoluções da Assembléia Geral da ONU, instrumentos elaborados pelo Banco Mundial ou pela OCDE, até conclusões de encontro anual do G-7". MACHADO, Maíra Rocha *apud* BALLÃO, Wilson José Spinelli Andersen. *O papel da Financial Action Task Force on Money Laundering no combate internacional à lavagem de dinheiro*, p. 79.

[51] BALLÃO, Wilson José Spinelli Andersen. *O papel da Financial Action Task Force on Money Laundering no combate internacional à lavagem de dinheiro*, p. 79.

e militares interceptando grupos contrabandistas, por exemplo, ou nas sentenças criminais condenando acusados desses delitos.

A responsabilidade é sempre das instituições em promover o bem-estar, a segurança e a justiça para os demais cidadãos. Embora de fato seja o Estado o responsável maior por estas questões, não se pode excluir a sociedade em geral da problemática, que também possui sua parcela de culpa.

O problema é duplo: os cidadãos em geral não se colocam como membros do Estado ou das instituições, mas como indivíduos separados desse corpo, como se o papel do Estado fosse unicamente servi-los. Mesmo numa concepção atomística de Estado como é a contratualista, que pressupõe um pacto social entre indivíduos que, abrindo mão de parte de sua liberdade criam o ente público maior, o qual lhes garantiria os direitos fundamentais, não se aceita conceber o cidadão como alguém afastado dos interesses estatais.

A sociedade é um organismo, se há problema numa parte do corpo, todas as outras devem se mobilizar para curar. Logo, se o Estado enfrenta problemas, é também porque os cidadãos não se responsabilizam por isso.

Portanto, como síntese do primeiro problema tem-se essa escusa dos cidadãos em aceitarem que os problemas do Estado são problemas deles, não somente porque num regime democrático são representantes que eles elegeram, mas porque cada indivíduo tem o poder de intervir nos assuntos públicos.

O segundo lado do problema conduz a discussão para a conduta não ética do cidadão. Como é possível efetuar inúmeras críticas ao papel do Estado, denunciando aquilo que ele faz e aquilo que deveria fazer, em relação ao combate à corrupção, se na própria sociedade os cidadãos denunciam que praticam atos similares?

Ou seja, há uma modificação de dimensões nos atos criminosos praticados, sendo isto devido aos cargos e posições sociais ocupadas. São situações bastante distantes o crime de lavagem de dinheiro e a 'caixinha' para o policial não aplicar a multa de trânsito. Porém, o objetivo é o mesmo: enganar o sistema legal.

Se um cidadão comum afirma sem problemas que concorda em tentar pagar uma 'caixinha' ao policial, como não pensar que este mesmo cidadão não praticaria delitos de proporções muito maiores caso passasse a ocupar cargos e posições de destaque? Isto ajuda também a pensar no fato de que mesmo havendo o rodízio de representantes eleitos pelas regras democráticas, os casos de corrupção envolvendo dinheiro público invariavelmente sempre aparecem.

Não é basicamente um problema da política brasileira, mas social. Certamente melhorar a preparação das forças militares e policiais para enfrentar o contrabando e o descaminho contribui com o problema, mas não é suficiente, porque isso exige também um programa de conscientização social de toda a população.

Estas reflexões não vêm para reduzir a responsabilidade do Estado e de seus representantes. Nem de todos aqueles que possuem o poder legal e os instrumentos jurídicos, políticos e militares para combater a corrupção, mas para demonstrar que também a população possui sua parcela, relativamente grande, de responsabilidade.

Em relação ao comércio exterior, é certo que havendo maior responsabilização da própria população se desenvolve ao mesmo tempo o marco institucional, e por consequência, a confiabilidade das empresas estrangeiras com os brasileiros.

Caso se acredite que desenvolvendo apenas as instituições é possível encontrar grandes modificações no panorama atual, pensa-se o caso de uma empresa multinacional instalando-se no Brasil: haveria confiança na aplicação das leis e da ética nas instituições, mas não haveria confiança nos brasileiros, os quais deveriam ser os beneficiados com trabalho e renda.

Pensamento análogo é possível com as transações internacionais: para se negociar com alguém, é preciso confiar na integridade do mesmo. As empresas estrangeiras precisam confiar que as empresas brasileiras serão leais a elas.

Para corroborar estas reflexões, apresentam-se abaixo dados obtidos em pesquisas realizadas pela *Transparency International*, uma organização não governamental ligada à ONU preocupada com a opinião de cidadãos do mundo inteiro acerca desta questão.

Como avalia as medidas do governo atual para combater a corrupção?

(continua)

País	Consideram não eficazes	Nem eficazes nem ineficazes	Consideram eficazes
Total	56%	13%	31%
Ásia	62%	14%	25%
Brunei	17%	5%	78%
Camboja	28%	5%	67%
Hong Kong	12%	0%	88%
Índia	45%	13%	42%

(continua)

País	Consideram não eficazes	Nem eficazes nem ineficazes	Consideram eficazes
Indonésia	19%	7%	74%
Japão	68%	21%	11%
Malásia	67 %	6%	28%
Paquistão	51%	24%	25%
Filipinas	77%	2%	21%
Cingapura	4%	0%	96%
Coreia do Sul	81%	3%	16%
Tailândia	65%	6%	28%
União Europeia	56%	20%	24%
Áustria	57%	11%	32%
Bulgária	76%	14%	10%
República Tcheca	64%	27%	9%
Dinamarca	22%	29%	49%
Finlândia	50%	0%	50%
Grécia	76%	12%	12%
Hungria	70%	23%	7%
Islândia	47%	37%	16%
Israel	86%	0%	13%
Itália	69%	15%	16%
Lituânia	84%	13%	3%
Luxemburgo	18%	34%	48%
Países Baixos	34%	6%	60%
Noruega	61%	0%	39%
Polônia	46%	36%	21%
Portugal	73%	10%	16%
Romênia	69%	11%	20%
Espanha	44%	27%	29%
Suíça	26%	33%	41%
Reino Unido	39%	30%	31%
América Latina	61%	13%	26%
Argentina	81%	12%	7%
Bolívia	43%	18%	39%
Chile	59%	20%	21%
Colômbia	34%	4%	62%

(continua)

País	Consideram não eficazes	Nem eficazes nem ineficazes	Consideram eficazes
El Salvador	53%	36%	11%
Panamá	65%	25%	10%
Peru	71%	17%	12%
Venezuela	65%	21%	14%
Oriente Médio e Norte da África	50%	17%	34%
Iraque	49%	18%	33%
Kuwait	23%	9%	68%
Líbano	65%	7%	28%
Marrocos	64%	15%	21%
Novos Estados Independentes	55%	24%	21%
Armênia	48%	14%	38%
Azerbaijão	62%	23%	14%
Bielorrússia	29%	20%	51%
Geórgia	21%	22%	57%
Moldávia	40%	21%	39%
Mongólia	47%	22%	31%
Rússia	52%	26%	22%
Ucrânia	73%	19%	7%
América do Norte	72%	0%	28%
Canadá	63%	0%	37%
Estados Unidos	73%	0%	27%
África subsaariana	28%	13%	59%
Camarões	63%	5%	33%
Gana	34%	8%	58%
Quênia	62%	14%	24%
Libéria	45%	8%	48%
Nigéria	14%	15%	71%
Senegal	72%	12%	16%
Serra Leoa	25%	12%	64%
Uganda	45%	7%	48%
Zâmbia	49%	9%	42%
Bálcãs ocidentais + Turquia	53%	14%	33%

OSVALDO AGRIPINO DE CASTRO JUNIOR [Coord.]
CONSTITUIÇÃO, TRIBUTAÇÃO E ADUANA NO TRANSPORTE MARÍTIMO E NA ATIVIDADE PORTUÁRIA

(conclusão)

País	Consideram não eficazes	Nem eficazes nem ineficazes	Consideram eficazes
Bósnia-Herzegovina	71%	14%	16%
Croácia	71%	14%	16%
Macedônia	18%	18%	65%
Kosovo	43%	14%	43%
Sérvia	68%	14%	28%
Turquia	52%	14%	35%

Fonte: Transparency International. Barómetro Global de la Corrupción 2009, p. 39-40.

Parece haver uma unanimidade mundial em relação à descrença da população para com os esforços do Estado em conter a corrupção. Estes resultados incrivelmente aparecem tanto nos países considerados menos desenvolvidos, como os subsaarianos, como naqueles que lideram a economia mundial, como Estados Unidos, os países europeus e o Japão. Estados Unidos e Japão, inclusive, alcançaram alarmantes marcas ao afirmarem que consideram inefetivos os esforços do Poder Público.

Poucos países obtiveram maioria de opiniões considerando efetivos os esforços do Estado, entre eles a Suíça e a Indonésia. Na América Latina (tal pesquisa não ocorreu no Brasil), os dados também são preocupantes, com uma margem altíssima de descrédito nacional para com os órgãos públicos.

Importante trazer que *Transparency* publicou outros dados sobre a corrupção mundial em 2009. Em uma das tabelas, que traz opiniões da população de cada país, nota-se que a maioria acredita serem os partidos políticos e os funcionários públicos os principais atores da corrupção, deixando as empresas e o setor privado e a mídia com resultados favoráveis. O Poder Judiciário ocupa lugar intermediário.

A preocupação que decorre dessa pesquisa é que os dados são mundiais. Ou seja, a corrupção tornou-se um problema considerado quase insuperável por cidadãos em todo o mundo. Com isto, inclusive o combate à corrupção torna-se mais difícil, pois além dos instrumentos necessários há de se enfrentar o descrédito das pessoas.

Como convencer a todos de que é possível reverter a situação? Como comprovar que o combate à corrupção contribui também com a economia, se vários enriquecem realizando justamente o contrário? Com isto, as instituições também são prejudicadas, pois como se vê, em especial os partidos políticos já não contam com a mesma opinião favorável de que outrora.

Outra informação preocupante: "ao considerar as experiências cotidianas das pessoas com a corrupção, o Barômetro revelou que, em média, mais de 1 a cada 10 pessoas afirmavam ter pagado um suborno durante os 12 meses anteriores à enquete".[52] Em outras palavras, a corrupção tornou-se comum em qualquer meio de atividade, ampliando o descrédito da população.

Corrobora esse entendimento a palavra de alguns especialistas, publicados em relatórios da própria *Transparency International*.

> Construir uma empresa exitosa e sustentável requer ao menos três condições: uma paixão inquebrável pelo desenvolvimento de produtos e serviços que tenham verdadeiro valor e permitam aos clientes alcançar suas metas da maneira mais efetiva e eficiente, uma liderança entusiasta que inspire e atraia os melhores ao projeto, e o firme compromisso de ser um ator responsável na comunidade, capaz de ganhar a confiança e o apoio público de que, em definitivo, dependem todas as empresas.[53]

Na mesma linha pensa George Enderles:

> O alcance do impacto social, econômico e ambiental das empresas, assim como sua influência política, eclipsa o das demais instituições e entidades coletivas de qualquer país. Esta extraordinária influência econômica e social que exercem as empresas leva uma obrigação de contribuir ao bem comum. Ademais, grande parte dos bens públicos em questão, como a competência leal do mercado, o uso sustentável dos recursos e a existência de regulamentações previsíveis, formam parte das bases sobre as quais se constroem e se desenvolvem as empresas.[54]

Como se vê, os dados reforçam a tese de que o combate à corrupção torna mais confiável a instituição, seja uma empresa ou o próprio Estado, facilitando enormemente as transações comerciais e as negociações internacionais. A lógica do mercado e do comércio exterior hoje caminha por essa trilha, e o comprometimento ético cada vez mais passa a

---

[52] TRANSPARENCY INTERNATIONAL. *Barómetro Global de la Corrupción 2009*. 2009.

[53] MURTHY, Narayana. Prólogo 1: Combatir la corrupción en las empresas: un plan rentable y viable. *In:* TRANSPARENCY INTERNATIONAL. *Informe Global de la Corrupción en 2009*: Corrupción y Sector Privado. Cambridge: Cambridge Press, 2009. p. XVIII.

[54] ENDERLES, George. Más allá de las ganancias y las normas: razones morales para que las empresas combatan la corrupción a nivel mundial. *In:* TRANSPARENCY INTERNATIONAL. *Informe Global de la Corrupción en 2009*: Corrupción y Sector Privado. Cambridge: Cambridge Press, 2009, p. 13.

representar um papel fundamental para entrada das instituições no cenário do comércio exterior.

Conclusão

Mencione-se que se os objetivos do artigo são: a) avaliar as peculiaridades dos crimes de descaminho e lavagem de dinheiro, b) verificar a importância da ética no âmbito das práticas econômicas para o desenvolvimento do Estado brasileiro e c) identificar a necessidade do combate à criminalidade nas operações de comércio exterior com vista ao desenvolvimento no âmbito da transnacionalidade, os mesmos foram alcançados.

No que tange ao descaminho, esse crime está configurado no art. 334 do Código Penal, o qual dispõe: "Art. 334. Iludir, no todo ou em parte, o pagamento de direito ou imposto devido pela entrada, pela saída ou pelo consumo de mercadoria (Redação dada pela Lei nº 13.008, de 26.6.2014)".

Todavia, conforme análise da jurisprudência, muitas vezes, a Receita Federal, ao analisar a Declaração de Importação, confunde subvaloração real com descaminho. Assim, em que pese a importância do valor ética nas práticas econômicas e a possibilidade de violação do mesmo pelas empresas de comércio exterior, o que demanda controle do Estado, os agentes estatais, especialmente Polícia Federal e Receita Federal, ao combaterem crimes de descaminho e de lavagem de dinheiro, devem observar os direitos fundamentais do administrado.

Conclui-se que, não obstante a ética e o combate ao descaminho e à lavagem de dinheiro serem relevantes para o desenvolvimento brasileiro, especialmente diante do caráter transnacional do comércio de bens e serviços mundial, é relevante que tal atividade, de caráter público, observe os direitos fundamentais dos agentes econômicos.

No Direito Administrativo brasileiro, o poder de polícia, ou de defesa de interesse coletivo, não pode violar o direito fundamental do administrado, e deve ser exercido de forma razoável e proporcional.

Tendo em vista que o controle aduaneiro exercido pela Receita Federal, órgão de maior respeitabilidade na estrutura administrativa federal brasileira, o mesmo possui competências que, nesse momento, são conflitantes, do ponto de vista do direito comparado, especialmente em países mais desenvolvidos. Como exemplo, pode-se citar os Estados Unidos, onde o controle aduaneiro é exercido por órgão diverso daquele que faz a arrecadação tributária.

Nesse quadro, observou-se que o combate aos crimes transnacionais ou relacionados ao comércio exterior, embora relevante para o desenvolvimento econômico, deve ser feito por instituições com alto grau de especialidade e com a observância do devido processo legal, sem abuso das autoridades competentes, especialmente Polícia Federal e Receita Federal, sob pena de inibição das atividades profissionais relacionadas ao comércio exterior, especialmente *trading companies* e despachantes aduaneiros, tendo em vista as especificidades de tal ramo da economia.

A repressão a tais crimes em defesa do erário não pode violar direitos fundamentais, como a honra e imagem dos agentes econômicos, nem o princípio da livre iniciativa. O combate ao descaminho e à lavagem de dinheiro, com base no princípio da legalidade deve observar os princípios da proporcionalidade e da razoabilidade, do consequencialismo (arts. 20 e 21 da LINDB), bem como da segurança jurídica, que inclui a boa-fé do administrado e a confiança.

Por fim, a pesquisa identificou a necessidade de maior aprofundamento do tema que envolve as competências da Receita Federal, responsável, ao mesmo tempo, pelo controle aduaneiro e fiscalização e arrecadação tributária, a fim de evitar a inibição da atividade dos agentes econômicos, em face da criminalização do comércio exterior, bem como a necessidade de reforma dos procedimentos de controles judicial e administrativo da atividade aduaneira.

Referências

ABBAGNANO, Nicola. *Dicionário de Filosofia.* Trad. Alfredo Bosi. São Paulo: Martins Fontes, 2003.

BALLÃO, Wilson José Spinelli Andersen. *O papel da Financial Action Task Force on Money Laundering no Combate Internacional à Lavagem de Dinheiro.* Dissertação (Mestrado em Direito) – Faculdade de Direito, Universidade Federal de Santa Catarina, 2007.

BARROS, Marco Antônio de. *Lavagem de Dinheiro:* implicações penais, processuais e administrativas: análise sistemática da Lei nº 9.613/98. São Paulo: Oliveira Bastos, 1998.

BECK, Ulrich. *Liberdade ou capitalismo.* Trad. Luiz Antônio Oliveira de Araújo. São Paulo: UNESP, 2003

BECK, Ulrich. *O que é globalização.* Trad. André Carone. São Paulo: Paz e Terra, 1999.

BÉLANGER, Michel. *Instituições Econômicas Internacionais.* 3. ed. Tradução de Pedro Filipe Henriques. Lisboa: Instituto Piaget, 2007.

BRASIL. *Código Penal.* Disponível em: www.planalto.gov.br/ccivil/decreto-lei/del2848. htm. Acesso em: 10 jul. 2010.

CARLUCCI, José Lenci. *Uma introdução ao Direito Aduaneiro*. 3. ed. São Paulo: Aduaneiras, 2005.

CASTELLAR, João Carlos. *Lavagem de dinheiro*: a questão do bem jurídico. Rio de Janeiro: Revan, 2004.

CRUZ, Paulo Márcio; BODNAR, Zenildo. A transnacionalidade e a emergência do estado e do direito transnacionais. *In*: CRUZ, Paulo Márcio; STELZER, Joana (Org.). *Direito e transnacionalidade*. Curitiba: Juruá, 2010.

ENDERLES, George. Más allá de las ganancias y las normas: razones morales para que las empresas combatan la corrupción a nivel mundial. *In*: TRANSPARENCY INTERNATIONAL. *Informe Global de la Corrupción en 2009*: Corrupción y Sector Privado. Cambridge: Cambridge Press, 2009.

FEDERAÇÃO das Câmaras de Comércio Exterior (FCCE). Participação do Brasil no comércio mundial deverá ficar pela primeira vez abaixo de 1%. Disponível em: http:// www.fcce.org.br/NoticiasTexto.aspx?idNoticia=668#. Acesso em 20 abr. 2019.

GIDDENS, Anthony. *Mundo em descontrole*: o que a globalização está fazendo de nós. 4. ed. Trad. Maria Luiza X. de A. Borges. Rio de Janeiro: Record, 2005, p. 84.

HELD, David; McGREW, Anthony. *Prós e contras da globalização*. Trad. Vera Ribeiro. Rio de Janeiro: Jorge Zahar, 2001.

MATTOS, Laura Valladão de. Rumo a uma Sociedade Melhor: Uma análise da agenda de reformas econômicas de J. S. Mill. *Revista de Estudos Econômicos*, FEA/USP, São Paulo, v. 38, n. 2, abr./jun. 2008.

MEIRELLES, Hely Lopes. *Direito Administrativo brasileiro*. 27. ed. São Paulo: Malheiros, 2001.

MELLO, Celso Antônio Bandeira de. *Curso de Direito Administrativo*. São Paulo: Malheiros, 1996.

MENDRONI, Marcelo Batlouni. *Crime de lavagem de dinheiro*. São Paulo: Atlas, 2006.

MINISTÉRIO DO DESENVOLVIMENTO, INDÚSTRIA E COMÉRCIO EXTERIOR. *Balança comercial brasileira*. Disponível em: www.desenvolvimento.gov.br. Acesso em: 2 abr. 2009.

MURTHY, Narayana. Prólogo 1: Combatir la corrupción en las empresas: un plan rentable y viable. *In*: TRANSPARENCY INTERNATIONAL. *Informe Global de la Corrupción en 2009*: Corrupción y Sector Privado. Cambridge: Cambridge Press, 2009.

NORONHA, Fernando. *O direito dos contratos e seus princípios fundamentais*: autonomia privada, boa-fé, justiça contratual. São Paulo: Saraiva, 1994.

OLIVEIRA, Manuel Berclis. *O fenômeno da corrupção na esfera pública brasileira*. 116f. Dissertação (Mestrado em Administração) – Programa de Pós-Graduação em Administração, Universidade Federal do Rio Grande do Norte, 2008.

PASOLD, Cesar Luiz. *Prática da pesquisa jurídica*. 9. ed. Florianópolis: OAB/SC, 2004.

PODVAL, Roberto. O bem jurídico do delito de lavagem de dinheiro. *Revista Brasileira de Ciências Criminais*, a. 6, n. 24, out./dez. 1998.

PORTAL DA JUSTIÇA FEDERAL DA 4ª REGIÃO. *Jurisprudência*. Disponível em: www. trf4.jus.br/trf4/jurisjud/pesquisa.php. Acesso em: 11 jun. 2009.

SEN, Amartya. *Desenvolvimento como liberdade.* 2. ed. Trad. Laura Teixeira Motta. São Paulo: Companhia das Letras, 2005.

SENADO FEDERAL. *Legislação.* Disponível em: www.senado.gov.br/sf/legislacao/const/. Acesso em: 15 jun. 2009.

SROUR, Robert Henry. *Ética empresarial:* o ciclo virtuoso dos negócios. 3. ed. Rio de Janeiro: Elsevier, 2008.

STELZER, Joana; GONÇALVES, Everton das Neves. *Law and Economics* e o justo direito do comércio internacional. *In:* BARRAL, Welber; PIMENTEL, Luís Otávio. *Teoria jurídica e desenvolvimento.* Florianópolis: Fundação Boiteux, 2006.

TEJADA, Sérgio. Defesa em juízo. *In:* FREITAS, Vladimir Passos (Coord.). *Importação e Exportação no Direito Brasileiro.* São Paulo: Revista dos Tribunais, 2004.

TRANSPARENCY INTERNATIONAL. *Barómetro Global de la Corrupción 2009.* 2009.

Informação bibliográfica deste texto, conforme a NBR 6023:2018 da Associação Brasileira de Normas Técnicas (ABNT):

CASTRO JÚNIOR, Osvaldo Agripino de; STELZER, Joana; MENEGHETTI, Tarcísio Vilton. Descaminho e lavagem de dinheiro no comércio exterior: importância do combate à prática criminosa como fator de desenvolvimento no âmbito da Transnacionalidade. *In:* CASTRO JUNIOR, Osvaldo Agripino de (Coord.). *Constituição, tributação e aduana no transporte marítimo e na atividade portuária.* Belo Horizonte: Fórum, 2021. p. 163-209. ISBN 978-65-5518-002-2.

EXCEÇÕES TARIFÁRIAS NO ÂMBITO DO IMPOSTO DE IMPORTAÇÃO: POSSIBILIDADE DO "EFEITO EXTENSIVO" DA CONCESSÃO À DATA DO PROTOCOLO DO PLEITO

ARTUR SAVIANO NETO

Introdução

O sistema tributário brasileiro impõe medo ao contribuinte brasileiro, tal como o Leviatã,[1] sendo maior quando se trata de operações de comércio exterior. Percebe-se, assim, que a realidade brasileira é diferente de muitos outros países, pois, no Brasil, o excesso de normas

---

[1] Sobre o tema, o presidente da Associação dos Agentes Fiscais de Rendas do Estado de São Paulo (Afresp), Sr. Rodrigo Keidel Spada traz à memória, numa perspectiva, histórico-comparativa, que o sistema tributário brasileiro nos faz lembrar o *Bellum omnium contra omnes*, em tradução literal, "guerra de todos contra todos", citado pelo jusnaturalista Thomas Hobbes em sua obra prima *O Leviatã*. Sem lei, o homem, em seu estado natural, é corrompido pela essência insociável e egoísta, condição que inviabiliza o desenvolvimento de uma ordem social, política e econômica. (...) para sair do caos e atingir equilíbrio, é necessário que homens viabilizem um pacto social (...) defender a instituição de um poder soberano, absoluto e indivisível, o pacto social estaria assegurado pelo Estado ou Leviatã, que passa a ser a personificação da razão e do temor aos administrados, com a finalidade de proteger a sociedade através de leis civis. Destaca-se, que a proposta de Hobbes ao defender o estado absolutista, é certo que a complexidade do sistema tributário brasileiro impõe medo, tal como Leviatã. (SPADA, Rodrigo Keidel. *Movimento VIVA: do caos à ordem*. Carta Forense. São Paulo, abr. 2017. Caderno fiscal, p. A8).

OSVALDO AGRIPINO DE CASTRO JUNIOR [Coord.]
CONSTITUIÇÃO, TRIBUTAÇÃO E ADUANA NO TRANSPORTE MARÍTIMO E NA ATIVIDADE PORTUÁRIA

tributárias ultrapassa os princípios atribuídos pela Constituição Federal de 1988, notadamente o da razoabilidade.[2]

O Instituto Brasileiro de Planejamento e Tributação (IBPT) apurou que:

> (...) desde 1988 até 2013, existiam 309.147 normas tributárias, sendo 93.062 só na esfera estadual. De outro lado, a complexidade de regras legais, somada aos dispêndios com custos de conformidade das obrigações acessória, potencializa os litígios entre o fisco e contribuintes, alcançando níveis inimagináveis nas esferas administrativas e judicial.[3]

Além disso, existe no Brasil um embate entre a cumulatividade tributária e a incidência de inúmeros tributos federais e estaduais nas operações de comércio exterior e sobre investimentos. Dois erros crassos, que perduram há décadas, inibem exportações e investimentos, comprometendo a competitividade do setor produtivo e a geração de renda e emprego.

Devem ser considerados os diversos problemas de natureza econômica no âmbito do imposto de importação no comércio exterior brasileiro, que se caracteriza pela existência de tarifas altas em determinados setores, especialmente aqueles de bens de capital e intermediário. Frente a isso, não há dúvida acerca da importância das exceções tarifárias como um dos mecanismos utilizados pelas diversas políticas desenvolvimentistas industriais brasileiras.

Nesse contexto, destaca-se a injustificada demora da Administração Pública, vez que o prazo médio para análise do pleito de Ex-tarifário é de 80 (oitenta dias) e, na prática, é comum que referida análise leve ainda mais tempo aumentando os custos de transação do beneficiário do regime. Assim sendo, justifica-se a relevância do tema abordado, pois há interesse prático no estudo da possibilidade para aplicar o efeito da Portaria Secint[4] concessiva de Ex-tarifário antes da

---

2   O princípio da razoabilidade pode ser observado no artigo 5º, inciso LXXVIII, da Constituição Federal, no artigo 461, §4º, do Código de Processo Civil, no artigo 2º da Lei nº 9.784/99, no artigo 3º da Lei nº 1.533/51 (antiga Lei do Mandado de Segurança), no artigo 111 da Constituição do Estado de São Paulo e nas súmulas 285 e 400 do Supremo Tribunal Federal.

3   SPADA, Rodrigo Keidel. *Movimento VIVA: do caos à ordem*, p. A8.

4   Destaca-se o Decreto nº 9.745, de 08 de abril de 2019, que altera a estrutura regimental e o quadro demonstrativo dos cargos em comissão e das funções de confiança do Ministério da Economia. Especialmente, o art. 82, que vincula a competência da Secretaria Especial de Comércio Exterior e Assuntos Internacionais (SECINT) à fixação das alíquotas do imposto de importação. "Art. 82. À Secretaria Especial de Comércio Exterior e Assuntos Internacionais compete: (...) IV – fixar as alíquotas do imposto de importação, atendidas as condições e os

sua publicação, ou seja, que permitida a sua aplicação às importações, após a data de formalização do pleito.

Para tanto, foi realizada pesquisa bibliográfica no Direito Tributário, no Direito Administrativo e no Direito Aduaneiro, além da legislação e da jurisprudência sobre o tema. Observou-se que há interesse prático no estudo da insegurança jurídica que envolve a possibilidade de o Ex-tarifário ser reconhecido durante a operação de importação, ou seja, quando o pleito para reconhecimento da exceção tarifária "Ex" tenha sido protocolado em data anterior ao registro do despacho aduaneiro de importação.

Para atingir o seu objetivo, o artigo está dividido em quatro partes. A Parte 1, destaca as principais considerações sobre exceções tarifárias, tipos de exceções tarifárias e o ex-tarifário do imposto de importação. Na Parte 2, discorre-se sobre o conceito de imposto de importação e de ex-tarifário do imposto de importação. Na Parte 3, serão expostas as exceções tarifárias no âmbito do imposto de importação e a possibilidade para efeito extensivo da concessão à data do protocolo do pleito. Na Parte 4, serão feitas as considerações finais.

Ressalte-se que o artigo não pretende esgotar o tema, de maneira que objetiva, tão somente, de forma introdutória, contribuir para reduzir a insegurança jurídica existente sobre a possibilidade de o Ex-tarifário do Imposto de Importação ser reconhecido em data posterior ao protocolo do pleito e anterior ao registro do despacho de importação, com a aplicação de princípios adiante mencionados.

1 Breves considerações sobre exceções tarifárias, tipos de exceções tarifárias e o ex-tarifário do Imposto de Importação

1.1 Exceções tarifárias

Para Antônio Houaiss, exceção é desvio de uma regra ou de um padrão convencionalmente aceito.[5] Tem-se, por exemplo, duas situações hipotéticas apresentadas por César Olivier Dalston, ex-auditor fiscal

---

limites estabelecidos na Lei nº 3.244, de 14 de agosto de 1957, no Decreto-Lei nº 63, de 21 de novembro de 1966, e no Decreto-Lei nº 2.162, de 19 de setembro de 1984". Disponível em: https://www.planalto.gov.br/ccivil_03/_ato2019-2022/2019/decreto/d9745.htm. Acesso em: 28 de abr. 2019.

[5] HOUAISS, Antônio e VILLAR, Mauro Salles. *Dicionário Houaiss da Língua Portuguesa*. Rio de Janeiro: Editora Objetiva, 2001, p 33.

da Receita Federal do Brasil que chefiou a Divisão de Nomenclatura e Classificação Fiscal (DINOM) na Coordenação Geral de Administração Aduaneira (COANA):

1º) Se é recomendável que as crianças tomem leite de vaca, mas algumas dentre elas não o fazem, então essas crianças são exceções a essa regra.

2º) Se é aconselhável que todos lavem suas roupas e alguém não o faz então esse alguém está praticando uma exceção á regra das boas práticas de higiene.

3º) Se a velocidade estabelecida para a condução de veículos automóveis numa via expressa é de 100 km/hora, então veículos conduzidos e velocidade superiores ao limite estabelecido serão multados e seus proprietários deverão recolher certa quantia em dinheiro aos cofres de Departamento de Trânsito.

4º) Se todos os cidadãos pagam seus tributos e alguém não o faz, então esse alguém é uma exceção à regra que impõe a todos pagar tributos.[6]

No âmbito das exceções tarifárias no Brasil, cabe destacar que as preferências e as consolidações tarifárias são decorrentes de compromissos assumidos pelo país em negociações tarifárias internacionais. Nesse contexto, cada Estado-parte procura elaborar a sua lista de exceção tarifária, que é o mecanismo de alteração tarifária que objetiva contribuir para o aumento da competitividade do setor produtivo nacional. [7]

Diferentes autores comparam as tarifas brasileiras e de outros países em desenvolvimento para produtos intermediários e bens de capital. Os autores chamam a atenção para o fato de que as tarifas brasileiras, para os dois grupos de produtos, são superiores às dos demais países em desenvolvimento.[8]

No Brasil, a atual estrutura tarifária decorre daquela implementada pela Reforma Tarifária de 1991 e pela negociação da Tarifa

---

[6] DALSTON, Cesar Oliver. *Exceções tarifárias:* ex-tarifário do imposto de importação. São Paulo: Aduaneiras, 2005, p. 49-50.

[7] O art. 5º do Tratado Mercosul (*in verbis*) "progressivas, lineares e automáticas, acompanhadas das eliminação de restrições não-tarifárias ou medidas de efeito equivalente, assim como de outras restrições ao comércio entre os Estados-Partes". Disponível em: http://www.planalto. gov.br/ccivil_03/decreto/1990-1994/d0350.htm. Ou seja, consistiria em reduções tarifárias, em especial àqueles oriundos dos setores de "bens de capital" e "bem de informática e de telecomunicações".

[8] BACHA, E. Integrar para crescer 2.0. Rio de Janeiro: Fórum Nacional BNDES, 2016. (Estudos e Pesquisas, n. 664). Disponível em: https://goo.gl/qjLcX8. Acesso em: 27 abr. 2019. BAUMANN, Renato; KUME, Honório. Novos Padrões de Comércio e a Política Tarifária no Brasil. In: BACHA, Eduardo; BOLLE, Monica B. (Org.). *O futuro da indústria no Brasil.* Rio de Janeiro: Civilização Brasileira, 2013.

Externa Comum (TEC) no âmbito do Mercado Comum do Sul (Mercosul). A seguir, o gráfico reproduz a evolução da tarifa aduaneira brasileira de 1983 a 2016:[9]

Gráfico 1 – Evolução das tarifas aduaneiras no Brasil (1983-2016)

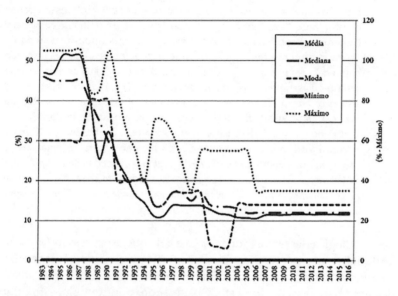

Fonte: RBCE. Elaborado por Marta Reis Castilho, professora do Instituto de Economia da UFRJ.

É notório que a liberalização comercial brasileira começou no final dos anos 1980, com supressão de tarifas redundantes e diversas limitações às importações. Com isso, o programa de abertura se intensificou nos anos 1990 e envolveu a revisão da estrutura tarifária, além da eliminação de barreiras não tarifárias e de regimes especiais de importação (Ex-tarifário do Imposto de Importação).[10]

Com efeito, não pode ser esquecido que a política comercial de importações não é composta apenas pela tarifa aduaneira. Apesar de que este seja seu elemento tradicional, existe a possibilidade de aplicar outros instrumentos, que também devem ser considerados, entre eles,

---

[9] CASTILHO, M. R. Reflexões acerca da Tarifa Aduaneira Brasileira. *RBCE. Revista Brasileira de Comércio Exterior*, n. 135, a. XXXII, p. 24-25. Incluem informações até maio de 2016.
[10] *Idem Ibidem*, p. 24 – 25.

o regime especial de tributação via concessão de ex-tarifário para o imposto de importação.[11]

Por fim, tem-se a lição de Cesar Olivier Dalston, autor de singular obra sobre o tema:

> Em conseqüência ao estudo das exceções tarifárias interessa apenas o subgênero "exceção à regra impositiva". De início convém tecer comentários sobre a natureza da "exceção à regra impositiva" a partir do entendimento que André Latante tem de exceção, isto é, exceção como o *"o ato pelo qual se exclui um caso de uma regra ou de uma fórmula geral que lhe seria aplicável, resultando esta exclusão (...) da própria decisão que estabelece a regra"*. [...] Em segundo lugar é recomendável trazer alguma luz em relação ao adjetivo tarifária na expressão "exceção tarifária". Para tanto pode-se partir do ensinamento dado pelo prof. Eduardo Marcial Ferreira Jardim sobre tarifa, que é visto como *"expressão sinônima de preço público"*, *distinguindo-se, desta feita, do "regime jurídico tipificador do tributo, já em sua gênese, porquanto seu nascimento pressupõe um acordo de vontades, ao contrário, portanto, do tributo, onde a vontade não exprime elemento formador do vínculo obrigacional"*. (grifos do autor)

A lógica desse posicionamento é a de que, a expressão "exceção tarifária" deve ser entendida como alteração, para mais ou para menos, na alíquota *ad valorem* de um tributo, em especial, a sua espécie mais destacada, qual seja, o imposto. Objetivando, por exemplo, estimular ampliar ou reestruturar um ou mais setores da economia ou, de forma indireta, atuar nas citadas direções equalizando as condições para a saudável competição entre as empresas num determinado mercado, inferindo-se daí que "exceção tarifária" não é, por isso, um benefício fiscal.[12]

Importante ainda salientar que as exceções tarifárias estão inseridas no âmbito das políticas de apoio aos investimentos, produção e exportações adotadas pelo governo brasileiro.[13] Dessa maneira, por

---

[11] Para informações a respeito de Tarifa Aduaneira como Instrumento de Política de Desenvolvimento Produtivo: Contribuições para o Debate Recente no Brasil, ver: http://repositorio.ipea.gov.br/bitstream/11058/8345/1/Radar_n56_tarifa%20aduaneira.pdf. Acesso em: 21 abr. de 2019.

[12] DALSTON, Cesar Oliver. *Exceções tarifárias:* ex-tarifário do imposto de importação, p. 52.

[13] Diga-se, por exemplo: O Plano Brasil Maior foi instituído pelo Governo Federal, que estabelece a política industrial, tecnológica e de comércio exterior. Focado no estímulo à inovação e à produção nacional para alavancar a competitividade da indústria nos mercados interno e externo, o país se organiza para avançar em direção ao desenvolvimento econômico e social. O Pano estabelece um conjunto de medidas, a partir do diálogo com o setor produtivo, destacam-se: (I) Desoneração dos investimentos e das exportações; (II) Ampliação e

exemplo, algumas exceções tarifárias, visam socializar o acesso a tipos específicos de mercadorias, especialmente de bens intermediários e de máquinas e equipamentos.

À vista disso, é possível concluir que espécie "exceção tarifária", pertencente ao subgênero "exceção à regra impositiva". Por fim, sofre, por praticidade, uma contração, isto é: "exceção tarifária" à "Exceção tarifária" à "Ex-tarifário".[14]

1.2 Tipos de exceções tarifárias

Destaca-se que as exceções tarifárias podem ser divididas em espécies e em diversas subespécies. Assim, se o critério utilizado considerar a sua aplicação, a espécie "Exceção tarifária" à "Ex-tarifário" tem duas subespécies: Ex-tarifário Mercosul e Ex-tarifário Brasil.[15]

No quadro a seguir, busca-se demonstrar divisão e das exceções tarifárias:

Quadro 1 – Demonstrativo da divisão das exceções tarifárias

(continua)

Exceções Tarifárias	Abrangência	Instituição envolvida
Mercosul	Ex-tarifário de imposto **abrange tão somente o Imposto de Importação,** aquele previsto na Tarifa Externa Comum. As mercadorias vinculadas à exceção tarifária (ex-tarifário) têm suas alíquotas *ad valorem* do imposto de importação reduzidas a níveis estabelecidos pelos Estados-partes do Mercosul.	Conselho do Mercado Comum (CMC). É quem aprova a exceção tarifária (ex-tarifário), e têm sua publicação por meio de uma Decisão CMC e posteriormente introduzida no ordenamento jurídico de cada país integrante do bloco comercial.[16]

---

simplificação do financiamento ao investimento e às exportações; (III) Aumento de recursos para inovação; (IV) Aperfeiçoamento do marco regulatório da inovação; (V) Estímulos ao crescimento de micro e pequenos negócios; (VI) Fortalecimento da defesa comercial; (VII) Criação de regimes especiais para agregação de valor e de tecnologia nas cadeias produtivas; e (VIII) Regulamentação da lei de compras governamentais para estimular a produção e a inovação no país. (*PLANO BRASIL MAIOR.* Brasília. 01 out. 2016. Disponível em: http://www.abdi.com.br/paginas/pdp.aspx. Acesso em: 21 abr. 2019.

[14] DALSTON, Cesar Oliver. *Exceções tarifárias:* ex-tarifário do imposto de importação, p. 52.

[15] DALSTON, Cesar Oliver. *Exceções tarifárias:* ex-tarifário do imposto de importação, p. 75.

[16] Disponível para consulta em: http://www.camex.gov.br/formulario-para-alteracoes-temporarias-da-tec. Acesso em: 28 abr. 2019.

OSVALDO AGRIPINO DE CASTRO JUNIOR [Coord.]
CONSTITUIÇÃO, TRIBUTAÇÃO E ADUANA NO TRANSPORTE MARÍTIMO E NA ATIVIDADE PORTUÁRIA

(conclusão)

Exceções Tarifárias	Abrangência	Instituição envolvida	
Brasil	Há dois tipos de exceções tarifárias (ex-tarifário). Uma ligada ao (i) **Imposto sobre Produtos Industrializados (IPI)** e outro relacionado ao (ii) **Imposto de Importação (II)**.	**(i)** Exceção tarifária (ex-tarifário) do IPI. Com regularidade, reduções e aumento nas alíquotas *ad valorem* do IPI.	É aprovado por meio de decreto do Poder Executivo.
		(ii) Exceção tarifária (ex-tarifário) do II. Com regularidade, implicam redução na alíquota *ad valorem* do II.	É concedido por meio de Portaria da Secretaria Especial de Comércio Exterior e Assuntos Internacionais – (SECINT), resultado de decisão colegiada.

Fonte: Elaboração própria a partir de DALSTON, Cesar Oliver, 2005.

Por fim, para os objetivos deste artigo, somente será investigada a subespécie Ex-tarifário de imposto, especialmente a que trata do ex-tarifário do Imposto de Importação[17] e suas particularidades, já que "(...) o imposto de importação, cujas alíquotas ou base de cálculo podem ser alteradas pelo Poder Executivo *'nas condições e nos limites estabelecidos em lei'*, condicionado aos níveis mínimo e máximo da lei".[18]

2 Breves considerações sobre Imposto de Importação e o Ex-tarifário do Imposto de Importação

2.1 Imposto de Importação

É um imposto que remonta à própria origem do comércio, havendo vestígios de sua cobrança nas mais remotas civilizações. Nas palavras de Rosaldo Trevisan:

---

[17] Conforme Aliomar Baleeiro, o Imposto de Importação perdeu importância como fonte de receita – a maior no tempo da monarquia brasileira – e ganhou relevo como arma de política econômica e fiscal. (BALEEIRO, Aliomar. *Direito tributário brasileiro*. 9. ed. Rio de Janeiro, Forense, 1977, p. 124).

[18] BALEEIRO, Aliomar. *Direito tributário brasileiro*, p. 78.

Trata-se de espécie tributária existente em qualquer país do mundo e que, desde o período que sucedeu à 2º Grande Guerra, vem recebendo sucessivo e crescente tratamento internacional, com a finalidade de harmonizar, ou até uniformizar, tanto aspectos quantitativos quanto procedimentos, fomentando o comércio.[19]

É inegável que o Imposto de Importação é parte da história brasileira, antecedendo a própria Independência do Brasil, conforme Cesar Olivier Dalston:

> (...) pois, desde 1808, com abertura dos portos brasileiros ao comércio com as nações amigas da Coroa Portuguesa, já se verificava o estabelecimento de valores, calculados a partir de alíquotas *ad valorem* aplicadas sobre o preço da mercadoria, a título de satisfação dos direitos aduaneiros pela importação de mercadorias.[20]

No que se refere ao Imposto de Importação no Brasil, no direito positivo brasileiro, deve-se tomar como ponto de partida o art. 153, inciso I, da Constituição Federal de 1988:

> Art. 153. Compete à União instituir impostos sobre:
> I – importação de produtos estrangeiros;
> §1º É facultado ao Poder Executivo, atendidas as condições e os limites estabelecidos em lei, alterar as alíquotas dos impostos enumerados nos incisos I, II, IV e V.

Tal dispositivo deve ser combinado com art. 19 da Lei nº 5.172/66, que dispõe sobre o sistema tributário nacional (Código Tributário Nacional):

> Art. 19. O imposto, de competência da União, sobre a importação de produtos estrangeiros tem como fato gerador a entrada destes no território nacional.

Prosseguindo, é importante destacar o que dispõe o art. 1º do Decreto-Lei nº 37/66:

> Art. 1º – O Imposto sobre a Importação incide sobre mercadoria estrangeira e tem como fato gerador sua entrada no Território Nacional.

---

[19] TREVISAN, Rosaldo. *O imposto de importação e o direito aduaneiro internacional*. São Paulo: Aduaneiras, 2017, p. 19.

[20] DALSTON, Cesar Oliver. *Exceções tarifárias*: ex-tarifário do imposto de importação, p. 193.

Pelo até aqui exposto, nota-se a construção do critério material da hipótese de incidência do imposto de importação. E do exame desses dispositivos, fica claro que o critério material do imposto compreende o verbo "importar".[21]

É a partir desse perfil peculiar do Imposto sobre a Importação, e do seu vínculo com a atividade de comércio exterior, com advento da industrialização (Década de 1950) e a política de substituição das importações (anos 1960 até 1980),[22] o Imposto de Importação deixou de ser usado como vetor de arrecadação e passou a atuar como elemento de proteção da indústria brasileira, objetivando sua consolidação e desenvolvimento.[23]

Como qualquer outro país, o Brasil tem percalços e dificuldades.[24] Para investir em funções básicas, o Estado necessita de dinheiro. Para isso, arrecada do contribuinte valores normalmente crescentes, no entanto, a carga tributária excessiva que sufoca o povo em geral e o empresário e a indústria.[25] Isso, sem sombra de dúvida, implica perda da competitividade internacional, devido ao sucateamento do parque fabril decorrente da inviabilidade de realizar novos investimentos com a importação de novas tecnologias, insumos, matérias-primas, componentes, máquinas, aparelhos e equipamentos, entre outros itens em cada etapa do processo produtivo.

---

[21] SEHN, Solon. *Imposto de importação.* 1. ed. São Paulo: Noeses, 2016, p. 24.

[22] Para Heloisa Conceição Machado da Silva. "A primeira tentativa de melhor compreensão das tendências do comércio exterior brasileiro a partir da implementação da Industrialização Substitutiva de importações fora feita pelo economista Suzigan e pelos analistas do IPEA. Em artigo publicado em 1975, Suzigan afirma que a forma não intencional como se deu a industrialização brasileira até meados de 1950, combinada à inexistência de uma política de promoção de exportações capaz de contrabalançar o viés antiexportador da taxa de câmbio contribuiu para a ausência de produtos manufaturados na pauta de exportações. Segundo o autor, a partir de meados de 1950, o desenvolvimento industrial passou a ser promovido por uma política governamental, mas não orientado. Isso é, a indústria passou a contar com uma enorme quantidade de incentivos que subsidiavam a formação de capital e protegiam o mercado interno, mas a sua concessão era indiscriminada, não se sujeitando a prioridades, nem a objetivos de política econômicas. Para Suzigan, os investimentos industriais do Brasil, foram, portanto, claramente guiados pelo mercado, e não por uma estratégia de industrialização. (...) no período de 1945 a 1979 e, em especial, o caso das exportações de manufaturados. (...) vê o controle seletivo de importações como um grande entrave ao processo de liberação do comércio exterior brasileiro via promoção das exportações. (...) essa situação da própria dinâmica do Modelo de Industrialização Substitutiva de Importações (ISI), cuja preocupação básica era de apenas manter razoavelmente estabilizada a receita cambial, atendo-se a política de comércio exterior quase exclusivamente ao controle de importações. (SILVA. Heloisa Conceição Machado da. *Da substituição de importações à substituição de exportações*: a política de comércio exterior brasileira de 1945 a 1979. Porto Alegre: Editora da UFRGS, 2004, p. 25.)

[23] DALSTON, Cesar Oliver. *Exceções tarifárias*: ex-tarifário do imposto de importação. p. 193.

[24] LABAUT. Ênio Neves. *Política de comércio exterior.* São Paulo. Aduaneiras, 1994, p. 38.

[25] CARCIA JUNIOR. Armando Alvares. *Tributação no Comércio internacional.* 2. ed. São Paulo. LEX Editora. 2005, p. 13

A partir disso, é possível entender que o Imposto de Importação é de importância fundamental à estratégia competitiva para a indústria (proteção e controle de importações). Por esse motivo, é relevante a exceção tarifária/ex-tarifário no Imposto de Importação para redução (benefício que cria condições favoráveis para o aperfeiçoamento que beneficiará o aumento da produção, emprego e renda) da alíquota na importação de novas tecnologias, insumos, matérias-primas, componentes, máquinas, aparelhos e equipamentos, entre outros itens que contribuíram para o aumento da competitividade internacional do Brasil.

Por fim, o Imposto de Importação passou a exercer novas funções, quais sejam: (i) como agente de proteção das economias do Mercosul, ou seja, as mercadorias produzidas na esfera desse mercado regional recebem, em regra, maiores alíquotas *ad valorem* do Imposto de Importação do que aquelas não produzidas nos países do Mercosul; e (ii) como elemento para estimular, facilitar e baratear a aquisição de insumos, matérias-primas, componentes, máquinas, aparelhos e equipamentos, entre outros itens não fabricados no Mercosul, de tal maneira a acelerar o crescimento econômico da região, modernizando, por exemplo, o seu parque industrial, com ganhos substantivos de produtividade e, a partir daí, tornando-a, por exemplo, exportadora de bens com maior valor agregado.[26]

2.2 Ex-tarifário do Imposto de Importação

A origem dos Ex-tarifários do Imposto de Importação convém tomar a segunda metade do século XX como marco temporal inicial, haja vista a edição da bem elaborada Lei nº 3.244, de 14 de agosto de 1957, que, entre outras providências, trata da reforma das Tarifas das Alfândegas.[27]

É importante frisar, ademais, que, recentemente, a concessão do regime teve uma mudança de ritos e critérios, a partir da publicação das Portarias do Ministério da Economia nº 309, de 24 de junho de 2019, e nº 324, de 29 de agosto de 2019.

Segundo o art. 2º da Portaria nº 309/2019, a análise e recomendações dos pleitos compete à Secretaria de Desenvolvimento da Indústria, Comércio, Serviços e Inovação, do Ministério da Economia:

> Os pleitos de redução do Imposto de Importação para BK e BIT, assim como os de renovação, alteração ou revogação, serão dirigidos à Secretaria de

---

[26] DALSTON, Cesar Oliver. *Exceções tarifárias:* ex-tarifário do imposto de importação, p. 194.

[27] Refere-se, ao imposto de importação, puramente fiscal para instrumento extrafiscal destinado á proteção dos produtores nacionais. (BALEEIRO, Aliomar. *Direito tributário brasileiro.* 9. ed. Rio de Janeiro, Forense, 1977. p 123).

Desenvolvimento da Indústria, Comércio, Serviços e Inovação, devendo ser preenchidos, única e exclusivamente, por meio de formulários específicos disponibilizados no Sistema Eletrônico de Informações - SEI - do Ministério da Economia, com perfil de usuário externo.

O objetivo central de qualquer Ex-tarifário do Imposto de Importação reside no binômio: estímulo ao investimento produtivo e ordenação do processo de redução das alíquotas do Imposto de Importação de Bens de Capital (BK) e Bens de Informática e de Telecomunicações (BIT), sem produção de similar nacional.

Os gráficos[28] a seguir mostram que o resultado macroeconômico da redução das tarifas de BK e BIT são positivos para país:

Gráfico 1 - Efeitos das reduções tarifárias sobre o PIB (2018-2030)

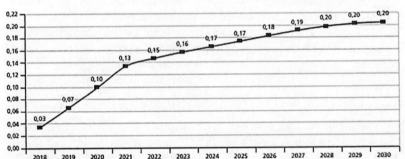

O PIB apresenta ganhos gradativos a cada ano em relação ao seu desempenho no cenário *baseline*, com aumentos mais significativos nos primeiros anos (0,03% em 2018, 0,04% em 2019, 0,03% em 2020 e 0,03% em 2021) e menores nos anos seguintes, após o fim do ciclo de desgravação.

Fonte: Elaboração própria a partir de BEPI nº 24, jan./abr. 2019.

---

[28] BEPI – Boletim de Economia e Política Internacional. Avaliação de Impacto da eliminação do Regime de Ex-tarifário e da Redução das Tarifas de Importação sobre Bens de Capital e Bens de Informática e Telecomunicações. Disponível para consulta em: http://www.ipea. gov.br/portal/index.php?option=com_content&view=article&id=34569&Itemid=4. Acesso em: 27 abr. 2019.

Gráfico 2 - Efeitos das reduções tarifárias sobre o investimento agregado (2018-2030)

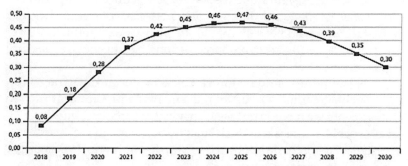

O investimento cresce bastante entre 2018 e 2022, acumulando ganho de 0,42% nesses cinco primeiros anos. O ganho máximo é alcançado em 2025 e reduz-se posteriormente, alcançando 0,30% em 2030.

Fonte: Elaboração própria a partir de BEPI nº 24, jan./abr. 2019.

Nesse sentido, o mecanismo para concessão de Ex-tarifário é bastante atrativo para o país, assim como é para os importadores (empresários e indústrias). Ou seja, um país que tem como plano melhorar sua produção e sua competitividade com aumento da produtividade não pode cogitar a eliminação do ex-tarifário para redução das tarifas de importação sobre bens de capital e bens de informática e telecomunicações.

Além disso, é importante destacar que ele não é benefício fiscal, mas causa os mesmos efeitos. Trata-se, em verdade, de redução temporária da alíquota do imposto de importação comum que estimula o investimento, produção e geração de novos postos de trabalho. A página oficial do Ministério da Economia, Indústria, Comércio Exterior e Serviços (MDIC), conceitua a referida exceção como:

> O regime de Ex-Tarifário consiste na redução temporária da alíquota do imposto de importação de bens de capital (BK) e de informática e telecomunicação (BIT), assim grafados na Tarifa Externa Comum do Mercosul (TEC), quando não houver a produção nacional equivalente. Ou seja, representa uma redução no custo do investimento.[29]

---

[29] MDIC. O que é Ex-tarifário. Brasília, jun. 2017. Disponível em: http://www.mdic.gov.br/competitividade-industrial/acoes-e-programas-13/o-que-e-o-ex-tarifario. Acesso em: 22 abr. 2019.

Para a concessão do regime, é necessário observar os ritos da Portaria ME nº 309/2019 que dispõe sobre a redução, temporária e excepcional, da alíquota do Imposto de Importação, por meio do Regime de Ex-tarifário, para bens de capital (BK) e bens de informática e de telecomunicações (BIT) sem produção nacional equivalente, e estabelece regras procedimentais.

Neste ponto, ainda cumpre destacar desburocratização do processo/pleito, uma vez que foi implementado procedimentos para requerimento via módulo de "peticionamento eletrônico", que deverão ser preenchidos, única e exclusivamente, por meio de acesso externo ao Sistema Eletrônico de Informações (SEI) do Ministério da Economia, com perfil de usuário externo.

Conforme informado anteriormente, o regime de Ex-tarifário busca promover a atração de investimentos no país, uma vez que desonera os aportes direcionados a empreendimentos produtivos. Destaca-se que o MDIC acrescenta os três pontos fundamentais acerca da importância desse regime:

> Viabiliza aumento de investimentos em bens de capital (BK) e de informática e telecomunicação (BIT) que não possuam produção equivalente no Brasil;
> Possibilita aumento da inovação por parte de empresas de diferentes segmentos da economia, com a incorporação de novas tecnologias inexistentes no Brasil, com reflexos na produtividade e competitividade do setor produtivo – conforme preconizado nas diretrizes do Plano Brasil Maior – PBM;
> Produz um efeito multiplicador de emprego e renda sobre segmentos diferenciados da economia nacional.[30]

Deve-se observar que sem aplicação do regime, as importações de bens de capital (BK) têm incidência de 14% de Imposto de Importação e, as de informática e telecomunicações (BIT), 16%. Merece destaque, a posição atual do Ministério da Economia, especialmente da Camex e Secint, que têm promovido a redução de 0% (zero), ao amparo do Ex-tarifário.

Sendo concedido o benefício, são criados de forma temporária um "EX" nos códigos da Nomenclatura Comum do Mercosul (NCM), com

---

[30] MDIC. O que é Ex-tarifário. Brasília, jun. 2017. Disponível em: http://www.mdic.gov.br/competitividade-industrial/acoes-e-programas-13/o-que-e-o-ex-tarifario. Acesso em: 22 abr. 2019.

numeração própria e descrição detalhada[31] e especial dos equipamentos pretendidos. Assim, após a análise, com a concessão do "Ex-tarifário", será incluída na tabela Tarifa Externa Comum (TEC)[32] a nova alíquota,[33] via de regra, reduzida para 0% (zero), pelo prazo igual ou inferior a 2 (dois) anos, podendo ser prorrogado, ou até mesmo revogado, antes do fim do prazo.

Acontece que antes da obtenção do ex-tarifário, o importador deve seguir o prescrito pela Portaria ME nº 309/2019. Ou seja, protocolar o pleito nos termos exigidos, que terá análise preliminar, realizada pela Secretaria de Desenvolvimento da Indústria, Comércio, Serviços e Inovação do Ministério da Economia (art. 7º da Portaria ME nº 309/2019).

Após seguir o prescrito na Portaria, a Secretaria de Análise de pleitos de Ex-tarifários submeterá a proposta de concessão recomendações acompanhadas de pareceres técnicos e respectivas minutas de portarias a ser analisada e aprovada pelo Secretaria Especial de Comércio Exterior e Assuntos Internacionais, que poderá ouvir a Subsecretaria de Estratégia Comercial da Secretaria Executiva da Câmara de Comércio Exterior, antes da assinatura dos atos de deferimento e indeferimento.[34]

Se os documentos forem corretamente apresentados, caso exista indícios de erro na classificação tarifária,[35] poderá consultar a Secretaria

---

[31] A descrição detalhada da mercadoria é ponto importante. É a descrição detalhada da mercadoria que demonstra todos os elementos para confirmar sua classificação fiscal e o vínculo com o texto da descrição da mercadoria que foi publicado no Ex-tarifário. Além disso, o inciso III do artigo 711 do Regulamento deixa claro que a descrição da mercadoria incompleta *'aplica-se multa de um por cento sobre o valor aduaneiro da mercadoria'* somado a possibilidade de descaracterização da mercadoria importada na condição de Ex-tarifário.

[32] "Tarifa Externa Comum" é a reunião de uma nomenclatura de mercadorias. Mais conhecida por Nomenclatura Comum do Mercosul, com um conjunto de alíquotas *ad valorem*, devidamente negociado entre os "Estados-Partes" do Mercosul. O comércio de mercadorias originárias dos "Estados-Partes" não implica na cobrança do Imposto de Importação previsto na TEC. (DALSTON, Cesar Oliver. *Exceções tarifárias:* ex-tarifário do imposto de importação, p. 35).

[33] "A palavra alíquota deriva "dalla latina aliquot, cioé 'alquanto', e denota generalmente quella parte dell'intero, Che presa un certo numero di volte dá esattamente l'intero. Guiuridicamente La parola há importanza in matéria tributaria, perchè esprime La misura o megçio Il Tasso Del tributo, Che si paga in proporzione all'aggetto colpito dal tributo, più esattamente al valore imponibile". (...) Também na matemática (...) sob a ótica desta ciência, representa um número que se contém noutro um número exato de vezes. (...) No plano normativo, alíquota é o indicador da proporção a ser tomada da base de cálculo. (BARRETO, Aires. *Base de cálculo, alíquota e princípios constitucionais.* 2. ed. São Paulo: Max Limonad, 1998, p. 54).

[34] Conforme, artigo 16 da Portaria ME nº 309/2019.

[35] "A convenção Internacional do Sistema Harmonizado de Designação e Codificação de Mercadorias, celebrada em Bruxelas em junho de 1983, estabeleceu a Nomenclatura do Sistema Harmonizado (SH), que é a base jurídica do direito brasileiro para a Tarifa Externa Comum – TEC e a Nomenclatura Comum do Mercosul – NCM, além da Tabela do IPI – TIPI.

Especial da Receita Federal do Brasil e solicitar ao interessado que seja efetuada a adequação da classificação fiscal, assim como da descrição da mercadoria,[36] se necessário. Além disso, com a mercadoria enquadrada nos requisitos, será efetuada uma Consulta Pública[37] para que os fabricantes nacionais de produtos que apresentem produção equivalente ou associações possam apresentar contestação ao pleito.

Para os casos em que a Secretaria de Desenvolvimento da Indústria, Comércio, Serviços e Inovação entender preenchidos os requisitos da legislação para a concessão de Ex-Tarifário, suas recomendações serão levadas à Secretaria Especial de Comércio Exterior e Assuntos Internacionais (Secint).[38] Após isso, serão publicados no *Diário Oficial da União*, por portarias editadas pelo Secretário Especial de Comércio Exterior e Assuntos Internacionais com alteração (redução) da alíquota.

O que ocorre, na verdade, é a morosidade da Administração Pública, vez que o prazo médio para análise do pleito de Ex-tarifário é de 80 (oitenta) dias e pode ultrapassar os 90 (noventa). Ademais, na prática, é comum que referida análise leve ainda mais tempo aumentando os custos de transação do beneficiário do regime.

Por fim, importante alertar que aquele que desejar reduzir os custos das suas operações com o Ex-Tarifário deverá buscar orientação

---

(...) O Brasil ratificou a Convenção do Sistema Harmonizado pelo Decreto Legislativo n. 71/1988 e Decreto n. 97.409/1988, vigendo até 31/12/1996 a NBM/SH – Nomenclatura Brasileira de Mercadorias. (...) Destaca-se, que a tarefa de classificação fiscal das mercadorias pode assumir proporções e grau de dificuldades acentuados, para os contribuintes. (ARAUJO, A. C. M. S. O princípio da boa-fé e as multas por erro de classificação fiscal de mercadorias na importação. *In: Tributação Aduaneira: à luz da jurisprudência do CARF;* coordenação Marcelo Magalhães Peixoto, Angela Sartori, Luiz Roberto Domingo. 1º Ed. São Paulo, 2013, p. 21). Isso pois, muitas vezes, não apresentam conhecimento técnico suficientemente preparado e aparelhado para concluir a análise aprofundada para a correta classificação fiscal da mercadoria que vai compor a operação.

[36] "(...) o erro na descrição da mercadoria importada (...) declarando o importador notas descritivas que apontam para bem de natureza e espécie diversa, revelando o propósito de obtenção de indevida vantagem fiscal, como pagamento de menos tributos, por conta de classificação mais vantajosa ao importador (...)". (ARAUJO, A. C. M. S. O princípio da boa-fé e as multas por erro de classificação fiscal de mercadorias na importação. *In: Tributação Aduaneira:* à luz da jurisprudência do CARF; coordenação Marcelo Magalhães Peixoto, Angela Sartori, Luiz Roberto Domingo. 1º ed. São Paulo, 2013, p. 28). É necessário lembrar que descrição mercadoria é de extrema importância, uma vez, que é ela que vai auxiliar no processo de classificação fiscal.

[37] Em conformidade com o art. 8º, da Portaria ME nº 309/2019, a realização de Consulta Pública para análise de produção nacional equivalente dos pedidos de Ex-tarifários será efetuada periodicamente, às terças-feiras, e publicadas na página eletrônica: http://www.mdic.gov. br/competitividade-industrial/acoes-e-programas-13/o-que-e-o-ex-tarifario-6 Acesso em: 22 abr. 2019.

[38] Conforme art. 15 da Portaria ME nº 309/2019.

especialização[39] para implementar essa vantagem em seu favor, buscando o perfeito enquadramento técnico aduaneiro.

3 Exceções tarifárias no âmbito do Imposto de Importação e a possibilidade para o efeito extensivo da concessão à data do protocolo do pleito

3.1 Possibilidade para o efeito extensivo da concessão à data de protocolo do pleito

Conforme demonstrado anteriormente, o estatuto do Ex-tarifário incentiva os importadores que estão realizando investimento de novas tecnologias, insumos, matérias-primas, componentes, máquinas, aparelhos e equipamentos, sem similar nacional a buscar o mecanismo pelo qual o governo reduz temporariamente a alíquota do Imposto de Importação da futura operação de importação.

Ademais, o Imposto de Importação possui natureza marcantemente extrafiscal, servindo como importante mecanismo de controle do comércio internacional. Assim sendo, tem-se que a referida classificação possui fundamento em duas circunstâncias que denotam sua natureza jurídica de tributo extrafiscal, entre elas: (i) suas alíquotas podem ser alteradas através de ato normativo emanado do Poder Executivo, atendidas as condições e os limites estabelecidos em lei, de acordo com o permissivo previsto no art. 153, §1º, da Constituição Federal de 1988; e (ii) não se sujeita ao princípio da anterioridade, em decorrência da previsão contida no art. 150, §1º, da Constituição Federal de 1988.

Cabe destacar que os importadores buscam essa medida para reduzir o custo de aquisição de bens que vão incorporar o ativo imobilizado das suas empresas, para aumentar o ganho de produtividade e, não menos importante, estimular novos postos de trabalho. Em decorrência disso, combinado com a característica extrafiscal do Imposto

---

[39] Caso não o faça, ficará sujeito ao cumprimento das normas e sanções aduaneiras vigentes e, por sua vez, aumento dos custos de transação, acarretando perda de mercado dos seus produtos, além da possibilidade de aplicação de penalidades aduaneiras gravosas em seu desfavor. Além disso "Destaca-se a participação dos intervenientes nas operações de comércio exterior, especialmente do Despachante Aduaneiro, uma vez, que tem atuação direta entre as empresas exportadoras, importadoras, a Aduana e seus demais intervenientes: Anvisa, Decex, Mapa, Inmetro, entre outros. (SAVIANO, Artur Neto. Aspectos Destacados das Funções do Despachante Aduaneiro e a sua Ilegitimidade Passiva na *Demurrage* de Contêiner. *In:* CASTRO JUNIOR, Osvaldo Agripino de (Org.) *Teoria e prática da demurrage de contêiner*. São Paulo: Aduaneiras, 2018, p. 218.).

de Importação, a legislação, como forma de viabilizar o ingresso de determinados bens de capital no país (investimento na planta fabril), objetiva reduzir a carga tributária, em hipóteses específicas, com a possibilidade de redução da sua alíquota ou até mesmo de concessão de isenção.

Pelo exposto, não há dúvidas de que existe possibilidade para reduzir a alíquota do Imposto de Importação, conforme se observa no *caput* do art. 4º da Lei nº 3.244/57:

> Art. 4º – Quando não houver produção nacional de matéria-prima e de qualquer produto de base, ou a produção nacional desses bens for insuficiente para atender ao consumo interno, poderá ser concedida isenção ou redução do imposto para a importação total ou complementar, conforme o caso.
>
> §1º A isenção ou redução do impôsto será concedida mediante prova de aquisição de determinada quota do produto nacional, na fonte de produção, ou prova de recusa, ou incapacidade de fornecimento, dentro do prazo e a preço CIF não superior ao do similar estrangeiro acrescido do impôsto de importação.
>
> §1º – A isenção ou redução do imposto, conforme as características de produção e de comercialização, e a critério do Conselho de Política Aduaneira, será concedida
>
> a) mediante comprovação da inexistência de produção nacional, e, havendo produção, mediante prova, anterior ao desembaraço aduaneiro, de aquisição de quota determinada do produto nacional na respectiva fonte, ou comprovação de recusa, incapacidade ou impossibilidade de fornecimento em prazo e a preço normal;
>
> b) por meio de estabelecimento de quotas tarifárias globais e/ou por período determinado, que não ultrapasse um ano, ou quotas percentuais em relação ao consumo nacional
>
> §2º A concessão será de caráter geral em relação a cada espécie de produto, garantida a aquisição integral da produção nacional.
>
> §2º – A concessão será de caráter geral em relação a cada espécie de produto, garantida a aquisição integral de produção nacional, observada, quanto ao preço, a definição do Art. 3º, do Decreto-Lei nº 37, de 18 de novembro de 1966;
>
> §3º – Quando, por motivo de escassez no mercado interno, se tornar imperiosa a aquisição no exterior, de gêneros alimentícios de primeira necessidade, de matérias-primas e de outros produtos de base, poderá ser concedida para a sua importação, por ato do Conselho de Política Aduaneira, isenção do imposto de importação e da taxa de despacho aduaneiro, ouvidos os órgãos ligados à execução da política do abastecimento e da produção;

§4º – Será no máximo de um ano, a contar da emissão, o prazo de validade dos comprovantes da aquisição da quota de produto nacional prevista neste artigo e nas notas correlatas da Tarifa Aduaneira.

§5º – A isenção do imposto de importação sobre matéria-prima e outro qualquer produto de base, industrializado ou não, mesmo os de aplicação direta, somente poderá beneficiar a importação complementar da produção nacional se observadas as normas deste artigo.[40]

Além disso, o art. 21 da Lei nº 5.172/1966 – Código Tributário Nacional (CTN), em relação ao Imposto de Importação, permitiu ao Poder Executivo, nas condições e limites estabelecidos em lei, alterar as alíquotas ou as bases de cálculo do Imposto de Importação, a fim de ajustá-lo aos objetivos da política cambial e do comércio exterior brasileiro.[41]

Conforme citado anteriormente (2.1), a Constituição Federal de 1988, na versão da pela Emenda Constitucional nº 20, de 1988, estabeleceu que: "Art. 153. Compete à União instituir impostos sobre: I – importação de produtos estrangeiros; §1º É facultado ao Poder Executivo, atendidas as condições e os limites estabelecidos em lei, alterar as alíquotas dos impostos enumerados nos incisos I, II, IV e V".

Por fim, o art. 110 do Decreto nº 6.759/2009 – Regulamento Aduaneiro estabeleceu que:

> Art. 110. Caberá restituição total ou parcial do imposto pago indevidamente, nos seguintes casos:
> (...)
> III – verificação de que o contribuinte, à época do fato gerador, era beneficiário de isenção ou de redução concedida em caráter geral, ou já havia preenchido as condições e os requisitos exigíveis para concessão de isenção ou de redução de caráter especial (Lei no 5.172, de 1966, art. 144, caput); e

Além desses dispositivos legais, deve-se mencionar a Portaria ME nº 309/2019, que dispõe sobre a redução temporária da alíquota do Imposto de Importação a mercadorias alojadas em códigos de NCM grafados com BK (bens de capital) ou BIT (bens de informática e telecomunicações), sem produção no mercado nacional.

---

[40] Disponível em: http://www.planalto.gov.br/ccivil_03/LEIS/L3244.htm. Acesso em: 22 de abr. de 2019.

[41] DALSTON, Cesar Oliver. *Exceções tarifárias:* ex-tarifário do imposto de importação, p. 196.

OSVALDO AGRIPINO DE CASTRO JUNIOR [Coord.]
CONSTITUIÇÃO, TRIBUTAÇÃO E ADUANA NO TRANSPORTE MARÍTIMO E NA ATIVIDADE PORTUÁRIA

Dessa forma, os referidos dispositivos legais indicam o efeito declaratório das Portarias Secint que concede a redução do Imposto, por este motivo, demonstra a possibilidade para os efeitos extensivos da concessão à data de protocolo do pleito para reconhecer a concessão de redução do Imposto de Importação via Ex-tarifário.

Isso porque, uma vez ultrapassada a fase de consulta pública com ausência de manifestação produtor nacional, é possível afirmar que o pleito preencheu a condição e requisito exigível de maior relevância para concessão da redução do Imposto de Importação. Como não existe produção de similar no mercado nacional, não há como indeferir o pleito.[42]

Diante dos argumentos expostos até aqui, não restam dúvidas de que, após o protocolo do pleito combinado com conclusão da consulta pública e a ausência de manifestação de produção de similar nacional, enquanto não for concluída a análise do pleito de redução de alíquota do Imposto de Importação decorrente da morosidade da Administração pública, cabe ao importador exercer o direito líquido e certo de realizar a operação de importação com registro do despacho aduaneiro (importação) e aplicar com efeitos extensivos a concessão de Ex-tarifário, após a data do protocolo do pleito.

Finalmente, convém destacar que o objetivo maior de qualquer Ex-tarifário do Imposto de Importação é estimular o investimento produtivo e ordenar o processo de redução das alíquotas do Imposto de Importação de BK e BIT sem produção nacional,[43] para aumentar o ganho de produtividade e, não menos importante, estimular novos postos de trabalho.

3.2 Entendimento do Poder Judiciário sobre a possibilidade dos efeitos extensivos da concessão à data de protocolo do pleito

Como já dissemos, quando existe morosidade da Administração Pública, o importador sofre, especialmente, pela falta de previsibilidade

---

[42] Para que seja considerado que produto/mercadoria possui similar nacional, é necessário que haja manifestação devidamente fundamentada, bem como que além das especificações técnicas, determinados parâmetros sejam também equivalentes aos do produto/mercadoria importado. Para verificação acerca da similaridade, são observados os seguintes parâmetros: (i) qualidade equivalente e especificações adequadas ao fim a que se destine; (ii) preço não superior ao custo de importação, em moeda nacional, da mercadoria estrangeira, calculado o custo com base no preço CIF (Cost, Insurance and Freight), acrescido dos tributos que incidem sobre a importação e outros encargos de efeito equivalente; e (iii) prazo de entrega normal ou corrente para o mesmo tipo de mercadoria.

[43] DALSTON, Cesar Oliver. *Exceções tarifárias*: ex-tarifário do imposto de importação, p. 197.

para conclusão da análise do pleito e publicação da Portaria Secint, que reconhece a concessão do Ex-tarifário para o Imposto de Importação. Verifica-se, portanto, que o importador pode ser compelido a suportar o ônus excessivo, desproporcional e não razoável, na demora da análise do pleito de concessão de Ex-tarifário.

Ou seja, a ineficiência do governo federal causa um efeito surpresa no importador, porque, na maioria das vezes, o seu pedido de compra (tecnologias, insumos, matérias-primas, componentes, máquinas, aparelhos e equipamentos) já se encontra formalizado junto ao fornecedor no exterior, assim como ao contrato de câmbio vinculado, e com o embarque de toda ou parte do equipamento com data prevista para atracação do navio em porto brasileiro.

Também cumpre ressaltar que o importador não pode ter prejuízos pela morosidade da Administração Pública, porque se trata de operação de importação que visa à expansão do setor produtivo e ao fomento da economia. Com efeito, apesar dos órgãos do Poder Público gozarem, no desempenho de suas funções, de algum grau de discricionariedade, isso não implica que seus atos não estejam sujeitos a controle, sobretudo pelo Poder Judiciário, quando esse for instado.

Neste sentido, cabe a lição de Celso Antônio Bandeira de Mello (grifos do original):

> Certamente, cabe advertir que, embora a discricionariedade exista para que o administrador adote a providência ótima para o caso, inúmeras vezes, se não na maioria delas, nem ele nem terceiro poderiam desvendar com certeza inobjetável qual seria esta providência ideal. É exato, pois, que, existindo discrição, é ao administrador – e não ao juiz – que cabe decidir sobre qual seria a medida adequada.
> Sem embargo, o fato de não se poder saber qual seria a decisão ideal, cuja apreciação compete à esfera administrativa, não significa, entretanto, que não se possa reconhecer quando uma dada providência, seguramente, *sobre não ser a melhor, não é sequer comportada na lei em face de uma dada hipótese*. Ainda aqui cabe tirar dos magistrais escritos do mestre português Afonso Rodrigues Queiró a seguinte lição: 'O fato de não se poder saber o que uma coisa é não significa que não se possa saber o que ela não é'.[44]

Por essa razão, os importadores não podem responder por prejuízos causados pela injustificada demora da Administração Pública na análise do pleito de concessão de Ex-tarifário, uma vez que se trata

---

[44] MELLO, Celso Antônio Bandeira de. *Curso de Direito Administrativo*. 29. ed. São Paulo: Malheiros, 2012, p. 112.

de operação de importação de extrema relevância para o país. Não faz menor sentido os importadores absorverem os prejuízos pela demora, sob qualquer ótica.

Por tais motivos, a jurisprudência pátria dominante vem afastando a morosidade da Administração Pública na análise do pleito de concessão de Ex-tarifário, e determinando, na maioria dos casos, que este tenha seus efeitos a partir da data do protocolo do pleito realizado junto da Secretaria de Desenvolvimento da Indústria, Comércio, Serviços e Inovação, na hipótese em que o pleito para o benefício ter sido protocolado antes da importação do bem.

Referida segurança já foi pleiteada por diversos importadores em situação análoga, e que tiveram decisão favorável dos Tribunais, que não titubearam em ratificar o entendimento aqui defendido, conforme se infere nos julgados a seguir reproduzidos:

TRIBUTÁRIO E PROCESSUAL CIVIL. IMPOSTO DE IMPORTAÇÃO. "EX-TARIFÁRIO". RESOLUÇÃO DA CAMEX POSTERIOR AO DESEMBARAÇO ADUANEIRO. HONORÁRIOS ADVOCATÍCIOS. MANUTENÇÃO. 1. No presente caso, a autora apresentou pedido de concessão do referido regime em 07/10/2013 – fl. 55 –, com informações adicionais, atendendo notificação da CAMEX, em 30/10/2013 – fl. 59 –, tendo realizado o desembaraço aduaneiro em 10/03/2014 – fl. 81 –, e recolhido o imposto com a alíquota original em 07/03/2014 – fls. 82 e ss. –, com o reconhecimento do seu direito em 28/04/2014, com a publicação da indigitada Resolução CAMEX nº 35/2014. 2. Neste compasso, e conforme oportunamente apanhado pela MMª Julgadora de primeiro grau, em sua sentença de fls. 131 e ss. dos presentes autos, é de ser reconhecido o direito da autora à redução aqui guerreada, uma vez que restou demonstrado que tomou todas as providências cabíveis no sentido de obter o regime "Ex-Tarifário" ora perseguido em momento anterior à importação efetuada. 3. O C. Superior Tribunal de Justiça já assentou que "a injustificada demora da Administração na análise do pedido de concessão de 'ex tarifário', somente concluída mediante expedição da portaria correspondente logo após a internação do bem, não pode prejudicar o contribuinte que atuou com prudente antecedência, devendo ser assegurada, em consequência, a redução de alíquota do imposto de importação, nos termos da legislação de regência", bem como firmou entendimento no sentido de que "a concessão do 'ex tarifário' equivale à uma espécie de isenção parcial. Em consequência, sobressai o caráter declaratório do pronunciamento da Administração. Com efeito, se o produto importado não contava com similar nacional desde a época do requerimento do contribuinte, que cumpriu os requisitos legais para a concessão do benefício fiscal, conforme preconiza o art.

EXCEÇÕES TARIFÁRIAS NO ÂMBITO DO IMPOSTO DE IMPORTAÇÃO: POSSIBILIDADE DO "EFEITO EXTENSIVO"...

ARTUR SAVIANO NETO | 233

179, caput, do CTN, deve lhe ser assegurada a redução do imposto de importação, mormente quando a internação do produto estrangeiro ocorre antes da superveniência do ato formal de reconhecimento por demora decorrente de questões meramente burocráticas"– REsp 1.174.811/SP, Relator Ministro ARNALDO ESTEVES LIMA, Primeira Turma, j. 18/02/2014, DJe 28/02/2014. 4. Em idêntico andar, AgRg no REsp 1.464.708/PR, Relator Ministro HERMAN BENJAMIN, Segunda Turma, j. 16/12/2014, DJe 03/02/2015. 5. Verba advocatícia fixada em 10% sobre o valor da condenação – R$ 200.500,15, com posição em junho/2014 –, estando de acordo com o disposto no artigo 85, §§2º e 3º do CPC vigente, aplicável à espécie – sentença publicada em 28/03/2016, Enunciado Administrativo 07/STJ. 6. Apelação e remessa oficial a que se nega provimento.[45] Grifo nosso

ADUANEIRO E TRIBUTÁRIO. MERCADORIA IMPORTADA. EX-TARIFÁRIO. RESOLUÇÃO CAMEX. PLEITO FORMALIZADO EM TEMPO HÁBIL. CAUÇÃO INTEGRAL DA DIFERENÇA DISCUTIDA RECONHECIMENTO DO DIREITO AO DESEMBARAÇO DA MERCADORIA. Tendo a impetrante formalizado o pleito de ex-tarifário em tempo hábil, e considerando-se que o importador não pode ser prejudicado pela demora na publicação da lista que inclui a mercadoria importada em benefício de ex-tarifário, resta deferido o pedido de desembaraço aduaneiro mediante depósito da diferença de II discutida. Precedentes desta Corte.[46] Grifo nosso

TRIBUTÁRIO. IMPOSTO DE IMPORTAÇÃO. MÁQUINAS SEM SIMILAR NACIONAL. EX-TARIFÁRIO. REDUÇÃO DE ALÍQUOTA POR RESOLUÇÃO POSTERIOR À APRESENTAÇÃO PARA DESEMBARAÇO ADUANEIRO. EXTENSÃO DOS EFEITOS ÀQUELA DATA. CABIMENTO. 1. A concessão do ex-tarifário reduzindo a alíquota do II é faculdade dada pela lei (art. 187 do Regulamento Aduaneiro, na vigência do Decreto nº 91.030/85 e art. 153, §1º, da CF/88) e não vincula a autoridade competente ao mero encaminhamento desse pedido. 2. Somente haveria irretroatividade da resolução concessória do benefício se, após importação da mercadoria sobre a qual se pretendesse a redução tarifária, ingressasse o importador com o pedido, pretendendo que o seu deferimento também alcançasse anterior importação. 3. A resolução não tem efeito retroativo, mas declaratório de uma situação fática constituída anteriormente a sua edição e seus efeitos são extensivos (não

---

[45] TRF 3. Apelação/Remessa Necessária nº 0010379-23.2014.4.03.6100/SP 2014.61.00.010379-2/ SP, RELATORA Desembargadora Federal Marli Ferreira.

[46] TRF4. APELREEX 5004811-82.2014.404.7208, Segunda Turma, Relator p/ Acórdão Jairo Gilberto Schafer, juntado aos autos em 07.05.2015.

retroativos) à data de apresentação das mercadorias para desembaraço aduaneiro.[47] Grifo nosso

ADUANEIRO. BENEFÍCIO EX-TARIFÁRIO. FATO GERADOR. MOMENTO. 1. A antecipação do momento da realização do fato gerador do imposto de importação (art. 18 da Lei 9.779/1999) é excepcional, isto é, ocorre somente (interpretação restritiva) quando há um prévio abandono de mercadoria, o que não restou configurado no caso dos autos. Evidenciado o abandono de mercadoria, é concedido ao importador (antes da aplicação da pena de perdimento) a possibilidade de regularizar a operação com o ônus de ser-lhe antecipado o momento do fato gerador, dentre outros. 2. O ex-tarifário corresponde a um destaque tarifário, criado dentro de um código de classificação fiscal de mercadoria, o qual, por sua peculiaridade, passa a gozar de alíquota reduzida do tributo, sob condição da comprovação pela parte interessada (importador) dos requisitos pertinentes. 3. A Resolução CAMEX nº 40/2006 não possui efeito retroativo, mas declaratório de uma situação fática constituída anteriormente à sua edição, sendo seus efeitos extensivos (não retroativos) à data de apresentação das mercadorias para desembaraço aduaneiro, ocorrida com a apresentação da DI. 4. É ofensivo aos princípios da proporcionalidade e da razoabilidade o entendimento de que as máquinas, sem similar nacional, que serviram de base para o próprio reconhecimento da redução de alíquota do Imposto de Importação, encontram-se desamparadas do benefício alcançado pela Resolução CAMEX nº 40/06. 5. Sentença reformada.[48]

Portanto, está claro que os importadores possuem respaldo legal para os efeitos extensivos aqui defendidos, o que está em perfeita consonância com o entendimento sedimentado pelos Tribunais.

4   Considerações finais

Conclui-se, em suma, que a expressão "exceção tarifária" deve ser entendida como alteração, para mais ou para menos, na alíquota *ad valorem* de um tributo. O objetivo central de qualquer Ex-tarifário de Imposto de Importação é estimular o investimento produtivo e a ordenação do processo de redução das alíquotas dos impostos e taxas

---

[47]   TRF4. Apelação/Reexame Necessário nº 2008.71.01.002254-8/RS, Primeira Turma, Rel. Des. Federal Álvaro Eduardo Junqueira, D.E. 25.08.2011.

[48]   TRF4. APELAÇÃO CÍVEL Nº 2007.70.00.000816-0/PR, Segunda Turma, Rel. Juíza Federal Vânia Hack de Almeida, D.E. 02-09-2010.

de Bens de Capital (BK) e Bens de Informática e de Telecomunicações (BIT) sem produção nacional.

Por essa razão, os importadores não podem ter prejuízos pela injustificada demora da Administração Pública na análise do pleito de concessão de Ex-tarifário. Isso porque trata-se de operação de importação que visa à expansão do setor produtivo e ao fomento da economia e à geração de novos postos de trabalho.

Importante destacar, que a Lei Maior exige celeridade nos processos administrativos: "Art. 5º. (...) LXXVIII – a todos, no âmbito judicial e administrativo, são assegurados a razoável duração do processo e os meios que garantam a celeridade de sua tramitação. (Incluído pela Emenda Constitucional nº 45, de 2004)".

Assim, referido dispositivo pode ser utilizado como norma subsidiária, possibilitando prazo para conclusão da análise do pleito de concessão de Ex-tarifário de modo a não se delongar ou prejudicar a operação de importação.

Nesse sentido, o Superior Tribunal de Justiça (STJ) por meio do julgamento do REsp nº 1.174.811/SP decidiu que o ato concessão de benefício de Ex-tarifário gera efeitos desde o protocolo do pleito, independentemente da data da sua concessão, nos seguintes termos:

TRIBUTÁRIO. RECURSO ESPECIAL. IMPOSTO DE IMPORTAÇÃO. CONCESSÃO DE "EX TARIFÁRIO". MERCADORIA SEM SIMILAR NACIONAL. PEDIDO DE REDUÇÃO DE ALÍQUOTA. RECONHECIMENTO POSTERIOR DO BENEFÍCIO FISCAL. MORA DA ADMINISTRAÇÃO. PRINCÍPIO DA RAZOABILIDADE. APLICAÇÃO. RECURSO ESPECIAL CONHECIDO E PROVIDO. SENTENÇA RESTABELECIDA. 1. A concessão do benefício fiscal denominado "ex tarifário" consiste na isenção ou redução de alíquota do imposto de importação, a critério da administração fazendária, para o produto desprovido de similar nacional, sob a condição de comprovação dos requisitos pertinentes. 2. "O princípio da razoabilidade é uma norma a ser empregada pelo Poder Judiciário, a fim de permitir uma maior valoração dos atos expedidos pelo Poder Público, analisando-se a compatibilidade com o sistema de valores da Constituição e do ordenamento jurídico, sempre se pautando pela noção de Direito justo, ou justiça" (Fábio Pallaretti Calcini, O princípio da razoabilidade: um limite à discricionariedade administrativa. Campinas: Millennium Editora, 2003). 3. A injustificada demora da Administração na análise do pedido de concessão de "ex tarifário", somente concluída mediante expedição da portaria correspondente logo após a internação do bem, não pode prejudicar o contribuinte que atuou com prudente antecedência, devendo ser assegurada, em consequência, a redução de alíquota do imposto de importação, nos termos da legislação de regência. 4. A concessão do "ex tarifário" equivale à uma espécie de isenção parcial. Em consequência, sobressai o caráter declaratório do pronunciamento da Administração. Com efeito, se o produto importado não contava com similar nacional desde a época do requerimento do contribuinte, que cumpriu os requisitos legais para a concessão do benefício fiscal, conforme preconiza o art. 179, caput, do CTN, deve lhe ser assegurada a redução do imposto de importação, mormente quando a internação do produto estrangeiro ocorre antes da superveniência do ato formal de reconhecimento por demora decorrente de questões meramente burocráticas. 5. Recurso especial conhecido e provido. Sentença restabelecida.[49]

Destaca-se, ainda que o reconhecimento da inexistência de similaridade de produto nacional ocorra posteriormente ao desembaraço aduaneiro ou à data final para regularização da mercadoria desembarcada em território nacional, a alíquota reduzida deve ser aplicada a todas as importações ocorridas desde o protocolo do pleito da exceção tarifária.

Seguindo o mesmo entendimento, o REsp nº 1.697.477/PR confirmou a posição pela qual as Resoluções Camex[50] não possuem efeito retroativo, mas seus efeitos podem ser estendidos até o momento do desembaraço aduaneiro, quando o pleito for protocolado em data anterior, visto que à época do mesmo, o importador já fazia jus à redução pleiteada, da seguinte forma:

TRIBUTÁRIO. MANDADO DE SEGURANÇA. IMPOSTO DE IMPOR-TAÇÃO. EX-TARIFÁRIO. RESOLUÇÃO DA CAMEX POSTERIOR AO DESEMBARAÇO ADUANEIRO. REDUÇÃO DE ALÍQUOTA. SEM EFEITOS RETROATIVOS. EFEITOS ESTENDIDOS. BENEFÍCIO POSTULADO ANTES DA IMPORTAÇÃO DO BEM. PRECEDENTES STJ. "[...]. III – A jurisprudência do Superior Tribunal de Justiça é pacífica no sentido de que as resoluções da CAMEX que reconhecem o direito à redução da alíquota do imposto de importação de determinada mercadoria não possuem efeitos retroativos, mas podem ter seus efeitos estendidos ao momento do desembaraço aduaneiro quando o benefício foi postulado antes da importação do bem, como é o caso dos autos. Nesse sentido, confiram-se: REsp 1664778/PR, Rel. Ministro OG FERNANDES,

---

[49] STJ. REsp 1.174.811-SP – Recurso Especial (2010/0005931-0), Relator Ministro Arnoldo Esteves Lima, Primeira Turma, publicado em 08.12.2014.

[50] Com Decreto nº 9.745, de 08 de abril de 2019, teremos a seguinte alteração: De: Resolução Camex, Para: Portaria Secint.

SEGUNDA TURMA, julgado em 20/06/2017, DJe 26/06/2017 e AgRg no REsp 1464708/PR, Rel. Ministro HERMAN BENJAMIN, SEGUNDA TURMA, julgado em 16/12/2014, DJe 03/02/2015 e REsp 1174811/SP, Rel. Ministro ARNALDO ESTEVES LIMA, PRIMEIRA TURMA, julgado em 18/02/2014, DJe 28/02/2014) IV – Agravo interno improvido".[51]

Por tais fundamentos, portanto, a tese aqui defendida representa uma maior segurança jurídica aos importadores, uma vez que garante o aproveitamento da hipótese de Exceção Tarifária/Ex-tarifário do Imposto de Importação, mesmo quando concedidos após o registro da Declaração de Importação, e antes da edição da Portaria Secint que concede a redução temporária (2 anos).

Referências

ARAÚJO, A. C. M. S. O princípio da boa-fé e as multas por erro de classificação fiscal de mercadorias na importação. *In*: PEIXOTO, Marcelo Magalhães *et allii* (Org.) *Tributação Aduaneira*: à luz da jurisprudência do CARF. São Paulo: 2013, p. 53-68.

BALEEIRO, Aliomar. *Direito tributário brasileiro*. 9. ed. Rio de Janeiro: Forense. 1977.

BARRETO, Aires. *Base de cálculo, alíquota e princípios constitucionais*. 2. ed. São Paulo: Max Limonad, 1998.

CARCIA JUNIOR. Armando Alvares. *Tributação no Comércio internacional*. 2. ed. São Paulo: Lex, 2005.

CASTILHO, M. R. Reflexões acerca da Tarifa Aduaneira Brasileira. *RBCE. Revista Brasileira de Comércio Exterior*, n. 135, a. XXXII, p. 24-25.

DALSTON, Cesar Oliver. *Exceções tarifárias*: ex-tarifário do imposto de importação. São Paulo: Aduaneiras, 2005.

HOUAISS, Antônio e VILLAR, Mauro Salles. *Dicionário Houaiss da Língua Portuguesa*. Rio de Janeiro: Objetiva, 2001.

LABAUT. Ênio Neves. *Política de comércio exterior*. São Paulo: Aduaneiras, 1994.

MELLO, Celso Antônio Bandeira de. *Curso de Direito Administrativo*. 29. ed. São Paulo: Malheiros, 2012.

MIDIC. O que é Ex-tarifário. Brasília, jun. 2017. Disponível em: http://www.mdic.gov.br/competitividade-industrial/acoes-e-programas-13/o-que-e-o-ex-tarifario. Acesso em: 22 abr. 2019.

SAVIANO, Artur Neto. Aspectos destacados das funções do despachante aduaneiro e a sua ilegitimidade passiva na *demurrage* de contêiner. *In*: CASTRO JUNIOR, Osvaldo Agripino de (Org.) *Teoria e prática da demurrage de contêiner*. São Paulo: Aduaneiras, 2018, p. 207-242.

---

[51] STJ. REsp nº 1697477 – PR – Agravo Interno no Recurso Especial (2017/0232947-5). Relator Ministro Francisco Falcão, Segunda Turma, publicado em 08.06.2018.

OSVALDO AGRIPINO DE CASTRO JUNIOR [Coord.]
CONSTITUIÇÃO, TRIBUTAÇÃO E ADUANA NO TRANSPORTE MARÍTIMO E NA ATIVIDADE PORTUÁRIA

SEHN, Solon. *Imposto de importação*. 1. ed. São Paulo: Noeses, 2016.

SILVA, Heloisa Conceição Machado da. *Da substituição de importações à substituição de exportações*: a política de comércio exterior brasileira de 1945 a 1979. Porto Alegre: UFRGS, 2004.

SPADA, Rodrigo Keidel. *Movimento VIVA*: do caos à ordem. São Paulo: Carta Forense, 2017.

TAVARES, Alexandre Macedo. *Fundamentos de Direito Tributário*. 4. ed. São Paulo: Saraiva, 2009.

TREVISAN, Rosaldo. *O imposto de importação e o Direito Aduaneiro internacional*. São Paulo: Aduaneiras, 2017.

Informação bibliográfica deste texto, conforme a NBR 6023:2018 da Associação Brasileira de Normas Técnicas (ABNT):

SAVIANO NETO, Artur. Exceções Tarifárias no Âmbito do Imposto de Importação: Possibilidade do "Efeito Extensivo" da Concessão à Data do Protocolo do Pleito. *In*: CASTRO JUNIOR, Osvaldo Agripino de (Coord.). *Constituição, tributação e aduana no transporte marítimo e na atividade portuária*. Belo Horizonte: Fórum, 2021. p. 211-238. ISBN 978-65-5518-002-2.

OS DESAFIOS FISCAIS, LEGAIS, CAMBIAIS E TRIBUTÁRIOS NOS PAGAMENTOS DE DESPESAS DE IMPORTAÇÃO E EXPORTAÇÃO FEITOS POR EMPRESAS DO BRASIL

LISANDRO TRINDADE VIERA

Introdução

Os intermediários da cadeia logística são peças fundamentais no transporte internacional de cargas, cuidando muitas vezes de todas as etapas compreendidas no processo chamado de porta a porta ou executando partes essenciais do processo logístico internacional.

Sem a participação desses agentes intermediários, o comércio exterior não estaria ao alcance de muitas das empresas que hoje conseguem comprar e vender mercadorias junto a empresas domiciliadas em outros países, uma vez que tais agentes criam facilidades para os exportadores e importadores, fazendo com que esses não precisem cuidar por meios próprios de todos os detalhes de suas transações internacionais.

É fundamental esclarecer que muitas empresas exportadoras e importadoras não consideram o fato de que nem tudo que é feito por intermédio de terceiros é expressa responsabilidade destes, ficando muitas das responsabilidades por conta da empresa tomadora dos serviços.

O que determina isso é a tênue diferença entre o que é aspecto comercial da transação e o que é aspecto legal, cambial, fiscal e tributário, a partir do efetivo papel que o intermediário executa nessas transações, sempre a ser evidenciado por documentos fiscais válidos e reconhecidos pela autoridade tributária.

As práticas adotadas pelas empresas brasileiras, tanto as que pagam as despesas internacionais quanto as que recebem os valores para efetivar os pagamentos, são as mesmas há muitas décadas. Existe certa acomodação e um "modo de fazer" que já impera nesse mercado como se essa fosse a regra ou lei vigente e irrevogável que, sempre que questionada, gera dúvidas e impasses entre tomadores e prestadores de serviço, bem como nas áreas internas das empresas, notadamente entre as áreas de comércio exterior e de controladoria.

Pode-se afirmar que, em razão da falta de convergência entre: de um lado, as áreas fiscal, tributária e contabilidade das empresas e, de outro, as áreas de comércio exterior, logística, comercial e de suprimentos; há um verdadeiro abismo de comunicação.

Essa lacuna enorme permite que as empresas paguem valores muitas vezes vultuosos, sem que cada área consiga atender as suas próprias necessidades operacionais, sem comprometer o bom andamento e boas práticas das demais áreas envolvidas no processo.

As explicações para esses desencontros e falta de comunicação são muitas. Uma delas é a falta de base educacional que trate com razoável profundidade a inter-relação entre as áreas, uma vez que contabilidade não é um tema estudado com profundidade nos cursos de comércio exterior.

Outro motivo é que as operações internacionais também não são estudadas a fundo nos cursos contábeis. Também podemos culpar a visão, muitas vezes restrita, que os profissionais têm do processo corporativo, tendo foco exclusivo na solução dos problemas de cada área, sem, entretanto, considerar que as demais áreas também possuem suas prioridades, procedimentos e obrigações legais a cumprir.

Isso tanto é uma realidade no mercado brasileiro que é grande a dificuldade que as empresas exportadoras e importadoras encontram de automatizar, na plenitude corporativa de suas operações, seus processos internacionais de ponta a ponta, com perfeita integração aos seus sistemas corporativos, comunicação com órgãos anuentes, participação de prestadores de serviço e atendimento a todas as áreas internas envolvidas na operação internacional.

O que ocorre na prática do dia a dia das empresas é que as áreas contratantes dos serviços da cadeia logística internacional têm um foco voltado ao seu propósito e razão de existir: colocar a carga à disposição do cliente, interno ou externo, no prazo combinado e pelo melhor custo possível.

Essa atividade, normalmente a cargo dos profissionais e prestadores de serviços envolvidos diretamente com a importação e exportação da empresa, é fundamental para o sucesso das operações, mas normalmente o envolvimento destes não se estende a questões fiscais e tributárias de tudo que é pago para levar a carga de um ponto a outro.

O nível de conferência e exigência quanto aos pagamentos fica normalmente restrito aos valores cobrados pelos prestadores de serviço, se estão dentro das tabelas de preços vigentes, se os prazos de cobrança estão de acordo, se as taxas cobradas estavam nos contratos ou cotações e outras verificações de natureza comercial. Entretanto, não faz parte do escopo e do dia a dia desses profissionais verificar questões envolvendo *Compliance* fiscal, legal, cambial e tributário desses pagamentos.

Por outro lado, os profissionais das áreas fiscal, tributária e contábil precisam, por força de suas atribuições, verificar a qualidade e validade dos documentos fornecidos pelos *prestadores de serviço que receberam os valores* que posteriormente são pagos, entregues ou remetidos aos *efetivos prestadores dos serviços*. É importante observar que há notória diferença entre quem recebe imediatamente os valores e quem presta efetivamente os serviços, normalmente evidenciado pela emissão de documento fiscal que garanta o cumprimento das obrigações tributárias principais e acessórias.

Ocorre que há uma cultura já estabelecida nesse mercado, de muitos repasses e reembolsos de valores entre os prestadores de serviço sem que haja a efetiva comprovação do destino de cada centavo de real pago, entregue, remetido ou efetuado por qualquer meio para quem quer que seja.

Verificar qual foi o destino dos valores, em cada uma de suas despesas para cada um dos prestadores, daria um trabalho muito grande para prestadores e tomadores de serviços, que normalmente não estão preparados para esse nível de controle em seus sistemas, processos e com seus profissionais, seja pela quantidade de pessoas necessárias para esse controle, ou mesmo quanto ao seu preparo ou conhecimento para discernir entre as tantas despesas existentes em toda a cadeia logística internacional.

Todo esse cenário é bastante compreensível, mas sem qualquer base legal para sua prática. O fato é que esse *modus operandi* apresenta inúmeros riscos fiscais, legais, cambiais e tributários para todos os envolvidos, principalmente para as empresas importadoras e exportadoras domiciliadas no Brasil, que, em última instância, são as responsáveis pela contratação e pagamento dos serviços e obrigadas a oferecê-los à tributação, cumprir com obrigações acessórias, respeitar normas cambiais e observar leis anticorrupção e de prevenção a lavagem de dinheiro.

A fim de contribuir para a redução desses riscos, inclusive com repercussão na esfera criminal de eventuais responsáveis, esse artigo está divido em quatro partes: a Parte 1 trata dos aspectos fiscais e tributários – SISCOSERV e outras obrigações. A Parte 2 aborda os conceitos básicos e a Parte 3, os aspectos legais dos pagamentos. Após isso, a Parte 4 discorre sobre os aspectos cambiais dos pagamentos. Em seguida, são feitas considerações finais.

1 Aspectos fiscais e tributários – DIRF/REINF, ECF, SISCOSERV e outras obrigações

Em 14 de dezembro de 2011 foi publicada a Lei nº 12.546/2011,[1] que em seus artigos 24 a 27 instituiu o SISCOSERV (Sistema de Comércio Exterior de Serviços, Intangíveis e outras Operações que Produzam Variações no Patrimônio) e a NBS (Nomenclatura Brasileira de Serviços, Intangíveis e outras Operações que Produzam Variações no Patrimônio).

Do início do sistema até julho de 2020, cerca de 30 mil[2] empresas efetuaram declarações acerca de suas vendas e aquisições de serviços, entre os quais, os serviços de transporte internacional e serviços de apoio. E foram justamente esses dois tipos de serviço que mais geraram dúvidas acerca do referido sistema durante toda a sua vigência, principalmente sobre quem era o responsável por efetuar as declarações.

A quantidade de empresas consulentes efetuando questionamentos à COSIT (Coordenação Geral da Tributação da Receita Federal do Brasil) acerca desse tema contribuiu para que tivéssemos mais de 400 soluções de consulta[3] trazendo respostas sobre o hoje desativado SISCOSERV.

---

[1] BRASIL, Presidência da República. Lei 12.546/2011. Disponível em: http://www.planalto. gov.br/ccivil_03/_ato2011-2014/2011/lei/l12546.htm. Acesso em: 30 jun. 2019.

[2] BRASIL, Ministério do Desenvolvimento, Indústria e Comércio, hoje Ministério da Economia. Estatísticas disponíveis em: http://www.mdic.gov.br/index.php/comercio-servicos/ estatisticas-do-comercio-exterior-de-servicos. Acesso em: 30 jun. 2019.

[3] BRASIL, Receita Federal do Brasil. Soluções de Consulta sobre SISCOSERV. Disponível em: http://normas.receita.fazenda.gov.br/sijut2consulta/consulta.action?facetsExistentes= &orgaosSelecionados=&tiposAtosSelecionados=&lblTiposAtosSelecionados=&ordemColu na=&ordemDirecao=&tipoAtoFacet=&siglaOrgaoFacet=&anoAtoFacet=&termoBusca=sisc oserv&numero_ato=&tipoData=2&dt_inicio=&dt_fim=&ano_ato=&optOrdem=relevancia. Acesso em: 30 jun. 2019.

As consultas formuladas, muitas vezes recheadas de erros, pouco claras e confundindo os papéis de cada ente envolvido na cadeia logística, tinham como objetivo esclarecer de quem era a responsabilidade de informar os serviços de transporte e demais despesas de comércio exterior no SISCOSERV.

Normalmente, a maior confusão trazida pelos consulentes, a ser esclarecida pela COSIT, levava em consideração o *fluxo de pagamento* das despesas e não a *relação jurídica de prestação de serviços* e tampouco os *documentos*, na maioria dos casos muito frágeis, que seriam capazes de elucidar quaisquer dúvidas, antes mesmo de submetê-las à COSIT, se tivessem melhor qualidade fiscal, clareza e transparência, ou seja, documentos esses que, se bem analisados, jamais seriam submetidos a um órgão de estado que tem como função verificar o correto recolhimento de tributos.

O fato é que aí está o "segredo" de *todos* os problemas e oportunidades fiscais, legais, cambiais e tributárias de *todo e qualquer* pagamento feito por qualquer empresa que opere no comércio exterior: nos *documentos que comprovam* (ou não) que os tributos tenham sido devidamente declarados e recolhidos, que as normas cambiais (para as liquidações do que é pagamento ao exterior) tenham sido cumpridas, e que a lei de prevenção à lavagem de dinheiro tenha sido verificada, cumprida e respeitada, e, afinal, quem deve informar a operação nas obrigações tributárias acessórias, como DIRF/REINF, ECF e, até 2020, no SISCOSERV.

Ao longo de décadas, os documentos que comprovam os pagamentos de despesas de comércio exterior vêm sendo negligenciados por prestadores e tomadores de serviços. Criou-se um modo de pagar que é tratado com absoluta naturalidade, como se houvesse alguma previsão legal para que essa prática seja adotada.

O que o SISCOSERV, uma simples obrigação acessória, que perdurou por oito anos, provocou no mercado foi justamente chamar a atenção para a qualidade dos documentos que comprovam os pagamentos. Algumas empresas insistiram em jogar para a Receita Federal do Brasil a incumbência que seria das próprias empresas consulentes, de responder de quem é a responsabilidade sobre os contratos e pagamentos firmados por elas próprias.

Caso as empresas analisassem os seus próprios documentos, veriam que não é possível responder com segurança e precisão de quem é a responsabilidade sobre algo que tem como base documentos que, muitas vezes, não comprovam nada a não ser o fato de que os valores foram pagos, entregues ou transferidos entre duas empresas domiciliadas no Brasil. Tais documentos não evidenciam quem é o efetivo prestador do serviço, se é domiciliado no Brasil ou no exterior, qual é o serviço prestado, quem recolheu os tributos e de quem é determinada responsabilidade sobre a entrega de declarações para a Receita Federal do Brasil.

É necessário que as empresas importadoras e exportadoras passem a ter níveis muito mais precisos de exigência de documentação relativa aos pagamentos que efetuam no Brasil e no exterior. Principalmente quando pagamentos efetuados no Brasil são destinados a empresas domiciliadas no exterior, pois tais pagamentos criam a obrigação de declaração em obrigações como a ECF, em blocos específicos para transações com não domiciliados no país, na DIRF (futuramente REINF),[4] onde são declaradas as retenções de Imposto de Renda na Fonte (cuja alíquota é reduzida a zero[5] por cento para fretes, afretamentos, sobre-estadias e outras do uso das instalações portuárias, exceto quando *o domicílio do prestador de serviços de transporte for país ou dependência com tributação favorecida* ou regime fiscal privilegiado), além da necessidade de observar o regulamento de câmbio quando houver obrigações a cumprir junto a domiciliados no exterior.

2 Entendendo os conceitos básicos

Quando não estamos falando de despesas ligadas ao comércio exterior de mercadorias, praticamente todo cidadão brasileiro sabe que uma compra ou venda de mercadoria ou de serviço deve sempre vir acompanhada da emissão de nota fiscal ou documento equivalente, salvo disposição legal em contrário.

Entretanto, parece que essa regra básica é esquecida ou não vale quando falamos do pagamento das despesas de comércio exterior. É notório que a complexidade das operações, o desconhecimento das empresas tomadoras de serviço e a falta de transparência de alguns entes da cadeia logística contribuem para um cenário tão temerário do ponto de vista fiscal, legal, tributário e cambial, mas nada disso justifica ou poderá ser utilizado como argumento caso a empresa sofra qualquer procedimento de fiscalização pelos órgãos de estado.

---

4   BRASIL, Receita Federal do Brasil, Manual EFD-REINF. Disponível em: http://sped.rfb. gov.br/estatico/12/A017FF0E7945B29E15DE7DB03BCFA621D193BF/Manual%20de%20 Orienta%C3%A7%C3%A3o%20da%20EFD-Reinf%20v%201.1.pdf. Acesso em: 30 jun. 2019.

5   BRASIL, Presidência da República. Lei 9.481/1997. Disponível em: http://www.planalto. gov.br/ccivil_03/leis/L9481.htm. Acesso em: 30 jun. 2019.

2.1 Pagamento para domiciliado no Brasil x pagamento para domiciliado no exterior

Em seus normativos, a Receita Federal do Brasil costuma conceituar a quitação de pagamentos entre partes da forma mais abrangente possível, normalmente citando "pagamento, crédito, entrega, remessa, emprego"[6] e outros conforme o tipo de operação entre os contribuintes do Brasil junto a outros contribuintes domiciliados no Brasil ou ainda pessoas físicas e jurídicas residentes ou domiciliadas no exterior.

Engana-se quem acredita que as obrigações tributárias deixam de existir quando os serviços são adquiridos junto a domiciliados no exterior, ainda que os pagamentos sejam efetuados por intermédio de terceiros, sejam esses domiciliados no Brasil ou no exterior.

2.2 Pagamento para domiciliado no Brasil

Considerando que o *tomador dos serviços é também domiciliado no Brasil*:

- Contratação de prestador de serviços domiciliado no Brasil:
  - *Contratação direta* pelo tomador de serviços:
    - Está sujeita a tributação? *Sim.*
      - E se o pagamento for feito diretamente ao prestador? *Sim.*
      - E se o pagamento for feito por intermédio de terceiros? *Sim.*
  - *Contratação* do prestador de serviços *por intermédio de terceiros*:
    - Está sujeita a tributação? *Sim.*
      - E se o pagamento for feito diretamente ao prestador? *Sim.*
      - E se o pagamento for feito por intermédio de terceiros? *Sim.*
      - E se o faturado for o terceiro? *Sim.*
      - E se o faturamento for direto contra o tomador final? *Sim.*

Em resumo: em qualquer hipótese de contratação de serviços (salvo raras exceções legais), independentemente do meio, forma ou

---

[6] BRASIL, Receita Federal do Brasil, Regulamento do Imposto de Renda. Disponível em: http://www.planalto.gov.br/ccivil_03/_ato2015-2018/2018/decreto/D9580.htm. Acesso em: 30 jun. 2019.

responsável por efetivar o pagamento (efetuar a entrega, emprego, remessa etc.), há a incidência de tributos na operação.

O que vai mudar, dependendo dos papéis de cada ente é o responsável tributário ou sujeito passivo do tributo, sempre a ser comprovado por documento fiscal válido que, salvo disposição legal em contrário, deverá ser a emissão de nota fiscal devidamente tributada, sempre que a prestação de serviços for entre duas empresas domiciliadas no Brasil.

Muitos são os motivos para que alguns dos pagamentos efetuados por importadores e exportadores, referentes a serviços prestados por domiciliados no Brasil, não tenham a emissão de nota fiscal, entre eles:

- o desconhecimento de normas fiscais, tributárias e contábeis;
- a falta de transparência em algumas taxas cobradas por alguns entes da cadeia logística;
- a falta de esclarecimento sobre quem é o efetivo prestador e qual é o serviço;
- e ganhos indevidos (por não encontrarem base legal) com a cobrança de valores acrescidos às taxas e despesas por agentes intermediários;

Alguns intermediários encontram nessa prática uma forma de aumentarem seus ganhos, uma vez que é habitual que importadores e exportadores pressionem por preços cada vez menores, fazendo com que os intermediários obtenham ganhos sobre as taxas cujos pagamentos passam por seu intermédio, sem, entretanto, tributar adequadamente os seus ganhos, criando para si e para seus clientes riscos legais, fiscais e tributários.

3 Aspectos legais dos pagamentos

O modo atual de fazer os pagamentos, com a emissão de documentos frágeis, é muito comum entre as empresas de comércio exterior, mas expõe todos a riscos, tomadores e prestadores de serviços, como é possível observar facilmente na Lei nº 8.137/1990,[7] que prevê:

Art. 1º Constitui crime contra a ordem tributária suprimir ou reduzir tributo, ou contribuição social e qualquer acessório, mediante as seguintes condutas: (Vide Lei nº 9.964, de 10.4.2000)

---

[7] BRASIL, Presidência da República. Lei 8.137/1990. Disponível em: http://www.planalto. gov.br/ccivil_03/LEIS/L8137.htm. Acesso em: 30 jun. 2019.

I – omitir informação, ou prestar declaração falsa às autoridades fazendárias;

II – fraudar a fiscalização tributária, inserindo elementos inexatos, ou omitindo operação de qualquer natureza, em documento ou livro exigido pela lei fiscal;

III – falsificar ou alterar nota fiscal, fatura, duplicata, nota de venda, ou qualquer outro documento relativo à operação tributável;

IV – elaborar, distribuir, fornecer, emitir ou utilizar documento que saiba ou deva saber falso ou inexato;

V – *negar ou deixar de fornecer, quando obrigatório, nota fiscal ou documento equivalente, relativa a venda de mercadoria ou prestação de serviço, efetivamente realizada, ou fornecê-la em desacordo com a legislação.*

Pena – reclusão de 2 (dois) a 5 (cinco) anos, e multa.

É fundamental destacar que deixar de emitir nota fiscal quando obrigatório constitui crime contra a ordem tributária. É dever do prestador de serviços emitir e é dever do tomador de serviços exigir a emissão do documento, *sempre que a prestação de serviços se der entre dois domiciliados no Brasil* e não houver previsão legal para a dispensa de emissão de nota fiscal.

Outro argumento muito comum para que não seja emitida nota fiscal tributada por empresa domiciliada no Brasil é a tentativa de sustentar que o pagamento ou despesa se trata de simples "repasse" ou "reembolso" a terceiros prestadores de serviço.

Sobre esse argumento podemos afirmar que, caso o terceiro para quem o pagamento é repassado for prestador de serviços domiciliado no Brasil, valem para este também as normas e leis vigentes para todos os domiciliados no país, emitir nota fiscal e oferecer suas receitas à tributação.

Caso o repasse ou reembolso destine-se a prestador de serviços domiciliado no exterior, passamos a estudar essa hipótese.

3.1 Pagamento para domiciliado no exterior

Considerando que o *tomador dos serviços é domiciliado no Brasil*:

- Contratação de prestador de serviços domiciliado no exterior:
  - *Contratação direta* pelo tomador de serviços:
    - Está sujeita a tributação? *Sim.*
      - E se o pagamento for feito diretamente ao prestador? *Sim.*
      - E se o pagamento for feito por intermédio de terceiros? *Sim.*

- *Contratação* do prestador de serviços *por intermédio de terceiros*:
- Está sujeita a tributação? *Sim.*
- E se o pagamento for feito diretamente ao prestador? *Sim.*
- E se o pagamento for feito por intermédio de terceiros? *Sim.*
- E se o faturado for o terceiro? *Sim.*
- E se o faturamento for direto contra o tomador final? *Sim.*

Em resumo: em qualquer hipótese de contratação de serviços de domiciliados no exterior, direta ou indiretamente (salvo raras exceções legais), independentemente do meio, forma ou responsável por efetivar o pagamento (efetuar a entrega, emprego, remessa etc.), há a incidência de tributos na operação, mesmo em caso de redução a zero da alíquota.

Considerando-se a aquisição de serviços do exterior, é necessário observar que até seis tributos podem ser devidos em uma operação, dependendo de variáveis, como país, tipo de serviço, tipo de empresa no exterior, intervenção no domínio econômico, local de verificação do resultado do serviço, entre outras variáveis que podem impactar a incidência, fato gerador, alíquota, etc., assunto que por si só seria matéria para um ou mais livros sobre o assunto.

O fato mais importante a ser observado é que, assim como serviços contratados e pagos para domiciliados no Brasil, os serviços contratados e pagos (por qualquer meio, direta ou indiretamente) para domiciliados no exterior estão sujeitos à tributação. Transferir a atividade de pagamento não elimina a necessidade e obrigatoriedade de cumprir com obrigações fiscais, legais, cambiais e tributárias.

Caso o efetivo prestador de determinado serviço e consequentemente destinatário final dos valores pagos seja realmente domiciliado no exterior, fica evidente que esse não poderá emitir nota fiscal de prestação de serviços no Brasil, o que faz com que toda a *tributação devida fique sob a responsabilidade do tomador de serviços domiciliado no Brasil.*

O primeiro e mais importante tributo a ser avaliado é o Imposto de Renda, o único que aprofundaremos no artigo e cujas regras de alíquota e incidência podem ser verificadas na Instrução Normativa 1.455/2014[8] e alterações posteriores, conforme exposto:

---

[8] BRASIL, Receita Federal do Brasil, Instrução Normativa 1.455/2014. Disponível em: http://normas.receita.fazenda.gov.br/sijut2consulta/link.action?visao=anotado&idAto=50414. Acesso em: 30 jun. 2019.

OS DESAFIOS FISCAIS, LEGAIS, CAMBIAIS E TRIBUTÁRIOS NOS PAGAMENTOS DE DESPESAS DE IMPORTAÇÃO...

Art. 1º Os rendimentos, ganhos de capital e demais proventos pagos, creditados, entregues, empregados ou remetidos a pessoa jurídica domiciliada no exterior por fonte situada no País estão sujeitos à incidência do imposto sobre a renda exclusivamente na fonte à alíquota de 15% (quinze por cento), quando não houver alíquota específica, observadas as disposições previstas nesta Instrução Normativa.

Parágrafo único. Ressalvadas as hipóteses a que se referem os arts. 6º e 9º a 12, os rendimentos decorrentes de qualquer operação em que o beneficiário seja *domiciliado em país ou dependência com tributação favorecida* a que se refere o art. 24 da Lei nº 9.430, de 27 de dezembro de 1996, sujeitam-se ao imposto sobre a renda na fonte à *alíquota de 25%* (vinte e cinco por cento).

CAPÍTULO I
DOS FRETES, AFRETAMENTOS, ALUGUÉIS OU ARRENDAMENTO DE EMBARCAÇÕES OU AERONAVES, ALUGUEL DE CONTÊINERES, SOBRESTADIA E DEMAIS SERVIÇOS DE INSTALAÇÕES PORTUÁRIAS.

Art. 2º Sujeitam-se ao imposto sobre a renda na fonte, à alíquota zero, os rendimentos recebidos de fontes situadas no Brasil, por pessoas *jurídicas domiciliadas no exterior*, nas hipóteses de pagamento, crédito, emprego, entrega ou remessa de receitas de *fretes*, afretamentos, aluguéis ou arrendamentos de embarcações marítimas ou fluviais ou de aeronaves estrangeiras ou motores de aeronaves estrangeiros, feitos por empresas, desde que tenham sido aprovados pelas autoridades competentes, bem como os pagamentos de aluguel de contêineres, sobrestadia e outros relativos ao uso de serviços de instalações portuárias.

Como é possível notar, para os pagamentos (diretos ou via agentes intermediários) efetuados para empresas domiciliadas no exterior para o serviço de frete/transporte internacional, o imposto de renda, que por regra geral tem alíquota de 15%, fica reduzido a 0%, exceto quando o prestador de serviços (nesse caso, o transportador) tem domicílio em país com tributação favorecida (paraíso fiscal), fazendo com que a alíquota de imposto de renda vá para 25% sem a redução para 0%.

Portanto, uma informação das mais importantes a ser verificada pelas empresas importadoras e exportadoras, quando essas contratam e pagam o frete internacional, recebendo como documento fiscal comprobatório um conhecimento de transporte emitido por empresa domiciliada no exterior, é justamente o *país de domicílio da empresa de transporte* responsável pela emissão do conhecimento de transporte.

Importante notar que a Receita Federal do Brasil já reconheceu o conhecimento de transporte como o documento que evidencia o contrato de prestação de serviço de transporte e também como o comprovante de que o pagamento/remessa (feito diretamente ou por meio de agente ou intermediário) é também o conhecimento de transporte, basta verificar a mais relevante solução de consulta publicada pela COSIT sobre o tema, em 02 de outubro de 2014, SC 257/2014.[9]

Importante ainda destacar que a mesma solução de consulta esclarece que o agente que atua em nome de terceiros não é ele próprio tomador ou prestador do serviço de transporte, confusão que usualmente é feita por importadores, exportadores e parte dos agenciadores de carga, uma vez que tanto a contratação quanto o pagamento frequentemente são feitos por intermédio de agentes, o que não determina necessariamente que esses figurem como tomadores ou prestadores de serviço, como esclarece a solução de consulta.

Dessa forma, caso uma empresa importadora e exportadora receba em suas mãos um conhecimento de transporte emitido por empresa domiciliada em país considerado paraíso fiscal,[10] essa deverá verificar se realmente é este o prestador do serviço de transporte e,

- caso não seja, exigir documentação que identifique quem é e onde é seu domicílio,
- caso seja, providenciar a *retenção de imposto de renda na fonte, a alíquota de 25%*, independentemente de:
  - efetuar a liquidação dos fretes diretamente junto ao transportador internacional,
  - por meio de contrato de câmbio,
  - recursos disponíveis no exterior
  - ou quaisquer outros meios próprios,
  - ou ainda que efetue o pagamento no Brasil, por meio de agentes intermediários, entregando a estes valores em reais convertidos de moeda estrangeira para real por *taxa de câmbio determinada pelo Banco Central do Brasil.*

É de suma importância lembrar que remessas ao exterior, direta ou indiretamente, trazem elevado grau de risco em função da Lei de Prevenção à Lavagem de Dinheiro,[11] que prevê que a empresa obrigada

---

[9] BRASIL, Receita Federal do Brasil, Solução de Consulta 257/2014. Disponível em: http://normas.receita.fazenda.gov.br/sijut2consulta/link.action?visao=anotado&idAto=56727. Acesso em: 30 jun. 2019.

[10] BRASIL, Receita Federal do Brasil, Instrução Normativa 1.037/2010. Disponível em: http://normas.receita.fazenda.gov.br/sijut2consulta/link.action?visao=anotado&idAto=16002. Acesso em: 30 jun. 2019.

[11] BRASIL, Presidência da Rebública, Lei 12.683/2012. Disponível em: http://www.planalto.gov.br/ccivil_03/_ato2011-2014/2012/lei/l12683.htm. Acesso em: 30 jun. 2019.

e seus gestores "deverão adotar políticas, procedimentos e controles internos, compatíveis com seu porte e volume de operações".

O volume de operações é facilmente percebido pelas empresas e gestores, mas a complexidade dos pagamentos tem fugido em muito ao controle das empresas e principalmente aos olhos dos gestores responsáveis pela sua operação.

4 Aspectos cambiais dos pagamentos

Outro erro comum dos exportadores e importadores brasileiros é aceitar que seja efetuada conversão do frete internacional (e outras despesas) de moeda estrangeira para reais em um padrão de cotação diferente daquele determinado pelo BACEN, ou seja, ao fazer isso, as empresas estão negociando moeda estrangeira com empresa que não é instituição financeira e que não obedece ou segue as regras impostas pelo BACEN na Circular nº 3.691/2013,[12] que expressa em seu artigo 9º o seguinte:

> Art. 9º As operações do mercado de câmbio de que trata a presente circular devem ser realizadas exclusivamente por meio de instituições autorizadas pelo Banco Central do Brasil para tal finalidade, conforme disposto no Título II desta Circular.

Um dos principais motivos para que os pagamentos destinados ao exterior em moeda estrangeira, feitos em reais no Brasil por meio de intermediários, seja convertido em um padrão de taxa diferente do determinado pelo BACEN é o fato de que os agentes intermediários podem sofrer com a variação cambial na hora de efetuar as devidas remessas ao exterior.

Existem formas legais a disposição no mercado financeiro para que as empresas se protejam da variação cambial. Os intermediários dos pagamentos poderiam se valer desses recursos e repassar seus custos para os exportadores e importadores sem qualquer contratempo, com a devida transparência. Também seria possível converter os valores de moeda estrangeira para reais, conforme taxa do BACEN, e repassar os custos de remessa da moeda para o cliente, novamente prestando contas dos custos incorridos.

---

[12] BRASIL, Banco Central do Brasil, Circular 3.691/2013. Disponível em: https://www.bcb.gov.br/pre/normativos/circ/2013/pdf/circ_3691_v1_O.pdf. Acesso em: 30 jun. 2019.

Entretanto, esse assunto, por si só, também seria matéria para um ou mais livros, por conta da complexidade, quantidade de erros e vícios de origem em todo o curso do pagamento, que muitas vezes não envolve a remessa para o exterior em seu valor integral, em função de retenções, repasses e outras práticas usuais de mercado, mas que não encontram respaldo legal para sua execução.

Sem, portanto, entrar no mérito de quais são e os porquês dos erros cometidos por importadores, exportadores e agentes nessas intermediações de pagamentos, é fundamental esclarecer que esse *modus operandi* precisa ser abandonado e adequado às normas cambiais, legais, fiscais e tributárias vigentes, pois, do modo como é feito hoje, deixa enormes lacunas para que, de maneira planejada ou não, leis, normas e regulamentos não sejam cumpridos, expondo empresas e seus gestores a graves riscos de violação de regras de *Compliance* que hoje são muito ostensivas em nosso país, com sanções severas, tanto economicamente como administrativamente e, em casos mais graves, criminalmente.

4.1 Pagamentos efetuados por meio de intermediários domiciliados no Brasil para domiciliados no exterior

O Brasil é um dos países mais regulados quando se trata de mercado de câmbio em todo o mundo. É necessário tomar muito cuidado para garantir a liquidação de obrigações com o exterior dentro das normas vigentes.

Entretanto, as empresas exportadoras e importadoras que efetuam pagamento de despesas internacionais, devidas a empresas do exterior, por intermédio de empresas domiciliadas no Brasil, parecem desconhecer a complexidade e severidade das normas cambiais, que não preveem expressamente essa hipótese de pagamento por agente ou intermediário sem as devidas outorgas legais para sua execução.

Essa prática de pagamento é adotada mesmo pelas empresas que já entenderam que a relação contratual se dá entre importadores/exportadores e os transportadores domiciliados no exterior e que, portanto, efetuaram os devidos registros no SISCOSERV durante a sua vigência. Caso essas empresas aprofundem um pouco mais seus entendimentos, verão que há ainda a necessidade de verificar o cumprimento das normas legais, como veremos a seguir.

A Circular nº 3.691/2013[13] do Banco Central do Brasil prevê o seguinte:

Art. 8º É permitido às pessoas físicas e jurídicas residentes, domiciliadas ou com sede no País pagar suas obrigações com o exterior:
I – em moeda estrangeira, mediante operação de câmbio;
II – em moeda nacional, mediante crédito à conta de depósito titulada pela pessoa física ou jurídica residente, domiciliada ou com sede no exterior, aberta e movimentada no País nos termos da legislação e regulamentação em vigor;
III – com utilização de disponibilidade própria, no exterior, observadas, quando for o caso, disposições específicas contidas na legislação e regulamentação em vigor, em especial as contidas na Circular nº 3.689, de 2013.

Em resumo, a Circular prevê que uma empresa domiciliada no Brasil tem permissão para liquidar suas operações com o exterior em três hipóteses:

- envio de valores a partir do Brasil através de operação de câmbio;
- depósito em reais em conta de titularidade da empresa do exterior no Brasil;
- uso de dinheiro em conta da empresa do Brasil no exterior, oriundo de exportação.

Note que não há previsão de entrega de valores para uma terceira empresa liquidar as operações, ainda mais sem a efetiva comprovação da liquidação, ato que também encontra previsão na referida Circular, com previsão de penalidade:

Art. 141. São consideradas sujeitas às penalidades previstas na legislação em vigor as seguintes ocorrências relacionadas a operações no mercado de câmbio:
I – registro de informações incorretas, incompletas ou intempestivas no Sistema Câmbio;
II – ausência, no dossiê da operação, de comprovação documental que a respalde;
III – não liquidação de operação de câmbio na forma prevista na regulamentação; e

---

[13] BRASIL, Banco Central do Brasil, Circular 3.691/2013. Disponível em: https://www.bcb.gov.br/pre/normativos/circ/2013/pdf/circ_3691_v1_O.pdf. Acesso em: 30 jun. 2019.

IV – não vinculação de operações no mercado de câmbio a documentos ou registros informatizados, quando exigida pela regulamentação.

Art. 142. A liquidação de operações no mercado de câmbio por valor indevido ou sem o pertinente respaldo documental pode ensejar a repatriação do valor em moeda estrangeira transferido indevidamente.

Art. 143. A aplicação da multa ou repatriação de valores determinada pelo Banco Central do Brasil não elide responsabilidades que possam ser imputadas às partes e a corretor porventura interveniente na operação, nos termos da legislação e regulamentação em vigor, em função de apurações que venham, a qualquer tempo, a ser efetuadas.

Ainda que as empresas importadoras e exportadoras prefiram efetuar o pagamento de frete e de outras despesas internacionais por intermédio de agentes e de que esses entendam que podem efetuar a contratação de câmbio em seu próprio nome e não de seus clientes, não há justificativa legal para que a remessa ao exterior não seja feita na integralidade dos valores previstos nos documentos fiscais válidos, como o conhecimento de transporte, e para que não haja comprovação documental dessa liquidação, uma vez que isso é previsto na norma com sujeição a penalidades.

A norma de câmbio é genérica e, portanto, não adentra casos concretos. Dessa forma, não há detalhamento específico para operações como as de pagamento de despesas de comércio exterior por meio de agentes intermediários, o que não justifica a adoção de práticas de pagamento que exponham as empresas a, no mínimo, penalidades previstas no regulamento de câmbio, caso venham a ser interpeladas por órgão de estado em procedimento de fiscalização.

Para que as empresas possam se utilizar desse expediente de pagamentos através de terceiros, seria de fundamental importância que houvesse a prestação de contas pelo intermediário de pagamentos identificando com transparência os seguintes itens:

- destinatários dos valores no exterior;
- valor bruto remetido;
- moeda da remessa;
- cotação da moeda no contrato de câmbio;
- Imposto sobre a operação financeira de remessa (IOF);
- país de domicílio do destinatário da remessa;
- imposto de renda retido na fonte, quando aplicável (paraísos fiscais);
- guia de recolhimento de IR Fonte, preferencialmente em nome do cliente.

A apresentação desses dados pelos intermediários de pagamentos para as empresas que são as reais tomadoras dos serviços evitaria:

- risco de descumprimento de normas cambiais;
- risco de sonegação de tributos;
- risco de descumprimento da lei de prevenção à lavagem de dinheiro;
- risco de erros ou omissões na declaração da ECF, em bloco de pagamentos a residentes no exterior;
- risco de erros ou omissões na declaração de retenções de IR na fonte (DIRF/REINF).

A transparência na entrega de documentos e comprovação das remessas para o exterior, como se pode ver, poderá trazer grandes vantagens para todos os envolvidos, uma vez que evitará contratempos futuros e risco de sanções para empresas e gestores.

A resistência ou mesmo dificuldade técnica dos prestadores de serviços, intermediários de pagamentos, não pode ser utilizada como argumento para que as empresas importadoras e exportadoras não adotem boas práticas de *Compliance*, pois, afinal, serão essas as intimadas a prestar esclarecimentos caso os órgãos fiscalizadores resolvam fazê-lo.

É possível, e seria muito oportuno que, em futuros normativos, o Banco Central do Brasil inclua previsão de liquidação de pagamentos dessa natureza, com a previsão de responsabilidade solidária de quem paga e de quem intermedia o pagamento.

Considerações finais

Com os acontecimentos no Brasil a partir do ano de 2013, com a intensificação das operações de combate à lavagem de dinheiro e corrupção, o país passou a experimentar uma preocupação maior com a adoção de boas práticas de *Compliance*.

As operações de comércio exterior não podem ficar à margem dessas boas práticas, principalmente por serem a área mais atrativa para organizações que operam de forma ilícita e querem dar aparência de licitude às suas operações.

Os recebimentos de exportação, as remessas para pagamentos de importação de mercadoria e os pagamentos de frete internacional, remetidos diretamente ao exterior ou pagos no Brasil via intermediários, são todos isentos de imposto de renda ou possuem alíquota reduzida a zero, o que os torna altamente atrativos para criminosos.

Empresas idôneas, que querem operar no mercado de maneira correta, não podem aceitar que, por falhas de *Compliance*, possam ser confundidas com pessoas, empresas e organizações criminosas, e terem de enfrentar processos que visam à apuração de ilícitos penais e administrativos.

A forma mais segura para não ser confundido com quem efetua operações ilícitas é:

- *Do ponto de vista fiscal e tributário*
    - efetuar a entrega adequada, completa e pormenorizada em sistemas como:
        - ECF, blocos Y520 e itens do Bloco X e outros destinados a operações com o Exterior;
        - DIRF, para retenções na fonte, mesmo em casos em que a remessa não seja efetuada pelo próprio tomador dos serviços e mesmo nos casos de não retenção, isenção ou redução a zero de alíquota;
        - EFD-REINF, conforme cronograma da Receita Federal do Brasil para migração das declarações de retenção na fonte da DIRF para a EFD-REINF.
    - verificar o país de domicílio do prestador de serviços em remessas para o exterior;
    - recolher o imposto de renda quando devido;
    - guardar as guias de recolhimento de IR;
    - exigir que pagamentos destinados a domiciliados no Brasil sejam devidamente tributados em documento fiscal conforme regras federais e municipais;
- *Do ponto de vista legal*
    - emitir e exigir a emissão de nota fiscal devidamente tributada, dentro da atividade da empresa prestadora de serviços;
    - conhecer e adotar as políticas, procedimentos e controles internos previstos nas leis de prevenção à lavagem de dinheiro e anticorrupção;
- *Do ponto de vista cambial*
    - conhecer e respeitar as normas do regulamento de câmbio;
    - liquidar suas obrigações diretamente junto aos domiciliados no exterior, ou;
    - exigir comprovação de liquidação junto aos domiciliados no exterior, dos agentes intermediários que receberem valores no Brasil para liquidar obrigações no exterior.

Para que todas essas práticas sejam possíveis é fundamental que as empresas importadoras e exportadoras identifiquem prestadores de serviço verdadeiramente engajados em ir além da solução de problemas logísticos e de transporte, mas que também atendam aos requisitos de *Compliance* para evitar causar passivos fiscais e tributários para seus clientes, bem como investigações e responsabilidade penal e administrativas, inclusive com a pena de prisão.

Já os prestadores de serviço precisam revisar a forma usual de trabalho, mesmo sendo essa uma prática muito antiga de mercado, pois os órgãos fiscalizadores se modernizam cada vez mais e o cruzamento de dados evidenciará eventuais inconsistências nos pagamentos efetuados e nos documentos emitidos.

Terá sucesso em se modernizar e se adequar às boas práticas quem conseguir reunir prestadores e tomadores de serviço com o verdadeiro propósito de fazer negócios de comércio exterior de maneira justa, saudável e transparente.

Informação bibliográfica deste texto, conforme a NBR 6023:2018 da Associação Brasileira de Normas Técnicas (ABNT):

VIERA, Lisandro Trindade. Os desafios fiscais, legais, cambiais e tributários nos pagamentos de despesas de importação e exportação feitos por empresas do Brasil. *In*: CASTRO JUNIOR, Osvaldo Agripino de (Coord.). *Constituição, tributação e aduana no transporte marítimo e na atividade portuária*. Belo Horizonte: Fórum, 2021. p. 239-257. ISBN 978-65-5518-002-2.

PARTE II

TRANSPORTE MARÍTIMO E ATIVIDADE PORTUÁRIA

RELEVÂNCIA DA MODICIDADE NO TRANSPORTE MARÍTIMO E NO SETOR PORTUÁRIO PARA A EFICIÊNCIA DO DESEMBARAÇO ADUANEIRO

OSVALDO AGRIPINO DE CASTRO JUNIOR

Introdução

Qual é o impacto econômico da retenção de uma carga pelas autoridades intervenientes, como a Agência Nacional de Vigilância Sanitária (Anvisa), o Ministério da Agricultura, Pecuária e Abastecimento (MAPA), o Instituto Brasileiro de Meio Ambiente e dos Recursos Naturais Renováveis (IBAMA), ou a Aduana?

Todos sabemos que a retenção de uma carga durante o desembaraço aduaneiro, além dos problemas comerciais com o atraso da mesma, causa prejuízos sem limites decorrentes, por exemplo, de cobranças de armazenagem portuária e de sobre-estadia de contêiner em valores imódicos. Esse grave problema tem causado danos financeiros, especialmente às pequenas e médias empresas que pretendem atuar no comércio exterior.

No caso brasileiro, esses custos podem chegar a valores inimagináveis, porque a armazenagem portuária, que ainda é *ad valorem* (um percentual sobre o valor da carga), e o instituto da *demurrage* de contêiner ainda não possuem limites dados pelo órgão regulador (Antaq). Não é incomum ter uma cobrança de *demurrage* em valor várias vezes o do frete, o da carga e o do contêiner, assim como a armazenagem bem maior do que o valor da carga.

Nesse cenário, é possível reduzir tais prejuízos? Acredita-se que a regulação econômica eficaz por parte da Agência Nacional de Transportes Aquaviários (Antaq) pode contribuir para o serviço adequado, desde que haja condição da modicidade.

Afinal, a falta de regulação adequada nos preços e tarifas do setor de transporte aquaviário e portos, de competência da Antaq, justamente pela inexistência de limites aos preços e tarifas quando manifestamente excessivos, não tem proporcionado modicidade, condição indispensável para o serviço adequado.

Nesse sentido, a fim contribuir para a efetividade do serviço adequado, este artigo defende que é preciso uma discussão técnica que proporcione a limitação dos preços cobrados (um preço-teto) pelos prestadores de serviços, terminais portuários secos e molhados, agentes intermediários e transportadores marítimos, quando tais valores forem manifestamente excessivos, ou seja, violarem a modicidade. Não há qualquer semelhança com o tabelamento de preço, tal como havia com a extinta Superintendência Nacional de Abastecimento (Sunab).

O transporte é elemento estratégico para o desenvolvimento da economia de qualquer país, especialmente em países de dimensão continental como a Rússia, os Estados Unidos, o Canadá e o Brasil. Destaca-se que o constituinte derivado elencou o transporte como um direito social, conforme o art. 6º da Constituição Federal, incluído pela Emenda Constitucional n. 90/2015:

> Art. 6º São direitos sociais a educação, a saúde, a alimentação, o trabalho, a moradia, o transporte, o lazer, a segurança, a previdência social, a proteção à maternidade e à infância, a assistência aos desamparados, na forma desta Constituição.

Não obstante tal categoria ser um direito social com previsão constitucional, o transporte brasileiro exige maior eficácia do serviço adequado, em parte pela inexistência de políticas de Estado que proporcionem as condições de eficiência, previsibilidade, modicidade, regularidade, sustentabilidade e pontualidade.

No transporte aquaviário e na atividade portuária, setor regulado pela Antaq, agência de Estado criada pela Lei nº 10.233/2001, não é diferente, especialmente pela indústria de rede existente e com forte grau de transnacionalidade, de agentes intermediários e verticalização (armadores sócios de terminais portuários), de um lado, e de regulação econômica não eficaz, por outro lado.

Por tais motivos, verifica-se a inexistência de modicidade, caracterizada pela adoção de preços em bases justas e razoáveis, o que tem permitido abusos, vez que a política da agência não é a imposição de um limite, mas apurar as denúncias quando houver abuso, agravada pela falta de uma política de defesa da concorrência pela agência reguladora setorial (Antaq).

Diante desse quadro, o artigo pretende contribuir para a efetividade da modicidade no transporte aquaviário e na atividade portuária, tendo em vista que a Antaq tem se recusado a resolver o problema através da criação de critérios objetivos para limitar os preços, quando manifestamente excessivo. Sustenta-se que a modicidade é condição necessária, embora não suficiente para o serviço adequado.

Para atingir o seu escopo, o artigo é dividido em duas partes. A Parte 1 trata da fundamentação constitucional do transporte e dos conceitos relevantes, com base nos normativos da Antaq. A Parte 2 discorre sobre a modicidade e o serviço adequado nos normativos da Antaq, através da análise de dois casos, quando há valores manifestamente excessivos. No final, são feitas considerações finais com sugestões para proporcionar maior efetividade ao serviço adequado.

Parte 1 – Conceitos relevantes e fundamentos constitucionais do transporte

1.1 Conceitos relevantes

1.1.1 Contrato de transporte

Para tratar de modicidade no transporte é preciso definir o que é um contrato de transporte. Segundo o art. 730 do Código Civil: "Pelo contrato de transporte alguém se obriga, mediante retribuição, a transportar, de um lugar para outro, pessoas ou coisas".

Pois bem, conforme o art. 731 do Código Civil, o transporte no Brasil só pode ser exercido mediante outorga de autorização, permissão ou concessão e rege-se pelas normas regulamentares e pelo que for estabelecido naqueles atos, sem prejuízo do disposto no referido Código.

Sustenta-se que a falta de regulação do transportador marítimo estrangeiro, especialmente o de contêiner, por meio de outorga de autorização, é uma das causas da falta de poder dissuasório da Antaq e, por sua vez, da violação da modicidade.

1.1.2 Modicidade

Conceituar modicidade no transporte aquaviário é relevante para estabelecer preços justos e adequados ao seu fim e, inclusive, contribuir para a universalidade do serviço, vez que preços não módicos restringem ou afastam o acesso do usuário ao serviço. No setor de transporte marítimo, esse princípio é um dos mais relevantes para a competitividade dos produtos brasileiros.

Nesse sentido, cabe o conceito de modicidade da Resolução Normativa nº 18/2017, da Antaq, que trata dos direitos e deveres dos usuários, dos agentes intermediários e do transportador marítimo, nos termos do seu art. 3º, inciso VII, é relevante, embora não seja suficiente para impor limites:

> Art. 3º Os transportadores marítimos de longo curso e cabotagem e os agentes intermediários devem observar permanentemente, no que couber, as seguintes condições para a prestação do serviço adequado:
> (...)
> VII – modicidade, caracterizada pela adoção de preços, fretes, taxas e sobretaxas em bases justas, transparentes e não discriminatórias e que reflitam o equilíbrio entre os custos da prestação dos serviços e os benefícios oferecidos aos usuários, permitindo o melhoramento e a expansão dos serviços, além da remuneração adequada; e

Assim, na busca da efetividade da segurança jurídica, cabe a lição do plenário do STF, em voto do Ministro Gilmar Mendes, que descreveu sobre a importância da modicidade e a proibição do lucro arbitrário em relação ao consumidor, da seguinte forma:

> Nesse fluxo de ideias é de se concluir que a cobrança de assinatura básica viola regras destinadas à proteção do consumidor. Violação que frustra qualquer tentativa do usuário de economizar com a fruição ou gasto daqueles serviços públicos a ele ofertados. O que agride os princípios da universalidade dos serviços públicos e da modicidade das tarifas, pois salta à evidência que do encarecido campo de atuação normativa concorrente faz parte a positivação de regras que impeçam o consumidor de ser espoliado. Espoliação, claro, a se evitar pela densificação de normas que, na própria Constituição, proíbem o aumento arbitrário de lucros empresariais (art. 173, §4º da CF). Dando-se que esse aumento arbitrário caracteriza o que a nossa Lei Fundamental designa por abuso do poder econômico. Abuso que não deixa de caracterizar ilícito pelo fato de a União para ele concorrer por qualquer modo, acumpliciando-se,

voluntária ou involuntariamente, com suas concessionárias de serviço público (que é o caso sub judice, respeitosamente o digo).[1]

A falta de uma definição conceitual de modicidade nos preços e tarifas e a multidisciplinaridade de serviços públicos (concessionários e permissionários) e de interesse público (autorizatários), estes também passíveis de intensa regulação estatal, resultam na diversidade de tarifas e preços cobrados pelo particular e na dificuldade do controle estatal, via regulação setorial, visando ao equilíbrio na composição dos custos.

Para evitar esse problema, que permite abusos do arrendatário ou concessionário, é necessária a homologação do reajuste da tarifa por ato do Estado, *in casu*, a Antaq, nos termos do art. 27, inciso VIII, da Lei nº 10.233/2001.

Nesse ambiente, a doutrina brasileira tem sugerido soluções para a efetividade da modicidade tarifária, como leciona Egon Bockmann Moreira:

> Uma vez fixada essa premissa, o mais importante é a constante busca de resultados ótimos. Dentro desse conjunto de dados, a tarifa dever ser a mais módica possível em vista do serviço a ser administrado e prestado pelo concessionário. No caso das concessões comuns regidas pela Lei Geral das Concessões, módica é a tarifa que está na medida para tornar o projeto autossustentável – nem mais nem menos que o estritamente necessário para que o serviço seja adequado às respectivas necessidades sociais. Daí a necessidade de constante atenção ao equilíbrio econômico-financeiro do contrato (para mais ou para menos), estampada nas suas revisões periódicas – que são um dos meios mais eficientes de assegurar a modicidade.[2]

Ao tratarem da modicidade no setor portuário, Castro Junior e Maicon Rodrigues sustentam que apesar da gama de conceitos de modicidade das tarifas e preços, o tema ainda é pouco difundido e aplicado no âmbito portuário. Assim, é relevante uma juridicidade que contemple uma interpretação adequada que vise à efetividade da modicidade. Essa acaba sendo pouco aplicada no cotidiano das

---

[1] BRASIL. Supremo Tribunal Federal. STF. *Ação direta de Inconstitucionalidade nº 3.847-SC*. Disponível em: www.stf.jus.br. Acesso em: 22 fev. 2017.

[2] BOCKMANN MOREIRA, Egon. *Direito das Concessões de Serviço Público*: inteligência da Lei n. 8.987/1995 (Parte Geral). São Paulo: Malheiros, 2010. p. 263.

operações portuárias, tal como um adorno normativo, deixando a norma completa, mas não eficaz.[3]

Sobre a eficiência, Egon Bockmann Moreira relata que as políticas públicas e os resultados auferidos pela concessão dos serviços públicos devem ser pautados pela busca de resultados ótimos.[4] Sendo assim, para dar efetividade a este princípio, frisa-se a lição do referido autor:

> Nos projetos concessionários, tarifa ótima é aquela que simultaneamente maximiza o bem-estar social e mantém o equilíbrio econômico-financeiro do contrato. O tema traz preocupações quanto a políticas distributivas eficientes (econômica e socialmente eficientes). Isso tanto no sentido de fixar preço viável para os serviços prestados como o de induzir usuários a praticar o consumo socialmente ótimo (por exemplo, a impedir o desperdício de água, energia ou gás – o que acontecerá se forem gratuitos ou com preço irrisório). A tarifa não pode ter em mira apenas os benefícios gerados aos usuários e terceiros (fixação imprópria para projetos autossustentáveis), nem muito menos o lucro do empresário privado (objetivo secundário de projetos de concessão). Trata-se antes de forma pela qual podem ser implementados benefícios públicos desenvolvimentistas.[5]

No que concerne à modicidade de preços no setor de transporte marítimo, há previsão normativa na Lei nº 10.233/2001, que dispõe sobre os objetivos da Antaq ao regular o transporte aquaviário e a atividade portuária, da seguinte forma:

> Art. 20. São objetivos das Agências Nacionais de Regulação dos Transportes Terrestre e Aquaviário: (...) a) garantir a movimentação de pessoas e bens, em cumprimento a padrões de eficiência, segurança, conforto, regularidade, pontualidade e *modicidade nos fretes e tarifas;*

De igual forma, a Lei nº 8.987/1995, que dispõe sobre a concessão e permissão de serviços públicos, ressalta a importância da modicidade tarifária, inclusive na exploração de outras fontes provenientes que resultem em tarifas módicas ao usuário:

---

[3] CASTRO JUNIOR, Osvaldo Agripino de; RODRIGUES, Maicon. *Direito Portuário:* modicidade, previsibilidade e defesa da concorrência. Florianópolis: Conceito, 2019, p. 231-232.

[4] BOCKMANN MOREIRA, Egon. *Direito das concessões de serviço público inteligência da Lei 8.987/1995 (Parte Geral)*, p. 263.

[5] BOCKMANN MOREIRA, Egon. *Direito das concessões de serviço público inteligência da Lei 8.987/1995 (Parte Geral)*, p. 263.

Art. 11. No atendimento às peculiaridades de cada serviço público, poderá o poder concedente prever, em favor da concessionária, no edital de licitação, a possibilidade de outras fontes provenientes de receitas alternativas, complementares, acessórias ou de projetos associados, com ou sem exclusividade, com vistas a favorecer a modicidade das tarifas, observado o disposto no art. 17 desta Lei.

Por fim, deve-se ressaltar que o arrendatário precisa implementar atividade econômica, de modo que o Estado permita a produção de riqueza, desde que observados diversos princípios, entre os quais, a modicidade tarifária e a previsibilidade, conforme ensina Castro Junior:

> Deve-se, contudo, ter em mente que o arrendatário, como qualquer empresa da iniciativa privada que atue ou não mediante contrato administrativo, não presta serviço mediante filantropia, mas com objetivo de lucro, desde que observe a modicidade. Na esfera pública, por sua vez, tem direito à situação estável, intangível, criada pelo contrato.[6]

Nesse ambiente, a modicidade também se aplica a todos os serviços autorizados ou de interesse público, ainda que não autorizados, como aquele que envolve o transporte marítimo e dos seus acessórios, como o uso do contêiner.

1.1.3 Livre iniciativa, livre concorrência e da defesa do consumidor/usuário

Os princípios constitucionais são os pilares do ordenamento jurídico, e são consagrados na Constituição Federal de 1988 como princípios gerais da atividade econômica os da livre iniciativa, da livre concorrência e da defesa do consumidor, que constam no art. 1º, IV e da art. 170.

A livre iniciativa, um dos fundamentos da República Federativa do Brasil pelo constituinte originário, abrange tanto a liberdade de exercício de qualquer atividade econômica, sem a ingerência do Estado, exceto em virtude de lei, quanto a liberdade de contratar, que envolve as faculdades de negociação e fixação de conteúdo do contrato segundo o interesse e a conveniência das partes.

---

[6] CASTRO JUNIOR, Osvaldo Agripino de. *Direito Portuário e a nova regulação*. São Paulo: Aduaneiras, 2015, p. 313-314.

Ressalte-se que tal liberdade não é absoluta, irrestrita, porque encontra óbice na regulação do Estado, especialmente a regulação setorial econômica das agências reguladoras.

Por sua vez, a livre concorrência é um desdobramento da livre iniciativa, e se baseia no pressuposto que a concorrência não pode ser restringida por agentes econômicos com maior poder de mercado. Desse modo, a fixação de preços das mercadorias e dos serviços não deve resultar de atos cogentes da autoridade administrativa, mas do livre jogo das forças em disputa de cliente ou, em caso de valores manifestamente excessivo, de limitação pelo Estado.

Isso se dá para que se efetive o princípio da defesa do consumidor/usuário do serviço, vez que os princípios num sistema não podem ser interpretados isoladamente, mas de forma sistemática, observando-se sempre o interesse público, que se dá na efetividade do serviço adequado, por meio da condição de modicidade nos preços e tarifas.

1.1.4 Defesa do usuário

O usuário possui direito subjetivo público na prestação serviço, que deve ser promovida de forma adequada. Não posto somente como um mero adorno conceitual, este direito é passível de exigência para o seu cumprimento, haja vista que o usuário é peça fundamental para manutenção do serviço e a finalidade do serviço público é prestigiar o usuário. Afinal, é ele quem paga a conta.

Apesar de o serviço de transporte marítimo não ser público, porque é prestado por autorizatário, no caso das empresas brasileiras de navegação, que operam mediante outorga de autorização, ironicamente, o transportador marítimo estrangeiro opera sem outorga.

Sabemos que serviço autorizado não é serviço público, mas é de interesse público, portanto, sofre regulação econômica, ainda que em densidade regulatória diversa da concessão ou da permissão, mas nunca menor. Por tal motivo, a teoria da defesa do usuário do serviço público é relevante para o problema do transporte marítimo que não observa o serviço adequado.

Egon Bockmann Moreira discorre sobre o direito subjetivo público do usuário consagrado juridicamente:

> Sob o ângulo dos usuários, há *direito subjetivo público à efetiva prestação do serviço adequado.* Eles têm assegurada – nos termos do estatuto e do contrato – uma posição concreta de vantagem pessoal quanto a usufruir imediatamente daquele serviço público. Ou, como prefere Alessi, "a

garantia legislativa de uma utilidade substancial direta e imediata para o sujeito titular". São direitos concernentes à pessoa que deve receber a prestação do serviço, tornados densos e nítidos pela relação jurídico-concessionária. Já não se está diante de acanhado direito subjetivo público à legalidade (omissiva), mas sim de várias ordens de interesses pessoais consagrados juridicamente – que em sede estatutária (legal e regulamentar), que em sede contratual. Advêm, portanto, do sistema jurídico – e não só deste ou daquele texto legal. São direitos relacionais, que exigem *alteridade e intersubjetividade:* não são só *invioláveis* pelo outro, mas sim especialmente *exigíveis* do outro.[7]

Os direitos dos usuários devem ser defendidos bem como podem ser impostos juridicamente, e sua defesa cabe ao concedente e órgão regulador setorial, conforme ensina a doutrina:

Tais direitos do sujeito usuário, a depender da vontade deste, podem ser impostos juridicamente em face do outro sujeito (imediatamente, o concessionário; mediante, concedente e regulador). Afinal, quando se instala a relação concessionária, constituem-se, quando menos, a *proibição de omissão* por parte do concessionário e o *dever de garantia* por parte do concedente.[8]

Há um problema de assimetria de representação no setor de transporte marítimo, quando se trata da organização do usuário em relação àquela do agente intermediário e do transportador. Esse problema contribui para a assimetria de informação e, por sua vez, produção de normas que possibilitem maior equilíbrio entre usuário e prestador de serviço de transporte.

Sobre esse problema, já identificado e alertado nas denúncias feitas por vários usuários e terminais secos ao TCU envolvendo a falta de regulação econômica do THC e do THC2 (SSE),[9] inclusive com

---

[7] MOREIRA, Egon Bockmann. *Direito das concessões de serviço público inteligência da lei 8.987/1995 (Parte Geral)*, p.287-289.

[8] MOREIRA, Egon Bockmann. *Direito das concessões de serviço público inteligência da lei 8.987/1995 (Parte Geral)*, p.289.

[9] Cabe destacar que o Serviço de Segregação e Entrega de contêineres é definido pelo inciso IX do art. 2º da Resolução Normativa nº 34/201, da Antaq, da seguinte forma: "preço cobrado, na importação, pelo serviço de movimentação de cargas entre a pilha no pátio e o portão do terminal portuário, pelo gerenciamento de riscos de cargas perigosas, pelo cadastramento de empresas ou pessoas, pela permanência de veículos para retirada, pela liberação de documentos ou circulação de prepostos, pela remoção da carga da pilha na ordem ou na disposição em que se encontra e pelo posicionamento da carga no veículo do importador ou do seu representante."

condenação ao pagamento de multa de R$30 mil a três ex-diretores da Antaq, em relação ao THC2 (TC nº 014.624/2014-1, Acórdão nº 1704-28-18-Plenário, julgado em 25.7.2018), cabe a lição de Lourdes Trujillo e Gustavo Nombela:

> Existe, por supuesto, un conflicto generado por la asimetría en la información, dado que el operador privado tiene el estímulo de ocultar información relevante al regulador. Este aspecto puede ser suavizado mediante controle periódicos que permitan hacer un seguimiento continuado y a través del establecimiento de niveles estándares de servicio razonables. [10]

O problema da falta de regulação econômica, com registro e monitoramento de preços cobrados pelas empresas privadas no setor, nesse caso, por falta de regulação adequada da Antaq, tal como alertado nas decisões do TCU, contribui para o agravamento do problema, com a recusa dos prestadores de serviços não apresentarem o comprovante dos pagamentos e, dessa forma, configurar o ressarcimento. Vejamos os comentários dos autores acima:

> El papel de la autoridade portuária se transforma entonces desde su labor tradicional como organismos encargado de todas as atividades del puerto, ser sólo um coordenador de estas atividades. Al introducir empresas privadas en los puertos, surge la necesidad de establecer una regulación sobre éstas, que normalmente se va a dar en condiciones de información asimétrica (las empresas conocen mejor cuales son sus costes y las condiciones de la demanda que el regulador). [11]

No caso da cobrança do THC feita pelo agente intermediário ou transportador marítimos, estamos diante de uma conduta oportunista, típica de *free rider*, pois tais empresas "pegam carona" no direito do terminal portuário, que deveria cobrar diretamente o serviço. Sobre esse problema, e como superá-lo, por meio de comprovação do valor efetivamente pago através do regulador (*disclosure regulation*), cabe a lição de Anthony Ogus, professor emérito da Universidade de Manchester e um dos maiores estudiosos da Regulação:

---

[10] TRUJILLO, Lourdes; NOMBELA, Gustavo. Puertos. In: ESTACHE, Antonio; DE RUS, Ginés (eds.). *Privatización y Regulación de Infraestructuras de Transportes – Una Guía para reguladores*. Washington: Banco Mundial, Alfaomega, 2003, p. 104.

[11] TRUJILLO, Lourdes; NOMBELA, Gustavo. Puertos, p. 128.

There is presumably a considerable consumer demand for intermediaries to provide independent, reliable comparisons on the prices and quality offered by different traders and yet, because of the 'free-rider' problem, there is likely to be, in the unregulated market, an under-supply of such intermediaries. Government may then fund a public agency, or subsidize a private agency, to provide such information. Alternatively, it can establish a system of public registration or certification of traders who satisfy certain minimum standards of quality. Such a system is to be distinguished from a licensing regime which prohibits those without a licence from practising the trade or profession. Registration or certification does not control conduct; it simply provides information. Like disclosure regulation, it preserves consumer choice.[12]

Trata-se de uma falha de informação na regulação, que vem sendo permitida pela Antaq desde a edição da Resolução nº 2.389/2012, de modo que cabe a lição de Ogus, no que tange ao dever de informar o preço e de controlar (e punir) a informação falsa ou errada, nos seguintes termos:

Information regulation falls into two broad categories: mandatory disclosure, which obliges suppliers to provide information relating to price, identity, composition, quantity, or quality; and the control of false or misleading information. The discussion is divided accordingly. First, however, we must consider the theoretical justifications for information regulation.[13]

Esse déficit de informação conduz à externalidade negativa, nesse caso, o enriquecimento sem causa, porque o prestador de serviço recusa-se a fornecer o comprovante de ressarcimento até mesmo para o regulador, ainda que instado pelo regulador, a fim de reduzir a perda do usuário, isso tudo para aumentar exponencialmente o lucro de quem sonega a informação, bem acima do custo marginal do serviço. Ainda segundo o ensinamento do professor Ogus:

Mandatory disclosure regulation can generate direct welfare gains for consumers whose purchase of goods or services is affected by inadequate information. If the unregulated market does not lead to what we have referred to as the 'optimal' amount of information, that is where the

---

[12] OGUS, Anthony. *Regulation:* Legal Form and Economic Theory. Oxford, Oregon: Hart, 2000, p. 124.

[13] OGUS, Anthony. *Regulation:* Legal Form and Economic Theory, p. 121.

> marginal benefit arising from that amount of information is approximately equal to the marginal cost of producing and communicating it, consumers sustain a welfare loss: the difference between the utility derived from the transaction without the optimal amount of information and the utility they would have derived if that amount of information had been supplied.
> Forcing the seller to supply that amount of information may eliminate the loss.[14]

O tema da regulação social da informação é tão relevante que vem merecendo atenção da doutrina especializada comparada há muitos anos, especialmente no que tange ao dever de revelar os preços e de controles em casos de informação errada, como se verifica no caso em tela.[15]

Isso decorre da maior organização dos prestadores de serviços que, por sua vez, causa externalidades negativas na produção normativa (a norma é editada para beneficiar o prestador de serviço) e na fiscalização. Esse ambiente gera preços predatórios, que demandam a atuação regulatória eficaz da Antaq, como se verifica no setor portuário:

> Embora a Antaq tenha sido criada para desenvolver o transporte aquaviário, com a aplicação da Lei nº 9.432/1997 (ordena o transporte aquaviário, nos termos do art. 178 da CF/88), e atividade portuária, cuja norma principal era a Lei dos Portos (nº 8.630/1993) e, a partir de 5 de junho de 2013, por meio da Lei nº 12.815/2013 (Nova Lei dos Portos), os usuários ainda não têm explorado as consequências da Antaq, para a defesa dos seus interesses, ao contrário das EBNs e terminais, que se organizam melhor, gerando uma assimetria de representatividade entre terminais e usuários.
> Ademais, cabe mencionar que o setor portuário era um monopólio estatal e, com a reforma da Lei nº 8.630/1993, com mais de 2/3 da carga movimentada em terminais privados e regulação ineficaz, o que possibilita preços predatórios pelos terminais, já que se trata de uma indústria de rede.[16]

Destaca-se, contudo, a edição da RN nº 18/2017, pela Antaq, que dispõe sobre os direitos e deveres dos usuários e dos demais prestadores de serviços do setor, da seguinte forma:

---

[14] OGUS, Anthony. *Regulation*: Legal Form and Economic Theory, p. 121.

[15] Ver OGUS, Anthony. *Regulation*: Legal Form and Economic Theory, p. 121-150.

[16] CASTRO JUNIOR, Osvaldo Agripino de. *Direito Portuário e a Nova Regulação*, p. 102-103.

Art. 1º A presente Norma dispõe sobre os direitos e deveres dos usuários, dos agentes intermediários e das empresas que operam nas navegações de apoio marítimo, apoio portuário, cabotagem e longo curso, e estabelece infrações administrativas.

Parágrafo único. Esta norma não se aplica aos portos organizados, instalações portuárias, terminais de uso privado, estações de transbordo de cargas, instalações portuárias públicas de pequeno porte, instalações portuárias de turismo e instalações de apoio ao transporte aquaviário. (...)

Art. 8º São direitos básicos do usuário, sem prejuízo de outros estabelecidos em legislação específica e no contrato:

I – receber serviço adequado com observância dos padrões de regularidade, continuidade, eficiência, segurança, atualidade, generalidade, pontualidade e modicidade;

II – levar ao conhecimento da ANTAQ as irregularidades e as infrações à lei e à regulamentação de que tenha conhecimento, referentes ao serviço prestado, operação ou disponibilidade contratada;

III – dispor de informação transparente, correta e precisa por meio de canais de comunicação acessíveis, com conhecimento prévio de todos os serviços, operações ou disponibilidade a serem contratados e dos riscos envolvidos, incluindo a especificação dos valores dos preços, fretes, taxas e sobretaxas, vedada a publicidade enganosa; e

IV – obter e utilizar o serviço, com liberdade de escolha de prestadores, vedados métodos comerciais coercitivos ou desleais, bem como práticas e cláusulas em descumprimento à lei, normas, regulamentos ou tratados, convenções e acordos internacionais ratificados pelo Brasil ou impostas no fornecimento dos serviços.

Mencione-se, ainda, o direito que o usuário possui no que tange à defesa da concorrência, especialmente em relação aos transportadores marítimos e os agentes intermediários, que devem abster-se de práticas lesiva à ordem econômica, inclusive acerca do aumento arbitrário de lucro decorrente, por exemplo, da sobre-estadia de contêiner, nos termos do art. 5º, da RN 18/2017:

Art. 5º Os transportadores marítimos e os agentes intermediários devem abster-se de práticas lesivas à ordem econômica por meio de atos sob qualquer forma manifestados, independentemente de culpa, que tenham por objeto ou possam produzir os efeitos, ainda que não alcançados, de limitar, falsear ou de qualquer forma prejudicar a livre concorrência ou a livre iniciativa, aumentar arbitrariamente os lucros, ou exercer de forma abusiva posição dominante.

1.1.5 Deveres dos usuários

Quando se trata de equilíbrio entre os direitos dos usuários e do transportador marítimo e/ou do seu agente intermediário, é relevante tratar dos deveres dos usuários, conforme o disposto no art. 9º da RN 18/2017 da Antaq, a seguir:

> Art. 9º São deveres do usuário, sem prejuízo de outros estabelecidos em legislação específica e no contrato, e ainda, no que couber, ao tipo de navegação realizada:
> I – pagar os valores referentes aos serviços, operações e disponibilidade contratadas;
> II – somente contratar transporte aquaviário ou operações e disponibilidade na navegação de apoio marítimo, de apoio portuário ou de cabotagem com empresa de navegação devidamente autorizada pela ANTAQ para realizar o serviço pretendido e, na navegação de longo curso, em conformidade com a Lei nº 9.432, de 1997, e os tratados, convenções, acordos e outros instrumentos internacionais ratificados pelo Brasil;
> III – contribuir para a permanência das boas condições dos bens públicos ou privados por meio dos quais lhes são prestados os serviços;
> IV – entregar ou retirar a carga no local e prazo acordados para embarque ou desembarque com o correto acondicionamento, em conformidade com as leis, regulamentos, exigências técnicas aplicáveis e tratados, convenções, acordos e outros instrumentos internacionais ratificados pelo Brasil;
> V – prestar informações corretas, claras, precisas, tempestivas e completas:
> a) para as operações da navegação de cabotagem e longo curso, sobre a carga a ser transportada, em especial as necessárias para o cumprimento de normas e regulamentos dos órgãos governamentais e tratados, convenções, acordos e outros instrumentos internacionais ratificados pelo Brasil; e
> b) para as operações da navegação de apoio portuário ou marítimo, sobre os procedimentos a serem adotados, considerando as especificidades das respectivas operações; e
> VI – atender, no âmbito de suas atribuições e no prazo estipulado, ao transportador marítimo, aos agentes intermediários, à EBN de apoio portuário ou apoio marítimo ou às autoridades pertinentes, fornecendo-lhes todos os documentos e as informações necessárias sobre seus produtos perigosos e serviços sujeitos a regulamentação específica por outro órgão.

1.2 Fundamentos constitucionais

Nesse cenário, pela sua relevância, cabe destacar que a palavra "transporte" é citada mais de 25 vezes na Constituição Federal, cabendo ao município organizar e prestar, diretamente ou sob regime de concessão ou permissão, os serviços públicos de interesse local, inclusive o transporte coletivo, que tem caráter essencial, conforme o inciso V do art. 30.

O transporte marítimo de petróleo bruto de origem nacional ou de derivados básicos de petróleo produzidos no país, assim como o transporte por meio de conduto, de petróleo bruto, seus derivados e gás natural de qualquer origem, é monopólio da União, nos termos do art. 177, inciso IV.

Por sua vez, o art. 178 assim dispõe sobre a ordenação dos diversos modais:

> Art. 178. A lei disporá sobre a ordenação dos transportes aéreo, aquático e terrestre, devendo, quanto à ordenação do transporte internacional, observar os acordos firmados pela União, atendido o princípio da reciprocidade. (Redação dada pela Emenda Constitucional nº 7, de 1995) Parágrafo único. Na ordenação do transporte aquático, a lei estabelecerá as condições em que o transporte de mercadorias na cabotagem e a navegação interior poderão ser feitos por embarcações estrangeiras.

Ademais, o artigo 21 trata das competências da União em matéria de transporte, da seguinte forma:

> Art. 21. Compete à União: (...) XII – explorar, diretamente ou mediante autorização, concessão ou permissão: (...) c) a navegação aérea, aeroespacial e a infra-estrutura aeroportuária; d) os serviços de transporte ferroviário e aquaviário entre portos brasileiros e fronteiras nacionais, ou que transponham os limites de Estado ou Território; e) os serviços de transporte rodoviário interestadual e internacional de passageiros;

Cabe destacar que o art. 175 trata dos serviços públicos, bem como da necessidade de preservar os direitos dos usuários, da política tarifária e da obrigação de manter serviço adequado, da seguinte forma:

> Art. 175. Incumbe ao Poder Público, na forma da lei, diretamente ou sob regime de concessão ou permissão, sempre através de licitação, a prestação de serviços públicos. Parágrafo único. A lei disporá sobre: I – o regime das empresas concessionárias e permissionárias de serviços

públicos, o caráter especial de seu contrato e de sua prorrogação, bem como as condições de caducidade, fiscalização e rescisão da concessão ou permissão; II – os direitos dos usuários; III – política tarifária; IV – a obrigação de manter serviço adequado.

Apesar desse arcabouço constitucional que trata do transporte, verifica-se um déficit de efetividade quando se trata de transporte aquaviário e da atividade portuária, especialmente pelos preços abusivos, que violam a modicidade, em que pese a Lei da Antaq (Lei nº 10.233/2001) dispor os objetivos da regulação no setor de transporte aquaviário e portos, nos termos da alínea "a", inciso II, art. 20, acima transcrito.

Após a apresentação de conceitos relevantes e dos fundamentos constitucionais dos transportes, a temática do serviço adequado, com ênfase na modicidade, será tratada na próxima parte.

Parte 2 – Modicidade como condição do serviço adequado no transporte aquaviário e na atividade portuária

2.1 Introdução aos normativos que regulam o serviço adequado

As duas principais normas que tratam dos direitos dos usuários no transporte aquaviário e na atividade portuárias são a RN nº 18/2017, da Antaq, acima mencionada, e a Resolução nº 3.274, de 6 de fevereiro de 2014, alterada pela Resolução Normativa Antaq nº 02, de 13 de fevereiro de 2015, e Retificada pela Resolução Normativa Antaq nº 15, de 26 de dezembro de 2016), que aprova a norma que dispõe sobre a fiscalização da prestação dos serviços portuários e estabelece infrações administrativas.

2.2 No transporte aquaviário

Como já mencionado, a Resolução Normativa Antaq nº 18 é a que trata do conceito de serviço adequado, nele incluída a modicidade. Ela aprova a norma que dispõe sobre os direitos e deveres dos usuários, dos agentes intermediários e das empresas que operam nas navegações de apoio marítimo, apoio portuário, cabotagem e longo curso, e estabelece infrações administrativas.

Nesse cenário, no seu Capítulo III, ela trata do serviço adequado, e no inciso VII do art. 3º estabelece a modicidade como uma das condições dos transportadores marítimos de longo curso e cabotagem e os agentes intermediários, da seguinte forma:

Art. 3º Os transportadores marítimos de longo curso e cabotagem e os agentes intermediários devem observar permanentemente, no que couber, as seguintes condições para a prestação do serviço adequado: (...) VII – modicidade, caracterizada pela adoção de preços, fretes, taxas e sobretaxas em bases justas, transparentes e não discriminatórias e que reflitam o equilíbrio entre os custos da prestação dos serviços e os benefícios oferecidos aos usuários, permitindo o melhoramento e a expansão dos serviços, além da remuneração adequada; e

Ainda, em face da relevância para os custos no transporte aquaviário, cabe destacar que, além da condição de modicidade acima, o conceito de serviço adequado disposto na RN nº 18/2017, aplicada aos transportadores marítimos e aos agentes intermediários, dedicou várias outras condições, a começar pela regularidade, no citado artigo acima, da seguinte forma:

Art. 3º Os transportadores marítimos de longo curso e cabotagem e os agentes intermediários devem observar permanentemente, no que couber, as seguintes condições para a prestação do serviço adequado:
I – regularidade, por meio da realização da frequência e das escalas ofertadas aos usuários;
III – eficiência, por meio do(a):
a) cumprimento dos parâmetros de desempenho estabelecidos contratualmente, buscando-se o melhor resultado possível e a melhoria contínua da qualidade e produtividade;
b) adoção de procedimentos operacionais que evitem perda, dano, extravio de cargas ou desperdícios de qualquer natureza, em razão da falta de método ou racionalização no seu desempenho, minimizando custos a serem suportados pelos usuários; e
c) execução diligente de suas atividades operacionais, de modo a não interferir e minimizar a possibilidade de danos ou atrasos nas atividades realizadas por terceiros;
IV – segurança, caracterizada pelo cumprimento das práticas recomendadas de segurança do tráfego aquaviário, visando à preservação do meio ambiente e à integridade física e patrimonial dos usuários, da carga e das instalações portuárias utilizadas, bem como de quaisquer outras determinações, normas e regulamentos relativos à segurança expedidos pelas autoridades competentes ou por tratados, convenções e acordos internacionais de transporte marítimo ratificados pelo Brasil;
(...)

VI – generalidade, assegurando a oferta de serviços, de forma indiscriminada e isonômica a todos os usuários, com a maior amplitude possível;

(...)

VIII – pontualidade, mediante o cumprimento dos prazos, fixados ou estimados, para prestação dos serviços, estabelecidos em contrato, formalmente agendados entre as partes envolvidas ou razoavelmente exigidos, tomando-se em consideração as circunstâncias do caso.

O conceito de modicidade acima é quase o mesmo daquele que deve ser observado pelas empresas brasileiras de navegação que operam no apoio marítimo (indústria *off shore*) e portuário (rebocadores e lancha), conforme o inciso VII do art. 6º:

> Art. 6º As EBN de apoio marítimo e portuário devem observar permanentemente, no que couber, as seguintes condições para a prestação do serviço, operação ou disponibilidade contratada, de forma adequada:
>
> (...) VII – modicidade, caracterizada pela adoção de preços, taxas e sobretaxas em bases justas, transparentes e não discriminatórias e que reflitam o equilíbrio entre os custos das operações e disponibilidade contratada e os benefícios oferecidos ao usuário, permitindo a eficiência das operações, além da remuneração adequada; e

Destaca-se, ainda, que o serviço adequado, no qual se inclui padrão de modicidade, é um dos direitos básicos do usuário, nos termos do inciso I do art. 8º, qual seja:

> Art. 8º São direitos básicos do usuário, sem prejuízo de outros estabelecidos em legislação específica e no contrato:
>
> I – receber serviço adequado com observância dos padrões de regularidade, continuidade, eficiência, segurança, atualidade, generalidade, pontualidade e modicidade;

É relevante mencionar que, ao mesmo tempo que existe uma norma que inclui como infração administrativa o descumprimento dos critérios de serviço adequado descritos na RN nº 18/2017, a Antaq é incapaz de limitar, por exemplo, o preço de *demurrage* de contêiner, assim como a armazenagem portuária, quando o mesmo é abusivo. Vejamos o artigo 27, inciso II, que trata da referida sanção:

> Art. 27. Constituem infrações administrativas de natureza média:
>
> (...)
>
> II – não cumprir os critérios de serviço adequado descritos nesta Norma, exceto quando a conduta infracional se enquadrar em tipo específico contemplado nesta Norma: multa de até R$100.000,00 (cem mil reais);

2.2.1 Estudo de caso: a cobrança de sobre-estadia em valor imódico

Se há cobrança de valor de sobre-estadia de até oitenta vezes o valor do frete e trinta vezes o valor da carga, obviamente que há violação da modicidade e, portanto, da condição do serviço adequado.[17] Nesse caso, é imprescindível estabelecer limites para preços ou tarifas imódicos, sob pena de inviabilizar o serviço adequado.

Nesse cenário, é relevante mencionar o caso em que a Antaq decidiu não enfrentar o problema da efetividade da modicidade para a sobre-estadia de contêiner, porque ao ser instada a criar critérios para limitar tal cobrança, que deveria ser realizado através de estudos técnicos debatidos em audiência pública para definir critérios objetivos, a Antaq, em parecer do Diretor Francisval Mendes, resolveu rejeitar o pedido de alteração da RN nº 18/2017 para impor tais critérios.

O caso se refere a uma ação judicial de cobrança de *demurrage* de três contêineres *dry*, no valor de R$1.113.446,73 (um milhão, cento e treze mil, quatrocentos e quarenta e seis reais e setenta e três centavos), em 31 de janeiro de 2018, incluindo honorários de sucumbência de 11%, julgado pelo Tribunal de Justiça de São Paulo. O valor da *demurrage* é quase 80 vezes o valor do frete dos três contêineres (R$14 mil) e 30 vezes o valor da carga transportada (R$39 mil), e a causa da demora na devolução se deve a um erro da Aduana, que exigiu Licença de Importação, embora, 288 dias depois, o Ibama tenha informado que não era necessária a LI.

Sob o argumento que a modicidade (art. 20, II, "a", da Lei da Antaq) somente abrange fretes e tarifas e que a sobre-estadia tem natureza jurídica de indenização pré-fixada, ela entendeu ser "mera retórica a limitação". O parecer do relator Diretor da Antaq, Francisval Mendes, entendeu que:

> Outrossim, observa-se nos longos arrazoados da recorrente que ela promove uma confusão de modicidade de preços com a cobrança por sobreestadia. A relação por ela imposta em suas alegações entre o montante devido pelo transporte e os valores cobrados de demurrage é imprópria. A modicidade deve ser apurada em relação ao valor cobrado

---

[17] Com base em processo de cobrança judicial de agente intermediário contra importador de material PET, que teve a sua mercadoria transportada em três contêineres refrigerados desligados, mas que teve ajuizado ação como se tais contêineres fossem refrigerados em operação. Ora, o contêiner RF NOR equivale a contêiner *dry*, portanto, com valor bem inferior.

pelo transporte em si e não em relação ao tempo decorrido que resultou na cobrança de demurrage.

Obviamente, aquilatar valor do transporte com indenização por longo período de ausência de devolução de box, certamente se obterá números expressivos e que saltam aos olhos a desproporção. Mas, para fins de modicidade de preços, nada mais é que retórica.[18]

Pois bem, não tem como concordar com tal argumento do voto do relator, aprovado de forma unânime pela Diretoria, o que fará com que o serviço adequado nunca possa existir tendo em vista as externalidades negativas decorrentes das sobretaxas e demais preços além do frete, como a *demurrage*, permitida, no caso denunciado, de oitenta vezes o valor do frete. Verifica-se que a Antaq não analisou o caso à luz da condição de modicidade do art. 3º, VII, da Resolução Normativa nº 18/2017, tendo em vista o preço da sobre-estadia, seja indenização pré-fixada ou cláusula penal. Ao contrário, procurou fazer uma argumentação da limitação à luz da modicidade da Lei da Antaq, sem observar a RN nº 18/2017.

A Antaq na decisão acima viola expressamente a condição de modicidade, dá um "cheque em branco" para que o transporte ou seu agente intermediário possa cobrar valor sem limite, e contribui para que os custos logísticos no Brasil, especialmente no transporte marítimo, sejam os maiores do mundo.

É cristalino que a decisão da Antaq não foi adequada, porque é imprescindível o estabelecimento de critérios objetivos para limitar o preço dos serviços de transporte aquaviário, sob pena de inexistir efetividade do serviço adequado, tendo em vista que a modicidade é uma condição do referido serviço. A decisão, portanto, está em desacordo com o espírito da Lei da Antaq e com o sentido da Lei nº 10.233/2001 e da RN nº 18/2017, que foi editada e aprovada pela mesma diretoria. O mesmo problema regulatório ocorre no setor portuário, como adiante será demonstrado.

Cabe destacar que, diante da decisão acima, houve denúncia ao Tribunal de Contas da União, que determinou que a Antaq se manifestasse sobre o tema. Essa agência incluiu o tema 2.2 na sua Agenda Regulatória para o biênio 2020/2021, para "Desenvolver metodologia para determinar abusividade na cobrança de sobre-estadia de contêineres".

---

[18] BRASIL, Agência Nacional de Transportes Aquaviários. Antaq. Voto do Diretor Francisval Mendes. Fls. 4/6 SEI 051404, Proc. n. 50.300.005313/2018-01. Data 03 de agosto de 2018.

2.3 No setor portuário

Da mesma forma que existe uma resolução que dispõe sobre os direitos e deveres dos usuários, do transporte marítimo e do agente intermediário no transporte aquaviário (RN 18/2017, da Antaq), em 2014 foi editada a Resolução nº 3.274, Regulamento Portuário, que se destina às administrações dos portos organizados, aos arrendatários de áreas e instalações portuárias, aos operadores portuários e aos autorizatários de instalações portuárias.

A norma tem por objeto estabelecer obrigações para a prestação de serviço adequado, bem como definir as respectivas infrações administrativas, nos termos da Lei nº 10.233, de 5 de junho de 2001, e da Lei nº 12.815, de 5 de junho de 2013 (Redação dada pela Resolução Normativa nº 02-ANTAQ, de 13.02.2015)

O serviço adequado é um direito básico do usuário dos serviços acima, nele incluído o padrão da modicidade, nos termos do inciso I do art. 2º, qual seja:

> Art. 2º São direitos básicos e deveres do Usuário, sem prejuízo de outros estabelecidos em legislação específica e contratualmente: I – receber serviço adequado: a) com observância dos padrões de regularidade, continuidade, eficiência, segurança, atualidade, generalidade, cortesia, modicidade, respeito ao meio ambiente e outros requisitos definidos pela ANTAQ;

Destaca-se que existe punição para a Autoridade Portuária que deixar de fiscalizar a operação portuária quanto à prestação do serviço adequado, inclusive com multa, nos termos do inciso XXX do art. 33, *in verbis:*

> Art. 33. Constituem infrações administrativas da Autoridade Portuária, sujeitando-a à cominação das respectivas sanções:
> (...)
> XXX – deixar de fiscalizar a operação portuária quanto à prestação de serviço adequado: multa de até R$500.000,00 (quinhentos mil reais); e (Redação dada pela Resolução Normativa nº 02-ANTAQ, de 13.02.2015)

Mencione-se, ainda, que o Regulamento Portuário assim dispõe sobre a modicidade como direito básico do usuário e como condição mínima do serviço adequado. Vejamos:

> Art. 2º São direitos básicos e deveres do Usuário, sem prejuízo de outros estabelecidos em legislação específica e contratualmente: I – receber serviço adequado:

I – receber serviço adequado: a) com observância dos padrões de regularidade, continuidade, eficiência, segurança, atualidade, generalidade, cortesia, modicidade, respeito ao meio ambiente e outros requisitos definidos pela ANTAQ;

Art. 3º A Autoridade Portuária, o arrendatário, o autorizatário e o operador portuário devem observar permanentemente, sem prejuízo de outras obrigações constantes da regulamentação aplicável e dos respectivos contratos, as seguintes condições mínimas: (...)

VII – modicidade, adotando tarifas ou preços em bases justas, transparentes e não discriminatórias aos usuários e que reflitam a complexidade e os custos das atividades, observando as tarifas ou preços-teto, desde que estabelecidos pela ANTAQ;

2.3.1 Estudo de caso: a cobrança de armazenagem portuária

Trata-se de caso envolvendo cobrança judicial contra importador ajuizada por terminal de uso privado, no valor de R$479.535,87 (quatrocentos e setenta e nove mil, quinhentos e trinta e cinco reais e oitenta e sete centavos), referentes à armazenagem de dois contêineres, no período de 311 e 307 dias.

A carga teve declarada o seu perdimento e foi leiloada por R$53.493,53 (cinquenta e três mil, quatrocentos e noventa e três reais e cinquenta e três centavos). Ressalte-se que o terminal portuário é verticalizado e o preço da armazenagem é cerca de três vezes o dos terminais portuários mais próximos, que não possuem armador acionista.

Instada pelo usuário a impor limites à liberdade de preços, em caso de preços abusivos, a Antaq, através de despacho da Superintendente de Regulação Portuária, decidiu da seguinte forma:

À Superintendência de Fiscalização
Assunto: Suposta cobrança abusiva de armazenagem
Em atendimento ao Despacho SFC 0322409, retorno os autos com a manifestação desta Superintendência informando que os normativos editados por esta Agência já preveem adequadamente a regulação sobre a cobrança dos preços praticados pelos terminais privados autorizados; motivo pelo qual entendo que não há, por ora, necessidade de qualquer regulação adicional acerca da matéria.
Atenciosamente,
Flávia Morais Lopes Takafashi
Superintendente de Regulação[19]

---

[19] BRASIL, Agência Nacional de Transportes Aquaviários. Antaq. Despacho da Superintendente de Regulação. Flavia Takafaschi. SEI 0331551, Proc. n. 50.300.004255/2017-91. Data 16 de agosto de 2017.

Da mesma forma da decisão proferida na demanda de regulação econômica no transporte marítimo, o serviço portuário, segundo a decisão acima, continua sendo interpretado de forma não adequada ao que determina o marco regulatório, especialmente sobre a condição do serviço adequado.

Tal como na decisão envolvendo o pedido de usuário para ajuste na RN nº18/2017, no que tange à limitação do preço de armazenagem portuária, sem qualquer estudo técnico fundamentado, a Antaq optou pela preponderância da liberdade de preços, ainda que em ambiente oligopolizado e sem política de defesa da concorrência, em relação à modicidade.

Cabe destacar que a Antaq incluiu o tema 3.4 (Item 3.5 da Agenda 2018/2019), na sua Agenda Regulatória para o biênio 2020/2021, para fins de "Definição de conceitos e indicadores de prestação de serviço adequado nos portos organizados e instalações portuárias".

Além disso, o parágrafo único do art. 9º da Resolução Normativa nº 34/2019, assim dispõe: "No caso em que restar demonstrada a verossimilhança de que exista abuso ilegal na cobrança do SSE, a Antaq poderá estabelecer o preço máximo a ser cobrado a esse título mediante prévio estabelecimento e publicidade dos critérios a serem utilizados na sua definição."

Nesse cenário, está mais do que claro que, por uma questão de isonomia e do cumprimento da Constituição Federal e do marco regulatório do setor que, se de um lado o prestador de serviços portuários possui a liberdade de preços, de outro lado, o usuário terá direito à modicidade e, por sua vez, o estabelecimento do preço máximo (*price cap*) como uma das ferramentas usadas a seu favor, a fim de limitar o abuso.

Assim, seja no modelo *ex post* (liberdade de preços e punição mediante denúncia), adotado pela Antaq, seja no modelo *ex ante*, com registro de preços e tarifas, o *price cap* é ferramenta indispensável para a efetividade do serviço adequado.

2.4 Modicidade como pressuposto para o serviço adequado

Embora a modicidade esteja nos normativos da Antaq e seja uma das mais relevantes condições do serviço adequado, contraditoriamente, sem qualquer estudo aprofundado, com base na retórica da livre iniciativa, do livre mercado e da liberdade de preço, a Antaq tem permitido preços do transporte marítimo e dos serviços portuários sem qualquer limite imposto pelo Estado.

Essa política deverá ser alterada com a edição da Lei Geral das Agências Reguladoras (Lei nº 13.848, de 25 de junho de 2019) e a adoção de Análise de Impacto Regulatório (AIR), nos termos do seu art. 6º.

2.4.1 A violação da isonomia no que tange à limitação da responsabilidade civil

Destaca-se, ainda, a necessidade de tratamento isonômico entre o direito do transportador marítimo de limitar a sua responsabilidade civil e o do usuário a limitar o pagamento pelo uso do contêiner.

O transportador marítimo, ao fretar o seu navio para terceiro, possui o instituto da *demurrage* para reduzir o risco da sua operação, configurada no excesso de tempo decorrente da operação portuária de carga e descarga, para além do prazo pactuado. O mesmo se dá em relação ao uso do contêiner.

Assim, é relevante que haja uma divisão equitativa do risco entre as partes, ou seja, entre o transportador marítimo e o usuário, de modo que se não houver tal previsão em nível legislativo ou um contrato equilibrado, cabe ao julgador interpretar e aplicar o princípio da modicidade no caso concreto. Agindo dessa maneira, preencherá a lacuna no caso concreto, solucionando o caso da forma econômica mais eficiente e mantendo a relação a fim de que tal decisão seja útil para formatar futuros contratos.

Ao tratar desse problema da divisão dos riscos na *demurrage* em contrato de afretamento, sempre buscando o equilíbrio dos interesses entre as partes, Hugo Tiberg assim leciona:

In some legal systems this division is provided for by the written law. It is then important that the legislator should frame the rules in awareness of the economic issues. In other systems it is the courts that work out the principles, and even in the legislative systems courts have an important function on filling out the lacunae of the written law and providing detailed solutions. In all such decision-making, courts develop instruments for future contractors, to be used by them in shaping their relationship. "This formula", says the court, "gives the result. That formula gives that result". And no formula at all gives such-and-such a result. However the courts choose to divide time risks between ship and charterer, it is desirable that they should do it in such a way *as to provide future contractors with suitable instruments for shaping their relationship in an economically efficient manner.*[20]

---

[20] TIBERG, Hugo. *The Law of Demurrage,* Fifth Edition. London: Thomson Reuters, Sweet & Maxweel, 2013, p. 4.

Ademais inexiste limite à sobre-estadia de contêiner, de modo que para dar efetividade à modicidade no preço, é relevante tal limitação em face da falta de tratamento isonômico entre o transportador (tem o seu risco limitado) e o usuário (sem limitação ao seu risco).

Isso ocorre porque aquele possui, pelo menos, quatro dispositivos legais para limitar a sua responsabilidade civil em relação ao serviço prestado ao usuário (obrigação principal: transporte e obrigação acessória: uso do contêiner), todavia, não há qualquer limitação ao risco do usuário em relação ao serviço prestado pelo transportador.

O transportador marítimo, ao fretar o seu navio para terceiro, possui o instituto da *demurrage* para reduzir o risco da sua operação, configurada no excesso de tempo decorrente da operação portuária de carga e descarga, para além do prazo pactuado. O mesmo se dá em relação ao uso do contêiner.

Assim sendo, por que o aderente ao conhecimento de transporte (usuário) não pode ter limitada a sua responsabilidade civil, com a redução do valor no valor da *demurrage* do contêiner?

Afinal, o transportador, quando há menção ao valor da carga no conhecimento de embarque marítimo, tem a limitação da sua responsabilidade ao valor do dano causado ao usuário, conforme o art. 750 do Código Civil:

> Art. 750. A responsabilidade do transportador, limitada ao valor constante do conhecimento, começa no momento em que ele, ou seus prepostos, recebem a coisa; termina quando é entregue ao destinatário, ou depositada em juízo, se aquele não for encontrado.

O mesmo ocorre quando não há tal menção, o valor será limitado ao que dispõe o art. 17 a 19 da Lei nº 9.611/1998 e art. 16, §1º, 2º e 3º do Decreto nº 3.411/2000.[21] Ademais, o art. 19 da referida lei é cristalino sobre a limitação da responsabilidade do transportador marítimo:

---

[21] "Art. 16. A responsabilidade do Operador de Transporte Multimodal por prejuízos resultantes de perdas ou danos causados às mercadorias, cujo valor não tenha sido declarado pelo expedidor, observará o limite de 666,67 DES (seiscentos e sessenta e seis Direitos Especiais de Saque e sessenta e sete centésimos) por volume ou unidade, ou de 2,00 DES (dois Direitos Especiais de Saque) por quilograma de peso bruto das mercadorias danificadas, avariadas ou extraviadas, prevalecendo a quantia que for maior. §1º Para fins de aplicação dos limites estabelecidos no *caput* deste artigo, levar-se-á em conta cada volume ou unidade de mercadoria declarada como conteúdo da unidade de carga. §2º Se no Conhecimento de Transporte Multimodal for declarado que a unidade de carga foi carregada com mais de um volume ou unidade de mercadoria, os limites estabelecidos no *caput* deste artigo serão aplicados a cada volume ou unidade declarada."

Art. 19. A responsabilidade acumulada do Operador de Transporte Multimodal não excederá os limites de responsabilidade pela perda total das mercadorias.

Não bastassem tais limitações do transportador marítimo, o Projeto de Lei nº 1.572/2011, que dispõe sobre o Código Comercial Marítimo, também trata da responsabilidade civil, nos termos dos arts. 634 e 635.[22] Esse Projeto foi arquivado em 31 de janeiro de 2019, tendo em vista o fim da legislatura. Ademais, o PLS nº 487/2013, que trata da reforma do Código Comercial, dispõe sobre a limitação da responsabilidade civil do armador nos arts. 888 a 898.

Destaca-se, ainda, a limitação da Convenção Internacional sobre Responsabilidade Civil por danos causados por Poluição por óleo (CLC 69), ratificada pelo Brasil através do Decreto nº 79.437, de 28 de março de 1977.

Ora, se a legislação que regula a atividade do transportador marítimo o protege, por qual motivo não se pode proteger por meio da limitação a atividade dos usuários dos serviços, diante de uma ação de cobrança por aquele que sequer se expõe ao mesmo risco do transportador marítimo?

Considerações finais

O importador e o exportador atuam num ambiente de alto risco, não só em face da retenção de carga no desembaraço aduaneiro, mas também pelos altos custos portuários e de transporte marítimo, como a *demurrage* de contêiner. Para que tais danos financeiros sejam reduzidos, é preciso que haja modicidade.

Mas o serviço adequado tão difundido pela Antaq está longe de existir caso continue permitindo, com base na retórica da livre iniciativa e da liberdade de preços, a cobrança de preços, tarifas e *surcharges* sem

---

[22] "Art. 634. A responsabilidade do transportador por falta ou avaria de carga limita-se ao valor declarado no conhecimento. §1º Na falta de declaração não excederá o limite de 666,67 DES (seiscentos e sessenta e seis Direitos Especiais de Saque e sessenta e sete centésimos) por volume ou unidade, ou de 2,5 DES (dois e meio Direitos Especiais de Saque) por quilograma de peso bruto das mercadorias danificadas, avariadas ou extraviadas, prevalecendo a quantia que for maior. §2º Caberá à regulamentação proceder à periódica atualização dos valores de limitação previstos neste Capítulo. Art. 635. A responsabilidade por prejuízos resultantes de atraso na entrega ou de qualquer perda ou dano indireto, distinto da perda ou dano das mercadorias, é limitada a um valor que não excederá o equivalente a duas vezes e meia o frete que se deva pagar pelo transporte. Parágrafo único. O valor da indenização, contudo, não poderá exceder aquele previsto no §1º do artigo antecedente."

critérios objetivos para limitar o seu valor, com a difusão do do preço teto, quando o valor cobrado for manifestamente excessivo, como a *demurrage* de contêiner, o THC, o SSE, a inspeção não invasiva de contêiner (INI), e a armazenagem portuária de terminal de uso privado e de arrendatários.

Pode-se concluir que a modicidade é uma condição relevante para equilibrar os custos no transporte marítimo. Como visto, embora sejam muitos os argumentos para que os mesmos sejam efetivados, estes, *per se*, não garantem a modicidade.

Assim sendo, para aperfeiçoar o marco regulatório e, por sua vez, dar efetividade ao serviço adequado,, espera-se que a Antaq traga equilíbrio ao ambiente de transporte marítimo e ao setor portuário, por meio de algumas medidas, entre as quais:

(i) isonomia no tratamento do risco da atividade do transportador marítimo e da atividade do usuário, especialmente porque o primeiro possui previsão legal expressa através de várias normas (Código Civil e LOTM).

(ii) proibição de cobrança por serviço portuário decorrente de fato que o usuário não deu causa, especialmente quando se trata de despesas decorrentes de armazenagem por omissão de porto, e quando a cobrança não corresponde a um serviço efetivamente prestado como o GRIS (Gerenciamento de Risco Portuário) e ELF (*Export Logistics Fee*).

(iii) identificação de critérios objetivos para limitação do preço da sobre-estadia de contêiner e de todos os serviços portuários, tendo em vista o modelo regulatório adotado (*ex post*), em regime de liberdade de preços, para a efetividade do *price cap*, especialmente, a armazenagem, o SSE, a inspeção não invasiva, o THC capatazia, ainda que esse possa ser cobrado pelo transportador, e não pelo terminal portuário.

(iv) transparência com luz solar nas cobranças feitas por intermediários, como o armador na cobrança do THC, e o agente intermediário na cobrança da sobre-estadia de contêiner.

(v) aumento do poder dissuasório da Antaq, com sanções que efetivamente possam inibir a conduta abusiva, tal como leciona o prêmio Nobel, e economista Gary Becker (*Crime and Punishment: An Economic Approach*).[23]

---

[23] BECKER, Gary S. Crime and Punishment: An Economic Approach. *In*: BECKER, Gary S.; LANDES, William. *Essays in the Economics of Crime and Punishment*. Cambridge: NBER, 1974, p. 1-54.

Nesse cenário, está mais do que claro que, por uma questão de isonomia, cumprimento da Constituição Federal e do marco regulatório do setor, se de um lado o prestador de serviços portuários e de transporte marítimo possui a liberdade de preços, de outro lado, o usuário terá direito à modicidade e, por sua vez, o estabelecimento do preço máximo (*price cap*) como uma das ferramentas usadas a seu favor, a fim de limitar eventual abuso, quando os preços forem muito acima dos custos marginais.

Assim, seja no modelo *ex post* (liberdade de preços e punição mediante denúncia), adotado pela Antaq, seja no modelo *ex ante*, com registro de preços e tarifas, o *price cap* é ferramenta indispensável para a efetividade do serviço adequado, a ser exigido aos que prestam quaisquer serviços no âmbito da Antaq, seja via autorização, permissão ou concessão, seja via cadastro, como os agentes intermediários, por exigência da RN nº 18/2017.

A inclusão dos temas que tratam do serviço adequado e, por via indireta, da modicidade na Agenda Regulatória da Antaq, biênio 2020/2021, é uma opção regulatória que deve ser reconhecida como positiva, contudo, é preciso que a agência se aproxime ainda mais dos usuários e das pequenas e médias empresas prestadoras de serviços que operam na zona secundária, como os retroportuários, que sofrem externalidades negativas dos terminais da zona primária, especialmente os verticalizados no mercado de contêineres.

São mais de duzentos mil usuários no setor regulado pela agência, a maioria importadores e exportadores, que sofrem com os problemas da imprevisibilidade e da imodicidade, e que pode ser resolvido com os princípios da RN nº 18/2017.

Acredita-se que as sugestões acima possam, de alguma forma, contribuir para os ajustes na RN nº 18/2017, e os servidores da Antaq possam enfrentar com tecnicidade e foco no interesse público, auxiliados pela Análise de Impacto Regulatório, os problemas mencionados e, dessa forma, contribuir para proporcionar o serviço adequado ao usuário, reduzindo os custos logísticos imódicos que ainda são permitidos pela referida agência reguladora.

Além disso, é preciso buscar a efetividade da defesa da concorrência, por meio de norma que possa identificar e punir condutas que violam a Lei Antitruste no âmbito dessa agência, condição necessária para que os princípios da defesa do usuário e da ordem econômica possam realmente ser efetivados, e contribuir para a melhoria da qualidade do serviço prestado no transporte marítimo e na atividade portuária.

Referências

BRASIL, Agência Nacional de Transportes Aquaviários. Antaq, Voto do Diretor Francisval Mendes. Fls. 4/6 SEI 051404, Proc. n. 50.300.005313/2018-01. Data 03 de agosto de 2018.

BRASIL, Agência Nacional de Transportes Aquaviários. Antaq, Despacho da Superintendente de Regulação. Flavia Takafaschi. SEI 0331551, Proc. nº 50.300.004255/2017-91. Data 16 de agosto de 2017.

BRASIL. Supremo Tribunal Federal. STF. *Ação direta de Inconstitucionalidade nº 3.847-SC.* Disponível em: www.stf.jus.br. Acesso em: 22 fev. 2017.

BOCKMANN MOREIRA, Egon. *Direito das Concessões de Serviço Público:* inteligência da Lei n. 8.987/1995 (Parte Geral). São Paulo: Malheiros, 2010.

CASTRO JUNIOR, Osvaldo Agripino de; RODRIGUES, Maicon. *Direito Portuário:* modicidade, previsibilidade e defesa da concorrência. Florianópolis: Conceito, 2019.

CASTRO JUNIOR, Osvaldo Agripino de. *Direito portuário e a nova regulação.* São Paulo: Aduaneiras, 2015.

OGUS, Anthony. *Regulation:* Legal Form and Economic Theory. Oxford, Oregon: Hart, 2000.

TIBERG, Hugo. *The Law of Demurrage.* Fifth Edition. London: Thomson Reuters, Sweet & Maxweel, 2013.

TRUJILLO, Lourdes; NOMBELA, Gustavo. Puertos. *In:* ESTACHE, Antonio; DE RUS, Ginés (Ed.). *Privatización y Regulación de Infraestructuras de Transportes:* un guía para reguladores. Washington: Banco Mundial, Alfaomega, 2003.

Informação bibliográfica deste texto, conforme a NBR 6023:2018 da Associação Brasileira de Normas Técnicas (ABNT):

CASTRO JUNIOR, Osvaldo Agripino de. Relevância da modicidade no transporte marítimo e no setor portuário para a eficiência do desembaraço aduaneiro. *In:* CASTRO JUNIOR, Osvaldo Agripino de (Coord.). *Constituição, tributação e aduana no transporte marítimo e na atividade portuária.* Belo Horizonte: Fórum, 2021. p. 261-289. ISBN 978-65-5518-002-2.

RESPONSABILIDADE DO AGENTE MARÍTIMO NA LEGISLAÇÃO TRIBUTÁRIA E ADUANEIRA (PARECER)

SOLON SEHN

Ementa: Aduaneiro. Infrações e penalidades. Dever instrumental. Prestação de informações sobre veículo, carga transportada ou operações que execute. Siscomex. Decreto-Lei nº 37/1966. Lei nº 10.833/2003. CTN. Agente marítimo. Responsabilidade. Limites.

1. Em relação aos dados exigidos na IN RFB nº 800/2007, não há infração nos casos de alteração ou de retificação de informações já prestadas, ainda que após o prazo regulamentar. Nas hipóteses da IN SRF nº 28/1994, não há infração se o registro no Siscomex ocorreu fora do prazo originário ou da IN RFB nº 510/2005, mas dentro do novo prazo de sete dias contados do embarque ou, na hipótese do art. 37, §2º, da data do registro da declaração de exportação.

2. Tampouco há infração quando – no momento em que deveria ser prestada a informação exigida pelas IN SRF nº 28/1994 e RFB nº 800/2007 – for impossível o acesso aos dados necessários ou for inviável a sua prestação em face das circunstâncias.

3. Após a Lei nº 10.833/2003, incide apenas a multa do art. 107, IV, "e", do Decreto-Lei nº 37/1966, independentemente do número de informações omitidas.

4. A sujeição passiva do dever instrumental do art. 37 do Decreto-Lei nº 37/1966 abrange o armador-transportador, o transportador-não-armador (NVOCC) e o agente desconsolidador de cargas.

5. O agente marítimo não é responsável senão nas hipóteses restritas de responsabilidade subjetiva do art. 137, III, "b", do CTN e do art. 95, I, do Decreto-Lei nº 37/1966.

I Da consulta

O presente estudo foi elaborado a pedido do Departamento Jurídico da Agência Marítima (nome do consulente suprimido), que nos honrou com a solicitação de parecer acerca dos seguintes quesitos:

(a) O art. 95, I, do Decreto-Lei nº 37/1966 é aplicável às agências marítimas nos casos de infração por descumprimento do prazo de prestar informações no Siscomex e no Sistema Mercante?

(b) Há distinção entre o agente marítimo e o agente de carga (art. 37, §1º, do Decreto-Lei nº 37/1966)?

(c) A multa prevista no art. 107, IV, "e", do Decreto-Lei nº 37/1966 poderá ser aplicada, de forma cumulativa, por navio?

(d) O art. 32 do Decreto-Lei nº 37/1966, que trata sobre a responsabilidade pelo imposto de importação, é aplicável nos casos de infração por descumprimento do prazo de prestar informações sobre as cargas transportadas no Siscomex?

(e) Caso o agente marítimo seja considerado responsável, por força do art. 135 e do art. 137, III, "d", do CTN, seria necessária a comprovação do dolo, como exige a doutrina, para que seja invocada sua responsabilidade?

As questões propostas demandam o exame prévio do conteúdo do dever instrumental previsto no art. 37 do Decreto-Lei nº 37/1966, bem como da responsabilidade pela infração definida no art. 107, IV, "e", desse mesmo diploma legal.

II Análise jurídica

a) Do conteúdo do dever instrumental

A função aduaneira, ao longo dos anos, tem adquirido uma identidade própria, ainda relacionada, porém, cada vez mais desvinculada da arrecadação de tributos.[1] A Constituição Federal de 1988 reconhece a sua importância, enunciando – em seu art. 237 – que a

---

[1] GONZÁLES, Ildefonso Sánchez. *Historia general aduaneira de España:* edades antigua y media. Madrid: Ministerio de Hacienda y Administraciones Publicas-Instituto de Estudios Fiscales, 2104, p. 15 e ss.; ALAIS, Horacio Félix. *Los principios del Derecho aduanero.* Buenos Aires: Marcial Pons Argentina, 2008, p. 16 e ss.; ZOZAYA, Francisco Pelechá. *Fiscalidad sobre el comercio exterior:* el derecho aduanero tributario. Madrid: Marcial-Pons, 2009, p. 16.

fiscalização e o controle sobre o comércio exterior são essenciais à defesa dos interesses fazendários nacionais.[2]

Sob o aspecto normativo, isso se reflete no volume de *obrigações acessórias* ou *deveres instrumentais*, que, como se sabe, são prestações sem expressão econômica instituídas no interesse da fiscalização.[3] Esses também estão presentes no direito tributário. No direito aduaneiro, contudo, têm uma dimensão mais ampla. Isso porque, além do aspecto fiscal das operações de comércio exterior, compreendem a fiscalização do tráfego internacional de mercadorias e de veículos, das proibições à importação e à exportação, das restrições não tarifárias e dos direitos *antidumping*.

Um desses deveres instrumentais – objeto do presente estudo – é o de prestar informações relativas às cargas transportadas e à chegada de veículo procedente ou destinado ao exterior, previsto no art. 37 do Decreto-Lei nº 37/1966, na redação da Lei nº 10.833/2003:

> Art. 37. O transportador deve prestar à Secretaria da Receita Federal, na forma e no prazo por ela estabelecidos, as informações sobre as cargas transportadas, bem como sobre a chegada de veículo procedente do exterior ou a ele destinado.
>
> §1º O agente de carga, assim considerada qualquer pessoa que, em nome do importador ou do exportador, contrate o transporte de mercadoria, consolide ou desconsolide cargas e preste serviços conexos, e o operador portuário, também devem prestar as informações sobre as operações que executem e respectivas cargas.

Com base nesse dispositivo, a Secretaria da Receita Federal editou a Instrução Normativa RFB nº 800/2007, dispondo sobre a prestação de informações relativas ao veículo (Seção I), à carga transportada (Seção II), ao manifesto eletrônico (Seção III), à vinculação ou à desvinculação do manifesto às escalas (Seção IV), ao conhecimento eletrônico – CE (Seção V), à desconsolidação de cargas (Seção VI), da associação do CE ao novo manifesto eletrônico nos casos de transbordo ou baldeação de carga (Seção VII), da transferência do CE de um manifesto a outro pelo transportador (Seção VII-A).

Essas informações são prestadas por meio do Sistema de Controle da Arrecadação do Adicional ao Frete para Renovação da Marinha

---

[2] "Art. 237. A fiscalização e o controle sobre o comércio exterior, essenciais à defesa dos interesses fazendários nacionais, serão exercidos pelo Ministério da Fazenda."

[3] CARVALHO, Paulo de Barros. *Curso de direito tributário.* 13. ed. São Paulo: Saraiva, 2000, p. 277-349.

Mercante (Sistema Mercante), nos seguintes prazos definidos no art. 22 da IN RFB:

(i) informações sobre o veículo e suas escalas: **cinco dias** antes da chegada da embarcação no porto (art. 22, I);[4]
(ii) informações relativas ao manifesto e seus CE, associação de CE a manifesto e de manifesto a escala:
(*ii.1*) manifestos de cargas estrangeiras com carregamento em porto nacional:: **18 horas** da saída da embarcação (art. 22, II, "a") ou – quando a integralidade da carga for de granel – **cinco horas** (art. 22, II, "b");
(*ii.2*) manifestos de cargas estrangeiras com descarregamento em porto nacional ou que permaneçam a bordo: **48 horas** antes da chegada da embarcação (art. 22, II, "d");[5]
(iii) informações sobre a conclusão da desconsolidação: **48 horas**, antes da chegada da embarcação no porto de destino do conhecimento genérico (art. 22, III).

Além disso, a Secretaria da Receita Federal estabelece o dever de prestar informações relativas ao embarque de mercadorias exportadas, por meio do Siscomex, no prazo de **sete dias** contados do embarque, conforme definido no art. 37 da IN SRF nº 28/1994, na redação da IN RFB nº 1.096/2010:

Art. 37. O transportador deverá registrar, no Siscomex, os dados pertinentes ao embarque da mercadoria, com base nos documentos por ele emitidos, no prazo de 7 (sete) dias, contados da data da realização do embarque.

Cumpre ressaltar que, no início, esse prazo era de apenas **24 horas** (Notícia Siscomex nº 105/1994), passando a **sete dias** no embarque marítimo e **dois dias** nos outros modais (IN RFB nº 510/2005), até ser definido em **sete dias** para todos os tipos de embarque pela IN RFB nº 1.096/2010:

Redação originária do art. 37 (IN SRF nº 28/1994):
Art. 37. Imediatamente após realizado o embarque da mercadoria, o transportador registrará os dados pertinentes, no SISCOMEX, com base nos documentos por ele emitidos.

---

[4]   Esse prazo, de acordo com o §4º do art. 22, "se reduz a cinco horas, no caso de embarcação que não esteja transportando mercadoria sujeita a manifesto".
[5]   De acordo com o §6º do art. 22, "para os manifestos de cargas nacionais, as informações a que se refere o inciso II do caput devem ser prestadas antes da solicitação do passe de saída. (Incluído(a) pelo(a) Instrução Normativa RFB nº 1621, de 24 de fevereiro de 2016)".

Notícia Siscomex nº 105/1994:

[...]

2) POR OPORTUNO, ESCLARECEMOS QUE O TERMO 'IMEDIATA-MENTE; CONTIDO NO ART 37 DA IN 28/94, DEVE SER INTERPRETADO COMO 'EM ATÉ 24 HORAS DA DATA DO EFETIVO EMBARQUE DA MERCADORIA O TRANSPORTADOR REGISTRARÁ OS DADOS PERTINENTES, NO SISCOMEX, COM BASE NOS DOCUMENTOS POR ELE EMITIDOS'.

Redação da IN RFB nº 510/2005:

Art. 37. O transportador deverá registrar, no Siscomex, os dados pertinentes ao embarque da mercadoria, com base nos documentos por ele emitidos, no prazo de dois dias, contado da data da realização do embarque.

[...]

§2º Na hipótese de embarque marítimo, o transportador terá o prazo de sete dias para o registro no sistema dos dados mencionados no caput deste artigo.

Em decorrência do art. 106, II, "a" e "b", do Código Tributário Nacional,[6] nos casos sem trânsito em julgado, essas sucessivas ampliações de prazo aplicam-se retroativamente, em benefício dos sujeitos passivos que tenham sido penalizados. Isso, inclusive, foi reconhecido pela Coordenação Geral de Tributação da Secretaria da Receita Federal, por meio da Solução de Consulta Interna Cosit nº 08/2008:

Assunto: Obrigações Acessórias
DESPACHO DE EXPORTAÇÃO. MULTA POR EMBARAÇO À FISCA-LIZAÇÃO. REGISTRO NO SISCOMEX DOS DADOS APÓS O PRAZO. Aplica-se a retroatividade benigna prevista na alínea "b" do inciso II do art. 106 do CTN, pelo não registro no Siscomex dos dados pertinentes ao embarque da mercadoria no prazo previsto no art. 37 da IN SRF nº 28, de 1994, em face da nova redação dada a este dispositivo pela IN SRF nº 510, de 2005.
Para as infrações cometidas a partir de 31 de dezembro de 2003, a multa a ser aplicada na hipótese de o transportador não informar, no Siscomex, os dados relativos aos embarques de exportação na forma e nos prazos estabelecidos no art. 37 da IN SRF nº 28, de 1994, é a que se refere à

---

6 "Art. 106. A lei aplica-se a ato ou fato pretérito: [...]
II – tratando-se de ato não definitivamente julgado:
a) quando deixe de defini-lo como infração;
b) quando deixe de tratá-lo como contrário a qualquer exigência de ação ou omissão, desde que não tenha sido fraudulento e não tenha implicado em falta de pagamento de tributo;"

OSVALDO AGRIPINO DE CASTRO JUNIOR [Coord.]
CONSTITUIÇÃO, TRIBUTAÇÃO E ADUANA NO TRANSPORTE MARÍTIMO E NA ATIVIDADE PORTUÁRIA

alínea "e" do inciso IV do art. 107 do Decreto-lei nº 37, de 1966, com a redação dada pela Lei nº 10.833, de 2003. Deve ser aplicada ao transportador uma única multa de R$5.000,00, por se tratar de uma única infração.

Essa solução de consulta – em função da data em que foi elaborada – considerou apenas o novo prazo do IN RFB nº 510/2005. Porém, suas conclusões são inteiramente aplicáveis à IN RFB nº 1.096/2010. Logo, somente será considerada contrária à exigência de ação do art. 37 a conduta omissiva de quem, independentemente do modal de transporte, deixou de prestar as informações fora do prazo de sete dias.

Outra importante alteração realizada pela IN RFB nº 1.096/2010 – e que também se aplica retroativamente *ex vi* do art. 106, II, "a" e "b", do CTN – diz respeito ao termo inicial do prazo nas hipóteses do art. 52[7]:

Redação originária da IN RFB nº 1.096/2010:

Art. 37. [...]

§2º Na hipótese de o registro da declaração para despacho aduaneiro de exportação ser efetuado depois do embarque da mercadoria ou de sua saída do território nacional, nos termos do art. 52, o prazo a que se refere o caput será contado da data do registro da declaração.

---

[7] O art. 52 da IN SRF nº 28/1994 compreende as seguintes operações: (a) o fornecimento de combustíveis e lubrificantes, alimentos e outros produtos, para uso e consumo de bordo em aeronave ou embarcação de bandeira estrangeira ou brasileira, em tráfego internacional; (b) a venda no mercado interno, a não residente no País, em moeda estrangeira, de pedras preciosas e semipreciosas, suas obras e artefatos de joalharia, relacionados pela Secretaria de Comércio Exterior (Secex); (c) a venda em loja franca, a passageiros com destino ao exterior, em moeda estrangeira, cheque de viagem ou cartão de crédito, de pedras preciosas e semipreciosas nacionais, suas obras e artefatos de joalharia, relacionados pela Secex; (d) a reexportação de mercadorias admitidas no regime aduaneiro especial de depósito afiançado (DAF); (e) a venda de energia elétrica para o exterior; (f) a permanência no exterior de mercadoria saída do País com base em Autorização de Movimentação de Bens Submetidos ao Recof (Ambra); (g) a exportação realizada por microempresas e empresas de pequeno porte optantes do Simples Nacional; e (i) quando autorizado pelo chefe da unidade local da SRF: (i.1) granéis, inclusive petróleo bruto e seus derivados; (i.2) de produtos da indústria metalúrgica e de mineração; (i.3) de produtos agroindustriais acondicionados em fardos ou sacaria; (i.4) de pastas químicas de madeira, cruas, semibranqueadas ou branqueadas, embaladas em fardos ou briquetes; (i.5) de veículos novos; (i.6) realizada por via rodoviária, fluvial ou lacustre, por estabelecimento localizado em município de fronteira sede de unidade da SRF. (i.7) de mercadorias cujas características intrínsecas ou extrínsecas ou de seus processos de produção, transporte, manuseio ou comércio impliquem variação de peso decorrente de alteração na umidade relativa do ar; (i.8) de mercadorias cujas características intrínsecas ou extrínsecas ou de seus processos de produção, transporte, manuseio ou comércio exijam operações de embarque parcelado e de longa duração; (i.9) de produtos perecíveis e papel em bobinas.

Redação atual da IN RFB nº 1.742/2017:

Art. 37. [...]

§2º Na hipótese de o registro da declaração para despacho aduaneiro de exportação ser efetuado depois do embarque da mercadoria ou de sua saída do território nacional, nos termos do art. 52, o prazo a que se refere o caput será contado da data do registro da declaração, ressalvada a hipótese de despacho aduaneiro de exportação por meio de DE Web com embarque antecipado, na forma prevista no §2º do art. 52, na qual o prazo será contado da data da conclusão do embarque.[8]

Essa nova regra corrige uma incongruência existente entre o prazo do art. 37 e o disposto no art. 56, III, que permite o registro da declaração de exportação em até **dez dias** após o embarque da mercadoria ou de sua saída do território nacional:

Art. 56. A declaração para despacho aduaneiro de exportação nas situações indicadas no art. 52 deverá ser registrada na forma estabelecida nos arts. 3º a 9º, no que couber: (Redação dada pelo(a) Instrução Normativa RFB nº 1742, de 22 de setembro de 2017)[9]

[...]

III – pelo exportador, nas hipóteses indicadas nos incisos do §1º do art. 52, até o 10º (décimo) dia após a conclusão do embarque ou da transposição de fronteira, à unidade da RFB que jurisdiciona o local do embarque das mercadorias, exceto petróleo bruto e seus derivados, gás natural e seus derivados e biocombustíveis; (Redação dada pelo(a) Instrução Normativa RFB nº 1742, de 22 de setembro de 2017)[10]

---

[8] "Art. 52. [...] §2º Nas hipóteses tratadas no §1º, quando o despacho de exportação for processado por meio de DE Web, esta deverá ser registrada antes do embarque das mercadorias, o que implicará a geração automática, no Siscomex Exportação Web, de uma solicitação de embarque antecipado. (Incluído(a) pelo(a) Instrução Normativa RFB nº 1742, de 22 de setembro de 2017)"

[9] "Art. 56 A declaração para despacho aduaneiro de exportação nas situações indicadas no art. 52, deverá ser apresentada, na forma estabelecida nos arts. 3º a 9º, no que couber:"

[10] "III – pelo exportador, nas hipóteses indicadas nos incisos I, II, IV e V do parágrafo único, até o décimo dia corrido após a conclusão do embarque ou de transposição de fronteira, à unidade da SRF que jurisdiciona o local do embarque das mercadorias; e
III – pelo exportador, em todas as hipóteses indicadas no parágrafo único do art. 52, exceto petróleo bruto e seus derivados, até o décimo dia corrido após a conclusão do embarque ou da transposição de fronteira, à unidade da SRF que jurisdiciona o local do embarque das mercadorias; e (Redação dada pelo(a) Instrução Normativa SRF nº 510, de 14 de fevereiro de 2005)
III – pelo exportador, em todas as hipóteses indicadas no parágrafo único do art. 52, exceto petróleo bruto e seus derivados, até o 10º (décimo) dia após a conclusão do embarque ou da transposição de fronteira, à unidade da RFB que jurisdiciona o local do embarque das mercadorias; (Redação dada pelo(a) Instrução Normativa RFB nº 1676, de 02 de dezembro de 2016)".

A aplicação do art. 56, III, tornava inviável o cumprimento do dever instrumental dentro do prazo do art. 37, porque o número da declaração de exportação – um dos dados que devem ser informados no Siscomex – somente seria gerado em até dez dias após o embarque da mercadoria ou de sua saída do território nacional. Isso foi corrigido pela IN RFB nº 1.096/2010, que deslocou o termo inicial para a data do registro da declaração.

Porém, mesmo antes dessa alteração, o transportador já não poderia ser penalizado. Afinal, como se sabe, ninguém pode ser validamente obrigado a cumprir um dever que a própria legislação, de forma contraditória, torna impossível. O legislador, ao regular a conduta humana, não pode ultrapassar os limites ontológicos do possível.

Com efeito, sob o aspecto lógico-jurídico, segundo ensina Aurora Tomazini de Carvalho, "caracteriza-se como um sem-sentido deôntico prescrever um comportamento como obrigatório, proibido ou permitido quando, por força das circunstâncias, o destinatário estiver impedido de realizar conduta diversa".[11]

É por isso que, em todo delito dessa natureza, como bem ressaltam Zaffaroni e Pierangeli, "*o tipo objetivo omissivo requer que a conduta devida seja fisicamente possível*, o que encontra fundamento no princípio geral do direito que impede que este ordene o impossível".[12]

Não é diferente com a infração tipificada no art. 107, IV, "e", do Decreto-Lei nº 37/1966, que, a rigor, deve ser enunciada da seguinte maneira: *deixar de prestar, podendo fazê-lo em face das circunstâncias, informação sobre veículo ou carga nele transportada, ou sobre as operações que execute, na forma e no prazo estabelecidos pela Secretaria da Receita Federal.*

---

[11] CARVALHO, Aurora Tomazini de. *Curso de teoria geral do direito*: o construtivismo lógico-semântico. 5. ed. São Paulo: Noeses, 2016, p. 315. Na mesma linha, Paulo de Barros Carvalho exemplifica que: "Careceria de sentido deôntico obrigar alguém a ficar na sala de aula, proibido de sair, se a sala estivesse trancada, de modo que a saída fosse impossível. Também cairia em solo estéril permitir, nessas condições que a pessoa lá permanecesse. Ao disciplinar as condutas intersubjetivas, o legislador opera no pressuposto da possibilidade. Ali onde houver duas ou mais condutas possíveis, existirá sentido em proibir, permitir ou obrigar certo comportamento perante outrem" (CARVALHO, Paulo de Barros. *Direito tributário*: fundamentos jurídicos da incidência. 2. ed. São Paulo: Saraiva, 1999, p. 30). Dessa premissa lógica, segundo ensina Regina Helena Costa, decorre o princípio da praticabilidade ou praticidade, que "[...] pode ser apresentado com a seguinte formulação: *as leis tributárias devem ser exequíveis, propiciando o atingimento dos fins de interesse público por elas objetivado, quais sejam, o adequado cumprimento de seus comandos pelos administrados, de maneira simples e eficiente, bem como a devida arrecadação dos tributos*" (COSTA, Regina Helena. *Curso de direito tributário*: Constituição e Código Tributário Nacional. São Paulo: Saraiva, 2009, p. 70).

[12] ZAFFARONI, Eugenio Raúl; PIERANGELI, José Henrique. *Manual de direito penal brasileiro*: parte geral. São Paulo: RT, 1997, p. 540-541.

Dessa forma, a conduta omissiva do transportador não pode – nem nunca pôde – ser considerada uma infração, antes ou após a IN RFB nº 1.096/2010. Toda exigência legal impraticável é carecedora de sentido deôntico. Isso se aplica em qualquer situação, tanto em relação aos deveres instrumentais da IN SRF nº 28/1994 como os da IN RFB nº 800/2007. Não haverá ilicitude quando – no momento em que a informação deveria ser prestada pelo transportador – for impossível o acesso aos dados necessários.

Assim também ocorre, por exemplo, quando o navio permanece no porto por mais de sete dias após a conclusão do embarque das mercadorias de um determinado exportador, porque aguarda o embarque de produtos de outros exportadores. Nessas situações, mostra-se inviável a observância do dever instrumental, porque uma das informações exigidas – a data do manifesto – somente será conhecida após a saída do navio.

Outro caso de impossibilidade se dá nas hipóteses de cancelamento da declaração de exportação após o esgotamento do prazo de sete dias do art. 37. O transportador fica impossibilitado de realizar um segundo registro das informações no Siscomex dentro do prazo regulamentar, porque este já havia expirado por ocasião da geração da nova declaração de exportação.

Na Solução de Consulta nº 08/2008, a Coordenação Geral de Tributação também deixou consignado que, após a Lei nº 10.833/2003, incide apenas a multa específica do art. 107, IV, "e", do Decreto-Lei nº 37/1966:

Art. 107. Aplicam-se ainda as seguintes multas:
[...]
IV – de R$5.000,00 (cinco mil reais):
[...]
e) por deixar de prestar informação sobre veículo ou carga nele transportada, ou sobre as operações que execute, na forma e no prazo estabelecidos pela Secretaria da Receita Federal, aplicada à empresa de transporte internacional, inclusive a prestadora de serviços de transporte internacional expresso porta-a-porta, ou ao agente de carga;

Esse esclarecimento foi necessário porque, antes da Lei nº 10.833/2003, o descumprimento do dever instrumental do art. 37 da IN SRF nº 28/1994 era considerado embaraço à fiscalização, penalizado com multa de R$500,00 na forma art. 107, XIV (art. 44 da Instrução

300 | OSVALDO AGRIPINO DE CASTRO JUNIOR [Coord.]
CONSTITUIÇÃO, TRIBUTAÇÃO E ADUANA NO TRANSPORTE MARÍTIMO E NA ATIVIDADE PORTUÁRIA

Normativa SRF nº 28/1994)[13]. Assim, como essa tipificação geral foi mantida no art. 107, IV, "c",[14] o entendimento da Cosit – com total acerto – afasta qualquer pretensão de dupla penalização, cogitada, na época, com fundamento no art. 99:

> Art. 99 – Apurando-se, no mesmo processo, a prática de duas ou mais infrações pela mesma pessoa natural ou jurídica, aplicam-se cumulativamente, no grau correspondente, quando for o caso, as penas a elas cominadas, se as infrações não forem idênticas.

Trata-se, destarte, de exegese que não merece reparos. O art. 99 do Decreto-Lei nº 37/1966 não se aplica ao concurso aparente de tipos infracionais, isto é, quando há uma unidade de fato e uma pluralidade de tipos infracionais concorrentes de aparente aplicabilidade. Nesses casos, a norma incidente será determinada a partir de três critérios ou princípios lógicos que visam a afastar o *bis in idem*: o critério da especialidade, da consunção e da subsidiariedade.[15] Pelo critério da especialidade, havendo mais de um tipo infracional com elementos em comum, aplica-se aquele com o maior número de atributos especializantes.[16] É precisamente o caso das alíneas "c" e "e" do inciso IV do art. 107. A omissão na prestação de informações certamente pode caracterizar

---

[13] Esse enquadramento da conduta omissiva do transportador estava previsto no art. 44 da Instrução Normativa SRF nº 28/1994: "Art. 44. O descumprimento, pelo transportador, do disposto nos arts. 37, 41 e §3º do art. 42 desta Instrução Normativa constitui embaraço à atividade de fiscalização aduaneira, sujeitando o infrator ao pagamento da multa prevista no art. 107 do Decreto-lei nº 37/66 com a redação do art. 5º do Decreto-lei nº 751, de 10 de agosto de 1969, sem prejuízo de sanções de caráter administrativo cabíveis". Tratava-se, porém, de uma intepretação questionável, porque o inciso XIV do art. 107 do Decreto-Lei nº 37/1966 não estabelece uma infração de mera conduta. A sua configuração pressupõe a identificação de uma ação ou de uma omissão que acarrete um dos efeitos descritos pela regra punitiva, isto é, uma atividade de fiscalização que tenha sido efetivamente embaraçada, dificultada ou impedida pela ação ou omissão do sujeito passivo. O descumprimento do dever instrumental de registro dos dados no Siscomex não leva necessariamente a qualquer um desses resultados. Pode, certamente, criar um risco ou um prejuízo ao controle aduaneiro, mas que é apenas potencial.

[14] "Art. 107. [...] IV – de R$ 5.000,00 (cinco mil reais): [...] c) a quem, por qualquer meio ou forma, omissiva ou comissiva, embaraçar, dificultar ou impedir ação de fiscalização aduaneira, inclusive no caso de não-apresentação de resposta, no prazo estipulado, a intimação em procedimento fiscal;"

[15] GOLDSCHIMIDT, Fabio Brun. *Teoria da proibição de* bis in idem *no direito tributário e sancionador tributário*. São Paulo: Noeses, 2014, p. 366-367.

[16] Sobre o tema no direito penal, cf.: COSTA JUNIOR, Paulo José da. *Comentários ao Código Penal*. 7. ed. São Paulo: Saraiva, 2002, p. 236; PRADO, Luiz Regis. *Curso de direito penal brasileiro*: parte geral. 3. ed. São Paulo: RT, v. 1, 2002, p. 185 e ss.; ZAFFARONI, Eugenio Raúl; PIERANGELI, José Henrique. *Manual de direito penal brasileiro*: parte geral. São Paulo: RT, 1997, p. 737.

um embaraço à fiscalização. Porém, o tipo infracional da alínea "e" apresenta uma diferença específica que afasta a incidência da alínea "c".

A Coordenação Geral também se manifestou sobre o número de infrações configuradas em função das declarações de exportação:

[...]

15. Como se pode perceber, o art. 99 do Decreto-lei nº 37, de 1966, trata da cumulatividade de infrações, quando praticadas pela mesma pessoa. No presente caso, não temos duas infrações e sim e tão-somente uma única infração: não prestar informação sobre veículo ou carga nele transportada, ou sobre as operações que execute, na forma e no prazo estabelecidos pela Secretaria da Receita Federal do Brasil.

15.1. Assim, não cabe a aplicação do art. 99 do Decreto-lei nº 37, de 1966, para sanar a dúvida apresentada.

16. Restaria, assim, a dúvida se a cada informação não prestada, sobre cada uma das declarações de exportação, geraria uma multa de R$5.000,00 ou se a multa seria pelo descumprimento de obrigação acessória de deixar o transportador de informar os dados sobre a carga, como um todo, transportada. Ora, o transportador que deixou de informar os dados de embarque de uma declaração de exportação e o que deixou de informar os dados de embarque sobre todas as declarações de exportação cometeram a mesma infração, ou seja, deixaram de cumprir a obrigação acessória de informar os dados de embarque. Nestes termos, a multa deve ser aplicada uma única vez por veículo transportador, pela omissão de não prestar as informações exigidas na forma e no prazo estipulados.

Essa interpretação não comporta objeções. O que se tem, nesses casos, é uma unidade de fato. O conteúdo do dever instrumental abrange a conduta comissiva de registrar no Siscomex "os dados pertinentes ao embarque" no prazo regulamentar. Logo, a infração se configura independentemente do número de informações omitidas.

Apesar disso, esse entendimento vem sendo aplicado apenas em relação ao art. 37 da IN SRF nº 28/1994, porque, para a IN RFB nº 800/2007, a Solução de Consulta Interna Cosit nº 02/2016 entende que:

ASSUNTO: NORMAS GERAIS DE DIREITO TRIBUTÁRIO IMPOSTO DE IMPORTAÇÃO. CONTROLE ADUANEIRO DAS IMPORTAÇÕES. IN-FRAÇÃO. MULTA DE NATUREZA ADMINISTRATIVO-TRIBUTÁRIA. A multa estabelecida no art. 107, inciso IV, alíneas "e" e "f" do Decreto-Lei nº 37, de 18 de novembro de 1966, com a redação dada pela Lei nº 10.833, de 29 de dezembro de 2003, é aplicável para cada informação não prestada ou prestada em desacordo com a forma ou prazo estabelecidos na Instrução Normativa RFB nº 800, de 27 de dezembro de 2007.

OSVALDO AGRIPINO DE CASTRO JUNIOR [Coord.]
CONSTITUIÇÃO, TRIBUTAÇÃO E ADUANA NO TRANSPORTE MARÍTIMO E NA ATIVIDADE PORTUÁRIA

As alterações ou retificações das informações já prestadas anteriormente pelos intervenientes não configuram prestação de informação fora do prazo, não sendo cabível, portanto, a aplicação da citada multa. Dispositivos Legais: Decreto-Lei nº 37, de 18 de novembro de 1966; Instrução Normativa RFB nº 800, de 27 de dezembro de 2007.

Com essa exegese, a Cosit parece ter pretendido seguir o critério do bem jurídico tutelado pelo tipo infracional. É o que se infere da fundamentação adotada para justificar a múltipla penalização: "Deve-se ponderar que cada informação que se deixa de prestar na forma e no prazo estabelecido torna mais vulnerável o controle aduaneiro". Porém, ao invés de diminuir a punição daquele que vulnera o controle aduaneiro de forma menos gravosa, o que se preconiza é justamente o contrário.

Pelo critério da lesividade, era de se esperar que o agente que colaborou com o controle aduaneiro, prestando parcialmente as informações exigidas pela IN RFB 800/2007, recebesse uma penalidade menor do que aquele que ignorou completamente o dever legal. Ao invés disso, este responderá por uma única multa de R$5.000,00, ao passo que aquele, por várias multas de R$5.000,00, tudo a depender do número de informações omitidas. Melhor, então, para quem não dispõe de todos os dados exigidos, é simplesmente não prestar informação alguma.

Na verdade, se a interpretação da Cosit fosse válida, nos casos em que o agente não presta nenhuma informação, a autoridade aduaneira deveria aplicar uma multa de R$5.000,00 para cada um dos dados exigidos no formulário eletrônico da SRF. Assim, como são pelo menos 18 os campos de informações do Sistema Mercante, a multa não seria de R$5.000,00, mas sim R$90.000,00. Isso, entretanto, seria manifestamente ilegal, porque o legislador aduaneiro, ao valorar a conduta omissiva do infrator, já estabeleceu uma multa máxima e fixa de R$5.000,00.

Há, com o devido respeito, um equívoco nessa interpretação. Da mesma forma que não é possível elevar a multa de quem não presta informação alguma, não é possível aplicar múltiplas sanções para quem envia o formulário incompleto. A cumulação de sanções somente é possível, nos termos do art. 99 do Decreto-Lei nº 37/1966, quando forem praticadas duas ou mais infrações diferentes. Nesse sentido, deve-se ter presente que o tipo infracional do art. 107, IV, "e", tem natureza omissiva. A sua caracterização da se dá em função de uma segunda regra jurídica: o art. 31, que estabelece o dever de prestar as informações regulamentadas pela IN RFB nº 800/2007. Portanto, a materialização do ilícito pode ocorrer quando o agente: (i) não presta qualquer das informações exigidas (*inércia absoluta*); (ii) presta informações incompletas[17] ou diferentes das prescritas no ato normativo (*agir irrelevante*); ou (*iii*) presta as informações após o prazo, quando já consumada a violação do dever (*ação ineficaz*). Essas são três formas distintas do cometimento do mesmo ilícito. Para todas elas, o legislador estabeleceu a mesma penalidade. Logo, penalizar mais de uma vez a prestação incompleta de informações, implica verdadeiro *bis in idem* vedado pela ordem jurídica constitucional.

Feitas essas considerações, a título de conclusão parcial, tem-se que: (a) em relação aos dados exigidos com fundamento na IN RFB nº 800/2007, não há infração nos casos de alteração ou de retificação de informações já prestadas, ainda que após o prazo regulamentar; (b) em relação ao dever instrumental da IN SRF nº 28/1994: (b.1) a configuração da infração deve ser afastada quando o registro no Siscomex ocorreu fora do prazo originário da IN SRF nº 28/1994 ou da IN RFB nº 510/2005, mas dentro do novo prazo de sete dias contados do embarque ou, na hipótese do art. 37, §2º, da IN SRF nº 28/1994, da data do registro da declaração para despacho aduaneiro de exportação; e (b.2) após a Lei nº 10.833/2003, incide apenas a multa específica do art. 107, IV, "e", do Decreto-Lei nº 37/1966; e (c) no tocante às IN SRF nº 28/1994 e RFB nº 800/2007: (c.1) não há infração quando – no momento em que deveria ser prestada a informação – for impossível o acesso aos dados necessários ou for inviável a sua prestação em face das circunstâncias; (c.2) aplica-se a multa uma única vez, independentemente do número de informações omitidas.

Definidos esses aspectos, cumpre examinar de forma mais pormenorizada quem são as pessoas vinculadas ao cumprimento do dever instrumental do art. 37, bem como a sujeição passiva da multa do art. 107, IV, "e", do Decreto-Lei nº 37/1966.

b) Sujeitos da infração administrativa

O art. 37 e o art. 107, IV, "e", do Decreto-Lei nº 37/1966, acima transcritos, evidenciam que dois são os sujeitos juridicamente vinculados ao cumprimento do dever instrumental – o **transportador** e o **agente**

---

[17] As informações não são relevantes quando isoladamente consideradas, porque somente fazem sentido para o controle aduaneiro quando conjugadas com os demais dados exigidos do interveniente no Sistema Mercante. O conteúdo do dever jurídico é uno e abrange a totalidade das informações. Logo, ao prestar apenas uma delas, omitindo-se em relação às demais, o agente não cumpre o dever instrumental. Assim, é irrelevante a prestação da informação relativa ao manifesto eletrônico, se são omitidos a vinculação do manifesto à escala, o conhecimento eletrônico, a desconsolidação ou a associação de um CE a um novo manifesto.

de carga –, que, por outro lado, também são os sujeitos passíveis de penalização. Nem poderia ser diferente, porque toda infração dessa natureza pressupõe uma segunda regra jurídica estabelecendo o caráter obrigatório do comportamento não realizado pelo infrator. Sua caracterização, destarte, ocorre em função desse dever jurídico, podendo resultar da inércia absoluta (o sujeito não faz a conduta devida nem nenhuma outra), do agir irrelevante (o agente faz algo diverso do que era exigido) ou da ação ineficaz (o sujeito age após já consumada a violação do dever). Logo, também há omissão quando o sujeito pratica uma ação diversa daquela exigida ou após o prazo ou momento pressuposto pela norma, quando já consumado o delito.

Com efeito, segundo ensina a teoria geral do delito, sob o aspecto jurídico, "[...] 'omitir' não é um puro 'não fazer': *'omitir' é apenas 'não fazer' o que se deve fazer"*;[18] "a omissão transgride um imperativo, uma ordem ou comando de atuar";[19] "a omissão, por si mesma, não tem relevância jurídica. O que lhe dá esse atributo é a norma, que impõe um determinado comportamento";[20] "a relevância da omissão, como violação do dever de agir, é que assinala, assim, a sua própria existência. Pertence ela àquela categoria dos *objetos dependentes*, de que fala Husserl. Não possui existência real, por si mesma, senão quando associada a outro elemento, representado por um dever".[21] Trata-se, por outro lado, de uma exigência da própria lógica-jurídica, o que, desde já, afasta possíveis objeções em torno da inaplicabilidade da teoria do delito ao direito administrativo sancionatório.[22]

---

[18] ZAFFARONI *et al.*, *op. cit.*, p. 539.

[19] PRADO, *op. cit.*, p. 261.

[20] JESUS, Damásio Evangelista de. *Direito penal*: parte geral. 25. ed. São Paulo: Saraiva, v. 1, 2002, p. 238.

[21] TAVARES, Juarez. Alguns aspectos da estrutura dos crimes omissivos. *Revista do Ministério Público do Estado do Rio de Janeiro*. Rio de Janeiro, v. 1, n. 1., jan./jun. 2005, p. 1450.

[22] Ainda se tem, no direito aduaneiro brasileiro, um verdadeiro "direito repressivo pré-beccariano" (Eduardo García de Enterría) assentado, entre outros excessos, na responsabilidade objetiva em matéria sancionatória e na excessiva abertura dos tipos infracionais. Nada justifica, entretanto, o afastamento dos princípios e garantias penais ao direito administrativo sancionatório, porque em ambos o que se tem são manifestações do mesmo *ius puniendi* do Estado e, como destacam Enterría e Tomás-Ramón Fernández, não raro a gravidade das sanções administrativas supera às sanções judiciais-penais. É por isso que, no direito comparado, já não se sustenta a separação: "Todos os esforços por dotar as sanções administrativas de alguma justificativa teórica e de uma consistência própria fracassaram. Somente razões de política criminal explicam as várias opções e, frequentemente, contraditórias, do legislador em prol de uma ou de outra dessas duas vias repressivas" (ENTERRÍA, Eduardo Garcia de; FERNÁNDEZ, Tomás-Ramón. *Curso de direito administrativo*, 2. Revisor técnico Carlos Ari Sundfeld. Trad. José Alberto Froes Cal. São Paulo: RT, 2014, p. 190). Entre nós, cumpre destacar o estudo de Fabio Brun Goldschmidt, evidenciando a

A ilicitude de um fato, como ressaltar Aurora Tomazini de Carvalho, sempre pressupõe uma modalização anterior:

A ilicitude de um fato, posto na condição de hipótese normativa, constitui-se pela negação de uma conduta já valorada, no consequente de outra norma jurídica, pressupõe, portanto, uma modalização anterior. O conteúdo de qualquer fato ilícito é a negativa da realização de condutas valoradas pelo modal obrigatório (Op e O-p) ou a positiva realização de condutas valoradas pelo modal proibido (Vp e V-p)[23].

É por isso que, no Decreto-Lei nº 37/1966, o art. 37 – ao estabelecer o dever instrumental – e o art. 107, IV, "e", quando tipifica a infração e a penalidade correspondente, fazem referência aos mesmos sujeitos: o transportador e o agente de cargas.

Feito esse registro, cumpre considerar que o agente de cargas – referido no §1º do art. 37 e no art. 107, IV, "e", do Decreto-Lei nº 37/1966 – constitui aquele que, no comércio internacional, é conhecido como *"freight forwarder"* ou *"ocean freight forwarder"* (OFF).[24] Trata-se de um mandatário do exportador ou do importador, que contrata, em nome destes, o serviço de transporte de uma mercadoria do Brasil ao exterior ou, no caso de importação, de outro país com destino ao território nacional. Esse agente também atua na consolidação ou na desconsolidação de cargas, agrupando ou desagrupando vários embarques, visando à optimização dos custos. Além disso, pode prestar serviços conexos relacionados ao embarque e ao despacho das mercadorias.

O serviço de transporte contratado pelo agente de cargas pode ser prestado por armadores ou por empresas conhecidas como *NVOCC* (*"Non Vessel Operator Common Carrier"*), "transportadores sem navios" ou "transportador não armador", que contratam a cessão onerosa de espaços em navios operados por um armador. Assim, todo navio sempre tem um único armador, mas pode apresentar mais de um transportador. O armador é a pessoa jurídica ou física responsável pela gestão náutica da

---

identidade ontológica do ilícito penal e do ilícito administrativo (GOLDSCHMIDT, *op. cit.*, p. 351 e ss.), bem como de Hugo de Brito Machado, para quem "a rigor não existe nenhuma diferença ontológica entre a pena criminal e a pena administrativa, embora as sanções que atingem a liberdade de ir e vir somente possam ser aplicadas pela autoridade administrativa" (MACHADO, Hugo de Brito. Teoria das sanções tributárias. *In*: MACHADO, Hugo de Brito [Coord.]. *Sanções administrativas tributárias*. São Paulo: Dialética, 2004, p. 164).

[23] CARVALHO, *op. cit.*, p. 230.

[24] "Ocean Transportation Intermediaries". Disponível em https://www.fmc.gov/resources/ocean_ transportation_intermediaries.aspx. Acesso em 21/08/2018.

embarcação, pela preparação e pelo seu aparelhamento para exploração comercial.[25] Mas também pode atuar como transportador, caso em que será um armador-transportador. É essa razão que o art. 37 do Decreto-Lei nº 37/1966 faz referência ao transportador, e não ao armador.

Para saber de forma objetiva quando o armador atua como transportador, basta o exame do conhecimento marítimo, também denominado *B/L* ou *"Bill of Lading"*. Esse título de crédito (*"nota promissória do mar"*), que é o instrumento do contrato de transporte, somente pode ser emitido pelo transportador. Logo, quando for o emitente do *B/L*, fica evidenciada a atuação do armador como transportador marítimo.[26]

Ao explorar suas rotas comerciais, o armador pode optar por estabelecer uma filial ou sucursal própria em cada porto ou valer-se dos serviços de terceiros, que o representam localmente. Nesse caso, o mandatário contratado pelo armador é denominado *consignatário* ou *comissário do navio*. Este, no plano pragmático, quase sempre é confundido com a figura do agente de cargas, sobretudo por quem não está familiarizado com as denominações e os conceitos próprios do direito marítimo. Isso ocorre porque o comissário, nos dias de hoje, é mais conhecido como *agente marítimo* ou *agente do navio* (*"shipping agent"*).

Contudo, tecnicamente, um não pode ser tomado por outro. O agente de cargas é mandatário do contratante do serviço de transporte, representando os interesses do importador ou do exportador. Já o agente marítimo, diferentemente, é mandatário daquele que ocupa o outro polo da relação jurídica: o armador, representando os seus interesses como auxiliar na logística e na gestão do navio durante a sua estada no porto.[27]

A função do agente do navio é amplamente reconhecida no direito marítimo internacional. Recentemente, foi enunciada na Resolução

---

[25] De acordo com o art. 2º, III, da Lei nº 9.537/1997: "Art. 2º Para os efeitos desta Lei, ficam estabelecidos os seguintes conceitos e definições:[...] III – Armador – pessoa física ou jurídica que, em seu nome e sob sua responsabilidade, apresta a embarcação com fins comerciais, pondo-a ou não a navegar por sua conta;"

[26] CREMONEZE, *op. cit.*, p. 54 e ss.

[27] Sobre o tema, cf.: ANJOS, J. Haroldo dos; GOMES, Carlos Rubens Caminha. *Curso de direito marítimo*. Rio de Janeiro: Renovar, 1992, p. 120 e ss.; GIBERTONI, Carla Adriana Comitre. *Teoria e prática do direito marítimo*. Rio de Janeiro: Renovar, 1998, p. 110 e ss.; MELLO, José Evaldo Willians de Albuquerque. O agente marítimo e as multas do Siscomex-carga. Disponível em: https://jus.com.br/artigos/51121/o-agente-maritimo-e-as-multas-do-siscomex-carga. Acesso em: 07/08/2018; CREMONEZE, Paulo Henrique. *Prática de direito marítimo*: o contrato de transporte marítimo e a responsabilidade civil do transportador. 2. ed. São Paulo: Quartier Latin, 2012, p. 52 e ss.

FAL nº 12(40), que alterou o Anexo da Convenção sobre a Facilitação do Tráfego Marítimo Internacional:

> Agente marítimo. A parte que representa o proprietário do navio e/ ou afretador (o Mandante) no porto. Se assim for instruído, o agente é responsável perante o Mandante por providenciar, junto com o porto, um berço de atracação, todos os serviços portuários e auxiliares relevantes, tratando das necessidades do capitão e da tripulação, o despacho do navio com o porto e outras autoridades (incluindo preparação e apresentação de documentação apropriada), em conjunto com a liberação ou recebimento de carga em nome do mandante.[28]

A única particularidade, em relação ao direito brasileiro, é que a movimentação de cargas nos portos nacionais somente pode ser realizada por empresa especializada – o operador portuário – que, no regime da Lei dos Portos (Lei nº 12.815/2013), é definido como a "pessoa jurídica pré-qualificada para exercer as atividades de movimentação de passageiros ou movimentação e armazenagem de mercadorias, destinadas ou provenientes de transporte aquaviário, dentro da área do porto organizado". Dessa forma, entre nós, o agente marítimo não pode receber ou manipular cargas em nome do mandante ou de qualquer outra pessoa.

A diferença entre o agente marítimo e o agente de cargas já vem sendo reconhecida pela melhor jurisprudência. Nesse sentido, destaca-se o acórdão do Tribunal Regional Federal da 2ª Região, publicado em 26.06.2018:

> TRIBUTÁRIO. CONTROLE ADUANEIRO. IMPOSIÇÃO DE MULTA. DESCUMPRIMENTO DE OBRIGAÇÃO ACESSÓRIA. ATRASO NA PRESTAÇÃO DE INFORMAÇÕES SOBRE A EMBARCAÇÃO À RECEITA FEDERAL. RESPONSABILIDADE DO AGENTE MARÍTIMO. CONTRATO DE MANDATO. AUSÊNCIA DE PREVISÃO LEGAL. ART. 37 §1º DL Nº 37/66. OMISSÃO INTENCIONAL. ILEGALIDADE DA IMPOSIÇÃO DO ART. 12 DA IN/SRF 800/2007. OFENSA AOS PRINCÍPIOS DA SEPARAÇÃO DOS PODERES E LEGALIDADE.

---

[28] Tradução nossa. "Ship agent. The party representing the ship's owner and/or charterer (the Principal) in port. If so instructed, the agent is responsible to the Principal for arranging, together with the port, a berth, all relevant port and husbandry services, tending to the requirements of the master and crew, clearing the ship with the port and other authorities (including preparation and submission of appropriate documentation) along with releasing or receiving cargo on behalf of the Principal". Efeitos a partir de 1º de janeiro de 2018.

SOLIDARIEDADE TRIBUTÁRIA NÃO AUTORIZA A IMPOSIÇÃO DE PENALIDADE ADMINISTRATIVA. PRECEDENTES DO STJ.

1 – O Decreto-Lei nº 37/66, em seu artigo 37, caput e §1º, atribui apenas ao transportador, ao agente de carga e ao operador portuário a responsabilidade pela prestação de informações à Receita Federal.

2 – Verifica-se que a lei impõe o dever de prestar informações às figuras que, em sua atuação portuária, guardam estreita relação com atos de logística afeta às mercadorias e cargas da embarcação. Tal é a situação do agente de cargas, que lida com a consolidação e desconsolidação das cargas, e por isso foi alçado à qualidade de responsável solidário ao transportador. Diferentemente, o agente marítimo só atende às necessidades da empresa de navegação quanto à embarcação, e não quanto às mercadorias, não exercendo sobre elas qualquer ingerência.

3 – É do transportador marítimo, do armador, a responsabilidade legal pelo navio, que é quem tem a obrigação de prestar informações acerca da embarcação à Receita Federal. O agente marítimo possui com o transportador contrato privado, com natureza de mandato profissional (art. 658 do Código Civil), o qual exclui a hipótese de transmissibilidade de eventual sanção administrativa. Nesse caso, a responsabilidade do mandatário (agente marítimo) se dá em relação ao mandante (transportador), que poderá se valer de eventual demanda própria para se ressarcir da multa cobrada, caso se entenda lesado pela atuação do agente marítimo perante a Receita Federal.

4 – De maneira alguma poderá o agente marítimo ser responsabilizado por sanção administrativa (como é o caso da multa pelo atraso na prestação de informações à Receita Federal) sem previsão legal expressa, e tal previsão está contida apenas no art. 12 da IN/SRF nº 800/2007 que, por se tratar de norma administrativa, estabelece ilegal inovação legislativa, ofendendo também o princípio constitucional da separação dos poderes.

5 – "Não é possível atribuir, por semelhança ou interpretação analógica, obrigação a sujeito passivo não previsto em norma competente e que não atua direta e pessoalmente sobre o objeto previsto".

6 – O art. 32 do DL nº 37/66 não autoriza a cobrança de multa em face do agente marítimo. Tal dispositivo legal trata exclusivamente da responsabilidade tributária solidária do representante do transportador estrangeiro no País, quanto ao recolhimento do tributo, e não de obrigações acessórias. Já que, na incidência do imposto de importação, a lei previu expressamente a solidariedade do agente marítimo, não o fazendo com relação à obrigação de prestar informações no controle aduaneiro, tudo leva a crer que a omissão do art. 37 foi intencional, diante da ausência de correlação da atividade do agente marítimo à logística das mercadorias.

7 – O fato de existir regra de solidariedade tributária não significa que o responsável estará também vinculado a todas as obrigações acessórias,

já que, como já dito, o princípio da legalidade exige que haja previsão legal expressa para a imposição de penalidade administrativa. 8 – Apelação desprovida.[29]

Dessa maneira, como segunda conclusão parcial do presente estudo, pode-se afirmar que: (a) a sujeição passiva do dever instrumental do art. 37 do Decreto-Lei nº 37/1966 abrange apenas o armador-transportador, o transportador-não armador ou *NVOCC* e o agente de cargas; (b) o agente marítimo não é vinculado a esse dever e, por conseguinte, não pode sofrer as consequências do descumprimento, inclusive porque não é definido pelo art. 107, IV, "e", como sujeito passivo da multa correspondente.

Esses elementos – agrupados com as conclusões enunciadas no item anterior – evidenciam que a infração tipificada no art. 107, IV, "e", do Decreto-Lei nº 37/1966 apresenta as seguintes características normativas: (i) compreende a conduta omissiva de deixar de prestar, podendo fazê-lo em face das circunstâncias, informação sobre veículo ou carga nele transportada, ou sobre as operações que execute, na forma e no prazo estabelecidos pela Secretaria da Receita Federal; (ii) tem como sujeitos ativos o armador-transportador, ao transportador-não-armador ou NVOCC ou ao agente de carga; e (iii) sujeita-se à penalidade pecuniária de R$5.000,00, incidente por veículo transportador, independentemente do número de informações omitidas.

c) Pressupostos de responsabilização do agente marítimo

c.1) Responsabilidade subjetiva, pessoal e solidária pela infração

O dever instrumental do art. 37 não se aplica ao agente marítimo. Este, dentro da relação contratual mantida com o armador, pode até ser contratado para registrar os dados exigidos do transportador pela RFB. Contudo, prevista ou não, essa obrigação de direito privado não altera a responsabilidade do armador perante a legislação brasileira nem faz com que o agente marítimo se torne responsável perante a administração aduaneira.

Logo, se as informações não forem prestadas na forma e no prazo regulamentar, a penalidade deverá ser cominada em face do armador-transportador, que é o efetivo destinatário legal do dever instrumental e da sanção correspondente ao seu descumprimento. Na hipótese de armador estrangeiro sem filial no país, o auto de infração

---

[29] TRF-2ª Região. T. Espec. II – Tributário. Apelação Cível-Reexame Necessário nº 0115724-67.2015.4.02.5001. Rel. Des. Fed. Luiz Antonio Soares. e-DJF2R de 26/06/2018, págs. 406 e ss.

será encaminhado para pagamento ou impugnação no endereço do agente marítimo que o represente. O mesmo deverá ocorrer no caso de eventual citação em execução fiscal.

Assim, não cabe – como se faz atualmente – exonerar o armador e, em seu lugar, responsabilizar o agente marítimo. Este, não estando vinculado ao dever, não está obrigado a cumpri-lo. Tampouco pode sofrer as consequências do descumprimento, porque não há uma modalização jurídica anterior, pressuposto para a configuração da infração.

O agente marítimo somente poderia ser responsabilizado com fundamento no art. 95, I, do Decreto-Lei nº 37/1966:

> Art. 95. Respondem pela infração:
> I – conjunta ou isoladamente, quem quer que, de qualquer forma, concorra para sua prática, ou dela se beneficie;

A parte final desse dispositivo ("ou dela se beneficie") não se aplica à infração do art. 107, IV, "e", porque benefício algum – seja para o agente marítimo ou para qualquer outra pessoa – emerge do descumprimento do art. 37, inclusive porque este, como todo dever instrumental ("obrigação acessória"), é destituído de conteúdo econômico.

A primeira parte, por sua vez, trata do concurso de pessoas (*concursus delinquentium*), estabelecendo a responsabilidade solidária de eventuais coautores ou partícipes. Nesse sentido, deve-se ter presente que *partícipe* é todo aquele que auxilia ou contribui dolosamente em delito praticado por terceiro. No direito aduaneiro, ao contrário do direito penal (CP, art. 29[30]), responde por igual, independentemente do grau de culpabilidade. Diferencia-se do *coautor*, porque, ao contrário deste, não tem o domínio do fato nem realiza a conduta típica. Tem uma atuação acessória, mediante colaboração material (cumplicidade) ou moral, por induzimento ou instigação, isto é, pela criação ou reforço do propósito delitivo daquele que executa a conduta típica.[31]

---

[30] "Art. 29 – Quem, de qualquer modo, concorre para o crime incide nas penas a este cominadas, na medida de sua culpabilidade. (Redação dada pela Lei nº 7.209, de 11.7.1984)
§1º – Se a participação for de menor importância, a pena pode ser diminuída de um sexto a um terço. (Redação dada pela Lei nº 7.209, de 11.7.1984)
§2º – Se algum dos concorrentes quis participar de crime menos grave, ser-lhe-á aplicada a pena deste; essa pena será aumentada até metade, na hipótese de ter sido previsível o resultado mais grave. (Redação dada pela Lei nº 7.209, de 11.7.1984)".

[31] PRADO, op. cit., p. 399; COSTA JUNIOR, *op. cit.*, p. 129 e ss.; JESUS, *op. cit.*, p. 425 e ss.; ZAFFARONI; PIERANGELI, *op. cit.*, p. 685 e ss.; CAGLIARI, José Francisco. Do concurso de pessoas. *Justitia*. São Paulo, 61 (185/188), jan./dez. 1999, p. 50 e ss.;

SOLON SEHN
RESPONSABILIDADE DO AGENTE MARÍTIMO NA LEGISLAÇÃO TRIBUTÁRIA E ADUANEIRA (PARECER) | 311

Tal como ocorre com o concurso de agentes na teoria geral do delito, é problemática a aplicação do art. 95, I, às infrações omissivas. Isso se dá porque, nos delitos omissivos, não há *domínio do fato*, que é o critério definidor da autoria.[32] Além disso, os comportamentos negativos não comportam a divisão de trabalho. Por isso, parte da doutrina tem entendido não ser possível a coautoria nem a participação em crimes omissivos, na linha defendida por Hans Welzel e Armin Kaufmann. Essa concepção, entre nós, é adotada por Luiz Regis Prado,[33] Nilo Batista[34] e Juarez Tavares, este último, autor da obra *Teoria dos crimes omissivos*, considerada uma das mais relevantes internacionalmente sobre o tema por Wilfried Hassemer, Professor Catedrático da Universidade de Frankfurt e ex-Vice-Presidente da Corte Constitucional Alemã[35]

Para esses autores, o delito omissivo somente pode ser praticado pelo sujeito vinculado ao dever jurídico:

> [...] aquele que esteja vinculado a um dever de agir (posição de garantidor) e possa fazê-lo para evitar o resultado. Não é concebível que alguém omita uma parte, enquanto outros omitam o restante, pois o dever de atuar a que está adstrito o autor é pessoal, individual, e, portanto, indecomponível (não tem sentido falar em divisão do trabalho por falta de resolução comum para o fato). Cada qual transgride seu particular dever ou obrigação.[36]

Assim, todo aquele que – sendo vinculado ao dever de agir – deixa de atuar da forma preconizada pela ordem jurídica praticará um delito autônomo, no que seria uma forma especial de autoria colateral. Juarez Tavares, cita o seguinte exemplo de Armin Kaufmann: "Se 50 nadadores assistem impassíveis ao afogamento de uma criança, todos terão se

---

[32] Como ressalta Nilo Batista, "Os crimes omissivos são crimes de dever; a base da responsabilidade não alcança qualquer omitente, e sim aquele que está comprometido por um concreto dever de atuação. O critério do domínio do fato deverá, então, ser abandonado aqui em favor da preponderância da violação do dever. De resto, como o próprio Roxin lembra, é impossível falar-se em domínio do fato frente à estrutura dos delitos omissivos." (BATISTA, Nilo. *Concurso de agentes*: uma investigação sobre os problemas da autoria e da participação no direito penal brasileiro. 3. ed. Rio de Janeiro: Lumen Juris, 2005, p. 84-85).

[33] PRADO, *op.cit.*, p. 398.

[34] BATISTA, *op. cit.*, p. 85 e ss..

[35] TAVARES, Juarez. Prefácio de Winfried Hassemer. *Teoria dos crimes omissivos*. São Paulo: Marcial Pons, 2012.

[36] PRADO, *op.cit.*, p. 398.

OSVALDO AGRIPINO DE CASTRO JUNIOR [Coord.]
CONSTITUIÇÃO, TRIBUTAÇÃO E ADUANA NO TRANSPORTE MARÍTIMO E NA ATIVIDADE PORTUÁRIA

omitido de prestar-lhe salvamento, mas não comunitariamente. Cada um será autor do fato omissivo, ou melhor, autor colateral de omissão".[37] No caso da participação, ressalta Tavares, não há equivalência entre os critérios de imputação, que é pressuposto para qualquer modalidade de concurso de agentes:

> Resta examinar a posição de terceiro, que através de conduta comissiva, contribui para a omissão de quem tinha o dever de impedir o resultado. Da mesma forma que inexiste participação ou coautoria nos delitos omissivos, quando os sujeitos se omitirem em face da mesma situação de perigo, aqui também será impossível admitir-se a relevância dessa outra modalidade de participação. Deve-se seguir nesse contexto a ponderação de Roxin, ao estipular como pressuposto de qualquer concurso de agentes que todos os participantes estejam subordinados aos mesmos critérios de imputação, o que não se dá quando se trata de delitos comissivos e omissivos, em face da própria estrutura da norma. Cada qual – agente e omitente – serão igualmente autores do fato, o primeiro, de crime comissivo e o outro, de crime omissivo. Se, por qualquer motivo, for impossível a incriminação do instigador por delito comissivo, por não preencher alguma condição do tipo legal, como se dá, por exemplo, com o particular que instiga um funcionário a não realizar um ato de ofício que lhe incumbia (prevaricação – art. 319), tal fato só pode ser solucionado por via legislativa através de uma previsão típica expressa acerca dessa forma de atividade. Esta solução, algumas vezes, pode parecer injusta, mas é a única admissível dentro de um direito penal de garantia.[38]

Na doutrina brasileira, ainda é bastante encontrada a concepção que, mesmo no exemplo de Kaufmann, entende configurada a coautoria, desde que todos os omitentes se mostrem vinculados ao dever jurídico.[39] A maioria dos autores, por outro lado, admite a participação em delitos omissivos por meio de atos comissivos (por *ação*). Essa ocorreria sempre que um terceiro, não vinculado ao dever jurídico, instiga dolosamente – ou melhor, dissuade – o omitente a não cumprir o seu dever jurídico.[40]

---

[37] TAVARES, *Teoria...*, *op. cit.*, p. 406. O mesmo pode ser encontrado em TAVARES, *Aspectos...*, *op.cit.*, p. 1470.

[38] TAVAREZ, *Teoria...*, *op. cit.*, p. 407.

[39] GRECO, Rogério. *Curso de direito penal*: parte geral. 4. ed. Rio de Janeiro, Impetus, 2004, p. 524. ; BITENCOURT, Cezar Roberto. *Tratado de direito penal*: parte geral. 8. ed. São Paulo: Saraiva, v. 1, 2003, p. 398.

[40] Como destaca Damásio de Jesus, "não há participação por *omissão* nos delitos omissivos próprios. [...] É admissível participação por *ação* no crime omissivo próprio com autor omitente qualificado (ex.: induzimento). Na hipótese do crime do art. 269 do CP, suponha-se

Há, por fim, uma teoria intermediária, que afasta a coautoria, mas admite a participação, defendida, entre outros, por Claus Roxin[41] e Damásio de Jesus.[42]

Em meio a essa controvérsia, parece mais apropriada a teoria intermediária. Isso porque, nos delitos omissivos, o dever jurídico que vincula o sujeito ativo tem natureza pessoal. Assim, como não é possível a divisão de condutas negativas, cada omitente deve ser considerado autor colateral do delito omissivo. A participação, por sua vez, deve ser admitida porque um terceiro, mesmo não sendo subordinado ao dever jurídico, pode perfeitamente dissuadir o sujeito vinculado a omitir a conduta obrigatória. E, ao fazê-lo, não realiza a conduta típica, não podendo, por conseguinte, ser considerado autor do fato.

Esse debate, em seus aspectos convergentes, permite a delimitação de importantes parâmetros para adequada aplicação do inciso I do art. 95 à infração tipificada no art. 107, IV, "e", do Decreto-Lei nº 37/1966, considerando especialmente a situação jurídica do agente marítimo.

O primeiro diz respeito à coautoria: o agente marítimo, não sendo vinculado ao dever jurídico do art. 37, não pode ser coautor nem tampouco autor colateral da infração. O dever vincula apenas o seu mandante – o armador-transportador – em caráter pessoal. Assim, como não é possível a divisão de tarefas em condutas negativas, a autoria é apenas do omitente.

O segundo parâmetro aplica-se à participação: o agente marítimo pode ser responsabilizado solidariamente na forma do art. 95, I, quando demonstrado que dissuadiu o armador-transportador a não cumprir o dever jurídico do art. 37. Isso, por sua vez, pressupõe a coalescência dos seguintes requisitos: (a) prova da prática de atos comissivos de dissuasão pelo agente marítimo (não há participação por omissão em delitos omissivos), isto é, uma ação do agente marítimo que neutraliza a conduta devida pelo armador-transportador; (b) demonstração do dolo (toda participação é sempre dolosa, o que também decorre do próprio sentido do verbo "concorrer", de "ter a mesma pretensão de outrem")[43]; e (c) existência de uma acessoriedade com a infração praticada pelo armador-transportador.

---

que um leigo (*extraneus*) induza o médico a omitir-se: há participação. Não por omissão, que não é admissível, mas por ação". (JESUS, *op. cit.*, p. 435).

[41] ROXIN, Claus. *Strafrecht*, AT, II, 2003, p. 667 e 681. *Apud* TAVAREZ, *Teoria...*, *op. cit.*, p. 405.

[42] JESUS, *op. cit.*, p. 435.

[43] JESUS, *op. cit.*, p. 425: "*Concorrer* significa convergir para o mesmo ponto, cooperar, contribuir, ajudar e ter a mesma pretensão de outrem. O verbo expressa claramente a figura do concurso – ato de se dirigirem muitas pessoas ao mesmo lugar ou fim, segundo os léxicos".

OSVALDO AGRIPINO DE CASTRO JUNIOR [Coord.]
CONSTITUIÇÃO, TRIBUTAÇÃO E ADUANA NO TRANSPORTE MARÍTIMO E NA ATIVIDADE PORTUÁRIA

Por fim, o agente marítimo também pode ser responsabilizado na condição de mandatário do armador, nos termos do art. 137, III, "b", do CTN:

> Art. 137. A responsabilidade é pessoal ao agente:
> [...]
> III – quanto às infrações que decorram direta e exclusivamente de dolo específico:
> [...]
> b) dos mandatários, prepostos ou empregados, contra seus mandantes, preponentes ou empregadores;

Esse dispositivo abrange situações em que o mandatário realiza atos contrários aos interesses de seu mandante. O Código exonera os constituintes, deslocando a responsabilidade pela infração aos representantes, porque, na feliz expressão de Aliomar Baleeiro, considera que "seria demais puni-los quando já são vítimas".[44] Trata-se de preceito que requer a demonstração da má-fé do mandatário, consoante ensina Sacha Calmon Navarro Coêlho:

> Aqui a responsabilidade se transfere inteiramente para os terceiros, liberando os seus dependentes e representados. A responsabilidade passa a ser pessoal, plena e exclusiva desses terceiros. Isto ocorrerá quando eles procederem com manifesta malícia (*mala fides*) contra aqueles que representam [...] O dispositivo tem razão em ser rigoroso, já que ditos responsáveis terão agido sempre de má-fé, merecendo, por isso mesmo, o peso inteiro da responsabilidade tributária decorrente de seus atos, desde que tirem proveito pessoal da infração, contra as pessoas jurídicas e em detrimento do Fisco.[45]

Portanto, à luz do art. 137, III, "d", do CTN, e no art. 95, I, do Decreto-Lei nº 37/1966, a responsabilização do agente marítimo pela infração é sempre subjetiva, podendo apresentar natureza: (a) pessoal, quando demonstrado que, na condição de mandatário do armador-transportador, agiu deliberadamente e de má-fé com o intuito de prejudicar o seu constituinte; ou (b) solidária, sempre que praticar alguma conduta

---

[44] BALEEIRO, Aliomar. *Direito tributário brasileiro*. 11. ed. São Paulo: Forense, 2001, p. 762. No mesmo sentido: ANDRADE FILHO, Edmar Oliveira de. Infrações e sanções tributárias. São Paulo: Dialética, 2003, p. 194.

[45] COÊLHO, Sacha Calmon Navarro. *Curso de direito tributário brasileiro*. 4. ed. Rio de Janeiro: Forense, 1999, p. 627-268.

comissiva dolosa de dissuasão do armador-transportador de cumprir o seu dever jurídico.

c.2) Responsabilidade objetiva e solidária pelo imposto de importação

O agente marítimo – que não se confunde com o agente de cargas – não é sujeito do dever instrumental do art. 37 do Decreto-Lei nº 37/1966. Tampouco é responsável pela infração do armador-transportador, senão nas hipóteses restritas de responsabilidade subjetiva do art. 137, III, "b", do CTN e do art. 95, I, do Decreto-Lei nº 37/1966. Apesar disso, em alguns autos de infração a sua responsabilização por vezes é fundamentada no parágrafo único, I, do art. 32 do Decreto-Lei nº 37/1966, na redação do Decreto-Lei nº 2.472/1988 e da Medida Provisória nº 2.158/2001:

> Art. 32. É responsável pelo imposto: (Redação dada pelo Decreto-Lei nº 2.472, de 01/09/1988)
>
> I – o transportador, quando transportar mercadoria procedente do exterior ou sob controle aduaneiro, inclusive em percurso interno; (Incluído pelo Decreto-Lei nº 2.472, de 01/09/1988)
>
> [...]
>
> Parágrafo único. É responsável solidário: (Redação dada pela Medida Provisória nº 2158-35, de 2001)
>
> [...]
>
> II – o representante, no País, do transportador estrangeiro; (Redação dada pela Medida Provisória nº 2158-35, de 2001)[46]

Trata-se de exegese contraria a interpretação adotada desde o ano de 1985 pelo então Tribunal Federal de Recursos, na Súmula nº 192: "O agente marítimo, quando no uso exclusivo das atribuições próprias, não é considerável responsável tributário, nem se equipara ao transportador para efeitos do Decreto-Lei nº 37, de 1996". Essa interpretação, desde que foi consolidada, vem sendo acolhida em diversos julgados do Superior Tribunal de Justiça.[47] Contudo, após

---

[46] Redação originária do artigo: "Art. 32. Para os efeitos do artigo 26, o adquirente da mercadoria responde solidariamente com o vendedor, ou o substitui, pelo pagamento dos tributos e demais gravames devidos."

[47] "12. A jurisprudência do STJ, com base na Súmula 192/TFR, consolidou a tese de que, ainda que existente termo de compromisso firmado pelo agente marítimo (assumindo encargos outros que não os de sua competência), não se lhe pode atribuir responsabilidade pelos débitos tributários decorrentes da importação, por força do princípio da reserva legal (Precedentes do STJ: AgRg no Ag 904.335/SP, Rel. Ministro Herman Benjamin, Segunda Turma, julgado em 18.10.2007, DJe 23.10.2008; REsp 361.324/RS, Rel. Ministro Humberto Martins, Segunda Turma, julgado em 02.08.2007, DJ 14.08.2007; REsp 223.836/RS, Rel. Ministro João Otávio de Noronha, Segunda Turma, julgado em 12.04.2005, DJ 05.09.2005;

a decisão no REsp nº 1.129.430/SP, a Procuradoria da Fazenda Nacional passou a sustentar que:

65 – RESP 1.129.430/SP
Relator: Min. Luiz Fux
Recorrente: Fazenda Nacional
Recorrido: Transatlantic Carriers Agenciamentos LTDA
Data de julgamento: 21/02/2011.
Resumo: No período anterior à vigência do Decreto-lei 2.472/88, o agente marítimo não figura como responsável tributário pelo Imposto de Importação, nem se equipara ao transportador para fins de recolhimento deste tributo. Isto porque, o art. 22 do CTN aponta como contribuinte apenas o importador, ou quem a lei a ele equiparar ou o arrematante de produtos apreendidos ou abandonados. Apenas após a edição do Decreto-lei 2.472/88, editado em 2/09/1988, ficou prevista a responsabilidade tributária do representante, no País, do transportador estrangeiro. Para o período anterior à vigência deste decreto, vigorava a previsão do DL 37/66, contexto jurídico sob o qual foi editada a Súmula 192/TFR. Através da referida Súmula, ficou consolidado o entendimento de que, ainda que exista termo de compromisso pelo agente marítimo, não é possível lhe atribuir responsabilidade pelos débitos tributários decorrentes da importação, por conta do princípio da reserva legal. Assim, em resumo, temos que, para o período posterior à vigência do DL 2.472/88, é possível atribuir ao agente marítimo a responsabilidade para recolhimento do Imposto de Importação.
Data da inclusão: 19/04/2011
DELIMITAÇÃO DA MATÉRIA DECIDIDA: o julgado do STJ definiu, sucintamente, que o agente marítimo, no exercício exclusivo de atribuições próprias, no período anterior à vigência do Decreto-Lei 2.472/88 (que alterou o artigo 32, do Decreto-Lei 37/66), não ostentava a condição de responsável tributário, nem se equiparava ao transportador, para fins de recolhimento do imposto sobre importação, porquanto inexistente previsão legal para tanto, pois apenas após a edição do Decreto-Lei

---

REsp 170.997/SP, Rel. Ministro Castro Meira, Segunda Turma, julgado em 22.02.2005, DJ 04.04.2005; REsp 319.184/RS, Rel. Ministro Franciulli Netto, Segunda Turma, julgado em 03.06.2004, DJ 06.09.2004; REsp 90.191/RS, Rel. Ministra Laurita Vaz, Segunda Turma, julgado em 21.11.2002, DJ 10.02.2003; REsp 252.457/RS, Rel. Ministro Francisco Peçanha Martins, Segunda Turma, julgado em 04.06.2002, DJ 09.09.2002; REsp 410.172/RS, Rel. Ministro José Delgado, Primeira Turma, julgado em 02.04.2002, DJ 29.04.2002; REsp 132.624/SP, Rel. Ministra Eliana Calmon, Segunda Turma, julgado em 15.08.2000, DJ 20.11.2000; e REsp 176.932/SP, Rel. Ministro Hélio Mosimann, Segunda Turma, julgado em 05.11.1998, DJ 14.12.1998)." (STJ. 1ª S. REsp 1.129.430/SP. Rel. Min. Luiz Fux. DJe 14/12/2010).

2.472/88 o agente marítimo pôde ser considerado responsável tributário pelo recolhimento do Imposto de Importação.[48]

A partir daí o inciso I do parágrafo único do art. 32 do Decreto-Lei nº 37/1966 passou a ser invocado em diversos autos de infração para efeitos de responsabilização solidária e objetiva do agente marítimo pela penalidade pecuniária do art. 107, IV, "e", desse mesmo diploma legal.

Antes do exame da validade dessa interpretação, são necessárias algumas observações acerca da relação hierárquico-normativa existente entre o Decreto-Lei nº 37/1966 e o Código Tributário Nacional.

Como se sabe, o CTN foi instituído pela Lei nº 5.171, de 27 de outubro de 1966.[49] Nessa época, ainda não havia previsão de reserva de lei complementar, o que somente ocorreu com o advento do art. 19, §1º, da Constituição de 1967.[50] Foi esse dispositivo – renumerado para art. 18, §1º, pela Emenda nº 01/1969 – que submeteu ao legislador complementar a competência para estabelecer normas gerais de direito tributário:

> Art. 18. [...]
> §1º Lei complementar estabelecerá normas gerias de direito tributário, disporá sobre conflitos de competência nessa matéria entre União, os Estados, o Distrito Federal e os Municípios e regulará as limitações constitucionais ao poder de tributar.

Regra semelhante foi prevista na Constituição Federal de 1988. Esta, por um lado, manteve a reserva de lei complementar na disciplina das normas gerais de direito tributário (art. 146, III).[51] De outro, recepcionou expressamente a validade das disposições anteriores, desde que materialmente compatíveis com a nova ordem constitucional, na forma do art. 34 do Ato das Disposições Constitucionais Transitórias (ADCT):

---

[48] Nota PGFN/CRJ nº 1.114/2012.

[49] Em 31 de outubro de 1966, a publicação do CTN foi retificada para correção de erros materiais no texto de alguns artigos.

[50] Esse dispositivo foi mantido pela Emenda nº 01/1969: "Art. 19. [...] §1.º Lei complementar estabelecerá normas gerias de direito tributário, disporá sobre conflitos de competência nessa matéria entre União, os Estados, o Distrito Federal e os Municípios e regulará as limitações constitucionais ao poder de tributar."

[51] "Art. 146. Cabe à lei complementar: [...] III – estabelecer normas gerais em matéria de legislação tributária, especialmente sobre: [...]"

Art. 34. O sistema tributário nacional entrará em vigor a partir do primeiro dia do quinto mês seguinte ao da promulgação da Constituição, mantido, até então, o da Constituição de 1967, com a redação dada pela Emenda nº 1, de 1969, e pelas posteriores.

[...]

§3º Promulgada a Constituição, a União, os Estados, o Distrito Federal e os Municípios poderão editar as leis necessárias à aplicação do sistema tributário nacional nela previsto.

§4º As leis editadas nos termos do parágrafo anterior produzirão efeitos a partir da entrada em vigor do sistema tributário nacional previsto na Constituição.

§5º Vigente o novo sistema tributário nacional, fica assegurada a aplicação da legislação anterior, no que não seja incompatível com ele e com a legislação referida nos §3º e §4º.

Dessa maneira, as normas gerais de direito tributário previstas no CTN foram recepcionadas[52] pela Constituição de 1967, pela Emenda nº 01/1969 e pela Constituição de 1988 com eficácia de lei complementar.[53] Isso ocorreu a partir do dia 15 de março de 1967, data em que teve início a vigência do art. 18, §1º, do texto constitucional pretérito. Desde então, as regras do CTN não apenas passaram a exigir a edição de lei complementar para serem alteradas, como adquiriram a mesma eficácia hierárquica desse ato normativo. Por conseguinte, seus enunciados prescritivos não podem ser mais revogados por leis ordinárias posteriores nem por atos normativos com eficácia de lei ordinária, como é o caso dos decretos-leis e das medidas provisórias.

---

[52] A recepção ou novação assenta-se no *princípio da continuidade da ordem jurídica* e, por razões de economia legislativa, visa à preservação da validade das normas infraconstitucionais materialmente compatíveis com a nova ordem constitucional. Sobre o tema, cf.: MIRANDA, Jorge. *Manual de direito constitucional*, t. 2. Coimbra: Coimbra, 1993, p. 243 e ss.; BARROSO, Luís Roberto. *Interpretação e aplicação da Constituição*: fundamentos de dogmática constitucional transformadora. São Paulo: Saraiva, 1996, p. 64 e ss.

[53] Registre-se, outrossim, que, mesmo diante da ausência de dispositivo constitucional expresso, o fato de a Constituição de 1988 passar a exigir lei complementar para grande parte das matérias tratadas pela Lei nº 5.172/1966 não implica a inconstitucionalidade formal do CTN, porque, em relação às regras de produção de atos normativos, aplica-se o princípio do *tempus regit actum* (o que afasta a possibilidade de configuração de inconstitucionalidade formal superveniente). Para uma visão mais aprofundada sobre o tema, cf.: SEHN, Solon. A lei complementar no sistema de fontes do direito tributário. *Revista Dialética de Direito Tributário*. São Paulo: Dialética, 2002, n.º 82; SEHN, Solon. Notas acerca da hierarquia do Código Tributário Nacional. In: COSTA, Alexandre Freitas; NUNES, Rafael Alves; RODRIGUES, Raphael Silva; AZEVEDO, Paulo Vinícius Alves de (org.). *Direito tributário contemporâneo*: estudos em homenagem aos 50 anos do Código Tributário Nacional. Belo Horizonte: Editora D'Plácido, 2017, p. 399-413.

A impossibilidade de revogação decorre dos princípios da competência e da reserva legal qualificada. Esses, como ensina José Souto Maior Borges, impedem a invasão, pela lei ordinária ou por ato normativo da mesma hierarquia, do campo reservado à lei complementar, sob pena de inconstitucionalidade, por violação ao quórum do art. 69 da Constituição Federal:

> Se, inversamente, (b) a lei ordinária da União invadir o campo da lei complementar estará eivada de visceral inconstitucionalidade porque a matéria, no tocante ao processo legislativo, somente poderia ser apreciada com observância de um *quorum* especial e qualificado, inexiste na aprovação da lei ordinária. A reserva constitucional da lei complementar funciona então como um óbice à disciplina da matéria pela legislação ordinária.[54]

Contudo, no caso específico do Decreto-Lei nº 37, é necessário considerar que este foi publicado no Diário Oficial em 18 de novembro de 1966, com vigência a partir de 1º de janeiro de 1967 (art. 178[55]), ou seja, o mesmo dia da produção de efeitos do CTN (art. 218).[56] Portanto, como ainda não havia reserva de lei complementar, nesse período suas disposições poderiam ser revogadas pelo decreto-lei, que tem eficácia de lei ordinária.

Isso gera a seguinte particularidade nas relações intertemporais entre as disposições do Decreto-Lei nº 37/1966 e o CTN: (a) até 15 de março de 1967, o decreto-lei poderia revogar ou estabelecer disposições especiais em relação às normas gerais do Código; (b) a partir dessa data, todas as alterações nos enunciados prescritivos do decreto-lei devem guardar compatibilidade com o CTN; e (c) não é mais juridicamente possível, salvo por meio de lei complementar, o estabelecimento de

---

[54] BORGES, José Souto Maior. *Lei complementar tributária*. São Paulo: RT, 1975, p. 27. No mesmo sentido: SILVA, José Afonso da Silva. *Aplicabilidade das normas constitucionais*. 3. ed. São Paulo: Malheiros, 1998, p. 246-247; ATALIBA, Geraldo. Regime constitucional e leis nacionais e federais. *RDP* n.º 53/53, p. 60-61; TEMER, Michel. *Elementos de direito constitucional*. 15. ed. São Paulo: Malheiros, 1999, p. 146 e ss.

[55] "Art. 178. Este Decreto-Lei entrará em vigor em 1 de janeiro de 1967, salvo quanto às disposições que dependam de regulamentação, cuja vigência será fixada no regulamento." O Decreto-Lei nº 37 foi publicado no Diário Oficial de 21 de novembro de 1966.

[56] "Art. 218. Esta Lei entrará em vigor, em todo o território nacional, no dia 1º de janeiro de 1967, revogadas as disposições em contrário, especialmente a Lei nº 854, de 10 de outubro de 1949. (Renumerado do art. 217 pelo Decreto-lei nº 27, de 1966)".

regras especiais derrogatórias das normas gerais de direito tributário do CTN, no que se incluem as regras de responsabilidade por infrações.[57] Portanto, o art. 32, *caput* e inciso I, e o parágrafo único e inciso II, do Decreto-Lei nº 37/1966, na redação do Decreto-Lei nº 2.472/1988 e da Medida Provisória nº 2.158-35/2001, são formalmente inconstitucionais. Esses dispositivos tiveram o seu texto alterado após 1967, quando já se exigia uma lei complementar para essa finalidade.

Por outro lado, são dispositivos que se aplicam especificamente ao imposto de importação. Portanto, não podem ser estendidos – senão por meio de analogia *in malam partem* – para ampliar de maneira indevida o âmbito de sujeição passiva da multa do art. 107, IV, "e", do Decreto-Lei nº 37/1966.[58]

Ademais, é preciso ressaltar que, mesmo no tocante ao imposto de importação, são preceitos incompatíveis com a ordem constitucional e com o CTN, como já se teve oportunidade de ressaltar em estudo sobre o tema:

[...] os incisos I e II, no parágrafo único, do art. 32 do Decreto-Lei nº 37/1966 e no art. 28 da Lei nº 9.611/1998 não são compatíveis com o art. 128 do Código Tributário Nacional e com as regras constitucionais de competência. Com efeito, o transportador, o representante de transportador estrangeiro, o depositário, o expedidor ou o operador de transporte multimodal, na condição de simples prestadores de serviço, não apresentam qualquer relação de proximidade com o fato tributado. Não há possibilidade de percepção ou retenção do valor eventualmente recolhido. Ao obrigá-los ao pagamento do crédito tributário, o legislador ultrapassa os limites de sua competência, fazendo com que o sacrifício da carga tributária recaia sobre fato alheio à importação.[59]

---

[57] Como destaca Edmar Oliveira de Andrade Filho: "No ordenamento jurídico brasileiro, a regulação das hipóteses de responsabilidade tributária ou de responsabilidade por penalidades é matéria sob reserva de lei complementar, função que atualmente é cumprida pelo CTN, com fundamento de validade constitucional no art. 146 da CF" (ANDRADE FILHO, *op. cit.*, p. 182).

[58] Registre-se, nesse sentido, recente decisão do Tribunal Regional Federal da 3ª Região: "De acordo com as normas que regem a matéria, compete ao transportador e não ao agente marítimo – este mero mandatário do armador ou proprietário do navio mercante-, realizar a inserção de dados relativos à exportação no SISCOMEX, não se podendo atribuir ao agente marítimo a condição de responsável solidário pelo cumprimento de obrigações relativas à organização do serviço aduaneiro, visto que ausente qualquer previsão legal nesse sentido. A responsabilidade solidária do agente marítimo, portanto, restringe-se ao pagamento do imposto de importação, não cabendo à autoridade administrativa ampliar o alcance da norma onde o legislador não o fez" (TRF-3ª R. 3ª T. APELREEX 00030277020124036104. Rel. Des. Federal Antonio Cedenho. e-DJF3 12/05/2017).

[59] SEHN, Solon. *Imposto de importação*. São Paulo: Noeses, 2016, p. 139.

Com efeito, ao definir o responsável tributário, o legislador deve observar os preceitos constitucionais de distribuição de competência. Desses sempre resulta – direta ou indiretamente – um *sujeito passivo possível* do tributo, também denominado *destinatário constitucional tributário*.[60] No caso do imposto de importação, o que também se aplica a todos os tributos aduaneiros, o destinatário da carga tributária não pode ser outra pessoa senão o importador do produto, ou seja, aquele que promove, diretamente ou mediante terceiro, a introdução do produto no território nacional, por meio da transposição física da fronteira geográfica qualificada pela finalidade integradora.[61]

O legislador, para responsabilizar validamente um terceiro, deve observar a diretiva prevista no art. 128 do CTN,[62] que decorre do texto constitucional. Assim, sempre deverá eleger uma pessoa que mantenha alguma proximidade com o fato tributado, suficiente para permitir a percepção ou a retenção do valor daquilo que deverá ser pago. Do contrário, a responsabilização será inconstitucional, porque, como ressalta Geraldo Ataliba:

> [...] a carga do tributo não pode – e não deve – ser suportada pelo terceiro responsável. Por isso é rigorosamente imperioso que lhe seja objetivamente assegurado o direito de haver (percepção) ou descontar (retenção), do contribuinte, o *quantum* do tributo que deverá pagar por conta daquele.[63]

Não é difícil perceber que esse limite foi ultrapassado pelo legislador, quando definiu o transportador e seu mandatário no território nacional (agente marítimo) como responsáveis pelo pagamento do imposto de importação. Estes não têm a menor relação ou proximidade com o fato tributado, senão pelo fato de terem sido contratados para transportar

---

[60] JUSTEN FILHO, Marçal. *Sujeição Passiva Tributária*. Belém: CEJUP, 1986, p. 260; BECHO, Renato Lopes. *Sujeição passiva e responsabilidade tributária*. São Paulo: Dialética, 2000, p. 89-88; CARRAZZA, Roque Antonio. *Curso de direito constitucional tributário*. 19. ed. São Paulo: Malheiros, 2004, p. 275; ATALIBA, Geraldo. *Hipótese de incidência tributária*. 5. ed. São Paulo: Malheiros, 1997, p. 81.

[61] SEHN, *Imposto...op. cit.*, p. 131 e ss.

[62] "Art. 128. Sem prejuízo do disposto neste Capítulo, a lei pode atribuir de modo expresso a responsabilidade pelo crédito tributário a terceira pessoa, vinculada ao fato gerador da respectiva obrigação, excluindo a responsabilidade do contribuinte ou atribuindo-a a este em caráter supletivo do cumprimento total ou parcial da referida obrigação."

[63] ATALIBA, *op. cit.*, p. 80. Na mesma linha: FERRAGUT, Maria Rita. *Responsabilidade tributária e o Código Civil de 2002*. 2. ed. São Paulo: Noeses, 2009, p. 34 e ss.

a mercadoria ou por representarem quem a transportou no território nacional. Isso é insuficiente para autorizar a responsabilização, porque a cobrança do frete ou do "*agency fee*" do agente marítimo não permite a percepção nem a retenção do valor correspondente ao crédito tributário.

Na importação, o crédito tributário – quando não é pago pelo próprio importador no registro da declaração de importação – sempre resulta de um procedimento de revisão aduaneira.[64] Esse pode ocorrer dentro de um prazo de até cinco anos após o desembaraço, quando a autoridade aduaneira revisa a operação e constata a aplicação indevida de benefício fiscal ou uma inexatidão nas informações prestadas pelo importador na declaração de importação. Portanto, se a própria autoridade fiscal somente constata o equívoco depois do desembaraço, é evidente que o transportador tampouco poderia fazê-lo ao embarcar a mercadoria, já que sequer dispõe do dever legal nem do poder de polícia necessário à fiscalização do importador.

Assim, por qualquer dos ângulos examinados, não tem o menor cabimento – agride o sistema constitucional tributário – invocar o disposto no parágrafo único, II, do art. 32 para responsabilizar o agente marítimo pela penalidade pecuniária do art. 107, IV, "e", do Decreto-Lei nº 37/1966. Trata-se de dispositivo cuja aplicabilidade se restringe ao imposto de importação e que, ademais, não é compatível com a Constituição.

III Conclusões

O desenvolvimento do presente estudo leva às seguintes conclusões acerca da infração tipificada no art. 107, IV, "e", do Decreto-Lei nº 37/1966, na redação da Lei nº 10.833/2003:

---

[64] Decreto nº 6.759/2009: "Art. 638. Revisão aduaneira é o ato pelo qual é apurada, após o desembaraço aduaneiro, a regularidade do pagamento dos impostos e dos demais gravames devidos à Fazenda Nacional, da aplicação de benefício fiscal e da exatidão das informações prestadas pelo importador na declaração de importação, ou pelo exportador na declaração de exportação (Decreto-Lei nº 37, de 1966, art. 54, com a redação dada pelo Decreto-Lei nº 2.472, de 1988, art. 2º; e Decreto-Lei nº 1.578, de 1977, art. 8º).
§1º Para a constituição do crédito tributário, apurado na revisão, a autoridade aduaneira deverá observar os prazos referidos nos arts. 752 e 753.
§2º A revisão aduaneira deverá estar concluída no prazo de cinco anos, contados da data:
I – do registro da declaração de importação correspondente (Decreto-Lei nº 37, de 1966, art. 54, com a redação dada pelo Decreto-Lei no 2.472, de 1988, art. 2o); e
II – do registro de exportação.
§3º Considera-se concluída a revisão aduaneira na data da ciência, ao interessado, da exigência do crédito tributário apurado."

(i) a infração tipificada no art. 107, IV, "e", do Decreto-Lei nº 37/1966 apresenta as seguintes características normativas: (a) compreende a conduta omissiva de deixar de prestar, podendo fazê-lo em face das circunstâncias, informação sobre veículo ou carga nele transportada, ou sobre as operações que execute, na forma e no prazo estabelecidos pela Secretaria da Receita Federal; (b) tem como sujeitos ativos o armador-transportador, ao transportador-não-armador ou NVOCC ou ao agente de carga; e (c) sujeita-se à penalidade pecuniária de R$5.000,00, incidente por veículo transportador, independentemente do número de informações omitidas. (ii) em relação aos dados exigidos com fundamento na IN RFB nº 800/2007, não há infração nos casos de alteração ou de retificação de informações já prestadas, ainda que após o prazo regulamentar; (iii) em relação ao dever instrumental da IN SRF nº 28/1994: (a) a configuração da infração deve ser afastada quando o registro no Siscomex ocorreu fora do prazo originário ou da IN RFB nº 510/2005, mas dentro do novo prazo de sete dias contados do embarque ou, na hipótese do art. 37, §2º, da IN SRF nº 28/1994, da data do registro da declaração para despacho aduaneiro de exportação; (b) após a Lei nº 10.833/2003, incide apenas a multa específica do art. 107, IV, "e", do Decreto-Lei nº 37/1966; (iv) o agente marítimo não é responsável senão nas hipóteses restritas de responsabilidade subjetiva do art. 137, III, "b", do CTN e do art. 95, I, do Decreto-Lei nº 37/1966, que demandam os seguintes pressupostos: (a) responsabilização pessoal: demonstração de que o agente marítimo, na condição de mandatário do armador-transportador, agiu deliberadamente e de má-fé com o intuito de prejudicar o seu constituinte; (b) responsabilização solidária: demonstração de que o agente marítimo praticou alguma conduta comissiva dolosa de dissuasão do armador-transportador de cumprir o dever jurídico do art. 37 do Decreto-Lei nº 37/1966. (v) A regra de responsabilidade objetiva solidária do agente marítimo, prevista no parágrafo único, II, do art. 32, do Decreto-Lei nº 37/1966, além de ser aplicável apenas ao imposto de importação, não é formal nem materialmente compatível com o texto constitucional.

IV Resposta aos quesitos

Os quesitos do presente parecer podem ser assim respondidos:

(a) O art. 95, I, do Decreto-Lei nº 37/1966 é aplicável às agências marítimas nos casos de infração por descumprimento do prazo de prestar informações no Siscomex e no Sistema Mercante?

O art. 95, I, do Decreto-Lei nº 37/1966 aplica-se às agências marítimas apenas quando demonstrado que este praticou uma ação dolosa de dissuasão do armador-transportador de cumprir o dever jurídico do art. 37 do Decreto-Lei nº 37/1966.

(b) Há distinção entre o agente marítimo e o agente de carga (art. 37, §1º, do Decreto-Lei nº 37/1966)?

Sim. O agente de cargas é mandatário do contratante do serviço de transporte, representando os interesses do importador ou do exportador. Já o agente marítimo é mandatário daquele que ocupa o outro polo da relação jurídica: o armador, representando os seus interesses como auxiliar na logística e na gestão do navio durante a sua estada no porto.

(c) A multa prevista no art. 107, IV, "e", do Decreto-Lei nº 37/1966 poderá ser aplicada, de forma cumulativa, por navio?

A multa deve ser aplicada por veículo transportador, independentemente do número de informações omitidas ou de declarações de exportação vinculadas ao embarque.

(d) O art. 32 do Decreto-Lei nº 37/1966, que trata sobre a responsabilidade pelo imposto de importação, é aplicável nos casos de infração por descumprimento do prazo de prestar informações sobre as cargas transportadas no Siscomex?

Não. Esse dispositivo aplica-se apenas ao imposto de importação. Trata-se, por outro lado, de preceito que não se mostra formal nem materialmente compatível com o texto constitucional.

(e) Caso o agente marítimo seja considerado responsável, por força do art. 135 e do art. 137, III, "d", do CTN, seria necessária a comprovação do dolo, como exige a doutrina, para que seja invocada sua responsabilidade?

Sim. O art. 135 não é aplicável na responsabilidade por infrações. O art. 137, III, "d", por sua vez, autoriza a responsabilização pessoal, desde que demonstrado que o agente marítimo, na condição de mandatário, agiu deliberadamente e de má-fé com o intuito de prejudicar o seu constituinte.

É o Parecer, s.m.j.
São Paulo, 07 de janeiro de 2019.

Informação bibliográfica deste texto, conforme a NBR 6023:2018 da Associação Brasileira de Normas Técnicas (ABNT):

SEHN, Solon. Responsabilidade do agente marítimo na legislação tributária e aduaneira (Parecer). *In*: CASTRO JÚNIOR, Osvaldo Agripino de (Coord.). *Constituição, tributação e aduana no transporte marítimo e na atividade portuária.* Belo Horizonte: Fórum, 2021. p. 291-325. ISBN 978-65-5518-002-2.

TRATAMENTO TRIBUTÁRIO DOS VALORES RECEBIDOS A TÍTULO DE SOBRE-ESTADIA (*DEMURRAGE*) DE CONTÊINER

CATIANI ROSSI

1 Considerações iniciais

A tributação dos valores recebidos a título de sobre-estadia (*demurrage*)[1] de contêiner é tema pouco explorado na doutrina e, em razão da divergência de interpretação quanto a sua natureza jurídica, tem gerado inúmeras dúvidas no plano pragmático, sobretudo após a publicação da Solução de Consulta Cosit nº 108/2017.

O presente estudo, além de tratar da natureza jurídica da sobre-estadia, analisará a incidência das contribuições para o PIS/Pasep e a Cofins incidentes na importação, bem como do imposto de renda (IRPJ), contribuição sobre o lucro líquido (CSLL) e contribuições para o PIS/Pasep e a Cofins, nos casos de valores recebidos a esse título por pessoas jurídicas residentes ou domiciliadas no Brasil.

2 Natureza jurídica da sobre-estadia de contêiner

A sobre-estadia ou *demurrage* nada mais é do que o atraso ou o avanço no tempo de utilização de um navio ou, no caso do presente

---

[1] O termo sobre-estadia ou *demurrage* é utilizado tanto para definir demora quanto para se referir ao valor pago em consequência da demora, sendo que, para fins do presente estudo, a palavra sobre-estadia (demurrage) terá, de acordo com o contexto, um ou outro significado.

estudo, de uma unidade de carga (contêiner), considerando o período pactuado pelas partes no contrato de transporte marítimo.[2] A definição de sobre-estadia de contêiner, nos termos do art. 2º, inciso XX, da Resolução Normativa nº 18/2017, da Agência Nacional de Transportes Aquaviários – Antaq, é "valor devido ao transportador marítimo, ao proprietário do contêiner ou ao agente transitário pelos dias que ultrapassarem o prazo acordado de livre estadia do contêiner para o embarque ou para a sua devolução".

A cobrança de sobre-estadia decorre de uma obrigação prevista no Conhecimento de Embarque Marítimo (*Bill of Lading*), que, segundo lecionam Osvaldo Agripino de Castro Junior e Patrícia Vargas Fabris,[3] além de comprovar o embarque da mercadoria e as suas condições, "apresenta cláusulas contratuais sobre o pacto comercial, impondo obrigações, penalidades e direito das partes o que, consequentemente, determina a responsabilidade".

A ocorrência da sobre-estadia, portanto, resulta para o contratante (via de regra, o importador ou o consignatário da carga) na obrigação de pagar em favor do proprietário do equipamento uma quantia em dinheiro convencionada contratualmente pela ultrapassagem do prazo de estadia (*free time*).

Tal obrigação funciona como meio de repressão para que o usuário devolva a unidade de carga (contêiner)[4] dentro do prazo previsto no

---

[2] Sobre o tema, cf.: COLLYER, Wesley O. Sobreestadia de navios: a regra "once on demurrage, always on demurrage". *In:* CASTRO JUNIOR, Osvaldo Agripino de (Org.). *Direito Marítimo Made in Brasil*. São Paulo: Lex, 2007, p. 214-215. O referido autor destaca que "Sobreestadia é palavra composta, formada por aglutinação (*sobre + estadia*). Para conceituá-la, pode-se partir de *estadia*: período acordado entre as partes do contrato, em que o armador, ou operador do navio, põe e mantém este à disposição do afretador (ou do consignatário da mercadoria) para as operações de carga e/ou descarga e durante o qual não é devido qualquer pagamento. Segundo este enfoque temporal, sobreestadia é a utilização do navio além da estadia; é tempo utilizado a mais [...] a locução inglesa *demurrage*, cujo correspondente em português é sobreestadia, não traz consigo a concepção de *além da estadia*, pois vem do verbo inglês *demur* (demorar, oferecer objeções), que tem origem no latim *demoror* (de + mora; demorar, retardar, reter). [...] Na atualidade, o termo *demurrage*, dependendo do contexto, é utilizado tanto para significar demora quanto para se referir à remuneração paga em consequência da demora".
Ainda sobre o tema: ROSSI, Catiani; CASTRO JUNIOR, Osvaldo Agripino. A natureza jurídica da sobre-estadia (*demurrage*) de contêiner. *In:* CASTRO JUNIOR, Osvaldo Agripino de (Org.). *Teoria e Prática da demurrage de contêiner*. São Paulo: Aduaneiras, 2018, p. 31-67.

[3] CASTRO JUNIOR, Osvaldo Agripino de; FABRIS, Patrícia Vargas. *Aspectos jurídicos do contêiner. In:* CASTRO JUNIOR, Osvaldo Agripino de (Coord.). *Direito marítimo: temas atuais*. Belo Horizonte: Fórum, 2012, p. 229.

[4] O art. 24 da Lei nº 9.611/1998 apresenta a seguinte definição para contêiner: "Para os efeitos desta Lei, considera-se unidade de carga qualquer equipamento adequado à unitização de mercadorias a serem transportadas, sujeitas a movimentação de forma indivisível em

conhecimento de embarque marítimo e, para o caso de descumprimento, de liquidação antecipada das perdas e danos devidos ao lesado.

Daí porque a referida verba possui natureza jurídica de cláusula penal que, segundo Sílvio de Salvo Venosa,[5] é um pacto acessório por meio do qual "infere-se uma multa na obrigação, para a parte que deixar de dar cumprimento ou apenas retardá-lo".

No mesmo sentido, lecionam Maria Helena Diniz[6] e Orlando Gomes[7] que a cláusula penal é um pacto acessório, pelo qual as partes de um contrato estipulam, de antemão, o valor das perdas e danos, contra a parte infringente da obrigação, como consequência de sua inexecução culposa ou de seu retardamento, garantindo, assim, o cumprimento da obrigação principal.

Trata-se, portanto, de uma indenização convencionada pelas partes em virtude do atraso na devolução de contêiner que, no ordenamento positivo brasileiro, tem definição e função de cláusula penal, regida pelas disposições dos arts. 408 a 416 do Código Civil.[8]

Nessa linha, destaca-se estudo de Gabrielle Thamis Novak Fóes que, ao realizar uma análise comparativa dos elementos determinantes da sobre-estadia de contêiner na Inglaterra e no Brasil, concluiu que o instituto possui natureza jurídica de indenização prefixada pelas partes, o que, no ordenamento positivo brasileiro, se enquadra como cláusula penal:

---

todas as modalidades de transporte utilizadas no percurso. Parágrafo único. A unidade de carga, seus acessórios e equipamentos não constituem embalagem e são partes integrantes do todo".

[5] VENOSA, Sílvio de Salvo. *Direito Civil:* teoria geral das obrigações e teoria geral dos contratos. 5. ed. São Paulo: Atlas, 2005, p. 367.

[6] DINIZ, Maria Helena. Curso de Direito Civil Brasileiro. *Teoria geral das obrigações.* São Paulo: Saraiva, 1999. v.2, p. 393.

[7] GOMES, Orlando. *Obrigações.* Rio de Janeiro: Forense, 1998, p. 159.

[8] A função indenizatória da cláusula penal, como destaca o autor português António Pinto Monteiro, visa justamente prevenir litígios posteriores, evitando-se, assim, os inconvenientes, custos e incertezas de uma avaliação judicial: "De facto, os contratantes podem recorrer à cláusula penal a fim de fixarem, dede logo, a indemnização que será devida em caso de incumprimento da obrigação principal. O credor, temendo não conseguir provar todos os danos que eventualmente possam sofrer, o que, além disso, implicaria um moroso processo judicial de resultado sempre incerto, prefere acautelar-se, através de uma avaliação prévia do dano que, previsivelmente, o incumprimento lhe causará. O devedor, por seu lado, receando que o dano efectivo possa atingir proporções exageradas, fora das suas previsões, prefere, igualmente, prevenir-se contra essa eventualidade, acordando com o credor a indemnização a que este terá direito. Qualquer das partes retira vantagens, pois, de uma fixação antecipada da indemnização, ainda que ficando ambas sujeitas ao risco de o dano efectivo pode divergir sensivelmente da soma acordada" (MONTEIRO, António Pinto. Cláusula penal e o comportamento abusivo do credor. *Revista Brasileira de Direito Comparado,* n. 25, 2003, p. 118).

OSVALDO AGRIPINO DE CASTRO JUNIOR [Coord.]
CONSTITUIÇÃO, TRIBUTAÇÃO E ADUANA NO TRANSPORTE MARÍTIMO E NA ATIVIDADE PORTUÁRIA

Nota-se que o conceito e a função da cláusula penal encaixam-se perfeitamente na sobre-estadia de contêiner. A cláusula penal brasileira nada mais é do que a indenização prefixada, ou *liquidated damages*, perante o Direito Inglês. Conforme já se apontou, sendo o Brasil um país cujo ordenamento jurídico é puramente civilista, tem-se que o conceito de indenização prefixada contratualmente é de uma cláusula penal, regida até então, pelo CC.

A sobre-estadia é, senão, uma estimativa prévia de possíveis perdas e danos, estabelecendo-se um valor fixo diário a ser devido por aquele que descumprir o contrato no que tange à devolução tempestiva de contêineres, obrigando o contratante a cumprir com o prazo avençado. Dispensa, nos termos do art. 416, a prova do dano efetivo, assim como os *liquidated damages* no Direito Inglês, bastando para a sua exigibilidade a prova da quebra contratual.

Conceituar a sobre-estadia de contêiner no Brasil como cláusula penal e atribuir-lhe esta natureza jurídica não a distingue da sobre-estadia de contêiner perante o Direito Inglês, o qual atribui natureza jurídica de indenização prefixada. O que se tem são enquadramentos distintos do mesmo instituto, cada qual no seu ordenamento jurídico que, em regra, não atribuirá a sobre-estadia características diferentes. Isso, de fato, vem a consolidar as características necessárias do Direito Marítimo, quais sejam, a uniformidade e a internacionalidade.[9]

A jurisprudência, embora oscile quanto ao enquadramento do instituto, tem entendimento majoritário no sentido de que a sobre-estadia possui natureza jurídica de indenização. Os precedentes judiciais sobre o tema invocam, em sua maioria, os fundamentos adotados no julgamento do Recurso Especial nº 1.355.173/SP,[10] de relatoria do Ministro Luis Felipe Salomão, no qual, apesar de reconhecer a natureza jurídica de "indenização convencionada" pelas partes, não aplicou as regras correlatas à cláusula penal (CC, arts. 408 a 416).

---

[9] FÓES, Gabrielle Thamis Novak. *Demurrage de Contêiner no direito inglês e brasileiro*: crítica à reforma do código comercial. Prefácio Osvaldo Agripino de Castro Junior. São Paulo: Aduaneiras, 2017, p. 156-157.

[10] REsp nº 1355173/SP, Rel. Ministro Luis Felipe Salomão, Quarta Turma, *DJe* 17.02.2014. No mesmo sentido, cf.: REsp nº 1554480/SP, Rel. Ministra Nancy Andrighi, Terceira Turma, *DJe* 20.10.2017; AgInt no AREsp nº 842.151/SP, Rel. Ministro Raul Araújo, Quarta Turma, *DJe* 07.04.2017; AgInt no AREsp nº 740.480/SC, Rel. Ministro Raul Araújo, Quarta Turma, *DJe* 27.03.2017; REsp nº 1286209/SP, Rel. Ministro João Otávio de Noronha, Terceira Turma, *DJe* 14.03.2016; AgRg no REsp nº 1451054/PR, Rel. Ministro Paulo de Tarso Sanseverino, Terceira Turma, *DJe* 22.10.2015; REsp nº 678.100/SP, Rel. Ministro Castro Filho, Terceira Turma, *DJ* 05.09.2005; REsp nº 1355173/SP, Rel. Ministro Luis Felipe Salomão, Quarta Turma, *DJe* 17.02.2014; REsp nº 176.903/PR, Rel. Ministro Ari Pargendler, Terceira Turma, *DJ* 09.04.2001.

Não se mostra coerente, contudo, o enquadramento da sobre-estadia de contêiner em indenização pura, na medida em que, da forma como é realizada a cobrança no ordenamento jurídico brasileiro, não há necessidade de demonstrar a presença dos pressupostos caracterizadores da responsabilidade civil, notadamente a comprovação do dano efetivo.[11]

A Secretaria da Receita Federal, por meio da Solução de Consulta Cosit nº 108, de 03 de fevereiro de 2017,[12] manifestou-se no sentido de que o valor pago ao transportador internacional a título de sobre-estadia de contêineres (*demurrage*) é parte do valor do frete, conforme ementa a seguir:

> ASSUNTO: OBRIGAÇÕES ACESSÓRIAS
> SOBRE-ESTADIA DE CONTÊINERES. INCLUSÃO NO VALOR DO TRANSPORTE EM CONTÊINERES. OBRIGAÇÃO DE INFORMAÇÃO NO SISCOSERV.
> O valor pago ao transportador internacional a título de sobre-estadia de contêineres ("demurrage") é parte do valor de transporte de longo curso em contêineres e deve ser informado no Siscoserv no código 1.0502.14.90 da NBS.
> DISPOSITIVOS LEGAIS: Lei nº 12.546, de 2011, arts. 24 e 25; Decreto nº 7.708, de 2012; Portaria Conjunta RFB/SCS nº 1.908, de 2012; e IN RFB nº 1.277, de 2012, art. 1º.

A referida consulta trata sobre a interpretação do art. 25, §3º,[13] da Lei nº 12.546/2011, no que tange a obrigação de prestar informações

---

[11] Cumpre esclarecer que no artigo "Regime de tributação da *demurrage* no direito brasileiro", sustentou-se que, com base na jurisprudência majoritária, a *demurrage* tinha natureza jurídica de indenização. Este estudo, contudo, teve como objeto a análise da tributação dos valores recebidos à título de *demurrage* nas operações de transporte marítimo com base na interpretação majoritária da natureza jurídica do instituto. Não foi objeto da pesquisa, portanto, a investigação da natureza jurídica do instituto. Conforme, SEHN, Solon; Rossi, Catiani. Regime de tributação da *demurrage* no direito brasileiro. *In:* CASTRO JUNIOR, Osvaldo Agripino de (Coord.). *Direito Marítimo:* temas atuais. Belo Horizonte: Fórum, 2012, p. 237-251.

[12] As Soluções de Consulta Cosit, nos termos do art. 9º da Instrução Normativa SRF n. 1.396/2013, a partir da data de sua publicação, "[...] têm efeito vinculante no âmbito da RFB, respaldam o sujeito passivo que as aplicar, independentemente de ser o consulente, desde que se enquadre na hipótese por elas abrangida, sem prejuízo de que a autoridade fiscal, em procedimento de fiscalização, verifique seu efetivo enquadramento".

[13] "Art. 25. É instituída a obrigação de prestar informações para fins econômico-comerciais ao Ministério do Desenvolvimento, Indústria e Comércio Exterior relativas às transações entre residentes ou domiciliados no País e residentes ou domiciliados no exterior que compreendam serviços, intangíveis e outras operações que produzam variações no patrimônio das pessoas físicas, das pessoas jurídicas ou dos entes despersonalizados.
[...]

no Sistema Integrado de Comércio Exterior de Serviços, Intangíveis e Outras Operações que Produzam Variações no Patrimônio (Siscoserv), relativa ao pagamento de sobre-estadia (*demurrage*) feito ao armador estrangeiro.[14]

O frete internacional é o serviço prestado pelo transportador mediante remuneração. A sobre-estadia de contêineres, como já abordado, é um evento futuro e incerto, isto é, que pode ou não ocorrer, da mesma forma que a sua cobrança dependerá de cada armador, proprietário do equipamento, agente de carga e intermediários.

A retenção de contêineres, ainda que gere prejuízo com a aquisição ou *leasing* de novos equipamentos, não impossibilita a realização de novos fretes. O valor pago a título de sobre-estadias não decorre de uma prestação maior do serviço, mas de uma compensação pelas perdas decorrentes do atraso na devolução do equipamento de carga.

O período de utilização livre do contêiner (*free time*) é considerado na composição do custo do frete, não havendo nenhum tipo de compensação se o contêiner for devolvido antes do prazo, como ocorre da *demurrage* de navios em que, por via de regra, prevê prêmio pelos dias poupados de estadia por meio da cláusula *"despatch money"*[15] (resgate de estadias).

Nota-se, a partir dos fundamentos apresentados na referida solução da consulta, que o entendimento adotado pela Secretaria da Receita Federal não observou a natureza jurídica da sobre-estadia, limitando-se a afirmar que a *demurrage* é parte do frete internacional:

> 19. Examinemos agora a questão dos contêineres. Pelo que se depreende das informações trazidas pelo consulente, não há a contratação de locação de contêineres pelo importador. O serviço contratado pelo importador

---

§3º São obrigados a prestar as informações de que trata o caput deste artigo:
I – o prestador ou tomador do serviço residente ou domiciliado no Brasil;
II – a pessoa física ou jurídica, residente ou domiciliada no Brasil, que transfere ou adquire o intangível, inclusive os direitos de propriedade intelectual, por meio de cessão, concessão, licenciamento ou por quaisquer outros meios admitidos em direito; e
III – a pessoa física ou jurídica ou o responsável legal do ente despersonalizado, residente ou domiciliado no Brasil, que realize outras operações que produzam variações no patrimônio."

[14] Nesse mesmo sentido, destaca-se a Solução de Consulta Disit/SRFF10 nº 10017, de 15 de dezembro de 2017.

[15] Sobre o tema, J. C. Sampaio de Lacerda esclarece que: "Pode ainda mencionar no contrato uma cláusula por meio da qual se estabelece um prêmio pelos dias poupados das estadias, calculado por dia e por hora. É o dispatch money (resgate de estadias), originário do comércio inglês de carvão de pedra, que se destina a interessar os carregadores num serviço mais ligeiro, facilitando a viagem do navio". (LACERDA, J.C. Sampaio. *Curso de Direito Privado da Navegação*: Direito Marítimo. Rio de Janeiro: Freitas Bastos, 1969, v. 1, p. 202).

junto ao armador internacional é o transporte, que é feito em contêineres. Não é relevante se o transportador utiliza contêineres próprios ou os loca de outra fonte. Para o importador, a disponibilização dos contêineres está incluída no valor relativo ao transporte internacional que é pago ao transportador.

20. Assim o valor relativo à sobre-estadia de contêineres está igualmente abrangido pelo contrato de transporte, ou seja, é parte dele. Não é relevante a discussão sobre a natureza jurídica da sobre-estadia. Se fôssemos segregar esse valor do valor relativo ao transporte internacional, teríamos também que segregar o valor relativo à locação de contêineres, o que não é feito, uma vez que a disponibilização dos contêineres é parte do transporte. Da mesma forma, o "demurrage" é parte do transporte e tem, como seu elemento acessório, classificação na NBS no mesmo código do serviço principal (1.0502.14.90).

Com efeito, diante da superficialidade com que o tema foi abordado, a Solução de Consulta Cosit nº 108/2017 não apresenta nenhum fundamento que justifique o enquadramento da sobre-estadia de contêiner como parte do serviço de frete, o que resulta em insegurança jurídica para aqueles que atuam no comércio exterior acerca do adequado tratamento tributário dos valores recebidos a este título.

Todo instituto jurídico, como leciona Orlando Gomes,[16] tem no sistema seu lugar próprio, de modo que "encontrá-lo é determinar-lhe a natureza. A localização (*sedes materiae*) ajuda a compreensão e a aplicação das regras agrupadas."

A busca, para cada instituto jurídico, de sua natureza, pressupõe uma atividade teórica, pois a ciência dogmática do direito, segundo Tercio Sampaio Ferraz Jr.,[17] "constrói-se, assim, como um processo de subsunção dominada por um esquematismo binário, que reduz os objetos jurídicos a duas possibilidades: ou se trata disso ou se trata daquilo".

Assim, ainda que controvertida a natureza jurídica da *demurrage*, não se pode ignorá-la. Um instituto não pode se transformar em outro unicamente para fins de enquadramento na obrigação acessória de declarar no Siscoserv, desconsiderando, inclusive, os reflexos fiscais e contábeis perante o próprio órgão.

Portanto, mesmo que sobre-estadia indique tempo suplementar para devolução dos contêineres, o valor pago não decorre de uma prestação maior do serviço do frete, mas de uma compensação pelas

---

[16] GOMES, Orlando. *Introdução ao Direito Civil*. 12. ed. Rio de Janeiro: Forense, 1996. p. 11.

[17] FERRAZ JUNIOR, Tercio Sampaio. *Introdução ao estudo do direito*: técnica, decisão, dominação. 4. ed. São Paulo: Atlas, 2003, p. 81.

OSVALDO AGRIPINO DE CASTRO JUNIOR [Coord.]
CONSTITUIÇÃO, TRIBUTAÇÃO E ADUANA NO TRANSPORTE MARÍTIMO E NA ATIVIDADE PORTUÁRIA

perdas decorrentes da demora, o que, como demonstrado, tem natureza jurídica de cláusula penal.[18]

3 Tratamento tributário

3.1 PIS e Cofins incidentes na importação

As contribuições ao PIS/Pasep e à Cofins incidentes sobre a importação estão previstas no art. 149, §2º, II e III, "a", da Constituição.[19]

O critério material da regra-matriz de incidência do PIS e da Cofins incidente na importação de serviço, por sua vez, está previsto no art. 3º, inciso II, da Lei nº 10.865/2004, nos seguintes termos:

> Art. 3º O fato gerador será:
> [...]
> II – o pagamento, o crédito, a entrega, o emprego ou a remessa de valores a residentes ou domiciliados no exterior como contraprestação por serviço prestado.

Como se pode verificar, diante da dificuldade de tributação da importação de serviço, o legislador optou por tributar "o pagamento, o crédito, a entrega, o emprego ou a remessa de valores a residentes ou domiciliados no exterior como contraprestação por serviço prestado".[20]

As contribuições para o PIS e a Cofins incidentes na importação de serviço recaem sobre o ato de adimplemento da obrigação pelo contratante residente ou domiciliado no Brasil, mesmo porque a cobrança do tributo ficaria prejudicada em razão da ausência de extraterritorialidade da legislação brasileira.

---

[18] Sobre o tema: ROSSI; CASTRO JUNIOR, 2018, p. 31-67.

[19] "Art. 149. Compete exclusivamente à União instituir contribuições sociais, de intervenção no domínio econômico e de interesse das categorias profissionais ou econômicas, como instrumento de sua atuação nas respectivas áreas, observado o disposto nos arts. 146, III, e 150, I e III, e sem prejuízo do previsto no art. 195, § 6º, relativamente às contribuições a que alude o dispositivo. [...] § 2º As contribuições sociais e de intervenção no domínio econômico de que trata o caput deste artigo: II – incidirão também sobre a importação de produtos estrangeiros ou serviços; III – poderão ter alíquotas: a) ad valorem, tendo por base o faturamento, a receita bruta ou o valor da operação e, no caso de importação, o valor aduaneiro;"

[20] Sobre o assunto: SEHN, Solon. *PIS-Cofins*: não cumulatividade e regimes de incidência. São Paulo: Quartier Latin, 2011, p. 355-360.

É necessário ainda que se trate de contraprestação pelo serviço prestado que, segundo leciona Roque Antônio Carraza,[21] pode ser definido como a "prestação, a terceiro, de uma utilidade (material ou imaterial), com conteúdo econômico, sob regime jurídico de direito privado (em caráter negocial), mas não trabalhista".

Não se incluem no conceito de serviço e, por conseguinte, não estão sujeitos a hipótese de incidência das contribuições o trabalho prestado com vínculo empregatício e as obrigações de dar, como a locação, a franquia, a licença de uso, a compra de bens e ativos.

A Secretaria da Receita Federal, por meio da Solução de Consulta Cosit nº 480, de 25 de setembro de 2017, manifestou-se nesse sentido:

> [...] Configuram hipótese de incidência da Cofins-Importação (i) a entrada de bens estrangeiros no território nacional e (ii) o pagamento, o crédito, a entrega, o emprego ou a remessa de valores a residentes ou domiciliados no exterior como contraprestação por serviço prestado. Nos contratos de franquia, os royalties por cessão do direito de uso de marca e a contraprestação pela transferência de know how, pagos por franqueada domiciliada no País em favor de franqueadora domiciliada no exterior não constituem fato gerador da contribuição. Essas atividades, por se caracterizarem como típicas obrigações de dar, não se confundem com prestação de serviço (obrigação de fazer), em relação à qual sempre haverá a incidência da contribuição qualquer que seja a natureza do serviço prestado.

Há que se observar ainda que a incidência das contribuições é restrita aos serviços executados no país por prestador domiciliado no exterior, assim como os executados no exterior, mas com resultado verificado no território nacional, nos exatos termos do art. 1º, §1º, da Lei nº 10.865/2004:

> Art. 1º Ficam instituídas a Contribuição para os Programas de Integração Social e de Formação do Patrimônio do Servidor Público incidente na Importação de Produtos Estrangeiros ou Serviços – PIS/PASEP-Importação e a Contribuição Social para o Financiamento da Seguridade Social devida pelo Importador de Bens Estrangeiros ou Serviços do Exterior – COFINS-Importação, com base nos arts. 149, §2º, inciso II, e 195, inciso IV, da Constituição Federal, observado o disposto no seu art. 195, §6º.

---

[21] CARRAZZA, Roque António. *Curso de Direito Constitucional Tributário*. 31 ed. São Paulo: Malheiros, 2017, p. 1186.

§1º Os serviços a que se refere o caput deste artigo são os provenientes do exterior prestados por pessoa física ou pessoa jurídica residente ou domiciliada no exterior, nas seguintes hipóteses:
I – executados no País; ou
II – executados no exterior, cujo resultado se verifique no País.

Assim, para fins de incidência das contribuições para o PIS e a Cofins incidentes na importação do serviço, a conduta juridicamente relevante consiste em "pagar" (verbo) "prestação pecuniária a residente no exterior a título de contraprestação de serviço executado no Brasil ou com resultado verificado no território nacional" (complemento).[22]

O valor pago de sobre-estadia (*demurrage*), ainda que indique tempo suplementar para devolução dos contêineres, não decorre de uma prestação maior do serviço do frete, mas de uma compensação pelas perdas decorrentes da demora, o que, como já abordado, tem natureza jurídica de cláusula penal.

Dessa forma, os valores pagos a título de sobre-estadia (*demurrage*) ao proprietário do contêiner domiciliado no exterior têm natureza de indenização convencionada pelas partes (cláusula penal), razão pela qual não é devido o recolhimento das contribuições para o PIS e a Cofins incidentes na importação, que, nos termos do art. 3º, inciso II, da Lei nº 10.865/2004, incidem somente no pagamento de contraprestação pelo serviço prestado.

3.2 PIS e Cofins

As contribuições ao PIS/Pasep e a Cofins – seja no regime cumulativo, ou no regime não-cumulativo – têm sua materialidade vinculada ao conceito de "receita" ou "faturamento", previsto no art. 195, inciso I, "b", da Constituição Federal.[23]

Ressalta-se que, mesmo nas contribuições sobre o "faturamento", a incidência do tributo está relacionada ao conceito de "receita", na medida em que faturamento nada mais é do que a receita bruta da

---

[22] Sobre o assunto: SEHN, Solon; Rossi, Catiani. Regime de tributação da *demurrage* no direito brasileiro. *In*: CASTRO JUNIOR, Osvaldo Agripino de (Coord.). *Direito Marítimo*: temas atuais. Belo Horizonte: Fórum, 2012, p. 237-251.

[23] "Art. 195. A seguridade social será financiada por toda a sociedade, de forma direta e indireta, nos termos da lei, mediante recursos provenientes dos orçamentos da União, dos Estados, do Distrito Federal e dos Municípios, e das seguintes contribuições sociais: I – do empregador, da empresa e da entidade a ela equiparada na forma da lei, incidentes sobre: [...] b) a receita ou o faturamento;"

venda de mercadorias e da prestação de serviços, ou seja, espécie do gênero receita[24].

O conceito de receita, segundo ensinamentos de Geraldo Ataliba,[25] refere-se "a entrada que passa a pertencer à entidade. Assim, só se considera receita o ingresso de dinheiro que venha a integrar o patrimônio da entidade que recebe".

A receita, na linha de praticamente toda doutrina que se dedica ao estudo do tema, somente se caracteriza juridicamente diante da repercussão patrimonial positiva daquele que a aufere, sem reservas e condições. Nesse sentido, destacam-se Aires F. Barreto, Edmar Oliveira de Andrade Filho e Solon Sehn:

> No contexto da vida econômica de uma pessoa jurídica que explora uma empresa ou qualquer forma de atividade econômica, receita é espécie de acréscimo patrimonial: é um elemento positivo na formação do acréscimo ou decréscimo final, representado pelo lucro ou prejuízo do período. Receitas são elementos positivos que ingressam no patrimônio da pessoa jurídica e têm diversas origens e variado regime jurídico. *Para haver receita, é necessário que haja um ingresso aumentativo no valor dos bens patrimoniais. [...]*[26].
> Portanto, "ingresso" ou "receita" são conceitos que não podem ser confundidos. Embora a "receita", por vezes, não deixe de ser uma espécie de ingresso – que compreende genericamente qualquer quantia em dinheiro recebida pelo sujeito passivo do tributo –, nem todo ingresso constitui receita. *Esta pressupõe a ocorrência de um fato ou ato jurídico de alteração do patrimônio líquido ou uma entrada que se incorpora ao patrimônio*

---

[24] Segundo lecionam Geraldo Ataliba e Clèber Giardino: "A expressão 'faturamento' – como visto – vem de 'fatura' que, no Direito Comercial, identifica a 'conta de venda'. Isto é, para fins mercantis, entende-se por 'fatura' a 'lista de mercadorias vendidas, discriminadamente por quantidade, qualidade, espécies, tipos', conforme ensinamentos de Waldemar Ferreira. Na prática dos negócios, aceitou-se admitir a figura em outros casos nos quais não há mercadorias, mas sim diferentes objetos de atividade empresarial ou econômica. O termo 'faturamento' é empregado, por outro lado, para identificar não apenas o ato de faturar, mas, sobretudo, o somatório do produto de vendas ou de atividades concluídas num dado período (ano, mês, dia). Representa, assim, o vulto das receitas decorrentes da atividade econômica geral da empresa." (ATALIBA, Geraldo; GIARDINO, Clèber. PIS: exclusão do ICM de sua base de cálculo. *Revista de Direito Tributário*, n. 35, p. 153). Ainda, sobre o tema: SEHN, Solon. *PIS-Cofins*: não cumulatividade e regimes de incidência. São Paulo: Quartier Latin, 2011, p. 148-149

[25] ATALIBA, Geraldo. *ISS e base imponível*: estudos e pareceres de direito tributário. São Paulo: Revista dos Tribunais, 1978, p. 88.

[26] ANDRADE FILHO, Edmar Oliveira. *Cofins*: conceitos normativos de faturamento e receita. São Paulo: APET-MP, 2008, p. 40 (grifo nosso).

daquele que a aufere, como elemento novo, ao passo que o ingresso reflete apenas um fluxo neutro de recursos financeiros.[27]

Dessa forma, somente podem ser considerados receita os elementos positivos que compõem a renda da pessoa jurídica, o que afasta de seu âmbito de incidência os valores recebidos a título de indenização, reembolso, caução, etc.

A cláusula penal, como dito anteriormente, nada mais é do que uma indenização convencionada pelas partes. Trata-se de um pacto acessório, pelo qual as partes de um contrato estipulam, previamente, o valor das perdas e danos, contra a parte infringente da obrigação, como consequência de sua inexecução culposa ou de seu retardamento.

Os valores recebidos a título de *demurrage*, dada a sua natureza jurídica de cláusula penal e o seu caráter nitidamente indenizatório, não constituem uma receita nova passível de incidência das contribuições para o PIS e a Cofins.

Nesse sentido, destaca-se mais uma vez estudo de Solon Sehn:

> O mesmo ocorre em relação à cláusula penal ou multa contratual, que não é tributada pelo PIS/Pasep e pela Cofins em função de sua natureza indenizatória, nos termos do art. 416 do Código Civil. Isso se aplica não apenas às prestações expressamente qualificadas como "multa" ou "cláusula penal", mas às designações alternativas adotadas em contratos específicos, como o tráfego mínimo nos contratos de telefonia, a demanda mínima nos contratos de energia elétrica ou a *demurrage nos contratos de transporte*. Esta constitui uma multa contratual devida nas hipóteses de atraso na atracação de navios ou na devolução de containeres. *A natureza indenizatória é manifesta, afastando a incidência da contribuição.*[28]

Esse entendimento, a propósito, é acolhido também pela jurisprudência, como se depreende do seguinte julgado:

> TRIBUTÁRIO E MARÍTIMO. AÇÃO ORDINÁRIA. APELAÇÃO. PIS E COFINS. INCIDÊNCIA SOBRE A DEMURRAGE (SOBREESTADIA). MULTA/ COMPENSAÇÃO PELO ATRASO NA DEVOLUÇÃO DO CONTÊINER. VERBA DE NATUREZA INDENIZATÓRIA. NÃO INTEGRA O PATRIMÔNIO DA EMPRESA. MERA RECOMPOSIÇÃO DE UMA PERDA. IMPOSSIBILIDADE.

---

[27] SEHN, 2011, p. 153-154 (grifo nosso).
[28] SEHN, 2011, p.178-179 (grifo nosso).

1. Trata-se de Apelação contra sentença que julgou improcedente o pedido formulado pela Contribuinte, não afastando a incidência de PIS/COFINS sobre a verba percebida por ela, denominada, no setor marítimo, de demurrage. Honorários advocatícios fixados em 10% (dez por cento) sobre o valor da causa, atribuído em R$ 192.500,00 (cento e noventa e dois mil e quinhentos reais).

2. Em suas razões de Apelação, a Contribuinte alega, em síntese, que a referida verba tem natureza indenizatória, não podendo compor a base de cálculo do PIS e da COFINS. Postula a reforma da sentença e a inversão do ônus sucumbencial.

3. *A demurrage não é um pagamento feito por uma prestação de serviços. É uma multa/compensação paga por um descumprimento de contrato por retenção de contêineres, que gera prejuízos ao armador, pagando-se essa sobreestadia como forma de compensar os prejuízos causados. Por conseguinte, possui natureza jurídica de indenização. (AgInt no AgInt no AREsp 868.193/SP; REsp n. 1.286.209/SP)*

4. Nos termos do art. 195, inciso I, alínea "b", da CRFB/88[1], o PIS e a COFINS incidem apenas sobre o faturamento ou a receita das empresas. O art. 2º da Lei nº 9.718/98 estabelece como base de cálculo para o PIS/COFINS o faturamento da pessoa jurídica, entendido como receita bruta, conforme art. 3º, caput, expressamente declarado constitucional pelo STF.

5. Segundo o STF, o faturamento corresponde ao produto das atividades que integram o objeto social da empresa, ou seja, as atividades que lhe são próprias e típicas. Consequentemente, as receitas dissociadas do objeto da empresa não podem ser alcançadas pelas contribuições sobre o faturamento (RE 527602).

6. *A multa/indenização percebida pela Recorrente não é uma entrada financeira capaz de integrar seu patrimônio, pois revela-se como mera recomposição de uma perda. Portanto, a demurrage não constitui uma receita nova, um faturamento decorrente das operações da empresa passível de incidência das contribuições PIS e COFINS, ante seu caráter indenizatório. [...]* [29]

Portanto, mesmo nos casos de proprietário do contêiner domiciliado no Brasil, não há incidência de PIS e Cofins sobre os valores recebidos a título de sobre-estadia (*demurrage*), pois tanto no regime cumulativo como no não cumulativo, a materialidade das contribuições está vinculada ao conceito de receita.

---

[29] TRF-2, AC nº 0047773-52.2012.4.02.5101, Des. Rel. Theophilo Antonio Miguel Filho, Data: 03.09.2018 (grifo nosso).

3.3 IRPJ e CSLL

A Constituição Federal, ao delimitar a competência da União para instituir o imposto sobre renda e proventos de qualquer natureza, vincula sua incidência a um acréscimo patrimonial (art. 153, III[30]). O Código Tributário Nacional, por sua vez, adota o conceito de renda como acréscimo patrimonial:

> Art. 43. O imposto, de competência da União, sobre a renda e proventos de qualquer natureza tem como fato gerador a aquisição da disponibilidade econômica ou jurídica:
> I – de renda, assim entendido o produto do capital, do trabalho ou da combinação de ambos;
> II – de proventos de qualquer natureza, assim entendidos os acréscimos patrimoniais não compreendidos no inciso anterior.

É o que ensinam Paulo Ayres Barreto e Ricardo Mariz de Oliveira, em estudos específicos sobre o tema:

> Da análise do Texto Constitucional *concluímos que a expressão renda e proventos de qualquer natureza deve ser interpretada como um acréscimo a um dado conjunto de bens e direitos (patrimônio), pertencentes a uma pessoa (física ou jurídica), observado um lapso temporal necessário para que se realize o cotejo entre certos ingressos, de um lado, e determinados desembolsos, de outro.* O conteúdo do enunciado prescritivo veiculado pelo CTN, em seu artigo 43, não desborda o conceito constitucional de renda. Deveras, a referência a proventos de qualquer natureza, como acréscimos patrimoniais não compreendidos no inciso anterior, impõe a seguinte conclusão: nos termos do CTN os acréscimos patrimoniais sujeitos à incidência do imposto sobre a renda são os enunciados no inciso I do art. 43 ou quaisquer outros. [31]
> *Realmente, se proventos de qualquer natureza são entendidos como 'os acréscimos patrimoniais não compreendidos no inciso anterior', isto significa que tanto renda quanto proventos de qualquer natureza são fatores de produção de acréscimo patrimonial, os proventos por esta sua própria definição contida no inciso II do art. 43, que lhes dá característica (efeito produtor) de serem 'acréscimos patrimoniais',* ao passo que as rendas também têm essa mesma característica (o mesmo efeito produtor) porque o inciso II alude aos proventos como sendo os 'demais acréscimos' não provenientes do capital, do trabalho ou da combinação de ambos (isto é, não provenientes da renda, tratada no inciso I), o que significa (em virtude da palavra 'demais') que não somente os proventos, mas também os produtos do

---

[30] "Art. 153. Compete à União instituir impostos sobre: [...] III – renda e proventos de qualquer natureza;"

[31] BARRETO, Paulo Ayres. *Imposto sobre a renda e preços de transferência*. São Paulo: Dialética, 2001, p. 73 (grifo nosso).

capital, do trabalho ou da combinação de ambos (portanto, a renda), são fatores de acréscimo patrimonial. [32]

Com efeito, não incide imposto de renda da pessoa jurídica (IRPJ) e contribuição sobre lucro líquido (CSLL) [33] sobre ingressos ou valores que não constituam acréscimo patrimonial, como no caso da multa contratual (cláusula penal), em que o próprio Código Civil confere natureza indenizatória:

> Art. 404. As perdas e danos, nas obrigações de pagamento em dinheiro, serão pagas com atualização monetária segundo índices oficiais regularmente estabelecidos, abrangendo juros, custas e honorários de advogado, sem prejuízo da pena convencional.
> *Parágrafo único. Provado que os juros da mora não cobrem o prejuízo, e não havendo pena convencional, pode o juiz conceder ao credor indenização suplementar.* (grifo nosso)
> Art. 416. Para exigir a pena convencional, não é necessário que o credor alegue prejuízo.
> Parágrafo único. *Ainda que o prejuízo exceda ao previsto na cláusula penal, não pode o credor exigir indenização suplementar se assim não foi convencionado. Se o tiver sido, a pena vale como mínimo da indenização, competindo ao credor provar o prejuízo excedente.* (grifo nosso)

Nota-se que, em ambos os dispositivos legais, o legislador menciona a possibilidade de concessão de "indenização suplementar", o que evidencia a natureza também indenizatória da pena convencional.

A cláusula penal, como destacam os autores Washington de Barros Monteiro,[34] Silvio Rodrigues,[35] Sílvio de Salvo Venosa[36] e Maria

---

[32] OLIVEIRA, Ricardo Mariz de. *Fundamentos do imposto de renda*. São Paulo: Quartier Latin, 2008, p. 4 (grifo nosso).

[33] Conforme art. 57 da Lei nº 8.981/1995: "Aplicam-se à Contribuição Social sobre o Lucro (Lei nº 7.689, de 1988) as mesmas normas de apuração e de pagamento estabelecidas para o imposto de renda das pessoas jurídicas, inclusive no que se refere ao disposto no art. 38, mantidas a base de cálculo e as alíquotas previstas na legislação em vigor, com as alterações introduzidas por esta Lei".

[34] "Vislumbram-se destarte, nitidamente, as duas faces da cláusula penal (intimidação e ressarcimento). De um lado, como meio de pressão, ela reforça o vínculo, compelindo o devedor a honrar sua palavra; de outro, como instrumento de indenização, fixa *a priori* cifra que o contratante terá de pagar, caso se torne inadimplente, isto é, converte em *res certa* aquilo que é incerto". (MONTEIRO, Washington de Barros. *Curso de Direito Civil*. São Paulo: Saraiva, 1994. v. 4, p. 198).

[35] "Duas são as finalidades ou funções da cláusula penal: *a)* serve de reforço à obrigação principal; *b)* representa um sucedâneo, pré-avaliado, das perdas e danos devidos pelo inadimplemento do contrato". (RODRIGUES, Silvio. *Direito Civil*: parte geral das obrigações. São Paulo: Saraiva, 1997. v. 2, p. 83)

[36] "Cláusula penal é uma obrigação de natureza acessória. Por meio desse instituto infere-se uma multa na obrigação, para a parte que deixar de dar cumprimento ou apenas retardá-lo.

Helena Diniz,[37] possui uma função ambivalente, por reunir, ao mesmo tempo, reforço do vínculo obrigacional, punindo o devedor pelo seu inadimplemento, e a liquidação antecipada das perdas e dos danos.

Tratando-se, com efeito, de uma espécie do gênero indenização, o valor recebido a título de cláusula penal não representa acréscimo patrimonial, apenas recompõe as perdas sofridas em face do atraso do devedor.

O Superior Tribunal de Justiça, no julgamento do Recurso Especial nº 1152764/CE, em regime de recurso representativo de controvérsia (art. 543-C do CPC/1973), pacificou o entendimento de que "qualquer espécie de dano (material, moral puro ou impuro, por ato legal ou ilegal) indenizado, o valor concretizado como ressarcimento está livre da incidência de imposto de renda." Acrescentou ainda que "o pagamento da indenização também não é renda, não sendo, portanto, fato gerador desse imposto".[38]

Logo, os valores recebidos a título de sobre-estadia (*demurrage*) não sofrem incidência do imposto de renda e, por conseguinte, da contribuição sobre lucro líquido, uma vez que, como demonstrado, o conceito de renda pressupõe o acréscimo patrimonial.

No entanto, apesar de reconhecer a natureza jurídica da sobre-estadia de indenização convencionada pelas partes, não se desconhece que os tribunais pátrios, contraditoriamente, não aplicam as regras correlatas à pena convencional, o que, inclusive, tem gerado pagamentos de valores superiores ao da obrigação principal.[39]

É certo que, uma vez estipulada a cláusula penal de sobre-estadia, os contratantes ficam em uma posição mais confortável, poupando-se do ônus de comprovar o montante do prejuízo e de sua liquidação (CC, art. 416). Todavia, na hipótese em que a penalidade for manifestamente excessiva, admite-se a redução do *quantum* do valor cobrado,

---

Aí estão as duas faces da cláusula penal: de um lado, possui a finalidade de indenização prévia de perdas e danos, de outro, a de penalizar o devedor moroso". (VENOSA, Sílvio de Salvo. *Direito Civil:* teoria geral das obrigações e teoria geral dos contratos. 5. ed. São Paulo: Atlas, 2005, p. 367).

[37] "Exerce função ambivalente, sendo, ao mesmo tempo, reforço do vínculo obrigacional, por punir seu inadimplemento, e liquidação antecipada das perdas e danos". (DINIZ, Maria Helena. Curso de Direito Civil Brasileiro. *Teoria Geral das Obrigações*. São Paulo: Saraiva, 1999. v. 2, p. 393).

[38] STJ. REsp nº 1152764/CE, Rel. Ministro Luiz Fux, Primeira Seção, julgado em 23.06.2010, *DJe* 01.07.2010.

[39] Sobre o assunto: ROSSI; CASTRO JUNIOR, 2018, p. 66-67.

equilibrando-se o rigor e a severidade da estipulação (CC, arts. 412[40] e 413[41]).

Assim, ainda que controvertida a natureza jurídica da sobre-estadia (*demurrage*), não se pode ignorá-la. Eventuais distorções no enquadramento do instituto pelos tribunais não têm o condão de atrair ou afastar a incidência de tributos, de modo que somente nos casos em que o valor pago representar um acréscimo patrimonial deve ser computado na base de cálculo do IRPJ e da CSLL.

A Secretaria da Receita Federal, por meio da Solução de Consulta Cosit nº 21, de 22 de março de 2018, manifestou-se no sentido de que o valor recebido que excede o efetivo dano patrimonial objeto da indenização constitui acréscimo patrimonial e deve ser computado na base de cálculo do IRPJ e da CSLL:

[...]
EMENTA: INDENIZAÇÃO POR DANO PATRIMONIAL. NÃO INCIDÊNCIA. REQUISITOS.

Não se sujeita à incidência do Imposto sobre a Renda a indenização destinada a reparar danos até o montante da efetiva perda patrimonial.

O valor recebido excedente ao dano objeto da indenização é acréscimo patrimonial e deve ser computado na base de cálculo do imposto.

Não se caracteriza como indenização por dano patrimonial o valor deduzido como despesa e recuperado em qualquer época, devendo esse valor recuperado ser computado na apuração do lucro real, presumido ou arbitrado.

O valor relativo à correção monetária e juros legais contados a partir da citação do processo judicial, vinculado à indenização por dano patrimonial, é receita financeira e deve ser computado na apuração do lucro real, presumido ou arbitrado.

Portanto, nos casos em que o beneficiário é domiciliado no Brasil,[42] os valores pagos a título de sobre-estadia não sofrem incidência do

---

[40] "Art. 412. O valor da cominação imposta na cláusula penal não pode exceder o da obrigação principal."

[41] "Art. 413. A penalidade deve ser reduzida eqüitativamente pelo juiz se a obrigação principal tiver sido cumprida em parte, ou se o montante da penalidade for manifestamente excessivo, tendo-se em vista a natureza e a finalidade do negócio."

[42] Ressalta-se que, se o beneficiário for residente ou domiciliado no exterior, o problema aqui discutido não possui relevância, na medida em que o pagamento de sobre-estadias é isento do imposto de renda retido na fonte, nos termos do art. 1º, inciso I, da Lei nº 9.481/1997, com a redação dada pela Lei nº 13.043/2014. Nesse sentido, destaca-se também a Solução de Consulta Cosit nº 217, de 09 de maio de 2017, segundo a qual "a sobrestadia remetida, paga, entregue ou creditada a beneficiário de regime fiscal privilegiado não domiciliado

imposto de renda e, por conseguinte, da contribuição sobre lucro líquido, quando adequadamente enquadrado nas regras correlatas à cláusula penal, dada a sua natureza jurídica de indenização convencionada.

4 Conclusão

A sobre-estadia ou *demurrage* nada mais é do que uma quantia diária pré-fixada em favor do proprietário ou possuidor do contêiner decorrente da sua não devolução no período de franquia livre pactuado (*free time*).

Tal valor funciona como meio de repressão para que o usuário devolva a unidade de carga dentro do prazo previsto no conhecimento de embarque marítimo e, para o caso de descumprimento, de liquidação antecipada das perdas e dos danos devidos ao lesado.

Portanto, ainda que sobre-estadia indique tempo suplementar para devolução dos contêineres, o valor pago não decorre de uma prestação maior do serviço do frete (obrigação principal), conforme tratado na Solução de Consulta Cosit nº 108/2017, mas de uma compensação pelas perdas e danos decorrentes da demora de uma obrigação acessória (uso do contêiner) ao transporte, o que, como demonstrado, tem natureza jurídica de cláusula penal.

Com efeito, os valores pagos a título de sobre-estadia (*demurrage*) ao proprietário do contêiner domiciliado no exterior têm natureza de indenização convencionada pelas partes (cláusula penal), razão pela qual não é devido o recolhimento das contribuições para o PIS e a Cofins incidentes na importação, que, nos termos do art. 3º, inciso II, da Lei nº 10.865/2004, incidem somente no pagamento de contraprestação pelo serviço prestado.

Por outro lado, mesmo nos casos de proprietário do contêiner domiciliado no Brasil, não há incidência de PIS e Cofins sobre os valores recebidos a título de sobre-estadia (*demurrage*), pois tanto no regime cumulativo como no não cumulativo, a materialidade das contribuições está vinculada ao conceito de receita que, de acordo com a doutrina especializada e a jurisprudência, somente se caracteriza juridicamente diante da repercussão patrimonial positiva daquele que a aufere.

Os valores pagos a título de sobre-estadia, nos casos de beneficiários domiciliados no Brasil, quando adequadamente enquadrados

---

em país com tributação favorecida está sujeita à alíquota zero do Imposto sobre a Renda Retido na Fonte (IRRF), conforme inciso I do art. 1º da Lei nº 9.481, de 13 de agosto de 1997".

nas regras correlatas à cláusula penal, também não sofrem incidência de imposto de renda e, por conseguinte, contribuição sobre lucro líquido, dada a sua natureza jurídica de indenização convencionada pelas partes.

Referências

ANDRADE FILHO, Edmar Oliveira. *Cofins*: conceitos normativos de faturamento e receita. São Paulo: APET-MP, 2008.

ATALIBA, Geraldo; GIARDINO, Clèber. *PIS*: exclusão do ICM de sua base de cálculo. *Revista de Direito Tributário*, n. 35.

BARRETO, Paulo Ayres. *Imposto sobre a renda e preços de transferência*. São Paulo: Dialética, 2001.

CARRAZZA, Roque António. *Curso de Direito Constitucional Tributário*. 31. ed. São Paulo: Malheiros, 2017.

CASTRO JUNIOR, Osvaldo Agripino de; FABRIS, Patrícia Vargas. Aspectos jurídicos do contêiner. *In*: CASTRO JUNIOR, Osvaldo Agripino de (Coord.). *Direito Marítimo*: temas atuais. Belo Horizonte: Fórum, 2012.

COLLYER, Wesley O. Sobreestadia de navios: a regra "once on demurrage, always on demurrage". *In*: CASTRO JUNIOR, Osvaldo Agripino de (Org.). *Direito Marítimo Made in Brasil*. São Paulo: Lex, 2007.

DINIZ, Maria Helena. *Curso de Direito Civil brasileiro*: teoria geral das obrigações. São Paulo: Saraiva, 1999. v. 2.

DINIZ, Maria Helena. *Curso de Direito Civil brasileiro*: responsabilidade civil. 24. ed. São Paulo: Saraiva, 2010. v. 7.

FERRAZ JUNIOR, Tercio Sampaio. *Introdução ao Estudo do direito*: técnica, decisão, dominação. 4 ed. São Paulo: Atlas, 2003.

FOÉS, Gabrielle Thamis Novak. *Demurrage de Contêiner no direito inglês e brasileiro*: crítica à reforma do Código Comercial. Prefácio Osvaldo Agripino de Castro Junior. São Paulo: Aduaneiras, 2017.

GOMES, Orlando. *Introdução ao Direito Civil*. 12 ed. Rio de Janeiro: Forense, 1996.

GOMES, Orlando. *Obrigações*. Rio de Janeiro: Forense, 1998.

LACERDA, J.C. Sampaio. *Curso de Direito Privado da Navegação*: direito marítimo. Rio de Janeiro: Freitas Bastos, 1969. v. 1.

MONTEIRO, António Pinto. Cláusula penal e o comportamento abusivo do credor. *Revista Brasileira de Direito Comparado*, n. 25, 2003.

MONTEIRO, Washington de Barros. *Curso de Direito Civil*. São Paulo: Saraiva, 1994. v. 4.

OLIVEIRA, Ricardo Mariz de. *Fundamentos do imposto de renda*. São Paulo: Quartier Latin, 2008.

RODRIGUES, Silvio. *Direito Civil*: parte geral das obrigações. São Paulo: Saraiva, 1997. v. 2.

ROSSI, Catiani; CASTRO JUNIOR, Osvaldo Agripino. A natureza jurídica da sobre-estadia (demurrage) de contêiner. *In:* CASTRO JUNIOR, Osvaldo Agripino de (Org.). *Teoria e prática da demurrage de contêiner.* São Paulo: Aduaneiras, 2018.

SANTOS, Theophilo de Azeredo. *Direito da Navegação:* marítima e aérea. 2 ed. Rio de Janeiro: Forense, 1968.

SEHN, Solon. *PIS-Cofins:* não cumulatividade e regimes de incidência. São Paulo: Quartier Latin, 2011.

SEHN, Solon; Rossi, Catiani. Regime de tributação da *demurrage* no direito brasileiro. Prefácio Cesar Luiz Pasold. *In:* CASTRO JUNIOR, Osvaldo Agripino de (Coord.). *Direito Marítimo:* temas atuais. Belo Horizonte: Fórum, 2012.

VENOSA, Sílvio de Salvo. *Direito Civil:* teoria geral das obrigações e teoria geral dos contratos. 5. ed. São Paulo: Atlas, 2005.

VENOSA, Sílvio de Salvo.*Direito Civil:* responsabilidade civil. 3. ed. São Paulo: Atlas, 2003.

Informação bibliográfica deste texto, conforme a NBR 6023:2018 da Associação Brasileira de Normas Técnicas (ABNT):

ROSSI, Catiani. Tratamento tributário dos valores recebidos a título de sobre-estadia (*demurrage*) de contêiner. *In:* CASTRO JUNIOR, Osvaldo Agripino de (Coord.). *Constituição, tributação e aduana no transporte marítimo e na atividade portuária.* Belo Horizonte: Fórum, 2021. p. 327-346. ISBN 978-65-5518-002-2.

QUESTÕES CONTROVERSAS ACERCA DA (NÃO) INCIDÊNCIA DO ISS NA ATIVIDADE PRESTADA PELO AGENTE DE CARGA COMO TRANSPORTADOR CONTRATUAL

DANIELLE ROSA

Introdução

No cenário jurídico atual, constata-se uma crescente insegurança jurídica no tocante ao enquadramento das atividades desempenhadas pelo agente de carga no Brasil e a sua consecutiva tributação no âmbito municipal.

Tal situação decorre do fato de que tal atividade ainda carece de regramento jurídico claro e uniforme, capaz de compreender e traduzir a natureza jurídica, tal qual o item de serviço do ISSQN (Imposto Sobre Serviços de Qualquer Natureza) que melhor se amolde aos serviços prestados pelo agente de carga.

No Brasil, é bastante comum a confusão conceitual entre as atividades que fazem parte do agenciamento de carga, mormente nos conflitos judiciais e nas auditorias fiscais, em que, aparentemente, não se pode alcançar um consenso hermenêutico.

Tal realidade, contudo, não é adstrita ao Estado brasileiro, ao passo que inúmeros países compartilham dessa mesma situação que, do ponto de vista jurídico, traduz-se em insegurança jurídica.[1]

---

[1] ESCOBAR, José Vicente Guzmán. El agente de carga. *Revista e–Mercatoria*, v. 4, n. 1, p. 1-3, 2005.

Denota-se que por inexistir qualquer vedação legal, é comum que o agente de carga atue de forma diversa em diferentes situações jurídicas, caracterizando-se como uma empresa de setores separados, para cada negócio jurídico que agenciar ou realizar.[2]

Pode-se mencionar que a natureza jurídica do agente de cargas – comumente adotada no mercado – nem sempre terá o mesmo valor axiológico, devendo ser analisada a função exercida por tais empresas em cada operação, as quais poderão compreender as seguintes atuações: transportador contratual (*NVOCC – Non Vessel Operating Common Carrier*), agenciador e/ou mandatário do transportador contratual, desconsolidador; e transitário de carga (*Freight Forwarder*).

Assim, diante da dificuldade de se apontar a natureza jurídica desse intermediário logístico, surgiu, conjuntamente, a insegurança jurídica tributária, sendo que, atualmente, as pessoas jurídicas do ramo ficam deveras receosas sobre o enquadramento tributário de seus serviços, pois a depender do entendimento administrativo-judicial regional (Fazenda Municipal e Tribunais de Justiça Estaduais) a carga tributária será bastante diversificada.

Por inexistir uma lei específica para sanar as dúvidas a respeito do enquadramento jurídico do agente de carga, tais sociedades empresariais ficam à mercê daqueles que fixarão a tributação e daqueles julgadores que aplicarão seu livre convencimento aos argumentos suscitados pelas partes, que, conforme será abordado, demonstra demasiada oscilação nos tribunais de justiça.

Frente a tal fenômeno, pretendeu-se esclarecer uma das atividades desempenhadas pelo intermediário logístico, denominado comercialmente de "agente de carga", quando vier a atuar no modal marítimo como transportador contratual, passando-se a analisar a incidência (ou não) do ISSQN sobre a prestação desse serviço, desconsiderando-se, para fins metodológicos, as demais funções/atuações desempenhadas por este intermediário.

1   Fundamento constitucional

Destaca-se que o presente ensaio científico se insere na Linha de Pesquisa Constitucionalismo e Produção do Direito e visa reduzir

---

[2]   PLATCHEK, Ricardo Moisés de Almeida; TUSSI, Bruno. Siscoserv no serviço de transporte: atuação do agente de carga. *Revista Direito Aduaneiro, Marítimo e Portuário*, v. 4, p. 75-110, 2014.

a insegurança jurídica no transporte marítimo, sobretudo, no tocante à atividade desempenhada pelo *NVOCC*, com ênfase nos aspectos aduaneiros e tributários.

Além da segurança jurídica, com fulcro notadamente constitucional, o tema em análise possui disciplina constitucional no artigo 156, especialmente no inciso III e §3º, onde consta delimitada a competência dos Municípios e do Distrito Federal (art. 32, §1º, CF/88) para instituírem e cobrarem o ISSQN sobre os serviços não tributados pelo ICMS, cabendo à lei complementar a definição das hipóteses de incidência do tributo (art. 146, III, "a", CF/88), que terá como base de cálculo o preço do serviço prestado, conforme será demonstrado adiante.

2 Aspectos introdutórios do agenciamento de carga

Fruto do processo de invenção e introdução do contêiner no transporte marítimo, o agenciamento de carga ganhou enfoque (no referido modal) a partir da década de 1970, onde a empresa australiana *Direct Container Line* (DCL) – precursora mundial no setor – aponta como iniciou de seus trabalhos, no exercício da atividade como *Non Vessel Operating Common Carrier* (NVOCC), o ano de 1975. Ao mesmo tempo que a introdução do contêiner, uma das mais importantes invenções do século XX, demonstrou ser uma solução ao transporte marítimo de cargas, permitindo ganhos de escala, eficiência, segurança e operacionalidade, essa também apresentou uma grande barreira ao transporte de pequenas quantidades, as quais vinham sendo acomodadas, até então, em compartimentos do porão ou até mesmo no convés do navio, perdendo gradativamente a sua conveniência com a introdução do contêiner.[3]

Tem-se, portanto, que a introdução do contêiner no transporte marítimo de cargas fez com que aquelas empresas que transportavam cargas diminutas ficassem gradativamente desamparadas, ao passo que os armadores começaram a se especializar no transporte de navios porta-contêineres, por não terem mais espaços para cargas soltas ou até mesmo interesse nesse tipo de carga.

Nesse propósito, Keedi afirma que para os armadores tradicionais se tornou "mais conveniente trabalhar com cargas já conteinerizadas,

---

[3] MOROMIZATO Junior, Fernando *et al*. *Agente de Cargas*. São Paulo: All Print. 2016, p. 21-22.

ao invés das cargas *ship's convenience*, ou seja, cargas fracionadas que são entregues a ele por vários embarcadores, para unitização".[4]

Além da praticidade na contratação, os armadores verificaram que o transporte de mercadorias já unitizadas em equipamentos próprios (contêineres) proporcionava um manuseio mais simples e rápido da carga, além de facilitar a manutenção da limpeza na embarcação, ao passo que as mercadorias conteinerizadas sequer tocariam a superfície do navio.

Ante esse fenômeno global, onde os comerciantes de pequenos lotes não mais encontravam facilidades para o transporte de suas cargas junto aos armadores, surge a figura do agente de carga. Este, muito embora não possuísse navio próprio, comprava determinados espaços nos navios pertencentes aos armadores/afretadores, para o fim de agrupar determinadas cargas em uma só unidade.

Pode-se, portanto, mencionar que o desenvolvimento da atividade de agente de carga, enquanto transportador contratual (NVOCC), surgiu com a expansão dos navios porta-contêineres, os quais inviabilizaram, de certo modo, o transporte de carga geral/solta aos transportadores. Estes, por sua vez, passaram a privilegiar o transporte de carga conteinerizada (*Full Container Load – FCL*)[5], no intuito de manuseá-la de modo mais simples, rápido e limpo nos terminais portuários. Ao assim agir, estariam os armadores reduzindo o custo da operação e majorando o aproveitamento logístico.

Diante de tal cenário, emerge no mercado internacional a figura do agente de carga, que assumiu um nicho de mercado (em acelerada expansão) do qual o armador não tinha mais interesse em atender, por meio da prestação de serviço muito mais personalizado aos importadores e exportadores de mercadorias.

3 Agente de carga como transportador contratual

Dentre os intermediários existentes no transporte marítimo de cargas, merece destaque a figura do agente de carga enquanto transportador contratual, conhecido internacionalmente sob a sigla NVOCC (*Non-Vessel Operating Common Carrier*), cuja tradução para o vernáculo significa: transportador comum não operador de navio.

---

[4]   KEEDI, Samir. *Transportes e seguros no comércio exterior*. 2. ed. São Paulo: Aduaneiras, 2000, p. 73.
[5]   Tradução livre: contêiner carregado.

Seu primeiro reconhecimento normativo ocorreu nos Estados Unidos da América, com o advento do *Shipping Act* de 1984, o qual atribuiu ao NVOCC o conceito de "transportador comum que não opera a embarcação pela qual o transporte marítimo é fornecido e é embarcador em sua relação com um transportador marítimo comum".[6]

Doutrinariamente, pode-se dizer que o *NVOCC* é reconhecido como "pessoa ou empresa (frequentemente um transitário de carga) que não possui ou opera o navio transportador, mas que contrata com uma *shipping line* o transporte de mercadorias de terceiros para quem ele normalmente emite um conhecimento de embarque (*House Bill of Lading – HBL*)".[7]

Segundo os ensinamentos de Martins, "NVOCC é efetivamente o transportador (*carrier*). Todavia, como o NVOCC não possui frota própria, deverá operacionalizar o transporte por meio de navios fretados ou, como é mais usual, de fretamento de espaços em navios".[8]

Logicamente, para que o transporte efetivamente seja realizado, faz-se necessário a contratação de um transportador que o execute, consistente na figura do proprietário ou afretador da embarcação.

Neste sentido, o agente de carga, atuando na função de transportador contratual (*NVOCC*), realizará a contratação do proprietário ou afretador do navio e, consequentemente, passará a figurar como remetente da carga no conhecimento de embarque emitido pela companhia de navegação (*Master Bill of Lading – MBL*).

Daí advém a existência de dois conhecimentos de embarque para uma mesma carga/operação, sendo um emitido pelo agente de carga, que será o transportador contratual, denominado *house bill of lading* (*HBL*), conhecimento de embarque filhote e/ou agregado, e outro, cuja emissão incumbe ao transportador efetivo, denominado *master bill of lading* (*MBL*) ou conhecimento de embarque mãe e/ou genérico. Há, portanto, duas relações de transporte distintas quando um transportador contratual está envolvido na operação. Primeiro, pode-se falar da relação existente entre o proprietário da carga ou embarcador com o seu transportador (pessoa que assumiu via contrato transportar a mercadoria, emissora do conhecimento de embarque filhote – transportador contratual). Segundo, há se falar da relação entre o transportador meramente contratual com

---

[6] *Shipping Act* de 1984, item 17.

[7] HOFSTRAND, Don. *Transportation Terms*, 2010. Disponível em: https://www.extension.iastate.edu/agdm/wholefarm/html/c3-06.html. Acesso em: 04 de fevereiro de 2017.

[8] MARTINS, Eliane Maria Octaviano. *Curso de Direito Marítimo*. 2. V. Barueri: Manole, 2008, p. 254.

aquele que efetivamente transportará a mercadoria (transportador executor, companhia de navegação no transporte marítimo, companhia aérea no transporte aéreo).[9]

Cabe ressaltar que o agente de carga, ao figurar como emissor do conhecimento de embarque filhote, ou seja, transportador contratual, assume a responsabilidade por sua execução, sendo de sua incumbência o translado da mercadoria até seu destino e a sua entrega a quem detiver o direito de recebê-la. O art. 2º, inciso V, da Instrução Normativa da Receita Federal do Brasil (IN RFB) nº 800, de 27 de dezembro de 2007,[10] assim delimita:

> Art. 2º Para os efeitos desta Instrução Normativa define-se como: [...]
> V – transportador, a pessoa jurídica que presta serviços de transporte e emite conhecimento de carga;

Veja-se, portanto, que o agente de carga, quando emissor do conhecimento de embarque equipara-se a transportador, justamente por assumir as responsabilidades advindas da subcontratação do transporte propriamente dito, que será realizada entre este e o proprietário ou afretador do navio.

Necessário esclarecer que o transportador, por assim dizer, é todo aquele que se incumbe de transportar algum bem ou pessoa de um ponto a outro,[11] não importando se é o transportador executor ou apenas o transportador contratual, o qual assume a obrigação de deslocar a carga que será, posteriormente, transferida a terceiros.[12]

Para melhor aclarar a situação exposta acima, apresenta-se o seguinte fluxograma:

---

[9] PLATCHEK, Ricardo Moisés de Almeida; TUSSI, Bruno. Siscoserv no serviço de transporte: atuação do agente de carga. *Revista Direito Aduaneiro, Marítimo e Portuário*, v. 4, p. 75-110, 2014.

[10] BRASIL. Instrução Normativa RFB nº 800, de 27 de dezembro de 2007. Disponível em: http://normas.receita.fazenda.gov.br/sijut2consulta/link.action?visao=compilado&idAto=15753. Acesso em: 10 maio 2017.

[11] CREMONEZE. Paulo Henrique. *Prática de direito marítimo*: o contrato de transporte marítimo e a responsabilidade civil do transportador. São Paulo: Quartier Latin, 2009, p. 43.

[12] MARTINS, Eliane Maria Octaviano. *Curso de direito marítimo*. 2. v. Barueri: Manole, 2008, p. 249.

Figura 1 – Relação documental do transporte marítimo de cargas[13]

Ainda sobre a emissão do conhecimento de embarque, registra-se que a legislação brasileira é categórica ao afirmar sua obrigatoriedade, nos termos do artigo 744 do Código Civil,[14] e artigo 578 do Código Comercial.[15] Tem-se, portanto, que ao emitir o conhecimento de embarque, o transportador assumirá o papel de depositário da carga, responsabilizando-se por sua guarda, bom acondicionamento e conservação, desde o recebimento, até o ato da entrega no local convencionado.[16]

No ponto, é oportuno destacar que, apesar de amplamente difundida a atividade do *NVOCC* no âmbito internacional, no Brasil, não há qualquer diploma legal que verse a respeito da atividade desempenhada por tal personagem, mas tão somente a Resolução nº 18 de 2017 da ANTAQ (Agência Nacional de Transportes Aquaviários) e a Resolução nº 9.068 de 1986, da antiga SUNAMAM (Superintendência Nacional da Marinha Mercante, atual DMM). Esta definia a figura do *NVOCC*, em equivocada tradução do termo, como sendo o "operador

---

[13] DA SILVA NETO, Orlando; ROSA, Danielle. O endosso do conhecimento de embarque no transporte marítimo internacional: limites e implicações. *Revista Direito Aduaneiro, Marítimo e Portuário*, v. 6, n. 36, p. 13, 2017.

[14] "Art. 744 do Código Civil. Ao receber a coisa, o transportador emitirá conhecimento com a menção dos dados que a identifiquem, obedecido o disposto em lei especial."

[15] "Art. 578 do Código Comercial. Os conhecimentos serão assinados e entregues dentro de 24 (vinte e quatro) horas, depois de ultimada a carga, em resgate dos recibos provisórios; pena de serem responsáveis por todos os danos que resultarem do retardamento da viagem, tanto o capitão como os carregadores que houverem sido remissos na entrega dos mesmos conhecimentos."

[16] CREMONEZE, Paulo Henrique. *Prática de direito marítimo*: o contrato de transporte marítimo e a responsabilidade civil do transportador. 3. ed. São Paulo: Aduaneiras, 2015, p. 93-94.

de transporte não-armador",[17] enquanto que aquela, datada de 2017, o definiu como a pessoa jurídica que "não sendo o armador ou proprietário de embarcação responsabiliza-se perante o usuário pela prestação do serviço de transporte, emitindo conhecimento de carga ou BL, agregado, *house*, filhote ou *sub-master*, e subcontratando um transportador marítimo efetivo".[18]

Denota-se, pois, que não foram promulgadas, tampouco publicadas leis a respeito de tal personagem do Direito Marítimo (*NVOCC*), restando apenas duas resoluções e instruções normativas/ordens de serviços, de caráter infralegal, que mencionam, vagamente, a existência de tal intermediário no ordenamento jurídico nacional.

Nesse sentido, destaca-se que além das resoluções supracitadas, a IN/RFB nº 800/2007,[19] em seu artigo 2º, inciso IV, alínea "c", afirma que o responsável pela consolidação de cargas na origem é classificado como transportador, também denominado de *Non-Vessel Operating Common Carrier* (*NVOCC*), quando estrangeiro, nos termos do parágrafo único do artigo 3º da mesma instrução normativa.[20]

A Ordem de Serviço nº 04/2001, da Alfândega do Porto de Santos, por sua vez, definiu a atividade do agente consolidador ou *NVOCC* como "a empresa sediada no exterior, que opera no transporte de cargas através da contratação de armador constituído".[21]

Tem-se, portanto, o seguinte paradigma: de acordo com os usos e costumes do mar e segundo a doutrina, o consolidador de cargas, emissor de conhecimento de embarque (transportador contratual),

---

[17] MARTINS, Eliane Maria Octaviano. *Curso de direito marítimo*. Barueri: Manole, 2008. 2. V.

[18] Artigo 2º, inciso II, alínea "b" da Resolução nº 18 de 2017, da ANTAQ.

[19] BRASIL. Instrução Normativa RFB nº 800, de 27 de dezembro de 2007. Disponível em: http://normas.receita.fazenda.gov.br/sijut2consulta/link.action?visao=compilado&idAto=15753. Acesso em: 10 de maio de 2017.

[20] "Art. 2º Para os efeitos desta Instrução Normativa define-se como: [...] V – transportador, a pessoa jurídica que presta serviços de transporte e emite conhecimento de carga; §1º. Para os fins de que trata esta Instrução Normativa: [...] IV – o transportador classifica-se em: a) empresa de navegação operadora, quando se tratar do armador da embarcação; b) empresa de navegação parceira, quando o transportador não for o operador da embarcação; c) consolidador, tratando-se de transportador não enquadrado nas alíneas "a" e "b", responsável pela consolidação da carga na origem; d) desconsolidador, no caso de transportador não enquadrado nas alíneas "a" e "b", responsável pela desconsolidação da carga no destino; e e) agente de carga, quando se tratar de consolidador ou desconsolidador nacional; Art. 3º. O consolidador estrangeiro é representado no País por agente de carga. Parágrafo único. O consolidador estrangeiro é também chamado de Non-Vessel Operating Common Carrier (NVOCC)."

[21] Agente Consolidador, ou Operador de Transporte Não Armador, ou Non Vessel Operating Common Carrier (NVOCC): a empresa sediada no exterior, que opera no transporte de cargas através da contratação de armador constituído.

sediado no exterior e/ou no Brasil, é considerado *NVOCC*; contudo, de acordo com determinados atos infralegais brasileiros, a exemplo da IN/RFB nº 800/2007 e da Ordem de Serviço da Alfândega do Porto de Santos nº 04/2001, somente será denominado *NVOCC* o consolidador de cargas, emissor do conhecimento de embarque sediado no exterior. Doutra sorte, ao consolidador de cargas sediado no território nacional será conferida a nomenclatura de agente de cargas.

Face à precariedade/ausência de base legal, inúmeros são os questionamentos não respondidos, de modo conciso, pelo ordenamento jurídico brasileiro, dos quais se exaltam os seguintes: somente o consolidador de cargas sediado no exterior se amoldaria ao conceito de *NVOCC*? Seria o consolidador de cargas sediado no país e no exterior transportador contratual, figura esta, *sui generis*, ou um efetivo agente de cargas?

Ora, com relação à primeira indagação não parece crível admitir que o ato administrativo (IN/RFB nº 800/2007), de caráter infralegal, venha a prejudicar o conceito do referido personagem do Direito Marítimo, amparado pelos usos e costumes do mar, restringindo a sua atuação/nomenclatura às empresas situadas no exterior, conquanto inúmeras pessoas jurídicas brasileiras prestam tal serviço, ainda que sediadas em território nacional, e assim se colocam no mercado: como *NVOCC*.

Além do mais, a Resolução nº 18 de 2017 da ANTAQ e a doutrina majoritária identificam o consolidador de cargas como transportador contratual (*NVOCC*), independentemente do local onde esteja situado. Tem-se, portanto, que o consolidador de cargas – sediado no exterior ou no território nacional – quando emissor de conhecimento de embarque, assumirá a função de transportador contratual, internacionalmente denominado *NVOCC*.

Quanto ao segundo questionamento, tende-se a compreender – para fins acadêmicos – que não se trata de serviço de agenciamento de carga, propriamente dito, conforme dispõe a IN/RFB nº 800/07, mas de serviço *sui generis* de transporte marítimo, desempenhado por um transportador não operador de navio, ou seja, um transportador contratual.

Oportuno destacar que, embora pendente de aprovação no Congresso Nacional, o Projeto de Lei nº 1.572, de 2011 – que visa instituir o novo Código Comercial – apresenta um conceito legal para o transportador contratual, até então inexistente no ordenamento jurídico brasileiro, não fazendo qualquer distinção a respeito do local onde referido personagem estaria situado (território nacional ou estrangeiro).

Tal definição está aposta na seção II, artigo 586, do Projeto de Lei nº 1.572/2011.

Com a aprovação do Projeto de Lei supracitado, haverá – possivelmente – redução da insegurança jurídica no tocante à classificação (natureza jurídica) e tributação incidente sobre os serviços prestados por tal personagem do Direito Marítimo.

Assim, devidamente esclarecidos os pontos que norteiam a atividade desempenhada pelo "agente de carga" enquanto emissor do conhecimento de embarque (transportador contratual), passa-se à análise das questões controversas sobre a (não) incidência do ISSQN sobre tal atividade do ponto de vista jurídico.

4 Do Imposto Sobre Serviços de Qualquer Natureza (ISSQN)

Com redação constitucional aposta no artigo 156, inciso III,[22] tem-se que o Imposto Sobre Serviços de Qualquer Natureza perfaz a competência do Distrito Federal e Municípios da Federação Brasileira, aos quais caberão instituí-lo, ressalvados os serviços compreendidos no artigo 155, inciso II,[23] da CRFB/88, mediante definição em lei complementar.

Do texto constitucional, infere-se, pois, a necessidade da definição dos serviços passíveis de tributação pelo ISSQN, por meio da publicação de uma lei complementar.

A espécie normativa vigente para tal finalidade é a Lei Complementar nº 116, de 31 de julho de 2003, cujo artigo 1º define o fato gerador do ISSQN.[24]

---

[22] "Art. 156. Compete aos Municípios instituir impostos sobre: [...] III – serviços de qualquer natureza, não compreendidos no art. 155, II, definidos em lei complementar."

[23] "Art. 155. Compete aos Estados e ao Distrito Federal instituir impostos sobre: [...] II – operações relativas à circulação de mercadorias e sobre prestações de serviços de transporte interestadual e intermunicipal e de comunicação, ainda que as operações e as prestações se iniciem no exterior.

[24] Art. 1º. O Imposto Sobre Serviços de Qualquer Natureza, de competência dos Municípios e do Distrito Federal, tem como fato gerador a prestação de serviços constantes da lista anexa, ainda que esses não se constituam como atividade preponderante do prestador. §1º. O imposto incide também sobre o serviço proveniente do exterior do País ou cuja prestação se tenha iniciado no exterior do País. §2º. Ressalvadas as exceções expressas na lista anexa, os serviços nela mencionados não ficam sujeitos ao Imposto Sobre Operações Relativas à Circulação de Mercadorias e Prestações de Serviços de Transporte Interestadual e Intermunicipal e de Comunicação – ICMS, ainda que sua prestação envolva fornecimento de mercadorias. §3º. O imposto de que trata esta Lei Complementar incide ainda sobre os serviços prestados mediante a utilização de bens e serviços públicos explorados economi-

Com base no artigo supra, extrai-se como fator gerador do ISSQN: (i) a prestação dos serviços constantes na Lei Complementar nº 116/2003, ainda que esses não se constituam como atividade preponderante do prestador; (ii) o serviço proveniente do exterior ou cuja prestação se tenha iniciado no exterior; e (iii) os serviços prestados mediante a utilização de bens e serviços públicos explorados economicamente mediante autorização, permissão ou concessão, com o pagamento de tarifa, preço ou pedágio pelo usuário final do serviço.

Com relação aos demais denominadores da descrição legal abstrata do imposto, destaca-se que, via de regra, o contribuinte é o prestador do serviço (art. 5º da LC nº 116/2003), o sujeito ativo é o município,[25] a base de cálculo é o preço do serviço (art. 7º da LC nº 116/2003) e a alíquota será aquela prevista na lei municipal. Com relação ao espaço e ao tempo da incidência do ISSQN, tem-se, sucessivamente, a extensão territorial do Município (também do Distrito Federal) e o momento da prestação do serviço.

Levando-se em consideração a 'fórmula' capaz de extrair a *expressão mínima e irredutível de manifestação do deôntico, em sentido completo*, doravante denominada Regra-Matriz de Incidência Tributária (RMIT),[26] apresenta-se a norma padrão aplicável ao ISSQN, pautada no modelo constitucional:

Hipótese:
- Critério material: prestar serviços de qualquer natureza, excetuando-se os serviços de transporte interestadual e intermunicipal e de comunicação;
- Critério espacial: âmbito territorial do Município;
- Critério temporal: momento da prestação do serviço.
Consequência:
- Critério pessoal: sujeito ativo: Município; sujeito passivo: prestador do serviço;

---

camente mediante autorização, permissão ou concessão, com o pagamento de tarifa, preço ou pedágio pelo usuário final do serviço. §4º. A incidência do imposto não depende da denominação dada ao serviço prestado."

[25] Destaca-se que por força dos artigos 32, §1º, e 147 da CRFB/88, o Distrito Federal também possui competência para instituir os impostos municipais.

[26] Segundo Paulo de Barros Carvalho, a Regra-Matriz de Incidência Tributária será dotada de um critério material (comportamento de uma pessoa, representado por verbo pessoal e de predicação incompleta, seguido pelo complemento), condicionado no tempo (critério temporal) e no espaço (critério espacial), cuja consequência é representada por um critério pessoal (sujeito ativo e sujeito passivo) e um critério quantitativo (base de cálculo e alíquota).

OSVALDO AGRIPINO DE CASTRO JUNIOR [Coord.]
CONSTITUIÇÃO, TRIBUTAÇÃO E ADUANA NO TRANSPORTE MARÍTIMO E NA ATIVIDADE PORTUÁRIA

- Critério quantitativo: base de cálculo: preço do serviço; alíquota: aquela prevista na legislação do imposto.[27]

A regra supracitada é uma fórmula simplificadora, pautada no texto constitucional, mas não esgota, de modo algum, a gama de liberdades legislativas (obtidas por meio da edição da lei complementar). Isso porque, apesar da CRFB/88 ter utilizado a expressão "Qualquer Natureza", o arquétipo do imposto (referido no artigo 1º da LC nº 116/2003) deixa claro que os serviços sujeitos ao ISSQN são apenas aqueles previstos na lista anexa à lei complementar.[28]

Tal previsão legal gerou grande discussão jurisprudencial, ao passo que se fazia necessário esclarecer a abrangência da própria lista anexa, ou seja, precisava-se delimitar se a mesma seria taxativa ou meramente exemplificativa.

Instado a se manifestar sobre o ponto controvertido, o Supremo Tribunal Federal (STF) se posicionou no sentido de que as categorias de serviços elencadas na lista anexa da LC nº 116/2003 deveriam ser entendidas como taxativas, enquanto que os itens de serviços seriam interpretados como exemplificativos:

CONSTITUCIONAL. TRIBUTÁRIO. ISS. LEI COMPLEMENTAR: LISTA DE SERVIÇOS: CARÁTER TAXATIVO. LEI COMPLEMENTAR 56, DE 1987: SERVIÇOS EXECUTADOS POR INSTITUIÇÕES AUTORIZADAS A FUNCIONAR PELO BANCO CENTRAL: EXCLUSÃO. I. – É taxativa, ou limitativa, e não simplesmente exemplificativa, a lista de serviços anexa à lei complementar, embora comportem interpretação ampla os seus tópicos. Cuida-se, no caso, da lista anexa à Lei Complementar 56/87. II. – Precedentes do Supremo Tribunal Federal. III. – Ilegitimidade da exigência do ISS sobre serviços expressamente excluídos da lista anexa à Lei Complementar 56/87. IV. – RE conhecido e provido.[29]

---

[27] CARVALHO, Paulo de Barros. O conceito de "exportação de serviços" para fins de não incidência do ISSQN. *In*: BRITO, Demes de. *Temas atuais do direito aduaneiro brasileiro e notas sobre o direito internacional*: teoria e prática. 1. ed. São Paulo: IOB, 2012, p. 174.

[28] Importante consignar que desde a vigência da Constituição da República Federativa do Brasil de 1967 até a Constituição da República Federativa do Brasil de 1988, essa lista veio sendo paulatinamente aumentada pelas seguintes normas: (1ª) Decreto-Lei nº 406/68: 29 itens; (2ª) Decreto-Lei nº 834/69: 67 itens; (3ª) Lei Complementar nº 56/87: 100 itens; (4ª) Lei Complementar nº 100/99: acrescentou um novo item à lista criada pela LC nº 56/87; (5ª) Lei Complementar 116/03: redefiniu a lista, que passou a contar com 40 itens e 193 subitens. BRIGAGÃO, Gustavo. Lista de serviços não pode extrapolar seus limites. *Consultor Tributário – CONJUR*. Disponível em: http://www.conjur.com.br/2013-set-25/consultor-tributario-lista-servicos-nao-extrapolar-limites. Acesso em: 02 de julho de 2017.

[29] BRASIL. Supremo Tribunal Federal. Recurso Extraordinário 361.829, 2ª Turma, de 13.12.2005.

Da leitura da ementa acima, é elementar a compreensão de que a administração pública e os contribuintes devem se ater às categorias descritas na lei complementar, notadamente taxativas, com a ressalva de que a denominação do serviço não prevalecerá sobre sua natureza jurídica. Isto é, o nome atribuído (pelo prestador do serviço, pela autoridade administrativa, por lei ou ato infralegal) ao serviço prestado jamais se sobreporá à essência da atividade realizada.

Doutro turno, constata-se que no artigo 2º da LC nº 116/2003 foram enumeradas – expressamente – as hipóteses de não incidência do ISSQN, no intuito de restringir, ainda mais, o campo de incidência tributária do imposto.[30]

Importante ponderar que o artigo 2º, inciso I, da LC nº 116/2003, decorre do permissivo veiculado pelo artigo 156, §3º, inciso II,[31] da CRFB/88, que possibilitou à União Federal a prerrogativa de instituir isenção de tributo que não seja de sua competência. Referida isenção heterônoma, segundo Carvalho, revela que o "legislador constituinte pretendeu preservar o princípio da não oneração das exportações com tributos que possam afetar a inserção comercial brasileira no mercado internacional".[32]

Da dicção do artigo supracitado, compreende-se que serão desonerados do ISSQN os serviços (i) desenvolvidos no exterior, desde que lá produzam resultados (efeito); bem como os serviços (ii) desenvolvidos/executados no Brasil, cujo resultado (efeito) se verifique no exterior. Para fins de delimitação semântica da expressão "resultado", considera-se este a "consequência final do serviço prestado, consistente no proveito que dele decorre". Tendo em vista que a prestação de serviço

---

[30] "Art. 2º O imposto não incide sobre: I – as exportações de serviços para o exterior do País; II – a prestação de serviços em relação de emprego, dos trabalhadores avulsos, dos diretores e membros de conselho consultivo ou de conselho fiscal de sociedades e fundações, bem como dos sócios-gerentes e dos gerentes-delegados; III – o valor intermediado no mercado de títulos e valores mobiliários, o valor dos depósitos bancários, o principal, juros e acréscimos moratórios relativos a operações de crédito realizadas por instituições financeiras. Parágrafo único. Não se enquadram no disposto no inciso I os serviços desenvolvidos no Brasil, cujo resultado aqui se verifique, ainda que o pagamento seja feito por residente no exterior."

[31] "Art. 156. Compete aos Municípios instituir impostos sobre: [...] III – serviços de qualquer natureza, não compreendidos no art. 155, II, definidos em lei complementar. [...] §3º Em relação ao imposto previsto no inciso III do caput deste artigo, cabe à lei complementar: [...] II – excluir da sua incidência exportações de serviços para o exterior." BRASIL. Constituição da República Federativa do Brasil. Disponível em: http://www.planalto.gov.br/ccivil_03/constituicao/ConstituicaoCompilado.htm. Acesso em: 02 abr. 2017.

[32] CARVALHO, Paulo de Barros. O conceito de "exportação de serviços" para fins de não incidência do ISSQN. In: BRITO, Demes de. Temas atuais do direito aduaneiro brasileiro e notas sobre o direito internacional: teoria e prática. 1. ed. São Paulo: IOB, 2012, p. 178.

será uma obrigação de fazer, o resultado será o benefício decorrente da utilidade material ou imaterial desenvolvida.[33]

A esse propósito, Brigagão reforça que o conceito de "resultado" "está diretamente relacionado com o objetivo pretendido pelo seu tomador ao contratá-lo, que certamente não é a execução do serviço em si, mas o benefício dele decorrente. Logo, o resultado do serviço se verificará no local onde ele produza os efeitos que lhes são próprios".[34] A corroborar, Schoueri fundamenta que o local do resultado se descobre com base no lugar em que o serviço trouxe utilidade, vale dizer, pelo lugar onde se necessitou do serviço. Para o autor, o resultado se refere, em especial, à causa do contrato.[35]

Para melhor aclarar o enunciado, apresenta-se um quadro sinótico, por meio do qual se apresentam as variáveis envolvendo o desenvolvimento do serviço e o seu respectivo resultado:

Quadro 1 – Análise de exportação/importação de serviços[36]

Caso	Local em que o serviço é desenvolvido	Local em que se verifica o resultado do serviço	Figura jurídica
1	Território nacional	Território nacional	Prestação interna de serviços
2	Território nacional	Exterior	Exportação de serviços
3	Exterior	Território nacional	Importação de serviços
4	Exterior	Exterior	Exportação de serviços

---

[33] CARVALHO, Paulo de Barros. O conceito de "exportação de serviços" para fins de não incidência do ISSQN. *In*: BRITO, Demes de. *Temas atuais do direito aduaneiro brasileiro e notas sobre o direito internacional*: teoria e prática. 1. ed. São Paulo: IOB, 2012, p. 178.

[34] BRIGAGÃO, Gustavo. ISS não incide sobre exportação de serviços. *Consultor Tributário*. Disponível em: http://www.conjur.com.br/2013-jul-31/consultor-tributario-iss-nao-incide-exportacao-servicos. Acesso em: 02 jul. 2017.

[35] Para Schoueri: "Com efeito, importação e exportação são dois lados de uma mesma moeda, devendo a interpretação de um conceito conduzir necessariamente ao significado diametralmente oposto em relação ao outro, em homenagem à coerência por que deve se pautar o legislador. Descobre-se o local do resultado com base no lugar em que o serviço trouxe utilidade, vale dizer, pelo lugar onde se necessitou do serviço. O resultado refere-se em especial à "causa do contrato". SCHOUERI, Luís Eduardo. ISS sobre a importação de serviços do exterior. *Revista Dialética de Direito Tributário*. São Paulo: Dialética, n. 100, jan. 2004, p. 43.

[36] CARVALHO, Paulo de Barros. O conceito de "exportação de serviços" para fins de não incidência do ISSQN. *In*: BRITO, Demes de. *Temas atuais do direito aduaneiro brasileiro e notas sobre o direito internacional*: teoria e prática. 1. ed. São Paulo: IOB, 2012, p. 178.

A análise dos casos acima apresenta uma limitação, ao menos em linhas gerais, do conceito de exportação de serviços previsto no artigo 2º da LC nº 116/2003, cuja ocorrência não importará na incidência tributária do ISSQN.

Destarte, uma vez apresentada a RMIT sintetizada do ISSQN, bem como a correlata hipótese de não incidência, passa-se à análise do enquadramento (ou não) desse imposto municipal à atividade de transporte contratual de carga, praticada pelo intermediário do comércio exterior comumente denominado pelo mercado de agente de carga.

5 Questões controversas acerca da incidência do ISSQN na atividade do agente de carga

Diante da diversidade de funções e serviços prestados pelos agentes de carga que, não raras vezes, prestam serviços sequer condizentes com a modalidade de agenciamento, é que se propagou a celeuma jurídico-administrativa, de cunho tributário (municipal), sobre qual o item de serviço seria adequado a este prestador de serviço na cadeia logística.

Ao analisar os mais diversos serviços prestados pelo agente de carga, a RFB afirmou na Solução de Consulta nº 257, editada pela Coordenação-Geral de Tributação em 2014, que não se trata de uma espécie de empresa caracterizada por uma atividade particular. Assim, não seria possível identificar um agente de carga apenas, por exemplo, pela descrição de sua razão social ou código CNAE (Classificação Nacional de Atividades Econômica).

Nesse diapasão, passou-se a discutir qual seria o item de serviço descrito na lista anexa da LC nº 116/2003 adequado à função do agente de carga, figura esta, notadamente híbrida. Indo além, passou-se até mesmo a questionar se referido serviço seria passível de tributação municipal em todas as suas combinações, dada a função adotada, muitas vezes *sui generis*.

Diante de tantas incertezas e insegurança jurídica envoltas na temática, uma vez que além da ausência de lei específica, capaz de delimitar o conceito de agente de carga (em observância à acepção de agenciamento determinada pelo Direito Privado), os Tribunais de Justiça que se manifestaram a respeito de sua natureza jurídica e/ou tributação municipal apresentaram entendimentos dissonantes entre si, entendeu-se pela necessidade de se analisar as operações e serviços prestados por tal intermediário de modo fragmentado, caso a caso, tal qual sugerido pela RFB. Desse modo, o presente artigo científico se presta à análise isolada da atividade de NVOCC, comumente praticada pela figura do agente de carga no modal marítimo.

A corroborar com o exposto, transcrevem-se os julgados abaixo, os quais demonstram premissas e conclusões notadamente distintas assumidas pelo Tribunal de Justiça de São Paulo (TJSP) e Tribunal de Justiça de Santa Catarina (TJSC), quanto aos itens de serviços atribuídos ao agente de carga (*latu sensu*):

Tribunal de Justiça de São Paulo
APELAÇÃO – Mandado de Segurança – Preliminares de carência de ação e ausência de direito líquido e certo e inadequação da via processual eleita rejeitadas – Empresa impetrante que explora o mercado de agenciamento internacional de cargas, incluindo a desconsolidação documental – atividades de meio e que não podem ser enquadradas no item 33.01 da Lista Anexa à LC nº 116/03 – Não incidência do ISS – Recurso improvido.[37]

Tribunal de Justiça de Santa Catarina
TRIBUTÁRIO – AÇÃO ANULATÓRIA FISCAL – ISS – LISTA DE SERVIÇOS – AGENCIAMENTO DE TRANSPORTE MARÍTIMO DE CARGAS – ITEM 10.02 DA LISTA DE SERVIÇOS DA LEI COMPLEMENTAR N. 116/03 – SUBSUNÇÃO. O serviço de agenciamento de transporte marítimo de carga não deve ser enquadrado no item 10.06 da lista de serviços da Lei Complementar n. 116/2003, porquanto não tem a mesma essência do agenciamento marítimo. Enquanto neste a agente "atua em nome do armador e contrata os serviços portuários de que necessitam esses navios em águas brasileiras, provendo-lhes todas as necessidades" (REsp n. 792444/RJ, Min. Eliana Calmon), naquele o prestador do serviço agencia o próprio transporte de cargas em nome de seu cliente (o exportador/importador), intermediando a relação entre embarcador e o responsável pelo navio. Esses serviços, portanto, são abrangidos pelo agenciamento latu sensu previsto no item 10.02 da mencionada lista de serviços.[38]

De tal modo, pretende-se indicar, qual seria o item de serviço aplicável a este prestador de serviço, quando este figurar como

---

[37] BRASIL. Tribunal de Justiça de São Paulo. Apelação Cível nº 990.10.188996-0. Comarca: São Paulo. Órgão julgador: 18ª Câmara de Direito Público. Rel. Des. Osvaldo Capraro. Data do julgamento: 19/08/2010.
[38] BRASIL. Tribunal de Justiça de Santa Catarina. Apelação Cível nº 2011.004689-7. Comarca de Itajaí. Rel. Des. Luiz Cézar Medeiros. Data do julgamento: 13.12.2011.

transportador contratual/emissor do conhecimento de embarque, ou até mesmo a possibilidade de não incidência do ISSQN.

Para tanto, será considerada a essência (natureza) do serviço prestado ao invés da nomenclatura que lhe fora atribuída, pois, conforme já demonstrado, a IN RFB nº 800/2007 impôs o conceito de agente de carga a uma figura que, na maioria das vezes, não atua exclusivamente como tal.

Recorda-se, por oportuno, que a faculdade de definição e a limitação de competências tributárias são matérias disciplinadas pela Constituição Federal, portanto, não pode uma lei de caráter infraconstitucional inovar e/ou modificar, por vias oblíquas, a definição, o conteúdo e o alcance dos institutos, conceitos e formas, próprias do direito privado, previstos na CRFB/88.[39]

Por tais motivos, passa-se a analisar a incidência (ou não) do ISSQN para a função de transportador contratual, desempenhada pelo intermediário do transporte marítimo, comercialmente denominado de agente de carga.

6 Do ISSQN (não) incidente sobre os serviços prestados pelo agente de carga como transportador contratual

Conforme já destacado, quando a figura do agente de carga assumir o compromisso de transportar coisa alheia, emitindo, para tanto, um conhecimento de embarque, não estará realizando o serviço de agenciamento na dicção do Código Civil brasileiro, mas sim o serviço de consolidação e transporte contratual de cargas.

Por não possuir navio próprio, referida empresa subcontrata o transporte marítimo com um armador e/ou fretador de navio, assumindo a função internacionalmente reconhecida como *NVOCC*. Quando contratado no Brasil para transportar a mercadoria de outrem para o exterior, ficará incumbido de: (i) unitizar e consolidar a carga que receber do embarcador; (ii) contratar o transportador efetivo; (iii) movimentar a carga de um ponto a outro; (iv) emitir a documentação necessária para a operação; (v) contratar um representante no porto de destino para realizar os tramites locais e entregar a carga àquele que apresentar a via original do conhecimento de embarque etc.

---

[39] ALEXANDRE, Ricardo. *Direito tributário esquematizado*. 7. ed. rev. e atual. Rio de Janeiro: Forense. 2013, p. 246.

Denota-se, pois, que o serviço prestado pelo NVOCC se trata de novel atividade do comércio exterior brasileiro, notadamente *sui generis* e carece de base legal, conforme demonstrado acima. Por esse motivo, o serviço de *NVOCC*, propriamente dito, não fora incluído e/ou previsto na lista anexa da LC nº 116/2003.

Tendo em vista que a citada norma fora classificada como taxativa pelo STF, permitindo-se, apenas, a interpretação extensiva quanto aos itens de serviços idênticos, embora dotados de nomenclatura distinta, o serviço do *NVOCC* não poderia ser tributado pelo ente municipal.

Ao julgar situação análoga, o Superior Tribunal de Justiça (STJ) entendeu pela impossibilidade de se enquadrar a atividade de agenciamento marítimo,[40] por exemplo, àquelas atividades previstas na lista de serviços anexa ao Decreto-Lei nº 406/68, dada à especificidade do serviço prestado.

Nesse viés, compreendeu ser indevida a cobrança do ISSQN sobre agenciamento marítimo até o advento da LC nº 116/2003, quando foi expressamente incluído o serviço (de modo claro e objetivo) no item 10.06:

> TRIBUTÁRIO – ISSQN – AGENCIAMENTO MARÍTIMO E AGENCIA-MENTO, CORRETAGEM OU INTERMEDIAÇÃO NO AFRETAMENTO DE NAVIOS – ILEGALIDADE DA EXIGÊNCIA – ANÁLISE DE VIOLAÇÃO A DISPOSITIVOS CONSTITUCIONAIS: DESCABIMENTO. 1. Descabe ao STJ, em sede de recurso especial, analisar possível ofensa a dispositivos constitucionais. 2. No agenciamento marítimo ou de navios, a empresa de agenciamento atua em nome do armador (responsável pelo navio) e contrata os serviços portuários de que necessitam esses navios em águas brasileiras, provendo-lhes todas as necessidades. Essas funções não estão abrangidas pelos serviços especificados no item 50 da Lista de Serviços anexa ao Decreto-lei 406/68. Precedentes desta Corte (REsp 271.676/RS e REsp 246.082/RJ). 3. Impossibilidade de enquadrar o agenciamento marítimo no mencionado item através de interpretação extensiva porque os serviços previstos na lista não possuem natureza análoga aos serviços questionados. 4. Indevida a cobrança do ISS sobre agenciamento marítimo até o advento da LC 116/2003, quando foi expressamente incluído o serviço no item 10.06. 5. Nos termos do art. 2º da Lei 9.432/97, o contrato de afretamento de navios pode-se dar em três modalidades: a) afretamento a casco nu: contrato em virtude do

---

[40] Sobre a atividade de agenciamento marítimo, necessário esclarecer que a mesma não se confunde – ou ao menos não deveria ser confundida – com a figura do agente de carga, por se tratar de atuações/serviços notavelmente distintos.

qual o afretador tem a posse, o uso e o controle da embarcação, por tempo determinado, incluindo o direito de designar o comandante e a tripulação; b) afretamento por tempo: contrato em virtude do qual o afretador recebe a embarcação armada e tripulada, ou parte dela, para operá-la por tempo determinado; c) afretamento por viagem: contrato em virtude do qual o fretador se obriga a colocar o todo ou parte de uma embarcação, com tripulação, à disposição do afretador para efetuar transporte em uma ou mais viagens. 6. Os contratos de afretamento a casco nu, por natureza, assemelham-se aos contratos de locação e os navios, por força do art. 82 do Código Civil/1916, são considerados bens móveis. Assim, aplicável em tese o item 79 da Lista de Serviços anexa ao Decreto-lei 406/68 (com a redação dada pela LC 56/87), que prevê a incidência de ISS sobre a locação de bens móveis. 7. Entretanto, o STF, no julgamento do RE 116.121-3/SP, declarou incidentalmente a inconstitucionalidade da exigência, restando assentado que a cobrança do ISS sobre locação de bem móvel contraria a Lei Maior e desvirtua institutos de Direito Civil. 8. Os contratos de afretamento por tempo ou por viagem são complexos, não podem ser desmembrados para efeitos fiscais (Precedentes desta Corte) e não são passíveis de tributação pelo ISS porquanto a específica atividade de afretamento não consta da lista anexa ao DL 406/68. Portanto, igualmente não tributável o agenciamento, a corretagem ou a intermediação no afretamento de navios. 9. Recurso especial conhecido em parte e, nessa parte, provido para conceder a segurança.[41]

No mesmo sentido, apresenta-se ementa de julgado proferido pelo Tribunal de Justiça de Santa Catarina (TJSC) acerca da inexigibilidade do ISSQN sobre o serviço de agenciamento marítimo, de Estado com grande movimentação portuária, especialmente de contêineres, enquanto pender de previsão clara e objetiva da atividade na lista anexa à LC nº 116/2003:

APELAÇÃO CÍVEL – MANDADO DE SEGURANÇA – TRIBUTÁRIO – IMPOSTO SOBRE SERVIÇOS DE QUALQUER NATUREZA (ISS) – AGENCIAMENTO MARÍTIMO E INTERMEDIAÇÃO DE CONTRATOS DE TRANSPORTE MARÍTIMO – INEXIGIBILIDADE ATÉ A EDIÇÃO DA LEI COMPLEMENTAR N. 116/2003 – PRECEDENTES – RECURSO E REMESSA DESPROVIDOS. "As atividades exercidas pelas empresas que desempenham as funções de agenciamento marítimo não estavam incluídas no item 50 da Lista de Serviços a que se referem o Decreto-lei n.

---

[41] BRASIL. Superior Tribunal de Justiça. Recurso Especial 792.444/RJ, Rel. Ministra Eliana Calmon, Segunda Turma, julgado em 06/09/2007, DJ 26.09.2007, p. 207.

406/68 e a Lei Complementar n. 56/87, e, portanto, sobre elas não incidia o Imposto Sobre Serviços (REsp n. 271.676/RS, Min. Francisco Peçanha Martins)'."A tributação em questão passou a ser possível somente após a entrada em vigor da Lei Complementar n. 166/2003 – Item 10.06 –, respeitado, porém, o princípio da anterioridade, pois é vedado à União, Estados ou Municípios exigir a cobrança de tributo no mesmo exercício em que foi publicada a lei que o instituiu ou aumentou (CF, art. 150, inc. III, alínea 'b') (ACMS n. 2004.004374-0, de Itajaí)".[42]

Não discrepa de tal entendimento, o Tribunal de Justiça do Espírito Santo (TJES), igualmente atuante em resolução de demandas de tributação municipal incidente sobre atividades desempenhadas no âmbito marítimo e portuário:

EMENTA. PROCESSO CIVIL E TRIBUTÁRIO. ISSQN. AGENCIAMENTO MARÍTIMO OU DE NAVIOS E ATIVIDADE OPERADOR PORTUÁ-RIO/ENTIDADE ESTIVADORA ILEGALIDADE DAS EXIGÊNCIAS. **IMPOSSIBILIDADE DE INTERPRETAÇÃO EXTENSIVA. LISTA TAXATIVA. INDEVIDA A COBRANÇA POR FALTA DE PREVISÃO LEGAL ATÉ O ADVENTO DA LC 116/03.** RECURSO CONHECIDO E DESPROVIDO. SENTENÇA CONFIRMADA. 1. No agenciamento marítimo ou de navios, a empresa de agenciamento atua em nome do armador (responsável pelo navio) e contrata os serviços portuários de que necessitam esses navios em águas brasileiras, provendo-lhes todas as necessidades. Essas funções não estão abrangidas pelos serviços especificados no item 50 da Lista de Serviços anexa ao Decreto-lei 406/68. Precedentes desta Corte (REsp 271.676/RS e REsp 246.082/RJ). 2. Impossibilidade de enquadrar o agenciamento marítimo e serviços de portuária de estiva e desistiva à luz do item 50 da lista anexa ao Decreto-Lei 406/68, haja vista que tais atividades não se enquadram em tal documento normativo, não cabendo interpretação extensiva pois tais serviços não possuem natureza análoga aos serviços questionados. 3. **Indevida a cobrança do ISS sobre agenciamento marítimo até o advento da LC 116/2003, quando foi expressamente incluído o serviço no item 10.06.** 4. Conhecer do recurso de apelação cível para desprovê-lo e quanto à remessa necessária, nada se tem a acrescentar ao julgamento já levado a efeito em razão do recurso voluntário, razão pela qual se confirma a sentença. VISTOS, relatados e discutidos estes autos em que são partes as acima indicadas. ACORDA a egrégia Segunda Câmara Cível, na conformidade da ata e notas taquigráficas que integram este

---

[42] BRASIL. Tribunal de Justiça de Santa Catarina. Apelação Cível em Mandado de Segurança nº 2004.016382-7, de São Francisco do Sul, Rel. Des. Rui Fortes, j. 30/06/2006.

julgado, à unanimidade, conhecer do recurso de apelação cível para desprovê-lo e quanto à Remessa Necessária, nada se tem a acrescentar ao julgamento já levado a efeito em razão do recurso voluntário, razão pela qual se confirma a sentença. [...].[43]

Denota-se que, com a declaração da inexigibilidade do ISSQN ao agenciamento marítimo[44] – até a sua inclusão na lista anexa da LC nº 116/2003 –, a mesma lógica jurídica seria imposta ao serviço *sui generis* do NVOCC, que, igualmente, carece de previsão clara e objetiva na lista anexa à lei complementar federal que dispõe sobre o ISSQN.

Doutra ótica, ainda que se utilizasse a interpretação extensiva para classificar o *NVOCC* como um simples transportador, ainda assim o referido serviço não seria alcançado pela hipótese de incidência do ISSQN, vez que o serviço de "transporte internacional" estaria fora do campo de incidência do imposto. No ponto, convêm destacar que embora não perfaça o objeto deste artigo, o transporte internacional de cargas igualmente não perfaz a hipótese de incidência do Imposto sobre Circulação de Mercadorias e Serviços (ICMS), vez que referido imposto estadual somente incide sobre serviços de transporte interestadual e intermunicipal, não abrangendo aqueles de cunho internacional.

Convém destacar que ao assumir tal função, o "agente de carga" responde como se transportador efetivo o fosse, sobretudo nos casos de inadimplemento do contrato de transporte, em que se verifica, por exemplo, danos à carga,[45] o que corrobora a tese de enquadramento na

---

[43] BRASIL. Tribunal de Justiça do Espírito Santo. Classe: Remessa Ex-officio nº 24119010999, Relator: Álvaro Manoel Rosindo Bourguignon. Relator Substituto: Victor Queiroz Schneider, Órgão julgador: Segunda Câmara Cível, Data de Julgamento: 14.02.2012.

[44] Assim compreendidas pelo CONCLA: *as atividades de atendimento às empresas de navegação tais como o suporte e assessoria aos armadores e afretadores, a liberação da documentação de carga e o atendimento às tripulações e abastecimento de navios.* Comissão Nacional de Classificação. *Classificação nacional das atividades econômicas.* Disponível em: http://www. cnae.ibge.gov.br/subclasse.asp?TabelaBusca=CNAE_200@CNAE 2.0-Subclasses@0@ cnaefiscal@0&codsubclasse=5232-0/00&codclasse=52320&codgrupo=523&CodDivisao=52 &CodSecao=H. Acesso em: 01 jun. 2017.

[45] "PROCESSUAL CIVIL – Indeferimento da denunciação da lide – Impossibilidade de introdução de fundamento novo (eventual dolo ou culpa de terceiro) estranho à causa petendi originária – Agravo retido improvido. INDENIZAÇÃO REGRESSIVA – Transporte naval internacional de mercadorias importadas – Furto ou extravio de parte da carga – Contratação da cláusula "porto a porto" – Responsabilidade da empresa transportadora da carga sem navio (NVOCC) que perdura até a finalização da desconsolidação dos bens – Ilegalidade da cláusula limitativa de responsabilidade – Incidência do principio informador do artigo 51 do CDC – Ressarcimento devido pelo valor das mercadorias desaparecidas – Ação julgada procedente – Recurso improvido". BRASIL. Tribunal de Justiça de São Paulo. *Apelação com Revisão n.º 1051174500.* Relator(a): Correia Lima. Órgão julgador: 20ª Câmara de Direito Privado. Data do julgamento: 13/03/2007. Data de registro: 27/03/2007.

função de transportador internacional e no afastamento da incidência do ISSQN.

Há que se pontuar, ainda, que ao assumir a função de transportador contratual, cujo objetivo é transportar a carga que lhe fora entregue pelo embarcador no Brasil para o exterior, o *NVOCC* acaba por realizar uma verdadeira operação de exportação de serviços.

Tal conclusão decorre da premissa de que o (i) local de desenvolvimento e o (ii) local de resultado (efeito) do serviço prestado se dá no exterior, uma vez que o transporte somente será concretizado/finalizado quando da chegada da mercadoria no porto de destino, momento em que será atingida a sua utilidade.

Assim, tratando-se de transporte internacional de cargas, cujo porto de destino está alocado no exterior, estaremos possivelmente diante de uma exportação de serviços, cuja incidência do ISSQN estará igualmente afastada por força do artigo 2º, inciso I, da LC nº 116/2003, replicado pelas leis complementares municipais.

Tem-se, portanto, que, ao atuar como transportador contratual, referido interveniente do comércio internacional de cargas possui bons argumentos para não se submeter ao recolhimento do imposto municipal – ISSQN, seja porque (i) o serviço de *NVOCC* não está previsto nas mais diversas categorias dispostas da LC nº 116/2003; seja porque (ii) o transporte internacional de cargas não se submete à incidência do referido imposto municipal; ou ainda porque (iii) nas operações em que uma empresa brasileira figurar como tal, transportando mercadoria do Brasil para o exterior, estar-se-ia tratando de exportação de serviço, cuja lei complementar fez questão de afastar da incidência do imposto municipal.

Considerações finais

Com a expansão dos navios porta-contêineres, inviabilizou-se, de certo modo, o transporte de carga solta, dado a ausência de conveniência logístico-econômica aos armadores, surge no âmbito internacional a figura do agente de carga, o qual foi capaz de atender com eficiência e zelo os embarcadores de pequenos lotes, que não mais encontravam facilidades para o transporte de suas mercadorias junto aos armadores, assumindo um nicho de mercado até então vago.

Inserido no contexto do comércio interacional, o agente de carga passou a assumir inúmeras responsabilidades e funções na cadeia logística do transporte marítimo, antes mesmo que a legislação nacional pudesse acompanhar a velocidade com que se desenvolveu e propagou tal interveniente no cenário global, inexistindo, a tempo e a modo, qualquer regulação e/ou previsão legal a respeito de sua função.

Dos atos infralegais existentes, verifica-se que além destes divergirem entre si, referidas normativas também não conseguiram expressar a complexidade das atividades desempenhadas por este intermediário logístico, o qual assume inúmeras funções no comércio internacional de cargas. E pior, denominaram agente de carga uma figura que, na maioria das vezes, não atua como tal, podendo vir a assumir – de modo geral – todas as seguintes funções: transportador contratual; agenciador e/ou representante do transportador contratual estrangeiro; desconsolidador e transitário de carga.

Isso porque, tais empresas, denominadas pelo mercado como agentes de carga *atuam de forma diversa em diferentes situações jurídicas, caracterizando-se, na verdade, como uma empresa de setores separados para cada negócio jurídico firmado.*

Concluiu-se, portanto, que a natureza jurídica do agente de carga, comercialmente adotada no mercado, nem sempre terá o mesmo valor axiológico, devendo ser analisada a função exercida por tais empresas em cada operação.

Tendo em vista a dificuldade de se apontar de modo claro e objetivo a natureza jurídica que abrange as diversas funções prestadas por este intermediário logístico, surgiu concomitantemente a insegurança jurídica tributária. Atualmente, conforme já mencionado, pessoas jurídicas do ramo ficam receosas sobre o enquadramento tributário de seus serviços e a depender do entendimento administrativo-judicial regional aplicado, a carga tributária será bastante diversificada, o que inviabiliza um desenvolvimento equitativo desta atividade econômica no Brasil.

Diversos são os questionamentos que poderão ser realizados pela autoridade autuante e a depender das premissas utilizadas, o item de serviço adotado será distinto e a alíquota, por conseguinte, também o será. Por inexistir uma legislação específica, para sanar as dúvidas a respeito do enquadramento jurídico do agente de carga, tais sociedades empresariais atualmente ficam à mercê daqueles que fixarão e/ou analisarão a tributação e daqueles julgadores que aplicarão seu livre convencimento aos argumentos suscitados pelas partes em eventual lide judicial, cuja oscilação de entendimento nos tribunais de justiça, não raras vezes, é por deveras frequente.

Frente a tal fenômeno, pretendeu-se esclarecer a incidência (ou não) do ISSQN, imposto de competência municipal e distrital, sobre uma das atividades desempenhadas pelo intermediário logístico denominado de "agente de carga", consubstanciada na função de transportador contratual (NVOCC), objetivando-se reduzir a insegurança jurídica tributária em que estão imersos.

Face aos argumentos supracitados e a depender da premissa adotada, é possível concluir que o agente de cargas, enquanto transportador contratual, possui bons argumentos para não se sujeitar ao recolhimento do ISSQN, face à ausência de previsão legal a respeito.

No ponto, convém esclarecer que sob a ótica deste ensaio científico, não pareceu lógico enquadrar uma relação de transporte contratual – notadamente *sui generis* – a um item de serviço de agenciamento qualquer, tão somente porque a IN/RFB nº 800/2007 assim o nomeou.

Não bastasse isso, constatou-se que o transporte internacional de cargas não se submete à incidência do referido imposto municipal e que nas operações em que uma empresa brasileira figurar como tal (*NVOCC*) – transportando mercadoria do Brasil para o exterior – estar-se-ia tratando possivelmente de exportação de serviço, cuja lei complementar fez questão de afastar da incidência do imposto municipal.

Depreende-se, pois, que a análise crítica das particularidades envolvendo a atividade de transportador contratual, atribuída/vinculada à figura do "agente de carga", assim como a análise da possibilidade de não incidência do respectivo imposto municipal àquela atividade (*NVOCC*), contribui para reduzir a insegurança jurídica desse importante operador logístico, possibilitando uma melhor organização financeira e servindo como incentivo para a ampliação do percentual de carga na matriz aquaviária, aumentando a competitividade da economia brasileira.

Referências

ALEXANDRE, Ricardo. *Direito tributário esquematizado*. 7. ed. rev. e atual. Rio de Janeiro: Forense, 2013.

BRASIL. Constituição da República Federativa do Brasil. Disponível em: http://www.planalto.gov.br/ccivil_03/constituicao/ConstituicaoCompilado.htm. Acesso em: 02 abr. 2017.

BRASIL. Instrução Normativa RFB nº 800, de 27 de dezembro de 2007. Disponível em: http://normas.receita.fazenda.gov.br/sijut2consulta/link.action?visao=compilado&idAto=15753. Acesso em: 10 maio 2017.

BRASIL. Lei nº 5.172, de 25 de outubro de 1966. Disponível em: http://www.planalto.gov.br/ccivil_03/leis/L5172.htm. . Acesso em: 02 jul. 2017.

BRASIL. Lei 10.406, de 10 de janeiro de 2002. Institui o Código Civil. Disponível em: http://www.planalto.gov.br/ccivil_03/leis/2002/L10406.htm Acesso em: 04 jan. 2017.

BRASIL. Projeto de Lei nº 1.572, de 2011. Disponível em: http://www.camara.gov.br/proposicoesWeb/prop_mostrarintegra;jsessionid=7CD3838A2E4B10515F27 C6A7E37A580D.proposicoesWebExterno1?codteor=888462&filename=PL+1572/2011. Acesso em: 10 jul. 2017.

BRASIL. Receita Federal do Brasil. Coordenação-Geral de Tributação. Solução de Consulta nº 257 – COSIT. Data 26 de setembro de 2014.

BRASIL. Superior Tribunal de Justiça. Recurso Especial nº 792.444/RJ, Relator(a): Ministra Eliana Calmon, Segunda Turma, julgado em 06/09/2007, DJ 26/09/2007.

BRASIL. Supremo Tribunal Federal. Recurso Extraordinário nº 361.829, 2ª Turma, de 13.12.2005.

BRASIL. Tribunal de Justiça de Santa Catarina. Apelação Cível nº 2004.016382-7. Comarca de São Francisco do Sul, Relator: Des. Rui Fortes, Data do julgamento: 30/06/2006.

BRASIL. Tribunal de Justiça de Santa Catarina. Apelação Cível n. 2011.004689-7. Comarca de Itajaí. Relator: Des. Luiz Cézar Medeiros. Data do julgamento: 13/12/2011.

BRASIL. Tribunal de Justiça do Espírito Santo. Remessa Ex-officio nº 24119010999. Relator: Álvaro Manoel Rosindo Bourguignon. Relator Substituto: Victor Queiroz Schneider, Órgão julgador: Segunda Câmara Cível, Data do Julgamento: 14/02/2012.

BRASIL. Tribunal de Justiça de São Paulo. Apelação com Revisão n.º 1051174500. Relator (a): Correia Lima. Órgão julgador: 20ª Câmara de Direito Privado. Data do julgamento: 13/03/2007. Data de registro: 27/03/2007.

BRASIL. Tribunal de Justiça de São Paulo. Apelação Cível nº 990.10.188996-0. Comarca de São Paulo. Órgão julgador: 18ª Câmara de Direito Público. Relator: Des. Osvaldo Capraro. Data do julgamento: 19 de agosto de 2010.

BRIGAGÃO, Gustavo. *Lista de serviços não pode extrapolar seus limites*. In: Consultor Tributário – CONJUR. Disponível em: http://www.conjur.com.br/2013-set-25/consultor-tributario-lista-servicos-nao-extrapolar-limites. Acesso em: 02 jul. 2017.

CARVALHO, Paulo de Barros. *Curso de direito tributário*. 6. ed. São Paulo: Saraiva, 1993.

CARVALHO, Paulo de Barros. *Direito Tributário*: linguagem e método. 4. ed. São Paulo: Noeses, 2011.

CARVALHO, Paulo de Barros. O conceito de "exportação de serviços" para fins de não incidência do ISSQN. *In*: BRITO, Demes de. *Temas atuais do direito aduaneiro brasileiro e notas sobre o direito internacional*: teoria e prática. 1. ed. São Paulo: IOB, 2012.

Comissão Nacional de Classificação. *Classificação nacional das atividades econômicas*. Disponível em: http://www.cnae.ibge.gov.br/subclasse.asp?TabelaBusca=CNAE_200@ CNAE2.0-Subclasses@0@cnaefiscal@0&codsubclasse=5232-0/00&codclasse=52320&cod grupo=523&CodDivisao=52&CodSecao=H. Acesso em: 01 jun. 2017.

CREMONEZE. Paulo Henrique. *Prática de direito marítimo*: o contrato de transporte marítimo e a responsabilidade civil do transportador. São Paulo: Quartier Latin, 2009.

DA SILVA NETO, Orlando; ROSA, Danielle. O endosso do conhecimento de embarque no transporte marítimo internacional: limites e implicações. *Revista Direito Aduaneiro, Marítimo e Portuário*,. v. 6, n. 36, 2017.

ESCOBAR, José Vicente Guzmán. El agente de carga. *Revista e–Mercatoria*, v. 4, n. 1, 2005.

HOFSTRAND, Don. *Transportation Terms*, 2010. Disponível em: https://www.extension. iastate.edu/agdm/wholefarm/html/c3-06.html. Acesso em: 04 fev. 2017.

KEEDI, Samir. *Transportes e seguros no comércio exterior*. 2. ed. São Paulo: Aduaneiras, 2000.

MARTINS, Eliane M. Octaviano. *Curso de Direito Marítimo*. v. I. 3. ed. ver., ampl. e atual. Barueri: Manole, 2008.

MARTINS, Eliane Maria Octaviano. *Curso de direito marítimo*. V. II. 3. ed. ver., ampl. e atual. Barueri: Manole, 2008.

MOROMIZATO Junior, Fernando. [et al.] *Agente de cargas*. São Paulo: All Print Editora, 2016.

PLATCHEK, Ricardo Moisés de Almeida; TUSSI, Bruno. Siscoserv no serviço de transporte: atuação do agente de carga. *Revista Direito Aduaneiro, Marítimo e Portuário*, v. 4, 2014.

SCHOUERI, Luís Eduardo. *ISS sobre a importação de serviços do exterior*. Revista Dialética de Direito Tributário. São Paulo: Dialética, n. 100, jan. 2004.

Informação bibliográfica deste texto, conforme a NBR 6023:2018 da Associação Brasileira de Normas Técnicas (ABNT):

ROSA, Danielle. Questões controversas acerca da (não) incidência do ISS na atividade prestada pelo agente de carga como transportador contratual. *In*: CASTRO JUNIOR, Osvaldo Agripino de (Coord.). *Constituição, tributação e aduana no transporte marítimo e na atividade portuária*. Belo Horizonte: Fórum, 2021. p. 347-372. ISBN 978-65-5518-002-2.

ASPECTOS POLÊMICOS DO ADICIONAL AO FRETE PARA A RENOVAÇÃO DA MARINHA MERCANTE

CARMEM GRASIELE DA SILVA

Introdução

O propósito do presente trabalho é analisar dois principais aspectos hodiernamente controversos e polêmicos no que se refere ao Adicional ao Frete para Renovação da Marinha Mercante (AFRMM). O primeiro ponto buscará tratar acerca da regularidade da base de cálculo do AFRMM, sendo o segundo, referente à mudança de entendimento da Receita Federal do Brasil, quanto à isenção do AFRMM nas operações de importação marítimas, amparadas sob o Regime Aduaneiro Especial de Drawback Isenção.

O Adicional ao Frete para Renovação da Marinha Mercante (AFRMM) tem como normas principais o Decreto-Lei nº 2.404/1987 e a Lei nº 10.893/2004 e objetiva atender aos encargos da intervenção da União nas atividades de navegação mercante, seja no que se refere ao desenvolvimento da marinha mercante, seja na indústria brasileira de construção e de reparação naval.

Importante observar que no regime constitucional anterior ao de 1988, o Supremo Tribunal Federal (STF) definiu o AFRMM como uma contribuição parafiscal, mas sob a égide da Constituição Federal de 1988 a natureza jurídica do AFRMM passou a ser considerada como contribuição de intervenção no domínio econômico cuja receita é destinada ao apoio no desenvolvimento da marinha mercante e à indústria de construção naval.

Embora as contribuições sociais e de intervenção no domínio econômico tenham previsão taxativa de suas bases de incidência, conforme art. 149 da Constituição Federal de 1988, o fato é que as empresas importadoras têm se deparado com elementos de majoração da base de cálculo do AFRMM.

Por meio de atos infralegais, a Receita Federal do Brasil tem requerido aos contribuintes que incluam na base do AFRMM, para efeitos de cálculo e pagamento, despesas relativas a tarifas portuárias, onerando sobremaneira as operações de importação.

Para a investigação do primeiro aspecto será necessário analisar a natureza jurídica do AFRMM, passando pelo estudo de sua regra-matriz até alcançar a natureza taxativa de sua base de incidência à luz da Constituição Federal e das normas que regem o AFRMM. Ainda que o STF tenha reconhecido a constitucionalidade de referida contribuição, não houve o enfrentamento quanto à base de cálculo.

No que se refere ao segundo aspecto proposto no presente estudo, no caso, a isenção do AFRMM em importações amparadas no Regime Aduaneiro Especial de Drawback Isenção, em que a Receita Federal do Brasil em julho de 2018, por meio da Notícia Siscomex nº 62/2018, orientou os Contribuintes de que apenas seria concedido o benefício para importações de Drawback Suspensão, será necessário tecer algumas considerações acerca do Regime Aduaneiro de Drawback.

Assim, será analisada a sua natureza jurídica, semelhanças e diferenças entre ambas modalidades (isenção e suspensão), o princípio da identidade física entre as mercadorias importadas e exportadas, com base na legislação pátria e com arrimo no entendimento doutrinário e jurisprudencial.

Não menos importante, há que destacar que referido estudo não tem o condão de esgotar a matéria, pois se mostrará ao longo do trabalho a necessária continuidade de sua discussão.

Por fim, o método adotado será o indutivo, operacionalizado pela pesquisa em fontes bibliográficas e jurisprudenciais provenientes de meios físicos ou digitais.

1   Definição e natureza jurídica do AFRMM

Os elementos que comportam a definição e a natureza jurídica do Adicional ao Frete para a Renovação da Marinha Mercante foram enfrentados pelo Supremo Tribunal Federal (STF), em decisão ao Recurso Extraordinário nº 177.137-2, que se tornou um *leading case* da matéria. O debate resultou no entendimento de que o AFRMM trata-se de uma contribuição de intervenção no domínio econômico (Cide), que é cobrado das empresas brasileiras e estrangeiras de navegação que operam em porto brasileiro, de acordo com o conhecimento de embarque e o manifesto de carga, pelo transporte de carga de qualquer natureza, cujo fundamento constitucional é o art. 149 da Constituição da República.[1]

O AFRMM está previsto no art. 1º do Decreto-lei nº 2.404/1987 e o seu disciplinamento consta na Lei nº 10.893/2004, que fora alterada pelas Lei nº 11.434/2006, Lei nº 11.518/2007, Lei nº 12.599/2012 e Lei nº 12.788/2013 e a regulamentação é encontrada no Decreto nº 5.543/2005. No tocante à natureza jurídica do AFRMM, Meira leciona:

> O debate a respeito da determinação da natureza jurídica do AFRMM confunde-se com as discussões acerca da própria definição de tributo e suas espécies. Na verdade, o AFRMM foi introduzido no sistema jurídico brasileiro antes da consolidação de um posicionamento – em termos constitucionais, jurisprudenciais e doutrinários – acerca da natureza jurídica das contribuições. As decisões dos tribunais, especificamente do Supremo Tribunal Federal, sobre essa matéria serviram de respaldo para se fixar o entendimento de que as contribuições não são impostos nem taxas e, posteriormente, para corroborar a tese de que as contribuições são espécie de tributos distintas das demais, com regime jurídico específico.[2]

Em que pese o AFRMM ter sido um dia considerado uma contribuição de natureza parafiscal, uma vez que sua arrecadação, administração e destinação eram de competência da Superintendência Nacional de Marinha Mercante (Sunamam), nos termos do Decreto-lei nº 2.404, de 1987, hodiernamente, é assente que o AFRMM é considerado uma contribuição de intervenção no domínio econômico cuja receita é destinada ao apoio ao desenvolvimento da marinha mercante e à indústria de construção naval, tendo a União recebido a incumbência de sua administração.[3]

---

[1] STF, RE 177137, Relator(a): Min. CARLOS VELLOSO, Tribunal Pleno, julgado em 24.05.1995, *DJ* 18-04-1997 PP-13788 EMENT VOL-01865-05 PP-00925).

[2] MEIRA, Liziane Angelotti. O Adicional ao Frete para Renovação da Marinha Mercante (AFRMM): regime jurídico e questões atuais. *RVMD*, Brasília, v. 5, n. 2, p. 253-278, jul./dez. 2011.

[3] "Art. 3º O AFRMM, instituído pelo art. 1º do Decreto-Lei no 2.404, de 23 de dezembro de 1987, destina-se a atender aos encargos da intervenção da União no apoio ao desenvolvimento

OSVALDO AGRIPINO DE CASTRO JUNIOR [Coord.]
CONSTITUIÇÃO, TRIBUTAÇÃO E ADUANA NO TRANSPORTE MARÍTIMO E NA ATIVIDADE PORTUÁRIA

1.1   A regra-matriz de incidência do AFRMM

Antes da estruturação da norma jurídica que disciplina a incidência do AFRMM no direito brasileiro, cumpre ressaltar que o presente estudo opera-se com a teoria da regra-matriz de incidência tributária de Paulo de Barros Carvalho.[4]

Sem pretender se alongar nas proposições antecedente (hipótese de incidência) e consequente (consequência tributária) da norma jurídica tributária prevista por Paulo de Barros Carvalho,[5] tem-se que a hipótese de incidência é dividida pelos critérios material, tempo e espaço; enquanto que a consequente corresponderá a uma relação jurídica tributária, por meio dos elementos pessoal (sujeitos ativo e passivo) e quantitativo (base de cálculo e alíquota).[6]

Importa, portanto, antes de tratar do foco principal do presente estudo, no caso a base de cálculo do AFRMM, introduzir o critério material, critério de tempo e critério de espaço do AFRMM, e o critério quantitativo, este último que compõe a consequência jurídica.

1.1.1   Critério material

O critério material, previsto na hipótese de incidência da norma jurídica tributária, reflete o comportamento humano e tem em seu núcleo um verbo (pessoal e de predicação incompleta) e um complemento.[7]

No tocante ao verbo e ao complemento, Meira leciona:

> O verbo constante do elemento material do AFRMM é, nos termos dos artigos 4º e 5º da Lei nº 10.893, de 2004, promover o transporte, transportar (via marítima, em regra).
> [...]

---

da marinha mercante e da indústria de construção e reparação naval brasileiras, e constitui fonte básica do FMM.
[...]
§3º A Secretaria da Receita Federal do Brasil expedirá os atos necessários ao exercício da competência a que se refere o §1º. Disponível em http://www.planalto.gov.br/ccivil_03/_Ato2004-2006/2004/Lei/L10.893.htm. Acesso em 03 jan. 2019, às 14:36.

4   CARVALHO, Paulo de Barros. *Teoria da norma tributária*. 4. ed. São Paulo: Max Limonad, 2002, p. 135.

5   CARVALHO, Paulo de Barros. *Direito Tributário*: fundamentos jurídicos da incidência. 2. ed. São Paulo: Saraiva, 1999, p. 59 e ss.

6   MEIRA, Liziane Angelotti. O adicional ao Frete para Renovação da Marinha Mercante (AFRMM): regime jurídico e questões atuais. *RVMD*, Brasília, v. 5, n. 2, p. 253-278, jul./dez. 2011.

7   SEHN, Solon. *Imposto de Importação*. São Paulo: Noeses, 2016, p. 21.

O objeto direto "bens", denotado pelo artigo 5º da Lei nº 10.893, de 2004, como "carga de qualquer natureza" é o complemento do verbo, Cumpre anotar que esses bens não precisam ser estrangeiros e nem de procedência estrangeira.[8]

Nessa linha, impõe observar que o fato gerador do AFRMM é o início efetivo da operação de descarregamento da embarcação em porto brasileiro, a teor do disposto no art. 4º da Lei nº 10.893/2004.[9]

1.1.2 Critério temporal

A respeito do critério temporal, Sehn ensina:

O critério temporal contém a indicação do preciso instante em que se considera ocorrido o evento imponível, o que lhe confere especial relevância no processo de positivação do direito, porquanto é a partir de então que se torna possível a constituição válida do fato jurídico e da relação jurídica tributária.[10]

No AFRMM, o elemento temporal é o momento da descarga do bem no porto, conforme prescreve o *caput* do artigo 4º da Lei nº 10.893, de 2004.

1.1.3 Critério espacial

Para Carvalho, o critério espacial da hipótese de incidência pressupõe referência ao local em que o comportamento humano, consubstanciado no critério material, deve ocorrer para a perfectibilização dos efeitos jurídicos.[11]

Nessa linha, o critério espacial do AFRMM resta conjugado em dois fatores, sendo o primeiro o local onde deve ocorrer o transporte e o segundo, o local onde deve se dar a descarga da mercadoria.

---

[8] MEIRA, Liziane Angelotti. O adicional ao Frete para Renovação da Marinha Mercante (AFRMM): regime jurídico e questões atuais. *RVMD*, Brasília, v. 5, n. 2, p. 253-278, jul./dez. 2011.

[9] "Art. 4º O fato gerador do AFRMM é o início efetivo da operação de descarregamento da embarcação em porto brasileiro."

[10] SEHN, Solon. *Imposto de Importação*. São Paulo: Noeses, 2016, p. 119.

[11] CARVALHO, Paulo de Barros. Curso de direito tributário. 26. ed. São Paulo: Saraiva, 2014, p. 256.

1.1.4 Critério quantitativo

Ensina Sehn que o critério quantitativo prescreve os parâmetros para fins de determinar o montante do crédito tributário devido, sendo constituído pela base de cálculo e pela alíquota.[12]

A base de cálculo do AFRMM está contida no art. 5º da Lei nº 10.893/2004. Assim destaca-se:

> Art. 5º O AFRMM incide sobre o frete, que é a remuneração do transporte aquaviário da carga de qualquer natureza descarregada em porto brasileiro.

O §1º do art. 5º da referida lei conceitua o frete como sendo:

> a remuneração para o transporte da carga porto a porto, incluídas todas as despesas portuárias com a manipulação de carga, constantes do conhecimento de embarque ou da declaração de que trata o §2º do art. 6º desta lei, anteriores e posteriores a esse transporte, e outras despesas de qualquer natureza a ele pertinentes.

Assim, a base de cálculo do AFRMM é o valor da remuneração do transporte aquaviário, que deve constar do conhecimento de embarque, ou, na ausência deste, o valor da remuneração desse serviço declarado pelo contribuinte.

No tocante à alíquota, tem-se que está combinada com a base de cálculo, determinará o valor do tributo. As alíquotas do AFRMM nos termos do art. 5º da Lei nº 10.893/2004 são:

> I – 25% (vinte e cinco por cento) na navegação de longo curso;
> II – 10% (dez por cento) na navegação de cabotagem; e
> III – 40% (quarenta por cento) na navegação fluvial e lacustre, quando do transporte de granéis líquidos nas regiões Norte e Nordeste.

Portanto, a alíquota, no transporte de longo curso nas operações de importação, é de 25%. Além disso, o pagamento deve ser realizado antes da autorização de entrega pela Secretaria da Receita Federal do Brasil.

---

[12] SEHN, Solon. *Imposto de Importação*. São Paulo: Noeses, 2016, p. 141.

1.2 A natureza taxativa da base de cálculo do AFRMM à luz da Constituição Federal

O AFRMM, conforme tratado no item 1, foi instituído pelo Decreto-Lei nº 2.404/87, o qual, diante de inúmeros questionamentos judiciais, foi declarado constitucional pelo STF, que atribuiu ao AFRMM a natureza jurídica de contribuição de intervenção no domínio econômico. A Lei nº 10.893/2004 restou por revogar o Decreto-lei nº 2.404/87 que, em seu art. 5º, definiu a base de cálculo do AFRMM como frete marítimo.[13]

Nesse tocante, em que pese o legislador considerar que o frete marítimo é a remuneração do transporte da carga, que inclui "as despesas portuárias anteriores e posteriores a esse transporte, e outras despesas de qualquer natureza a ele pertinentes", nota-se que sua intenção foi a de somente incluir na base de cálculo do AFRMM as despesas que são inerentes à prestação do serviço de transporte aquaviário.

Referida intenção é evidenciada quando o legislador, de forma expressa, no §1º da Lei nº 10.893/2004 destaca que tais despesas devem constar no conhecimento de embarque, para fins de base de cálculo do AFRMM.

Ademais, nota-se que com o surgimento da Emenda Constitucional nº 33/2001, o art. 149 da Constituição Federal passou a prever que as Contribuições terão como base de cálculo o faturamento, a receita bruta ou o valor da operação e o valor aduaneiro, no caso da importação.[14]

Nesse ponto, tal dispositivo revela clara taxatividade no que se refere à base de cálculo da Cide.

Tendo em vista que o AFRMM se trata de uma Cide, que visa à intervenção na indústria naval brasileira, por meio da incidência sobre o custo do transporte aquaviário, o seu critério quantitativo não poderia se desvincular do estrito custo do transporte, no caso, o frete, sob o risco

---

[13] "Art. 5º O AFRMM incide sobre o frete, que é a remuneração do transporte aquaviário da carga de qualquer natureza descarregada em porto brasileiro.
§1º A remuneração para o transporte da carga porto a porto, incluídas todas as despesas portuárias com a manipulação de carga, constantes do conhecimento de embarque ou da declaração de que trata o §2o do art. 6o desta lei, anteriores e posteriores a esse transporte, e outras despesas de qualquer natureza a ele pertinentes."

[14] "Art. 149 – (...)
2º – As contribuições sociais e de intervenção no domínio econômico de que trata o caput deste artigo: (...)
III – poderão ter alíquotas:
a) ad valorem, tendo por base o faturamento, a receita bruta ou o valor da operação e, no caso de importação, o valor aduaneiro; (...)".

de desvirtuação do seu critério material e a consequente extrapolação do campo constitucional de competência possível de instituição de contribuições de intervenção no domínio econômico.

Nesse sentir, valores que têm como finalidade remunerar os custos com a manutenção da infraestrutura portuária, a exemplo das Taxas de descarga, Taxa de Utilização da Infraestrutura Portuária (TUIP), Taxa de Utilização Portuária (TUP), Capatazia, não remuneram o transporte aquaviário do tributo.

A própria Agência Nacional de Transportes (Antaq), por meio da Resolução Normativa nº 7/2016, define em seu artigo 2º, inciso XXIV, que tarifa portuária trata-se de:

> [...] valor devido à administração do porto organizado relativo à utilização das instalações portuárias ou da infraestrutura portuária, ou à contratação de serviços de sua competência na área do porto organizado;

No tocante à referida definição, denota-se que as taxas de descarga, de Utilização da Infraestrutura Portuária (TUIP) e de Utilização Portuária (TUP) são devidas como contrapartida pelo uso da infraestrutura portuária e pela prestação de serviços de uso comum e não possuem vinculação com a remuneração do transporte de cargas. Mesmo a própria despesa de capatazia não teria finalidade de remunerar o frete, senão a infraestrutura portuária.

Ou seja, as mencionadas taxas e despesas relativas à prestação de serviço de carga e descarga das mercadorias importadas não se prestam a remunerar o transporte aquaviário.

Ao incluir tais taxas na base de cálculo do AFRMM, denota-se clara extrapolação da norma de competência e ofensa direta ao disposto no art. 110 do CTN.

> Art. 110. A lei tributária não pode alterar a definição, o conteúdo e o alcance de institutos, conceitos e formas de direito privado, utilizados, expressa ou implicitamente, pela Constituição Federal, pelas Constituições dos Estados, ou pelas Leis Orgânicas do Distrito Federal ou dos Municípios, para definir ou limitar competências tributárias.[15]

Ademais, os exemplos de taxas que foram mencionados, remuneram o serviço prestado após a atracação da embarcação no porto

---

[15] BRASIL. Decreto-Lei nº 5.172, de 25 de outubro de 1966. Disponível em: http://www.planalto.gov.br/ccivil_03/LEIS/L5172.htm. Acesso em: 03 de jan. 2019.

marítimo, ou seja, trata-se de gasto incorrido em território nacional, sendo totalmente desvinculado do transporte internacional. Outrossim, Filippo e Chaves ensinam:[16]

> Isso porque é inconteste que o constituinte derivado inseriu no art. 149 da CF/1988 as mencionadas bases de cálculo com algum propósito. Entender de mondo contrário, obviamente, vai de encontro com a já consagrada teoria da efetividade das normas constitucional. Dessa forma, qual seria a finalidade da alteração constitucional se o legislador pudesse lhe ignorar, escolhendo a base de cálculo que entendesse melhor? Certamente, não se pode presumir que o Congresso se reuniu para alterar a Constituição – com todas as formalidades que tal ato impõe –, não somente para inserir no Texto algumas 'sugestões' de bases de cálculo. Assim, deve-se concluir que a interpretação que melhor se adapta à Constituição, respeitando, ainda, o labor do Congresso Nacional, aponta para a natureza taxativa das bases de cálculo elencadas na alínea a, do inc. III do §2º do art. 149. Essa é a interpretação que mais respeita a premissa de que todas as normas constitucionais desempenham uma função útil no ordenamento, sendo vedada a exegese que suprima ou diminua a finalidade da norma constitucional.

Sob a análise da base de cálculo do AFRMM Santos[17] interpreta:

> No momento em que o constituinte utilizou o termo valor da operação, obviamente fez referência à operação que dá origem ao fato gerador do tributo, pois, do contrário, se o legislador pudesse utilizar como base de cálculo o valor de qualquer operação, a previsão constitucional não faria qualquer sentido.

Na linha do mesmo raciocínio, Santos conclui:[18]

> Logo, considerando que o fator gerador do AFRMM é o início efetivo da operação de descarregamento, tal como prevê o art. 4º da Lei nº

---

[16] FILIPPO, Luciano Gomes; CHAVES, Matias Gabriel Zerbino. Da inconstitucionalidade da CIDE INCRA: análise do art. 149, §2º, III, A, da CF/1988 e do rol nele previsto. *Revista Tributária e de Finanças Públicas*, v. 104, maio/jun. 2012, p. 59.

[17] SANTOS, Rafael Alves dos. A inconstitucionalidade do Adicional ao Frete para Renovação da Marinha Mercante: A base de cálculo do ARFMM não pode ser a remuneração do transporte aquaviário. Disponível em: https://www.jota.info/opiniao-e-analise/artigos/arfmm-inconstitucionalidade-11072018. Acesso em: 07 jan. 2019.

[18] SANTOS, Rafael Alves dos. A inconstitucionalidade do Adicional ao Frete para Renovação da Marinha Mercante: A base de cálculo do ARFMM não pode ser a remuneração do transporte aquaviário. Disponível em: https://www.jota.info/opiniao-e-analise/artigos/arfmm-inconstitucionalidade-11072018. Acesso em: 07 jan. 2019.

10.893/2004, cremos que sua base de cálculo deveria ser o preço pago pelo descarregando das mercadorias, sendo absolutamente inconstitucional a previsão legal de que a base de cálculo seja a remuneração do transporte aquaviário, haja vista a restrição prevista expressamente no art. 149, §2º, III, "a", da Constituição da República.

Ademais, a majoração da base de cálculo ora discutida, tem sido aplicada por meio de portarias, pela Receita Federal do Brasil, de forma a tentar configurar tarifas previstas no Conhecimento de Embarque, para efeitos do §1º do art. 5º da Lei nº 10.893/2004.

A exemplo de tal prática, destaca-se a Portaria nº 06/2013 da Alfândega da Receita Federal do Brasil no Porto de Vitória:[19]

Das Despesas de Descarga

Art. 21. Os seguintes encargos deverão constar como componentes do frete do Conhecimento Eletrônico (CE) e, caso não constem, deverão ser inseridos, mediante retificação do CE, sem prejuízo de outras previsões de encargos constantes na legislação de regência (art. 77, inciso II, do Decreto nº 6.759, de 2009; art. 4º, inciso II e §3º, da IN SRF nº 327, de 9 de maio de 2003; Ato Declaratório Coana nº 3, de 7 de janeiro de 2000; e Notícia Siscomex (Importação) Coana nº 24, de 16 de maio de 2000):

I – Taxa de Utilização da infraestrutura Portuária (TUIP);

II – Taxa de Utilização Portuária (TUP);

III – Taxa de descarga ou de movimentação da mercadoria;

IV – outras taxas ou despesas, inclusive os de locação de equipamentos para a execução da descarga; e

V – os custos de descarga, ainda que não envolvam pagamento direto a terceiros, na hipótese em que o importador for o permissionário ou concessionário do terminal portuário de descarga, individualmente ou como consorciado, ou ainda atuar como operador da embarcação.

§1º Para efeito deste artigo as expressões taxa, despesa e encargo compreendem quaisquer pagamentos que o importador realize ou deva realizar, direta ou indiretamente, em função da descarga da mercadoria, em benefício do administrador do terminal portuário, operador portuário, transportador marítimo, agência de navegação, da Companhia Docas do Espírito Santo (Codesa) ou de outrem.

§2º O importador deverá apresentar, na DI, planilha das despesas, dos custos e encargos relacionados à descarga da mercadoria a que se refere este artigo.

---

[19] BRASIL. MINISTÉRIO DA FAZENDA. RECEITA FEDERAL DO BRASIL. Portaria nº 6, de 15 de janeiro de 2013. Disponível em: http://www.lex.com.br/legis_24129618_PORTARIA_N_6_DE_15_DE_JANEIRO_DE_2013.aspx. Acesso em: 03 de jan. 2019.

Em que pese o AFRMM ser passível de majoração do seu aspecto quantitativo, tal exação requer previsão legal, nos termos do art. 97 do CTN.

> Art. 97. Somente a lei pode estabelecer:
> [...]
> II – a majoração de tributos, ou sua redução, ressalvado o disposto nos artigos 21, 26, 39, 57 e 65;
> III – a definição do fato gerador da obrigação tributária principal, ressalvado o disposto no inciso I do §3º do artigo 52, e do seu sujeito passivo;
> IV – a fixação de alíquota do tributo e da sua base de cálculo, ressalvado o disposto nos artigos 21, 26, 39, 57 e 65;

A partir dessa perspectiva, entende-se que a Administração Pública não estaria autorizada a utilizar-se de mera portaria para majorar a base de cálculo do AFRMM, por meio da exigência de inclusão no conhecimento de transporte de taxas e outras despesas que não se prestam a remunerar o serviço de transporte aquaviário. Nesse cenário, questiona-se se essa majoração não estaria alargando o conceito de frete e extrapolando o que a Lei nº 10.893/2004 estabelece em relação à hipótese de incidência do AFRMM e impondo aos importadores prejuízos financeiros indevidos sobre suas operações.

Contudo, as controvérsias geradas pela Receita Federal do Brasil no que diz respeito ao AFRMM não se limitam apenas ao alargamento da sua base de cálculo. Em 2018, a Receita Federal surpreendeu as empresas detentoras do Regime de Drawback Isenção ao publicar uma orientação de que não haveria previsão legal para a isenção do AFRMM para o Drawback Modalidade Isenção, alterando de forma contundente seu posicionamento adotado até então, como será discorrido no item seguinte do presente estudo.

2 A mudança de posicionamento da Receita Federal do Brasil quanto ao benefício de Isenção do AFRMM no Regime Aduaneiro Especial de Drawback Isenção

No dia 05.07.2018, a Receita Federal do Brasil, publicou uma orientação aduaneira indicando que o benefício da "suspensão" do Adicional de Frete para Renovação da Marinha Mercante (AFRMM) na importação pode ser aplicado ao CE – Mercante no caso de o Regime

Aduaneiro Especial de Drawback for da modalidade Suspensão, como previsto no art. 14, inc. V, "c", da Lei nº 10.893, de 13 de julho de 2004.[20] Em ato subsequente, por meio da Notícia Siscomex nº 62/2018, a Receita Federal ratificou a alteração:

> Orientamos que para a concessão de benefício de suspensão do AFRMM nos casos de Drawback na importação, deve-se utilizar o código 1101 (Drawback Suspensão), conforme tabela do sistema Mercante. Uma vez comprovado o retorno da mercadoria ao exterior, no mesmo estado ou após processo de industrialização, o benefício de suspensão do AFRMM será convertido, de ofício, em isenção com a informação do código 4400 (Suspensão com Exportação Comprovada), conforme tabela do sistema Mercante. Coordenação-Geral de Administração Aduaneira Receita Federal do Brasil.[21]

Ou seja, segundo a Receita Federal, exceto para o Drawback Suspensão, para as demais modalidades não há previsão legal para a "isenção" do AFRMM, pois, em tese, o material que foi submetido ao Regime Aduaneiro Especial tem que retornar ao exterior após industrializado, e no entendimento do referido órgão, este não seria o caso da modalidade Drawback Isenção.

Trata-se de uma mudança de posicionamento da Receita Federal do Brasil, já que a isenção do pagamento da AFRMM sempre fora concedida para o Drawback Isenção até aquela data.

A fim de analisar com mais detalhe este ponto controverso do AFRMM, especialmente, no sentido de entender se tal mudança tem ou não validade jurídica, importa observar, os principais elementos do

---

[20] Drawback – Modalidades.
O benefício "suspensão" pode ser aplicado ao CE – Mercante no caso do regime aduaneiro especial de Drawback, modalidade suspensão, com base no art. 14, inc. V, "c" da Lei nº 10.893, de 13 de julho de 2004.
Nas demais modalidades (Drawback Isenção e Drawback Restituição) não há previsão legal para a isenção do AFRMM.
Drawback Suspensão – Aplicação
No CE referente à entrada da mercadoria no País, a suspensão do AFRMM é amparada pelo código 1101 – Drawback Suspensão. Após a comprovação da exportação do produto industrializado, a Aduana poderá retificar o código do benefício para 4400 – SUSPENSÃO COM EXPORTAÇÃO COMPROVADA (DRAWBACK). Receita Federal do Brasil. *Drawback*. Disponível em: http://idg.receita.fazenda.gov.br/orientacao/aduaneira/manuais/mercante/topicos/afrmm/copy_of_beneficios/particularidade-das-suspensoes/drawback. Acesso em: 08 de jan. 2019.

[21] Receita Federal do Brasil. Notícia Siscomex Importação nº 62/2018. Disponível em: http://portal.siscomex.gov.br/informativos/noticias/importacao/10-07-2018-noticia-siscomex-importacao-no62-2018. Acesso em: 08 de jan. 2019.

Regime, bem como as diferenças e similitudes entre as modalidades Isenção e Suspensão.

2.1 Definição e natureza jurídica do Regime Aduaneiro Especial de Drawback

De acordo com a Secretaria de Comércio Exterior (Secex), por meio do Departamento do Comércio Exterior (Decex), a aquela vinculado, o Regime Aduaneiro Especial de Drawback, ou simplesmente Drawback, é considerado um instrumento de incentivo às exportações brasileiras, por meio da desoneração de impostos incidentes na importação ou na aquisição de insumos do mercado interno, a serem aplicados no processo produtivo de produtos que agregarão valor para serem exportados. Assim destacam-se os principais aspectos do Regime disciplinados pela própria Secex:

> Criado em 1966, o Regime de Drawback possibilita importações desoneradas de tributos vinculadas a um compromisso de exportação.
> Ao longo do tempo, as modificações na legislação, bem como o aperfeiçoamento das Tecnologias de Informação e Comunicação, possibilitaram a evolução do regime até chegar ao modelo atual de Drawback Integrado que permite, também, a desoneração de tributos na aquisição de insumos no mercado interno.
> Atualmente, há duas modalidades de Drawback Integrado: Suspensão e Isenção. O Regime de Drawback Integrado Suspensão foi instituído em 25 de março de 2010, com base na Lei nº 11.945 de 2009. Já o Drawback Integrado Isenção tem por base a Lei nº 12.350 de 2010.
> Esta cartilha foi concebida com o propósito de apresentar o Drawback Integrado às empresas exportadoras brasileiras e assim promover a melhoria da competitividade de seus produtos no comércio internacional.[22]

Não obstante, tal Regime encontra-se previsto no Decreto-Lei nº 37/66 e estabelece as três modalidades previstas no direito aduaneiro brasileiro: suspensão, isenção e restituição da seguinte forma:

> Art. 78 – Poderá ser concedida, nos termos e condições estabelecidas no regulamento:

---

[22] BRASIL. MINISTÉRIO DA INDÚSTRIA, COMÉRCIO EXTERIOR E SERVIÇOS (MDIC). Cartilha de Drawback. Disponível em: http://www.mdic.gov.br/images/REPOSITORIO/secex/decex/CGEX/Cartilha-2016.pdf. Acesso em: 07 de jan. 2019.

I – restituição, total ou parcial, dos tributos que hajam incidido sobre a importação de mercadoria exportada após beneficiamento, ou utilizada na fabricação, complementação ou acondicionamento de outra exportada; II – suspensão do pagamento dos tributos sobre a importação de mercadoria a ser exportada após beneficiamento, ou destinada à fabricação, complementação ou acondicionamento de outra a ser exportada; III – isenção dos tributos que incidirem sobre importação de mercadoria, em quantidade e qualidade equivalentes à utilizada no beneficiamento, fabricação, complementação ou acondicionamento de produto exportado. (Vide Lei nº 8.402, de 1992)

§1º – A restituição de que trata este artigo poderá ser feita mediante crédito da importância correspondente, a ser ressarcida em importação posterior.

No tocante à natureza jurídica do Regime Drawback, em que pese sua importância para o comércio exterior brasileiro e a econômica do país, são poucos os estudos encontrados na doutrina pátria acerca do tema.

Das pesquisas realizadas, há pelos menos duas correntes de entendimento quanto à natureza jurídica do Regime de Drawback, a começar pela contribuição de Barbieri:

> Nos poucos estudos encontrados sobre a matéria verifica-se que quanto ao "drawback – modalidade isenção" a doutrina é uniforme ao afirmar que se trata efetivamente de uma hipótese de isenção. Entretanto, quanto ao "drawback – modalidade suspensão" não há consenso quanto a sua natureza jurídica.[23]

Araújo e Sartori conceberam o Drawback:

> [...] como incentivo fiscal, instrumentalizado por espécie de isenção, em que há uma norma de estrutura que incide sobre a regra-matriz de incidência dos tributos aduaneiros, mutilando seu critério temporal, com o registro da Declaração de Importação, para o Imposto de Importação. Nessa linha, ainda que ocorra o registro da declaração, não há o nascimento do direito subjetivo do Fisco de exigir o pagamento dos tributos.[24]

---

[23] BARBIERI, Luís Eduardo Garrossino. A natureza jurídica do regime aduaneiro de drawback, In: PEIXOTO, Marcelo Magalhães; SARTORI, Angela; DOMINGO, Luiz Roberto (Coord.). *Tributação aduaneira*: à luz da jurisprudência do CARF: São Paulo: MP, 2013.

[24] ARAÚJO, Ana Clarissa M.S. Araújo; SARTORI, Ângela Sartori. Drawback e o Comércio Exterior: visão jurídica e operacional. São Paulo: Aduaneiras, 2004. p. 72/73.

A concepção das autoras caminha no sentido defendido por Barbieri de que a natureza jurídica do Regime de Drawback será sempre de isenção, independentemente da modalidade:

> Entendemos que, independentemente da sistemática utilizada para a concessão, operacionalização e comprovação das cinco modalidades existentes de drawback – denominadas "suspensão", "suspensão-integrado", "isenção", "isenção-integrado" e "restituição" – a natureza jurídica do regime será sempre de isenção, ou seja, o crédito tributário será excluído, ao fim e ao cabo, pela isenção, exceto no caso do "drawback isenção-integrado" quanto ao IPI, o PIS/PASEP e a Cofins onde teremos uma de redução de alíquota para zero (art. 7º da MP 497/2010).[25]

Em que pese o reconhecimento de que a natureza jurídica do Regime de Drawback Isenção trata-se de isenção condicionada, há que se compreender que a finalidade do Drawback Isenção é a reposição de estoque, sendo que a saída efetiva do produto exportado já fora perfectibilizada e, portanto, devidamente comprovada para alcançar a concessão de tal Regime pelo Decex.

Ou seja, o ato concessório apenas é deferido pelo Decex, mediante o cumprimento do pressuposto legal do Drawback Isenção.[26] Portanto, nem mesmo o reconhecimento da isenção condicionada enquanto natureza jurídica do Drawback Isenção prejudicaria o reconhecimento da isenção do AFRMM para referida modalidade, no presente caso.

De mais a mais, são notórias as semelhanças entre o Drawback Suspensão e o Drawback Isenção, e há correntes que indicam, inclusive, ser o Drawback Suspensão subespécie do Drawback Isenção e que ambos implicam, de um ou de outro modo, a não incidência da regra-matriz dos tributos aduaneiros.[27]

Uma vez alinhados os elementos da definição do Regime de Drawback e suas respectivas modalidades, bem como a sua natureza jurídica, e entender que estes não afetam o direito à isenção do AFRMM

---

[25] BARBIERI, Luís Eduardo Garrossino. A natureza jurídica do regime aduaneiro de drawback, In: PEIXOTO, Marcelo Magalhães; SARTORI, Angela; DOMINGO, Luiz Roberto (Coord.). *Tributação aduaneira*: à luz da jurisprudência do CARF: São Paulo: MP, 2013.

[26] No Drawback Isenção tem-se a ideia de reposição da matéria-prima nacional ou importada, consumida no processo industrial de produtos já exportados, respeitado o limite de dois anos contados a partir da data de aquisição ou importação dos insumos, em quantidade e qualidade equivalentes.

[27] PARISI, Fernanda Drummond. Panorama Atual do Regime Aduaneiro de Drawback, *In*: BRITO, Demes (Coord.). *Questões controversas do Direito Aduaneiro*: São Paulo: IOB, 2014. p. 246.

nas importações do Drawback Isenção, é mister investigar o princípio da vinculação física invocado pela Receita Federal ao Regime de Drawback e analisar se, em razão deste, se poderia decorrer o impedimento da não isenção ora discutida.

2.2 O princípio da vinculação física no Regime de Drawback

A razão para se tratar do princípio da vinculação física no presente estudo é porque a Notícia Siscomex nº 62/2018, vinculada em 10 de julho de 2018, demonstrou que a Receita Federal do Brasil perfilha a esteira de que se faz necessária a comprovação do "retorno da mercadoria ao exterior, no mesmo estado ou após processo de industrialização" e, portanto, tal trâmite apenas seria compatível ao Drawback Suspensão.

Nesse sentido, importa salientar que o princípio da vinculação física, em rigor, se refere à necessária aplicação dos insumos importados sob o amparo do Regime de Drawback, na elaboração do produto final a ser exportado. Na esteira de tal princípio, o detentor do Regime não estaria autorizado a substituir os insumos importados no processo produtivo por outros insumos nacionais equivalentes.

No *leading case* (soda cáustica – Recurso Especial nº 341.285/RS), julgado pelo Superior Tribunal de Justiça (STJ), referida diretriz do princípio da vinculação física, ou da identidade física entre a mercadoria importada e a posteriormente exportada no produto final, para fins de fruição do benefício de drawback, sofreu revés. Assim destaca-se:

TRIBUTÁRIO. IMPORTAÇÃO. DRAWBACK. MODALIDADE SUSPENSÃO. SODA CÁUSTICA IMPORTADA. CELULOSE EXPORTADA. AUSÊNCIA DE IDENTIDADE FÍSICA. DESNECESSIDADE. EQUIVALÊNCIA.
1. Hipótese em que a contribuinte importou soda cáustica para ser utilizada como insumo na produção de celulose a ser posteriormente exportada, no regime de drawback, modalidade suspensão.
2. A empresa adquiriu a soda cáustica também no mercado interno e, por questões de segurança e custo, utilizou indistintamente o produto importado e o nacional na produção da celulose exportada.
3. É incontroverso que a contribuinte cumpriu o compromisso de exportação firmado com a CACEX. Assim, a quantidade de soda cáustica importada foi efetivamente empregada na celulose exportada.

4. Seria desarrazoado exigir que a fábrica mantivesse dois estoques de soda cáustica, um com o produto importado e outro com conteúdo idêntico, porém de procedência nacional, apenas para atender à exigência de identidade física exigida pelo fisco.

5. O objetivo da legislação relativa ao drawback, qual seja a desoneração das exportações e o fomento da balança comercial, independe da identidade física entre o produto fungível importado e aquele empregado no bem exportado. É suficiente a equivalência, o que ocorreu *in casu*, sem que se cogite de fraude ou má-fé.

6. Precedente da Primeira Turma.

7. Recurso Especial não provido. (STJ, Recurso Especial nº 341.285/RS, Relato (a): Min. HERMAN BENJAMIN, Segunda Turma, Julgamento em: 12/05/2009. DJ 25.05.2009).

Extrai-se da decisão o direito à aplicação do denominado princípio da fungibilidade no Regime de Drawback, que em tempo seguinte fora corroborada por meio da Portaria Conjunta RFB/SECEX nº 1.618/2014.

Referida Portaria veio disciplinar a fungibilidade das mercadorias utilizadas no Regime Aduaneiro Especial de Drawback, que alterou a redação da Portaria Conjunta RFB/SECEX nº 467/2010. A partir do advento da norma, o princípio da vinculação física perdeu sua aplicabilidade:

Art. 5º-A Para efeitos de adimplemento do compromisso de exportação no regime de que trata o art. 1º, as mercadorias importadas ou adquiridas no mercado interno com suspensão do pagamento dos tributos incidentes podem ser substituídas por outras, idênticas ou equivalentes, nacionais ou importadas, da mesma espécie, qualidade e quantidade, importadas ou adquiridas no mercado interno sem suspensão do pagamento dos tributos incidentes. Links para os atos mencionados

§1º Poderão ser reconhecidas como equivalentes, em espécie e qualidade, as mercadorias que, cumulativamente: Links para os atos mencionados

I – sejam classificáveis no mesmo código da NCM; Links para os atos mencionados

II – realizem as mesmas funções; Links para os atos mencionados

III – sejam obtidas a partir dos mesmos materiais; Links para os atos mencionados

IV – sejam comercializadas a preços equivalentes; e Links para os atos mencionados

V – possuam as mesmas especificações (dimensões, características e propriedades físicas, entre outras especificações), que as tornem aptas ao emprego ou consumo na industrialização de produto final exportado informado.[28]

Ademais, a Lei nº 12.350/2010, que antecedeu a Portaria em questão, em seu artigo 31 e alterou a redação do artigo 17 da Lei nº 11.774/2008, autorizou o adimplemento do compromisso de exportação nos regimes suspensivo e isenção com a aquisição de produtos importados ou adquiridos no mercado interno.

Art. 32. O art. 17 da Lei no 11.774, de 17 de setembro de 2008, passa a vigorar com a seguinte redação:
"Art. 17. Para efeitos de adimplemento do compromisso de exportação nos regimes aduaneiros suspensivos, destinados à industrialização para exportação, os produtos importados ou adquiridos no mercado interno com suspensão do pagamento dos tributos incidentes podem ser substituídos por outros produtos, nacionais ou importados, da mesma espécie, qualidade e quantidade, importados ou adquiridos no mercado interno sem suspensão do pagamento dos tributos incidentes, nos termos, limites e condições estabelecidos pelo Poder Executivo.
§1º O disposto no caput aplica-se também ao regime aduaneiro de isenção e alíquota zero, nos termos, limites e condições estabelecidos pelo Poder Executivo.
§2º A Secretaria da Receita Federal do Brasil e a Secretaria de Comércio Exterior disciplinarão em ato conjunto o disposto neste artigo." (NR)

Logo, o que se observa na prática é que a Portaria Conjunta RFB/SECEX 1.618/2014, além de ter permitido ao beneficiário do Regime a substituição de mercadorias importadas por outras importadas ou adquiridas no mercado interno, dispensou a necessidade de controle segregado de estoques para comprovar o adimplemento do compromisso, gerando simplificação na operacionalização do Regime de Drawback e permitindo que maior número de empresas possa se utilizar do incentivo em suas operações com o mercado externo.

Nesse tocante, percebe-se que negar ao detentor do Regime de Drawback Isenção a isenção do AFRMM seria caminhar em sentido contrário de pelo menos dois princípios basilares do direito pátrio, a segurança jurídica e o princípio da legalidade.

---

[28] Portaria Conjunta RFB/SECEX 1.618/2014, DE 02 DE SETEMBRO DE 2014. Altera a Portaria Conjunta RFB/Secex nº 467, de 25 de março de 2010, que disciplina o Regime Especial de Drawback Integrado, que suspende o pagamento dos tributos que especifica. Brasília, DF. Disponível em: http://normas.receita.fazenda.gov.br/sijut2consulta/link.action?visao=ano tado&idAto=55744. Acesso em: 08 de jan. 2019.

O primeiro, porque até julho de 2018 as empresas detentoras do Regime de Drawback Isenção sempre puderam isentar o AFRMM incidente em suas operações. A Receita Federal nunca havia até então se posicionado de forma diferente ao tema. É certo que muitas empresas planejaram suas operações de importação de insumos, considerando a não incidência dessa contribuição. Muitas foram surpreendidas diante da atualização do Siscomex carga, momento em que passou não mais a constar o código para isenção de AFRMM para Drawback Isenção.

O segundo, porque a própria vinculação física não resta veiculada direta ou expressamente em nenhuma norma jurídica dirigida ao contribuinte. Porém, mesmo diante da ausência de dispositivo com força de lei, a exigência da identidade física, na prática, auxiliava a Receita Federal na identificação do emprego dos insumos importados, na industrialização, no sentido amplo, do produto a ser exportado.

Conforme a compilação dos dados de Drawback referentes ao mês de julho de 2018, elaborado pela Coordenação – Geral de Exportação e Drawback – CGEX, nos últimos 12 meses, contados a partir de julho de 2018, exato mês em que a Receita Federal não mais concebeu a isenção ao AFRMM para importações sob o amparado do Drawback Isenção, as operações registraram crescimento, conforme se observa na tabela a seguir:[29]

---

[29] O número de empresas beneficiárias do regime de drawback, na modalidade isenção, que importaram, durante os últimos doze meses, foi 577. Desse total, 74,9% das empresas utilizaram o drawback para importações de até US$1 milhão; 17,3% utilizaram o regime especial de drawback para importações entre US$1 e 5 milhões; 4% realizaram, com drawback, importações entre US$5 e 10 milhões; 2,6% das empresas utilizaram o drawback para importações entre US$10 e 50 milhões; 0,9% realizaram, com drawback, importações entre US$50 e 100 milhões; 0,3% realizaram, com drawback, importação acima de US$100 milhões;
Comparativamente aos doze meses anteriores, 495 empresas utilizaram drawback isenção para importar, 73,7% utilizaram o regime especial de drawback para importações de até US$1 milhão; 18,6% importaram na faixa entre US$1 e 5 milhões; 2,8% utilizaram o regime especial de drawback para importações entre US$5 e 10 milhões; 3,8% das empresas utilizaram o drawback para importações entre US$10 e 50 milhões; 0,6% utilizaram o regime especial de drawback para importações entre US$50 e 100 milhões; 0,4% utilizaram o regime especial de drawback para importações acima de US$100 milhões. (BRASIL. MINISTÉRIO DA INDÚSTRIA, COMÉRCIO EXTERIOR E SERVIÇOS, SECRETARIA DE COMÉRCIO EXTERIOR, DEPARTAMENTO DE OPERAÇÕES DE COMÉRCIO EXTERIOR. Dados do drawback suspensão e isenção julho de 2018: Compilação dos dados de drawback referentes ao mês de julho de 2018. Brasília. Disponível em: http://www.mdic.gov.br/images/REPOSITORIO/secex/decex/CGEX/Relatorios_Drawback/201807_final.pdf. Acesso em: 09 de jan. 2019. p. 44.

Tabela 1 – Número de empresas beneficiárias de acordo com a faixa de importação – Drawback Isenção, ao acumulado dos últimos doze meses[30]

Faixa	Ago./2016 a Jul./2017	(%)	Ago./2017 a Jul./2018	(%)
Até US$ 1 milhão	365	73,7	432	74,9
Entre US$ 1 e 5 milhões	92	18.6	100	17,3
Entre USS 5 e 10 milhões	14	2.8	23	4.0
Entre USS 10 e 50 milhões	19	3.8	15	2,6
Entre USS 50 e 100 milhões	3	0.6	5	0.9
Acima de USS 100 milhões	2	0.4	2	0,3
Total	495	100,0	577	100,0

Fonte: SISCOMEX.

A mudança de interpretação da Receita Federal pela incidência do AFRMM nos casos de Drawback Isenção, sem analisar os aspectos legais que norteiam o Regime de Drawback e fazê-lo por meio de Notícia Siscomex, incide em clara incongruência do Fisco, para justificar a arrecadação ao número crescente de empresas que se utilizam do regime e geram riqueza ao país.

Não parece plausível restringir a não incidência do AFRMM apenas para o Drawback Suspensão, até mesmo porque, na interpretação literal do art. 14, inc. V, "c", da Lei nº 10.893, de 13 de julho de 2004, a obrigação quanto ao retorno de mercadoria ao exterior, no caso do Drawback Isenção, já fora consumada em razão da própria natureza desta modalidade.

Na prática, o detentor do regime realiza a reposição de estoques tanto dos insumos importados, quanto daqueles adquiridos no mercado interno e utilizados na industrialização de produto final já exportado.

---

[30] BRASIL. MINISTÉRIO DA INDÚSTRIA, COMÉRCIO EXTERIOR E SERVIÇOS, SECRETARIA DE COMÉRCIO EXTERIOR, DEPARTAMENTO DE OPERAÇÕES DE COMÉRCIO EXTERIOR. Dados do drawback suspensão e isenção julho de 2018: Compilação dos dados de drawback referentes ao mês de julho de 2018. Brasília. Disponível em: http://www.mdic. gov.br/images/REPOSITORIO/secex/decex/CGEX/Relatorios_Drawback/201807_final.pdf. Acesso em: 09 de jan. 2019, p. 45.

Reprisa-se, o deferimento do ato concessório do Drawback Isenção pelo Decex denota que o detentor do Regime cumpriu com os requisitos dessa modalidade, especialmente, efetuou previamente a exportação de produtos que foram industrializados a partir de insumos importados ou adquiridos no mercado interno. Sem essa condição atendida, o contribuinte não poderia usufruir do referido Regime.

A despeito desse cristalino entendimento, a Receita Federal se apega ao verbo "retorno", para justificar o não reconhecimento da isenção do AFRMM para o Drawback Isenção. No entanto, ainda que mero verbo pudesse ser a principal motivação, em detrimento da intenção do legislador, é possível reconhecer que o vocábulo "retorno" também indica o sentido restituição, o que na prática se assemelha com a essência do Drawback Isenção.[31]

Assim, não há falar em incidência do AFRMM para os casos de Drawback Isenção, pois conforme aduzido, a aplicação do princípio da vinculação física, que sequer tem previsão legal, foi evidentemente combatida pelo Judiciário e pelas legislações que amparam o Regime de Drawback.

3   Conclusões

Com base nas considerações expedidas, conclui-se a sucinta análise sobre a base de cálculo do AFRMM à luz da Constituição Federal e da legislação tributária, bem como a polêmica mudança de entendimento da Receita Federal do Brasil no que se refere à não isenção do AFRMM para as operações de importação marítimas amparadas no Regime de Drawback Isenção, sem a intenção de esgotar a discussão.

Verificou-se que, em que pese o STF ter reconhecido a constitucionalidade da cobrança do AFRMM, não houve a abordagem sobre importante aspecto quanto à regularidade da base de cálculo de referida contribuição.

Na prática, a Receita Federal do Brasil publica atos infralegais, com o objetivo de majorar a base de cálculo do AFRMM, a exemplo de portarias expedidas por Alfândegas brasileiras, para requerer a inclusão de tarifas portuárias (TUIP e TUP) que, na verdade, são destinadas a remunerar a infraestrutura portuária, e não possuem qualquer vinculação

---

[31] Ato de trazer ou levar alguém ou algo de volta; devolução, restituição. (MICHAELIS: Dicionário Brasileiro da Língua Portuguesa. Disponível em: https://michaelis.uol.com.br/moderno-portugues/busca/portugues-brasileiro/retorno/. Acesso em: 10 de jan. 2019).

com a remuneração do transporte de aquaviário de cargas. Tais atos normativos contrariam flagrantemente a própria Lei nº 10.893/2004 que dispõe sobre referida contribuição.

Nota-se que a mesma tentativa de aumentar a arrecadação tributária no comércio exterior, por meio do AFRMM pela Receita Federal, ocorreu nas operações de Drawback.

Concluiu-se, quanto a este aspecto, que a mudança de posicionamento da Receita Federal, que utilizou mera Notícia Siscomex para informar aos Contribuintes que não mais reconheceria a isenção nas operações do Drawback Isenção, mostra-se incongruente, ao menos por duas razões.

A primeira, porque a necessidade da aplicação do princípio da não vinculação física da mercadoria em Regime de Drawback já foi superada pela legislação vigente. Na verdade, como se verificou, nunca houve, de fato, dispositivo legal expresso que obrigasse o contribuinte ao cumprimento de tal princípio.

A segunda razão, portanto, é consequência da primeira, visto que a Receita Federal equivoca-se ao interpretar o art. 14, inciso V, da Lei nº 10.893/2004, no sentido de que apenas caberia desoneração do AFRMM para o Drawback Suspensão, uma vez que, com o afastamento do princípio da não vinculação física, não há falar em retorno após o processo de industrialização.

Ou seja, o reconhecimento da aplicação do Drawback Isenção pelo Decex, por meio da concessão do ato concessório, faz com que o Contribuinte atenda previamente o cumprimento dos pressupostos e requisitos dessa modalidade.

Coincidência ou não, o fato é que ambos os aspectos polêmicos do AFRMM, ora discutidos, denotam terem sido deflagrados após o deslocamento da competência de arrecadação e fiscalização do AFRMM para a Receita Federal do Brasil.

Todavia, há que se preservar a devida interpretação das normas aplicáveis, sob pena de violar princípios relevantes de nosso ordenamento jurídico brasileiro, especialmente o princípio da legalidade, uma vez que tanto a tentativa de majorar a base de cálculo do AFRMM, com despesas que não compõem o valor do frete marítimo, quanto ignorar a ineficácia do princípio da identidade física da mercadoria no Regime de Drawback, oneram indevidamente o custo das operações de importação.

Referências

ARAÚJO, Ana Clarissa M. S. Araújo; SARTORI, Ângela Sartori. *Drawback e o Comércio Exterior:* visão jurídica e operacional. São Paulo: Aduaneiras, 2004.

BARBIERI, Luís Eduardo Garrossino. A natureza jurídica do regime aduaneiro de drawback, In: PEIXOTO, Marcelo Magalhães; SARTORI, Angela; DOMINGO, Luiz Roberto (Coord.). *Tributação aduaneira:* à luz da jurisprudência do CARF: São Paulo: MP, 2013.

BRASIL. AGÊNCIA NACIONAL DE TRANSPORTES. Resolução Normativa nº 7, de 31 de maio de 2016. Disponível em: http://pesquisa.in.gov.br/imprensa/jsp/visualiza/index. jsp?data=02/06/2016&jornal=1&pagina=71&totalArquivos=88. Acesso em: 03 de jan. 2019.

BRASIL. MINISTÉRIO DA FAZENDA. RECEITA FEDERAL DO BRASIL. Decreto-lei nº 5.172, de 25 de outubro de 1966. Disponível em: http://www.planalto.gov.br/ccivil_03/ LEIS/L5172.htm. Acesso em: 03 de jan. 2019.

BRASIL. MINISTÉRIO DA FAZENDA. RECEITA FEDERAL DO BRASIL. Decreto-lei nº 2.404, de 23 de dezembro DE 1987. Disponível em: http://www.planalto.gov.br/ccivil_03/ decreto-lei/Del2404.htm. Acesso em: 03 de jan. 2019.

BRASIL. MINISTÉRIO DA FAZENDA. RECEITA FEDERAL DO BRASIL. Decreto nº 5.543, de 20 de setembro de 2005. Disponível em: http://www.planalto.gov.br/ ccivil_03/_Ato2011-2014/2013/Lei/L12788.htm. Acesso em: 09 de jan. 2019.

BRASIL. MINISTÉRIO DA FAZENDA. RECEITA FEDERAL DO BRASIL. Lei nº 10.893 de 13 de julho de 2004. Disponível em: https://www.planalto.gov.br/ccivil_03/_ato2004-2006/2004/lei/l10.893.htm. Acesso em: 08 de jan. 2019.

BRASIL. MINISTÉRIO DA FAZENDA. RECEITA FEDERAL DO BRASIL. Lei nº 11.434, de 28 de dezembro de 2006. Disponível em: http://www.planalto.gov.br/ccivil_03/_Ato2004-2006/2006/Lei/L11434.htm. Acesso em: 08 de jan. 2019.

BRASIL. MINISTÉRIO DA FAZENDA. RECEITA FEDERAL DO BRASIL. Lei nº 11.518, de 05 de setembro de 2007. Disponível em: http://www.planalto.gov.br/ccivil_03/_Ato2007-2010/2007/Lei/L11518.htm. Acesso em: 08 de jan. 2019.

BRASIL. MINISTÉRIO DA FAZENDA. RECEITA FEDERAL DO BRASIL. Lei nº 12.350, de 20 de dezembro de 2010. Disponível em: http://www.planalto.gov.br/ccivil_03/_Ato2007-2010/2010/Lei/L12350.htm. Acesso em: 09 de jan. 2019.

BRASIL. MINISTÉRIO DA FAZENDA. RECEITA FEDERAL DO BRASIL. Lei nº 12.599, de 23 de março de 2012. Disponível em: http://www.planalto.gov.br/ccivil_03/_Ato2011-2014/2012/Lei/L12599.htm. Acesso em: 09 de jan. 2019.

BRASIL. MINISTÉRIO DA FAZENDA. RECEITA FEDERAL DO BRASIL. Lei nº 12.788, de 14 de janeiro de 2013. Disponível em: http://www.planalto.gov.br/ccivil_03/_Ato2011-2014/2013/Lei/L12788.htm. Acesso em: 09 de jan. 2019.

BRASIL. MINISTÉRIO DA FAZENDA. RECEITA FEDERAL DO BRASIL. Notícia Siscomex Importação nº 62/2018. Disponível em: http://portal.siscomex.gov.br/informativos/noticias/ importacao/10-07-2018-noticia-siscomex-importacao-no62-2018. Acesso em: 08 de jan. 2019.

BRASIL. MINISTÉRIO DA FAZENDA. RECEITA FEDERAL DO BRASIL. Portaria Conjunta RFB/SECEX 1.618/2014, de 02 de setembro de 2014. Disponível em: http:// normas.receita.fazenda.gov.br/sijut2consulta/link.action?visao=anotado&idAto=55744. Acesso em: 08 de Jan. 2019.

OSVALDO AGRIPINO DE CASTRO JUNIOR [Coord.]
CONSTITUIÇÃO, TRIBUTAÇÃO E ADUANA NO TRANSPORTE MARÍTIMO E NA ATIVIDADE PORTUÁRIA

BRASIL. MINISTÉRIO DA FAZENDA. RECEITA FEDERAL DO BRASIL. Portaria nº 6, de 15 de janeiro de 2013. Disponível em: http://www.lex.com.br/legis_24129618_PORTARIA_N_6_DE_15_DE_JANEIRO_DE_2013.aspx. Acesso em: 03 de jan. 2019.

BRASIL. MINISTÉRIO DA INDÚSTRIA, COMÉRCIO EXTERIOR E SERVIÇOS (MDIC). Cartilha de Drawback. Disponível em: http://www.mdic.gov.br/images/REPOSITORIO/secex/decex/CGEX/Cartilha-2016.pdf. Acesso em: 07 de jan. 2019.

BRASIL. PLANALTO. Decreto-lei nº 37, de 18 de novembro de 1966. Disponível em: http://www.planalto.gov.br/ccivil_03/decreto-lei/Del0037.htm. Acesso em: 03 de jan. 2019.

BRASIL. Recurso Especial nº 341.285/RS, Relato (a): Min. HERMAN BENJAMIN, Segunda Turma, Julgamento em: 12/05/2009. *DJ* 25.05.2009.

BRASIL. STF. Recurso Extraordinário nº 177137, Relator(a): Min. CARLOS VELLOSO, Tribunal Pleno, Julgamento em: 24/05/1995. *DJ* 18.04.1997.

CARVALHO, Paulo de Barros. Curso de direito tributário. 26. ed. São Paulo: Saraiva, 2014.

CARVALHO, Paulo de Barros. *Direito Tributário*: fundamentos jurídicos da incidência. 2. Ed. São Paulo: Saraiva, 1999.

CARVALHO, Paulo de Barros. *Teoria da norma tributária*. 4. ed. São Paulo: Max Limonad, 2002.

FILIPPO, Luciano Gomes; CHAVES, Matias Gabriel Zerbino. Da inconstitucionalidade da CIDE INCRA: análise do art. 149, §2º, III, A, da CF/1988 e do rol nele previsto. *Revista Tributária e de Finanças Públicas*, v. 104, maio/jun. 2012.

MEIRA, Liziane Angelotti. O Adicional ao Frete para Renovação da Marinha Mercante (AFRMM): regime jurídico e questões atuais. *RVMD*, Brasília, v. 5, n. 2, Brasília, v. 5, nº 2, 2011.

PARISI, Fernanda Drummond. Panorama atual do regime aduaneiro de Drawback. *In*: BRITO, Demes (Coord.). *Questões controversas do Direito Aduaneiro*: São Paulo: IOB, 2014.

SANTOS, Rafael Alves dos. A inconstitucionalidade do Adicional ao Frete para Renovação da Marinha Mercante: a base de cálculo do ARFMM não pode ser a remuneração do transporte aquaviário. Disponível em: https://www.jota.info/opiniao-e-analise/artigos/arfmm-inconstitucionalidade-11072018. Acesso em: 07 jan. 2019.

SEHN, Solon. *Imposto de Importação*. São Paulo: Noeses, 2016.

Informação bibliográfica deste texto, conforme a NBR 6023:2018 da Associação Brasileira de Normas Técnicas (ABNT):

SILVA, Carmem Grasiele da. Aspectos polêmicos do adicional ao frete para a renovação da marinha mercante. *In*: CASTRO JUNIOR, Osvaldo Agripino de (Coord.). *Constituição, tributação e aduana no transporte marítimo e na atividade portuária*. Belo Horizonte: Fórum, 2021. p. 373-396. ISBN 978-65-5518-002-2.

A BASE DE CÁLCULO DO ICMS-IMPORTAÇÃO E A EXCLUSÃO DE DESPESAS PARTICULARES APÓS A CHEGADA DA MERCADORIA IMPORTADA

THÁLIS ANDRADE

Introdução

A atividade de comércio exterior é tradicionalmente regulada pelo poder central em qualquer país. No Brasil, a atividade legislativa está concentrada na União, seja porque é este ente federativo que representa o país na condição de Pessoa Jurídica de Direito Internacional, seja porque a esfera federal detém quase a exclusividade dos tributos incidentes no Comércio Exterior. Isso não obstante, pelo Pacto Federativo assumido pelo Constituinte de 1988, o Imposto sobre Operações relativas à Circulação de Mercadorias e Prestação de Serviços de Transporte Interestadual e Intermunicipal e de Comunicação (doravante ICMS) foi atribuído aos Estados da Federação, podendo assumir alíquotas diferenciadas em cada uma dessas unidades.

Por força da isonomia constitucional, esse tributo foi também erigido como tributo nivelador na atividade de importação de mercadorias, isto é, a carga tributária e a sistemática de cálculo da tributação incidente sobre mercadorias que circulam no âmbito nacional foram também estendidas para mercadorias que são importadas definitivamente e despachadas para consumo em nosso território. Assim, restaria nivelada a carga tributária entre mercadoria importada e sua similar nacional, prestigiando-se o princípio da isonomia tributária (art. 150, inc. II, CF/88), bem como o seu desdobramento regulado pela Cláusula de Tratamento Nacional Tributário (art. III:2, 1ª sentença, GATT/1994).[1]

Contudo, o país tem tido dificuldades de manter a uniformidade de tributação no tocante às alíquotas de ICMS-Importação, o que deflagrou a chamada guerra fiscal, a qual, de certa forma, foi mitigada pela Resolução do Senado Federal nº 13/2012.[2]

No entanto, não só na questão do diferencial de alíquotas reside a problemática da tributação nas importações de mercadorias. No caso do ICMS-Importação, temos também um desconhecimento da legislação internacional que determina os critérios para apuração da base de cálculo dos tributos aduaneiros, cuja metodologia parece extrapolar a razoabilidade no cálculo do montante a ser alvejado pela alíquota estadual ou interestadual.

Diante da necessidade de se aprofundar a discussão do assunto e melhorar o entendimento sobre as exações incidentes nas importações de mercadorias, busca-se aqui destrinchar o efetivo alcance das normas de ICMS-Importação no tocante à apuração de sua base de cálculo, mantendo-se como norte a isonomia que devem guardar em relação às mercadorias nacionais. Nem mais, nem menos.

Para isso, num primeiro momento, será localizada a autorização constitucional para se criar a hipótese de incidência do ICMS, bem como a descrição de sua base de cálculo.

Em seguida, a ideia é destrinchar o conceito de base de cálculo do ICMS-Importação, contrastando a que rege o Acordo de Valoração Aduaneira (AVA) da Organização Mundial do Comércio (OMC). Adiante, será estudado o alcance da expressão "despesas aduaneiras", criada exclusivamente para o ICMS-Importação. Nessa temática, ainda, será explorado o baixo grau de intervenção da autoridade fiscal estadual no procedimento de recolhimento do ICMS incidente sobre mercadoria importada despachada para consumo.

---

[1]   Apesar de o Acordo Geral de Tarifas e Comércio (GATT) ter sido celebrado pelo Brasil em 1947, sendo internalizado àquela ocasião pela Lei nº 313/1948, o GATT ganha uma segunda versão revisitada em 1994, internalizada no Brasil pelo Decreto nº 1.355/1994.

[2]   O Senado Federal, no uso de sua competência constitucional, buscou unificar em 4% a alíquota de ICMS incidente sobre operações interestaduais com mercadorias importadas ou cujo conteúdo de importação fosse superior a 40%. A ideia era que diminuíssemos os conflitos entre Estados com portos movimentados, os quais, buscando incrementar suas respectivas economias locais, davam incentivos de alíquotas de ICMS-Importação unilaterais, de forma a atrair empresas para seus territórios em detrimento da arrecadação pelo efetivo Estado destinatário da mercadoria.

Adiante, será trazido à tona o entendimento das Cortes Estaduais exarado em alguns casos, bem como o posicionamento do Superior Tribunal de Justiça (STJ).

Finalmente, será revisitado todo o arcabouço jurídico levantado para serem apresentadas as conclusões sobre a melhor leitura a respeito da apuração da base de cálculo do ICMS vinculado à Importação, no afã de contribuir para a elevação da qualidade do debate sobre tributos aduaneiros no Brasil.

1 Fundamento constitucional do ICMS-Importação

As origens do ICMS remontam ao antigo Imposto sobre Vendas e Consignações (IVC), criado na égide da Constituição Federal de 1934:

> A receita fundamental dos Estados-Membros, a partir de 1936, quando entrou em execução, no particular, a discriminação de rendas da CF de 1934, foi o imposto de vendas e consignações. A União criara em 1923 (Lei nº 4.625, de 31.12.1922), com o nome 'imposto sobre vendas mercantis, um papel líquido e certo, com força cambial semelhante a das letras de câmbio e promissórias (Lei nº 2.044, de 1908), para facilidade de descontar nos bancos as faturas de vendas dos comerciantes e industriais, quando reconhecidos e assinados pelos compradores (art. 219 do Código Comercial). O Congresso as atendeu e foi instituída a emissão da duplicata da fatura para ser aceita pelos devedores, em troca do imposto de 0,3% (Rs 3$ por conto de réis), não só nas vendas a prazo, mas também nas vendas à vista, registradas em livros próprios. Na época, ficaram conhecidas como 'contas assinadas'.[3]

Baleeiro, ainda destaca que, do ponto de vista econômico, o ICM é o mesmo IVC, que concorria com cerca de ¾ da receita tributária dos Estados-Membros e só diferia do imposto de consumo e do imposto de indústrias e profissões sobre comerciantes e industriais em razão do seu nome jurídico, pois os três atacavam a mesma realidade econômica: a introdução da mercadoria no círculo comercial.[4]

Quando do advento da Constituição Federal de 1946, o legislador constituinte houve por bem isentar do seu pagamento os artigos

---

[3] BALEEIRO, Aliomar, *Direito Tributário Brasileiro*. 11. ed. Rio de Janeiro: Forense. 2010, p. 367.

[4] *Idem Ibidem*, p. 367.

classificáveis como o mínimo indispensável à habitação, vestuário, alimentação e tratamento médico das pessoas de restritos recursos.[5]

Por sua vez, com a Emenda Constitucional nº 18/65, na reforma tributária, modificou-se o fato gerador do tributo, trazendo o imposto ao formato que conhecemos hoje:

> EC nº 18/65, Art. 12. Compete aos Estados o impôsto sôbre operações relativas à circulação de mercadorias (ICM), realizadas por comerciantes, industriais e produtores.
>
> §1º A alíquota do impôsto é uniforme para tôdas as mercadorias, não excedendo, nas operações que as destinem a outro Estado, o limite fixado em resolução do Senado Federal, nos têrmos do disposto em lei complementar.
>
> §2º O impôsto é não-cumulativo, abatendo-se, em cada operação, nos têrmos do disposto em lei complementar, o montante cobrado nas anteriores, pelo mesmo ou por outro Estado, e não incidirá sôbre a venda a varejo, diretamente ao consumidor, de gêneros de primeira necessidade, definidos como tais por ato do Poder Executivo Estadual. [acentuação no original]

Com a promulgação da Constituição Federal de 1988 o imposto expande a sua hipótese de incidência de forma a contemplar alguns serviços, como transporte interestadual, intermunicipal e comunicação, passando da sigla ICM para ICMS:

> CF/88, Art. 155. Compete aos Estados e ao Distrito Federal instituir impostos sobre operações relativas à circulação de mercadorias e sobre prestações de serviços de transporte interestadual e intermunicipal e de comunicação, ainda que as operações e as prestações se iniciem no exterior.

Por extensão do princípio da isonomia e do tratamento nacional, encontramos mais adiante, no inc. IX do §2º do artigo 155, a possibilidade de incidência do ICMS sobre a entrada de mercadoria importada do exterior, ainda quando se tratar de bem destinado a consumo ou ativo fixo do estabelecimento, assim como sobre serviço prestado no exterior, cabendo o imposto ao Estado onde estiver situado o estabelecimento destinatário da mercadoria ou do serviço.

---

[5] Art. 15, inc. II, "§1º da Constituição Federal de 1946: São isentos do imposto de consumo os artigos que a lei classificar como o mínimo indispensável à habitação, vestuário, alimentação e tratamento médico das pessoas de restrita capacidade econômica".

Sob a vigência da redação original do dispositivo, foi então editada a Lei Complementar nº 87, de 13 de setembro de 1996, batizada de "Lei Kandir", em homenagem ao Deputado Antônio Kandir que a propôs. Com a Lei Kandir, o inciso I do §1º do artigo 2º substituiu o inciso II do artigo 1º do Decreto-Lei nº 406, de 31 de dezembro de 1968,[6] para exercer a competência constitucionalmente atribuída aos Estados e determinar a incidência do ICMS sobre as importações de mercadoria importadas do exterior, seja por pessoa física ou jurídica, fixando o desembaraço aduaneiro[7] como momento de sua incidência.

É nessa mesma legislação que se tentou desenhar a base de cálculo do ICMS-Importação, indicando ao mesmo tempo despesas inerentes ao conceito de Valor Aduaneiro e outras despesas que são devidas para se garantir a incidência de um tributo interno sobre o custo de uma mercadoria internalizada no país.

Para melhor entender como está detalhada a base de cálculo do ICMS-Importação, inauguremos o capítulo seguinte.

2 A base de cálculo mista de despesas do ICMS-Importação

A base de cálculo do ICMS-Importação, por se tratar do último tributo da cadeia de exações fiscais incidentes sobre importação de mercadorias, é composta por um agregado de despesas mistas, de caráter público e privado. Isso porque parte delas são devidas a prestadores de serviços privados, como o frete e seguro internacional –normalmente incluídas no próprio conceito de Valor Aduaneiro – e parte composta de

---

[6] Estabelece normas gerais de direito financeiro, aplicáveis aos impostos sobre operações relativas à circulação de mercadorias (ICM) e sobre serviços de qualquer natureza (ISSQN). Art. 1º, inc. II: "O impôsto sôbre operações relativas à circulação de mercadorias tem como fato gerador a entrada, em estabelecimento comercial, industrial ou produtor, de mercadoria importada do exterior pelo titular do estabelecimento". [acentuação no original]

[7] Art. 12, inciso IX da LC nº 87/96. Em 16 de fevereiro de 2002, a redação do fato gerador foi atualizada pela LC nº 114/2002, para dispor sua incidência *"do desembaraço aduaneiro de mercadorias ou bens importados do exterior"*. A mudança veio para se ajustar à nova redação constitucional dada pela Emenda Constitucional nº 33, de 11 de dezembro de 2001, superando-se a Súmula nº 660 do STF. Aliás, foi preciso a edição de nova Lei Complementar (nº 114/2002), para que fosse contemplada no nível infraconstitucional a nova hipótese de incidência da importação, uma vez que o sistema jurídico brasileiro não contempla a figura da constitucionalidade superveniente. STF. Plenário. RE nº 439.796/PR; RE nº 474.267/RS, Rel. Min. Joaquim Barbosa, julgados em 6.11.2013 (repercussão geral) (Informativo STF nº 727)

OSVALDO AGRIPINO DE CASTRO JUNIOR [Coord.]
CONSTITUIÇÃO, TRIBUTAÇÃO E ADUANA NO TRANSPORTE MARÍTIMO E NA ATIVIDADE PORTUÁRIA

despesas devidas ao Estado brasileiro – basicamente tributos. Vejamos, então, cada uma delas.

2.1 Do valor aduaneiro no ICMS-Importação

Comecemos o estudo da base de cálculo do ICMS-Importação resgatando o primeiro tributo da cadeia de exações incidentes na importação: o Imposto de Importação (II). Na sistemática do II (ou Tarifa, como é conhecido no jargão do Comércio Internacional), as Partes Contratantes do GATT/1947 houveram por bem celebrar noções positivas de valor, dentro de um acordo internacional, para definir o que de fato integra a sua base de cálculo. Assim, por ser o primeiro tributo da cadeia sucessiva de exações tributárias incidentes na importação de mercadorias, a base de cálculo do II é totalmente relegada às disposições do AVA,[8] o qual deixa para os membros da OMC, explicitamente, incluir as despesas privadas que integram o conceito de Valor Aduaneiro.[9]

De um modo geral, o AVA usa o princípio da primazia do valor da transação, prestigiando o valor corrente das operações comerciais.[10] Em razão de uma questão de transparência, os governos foram demandados a publicar seus métodos de valoração, permitindo que *traders* estimem, com razoável grau de certeza, o valor das mercadorias para os propósitos aduaneiros.[11]

Em razão das inúmeras variáveis que podem influenciar a determinação do preço e valoração para fins de importação, os seis métodos de valoração aduaneira, bem como os princípios constantes no preâmbulo do AVA se constituem num sistema legal rígido que deveria evitar com que os auditores fiscais promovessem a atribuição de valor de forma arbitrária, ou se utilizassem da valoração com propósitos protecionistas.[12]

---

[8] Internalizado no Brasil pelo Decreto nº 1.355/1994.

[9] O Brasil deixa claro no Regulamento Aduaneiro que optou pela inclusão dessas despesas. Vide Decreto nº 6.759/2009, art. 77: "Integram o valor aduaneiro, independentemente do método de valoração utilizado:
I – o custo de transporte da mercadoria importada até o porto ou o aeroporto alfandegado de descarga ou o ponto de fronteira alfandegado onde devam ser cumpridas as formalidades de entrada no território aduaneiro;
II – os gastos relativos à carga, à descarga e ao manuseio, associados ao transporte da mercadoria importada, até a chegada aos locais referidos no inciso I; e
III – o custo do seguro da mercadoria durante as operações referidas nos incisos I e II."

[10] Artigo VII:4(a) do GATT/1947

[11] Artigo VII:5 do GATT/1947

[12] MACRORY, Patrick; APPLETON, Arthur; PLUMMER, Michael. *The World Trade Organization: legal, economic and political analysis.* vol. I, Springer: United States, 2005, p. 538.

Apesar de não fazer menção explícita ao AVA, a ideia subjacente à Lei Complementar nº 87/96 (Lei Kandir do ICMS) é justamente permitir a inclusão dessas despesas privadas incidentes até a chegada da mercadoria ao país, pois esses valores fazem parte do preço final da mercadoria que vai circular no território aduaneiro nacional. Por essa razão, essas mesmas despesas também fazem parte da base de cálculo do ICMS vinculado à importação, apesar de a Lei Kandir não fazer menção explícita ao conceito de Valor Aduaneiro do AVA. Vejamos:

> LC nº 87/96, Art. 13. [...]
> §1º Integra a base de cálculo do imposto, inclusive na hipótese do inciso V [desembaraço aduaneiro] do caput deste artigo:
> [...]
> II – o valor correspondente a:
> a) seguros, juros e demais importâncias pagas, recebidas ou debitadas, bem como descontos concedidos sob condição;
> b) frete, caso o transporte seja efetuado pelo próprio remetente ou por sua conta e ordem e seja cobrado em separado.

Na verdade, todos esses valores previstos no art. 13, §1º, inc. II, da Lei Kandir fazem parte do AVA,[13] pois esse acordo não permite o abatimento daqueles descontos que condicionem o importador a alguma contraprestação. Ademais, como já dissemos, foi permitido aos membros da OMC optarem pela inclusão ou não de despesas de seguro e frete internacional, além das despesas de descarregamento até o porto ou local de importação no país,[14] tendo o Brasil optado pela sua inclusão.[15]

---

[13] AVA, Art. 1.1(b). "O valor aduaneiro de mercadorias importadas será o valor de transação, isto é, o preço efetivamente pago ou a pagar pelas mercadorias em uma venda para exportação para o país de importação, ajustado de acordo com as disposições do Artigo 8, desde que a venda ou o preço não estejam sujeitos a alguma condição ou contraprestação para a qual não se possa determinar um valor em relação às mercadorias objeto de valoração".

[14] AVA, art. 8.2. "Ao elaborar sua legislação, cada Membro deverá prever a inclusão ou a exclusão, no valor aduaneiro, no todo ou em parte, dos seguintes elementos:
(a) o custo de transporte das mercadorias importadas até o porto ou local de importação;
(b) os gastos relativos ao carregamento, descarregamento e manuseio associados ao transporte das mercadorias importadas até o porto ou local de importação; e,
(c) o custo do seguro"

[15] Decreto nº 6.759/2009 (Regulamento Aduaneiro), "art. 77. Integram o valor aduaneiro, independentemente do método de valoração utilizado:
I – o custo de transporte da mercadoria importada até o porto ou o aeroporto alfandegado de descarga ou o ponto de fronteira alfandegado onde devam ser cumpridas as formalidades de entrada no território aduaneiro;

Entendida a lógica do Valor Aduaneiro, uma das questões importantes sobre o assunto (já praticamente pacificada) se refere à impossibilidade de, no tocante aos tributos federais que invocam diretamente o conceito de Valor Aduaneiro (ex: II, IPI, PIS/PASEP-Importação e COFINS-Importação), serem incluídos os gastos de capatazia, manuseio ou descarregamento de contêineres (THC)[16] no montante do Valor Aduaneiro.

Para entender essas despesas, recorremos ao artigo 40, §1º, inc. I da Lei nº 12.815/2013, o qual define capatazia como:

> Atividade de movimentação de mercadorias nas instalações dentro do porto, compreendendo o recebimento, conferência, transporte interno, abertura de volumes para a conferência aduaneira, manipulação, arrumação e entrega, bem como o carregamento e descarga de embarcações, quando efetuados por aparelhamento portuário.

A inclusão dessa despesa no Valor Aduaneiro foi então promovida pelo artigo 4º, §3º, da IN/SRF nº 327/2003, a qual estabelece que os gastos relativos à descarga da mercadoria do veículo de transporte internacional no território nacional serão incluídos no Valor Aduaneiro, independentemente da responsabilidade pelo ônus financeiro e da denominação adotada.

Apesar da normativa infralegal, a capatazia vinha sendo amplamente considerada como despesa "pós-chegada" da mercadoria no país, razão pela qual a 1ª e 2ª Turmas do STJ, repetidamente, rejeitavam sua inclusão no Valor Aduaneiro.

Entendia a 1ª Turma do STJ:

> TRIBUTÁRIO. AGRAVO INTERNO NO RECURSO ESPECIAL. IMPOSTO DE IMPORTAÇÃO. BASE DE CÁLCULO. VALOR ADUANEIRO. DESPESAS DE CAPATAZIA. INCLUSÃO. IMPOSSIBILIDADE. ART. 4º, §3º, DA IN SRF 327/2003. ILEGALIDADE.
> O Acordo de Valoração Aduaneiro e o Decreto 6.759/2009, ao mencionar os gastos a serem computados no valor aduaneiro, referem-se à despesas com carga, descarga e manuseio das mercadorias importadas até o porto alfandegado. A Instrução Normativa 327/2003, por seu turno,

---

II – os gastos relativos à carga, à descarga e ao manuseio, associados ao transporte da mercadoria importada, até a chegada aos locais referidos no inciso I; e,

III – o custo do seguro da mercadoria durante as operações referidas nos incisos I e II".

[16] *Terminal Handling Charge* (do inglês, custo de manuseio de contêiner)

refere-se a valores relativos à descarga das mercadorias importadas, já no território nacional.

A Instrução Normativa 327/2003 da SRF, ao permitir, em seu artigo 4º, §3º, que se computem os gastos com descarga da mercadoria no território nacional, no valor aduaneiro, desrespeita os limites impostos pelo Acordo de Valoração Aduaneira e pelo Decreto 6.759/09, tendo em vista que a realização de tais procedimentos de movimentação de mercadorias ocorre apenas após a chegada da embarcação, ou seja, após a sua chegada ao porto alfandegado.

Precedentes: AgRg no REsp 1.434.650/CE, Rel. Ministro Herman Benjamin, Segunda Turma, DJe 30/6/2015; REsp 1.239.625/SC, Rel. Ministro Benedito Gonçalves, Primeira Turma, DJe 4/11/2014.

Agravo interno não provido.[17]

Da mesma forma, decidia a 2ª Turma:

Na forma da jurisprudência do STJ, o art. 4º, §3º, da IN/SRF 327/2003, ao incluir os gastos de capatazia, efetuados após a chegada da mercadoria no país importador, na constituição do valor aduaneiro, para fins de cobrança do Imposto de Importação, desbordou de seus limites de regulamentação da legislação federal.

Precedentes: STJ, REsp 1.239.625/SC, Rel. Ministro Benedito Gonçalves, Primeira Turma, DJe de 04/11/2014; AgRg no REsp 1.434.650/CE, Rel. Ministro Herman Benjamin, Segunda Turma, DJe de 30/06/2015; AgInt no REsp 1.566.410/SC, Rel. Ministro Benedito Gonçalves, Primeira Turma, DJe de 27/10/2016; REsp 1.528.204/SC, Rel. p/ acórdão Ministro Mauro Campbell Marques, Segunda Turma, DJe de 19/04/2017.

Os serviços de capatazia encontram lastro normativo constitucional e infraconstitucional idôneo para a incidência de outro imposto, de competência dos Municípios, qual seja, o imposto sobre serviços de qualquer natureza, como se constata por simples leitura do art. 156, III, da CF/88 c/c o item 87 da Lista de Serviços a que se refere o art. 8º do Decreto-lei 406/68, correspondente ao item 20 e subitens 20.01 e 20.02 da Lista de Serviços a que se refere o art. 1º da Lei Complementar 116/2003, que contemplam, como fato gerador do ISSQN, a prestação de serviços de capatazia em portos e aeroportos.

Recurso Especial parcialmente conhecido, e, nessa parte, improvido.[18]

---

[17] STJ, 1ª Turma, AgInt no REsp nº 1.566.410/SC, Rel. Ministro Benedito Gonçalves, julgado em 18.10.2016, *DJe* 27.10.2016.

[18] STJ, 2ª Turma, REsp nº 1.626.971/SC, Rel. Ministra Assusete Magalhães, julgado em 25.04.2017, *DJe* 04.05.2017.

Não obstante a decisão no STJ ser praticamente unânime, restava apenas o voto do Min. Francisco Falcão que chegou em 2018 à Corte e entendia de forma até então isolada pela inclusão destas despesas no valor aduaneiro. Com a nova composição, o STJ revisitou o assunto agora sob a sistemática de recursos repetitivos (Tema 1.014) de março de 2020, e reverteu a posição que prevalecia no STJ para fixar a tese de que "os serviços de capatazia estão incluídos na composição do valor aduaneiro e integram a base de cálculo do Imposto de Importação".[19]

A reviravolta na jurisprudência das Turmas do STJ bem demonstra que a despesa de capatazia/THC, apesar de ser uma remuneração devida a prestador de serviço privado (ou seja, que não é devida ao Estado), era majoritariamente entendida como despesa incidente sobre serviço prestado após a chegada ao primeiro ponto alfandegado do país importador. Por essa razão, sua inclusão pela atual jurisprudência contraria a lógica do AVA, o qual buscou prever na apuração da base de cálculo a inclusão de despesas somente até a chegada da mercadoria no primeiro ponto alfandegado do país de destino, o que logicamente não deveria incluir o custo de um serviço privado totalmente prestado no destino.

Em outras palavras, a inserção dessa despesa no conceito de Valor Aduaneiro equivaleria a dizer que a inclusão de custos de armazenagem no país importador, custos de desova de contêiner, ou ainda, de movimentação das mercadorias importadas na zona primária, também seriam devidas. Ora, todas elas se tratam de despesas que ocorrem depois da chegada da mercadoria no porto, tenha ou não ainda havido o seu desembaraço.

Aliás, nos novos sistemas de importação como a DU-IMP (Declaração Única da Importação), o governo vem trabalhando justamente na desburocratização das operações de importação, com vistas a se universalizar o "despacho sobre águas"[20] para qualquer importador, de modo que todas as incidências tributárias de importação (inclusive o ICMS-Importação) já tenham sido debitadas antes da chegada da mercadoria no país.

---

[19] STJ, 1ª Seção, REsp nº 1.799.306, 1.799.308 e 1.799.309, Rel. p/ acórdão Francisco Falcão, julgado em 11.03.2020, *DJe* 19.05.2020.

[20] Conforme atualização da IN/RFB nº 1.759/17 e Portaria COANA nº 85/17, o "despacho sobre águas", de modo geral, é aquele em que se permite o registro da Declaração de Importação antes da chegada da mercadoria ao território brasileiro, isto é, sem vinculação com a presença de carga por um depositário.

Como haveria de se presumir o valor de despesas privadas futuras que nem sequer ocorreram, a exemplo das despesas de descarregamento? Pior, como se cogitaria da inclusão dessas despesas privadas na base de cálculo de tributos se os serviços ainda não foram prestados? A conclusão é uma só. As despesas privadas que entram no conceito de Valor Aduaneiro possuem como corte temporal no fluxo da importação a chegada do veículo transportador no primeiro ponto alfandegado do país de destino, só podendo haver inclusão das despesas privadas incidentes até esse momento determinado.

2.2 Das despesas aduaneiras no ICMS-Importação

Como já dissemos, apesar de a legislação não ter feito referência ao já consagrado conceito de Valor Aduaneiro, a intenção do legislador federal foi de inserir as mesmas despesas na base de cálculo do ICMS-Importação, tais como o frete e o seguro internacional.

No entanto, como o ICMS-Importação é o último tributo da cadeia de exações fiscais sobre a importação de mercadorias, sua incidência ocorre apenas quando do encerramento do despacho aduaneiro de importação de mercadorias para consumo, isto é, o desembaraço aduaneiro.

Por sua vez, seu pagamento é feito quando da entrega da mercadoria nacionalizada efetivamente[21] (desembaraçada), deixando-se a cargo de Auditores Fiscais da Secretaria Especial da Receita Federal do Brasil exigir a emissão de Nota Fiscal de Entrada e recolhimento do ICMS respectivo. Assim, a cobrança passa ao largo dos Auditores Fiscais dos Estados, não havendo análise alguma sobre o mérito da cobrança do ICMS-Importação pelo órgão aduaneiro, uma vez que a Receita Federal não pode promover o controle de mérito do tributo (isto é, sobre o montante a pagar), mas somente exigir o cumprimento da emissão da Nota Fiscal (obrigação acessória) como condição para a entrega da mercadoria.[22]

---

[21] Esse é o entendimento expresso na Súmula Vinculante nº 48, que resultou da conversão da Súmula nº 661, ambas do STF: "Na entrada de mercadoria importada do exterior, é legítima a cobrança do ICMS por ocasião do desembaraço aduaneiro".

[22] IN/SRF nº 680/2006. "Art. 52. O importador deverá apresentar, por meio de transação própria no Siscomex, declaração sobre o ICMS devido no desembaraço aduaneiro da mercadoria submetida a despacho de importação.
§1º A declaração de que trata o caput deverá ser efetivada após o registro da DI e constitui condição para a autorização de entrega da mercadoria desembaraçada ao importador.
§2º Na hipótese de exoneração do pagamento do ICMS, nos termos da legislação estadual aplicável, o importador deverá indicar essa condição na declaração.

Essa é uma das possíveis razões pelas quais não se vê muita discussão a respeito da exatidão da apuração da base de cálculo do ICMS-Importação, pois, de certa forma, o contribuinte importador fica refém do pagamento do ICMS-Importação para conseguir receber a mercadoria importada, porquanto o fato gerador temporal foi antecipado para a entrega de mercadoria após o desembaraço aduaneiro.

Aliás, a inércia do Fisco Estadual foi justamente um dos motivos para edição da Súmula nº 661, como se extrai do trecho do voto condutor do precedente que embasou esse entendimento:

> Desnecessário muito esforço interpretativo para concluir-se que a necessidade de definição do Estado competente para a exigência do ICMS decorreu da alteração introduzida quanto ao elemento temporal referido ao fato gerador do tributo, que na hipótese em tela deixou de ser o momento da entrada da mercadoria no estabelecimento do importador, para ser o do recebimento da mercadoria importada.
>
> [...]
>
> Antecipado o elemento temporal para o momento do recebimento da mercadoria, vale dizer, do desembaraço, fez-se ela necessária, tendo em vista que a entrada da mercadoria, não raro, se dá em terminal portuário ou aéreo situado fora dos limites do Estado de destino da mercadoria. *Consagrou a nova Carta, portanto, finalmente, a pretensão, de há muito perseguida pelos Estados, de verem condicionado o desembaraço da mercadoria ou do bem importado ao recolhimento, não apenas dos tributos federais, mas também do ICMS incidente sobre a operação. O benefício decorrente da medida*

---

§3º Entende-se por exoneração do pagamento do ICMS, referida no §2º, qualquer hipótese de dispensa do recolhimento do imposto no momento do desembaraço da mercadoria, compreendendo os casos de exoneração, compensação, diferimento, sistema especial de pagamento, ou de qualquer outra *situação estabelecida na respectiva legislação estadual.*
§4º Os dados da declaração de que trata este artigo serão fornecidos pela SRF à Secretaria de Estado da Unidade da Federação indicada na declaração, pelo importador, com base no respectivo convênio para intercâmbio de informações de interesse fiscal.
§5º O importador deverá apresentar o comprovante de pagamento do ICMS, ou documento de efeito equivalente, previamente ao desembaraço aduaneiro no despacho para consumo de bens anteriormente ingressados no País sob regime aduaneiro especial que já lhe tenham sido entregues. (Incluído(a) pelo(a) Instrução Normativa RFB nº 1759, de 13 de novembro de 2017)
Art. 53. O cálculo do ICMS e o pagamento correspondente, ou a solicitação de sua exoneração, poderão ser feitos por meio do módulo "Pagamento Centralizado", do Portal Único de Comércio Exterior, à medida que forem implantadas suas funcionalidades, hipótese em que o importador ficará dispensado de apresentar a declaração a que se refere o art. 52. (Redação dada pelo(a) Instrução Normativa RFB nº 1813, de 13 de julho de 2018)
Parágrafo único. A utilização do módulo "Pagamento Centralizado" para efetuar o pagamento do ICMS, ou para obter sua exoneração, dispensa o importador da obrigação de apresentar o respectivo comprovante ou documento equivalente. (Incluído(a) pelo(a) Instrução Normativa RFB nº 1813, de 13 de julho de 2018)"

salta à vista: reduzir praticamente a zero a sonegação, com simultânea redução do esforço de fiscalização, sem gravame maior para o contribuinte.[23] [grifou-se]

Além das despesas privadas anteriormente mencionadas, a Lei Kandir dispõe sobre a adição de despesas aduaneiras, especialmente tributos, na base de cálculo do ICMS-Importação. Isso porque o seu art. 13, inc. V, prescreve que a apuração da base de cálculo nas importações de mercadorias se constitui pela somatória das seguintes despesas:

LC nº 87/96, Art. 13. A base de cálculo do imposto é:
[...]
V – na hipótese do inciso IX do art. 12 [desembaraço aduaneiro], a soma das seguintes parcelas:
a) o valor da mercadoria ou bem constante dos documentos de importação, observado o disposto no art. 14 [câmbio na data do registro da DI];
b) imposto de importação;
c) imposto sobre produtos industrializados;
d) imposto sobre operações de câmbio;
e) quaisquer outros impostos, taxas, contribuições e *despesas aduaneiras*;
[grifou-se]

Primeiramente, portanto, para que a mercadoria importada seja colocada em "pé de igualdade" com a tributação de ICMS incidente na circulação de mercadoria nacional, a lei complementar federal identificou a inserção do custo de alguns impostos, como II, IPI, IOF.

Em segundo lugar, a lei determinou que as taxas pagas pela operação também fossem acrescentadas à base de cálculo, ou seja, taxas pelo uso de sistemas de importação – como a Taxa de Utilização do Siscomex e a Taxa de Utilização do Sistema Mercante, nesse último caso, quando houver AFRMM a pagar.

Em terceiro lugar, a lei determinou que contribuições incidentes na importação também fizessem parte desse montante tributável. A prática adotada, portanto, tem sido a inserção da Contribuição para Seguridade Social da PIS/Pasep-Importação e Cofins-Importação, as quais só surgiram depois da Lei nº 10.865/2004, isto é, depois da própria edição da Lei Kandir e as alterações da LC nº 114/2002. No conceito de contribuições ainda cabem despesas decorrentes do pagamento

---

[23] STF, RE nº 193.817, voto do Rel. Min. Ilmar Galvão, julgado em 23.10.96, publicado em 10.8.01.

de Contribuições de Intervenção no Domínio Econômico como a Cide-Combustíveis na Importação e o AFRMM.

Em quarto lugar, além dos tributos e despesas aduaneiras naturalmente inseridas na importação, a legislação ainda determinou expressamente a inclusão do próprio ICMS incidente na operação (cálculo "por dentro"):

> LC nº 87/96, Art. 13. [...] §1º, inc. I: Integra a base de cálculo do imposto, inclusive na hipótese do inciso V [desembaraço aduaneiro] do caput deste artigo o montante do próprio imposto, constituindo o respectivo destaque mera indicação para fins de controle.

Apesar da metodologia esdrúxula de cálculo – que inclusive foi abandonada na proposta do governo para a Contribuição sobre Bens e Serviços[24] –, a nosso ver a sistemática "por dentro" deve ser observada na importação tão somente pelo fato de que ela foi considerada legítima quando do cálculo do ICMS incidente sobre vendas do mercado interno, garantindo-se, assim, isonomia e neutralidade tributária. Portanto, apesar dessa sistemática não ser corriqueira em outros países, o plenário do STF ratificou em maio de 2011, por maioria de votos, uma jurisprudência já firmada em 1999, quando do julgamento do Recurso Extraordinário nº 212.209. Segundo esta, é constitucional a inclusão do valor do ICMS na sua própria base de cálculo.

Em novo julgado, agora no Recurso Extraordinário nº 582.461, decidiu-se que a inclusão do valor do ICMS na própria base de cálculo do tributo – também denominado "cálculo por dentro" – não configura dupla tributação nem afronta o princípio constitucional da não cumulatividade. Aliás, o art. 155, §2º, inc. XII, "i" da CF/88, incluído pela EC nº 33/01, determina expressamente essa metodologia de cálculo nas importações, ao prescrever que cabe à lei complementar "fixar a base de cálculo, de modo que o montante do imposto a integre, também na importação do exterior de bem, mercadoria ou serviço".

Portanto, por uma questão de isonomia, é justo que essa sistemática de cálculo "por dentro" seja reproduzida tanto no ICMS mercado interno como no ICMS-Importação. Vale transcrever do RE nº 582.461/SP:

> [...] se o texto [da LC nº 87/96] dispõe que o ICMS deve ser calculado com o montante do imposto inserido em sua própria base de cálculo

---

[24] De acordo com o art. 7º, § único do Projeto de Lei nº 3.887/2020, não integra a base de cálculo da CBS o valor de ICMS, ISS, descontos incondicionais e a própria CBS.

também na importação de bens, naturalmente a interpretação que há de ser feita é que o imposto já era calculado dessa forma em relação às operações internas. Com a alteração constitucional a Lei Complementar ficou autorizada a dar tratamento isonômico na determinação da base de cálculo entre as operações ou prestações internas com as importações do exterior, de modo que o ICMS será calculado "por dentro" em ambos os casos.[25]

Por fim, a despesa que tem fomentado os maiores debates se refere ao alcance da expressão "despesas aduaneiras" também previsto na Lei Kandir. Ao inserir essa expressão aberta, o legislador complementar federal permitiu que os Estados incluíssem outras despesas que não sejam tributos, isto é, multas, juros a pagar aos cofres públicos, ou ainda, direitos de defesa comercial incidentes na operação, como medidas *antidumping*.

Ao interpretar o vocábulo "aduana", entendemos que se trata de substantivo, que se confunde com o nome do próprio órgão fiscalizador (Receita Federal), e com o local onde se processam os despachos de importação e exportação.[26]

Por decorrência lógica, "despesas aduaneiras" são aquelas devidas ao Estado, mais especificamente em virtude do processamento do despacho aduaneiro de importação, não cabendo qualquer extensão interpretativa sobre seu conceito.

Isso não obstante, alguns fiscos estaduais parecem ter deturpado a expressão, pois ampliaram a base de cálculo do ICMS-Importação pela via de convênio. Sob a justificativa de interpretar quais serviços privados estariam inseridos na expressão "despesas aduaneiras", os Estados buscaram fazer incidir uma ampla gama de despesas privadas pós-chegada da mercadoria, quando seu inteligível entendimento se refere exclusivamente a despesas devidas ao órgão fiscalizador do despacho, isto é, à Receita Federal do Brasil.

Essa ampliação obtusa pode ser constatada quando da edição do Convênio ICMS nº 07/2005:

---

[25] STF, Tribunal Pleno, RE nº 582.461/SP, Rel. Min. Gilmar Mendes, Julgamento em 18.05.11, publicado em 18.08.11.

[26] Na verdade, suas origens remontam à palavra árabe *diwan* (do persa *divan*). Em alguns países como a Espanha, o termo era usado para designar moinho de cana-de-açúcar, sendo depois substituída pelos termos trapiche e engenho, fixando-se nas línguas portuguesa e espanhola então como sinônimo de Alfândega (CABRÉ I CASTELLVÍ, M. Teresa; BAGOT, Rosa Estopà; SORIANO, Carles Tebé. *La terminologia en el siglo XXI*: contribuición a la cultura de la paz, la diversidad y la sostenibilidad. 9. ed. Barcelona, Institut Universitari de Linguistica Aplicada: Ed. Documenta Universitária, 2004, p. 237).

Convênio ICMS nº 07/2005

Cláusula primeira. Para os efeitos de aplicação do art. 13, V, "e" da Lei Complementar nº 87/96, de 13 de setembro de 1996, entende-se como despesas aduaneiras todas as importâncias indispensáveis cobradas ou debitadas ao adquirente no controle e desembaraço da mercadoria, ainda que venham a ser conhecidas somente após o desembaraço aduaneiro, especialmente:

I – o adicional ao Frete para Renovação da Marinha Mercante (AFRMM);

II – o adicional de Tarifa Aeroportuária (ATAERO);

III – a taxa de utilização do Siscomex;

IV – os valores desembolsados com despachante, bem como as contribuições para os Sindicatos dos Despachantes Aduaneiros;

V – o manuseio de contêiner;

VI – a movimentação com empilhadeiras;

VII – a armazenagem;

VIII – a capatazia;

IX – a estiva e desestiva;

X – a arqueação;

XI – a paletização;

XII – o demurrage;

XIII – a alvarengagem;

XIV – as multas aplicadas no curso do despacho aduaneiro;

XV – os direitos antidumping;

XVI – a amarração e a desamarração de navio;

XVII – a unitização e a desconsolidação.

A nosso ver, as únicas despesas inominadas que poderiam ser incluídas na base de cálculo, e que se identificam com a expressão "despesas aduaneiras", são os próprios tributos (II, IPI, IOF, PIS/PASEP-Importação, COFINS-Importação, ICMS, Taxas, AFRMM), além das despesas não tributárias de multas, juros ou eventuais direitos *antidumping* devidos à Fazenda Nacional.

Ademais, o Convênio de ICMS não nos parece instrumento adequado para se ampliar a definição da base de cálculo de tributos, porquanto, no caso do ICMS, somente a lei complementar é que pode "fixar a base de cálculo, de modo que o montante do imposto a integre, também na importação do exterior de bem, mercadoria ou serviço".[27] Ainda que não fosse matéria de lei complementar (o que não se admite), qualquer disposição relativa à base de cálculo só poderia

---

[27] CF/88, art. 155, §2º, inc. XII, alínea "i"

A BASE DE CÁLCULO DO ICMS-IMPORTAÇÃO E A EXCLUSÃO DE DESPESAS PARTICULARES APÓS A CHEGADA...

ser estabelecida por, no mínimo, lei em sentido estrito.[28] Portanto, os Estados jamais poderiam desbordar dos conceitos trazidos pelo legislador complementar, pois não possuem autorização constitucional nem legal para tanto.

Felizmente, o Convênio ICMS nº 07/2005 foi revogado pelo Convênio ICMS nº 83/2005, extinguindo essa interpretação ampliativa. Aliás, alguns Estados nem sequer aplicavam este entendimento – a exemplo de Santa Catarina – adotando há quase duas décadas a orientação de que a expressão "despesas aduaneiras" abrange apenas aquelas devidas à Fazenda Nacional:

> É óbvio que, para tanto, o beneficiário do pagamento será sempre a Fazenda Nacional, por meio do documento próprio de arrecadação (DARF) anexado aos documentos que instruem o despacho, podendo, ainda, o pagamento ocorrer mesmo após o desembaraço da mercadoria, em decorrência da retificação dos dados da operação'.
>
> Por derradeiro, devemos assinalar que, embora o vigente Regulamento do ICMS seja omisso a respeito, o RICM-SC/84, no seu art. 33, §10, definia como despesas aduaneiras 'as efetivamente pagas à repartição alfandegária até o momento do desembaraço das mercadorias, tais como diferenças de peso, classificação fiscal, multas por infrações e outras semelhantes'. O critério adotado, que coincide com o da Consultoria do Estado de São Paulo, permanece válido, posto que não houve significativa alteração da legislação que justificasse a adoção de outro critério. Afinal, tratam-se, as despesas aduaneiras, de pagamentos feitos à União cuja composição não pode ficar sujeita ao arbítrio dos Estados. Pelo contrário, há necessidade de entendimento uniforme.
>
> Face o exposto, podemos estabelecer um critério genérico para identificar 'despesas aduaneiras'. Estas são apenas as despesas devidas à repartição alfandegária o que exclui as despesas pagas a outras entidades como é o caso das despesas portuárias e outras.[29]

Apesar do bom exemplo acima, a legislação de outros Estados não passou incólume pelo Poder Judiciário.

---

[28] CTN, art. 97, inc. IV.

[29] SEFAZ/SC, consulta nº 100/2001, Processo nº UF26 30.283/93-0, assinado 03.12.01. Vide ainda o Parecer ASEST nº 148/88 que também reconhece que a taxa de armazenagem e capatazia não integra a base de cálculo do imposto e o Parecer DvT nº 481/84 que dela exclui a Comissão de Despachante.

3 O entendimento do Poder Judiciário sobre a base de cálculo do ICMS-Importação

Analisada a sistemática de cobrança do ICMS-Importação, bem como as disposições da Lei Kandir no que se referem à apuração de sua base de cálculo, as quais identificamos a menção de inclusão de despesas mistas (receitas devidas a entes privados até a chegada no país e receitas devidas à Aduana relativas ao desembaraço), passamos agora aos poucos entendimentos judiciais sobre a inclusão de despesas privadas na expressão "despesas aduaneiras", que acabam por incrementar a base de cálculo do ICMS-Importação.

Em São Paulo, o TJSP decidiu, ainda na vigência do Decreto-Lei nº 406/68 (antes da LC nº 87/96), que diferenças de peso, classificação fiscal e multas por infrações deveriam ser inseridas na expressão "despesa aduaneira", pois, naquele caso, a lei expressamente autorizava sua inclusão nessa expressão:

> EMBARGOS À EXECUÇÃO. ICMS. VARIAÇÃO CAMBIAL E DES-PESAS ADUANEIRAS. Alegação pela embargante de que realizou o recolhimento do imposto antecipadamente, ou seja, na data do registro da declaração de importação (D.I), porém, em virtude da variação cambial na data do desembaraço aduaneiro, o Fisco, entendendo que esta é a data do fato gerador, procedeu sua autuação (AIIM nº 090543 de 18.05.1993) com a finalidade de lhe exigir alegada diferença de ICMS em decorrência da variação cambial positiva, bem como alegada diferença em virtude de recolhimento do ICMS sem a inclusão na base de cálculo das despesas aduaneiras.
> [...]
> DESPESAS ADUANEIRAS. Possibilidade de inclusão na base de cálculo do ICMS, consoante art. 39, inciso IV do RICMS/1991. Definição de "despesas aduaneiras" constante no §7º do art. 39 da RICMS/1991 (diferenças de peso, classificação fiscal e multas por infrações). Precedentes do E. STJ.[30]

Com a edição da LC nº 87/96, a remissão a essas despesas privadas pós-chegada saiu da legislação, e Minas Gerais parece adotar explicitamente em sua legislação despesas privadas na expressão "despesas aduaneiras". Ao analisar um caso concreto mais recentemente, o TJMG assim decidiu:

---

[30] TJSP, AC nº 0013224-83.2009.8.26.0068, Relatora Flora Maria Nesi Tossi Silva, julgado em 22 novembro 2017.

APELAÇÃO. EXECUÇÃO FISCAL. EMBARGOS À EXECUÇÃO FISCAL. ICMS/IMPORTAÇÃO. BASE DE CÁLCULO. DESPESAS ADUANEIRAS. As despesas aduaneiras, para fins de inclusão na base de cálculo do ICMS/Importação, devem ser apenas aquelas recolhidas diretamente à repartição fazendária, e não são pagas à particulares, para auxiliar o desembaraço de bens.[31]

O caso cuidava de recurso interposto pela Fazenda Estadual daquele Estado em virtude de o contribuinte ter importado coque, sem, no entanto, incluir na base de cálculo do ICMS-Importação o montante das despesas relativas à descarga do coque no navio/capatazia, bem como utilização do acesso marítimo e das águas abrigadas e profundas das áreas de fundeio, de evolução e atracação dos navios – Infraestrutura marítima – Inframar ou TUP.

Ademais, o importador não incluiu as despesas decorrentes da utilização das instalações terrestres, armazéns e pátios de trânsito, instalações especializadas e vias de circulação internas, e ainda, as benfeitorias e os serviços respectivos, tais como iluminação, drenagem, abastecimento, etc. – Infraestrutura terrestre – Infraport (TUIP), bem como as despesas de *demurrage* (sobre-estadia de contêiner).

No voto condutor, o magistrado Relator do caso entendeu que:

Neste ponto, destaco que, diante da omissão legislativa, a jurisprudência deste Tribunal vem entendendo que, *para fins de inclusão na base de cálculo do ICMS-importação, devem ser consideradas, apenas aquelas despesas recolhidas diretamente à repartição fazendária e não as despesas pagas à particulares para auxiliar o desembaraço dos bens.*

Isso porque a inclusão na base de cálculo do ICMS-Importação de *gastos efetivados com particulares, não possui previsão expressa na Constituição Federal e na LC 87/96, sendo certo que a extensão da interpretação do termo oneraria, em muito, o imposto em discussão.*

Destaco mais que a expressão, "aduaneiro", trata-se de adjetivo relativo à aduana/alfândega, de modo que a interpretação dada à legislação deve se restringir às despesas eminentemente alfandegárias, referentes aos

---

[31] TJMG, 19ª Câmara Cível, Apelação Cível nº 1.0411.15.006387-2001, Rel. Des. Wagner Wilson, publicado em 08.02.19. Vide também do mesmo tribunal: AC/Reexame Necessário nº 1.0024.09.719318-9/001, Relator(a): Des.(a) Afrânio Vilela, 2ª Câmara Cível, julgamento em 10.07.2014, publicado em 21.07.2014 e Apelação Cível 1.0024.08.118886-4/001, Relator(a): Des.(a) Alberto Vilas Boas, 1ª Câmara Cível, julgamento em 01.03.2011, publicado em 29.04.2011. Apelação Cível nº 1.0024.06.056188-3/001, Relator(a): Des.(a) Célio César Paduani, 4ª Câmara Cível, julgamento em 22.11.2007, publicado em 13.12.2007. Apelação Cível nº 1.0024.05.860106-3/001, Relator(a): Des.(a) José Domingues Ferreira Esteves, 6ª Câmara Cível, julgamento em 10.04.2007, publicado em 27.04.2007.

OSVALDO AGRIPINO DE CASTRO JUNIOR [Coord.]
CONSTITUIÇÃO, TRIBUTAÇÃO E ADUANA NO TRANSPORTE MARÍTIMO E NA ATIVIDADE PORTUÁRIA

serviços de desembaraço de mercadorias junto à fiscalização tributária, não sendo possível que o emprego da analogia resulte na exigência de tributo não previsto em lei.[32] [grifou-se]

Já em sede da instância especial do Superior Tribunal de Justiça (STJ), essa discussão também é antiga, tendo sido favorável ao contribuinte:

> TRIBUTÁRIO. ICM. FATO GERADOR. MOMENTO DA EXIGIBILIDADE DO TRIBUTO. O princípio de estrita legalidade impõe que a lei instituidora do tributo descreva o fato jurídico e os demais requisitos prescritores da relação obrigacional.
> A enumeração constante do Decreto nº 17.727, de 1981 (art. 27, parágrafo 10) é taxativa, entendendo-se como despesas aduaneiras, a diferença de peso, classificação fiscal e multas por infrações.
> A inclusão de outros valores implicaria, "ipso facto", na alteração da base de cálculo do ICM, tornando mais oneroso o tributo, sem a expressa previsão legal. [...] Recurso improvido. Decisão indiscrepante.[33]

Na oportunidade desse Recurso Especial, o Relator Ministro Demócrito Reinaldo apontou o exagero do Fisco Mineiro:

> [...] Como se sabe, em face do princípio da legalidade estrita inscrita no art. 97 do CTN só através de lei é possível, às pessoas jurídicas de direito público, instituir tributo. O princípio da estrita legalidade impõe, ainda, que a lei instituidora descreva o fato jurídico e os demais requisitos prescritores da relação obrigacional. Assim, somente a lei pode instituir o tributo, definir o fato gerador e fixar a alíquota, equiparando-se a majoração o imposto a modificação de sua base de cálculo que importe em torna-lo mais oneroso (CTN, art. 97 e §1º).
> Com efeito, dispõe o art. 2º e seu inciso IV do Decreto-lei nº 406/68. Art. 2º – A base de cálculo do imposto é: IV no caso do inciso II, do art. 1º, a base de cálculo é o valor constante dos documentos de importação, convertidos em cruzeiros à taxa cambial eficientemente "aplicada em cada caso e acrescido do valor dos impostos de importação e sobre os produtos industrializados e demais despesas aduaneiras efetivamente pagas".

---

[32] Trecho do voto do relator na Apelação Cível nº 1.0411.15.006387-2001, Rel. Des. Wagner Wilson, publicado em 08.02.19.

[33] STJ, REsp nº 41.199/SP, Relator Min. Demócrito Reinaldo, julgado em 09.11.94, DJ 12.12.1994 p. 34324

A BASE DE CÁLCULO DO ICMS-IMPORTAÇÃO E A EXCLUSÃO DE DESPESAS PARTICULARES APÓS A CHEGADA...

Pretende-se, todavia, que na expressão "e demais despesas aduaneiras" esteja contida a Taxa de Recolhimento dos Portos TPM, ou mais precisamente: que a TPM se inclua na base de cálculo do ICM, quando da importação de mercadorias.

A resposta a esta primeira questão exsurge clara, na dicção do art. 27, §10, do Decreto nº 17.727/81, ao dispor: Art. 27 omissis: §10 "Para os fins previstos no inciso IV, entendem-se como demais despesas aduaneiras aquelas efetivamente pagas à repartição alfandegárias até o momento do desembaraço das mercadorias, tais como: diferença de peso, classificação fiscal, multas por infrações".

Do dispositivo supra, somente pode-se entender como "demais despesas aduaneiras", a diferença de peso, classificação fiscal e multas por infrações.

A inclusão, ainda que por analogia, de outros valores, implicaria "ipso facto", na alteração da base de cálculo do ICM, tornando mais oneroso o tributo, sem a expressa previsão legal.

Afrontado estaria, desenganadamente, o princípio da estrita tipicidade, um dos postulados brasileiros que inspiram a legalidade tributária.

Há de se compreender, pois, tendo em vista as regras que norteiam o sistema tributário, que as "despesas aduaneiras" são somente aquelas consignadas em lei, sendo a relação contida no §10 do art. 27 (Decreto nº 17.727/81) taxativa. Vale salientar, que, se o legislador pretendesse incluir, como "despesas aduaneiras" integrantes da base de cálculo do ICM o teria feito de forma expressa.

A enumeração constante do Decreto não pode ser exemplificativa, porque deixaria ao arbítrio da Administração definir essas despesas, indicando quaisquer valores como integrantes da base de cálculo, malferindo o princípio da estrita legalidade (CTN, art. 97, §1º)

Já no REsp nº 77.694/BA, o STJ deixou também explicitada a impossibilidade de inclusão de outras despesas pelo Fisco baiano, sem que haja previsão legal para tanto, pois a legislação não deixou ao arbítrio das Fazendas Estaduais definir o que vem a ser "despesas aduaneiras":

> Recurso Especial. Taxa de Armazenagem e capatazia. ICMS – não se inclui na base de cálculo do ICMS as taxas de armazenagem e capatazia. Decisão impugnada que julgou valido ato local, mas contestado em face de lei federal. recurso especial conhecido pela letra "b" e provido.[34]

---

[34] STJ, 1ª Turma, REsp nº 77.694/BA, Rel. Ministro Jose de Jesus Filho, julgado em 04.12.1995, DJ 04.03.1996, p. 5385.

Mais recentemente, no REsp nº 1.131.734 foi assim decidido:

> TRIBUTÁRIO. ICMS. IMPORTAÇÃO DE EQUIPAMENTOS MÉDICOS. PRESTADOR DE SERVIÇOS NÃO CONTRIBUINTE DO IMPOSTO. FATO GERADOR OCORRIDO APÓS A EC 33/2001. INCIDÊNCIA. BASE DE CÁLCULO. DESPESAS ADUANEIRAS. INCLUSÃO DEVIDA SOMENTE DAQUELES CUSTOS PAGOS DIRETAMENTE À REPARTIÇÃO FAZENDÁRIA.
>
> [...]
>
> Consideram-se despesas aduaneiras, para fins de composição da base de cálculo do ICMS/Importação, somente aquelas pagas diretamente à Repartição Fazendária, excluindo-se, portanto, aquelas pagas a particulares, para auxiliar no desembaraço.[35]

Em seu voto condutor, o Min. Relator Herman Benjamin destacou que a legislação mineira (Decreto Estadual nº 43.080/02, art. 43, inciso I, "d") prevê a inclusão das despesas aduaneiras na base de cálculo do ICMS/Importação, incluindo, ainda, todos os custos decorrentes do desembaraço como se despesas aduaneiras fossem, para fins de integração na base de cálculo do mencionado imposto.

No entanto, ao examinar o Convênio ICMS nº 66/88, bem como a Lei Complementar nº 87/96, o Ministro entendeu que "ambos falharam em determinar quais os valores despendidos no desembaraço poderiam integrar as despesas aduaneiras, para fins de composição da base de cálculo do ICMS". Assim, para o ministro, por causa dessa omissão, os Estados, valendo-se de sua competência, editaram decreto contendo inúmeras despesas, tais como armazenagem, capatazia, dentre tantas outras pagas a particulares, o que onerou em muito o imposto em discussão.

Portanto, jamais poderiam os Estados, por decreto ou convênio, ampliar a definição da base de cálculo do ICMS-Importação para inserir despesas estranhas à expressão "despesas aduaneiras", uma vez que esta somente pode integrar aquelas recolhidas diretamente à repartição fazendária, e não aquelas pagas a particulares, para auxiliar no desembaraço. Aliás, as únicas despesas pagas a particulares que poderiam compor a base de cálculos são aquelas inerentes ao valor da mercadoria até o primeiro ponto de descarga no país, isto é, as despesas naturalmente integrantes do conceito de Valor Aduaneiro, tal como previsto no AVA.

---

[35] STJ, REsp nº 1.131.734, Rel. Min. Herman Benjamin, publicado em 08.10.09.

4 Considerações finais

Conforme restou analisado, após verificar a estrutura constitucional do ICMS-Importação e o casuísmo de sua redação na Constituição Federal de 1988 quando do advento da EC nº 33/2001, demonstrou-se a tentativa de a legislação estadual seguir a normativa internacional prevista no AVA sobre a inclusão de despesas privadas na base de cálculo do ICMS-Importação.

Para isso, o AVA foi contrastado com as legislações dos Estados, que parecem ter ido além do previsto na normativa internacional, incluindo, por convênio ou decreto, despesas estranhas à base de cálculo do ICMS-Importação.

Ademais, a dispensa da avaliação meritória do ICMS-Importação quando do desembaraço e entrega da mercadoria, acaba por mitigar o debate sobre as exatas medidas em que os fiscos estaduais deveriam apurar a sua base de cálculo. Em virtude do desconhecimento da operação aduaneira, bem como da sistemática dos acordos internacionais de comércio envolvidos (ex: AVA), ou simplesmente por descurar da razoabilidade e isonomia de critérios de tributação entre as mercadorias nacionais similares às importadas, o debate sobre quais são, de fato, os elementos integrantes da base de cálculo do ICMS-Importação não tem alcançado o devido espaço que merece.

Por outro lado, percebe-se que após a edição da Lei Kandir, as administrações fazendárias de alguns Estados, bem como o Poder Judiciário têm reiterado que a expressão genérica de "despesas aduaneiras" não comporta ampliações por ato infralegal, seja por violação à reserva de lei complementar exigida pelo art. 155, §2º, inc. XII, alínea "i" da CF/88, seja por respeito à reserva legal prevista pelo art. 97, inc. IV do CTN.

Ademais, resta claro que a expressão "despesas aduaneiras" se refere a despesas devidas ao órgão aduaneiro de controle do despacho de mercadorias importadas, isto é, que devem ser pagas à Fazenda Nacional, representada naquele ato pela Secretaria Especial da Receita Federal do Brasil. Ademais, despesas privadas só são passíveis de inclusão na base de cálculo se forem despesas devidas e não incluídas no preço da mercadoria importada até a sua chegada ao primeiro ponto de descarga no território nacional, equivalendo-se ao conceito de Valor Aduaneiro.

Na verdade, mais fácil seria se o legislador complementar tivesse expressamente relegado a base de cálculo do ICMS-Importação ao conceito de Valor Aduaneiro apurado conforme as disposições do AVA (despesas privadas), acrescido das despesas aduaneiras decorrentes do desembaraço de importação da mercadoria (tributos e outros encargos fazendários devidos na importação), afastando-se, de uma vez por todas, qualquer tentativa de se ampliar a base de cálculo do ICMS-Importação que implique protecionismo comercial por via legislativa oblíqua.

Referências

BALEEIRO, Aliomar, *Direito Tributário Brasileiro*. 11. ed. Rio de Janeiro: Forense, 2010, 2010

BRASIL. Presidência da República. Disponível em: www.presidencia.gov.br.

BRASIL. Supremo Tribunal Federal. Disponível em: www.stf.gov.br.

BRASIL. Superior Tribunal de Justiça. Disponível em: www.stj.gov.br.

CABRÉ I CASTELLVÍ, M. Teresa; BAGOT, Rosa Estopà; SORIANO, Carles Tebé. *La terminologia em el siglo XXI:* contribuición a la cultura de la paz, la diversidad y la sostenibilidad. 9. ed. Barcelona, Institut Universitari de Linguistica Aplicada: Ed. Documenta Universitária, 2004.

MACRORY, Patrick; APPLETON, Arthur; PLUMMER, Michael. *The World Trade Organization: legal, economic and political analysis*, vol. I, Springer: United States, 2005, p. 538.

SANTA CATARINA. Secretaria de Estado da Fazenda. Disponível em: www.sef.sc.gov.br.

WORLD TRADE ORGANIZATION. Disponível em: www.wto.org.

Informação bibliográfica deste texto, conforme a NBR 6023:2018 da Associação Brasileira de Normas Técnicas (ABNT):

ANDRADE, Thális. A base de cálculo do ICMS-Importação e a exclusão de despesas particulares após a chegada da mercadoria importada. *In*: CASTRO JUNIOR, Osvaldo Agripino de (Coord.). *Constituição, tributação e aduana no transporte marítimo e na atividade portuária*. Belo Horizonte: Fórum, 2021. p. 397-420. ISBN 978-65-5518-002-2.

A IMPORTÂNCIA DOS MÉTODOS ADEQUADOS DE SOLUÇÃO DE CONFLITOS PARA A LOGÍSTICA MARÍTIMA E PORTUÁRIA

OSVALDO AGRIPINO DE CASTRO JUNIOR

Introdução

A atividade aduaneira no Brasil ocorre majoritariamente nos portos brasileiros, vez que mais de 90% do comércio exterior de mercadorias se dá pela via marítima. Esse ambiente, com grande insegurança jurídica e morosidade para julgar os conflitos, tem prejudicado a competitividade dos produtos brasileiros no comércio exterior.

Destaca-se que os métodos adequados de solução de conflitos (MASCs) como a mediação, a conciliação, a arbitragem e o *dispute board*,[1] contribuem sobremaneira para reduzir os custos de transação dos produtos que se movimentam por via marítima.

Ademais, a arbitragem portuária é pouco explorada na doutrina comparada, e quase inexistente no direito brasileiro, razão pela qual será apresentada neste capítulo. Uma das causas da quase inexistência de doutrina, não só do setor portuário, mas do marítimo, é o caráter sigiloso que a arbitragem implica. Ressalte-se, contudo, que, no direito

---

[1] Destaca-se que a Seccional da OAB de Santa Catarina inovou ao criar a primeira comissão da OAB sobre *Dispute Board* do Brasil, em março de 2019, presidida pela Profa. MSc. Queila Jaqueline Nunes Martins, advogada e professora da Universidade do Vale do Itajaí.

brasileiro, quando a arbitragem envolve entidade da administração pública, a regra é que seja pública, em língua portuguesa e realizada no Brasil.

Em 2018, segundo a Antaq, mais de 90% das importações e exportações do Brasil, em toneladas, se deram por via marítima.[2] Esse modal, portanto, demanda intensa atividade portuária, porque é por meio do porto que a carga ou o passageiro embarca ou desembarca do navio.

Dessa forma, há diversas possibilidades de avarias marítimas e portuárias, inclusive em face da intervenção estatal, por meio do controle aduaneiro e da regulação dos diversos órgãos que interferem na atividade portuária, entre os quais Aduana (Receita Federal), Anvisa, Ministério da Infraestrutura, Antaq, Polícia Federal e Capitania dos Portos.

Nessa logística, em regra, a maior parte do custo é relativo às tarifas portuárias e ao frete marítimo, valor que só é menor do que o da mercadoria transportada. Sabe-se, contudo, que, em casos de greve, fortuito ou força maior, tal valor pode ser muito superior ao da carga.

Na despesa acima não se incluem sobre-estadia de contêiner e tarifas e preços de armazenagem em período da greve sazonal (ocorre todos os anos)[3] ou por abuso de poder ou omissão dos órgãos intervenientes.

Nesse cenário, assume relevância o uso da arbitragem, ora definida como uso privado e adequado de solução de conflito referente aos direitos patrimoniais e disponíveis por meio do árbitro que, com base nos princípios da especialização, rapidez, irrecorribilidade da sentença, informalidade e confiabilidade, proferirá uma sentença arbitral.

Como sabemos, a arbitragem no direito brasileiro é cabível para dirimir litígios relativos aos direitos patrimoniais disponíveis (art. 1º

---

[2]   BRASIL. Agência Nacional de Transportes Aquaviários. Antaq. Disponível em: www.antaq. gov.br. Acesso em: 10 fev. 2019.

[3]   Desde 5 de outubro de 1988, data da promulgação da Constituição Federal de 1988, não houve a regulamentação do direito de greve do servidor público federal, bem como do Código de Defesa do usuário do serviço público, o que caracteriza grave omissão do Poder Executivo e do Congresso Nacional. Essa conduta contribui para grandes transtornos aos embarcadores, importadores e exportadores. Ademais, o Conselho Federal da OAB ajuizou Ação de inconstitucionalidade por omissão (ADO 24 MC/DF), com pedido de medida cautelar em face da Presidente da República, Câmara dos Deputados e Senado Federal da República, tendo como objeto a mora legislativa na elaboração da lei de defesa do usuário do serviço público, nos termos do art. 27 da Emenda Constitucional nº 27, de 4 de junho de 1998, cujo teor é o seguinte: "Art. 27. O Congresso Nacional, dentro de cento e vinte dias da promulgação desta Emenda, elaborará lei de defesa do usuário de serviços públicos".

da Lei nº 9.307/1996). Nesse passo, é relevante o ensinamento de Luiz Antonio Scavone Junior:

> Podemos afirmar que os direitos são, sob o aspecto patrimonial, divididos em: a) Direitos patrimoniais; b) Direitos não patrimoniais. Entre os direitos de cunho patrimonial, encontramos as relações jurídicas de direito obrigacional, ou seja, aquelas que encontram sua origem nos contratos, nos atos ilícitos e nas declarações unilaterais de vontade. Os direitos não patrimoniais, por seu turno, são aqueles ligados aos direitos da personalidade, como o direito à vida, à honra, à imagem, ao nome e ao estado das pessoas, como, por exemplo, a capacidade, a filiação e o poder familiar, entre outros com a mesma natureza. Todavia, para que possa ser adotada como meio de solução dos conflitos, além de se limitar aos direitos patrimoniais, a arbitragem ainda exige a existência de direitos disponíveis. A disponibilidade dos direitos se liga, conforme pensamos, à possibilidade de alienação e, demais disso e principalmente, àqueles direitos que são passíveis de transação.[4]

Cabe mencionar, contudo, que grande parte dos problemas relacionados à logística portuária, por exemplo, decorre da interveniência dos órgãos estatais que atuam na atividade portuária, como a Receita Federal, gerando custos desnecessários, imprevisíveis e excessivos para o usuário.

Isso faz com que haja o pagamento de armazenagem e sobre-estadia de contêiner, tendo em vista, muitas vezes, a inexistência de espaços para desova do contêiner, com a devolução deste ao armador ou ao seu agente marítimo.

Nesses casos, é importante que a decisão do conflito seja feita por profissionais especializados e de forma rápida, evitando-se sempre a judicialização do conflito, por meio da negociação, mediação ou conciliação, num primeiro momento. Ademais, o sistema judicial brasileiro encontra-se em crise, especialmente em face da sobrecarga de processo decorrente da grande quantidade de novos casos (entrantes) que são ajuizados anualmente, apesar do esforço do Conselho Nacional de Justiça para reduzir os gargalos do sistema judicial e aumentar a eficiência.

Sobre o tema, é pertinente a lição de Fabrício Bertini Pasquot Polido:

---

[4] SCAVONE JUNIOR, Luiz Antonio. *Manual de arbitragem*. 3. ed. São Paulo: Revista dos Tribunais, 2010, p. 22.

OSVALDO AGRIPINO DE CASTRO JUNIOR [Coord.]
CONSTITUIÇÃO, TRIBUTAÇÃO E ADUANA NO TRANSPORTE MARÍTIMO E NA ATIVIDADE PORTUÁRIA

Quanto aos mecanismos jurisdicionais estatais, distintos sistemas jurídicos têm experimentado dificuldades intrínsecas às realidades e contextos domésticos, como o elevado número de demandas ajuizadas nos tribunais em matéria civil e comercial; falta de investimentos públicos em capacitação de recursos humanos nos judiciários e suas instituições, além de oscilações em três variáveis fundamentais: tempo, custo, e imparcialidade das decisões. Assim, parece ser pouco provável que as empresas – grandes interessadas na efetiva e célere resolução de litígios privados no contexto de conformação do ambiente institucional do comércio – encontrem um ambiente jurisdicional estatal conducente e amigável a suas expectativas mais imediatas.[5]

Num segundo momento, deve-se usar a arbitragem. Embora o Brasil seja o 4º país no mundo a realizar arbitragem, nos setores marítimo e portuário, nos quais é grande a complexidade das suas operações, ainda é muito pequena a quantidade de arbitragem realizada nos citados setores.

Mencione-se que os setores acima são considerados indústria de rede, o que possibilita, ainda, condutas oportunistas e preços abusivos, especialmente em face da regulação ineficaz, uma vez que a Antaq e os Conselhos de Autoridade Portuária, com poder consultivo após a edição da Lei nº 12.815/2013,[6] desconhecem e não regulam[7] os valores dos fretes marítimos e preços extrafrete, como a *Terminal Handling Charge* (THC) e a sobre-estadia de contêineres.

Ademais, no Brasil são constatadas: i) grande insegurança jurídica no ambiente que regula o comércio internacional brasileiro; ii) altos custos de transporte e *demurrage;* iii) alta carga tributária (2ª

---

[5] POLIDO, Fabrício Bertini Pasquot. Agenda global da arbitragem comercial internacional e sua conformação institucional. *In:* BASSO, Maristela; POLIDO, Fabrício Bertini Pasquot (Org.). *Arbitragem* comercial: princípios, instituições e procedimentos: a prática no CAM-CCBC. São Paulo, Madrid: Marcial Pons, CAM-CCBC: Centro de Arbitragem e Mediação/ Câmara de Comércio Brasil-Canadá, 2013, p. 84.

[6] "Art. 20. Será instituído em cada porto organizado um conselho de autoridade portuária, órgão consultivo da administração do porto. §1º O regulamento disporá sobre as atribuições, o funcionamento e a composição dos conselhos de autoridade portuária, assegurada a participação de representantes da classe empresarial, dos trabalhadores portuários e do poder público. §2º A representação da classe empresarial e dos trabalhadores no conselho a que alude o caput será paritária. §3º A distribuição das vagas no conselho a que alude o caput observará a seguinte proporção: I – 50% (cinquenta por cento) de representantes do poder público; II – 25% (vinte e cinco por cento) de representantes da classe empresarial; e III – 25% (vinte e cinco por cento) de representantes da classe trabalhadora."

[7] Aqui considerado como registro e monitoramento de preços a fim de evitar condutas prejudiciais à concorrência, tal como feito pela *Federal Maritime Commission* dos Estados Unidos, e não como tabelamento de preços.

maior do mundo: 40% PIB, com serviços públicos de má qualidade); iv) contratos de adesão com cláusulas impostas unilateralmente pelos terminais e armadores; v) Poder Judiciário Federal (Rio de Janeiro e Espírito Santo) e Estadual (Rio de Janeiro e Espírito Santo), ainda sem formação adequada para julgar os problemas do comércio internacional, especialmente Direito Marítimo, Direito Aduaneiro, Direito Portuário e Direito do Petróleo;[8] e vi) pouco uso dos métodos adequados de solução de conflitos, especialmente a arbitragem para resolver conflitos nas atividades marítimas e portuárias no Brasil.

Sobre o contrato de adesão e arbitragem, é cabível a lição de Luiz Antonio Scavone Junior, qual seja:

> Com efeito, a Lei nº 9.307/1996 determina que, nos contratos de adesão, a arbitragem somente é admitida se: a) tratar-se de compromisso arbitral (aquela convenção de arbitragem que surge depois de instaurado o conflito entre as partes); b) tratando-se de cláusula arbitral (contemporânea ao contrato ou em ato posterior, mas anterior à existência de qualquer conflito entre as partes, mediante a qual se obrigam a submeter futuros conflitos à solução arbitral), se b.1) não se tratar de contrato de consumo – vez que neste é nula, como visto, a cláusula arbitral; b.2) for por escrito, mesmo que por correspondência digital no bojo do contrato ou em documento apartado (aditivo contratual); b.3) a cláusula esteja em destaque, referindo-se à Lei 9.307/1996, em negrito; e, b.4) haja assinatura específica para a cláusula arbitral no bojo do contrato ou em documento anexo.[9]

Assim sendo, o gerenciamento do risco deve incluir uma forma de solução de conflitos eficaz e com menor custo, tal como a arbitragem, vez que se trata de ferramenta fundamental para reduzir a insegurança jurídica e os custos de transação.

Aliás, o custo de litigar nos países da família anglo-saxônica é uma das causas da opção pela arbitragem, tal como leciona Fabrício Bertini Pasquot Polido:

> Mesmo nos sistemas jurídicos de tradição anglo-americana, como nos quais se inserem os tribunais estadunidenses e ingleses (frequentemente, e de modo tendencioso, tomados como "mais eficientes" que os dos

---

[8] Sobre o tema: SARAIVA, Wellington Beckman; PAULO, Gerson da Silva. *Poder judiciário diante dos desafios do pré-sal e comércio internacional.* Prefácio Osvaldo Agripino de Castro Junior. São Paulo: Aduaneiras, 2014.

[9] SCAVONE JUNIOR, Luiz Antonio. *Manual de arbitragem*, p. 29-30.

OSVALDO AGRIPINO DE CASTRO JUNIOR [Coord.]
CONSTITUIÇÃO, TRIBUTAÇÃO E ADUANA NO TRANSPORTE MARÍTIMO E NA ATIVIDADE PORTUÁRIA

sistemas de tradição romano-germânica), são criticados pelo elevado custo de litigar. Em especial, nos Estados Unidos, as partes são pressionadas a sucessivas formas de acordos anteriores ao julgamento do litígio pelos tribunais, às quais também estão relacionadas despesas significativas em acompanhamento e administração (*e.g.* escritórios, honorários de advogados e custas judiciais). O custo de litigar sempre é significativo e não pode ser desprezado pelas partes, em qualquer modalidade de que se trate (se jurisdicional estatal, se arbitral).[10]

Para apresentar o tema, ainda que em breves notas, este capítulo objetiva discorrer sobre a arbitragem nas atividades marítima e portuária em três partes. A primeira parte (item 1.1) abordará aspectos introdutórios da arbitragem e jurídicos da responsabilidade do transportador marítimo, bem como da arbitragem marítima,[11] e a segunda parte (item 1.2) tratará da arbitragem portuária.

Em seguida, a terceira parte (item 1.3) abordará o tema da possibilidade da arbitragem em questões que envolvem a administração pública que atua nos setores marítimo e portuário, por meio da discussão dos direitos disponíveis na arbitragem. No final, serão feitas algumas conclusões visando à difusão dos métodos adequados na atividade aduaneira.

1.1 Aspectos introdutórios da arbitragem, da responsabilidade civil do transportador marítimo e da arbitragem marítima

O transporte de passageiros e de mercadorias vem crescendo sobremaneira desde o início do século XXI, o que aumenta o risco da operação e dos embarcadores e passageiros. O naufrágio do barco de turismo de passageiros *Bateau Mouche IV* ocorrido no final de 1988 no Rio de Janeiro, com 55 mortos, é considerado uma tragédia marítima e seus processos até hoje se arrastam nos tribunais brasileiros, com sentimento de impunidade entre os familiares das vítimas.

Acidentes da navegação ocorrem e ocorrerão. Não se trata de ocorrer ou não, mas de quando ocorrerá. Podemos citar o que envolveu o Costa Concordia no Mediterrâneo. Embora todos achem que o Titanic, com mais de 1.500 mortos é o maior acidente envolvendo navios de

---

[10] POLIDO, Fabrício Bertini Pasquot. *Agenda global da arbitragem comercial internacional e sua conformação institucional*, p. 84.

[11] Como introdução ao tema, sugere-se: GOMES, Rucemah L. Pereira. *Arbitragem marítima: uma visão global*. Rio de Janeiro: Fundação de Estudos do Mar, 1997.

passageiros, trata-se de um equívoco, pois a colisão com o petroleiro Vector, incêndio e naufrágio do M/V Doña Paz, em 1987, causou a morte de mais de 4.400 pessoas e teve somente 24 sobreviventes.

Tal acidente gerou ações de indenização por perda de vida ou danos materiais e morais aos passageiros e aos tripulantes; bem como por extravio ou avaria às bagagens e ação por poluição por derramamento de combustível e remoção dos cascos, entre outros.[12]

No Brasil, ao contrário dos países com maior tradição e eficiência na regulação da logística, o uso da arbitragem para solução de conflitos nos setores portuário e marítimo é quase inexistente. Milhões de dólares norte-americanos são remetidos anualmente para centros de prestação de serviços de arbitragem em Londres, New York e Singapura, a fim de resolverem conflitos envolvendo interesses de empresas brasileiras que operam no transporte marítimo. Portanto, é preciso fazer com que, ao menos parcialmente, a arbitragem marítima possa ser realizada no Brasil ou com profissionais brasileiros no exterior e no país.

Vale ressaltar que a arbitragem é um dos institutos mais antigos de solução de conflitos; remonta há mais de 3.000 a. C. Na antiguidade, a humanidade sempre buscou caminhos mais céleres e menos burocráticos, pois os negócios tanto civis quanto comerciais, sempre exigem respostas rápidas. Têm-se notícias de soluções amigáveis entre os babilônios, hebreus, gregos e romanos.

Por volta de 400 a. C. se codificou a primeira *Lei do Mar*, a *Lei Rhodiana*. Porém, a arbitragem foi primeiramente vista na Grécia antiga, por meio de soluções amigáveis das contendas, a qual poderia ser a compromissória e a obrigatória. Os compromissos especificavam o objeto do litígio e os árbitros eram indicados pelas partes.

No Brasil, foi legalmente reconhecida desde os tempos da colonização portuguesa, e, ao contrário do que normalmente se pensa, já foi obrigatória em nosso direito, tal como determinava as *Ordenações Filipinas* (1603). A decisão arbitral daquela época não estava sujeita à homologação judicial, via juiz togado.

Essas normas continuaram em vigor, com o nome *Dos Juízos Arbitrais*, até a outorga da Constituição Imperial de 1824, quando houve uma correção de sua sistemática.

---

[12] Sobre o tema, com ênfase na limitação da responsabilidade civil: GUTIÉRREZ, Norman A. Martínez. *L limitation of liability in international maritime conventions:* the relationship between Global Limitation Conventions and Particular Liability Regimes. London/New York: Routledge, 2011. 412 p.

O art. 160 da citada Constituição já assegurava sentenças sem recursos: "Nas civeis, e nas penaes civilmente intentadas, poderão as Partes nomear Juizes Arbitros. Suas Sentenças serão executadas sem recurso, se assim o convencionarem as mesmas Partes".

A conciliação também era requisito de tal norma, uma vez que: "Art. 161. Sem se fazer constar, que se tem intentado o meio da reconciliação, não se começará Processo algum". A arbitragem no Direito Brasileiro foi instituída pela Lei nº 556/1850, que estabeleceu o juízo arbitral obrigatório, inclusive quanto às questões de "matéria de avarias (art. 783)".

Também no Código de Processo Civil e no Código Civil de 1916 havia a arbitragem e a convenção de arbitragem e, até a atualidade, nunca afastaram os procedimentos arbitrais do direito brasileiro.

O mesmo se dá com o novo CPC – Lei nº 13.105/2015, cujos artigos adiante tratam da arbitragem e visam a aumentar a celeridade e a segurança jurídica dessa relevante forma de solução de conflitos, ainda que adversarial, da seguinte forma:

Art. 3º Não se excluirá da apreciação jurisdicional ameaça ou lesão a direito.
§1º É permitida a arbitragem, na forma da lei.
[...]
Art. 42. As causas cíveis serão processadas e decididas pelo juiz nos limites de sua competência, ressalvado às partes o direito de instituir juízo arbitral, na forma da lei.
[...]
Art. 69. O pedido de cooperação jurisdicional deve ser prontamente atendido, prescinde de forma específica e pode ser executado como: [...] §1º As cartas de ordem, precatória e arbitral seguirão o regime previsto neste Código.
[...]
Art. 189. Os atos processuais são públicos. Todavia, tramitam em segredo de justiça os processos: [...] IV – que versem sobre arbitragem, inclusive sobre cumprimento de carta arbitral, desde que a confidencialidade estipulada na arbitragem seja comprovada perante o juízo.
[...]
Art. 235. Será expedida carta: [...] IV – arbitral, para que órgão do Poder Judiciário pratique ou determine o cumprimento, na área de sua competência territorial, de ato objeto de pedido de cooperação judiciária formulado por juízo arbitral, inclusive os que importem efetivação de tutela provisória.
[...]

Art. 260. São requisitos das cartas de ordem, precatória e rogatória: I – a indicação dos juízes de origem e de cumprimento do ato; II – o inteiro teor da petição, do despacho judicial e do instrumento do mandato conferido ao advogado; III – a menção do ato processual que lhe constitui o objeto; IV – o encerramento com a assinatura do juiz. [...] §3º A carta arbitral atenderá, no que couber, aos requisitos a que se refere o caput e será instruída com a convenção de arbitragem e com as provas da nomeação do árbitro e da sua aceitação da função. [...]

Art. 267. O juiz recusará cumprimento a carta precatória ou arbitral, devolvendo-a com decisão motivada quando: I – não estiver revestida dos requisitos legais; II – faltar-lhe competência em razão da matéria ou da hierarquia; III – tiver dúvida acerca de sua autenticidade. [...]

Art. 337. Incumbe ao réu, antes de discutir o mérito, alegar: [...] X – convenção de arbitragem; [...] §5º Excetuada a convenção de arbitragem e a incompetência relativa, o juiz conhecerá de ofício das matérias enumeradas neste artigo. §6º A ausência de alegação da existência de convenção de arbitragem, na forma prevista neste Capítulo, implica aceitação da jurisdição estatal e renúncia ao juízo arbitral. [...]

Art. 359. Instalada a audiência, o juiz tentará conciliar as partes, sem prejuízo do emprego de outros métodos de solução consensual de conflitos, como a mediação e a arbitragem. [...]

Art. 485. O juiz não resolverá o mérito quando: [...] VII – acolher a alegação de existência de convenção de arbitragem ou quando o juízo arbitral reconhecer sua competência; [...]

Art. 515. São títulos executivos judiciais, cujo cumprimento dar-se-á de acordo com os artigos previstos neste Título: [...] VII – a sentença arbitral; [...]

Art. 516. O cumprimento da sentença efetuar-se-á perante: [...] III – o juízo cível competente, quando se tratar de sentença penal condenatória, de sentença arbitral, de sentença estrangeira ou de acórdão proferido pelo tribunal marítimo. [...]

Art. 960. A homologação de decisão estrangeira será requerida por ação de homologação de decisão estrangeira, salvo disposição especial em sentido contrário prevista em tratado. [...] §3º A homologação de decisão arbitral estrangeira obedecerá ao disposto em tratado e na lei, aplicando-se, subsidiariamente, as disposições deste Capítulo. [...]

Art. 1.012. A apelação terá efeito suspensivo. [...] IV – julga procedente o pedido de instituição de arbitragem;

[...]

Art. 1.015. Cabe agravo de instrumento contra as decisões interlocutórias que versarem sobre: [...] III – rejeição da alegação de convenção de arbitragem;[13]

Além disso, o Projeto de Lei do Novo CPC alterou a Lei de Arbitragem, no que tange à possibilidade da decretação da nulidade da sentença arbitral na impugnação ao cumprimento de sentença, da seguinte forma:

Art. 1.061. O art. 33, §3º, da Lei nº 9.307, de 23 de setembro de 1996, passa a vigorar com a seguinte redação:

Art. 33. [...] §3º A decretação da nulidade da sentença arbitral também poderá ser requerida na impugnação ao cumprimento da sentença, nos termos do art. 525 e seguintes do Código de Processo Civil, se houver execução judicial. (NR)[14]

A importância da arbitragem, que julga conflitos envolvendo direitos disponíveis, aumenta quando se verifica falta de capacitação adequada aos magistrados federais e estaduais para julgarem tais demandas. Em pesquisa realizada no *Mestrado em Poder Judiciário* da FGV-Rio, constatou-se que nos anos 2009, 2010 e 2011 não havia questões de Direito Marítimo, Portuário, Aduaneiro, Petróleo e Internacional Privado (contratos internacionais) nas provas para ingresso nas carreiras de juízes federais e estaduais do Rio de Janeiro e do Espírito Santo.[15]

O mesmo se deu nas grades curriculares das respectivas Escolas de Formação de Magistrados, no citado período. Mencione-se, ainda, que não se observou ainda uma política de capacitação dos magistrados,

---

[13] BRASIL. Senado Federal. Projeto de Lei do Senado nº 166, de 2010 (nº 8.046, de 2010, na Câmara dos Deputados). Elaborado pelo Serviço de Redação da Secretaria-Geral da Mesa do Senado Federal em 27.03.2014 – 15:35. Última atualização: 19.02.2015 – 14:26. Disponível em: http://www.senado.gov.br. Acesso em: 25 dez. 2018.

[14] BRASIL. Senado Federal. Projeto de Lei do Senado nº 166, de 2010 (nº 8.046, de 2010, na Câmara dos Deputados). Elaborado pelo Serviço de Redação da Secretaria-Geral da Mesa do Senado Federal em 27.03.2014 – 15:35. Última atualização: 19.02.2015 – 14:26. Disponível em: http://www.senado.gov.br. Acesso em: 25 dez. 2018.

[15] Para aprofundamento no tema e na análise das provas e dos conteúdos das disciplinas das Escolas de Formação de Magistrados dos citados estados: SARAIVA, Wellington Beckman; PAULO, Gerson da Silva. *Pré-sal, comércio internacional e poder judiciário*: *royalties*: histórico, doutrina e distribuição. Prefácio Osvaldo Agripino de Castro Junior. São Paulo: Aduaneiras, 2014. 335 p.

seja por meio das Escolas da Magistratura, seja pelo Conselho Nacional de Justiça (CNJ).

Tal cenário de insegurança exige que as empresas que usam a logística marítima e portuária se articulem para reduzir os custos de transação, com a inclusão da cláusula compromissória nos contratos de transporte, armazenagem e compra e venda internacional.

A maioria dos contratos de afretamentos marítimos possui cláusula de arbitragem, contudo, tal cláusula é pouco usada em conhecimentos de embarque, exceto quando esse documento incorpora a cláusula do contrato de afretamento que emite o citado conhecimento. Dessa forma, o conhecimento passa a ter como forma de solução de conflito a arbitragem, embora essa não seja comum no transporte marítimo internacional de mercadoria de/para o Brasil.

1.1.1 Aspectos jurídicos da responsabilidade do transportador marítimo

A principal responsabilidade do transportador marítimo em relação ao embarcador é conduzir a carga ao seu destino no prazo ajustado, salvo hipóteses de impedimento. Trata-se de uma obrigação de resultado. Assim, o transportador (*carrier*) deve tomar as cautelas necessárias para manter em bom estado a carga e entregá-la no prazo acordado, tal como dispõe o art. 749 do Código Civil, *in verbis*: "Art. 749. O transportador conduzirá a coisa ao seu destino, tomando todas as cautelas necessárias para mantê-la em bom estado e entregá-la no prazo ajustado ou previsto".

O conhecimento de embarque marítimo – *Bill of Lading* –, por sua vez, é o principal documento do transporte marítimo, pois evidencia que uma carga foi embarcada por um embarcador em determinado navio e data, para um endereço consignado (*consignee*).

A lição de John Wilson mostra a relevância do conhecimento de embarque, inclusive como documento para exigir a entrega da carga no porto de destino:

> An individual wishing to ship a consignment of goods overseas approaches a shipping line, either directly or more often through a forwarding agent, with a view to reserving space on a vessel. He is then instructed by the carrier when and where to deliver the goods and, having done so, is issued with a receipt indicating the type and quantity of goods handed over and the condition in which they were received by the carrier's agent. From that point the carrier normally has control of the goods and is ultimately responsible for loading aboard.

In the meantime the shipper will normally acquire a copy of the carrier's bill of lading form which is obtainable either direct from the carrier's agents or from stationers throughout the country. On the form he will enter details of the type and quantity of goods shipped, together with any relevant marks, and *inter alia* will specify the port of destination and the name of the consignee. On receipt of the completed bill, the carrier's agent will check the cargo details against the tallies at the time of loading and, if correct, will acknowledge them if so requested.

After calculating the freight and entering it on the bill, the master or his agent will sign the bill and release it to the shipper in return for delivery of the mate's receipt or equivalent and payment of any advance freight due. The shipper is then free either to dispatch the bill directly to the consignee or to deliver it to a bank if the shipment forms part of an international sales transaction involving a documentary credit.

In either case, the consignee may decide to sell the cargo while in transit, in which case he may indorse the bill of lading in favour of the purchaser. Eventually the ultimate consignee or indorsee of the bill will surrender it at the port of discharge in return for delivery of the goods.[16]

Para conhecimento, embora tenha sido arquivado no final da legislatura de 2019, os arts. 644 a 664, do Projeto de Lei nº 1.572/2011, do Deputado Federal do PT-SP, Vicente Cândido, dispõem sobre o conhecimento de embarque marítimo. O citado projeto de lei institui o Código Comercial, insere um novo Livro no Código Comercial que trata do Direito Marítimo.

O conhecimento de embarque é também um documento imprescindível para os embarcadores que pretendem movimentar pequena quantidade de carga e, inclusive, pode servir como documento de transferência da carga, tal como ensina John Wilson:

For shippers with only a small quantity of cargo available, the chartering of any vessel is hardly a practical proposition. Their requirements are normally catered for by the regular liner services which operate between major ports or alternatively they may make use of the services of tramp vessels which sail from port to port in search of cargo. In either case, once the cargo is loaded, a bill of lading will be issued which will act, not only as a receipt for the cargo shipped, but also as *prima facie* evidence of the terms of the contract of carriage.

Most companies engaged in the liner trade will produce their own proprietary brand of bill, while smaller operators can adopt the standard

---

[16] WILSON, John F. *Carriage of goods by sea*. Sixth edition. London: Pearson, 2008, p. 115-116.

forms drafted by the international shipping organisations. With the development of international trade and documentary credits, bills of lading have acquired a third function, that of acting as negotiable documents of title in situations where the shipper requires to transfer the ownership of cargo while it is in transit.

In such circumstances, the endorsement and transfer of the bill effectively transfers such rights in the goods as are held by the transferor and also enables the transferee to claim delivery of the goods on arrival at the port of discharge.

Where such facilities are not, however, required by the shipper, the bill of lading will frequently be replaced by a non-negotiable receipt, known as a waybill. Such a document possesses all the attributes of the normal bill of lading with the exception that it is not a negotiable document of title.[17]

Assim, toda carga embarcada em navio requer a emissão de um conhecimento de embarque. Nesse sentido, segundo as *Regras de Haia-Visby*, o capitão ou seu agente marítimo é obrigado a emitir um conhecimento de embarque marítimo ao embarcador (*shipper*), nos termos do art. III – Regra 3, que assim dispõe:

After receiving the goods into his charge the carrier or the master or agent of the carrier shall, on demand of the shipper, issue to the shipper a bill of lading showing among other things:
a) The leading marks necessary for identification of the goods as furnished in writing by the shipper before the loading of such goods starts, provided such marks are stamped or otherwise shown clearly upon the goods if uncovered, or on the cases or coverings in which such goods are contained in such a manner as should ordinarily remain legible until the end of the voyage; b) Either the number of packages or pieces, or the quantity, or weight, as the case may be, as furnished in writing by the shipper; c) The apparent order and condition of the goods. Provided that no carrier, master or agent of the carrier shall be bound to state or show in the bill of lading any marks, number, quantity, or weight which he has reasonable ground for suspecting not accurately to represent the goods actually received, or which he has had no reasonable means of checking.

Por sua vez, de acordo com o art. 4 da citada Regra, o conhecimento de embarque comprova que a carga foi recebida pelo transportador nos termos do artigo acima. Vejamos:

---

[17] WILSON, John F. *Carriage of goods by sea*, p. 5-6.

4. Such a bill of lading shall be prima facie evidence of the receipt by the carrier of the goods as therein described in accordance with §3, a, b and c. However, proof to the contrary shall not be admissible when the bill of lading has been transferred to a third party acting in good faith.

Nesse cenário, os transportadores, por sua vez, elaboram o seu modelo de conhecimento de embarque e nele incluem as cláusulas que entenderem mais adequadas para o gerenciamento do seu risco, o que pode gerar abusos nas cláusulas, uma vez que elaboradas unilateralmente, o que tem gerado conflitos especialmente nas cláusulas de eleição de foro e legislação aplicável.

O direito aplicado à solução de conflito entre embarcador e transportador, mesmo que tenha foro e lei estrangeira, pela teoria da submissão voluntária, é o direito brasileiro, tal como se denota pelo art. 9º da Lei de Introdução às Normas do Direito Brasileiro:

> Art. 9º Para qualificar e reger as obrigações, aplicar-se-á a lei do país em que constituírem.
> §1º Destinando-se a obrigação a ser executada no Brasil e dependendo de forma essencial, será esta observada, admitidas as peculiaridades da lei estrangeira quanto aos requisitos extrínsecos do ato.
> §2º A obrigação resultante do contrato reputa-se constituída no lugar em que residir o proponente.

Não se deve confundir, contudo, o contrato de afretamento (*Charter Party*: CP) de embarcação, considerado de utilização total ou parcial de um navio, com o conhecimento de embarque marítimo, que evidencia um contrato de transporte marítimo.

Ademais, aquele que afreta um navio (afretador) toma um navio para exploração comercial, inclusive mediante a expedição de conhecimento de embarque marítimo, e paga frete ao *fretador*, aquele que dá o navio mediante pagamento de frete. O contrato de afretamento pode ser: i) por viagem ou *Voyage* CP; ii) por tempo ou *Time* CP; ou iii) a casco nu (*Bareboat* CP).

No caso de arbitragem em CP, essa forma de solução de conflito não abrange a do conhecimento de embarque.

1.1.2 Cláusulas relevantes no conhecimento de embarque marítimo

Entre as diversas cláusulas relevantes do conhecimento de embarque marítimo, podem ser citadas:

1.1.2.1 *Paramount Clause*

Cláusula principal determina a legislação aplicável, todavia, deve ser analisada com reserva, uma vez que, no Brasil, trata-se de contrato de adesão. Deve-se mencionar que a autonomia da vontade contratual no Direito Internacional Privado brasileiro não é absoluta, uma vez que não pode violar a ordem pública, tal como dispõe o art. 17 da LINDB: "Art. 17. As leis, atos e sentenças de outro país, bem como quaisquer declarações de vontade, não terão eficácia no Brasil, quando ofenderem a soberania nacional, a ordem pública e os bons costumes".

Geralmente, como inexiste regulação econômica eficaz no transporte marítimo internacional no Brasil, o ambiente institucional onde operam os usuários desse modal tem possibilitado, em face da retórica da autonomia da vontade e da liberdade contratual, a inclusão de cláusulas *paramount* com menção a convenções internacionais não ratificadas pelo Brasil, assim como legislação de outros países.

Essa prática, em alguns casos, tem violado a ordem pública, especialmente quando dificulta o acesso à justiça, e causado a onerosidade excessiva do contrato de transporte, especialmente quando se trata da limitação da responsabilidade em valores irrisórios e cláusulas de exoneração da responsabilidade civil do transportador não toleradas pelo direito brasileiro.

Dentre as convenções não ratificadas pelo Brasil, podem ser citadas a Convenção de Bruxelas para a Unificação de Certas Regras em Matéria de Conhecimento de Embarque (1924, Regras de Haia), as Regras de Haia-Visby, as Regras de Hamburgo (1978), a Cogsa 1936 (Lei de transporte marítimo internacional dos Estados Unidos) e leis de outros países.

Segundo Eliane Martins:

> As cláusulas de eleição de direito estatal são usualmente incluídas no BL,[18] conjuntamente com as cláusulas *paramount* e cláusulas de eleição de foro, que remetem à aplicabilidade da lei onde o transportador tem o seu estabelecimento principal. Nesse sentido, estipulam as cláusulas *paramount* dos modelos de BLs Conlinebill,[19] da Bimco, ou Visconbill.

---

[18] *Bill of Lading:* conhecimento de embarque marítimo.

[19] De acordo com a autora: "A cláusula *paramount* Conlinebill estipula a aplicabilidade das Regras de Haia (1924) tal como promulgadas no país de embarque. Todavia, quando no país em que o embarque seja efetuado, as regras não tenham sido adotadas, aplicar-se-á a legislação correspondente do país de destino. Mas, no que diz respeito aos embarques, para os quais não existem disposições legais obrigatoriamente aplicáveis, serão observadas as

OSVALDO AGRIPINO DE CASTRO JUNIOR [Coord.]
CONSTITUIÇÃO, TRIBUTAÇÃO E ADUANA NO TRANSPORTE MARÍTIMO E NA ATIVIDADE PORTUÁRIA

Destacam-se ainda algumas variantes de teor da cláusula *paramount*. Há cláusulas *paramount* que designam vários regimes jurídicos para regular distintas partes do contrato, levando a cabo o *dépeçage* ou fracionamento do contrato.

É evidenciada ainda a inclusão das chamadas cláusulas flutuantes que acabam por resultar em *forum shopping* tanto de jurisdição como de direito aplicável, nas quais se outorga ao demandante optar entre vários regimes jurídicos ou competências jurisdicionais.[20]

Adiante, segue um exemplo de uma cláusula *paramount*:

2. General *Paramount* Clause.

The Hague Rules contained in the International Convention for the Unification of certain rules relating to Bills of Lading, dated Brussels the 25th August 1924 as enacted in the country of shipment shall apply to this contract.

When no such enactment is in force in the country of shipment, the corresponding legislation of the country of destination shall apply, but in respect of shipments to which no such enactments are compulsorily applicable, the terms of the said Convention shall apply.

Trades where Hague-Visby Rules apply.

In trades where the International Brussels Convention 1924 as amended by the Protocol signed at Brussels on February 23rd 1968 – The Hague-Visby Rules – apply compulsorily, the provisions of the respective legislation shall be considered incorporated in this Bill of Lading. The Carrier takes all reservations possible under such applicable legislation, relating to the period before loading and after discharging and while the goods are in the charge of another Carrier, and to deck cargo and live animals.[21]

1.1.2.2 Cláusula de jurisdição ou de eleição de foro: determina qual a competência jurisdicional

Trata-se de uma das cláusulas que tem gerado mais controvérsias e insegurança jurídica no direito brasileiro, especialmente em disputas envolvendo o transportador marítimo, de um lado, e usuários e seguradoras, de outro lado, nesse caso, em ações regressivas contra o

---

disposições da dita convenção". MARTINS, Eliane M. Octaviano. *Curso de direito marítimo*. São Paulo: Manole, 2008, p. 284. v. II.

20 MARTINS, Eliane M. Octaviano. *Curso de direito marítimo*, p. 284. v. II.

21 Cláusula 2 do Liner Bill of Lading (Liner terms approved by The Baltic and International Maritime Conference) Code Name: "CONLINEBILL". Amended January 1st, 1950, August 1st, 1952, January 1st, 1973, July 1st, 1974. August 1st, 1976, January 1st, 1978.

transportador, tendo em vista a abusividade dela ao eleger, num contrato de adesão elaborado pelo armador, foro no exterior. Tal eleição, feita unilateralmente sem qualquer ingerência do usuário, dificulta o acesso à justiça e, dessa forma, viola a ordem pública brasileira.

No transporte internacional é nula a cláusula que "elegeu o foro estrangeiro para apreciar eventual litígio quando não houver consentimento específico da parte aderente".[22] Como exemplo de cláusula de jurisdição, considerada abusiva no direito brasileiro, tem-se o seguinte texto:

3. Jurisdiction.
Any dispute arising under this Bill of Lading shall be decided in the country where the carrier has his principal place of business, and the law of such country shall apply except as provided elsewhere herein.[23]

1.1.2.3 Cláusula de avaria grossa e Cláusula New Jason

Geralmente se aplicam as Regras de York e Antuérpia. A *Cláusula New Jason* autoriza o transportador a exigir contribuição na regulação de avaria grossa mesmo na hipótese de falta, erro ou negligência decorrentes da sua atividade, e em caso de responsabilidade extracontratual.

Vale mencionar que a avaria grossa, pela relevância na distribuição dos riscos dos envolvidos na expedição marítima, foi inserida no Código de Processo Civil de 2015, conforme arts. 705 a 709:

Art. 707. Quando inexistir consenso acerca da nomeação de um regulador de avarias, o juiz de direito da comarca do primeiro porto onde o navio houver chegado, provocado por qualquer parte interessada, nomeará um de notório conhecimento.

Art. 708. O regulador declarará justificadamente se os danos são passíveis de rateio na forma de avaria grossa e exigirá das partes envolvidas a apresentação de garantias idôneas para que possam ser liberadas as cargas aos consignatários.

§1º A parte que não concordar com o regulador quanto à declaração de abertura da avaria grossa deverá justificar suas razões ao juiz, que decidirá no prazo de 10 (dez) dias.

---

[22] BRASIL. Superior Tribunal de Justiça. STJ. Ag.Rg. no AI nº 459.668/RJ, j. 16.12.2002. Disponível em: http://www.stj.jus.br. Acesso em: 10 abr. 2018.

[23] Cláusula 3 do Liner Bill of Lading (Liner terms approved by The Baltic and International Maritime Conference) Code Name: "CONLINEBILL". Amended January 1st, 1950, August 1st, 1952, January 1st, 1973, July 1st, 1974. August 1st, 1976, January 1st, 1978.

§2º Se o consignatário não apresentar garantia idônea a critério do regulador, este fixará o valor da contribuição provisória com base nos fatos narrados e nos documentos que instruírem a petição inicial, que deverá ser caucionado sob a forma de depósito judicial ou de garantia bancária.

§3º Recusando-se o consignatário a prestar caução, o regulador requererá ao juiz a alienação judicial de sua carga na forma dos arts. 879 a 903.

§4º É permitido o levantamento, por alvará, das quantias necessárias ao pagamento das despesas da alienação a serem arcadas pelo consignatário, mantendo-se o saldo remanescente em depósito judicial até o encerramento da regulação.

Art. 709. As partes deverão apresentar nos autos os documentos necessários à regulação da avaria grossa em prazo razoável a ser fixado pelo regulador.

Art. 710. O regulador apresentará o regulamento da avaria grossa no prazo de até 12 (doze) meses, contado da data da entrega dos documentos nos autos pelas partes, podendo o prazo ser estendido a critério do juiz.

§1º Oferecido o regulamento da avaria grossa, dele terão vista as partes pelo prazo comum de 15 (quinze) dias, e, não havendo impugnação, o regulamento será homologado por sentença.

§2º Havendo impugnação ao regulamento, o juiz decidirá no prazo de 10 (dez) dias, após a oitiva do regulador.

Art. 711. Aplicam-se ao regulador de avarias os arts. 156 a 158, no que couber.

1.1.2.4 Cláusula de Identificação do Transportador (*Identity of Carrier Clause*)

Essa cláusula objetiva identificar quem é o *carrier* e é relevante quando o conhecimento de embarque (BL) está vinculado a uma carta-partida de fretamento por tempo (TCP), uma vez que ocorre a partilha da Gestão Náutica (segurança da navegação), a cargo do armador-fretador, e a Gestão Comercial (atividade empresarial voltado para o transporte), sob responsabilidade do afretador.

A identificação do transportador é relevante para eleger o responsável pelos danos causados à carga. Segundo John Wilson:

> In practice the carrier is rarely identified in the bill of lading which may be issued in the name of the shipowner, the charterer, a sub-charterer or the agent of any one of them.
> The position is further complicated by the fact that in the majority of cases the bill will be signed by or on behalf of the ship's master, who is normally the agent of the shipowner.

Faced with this conflicting evidence, it is important for the shipper to make the correct choice since the normal rule in English law is that only one party is liable as carrier under any individual carriage contract.[24]

1.1.2.5 Cláusula de Exceção Geral (*Exception General Clause*)

Ampara qualquer exclusão de responsabilidade do transportador e são conhecidas como cláusulas de irresponsabilidade, como atos do comandante ou tripulação (culpa náutica), perigos do mar, guerra, inimigos, greves, perturbação da ordem pública e força maior. Não é tolerada pelo direito brasileiro.

1.1.3 Arbitragem marítima

Não há dúvida de que a indústria marítima, mais do que em qualquer outro setor do comércio, tem promovido mais a arbitragem como método preferencial de solução de conflitos. Uma das razões pelas quais a arbitragem marítima tem sido tão largamente usada, além das vantagens tradicionais dessa forma de solução de conflito, ainda que adversarial, como eficiência, privacidade, velocidade etc., tem sido a possibilidade de dar às partes, que são provenientes de diferentes origens sociais, culturais e jurídicas, a possibilidade de se sentirem confortáveis por concordarem que suas disputas contratuais sejam manuseadas por profissionais comerciais, especialistas e neutros que operam em um ambiente internacional.[25]

Segundo Alcântara, desde 1970 até 1994, 11 encontros internacionais de árbitros marítimos ocorreram por meio do *International Congress of Maritime Arbitrators* (ICMA). A clientela que a comunidade marítima internacional proporciona, contudo, não tem fácil e livre acesso aos competentes árbitros marítimos e a ela é fornecida uma lista de árbitros nacionais que, com ajuda de advogados locais, convida um árbitro especialista. Assim, a empresa opta por um procedimento especial, uma lei material e os custos em outras instâncias, tal como em Londres.[26]

---

[24] WILSON, John F. *Carriage of goods by sea*, p. 236.

[25] ALCÂNTARA, José M. An international panel of maritime arbitrators? *In: Journal of International Arbitration*, v. 11 (4), Dec. 1994, p. 117.

[26] ALCÂNTARA, José M. An international panel of maritime arbitrators?. *Journal of International Arbitration*, p. 118.

OSVALDO AGRIPINO DE CASTRO JUNIOR [Coord.]
CONSTITUIÇÃO, TRIBUTAÇÃO E ADUANA NO TRANSPORTE MARÍTIMO E NA ATIVIDADE PORTUÁRIA

De acordo com o professor português, a formação de um painel para discutir arbitragem marítima, por meio do ICMA, é relevante para debater os seguintes temas: i) as vantagens e desvantagens do projeto; ii) o treinamento de árbitros; iii a disponibilidade de árbitros; iv) a cooperação entre centros ou organizações arbitrais para a indicação de árbitros; e v) a aplicação e inclusão de mediação e conciliação a casos internacionais.[27]

No que concerne à mediação em disputas marítimas, esse processo é possível nos regulamentos da *Society of Maritime Arbitrators of New York* (SMA)[28] e na *London Maritime Arbitrators Association* (LLMA)[29] em Londres.[30] É um processo bem diferente da arbitragem e exige que as partes usem um intermediário independente (mediador) para obterem um compromisso para solucionar o conflito.

Alguns lembram que há tempos, quando um problema surgia em uma carta-partida, os dois corretores sentavam-se juntos e buscavam um acordo. Muitas vezes isso funcionava e havia até casos em que os corretores participantes recebiam bônus financeiro pela solução do caso. A mediação marítima não é muito usada no setor marítimo norte-americano,[31] mas tem sido bastante usada em outros setores.[32]

A arbitragem está presente na maioria das Cartas-Partidas (CPs) e é pouco usada no conhecimento de embarque, exceto quando o BL incorpora nele a cláusula do CP.[33] No caso *Fiona Trust and Holding Corp.* v. *Privalov* os armadores queriam rescindir um grupo de CP com base na tese de que haviam sido celebrados com corrupção.

No Reino Unido, segundo a *Section 7* do *Arbitration Act 1996*, a invalidade ou rescisão do contrato principal não implica a invalidade

---

[27] ALCÂNTARA, José M. An international panel of maritime arbitrators?. *Journal of International Arbitration*, p. 126.

[28] Acerca da revisão das normas de arbitragem desse centro de arbitragem marítima: BULOW, Lucienne Carasso. The revised arbitration rules of the society of maritime arbitrators. *Journal of International Arbitration*, issue 1, v. 12, 1995, p. 87-99.

[29] Disponível em: http://www. lmaa.org.uk.

[30] No Brasil, ver Regras de Arbitragem da Associação Brasileira de Direito Marítimo (ABDM).

[31] Acerca da análise comparativa dos métodos alternativos de solução de disputas nos âmbitos federal, estadual e local nos Estados Unidos e Brasil, ver nossa tese de doutorado, com período de pesquisas na Stanford Law School, em 2000: CASTRO JUNIOR, Osvaldo Agripino de. *Introdução ao direito e desenvolvimento*: estudo comparado para a reforma do sistema judicial brasileiro. Prefácio Prof. Dr. Celso Campilongo. Brasília: Editora do Conselho Federal da OAB, 2004. 855 p.

[32] VAN GELDER, Michael A. Maritime arbitration: quo vadis? Have delays and costs caused us to Lose the Way?. *Journal of International Arbitration*, issue 1, v. 12, 1995, p. 86.

[33] Sobre arbitragem marítima no direito inglês: WILSON, John F. *Carriage of goods by sea*. Sixth Edition. London: Pearson, 2008, p. 327-338.

ou rescisão da cláusula arbitral. Uma convenção de arbitragem deve ser tratada como um acordo diferente. Além disso, é mais fácil executar uma sentença arbitral do que uma sentença judicial.

A principal desvantagem da arbitragem marítima é que uma série de decisões arbitrais semelhantes não implica no estabelecimento de precedentes, tal como ocorre no Poder Judiciário. No citado país, em matéria de direito pode-se recorrer para a *High Court*.

Ademais, a nomeação de um único árbitro reduz custos e quando não há acordo, a *High Court* o nomeia. No Reino Unido, há dispositivo na convenção arbitral mencionando que será indicado por uma terceira parte, tal como a *Law and Society ou Chairman of Commodity Association*.

Se houver desacordo entre os dois árbitros, o *umpire* pode decidir sozinho. Mencione-se que a convenção arbitral pode exigir que o árbitro seja um *commercial man, ou full-time arbitrator, but not a lawyer practicising in a particular commercial field*.

No Reino Unido as cortes respeitam a liberdade contratual para escolher o foro, mesmo que o contrato não tenha conexão. Nesse passo, deve-se mencionar o caso *The Spiliada*, no qual os seguintes requisitos foram levados em consideração: i) jurisprudência do domicílio do réu; ii) local onde ocorreu o dano; iii) execução do contrato; iv) local de entrega da venda; e v) local da prestação dos serviços.

Com a inclusão da convenção arbitral, os árbitros podem aplicar a lei que tiverem maior familiaridade. De acordo com Aboul-Eneim,[34] a arbitragem comercial internacional moderna deve observar um número de princípios fundamentais, que possibilitam uma solução de conflitos no comércio internacional mais adequada, eficaz e menos cara.

Os mais importantes princípios são: i) o reconhecimento da validade da cláusula compromissória se concluída antes ou depois do surgimento do conflito; ii) um controle mínimo pelas cortes nacionais sobre o processo arbitral; iii) a independência da cláusula arbitral incluída em relação ao contrato principal; iv) a jurisdição do tribunal arbitral para decidir sobre sua própria jurisdição (*compétence de la compétence*); v) a exclusão de recurso sobre o mérito da decisão; vi) o reconhecimento de garantias fundamentais sobre o processo.[35]

---

[34] O autor discorre sobre a arbitragem marítima de acordo com as Regras de Hamburgo, convenção não ratificada pelo Brasil: ABOUL-ENEIM; M.I.M. Maritime arbitration according to the United Nations Convention on the carriage of goods by sea. *In: Journal of International Arbitration*, v. 14, issue 2, 1997, p. 87-97.

[35] ABOUL-ENEIM; M.I.M. *Maritime arbitration according to the United Nations Convention on the carriage of goods by sea*, p. 90.

OSVALDO AGRIPINO DE CASTRO JUNIOR [Coord.]
CONSTITUIÇÃO, TRIBUTAÇÃO E ADUANA NO TRANSPORTE MARÍTIMO E NA ATIVIDADE PORTUÁRIA

Outro tema que tem suscitado controvérsias é o decorrente de cláusulas de arbitragem em contratos marítimos e seu efeito vinculante para grupos de empresas. As empresas comerciais conduzem seus negócios em estruturas organizacionais que incluem uma empresa coligada, subsidiárias, subsubsidiárias e outras empresas afiliadas.

Em alguns casos, as subsidiárias conduzem negócios efetivamente separados, enquanto em outros casos, uma subsidiária é somente parte de uma empresa maior do grupo, que é conduzida por várias afiliadas sob uma única direção da coligada. Na indústria marítima, armadores, afretadores, proprietários de carga e empresas fornecedoras frequentemente operam dentro de uma estrutura organizacional onde várias afiliadas prestam diversos serviços, com o objetivo de limitar a responsabilidade de cada membro do grupo empresarial.[36]

A experiência norte-americana sobre esse tema é relevante, pois de acordo com o direito dos Estados Unidos, a concordância por um membro de grupo empresarial de um contrato contendo cláusula de arbitragem pode vincular ou criar direitos para outros membros do grupo.

Nesse quadro, pode uma empresa afiliada que não celebrou contrato com cláusula de arbitragem que opera um navio para o proprietário obrigar-se a uma arbitragem?[37]

Pode uma empresa estrangeira afiliada que não celebrou contrato com cláusula arbitral que forneceu combustível em contrato de suprimento de uma empresa de seu grupo ser obrigada a se submeter a uma arbitragem?[38]

Podem os árbitros determinar um proprietário de navio a pagar indenização por danos à carga diretamente a um subafretador que sofreu os danos, mas não celebrou contrato de afretamento com cláusula arbitral?[39]

Pode um proprietário beneficiário de um navio ser condenado por uma cláusula arbitral em contrato de afretamento mesmo que ele não tenha assinado?[40]

Nesse cenário, deve-se mencionar que a intervenção do Poder Judiciário é fundamental para garantir a autonomia da arbitragem nos

---

[36] SCHLÖSSER, Karin A. Arbitration clauses in maritime contracts and their binding effect on groups of companies. *Journal of International Arbitration*, v. 11 (4), Dec. 1994, p. 127.

[37] Keystone Shipping *v.* Texport Oil, *782 F. Supp.* 28 (S.D.N.Y. 1992).

[38] Oriental Commercial & Shipping *v.* Rosseel NV, *702 F. Supp. 1005* (S.D.N.Y. 1988).

[39] Reyes Compañia Naviera S.A. *v.* Manumante S.A., *649 Supp. 789* (S.D.N.Y. 1986).

[40] Hidrocarburos y. Derivados *v.* Lemos, *453 Supp. 160* (S.D.Y.N. 1977).

Estados Unidos. Essa assistência é essencial porque as cortes possuem instrumentos do Estado soberano para garantir, inclusive, a efetividade das regras e lei de arbitragem.[41]

A resposta a tais questões depende se a corte sustenta que os membros de um grupo empresarial que assinaram e não assinaram atuam desconsiderando que são empresas separadas, como se elas fossem uma única.

Uma empresa coligada pode ser vinculada por uma cláusula de arbitragem que não assinou se ela exerceu controle sobre a subsidiária, juntamente com alguma intenção de cometer ou conceber uma fraude que causou danos à parte que requer a arbitragem.

A multiplicidade de empresas, que é comum na indústria marítima, pode causar problemas na execução do crédito. Esses problemas podem ser resolvidos somente caso a caso, usando fatores articulados pelas cortes, na tentativa de fazer com que as partes realmente envolvidas na disputa se submetam à arbitragem.[42]

1.1.3.1 Arbitragem marítima nas regras de Roterdã

Embora não tenha sido ratificada pelo Brasil, a convenção Regras de Roterdã trata da arbitragem nos seguintes dispositivos legais:

Artigo 4 Aplicabilidade das defesas e limites da responsabilidade
1. Qualquer disposição desta Convenção que forneça a defesa ou limite a responsabilidade do transportador aplica-se a qualquer procedimento judicial ou arbitral, quer seja baseado em normas contratuais, civis ou de qualquer outra natureza.
[...]
Artigo 62 Prazo para exercício de ações
1. Nenhum procedimento judicial ou arbitral poderá ser instituído com respeito a reivindicações ou disputas, resultantes de infração de uma obrigação prevista nesta Convenção, após a expiração do período de dois anos.
[...]
Capítulo 15 Arbitragem
Artigo 75 Acordos de arbitragem

---

[41] ZEKOS, Georgios. Courts' intervention in commercial and maritime arbitration under U.S. Law. *In: Journal of International Arbitration*, v. 14, issue 2, 1997, p. 108.

[42] SCHLÖSSER, Karin A. *Arbitration clauses in maritime contracts and their binding effect on groups of companies*, p. 134.

OSVALDO AGRIPINO DE CASTRO JUNIOR [Coord.]
CONSTITUIÇÃO, TRIBUTAÇÃO E ADUANA NO TRANSPORTE MARÍTIMO E NA ATIVIDADE PORTUÁRIA

1. Sujeitas a este Capítulo, as partes poderão acordar que qualquer litígio que possa surgir relacionado com o transporte da carga previsto nesta Convenção deverá ser submetido à arbitragem.
2. Os procedimentos de arbitragem, segundo escolha da pessoa que dirigir uma reclamação contra o transportador, deverão realizar-se em: (a) Algum lugar determinado para tal fim no acordo de arbitragem; ou (b) Qualquer outro lugar localizado em um País onde qualquer um dos seguintes locais estiver situado: (i) O domicílio do transportador; (ii) O local de recebimento de acordo com o contrato de transporte; (iii) O local de entrega de acordo com o contrato de transporte; ou (iv) O porto onde a carga foi inicialmente carregada para o navio ou o porto onde a carga foi finalmente descarregada do navio.

1.2 Arbitragem portuária

É necessário que a academia, a OAB, as entidades que atuam no setor e as Federações de Indústrias e de comércio se organizem para a criação de Câmaras de Mediação e Arbitragem para julgarem tais conflitos nas cidades portuárias ou com forte fluxo de mercadorias.

Nesse ambiente é importante, ainda, que a Antaq regule a arbitragem, com a inclusão da cláusula compromissória nos conhecimentos de embarque. Isso é possível, pois as normas que regulam o setor assim determinam e, dentre elas podemos citar a Lei de Concessão e Permissão (nº 8.987/1995, art. 23-A) e a Lei de Criação da Antaq e da ANTT (nº 10.233/2001, arts. 35 e 38), quais sejam:

> Art. 23-A. O contrato de concessão poderá prever o emprego de mecanismos privados para resolução de disputas decorrentes ou relacionadas ao contrato, inclusive a arbitragem, a ser realizada no Brasil e em língua portuguesa, nos termos da Lei nº 9.307, de 23 de setembro de 1996.
> [...]
> Art. 35. O contrato de concessão deverá refletir fielmente as condições do edital e da proposta vencedora e terá como cláusulas essenciais, ressalvado o disposto em legislação específica, as relativas a: (Redação dada pela Lei nº 12.815, de 2013)
> [...] XVI – regras sobre solução de controvérsias relacionadas com o contrato e sua execução, inclusive a conciliação e a arbitragem;
> [...]
> Art. 38. As permissões a serem outorgadas pela ANTT e pela Antaq aplicar-se-ão à prestação regular de serviços de transporte de passageiros que independam da exploração da infra-estrutura utilizada e não tenham caráter de exclusividade ao longo das rotas percorridas, devendo também

ser precedidas de licitação regida por regulamento próprio, aprovado pela Diretoria da Agência, e pelo respectivo edital.

[...]

Art. 39. [...]

[...] XI – regras sobre solução de controvérsias relacionadas com o contrato e sua execução, incluindo conciliação e arbitragem;

Assim, a reforma portuária que ensejou a Lei nº 12.815/2013 – Lei Nacional dos Portos –, incluiu a arbitragem como forma de solução de conflitos entre trabalhadores portuários (art. 37) e concessionários e arrendatários (art. 62), adiante transcritos. Esses dispositivos, embora regulem situações distintas, são relevantes para o setor.

Primeiramente será tratado o art. 37 da Lei nº 12.815/2013, *in verbis:*

Art. 37. Deve ser constituída, no âmbito do órgão de gestão de mão de obra, comissão paritária para solucionar litígios decorrentes da aplicação do disposto nos arts. 32, 33 e 35.

§1º Em caso de impasse, as partes devem recorrer à arbitragem de ofertas finais.

Como visto, o dispositivo acima é para casos de conflito quanto à gestão, contratação e fiscalização de mão de obra portuária. Assim, deve-se mencionar o conceito de "arbitragem de ofertas finais", que está definido na Lei nº 10.101/2000, qual seja: havendo impasse em negociação, cada parte faz uma proposta final, em caráter definitivo, e o árbitro, a ser por elas escolhido em comum acordo, opta por uma dessas propostas, que, assim, se tornará vinculativa.[43]

Ademais, a "arbitragem de ofertas finais", portanto, não envolve efetiva prestação jurisdicional, mais se assemelhando a uma espécie de arbitramento. A sua grande vantagem, ao menos sob o ponto de vista dos concessionários (arrendamentos portuários) e autorizatários, é retirar da Justiça do Trabalho, cuja jurisprudência é considerada favorável ao empregado, a competência para apreciação de demandas envolvendo a gestão, contratação e fiscalização de mão de obra portuária.

Ocorre que a constitucionalidade do §1º do art. 37 poderia ser objeto de questionamento, na medida em que estabelece hipótese de arbitragem compulsória.[44] Além disso, a submissão de disputas

---

[43] INFORMATIVO Lobo & Ibeas Advogados. A Convenção de arbitragem na Nova Lei dos Portos. Edição nº 3, p. 4, 2013.

[44] O Supremo Tribunal Federal, na SEC 5.206-7, proferiu decisão que poderia ser interpretada como considerando incompatível com a Constituição quaisquer procedimentos de jurisdição

individuais entre empregadores e empregados à arbitragem envolve dificuldade, em virtude da relativa indisponibilidade dos direitos trabalhistas.[45] Portanto, não se pode descartar que a validade de decisões proferidas em "arbitragem de ofertas finais" venha a ser impugnada no Judiciário.[46]

O segundo dispositivo da Lei dos Portos que trata de arbitragem é o §1º do art. 62, e representa importante inovação em relação à lei anterior. Nesse caso, cabe a transcrição:

> Art. 62. O inadimplemento, pelas concessionárias, arrendatárias, autorizatárias e operadoras portuárias no recolhimento de tarifas portuárias e outras obrigações financeiras perante a administração do porto e a Antaq, assim declarado em decisão final, impossibilita a inadimplente de celebrar ou prorrogar contratos de concessão e arrendamento, bem como obter novas autorizações.
>
> §1º Para dirimir litígios relativos aos débitos a que se refere o caput, poderá ser utilizada a arbitragem, nos termos da Lei nº 9.307, de 23 de setembro de 1996.

Esse dispositivo faculta (sem impor) o recurso à arbitragem para dirimir litígios relativos ao recolhimento de tarifas portuárias e outras obrigações financeiras entre concessionários, a administração dos portos e a Antaq.[47]

Litígios da espécie, habitualmente, envolvem questões de grande complexidade e altos valores, sendo notório o caso da ação judicial movida pela União, como representante da Companhia Docas de São Paulo (Codesp) contra a Libra Terminais, em que se discute débito

---

privada que não sejam instituídos pela livre vontade das partes envolvidas. Todavia, poderia ser argumentado que, como a *"arbitragem de ofertas finais"* não envolve prestação jurisdicional, caracterizando-se como mero procedimento de arbitramento para a solução de impasses negociais, tal decisão do STF não seria aplicável. (BRASIL. Supremo Tribunal Federal. STF. SEC 5.206-7. Disponível em: http://www.stf.jus.br. Acesso em: 12 jan. 2018).

[45] *Vide*, exemplificativamente, acórdão proferido pelo TRT da 3ª Região no EDcl no RO nº 0336000-60.2003.5.02.0382. Porém, assim como no caso da nota anterior, poderia ser argumentado que, como a *"arbitragem de ofertas finais"* não envolve prestação jurisdicional, tais decisões não seriam aplicáveis.

[46] INFORMATIVO Lobo & Ibeas Advogados. A Convenção de arbitragem na Nova Lei dos Portos. Edição nº 3, 2013, p. 4.

[47] O Superior Tribunal de Justiça tem se posicionado no sentido de que a convenção de arbitragem pelo Poder Público é possível, como se verifica, ilustrativamente, do acórdão proferido no MS nº 11.308/DF.

referente ao arrendamento de terminal no Porto de Santos,[48] e que foi concluída através de arbitragem portuária, adiante comentada (1.3).

A relevância desses litígios é extrema não apenas sob o ponto de vista financeiro, pois a existência de débito, declarada por decisão não sujeita a recurso, impossibilita o concessionário de celebrar ou prorrogar contratos de concessão e arrendamento, bem como obter novas autorizações (até, naturalmente, a quitação).

Mencione-se, tal como ensina Toshio Mukai, que a Lei dos Portos "é uma das raras leis de direito público que, além da Lei nº 8.987/95 (Lei das Concessões e Permissões de Serviços Públicos), admite a arbitragem, embora aqui restrita às questões de débitos".[49]

Cabe acrescentar que à Antaq, nos termos do art. 20, inciso II, alínea "b", da Lei nº 10.233/2001, no exercício do poder adjudicatório, compete arbitrar conflitos, vejamos:

> Art. 20. São objetivos das Agências Nacionais de Regulação dos Transportes Terrestre e Aquaviário: [...] II – regular ou supervisionar, em suas respectivas esferas e atribuições, as atividades de prestação de serviços e de exploração da infra-estrutura de transportes, exercidas por terceiros, com vistas a: [...] b) harmonizar, preservado o interesse público, os objetivos dos usuários, das empresas concessionárias, permissionárias, autorizadas e arrendatárias, e de entidades delegadas, arbitrando conflitos de interesses e impedindo situações que configurem competição imperfeita ou infração da ordem econômica.

Por sua vez, o contrato de concessão portuária (arrendamento) deve ter cláusula arbitral, tal como determina o art. 35, inciso XVI, da Lei nº 10.233/2001, *in verbis:*

> Art. 35. O contrato de concessão deverá refletir fielmente as condições do edital e da proposta vencedora e terá como cláusulas essenciais, ressalvado o disposto em legislação específica, as relativas a: (Redação dada pela Lei nº 12.815, de 2013) [...] XVI – regras sobre solução de controvérsias relacionadas com o contrato e sua execução, inclusive a conciliação e a arbitragem;

Nesse contexto, o recurso à arbitragem apresenta, por um lado, importantes vantagens em relação à submissão de conflitos ao Judiciário,

---

[48] INFORMATIVO Lobo & Ibeas Advogados. A Convenção de arbitragem na Nova Lei dos Portos. Edição nº 3, 2013, p. 4.

[49] MUKAI, Toshio. *Anotações à nova legislação dos portos:* Lei nº 12.815, de 5 de junho de 2013, e Decreto nº 8.033, de 27 de junho de 2013. São Paulo: Aduaneiras, 2013, p. 35.

especialmente a possibilidade de nomeação pelas partes de árbitros especializados nas questões discutidas, o que aumenta, em tese, a possibilidade de decisões justas e acertadas.

Por outro lado, porém, a maior agilidade dos procedimentos arbitrais e o fato de as suas decisões não estarem sujeitas a recurso podem ser considerados desvantagens, porquanto impossibilitam que o concessionário questione por longo período, como, em regra, poderia fazer no Judiciário, a existência de débito, até que seja proferida decisão final contrária aos seus interesses.

Ademais, a arbitragem vem sendo usada em contratos de construção de navios, de venda de navios, de afretamento e de salvamento (avaria grossa). Nos Estados Unidos, por exemplo, é possível o árbitro arrestar navio, carga e frete antes de iniciar a arbitragem.

Destacam-se, nesse ambiente, o Centro Brasileiro de Litígios Econômicos, do Grupo Caraíve, especializado na solução adequada de conflitos em setores de alta complexidade, como o portuário,[50] e a Câmara de Arbitragem e Mediação da Federação das Indústrias do Paraná (CAMFIEP), que tem se destacado na realização de arbitragem nos setores de infraestrutura e de comércio exterior, bem como em seminário de alto nível para discutir a arbitragem internacional e dos conflitos do comércio exterior à luz da Convenção das Nações Unidas sobre Contratos de Compra e Venda Internacional de Mercadorias (CISG 1980).[51]

A redação da cláusula arbitral deve ser feita com cautela, de maneira simples e conter dados e especificações que possam contribuir para a formação de uma futura relação processual mais segura e bem delineada. Por outro lado, caso as escolhas sejam realizadas sem a análise de determinados pontos cruciais, a falta de detalhamento pode criar obstáculos desnecessários, impedindo a instituição eficiente e célere da arbitragem.[52]

A insegurança jurídica aumenta quando a arbitragem é internacional, o que é comum no transporte marítimo internacional de mercadorias, uma vez que as partes geralmente são de nacionalidades diferentes.

---

[50] Maiores informações, modelo de cláusula, artigos, regulamento, custas e lista de especialistas, ver: https://arbitragem.caraive.com.br/

[51] Maiores informações em: http://www.fiepr.org.br/para-empresas/camara- de-arbitragem.

[52] GABBAY, Daniela M.; MAZZONETTO, Nathalia; KOBAYASHI, Patrícia S. Desafios e cuidados na redação das cláusulas de arbitragem. *In:* BASSO, Maristela; POLIDO, Fabrício Bertini Pasquot (Org.). *Arbitragem* comercial: princípios, instituições e procedimentos: a prática no CAM-CCBC. São Paulo, Madrid: Marcial Pons, CAM-CCBC: Centro de Arbitragem e Mediação/Câmara de Comércio Brasil-Canadá, 2013, p. 96.

A convenção de arbitragem, que tem fundamento na autonomia da vontade das partes, assume importância, porque:

[...] é a pedra angular da arbitragem internacional e doméstica, uma vez que representa a vontade das partes e o consenso quanto às principais escolhas que pautarão o funcionamento da arbitragem. É através da convenção de arbitragem que as partes atribuem aos árbitros o poder de decidir o conflito e, ao mesmo tempo, limitam e definem o escopo desse poder. O tema envolve questões teóricas e práticas e, dado a sua relevância, a cláusula arbitral não deve ser o último ponto a ser pensado e negociado quando se redige um contrato entre as partes (conhecida como midnight clause). Isso porque há escolhas estratégicas a serem feitas e que podem refletir-se diretamente no momento do litígio, evitando que o cerne do conflito ceda lugar a incertezas e inconsistências relacionadas à redação da cláusula ou mesmo a sua patologia, o que gera protelação na solução do conflito e impede o funcionamento adequado da arbitragem.[53]

Nesse sentido, alguns requisitos mínimos são relevantes para reduzir o risco na confecção de uma cláusula arbitral que envolva o transporte marítimo internacional de mercadorias, quais sejam: i) convenção de arbitragem pactuada de forma escrita e que possa ser reconhecido pelos Estados; ii) indicação dos árbitros ou da instituição arbitral; iii) direito aplicável que rege a convenção de arbitragem e a sua execução; e iv) sede da arbitragem, que implica a escolha da *lex arbitri*, do juiz competente para o julgamento das ações acessórias ao procedimento, do foro natural para a anulação da sentença arbitral e a nacionalidade da sentença. Além dos requisitos mencionados, podem ser citados: v) a língua da arbitragem; vi) as regras/regulamento e cláusula modelo; e vii) a tutela de urgência,[54] ressaltando-se que, segundo a Lei de Arbitragem brasileira (Lei nº 9.307/1996), art. 22, §4º, os árbitros podem solicitar medidas ao Poder Judiciário.[55]

---

[53] GABBAY, Daniela M.; MAZZONETTO, Nathalia; KOBAYASHI, Patrícia S. *Desafios e cuidados na redação das cláusulas de arbitragem*, p. 94-95.

[54] Segundo Daniela M. Gabbay *et al.*, "Um dos aspectos que deve ser também considerado na redação da cláusula compromissória é a necessidade de obtenção de medidas de urgência, visando, por exemplo, a manutenção do status quo até à resolução final da disputa, ou a imposição coercitiva de uma determinada medida (obrigação de fazer ou não fazer), tal qual a oitiva de testemunha ou a produção de uma determinada prova que se faça necessária. Muitas vezes já há na cláusula arbitral a eleição do foro competente para medidas de urgência pré-arbitral ". GABBAY, Daniela M.; MAZZONETTO, Nathalia; KOBAYASHI, Patrícia S. *Desafios e cuidados na redação das cláusulas de arbitragem*, p. 114.

[55] GABBAY, Daniela M.; MAZZONETTO, Nathalia; KOBAYASHI, Patrícia S. *Desafios e cuidados na redação das cláusulas de arbitragem*, p. 96-115.

O citado dispositivo legal assim dispõe, *in verbis*:

> Art. 22. Poderá o árbitro ou o tribunal arbitral tomar o depoimento das partes, ouvir testemunhas e determinar a realização de perícias ou outras provas que julgar necessárias, mediante requerimento das partes ou de ofício. [...]
>
> §4º Ressalvado o disposto no §2º, havendo necessidade de medidas coercitivas ou cautelares, os árbitros poderão solicitá-las ao órgão do Poder Judiciário que seria, originariamente, competente para julgar a causa.

No campo da arbitragem internacional, deve-se ter cautela com a legislação aplicável, tal como lecionam Frederico Straube, Marcelo Inglez de Souza e Rafael Gagliardi:

> Quando um determinado procedimento arbitral, de alguma maneira ou sob algum aspecto, compreende ou envolve mais de uma nacionalidade, diz-se que ele é internacional. Se esse caráter internacional deriva da origem das partes, da lei aplicável ao mérito da disputa ou do local de celebração do contrato de que deriva, isso dependerá do critério a ser adotado. Contudo, a nota da coexistência, em algum nível, de nacionalidades distintas, é pressuposto da arbitragem internacional. A Lei nº 9.307/1996 não diferencia arbitragem doméstica da internacional. Apenas adota um pragmático critério, em seu art. 34, estabelecendo a regra segundo a qual é nacional a sentença arbitral proferida dentro do território nacional, e internacional, aquela proferida no exterior. A lei brasileira acompanha em linhas gerais, o critério utilizado na Convenção de Nova Iorque sobre Reconhecimento e Execução de Sentenças Arbitrais Estrangeiras, de 1958,[56] para caracterização da sentença arbitral estrangeira, segundo art. I.(1).[57]

1.2.1 Decreto nº 10.025, de 20 de setembro de 2019

Com a edição do Decreto nº 8.465/2015, o setor portuário ganhou uma norma para dar mais segurança jurídica aos contratos envolvendo a administração pública, todavia, esse foi revogado pelo Decreto nº 10.025, de 20 de setembro de 2019, que dispõe sobre a arbitragem para dirimir

---

[56] Internalizada no Brasil pelo Decreto nº 4.311, de 23 de julho de 2002.

[57] STRAUBE, Frederico Gustavo; SOUZA, Marcelo Junqueira Inglez de; GAGLIARDI, Rafael Villar. Leis aplicáveis à arbitragem. *In*: BASSO, Maristela; POLIDO, Fabrício Bertini Pasquot (Org.). *Arbitragem* comercial: princípios, instituições e procedimentos: a prática no CAM-CCBC. São Paulo, Madrid: Marcial Pons, CAM-CCBC: Centro de Arbitragem e Mediação/Câmara de Comércio Brasil-Canadá, 2013, p. 132.

litígios que envolvam a administração pública nos setores portuário e de transporte rodoviário, ferroviário, aquaviário e aeroportuário. Segundo, o art. 1º:

> Art. 1º Este Decreto dispõe sobre a arbitragem, no âmbito do setor portuário e de transportes rodoviário, ferroviário, aquaviário e aeroportuário, para dirimir litígios que envolvam a União ou as entidades da administração pública federal e concessionários, subconcessionários, permissionários, arrendatários, autorizatários ou operadores portuários.

Por sua vez, o art. 2º trata do objeto da arbitragem, nos seguintes termos:

> Art. 2º Poderão ser submetidas à arbitragem as controvérsias sobre direito patrimoniais disponíveis. Parágrafo único. Para fins do disposto neste Decreto, consideram-se controvérsias sobre direitos patrimoniais disponíveis, entre outras: I – as questões relacionadas à recomposição do equilíbrio econômico-financeiro dos contratos; II – o cálculo de indenizações decorrentes de extinção ou de transferência do contrato de parceria; e III – o inadimplemento de obrigações contratuais por quaisquer das partes, incluídas a incidência das suas penalidades e o seu cálculo.

Destaca-se que o procedimento arbitral deve observar as seguintes condições, dispostas no art. 3º:

> Art. 3º A arbitragem de que trata este Decreto observará as seguintes condições: I – será admitida exclusivamente a arbitragem de direito; II – as regras de direito material para fundamentar a decisão arbitral serão as da legislação brasileira; III – a arbitragem será realizada na República Federativa do Brasil e em língua portuguesa; IV – as informações sobre o processo de arbitragem serão públicas, ressalvadas aquelas necessárias à preservação de segredo industrial ou comercial e aquelas consideradas sigilosas pela legislação brasileira; V – a arbitragem será, preferencialmente, institucional; VI – uma câmara arbitral previamente credenciada pela Advocacia-Geral da União deverá ser escolhida para compor o litígio; e VIII – a decisão administrativa contestada na arbitragem deverá ser definitiva, assim considerada aquela insuscetível de reforma por meio de recurso administrativo. § 1º Exceto se houver convenção entre as partes, caberá à câmara arbitral fornecer o acesso às informações de que trata o inciso IV do **caput**. § 2º Fica vedada a arbitragem por equidade. § 3º Observado o disposto no inciso V do **caput**, será admitida a opção pela arbitragem **ad hoc**, desde que devidamente justificada. Art. 4º Antes da submissão dos litígios de que trata o art. 2º à arbitragem, poderá ser acordada entre as partes a adoção alternativa de outros mecanismos adequados à solução de controvérsias, inclusive a negociação direta

OSVALDO AGRIPINO DE CASTRO JUNIOR [Coord.]
CONSTITUIÇÃO, TRIBUTAÇÃO E ADUANA NO TRANSPORTE MARÍTIMO E NA ATIVIDADE PORTUÁRIA

com a administração, por meio de acordo ou transação, de que trata o art. 1º da Lei nº 9.469, de 10 de julho de 1997, ou a submissão do litígio à câmara de prevenção e resolução administrativa de conflitos da Advocacia-Geral da União, conforme previsto no inciso II do **caput** do art. 32 da Lei nº 13.140, de 26 de junho de 2015.

1.3 Possibilidades e limites da arbitragem nas atividades marítima e portuária

Tendo em vista que este capítulo trata de arbitragem marítima e portuária, é relevante discorrer um pouco sobre a possibilidade de repensar o conceito de disponibilidade de direito, a fim de ampliar a possibilidade da arbitragem no setor.

Assim, para estimular o debate, qual seria o limite da disponibilidade da arbitragem nesse setor? O risco do embarcador/usuário é grande, tendo em vista a quantidade de órgãos de governo (mais de vinte nas esferas federal, estadual e municipal) que interferem na atividade do comércio exterior, tal como a Receita Federal que, ao exercer o controle aduaneiro, é contumaz em extrapolar sua competência e inovar criando, às vezes, atos ilegais e exigências por meio de Portarias e Instruções Normativas e, dessa forma, problemas para a empresa que atua no setor.

Como exemplo, devemos mencionar a exigência decorrente da abusiva interpretação pela autoridade aduaneira do art. 18, *in fine*, da Lei nº 9.779, de 19 de janeiro de 1999, de dispositivos legais que regulam a atividade do comércio exterior, qual seja:

Art. 18. O importador, antes de aplicada a pena de perdimento da mercadoria na hipótese a que se refere o inciso II do art. 23 do Decreto-Lei nº 1.455, de 7 de abril de 1976, poderá iniciar o respectivo despacho aduaneiro, mediante o cumprimento das formalidades exigidas e o pagamento dos tributos incidentes na importação, acrescidos dos juros e da multa de que trata o art. 61 da Lei nº 9.430, de 1996, e das despesas decorrentes da permanência da mercadoria em recinto alfandegado.
Parágrafo único. Para efeito do disposto neste artigo, considera-se ocorrido o fato gerador, e devidos os tributos incidentes na importação, na data do vencimento do prazo de permanência da mercadoria no recinto alfandegado.

Por sua vez, o Regulamento Aduaneiro assim regula o tema:

Art. 643. Nas hipóteses a que se refere o art. 642, o importador, antes de aplicada a pena de perdimento, poderá iniciar o respectivo despacho de importação, mediante o cumprimento das formalidades exigíveis e o pagamento dos tributos incidentes na importação, acrescidos de juros e de multa de mora, e das despesas decorrentes da permanência da mercadoria em recinto alfandegado.

Seguindo o que dispõe o art. 20 da mencionada lei e em observância ao Regulamento Aduaneiro, a Alfândega da Receita Federal do Brasil no Porto de Paranaguá editou a Portaria nº 121, de 12 de dezembro de 2011, tratando do seguinte modo a matéria que abusou da sua competência, criando obrigação que não existe na lei:

> Art. 1º Os pedidos de início e retomada de despacho de importação de mercadorias abandonadas deverão vir instruídos com os comprovantes de pagamento das despesas de armazenagem do período de permanência da mercadoria em recinto alfandegado e da sobreestadia (demurrage) dos contêineres em que a carga se encontra unitizada, conforme determinação do art. 18, in fine, da Lei nº 9.779, de 19 de janeiro de 1999.

Como visto, será preciso resolver esse tipo de conflito, o que é feito, geralmente, pela via do Judiciário, mas poderia ser de outra forma, em face dos custos envolvidos e do avanço da arbitragem nos contratos administrativos.

No direito comparado, deve-se mencionar a experiência grega em relação às disputas envolvendo investidores no setor de transporte marítimo, inclusive em questões tributárias, qual seja:

> An important procedural provision is that of art. 12 of Law Decree/1953, which provides that all disputes arising between the Greek government and the investor, including disputes in public law matters, have to be resolved by means of arbitration, if they concern the protected investment. Details on the formation of Arbitration Courts are contained in the act of approval. This arbitration clause also comprises disputes in 'tax matters'[58] and represents a strong incentive for foreign investment.[59]

Assim, no que tange aos limites e possibilidades da arbitragem nas esferas marítima e portuária quando houver direito indisponível, a arbitragem, como evidencia o seu histórico, pode abranger os litígios de

---

[58] Deve-se mencionar que há outros dispositivos na legislação grega que tratam da solução de conflitos por arbitragem em questões tributárias envolvendo investimentos estrangeiros. Esse tema, contudo, encontrou forte oposição contra a constitucionalidade da arbitragem para solucionar tais conflitos e foi decidido pela Suprema Corte Especial da Grécia, que declarou constitucional os dispositivos sobre arbitragem, embora por uma decisão por maioria com um voto a mais (AED *decision* nº 24/1993). No caso de investimentos e navios, com base na Lei nº 2.687/1953, não há objeção sobre a constitucionalidade da arbitragem tendo em vista que a lei tem hierarquia constitucional. Sobre o tema, em grego: FINOLALIOTIS, K. *Forologiko Dikaio.* 3rd ed. Thessaloniki, 2005, p. 418 e ss.

[59] MATSOS, Georgios. Tonnage tax and tax competition. *In:* ANTAPASSIS, Antonis; ATHANASSIOU, Lia I.; ROSAEG, Erik (Org.). *Competition and regulation in shipping and shipping related industries.* Leiden, Boston: Martinus Nijhoff Publishers, 2009, p. 271.

vários ramos do direito público, respeitando-se as limitações de ordem pública. Dessa forma, é relevante a lição de Sérgio de Andréa Ferreira:

a) Os litígios de direito público podem ser submetidos à arbitragem que, quer em sua parte de direito material, quer de direito processual, exige lei que a discipline. b) A Lei nº 9.307/1996 aplica-se, em sua inteireza, ao direito privado, e correspondentes litígios, como ocorria com a legislação anterior, em suas sucessivas fases. [...] e) Na ausência de *lex specialis*, a Lei nº 9.307/1996, pode ser aplicada às contendas públicas internas, atendida a distinção entre aquilo que é de ordem pública e o que é negocial; e com a exclusão dos permissivos que autorizam o julgamento que não seja de direito, mas de equidade; e que deixam, à livre escolha das partes, as regras de direito que serão aplicadas; ou julgamento que se baseie, também *ex voluntate*, não na regra jurídica incidente, mas em princípios gerais de direito, usos e costumes, não embasados na legislação de regência. f) Na *lex specialis* de *ius publicum*, antes referida, tais permissivos também estão vedados, por motivo de ordem pública.[60]

Para o autor citado, a arbitragem no direito público não pode ser, voluntariamente por equidade, ou por livre escolha das regras de direito que serão aplicadas, ou apenas com base em princípios gerais de direito ou nos usos e costumes – salvo quando fontes normativas reconhecidas na legislação de regência; mas, sempre com identidade entre a regra que incidiu e aquela que será aplicada – porque, isso sim, é indisponível, intransacionável, matéria de ordem pública, – os litígios de direito público podem ser objeto de arbitragem, nesses exatos termos.[61]

Não há como confundir ordem pública[62] com direito público, além disso, nem tudo que se contém na primeira é elemento do segundo e vice-versa. Nesse ambiente, a conclusão de Sérgio de Andréa Ferreira lança luzes sobre o tema, da seguinte forma:

(i) É preciso considerar, na oposição "ordem pública e negociabilidade", as diferentes qualificações jurídicas de direito público: (a) as pessoas do Governo: (I) as pessoas jurídicas: (A) as pessoas de direito público:

---

[60] FERREIRA, Sérgio de Andréa. A arbitragem e a disponibilidade de direitos no *ius publicum* interno. *In*: GARCEZ, José Maria Rossani; MARTINS, Pedro A. Batista. *Reflexões sobre arbitragem: In memoriam do Desembargador Cláudio Vianna de Lima*. São Paulo: LTr, 2002, p. 54-55.

[61] FERREIRA, Sérgio de Andréa. *A arbitragem e a disponibilidade de direitos no* ius publicum *interno*, p. 55.

[62] Sobre ordem pública no direito internacional e arbitragem: STRENGER, Irineu. *Arbitragem comercial internacional*. São Paulo: LTr, 1996, p. 213-248.

(1) as pessoas político-federativas; (2) as pessoas administrativas autárquicas;[63] (B) as pessoas administrativas privadas (fundações públicas e empresas públicas e mistas); (C) as pessoas jurídicas de cooperação; paradministrativas; (II) pessoas físicas: os agentes públicos; os titulares de ofício de cooperação, paradministrativos; (b) os colaboradores da Administração Pública; (c) os jurisdicionados: (A) os usuários do serviço público; (B) jurisdicionados do poder de polícia; (C) aqueles sob variadas formas de controle, fiscalização, regulação; (D) os utentes dos serviços administrativos; (E) detentores de direitos a outros títulos em relação ao Governo; (F) beneficiários da atuação social do Poder Público.[64]

Para Luiz Antonio Scavone Junior, ao lecionar sobre arbitragem e Estado:

Sustentam os administrativistas que a arbitragem nos contratos celebrados pela Administração vincular-se à autorização legal e à existência de contrato regido pelo direito privado, como, por exemplo, a locação de imóveis urbanos em que a Administração figure como locatária.

No caso de empresas públicas e sociedades de economia mista, a autorização legal se resolve na medida em que são equiparadas pelo Código Civil às pessoas jurídicas de direito privado quando exercem atividades típicas do direito privado e assumem a estrutura de direito privado, submetendo-se ao mesmo regime das empresas privadas e, conseguintemente, autorizadas a dispor sobre os seus direitos.[65] [66]

A fim de esclarecer o tema, inclusive em processo envolvendo arbitragem em contrato de arrendamento portuário, cabe a transcrição da ementa de acórdão *leading case* do Superior Tribunal de Justiça, que determinou válida a cláusula compromissória celebrada com sociedade de economia mista, da relatoria do ministro Luiz Fux que, embora extenso, vale transcrever alguns trechos:

---

[63] Tal como a Antaq e a Antt.

[64] FERREIRA, Sérgio de Andréa. *A arbitragem e a disponibilidade de direitos no ius publicum interno*, p. 56.

[65] "Art. 40. As pessoas jurídicas são de direito público, interno ou externo, e de direito privado. Art. 41. São pessoas jurídicas de direito público interno: I – a União; II – os Estados, o Distrito Federal e os Territórios; III – os Municípios; IV – as autarquias, inclusive as associações públicas; (Redação dada pela Lei nº 11.107, de 2005) V – as demais entidades de caráter público criadas por lei. Parágrafo único. Salvo disposição em contrário, as pessoas jurídicas de direito público, a que se tenha dado estrutura de direito privado, regem-se, no que couber, quanto ao seu funcionamento, pelas normas deste Código."

[66] SCAVONE JUNIOR, Luiz Antonio. *Manual de arbitragem*, p. 44.

ADMINISTRATIVO. MANDADO DE SEGURANÇA. PERMISSÃO DE ÁREA PORTUÁRIA. CELEBRAÇÃO DE CLÁUSULA COMPRO-MISSÓRIA. JUÍZO ARBITRAL. SOCIEDADE DE ECONOMIA MISTA. POSSIBILIDADE. ATENTADO.

1. A sociedade de economia mista, quando engendra vínculo de natureza disponível, encartado na mesma cláusula compromissória de submissão do litígio ao Juízo Arbitral, não pode pretender exercer poderes de supremacia contratual previsto na Lei 8.666/93.

2. A decisão judicial que confere eficácia à cláusula compromissória e julga extinto o processo pelo "compromisso arbitral", se desrespeitada pela edição de Portaria que eclipsa a medida afastada pelo ato jurisdicional, caracteriza a figura do "atentado" (art. 880 do CPC).

[...]

4. Mandado de segurança impetrado contra ato do Ministro de Estado da Ciência e Tecnologia, ante a publicação da Portaria Ministerial nº 782, publicada no dia 07 de dezembro de 2005, que ratificou os termos da rescisão contratual procedida pela Nuclebrás Equipamentos Pesados S/A – NUCLEP, em 14 de junho de 2004, Ato Administrativo nº 01/2005, de 05 de setembro de 2005, do contrato administrativo de arrendamento C-291/AB-001, celebrado em 16 de dezembro de 1997, com a empresa TMC, terminal Multimodal de Coroa Grande S/A e autorizou tanto a assunção imediata pela NUCLEP, do objeto do contrato de arrendamento C-291/AB 001, conforme permissivo legal expresso no art. 80, inc. I da Lei 8.666/93, como a ocupação e utilização do local, instalações, necessárias à continuidade do objeto do contrato de arrendamento C-291-001, conforme permissivo legal expresso no art. 80, inc. II e §3º, da Lei 8.666/93, em afronta às cláusulas 21.1 e 21.2, do Contrato de Arrendamento para Administração, Exploração e Operação do Terminal Portuário e de Área Retroportuária (Complexo Portuário), lavrado em 16/12/1997 (fls. 31/42), de seguinte teor: "Cláusula 21.1 – Para dirimir as controvérsias resultantes deste Contrato e que não tenham podido ser resolvidas por negociações amigáveis, fica eleito o foro da Comarca do Rio de Janeiro, RJ, em detrimento de outro qualquer, por mais privilegiado que seja. Cláusula 21.2 – Antes de ingressar em juízo, as partes recorrerão ao processo de arbitragem previsto na Lei 9.307, de 23.09.2006.

5. Questão gravitante sobre ser possível o juízo arbitral em contrato administrativo, posto relacionar-se a direitos indisponíveis.

6. A doutrina do tema sustenta a legalidade da submissão do Poder Público ao juízo arbitral, calcado em precedente do E. STF, *in litteris*: "Esse fenômeno, até certo ponto paradoxal, pode encontrar inúmeras explicações, e uma delas pode ser o erro, muito comum de relacionar a indisponibilidade de direitos a tudo quanto se puder associar, ainda que ligeiramente, à Administração." Um pesquisador atento e diligente poderá facilmente verificar que não existe qualquer razão que inviabilize

o uso dos tribunais arbitrais por agentes do Estado. Aliás, os anais do STF dão conta de precedente muito expressivo, conhecido como "caso Lage", no qual a própria União submeteu-se a um juízo arbitral para resolver questão pendente com a Organização Lage, constituída de empresas privadas que se dedicassem a navegação, estaleiros e portos. A decisão nesse caso unanimemente proferida pelo Plenário do STF é de extrema importância porque reconheceu especificamente "a legalidade do juízo arbitral, que o nosso direito sempre admitiu e consagrou, até mesmo nas causas contra a Fazenda." Esse acórdão encampou a tese defendida em parecer da lavra do eminente Castro Nunes e fez honra a acórdão anterior, relatado pela autorizada pena do Min. Amaral Santos. Não só o uso da arbitragem não é defeso aos agentes da administração, como, antes é recomendável, posto que privilegia o interesse público." (*in* "Da Arbitrabilidade de Litígios Envolvendo Sociedades de Economia Mista e da Interpretação de Cláusula Compromissória", publicado na Revista de Direito Bancário do Mercado de Capitais e da Arbitragem, Editora Revista dos Tribunais, Ano 5, outubro – dezembro de 2002, coordenada por Arnold Wald, esclarece às páginas 398/399).

[...]

13. Outrossim, a ausência de óbice na estipulação da arbitragem pelo Poder Público encontra supedâneo na doutrina clássica do tema, *verbis:* [...] Ao optar pela arbitragem o contratante público não está transigindo com o interesse público, nem abrindo mão de instrumentos de defesa de interesses públicos, Está, sim, escolhendo uma forma mais expedita, ou um meio mais hábil, para a defesa do interesse público. Assim como o juiz, no procedimento judicial deve ser imparcial, também o árbitro deve decidir com imparcialidade, O interesse público não se confunde com o mero interesse da Administração ou da Fazenda Pública; o interesse público está na correta aplicação da lei e se confunde com a realização correta da Justiça." (No sentido da conclusão Dalmo Dallari, citado por Arnold Wald, Athos Gusmão Carneiro, Miguel Tostes de Alencar e Ruy Janoni Doutrado, em artigo intitulado "Da Validade de Convenção de Arbitragem Pactuada por Sociedade de Economia Mista", publicado na Revista de Direito Bancário do Mercado de Capitais e da Arbitragem, nº 18, ano 5, outubro-dezembro de 2002, à página 418).

[...]

21. Por fim, conclui com acerto Ministério Público, *verbis: "In casu*, por se tratar tão somente de contrato administrativo versando cláusulas pelas quais a Administração está submetida a uma contraprestação financeira, indubitável o cabimento da arbitragem. Não faria sentido ampliar o conceito de indisponibilidade à obrigação de pagar vinculada à obra ou serviço executado a benefício auferido pela Administração em virtude da prestação regular do outro contratante. A arbitragem se revela, portanto, como o mecanismo adequado para a solução da presente

controvérsia, haja vista, tratar-se de relação contratual de natureza disponível, conforme dispõe o artigo 1º, da Lei 9.307/96: "as pessoas capazes de contratar poderão valer-se da arbitragem para dirimir litígios relativos a direitos patrimoniais disponíveis." (fls. 472/473)

22. *Ex positis*, concedo a segurança, para confirmar o teor da liminar dantes deferida, em que se determinava a conservação do *status quo ante*, face a sentença proferida pelo Juízo da 42ª Vara Cível da Comarca do Rio de Janeiro, porquanto o presente litígio deverá ser conhecido e solucionado por juízo arbitral competente, eleito pelas partes.[67]

Cabe destacar que, em disputa envolvendo a administração pública, segundo julgado do STJ, não há exigência da previsão da arbitragem em instrumento anterior, via cláusula de arbitragem, como se verifica pelo acórdão do Recurso Especial 904.813/PR, no caso Companhia Paranaense de Gás Natural (Compagás) contra o Consórcio Carioca Passarelli.

Nesse julgado, a relatora, ministra Nancy Andrighi, esclareceu que "o fato de não haver previsão de arbitragem no edital de licitação não invalida o compromisso arbitral firmado posteriormente", conforme consta na ementa adiante transcrita:

PROCESSO CIVIL. RECURSO ESPECIAL. LICITAÇÃO. ARBITRAGEM. VINCULAÇÃO AO EDITAL. CLÁUSULA DE FORO. COMPROMISSO ARBITRAL. EQUILÍBRIO ECONÔMICO FINANCEIRO DO CONTRATO. POSSIBILIDADE.
[...]
4. Não merece ser conhecido o recurso especial que deixa de impugnar fundamento suficiente, por si só, para manter a conclusão do julgado. Inteligência da Súmula 283 do STF.
5. Tanto a doutrina como a jurisprudência já sinalizaram no sentido de que não existe óbice legal na estipulação da arbitragem pelo poder público, notadamente pelas sociedades de economia mista, admitindo como válidas as cláusulas compromissórias previstas em editais convocatórios de licitação e contratos.
6. O fato de não haver previsão da arbitragem no edital de licitação ou no contrato celebrado entre as partes não invalida o compromisso arbitral firmado posteriormente.
7. A previsão do juízo arbitral, em vez do foro da sede da administração (jurisdição estatal), para a solução de determinada controvérsia, não vulnera o conteúdo ou as regras do certame.

---

[67] BRASIL. Superior Tribunal de Justiça. STJ. MS 11.308/DF. Rel. Min. Luiz Fux. Primeira Seção. J. 09.04.2008. *DJe* 19.05.2008. Disponível em: http://www.stj.jus.br. Acesso em: 20 jul. 2018.

8. A cláusula de eleição de foro não é incompatível com o juízo arbitral, pois o âmbito de abrangência pode ser distinto, havendo necessidade de atuação do Poder Judiciário, por exemplo, para a concessão de medidas de urgência; execução da sentença arbitral; instituição da arbitragem quando uma das partes não a aceita de forma amigável.

9. A controvérsia estabelecida entre as partes – manutenção do equilíbrio econômico financeiro do contrato – é de caráter eminentemente patrimonial e disponível, tanto assim que as partes poderiam tê-la solucionado diretamente, sem intervenção tanto da jurisdição estatal, como do juízo arbitral.

10. A submissão da controvérsia ao juízo arbitral foi um ato voluntário da concessionária. Nesse contexto, sua atitude posterior, visando à impugnação desse ato, beira às raias da má-fé, além de ser prejudicial ao próprio interesse público de ver resolvido o litígio de maneira mais célere.

11. Firmado o compromisso, é o Tribunal arbitral que deve solucionar a controvérsia.

12. Recurso especial não provido.[68]

Ademais, a referência à necessidade de regulamento, além de desnecessária, cria um óbice para aplicação da determinação legal. Ademais, a Advocacia Geral da União tem se manifestado, em vários casos judiciais, a favor da arbitragem.

Não há, portanto, fundamento para exigir uma previsão no contrato ou no edital, pois a capacidade genérica do Estado lhe autoriza o uso de todas as formas de solução de litígios, de acordo com as suas necessidades e conveniência, desde que respeitadas as normas de Direito Administrativo.

Pode-se concluir que as possibilidades de uso da arbitragem na atividade portuária, especialmente no controle aduaneiro, não são pequenas, cabendo aos usuários dos serviços portuários e de transporte marítimo se organizarem para que o governo regule o tema.

Nesse cenário, deve-se destacar a celebração do termo de arbitragem nº 78/2016/SEC7, em 4 de setembro de 2017, entre a Libra Terminais S.A. e Libra Terminal Santos S.A., requerentes, de um lado, e a Codesp e a União Federal, requeridas, de outro lado. O termo de compromisso arbitral foi efetuado com base no Regulamento do CAM-CCBC, e tem como objeto pôr fim a nove ações judiciais que

---

[68] BRASIL. Superior Tribunal de Justiça. STJ. REsp. 904.813/PR. Rel. Min. Nancy Andrighi. Terceira Turma. J. 20.10.2011. *DJe* 28.02.2012. Disponível em: http://www.stj.jus.br. Acesso em: 20 jul. 2018.

envolvem as partes e tramitam em diversas instâncias do Poder Judiciário (Federal e Estadual).

Conclusão

Como visto, o controle aduaneiro, através do desembaraço aduaneiro na importação ou na exportação, possibilita uma série de conflitos que envolvem as atividades marítimas, como a *demurrage* de contêiner, e as atividades portuárias, como a armazenagem, em face da retenção da carga, dentre outras, o que implica em demanda por uma resolução de conflitos mais eficiente e previsível.

Diante desse cenário e, especialmente do marco regulatório das arbitragens marítima e portuária, são muitas as possibilidades do uso da arbitragem no setor. Trata-se de ferramenta importante na solução eficaz de tais conflitos, a fim de que os custos de transação possam ser reduzidos.

Ressalte-se que se deve evitar a judicialização do conflito, por meio da negociação, mediação ou conciliação, num primeiro momento. Num segundo momento, caso não obtida a solução por uma das formas acima, deve-se partir para a arbitragem.

É necessário e urgente, portanto, que se amplie o uso da arbitragem na atividade portuária, onde a disponibilidade de direitos é menor, o que demanda maior estudo sobre as possibilidades e limites em face da ordem pública. O uso da Análise de Impacto Regulatório, tal como dispõe a Lei Geral das Agências Reguladoras (Lei nº 13.848, de 25 de junho de 2019) nos artigos 4º a 13, assim como de estudos comparados, inclusive da legislação grega, podem contribuir.

Dessa forma, espera-se que a eficiência da logística e a competitividade dos nossos produtos que passam pelos portos e se submetem ao controle aduaneiro aumentem, bem como a segurança jurídica para os que usam o modal aquaviário, seja como passageiro ou como embarcador de mercadoria.

Referências

ABOUL-ENEIM; M.I.M. Maritime arbitration according to the United Nations Convention on the carriage of goods by sea. *Journal of International Arbitration*, v. 14, issue 2, 1997.

ALCÂNTARA, José M. An international panel of maritime arbitrators?. *Journal of International Arbitration*, v. 11 (4), Dec. 1994.

BRASIL. Agência Nacional de Transportes Aquaviários. Antaq. Disponível em: www. antaq.gov.br. Acesso em: 10 fev. 2019.

BRASIL. Senado Federal. Projeto de Lei do Senado nº 166, de 2010 (nº 8.046, de 2010, na Câmara dos Deputados). Elaborado pelo Serviço de Redação da Secretaria-Geral da Mesa do Senado Federal em 27/03/2014 – 15:35. Última atualização: 19/02/2015 – 14:26. Disponível em: http://www.senado.gov.br. Acesso em: 25 dez. 2018.

BRASIL. Superior Tribunal de Justiça. STJ. Ag.Rg. no AI nº 459.668/RJ, j. 16/12/2002. Disponível em: http://www.stj.jus.br. Acesso em: 10 abr. 2018.

BRASIL. Superior Tribunal de Justiça. STJ. MS 11.308/DF. Rel. Min. Luiz Fux. Primeira Seção. J. 09/04/2008. DJe 19/05/2008. Disponível em: http://www.stj.jus.br. Acesso em: 20 jul. 2018.

BRASIL. Superior Tribunal de Justiça. STJ. REsp. 904.813/PR. Rel. Min. Nancy Andrighi. Terceira Turma. J. 20/10/2011. DJe 28/02/2012. Disponível em: http://www.stj.jus.br. Acesso em: 20 jul. 2018.

FERREIRA, Sérgio de Andréa. A arbitragem e a disponibilidade de direitos no *ius publicum* interno. *In:* GARCEZ, José Maria Rossani; MARTINS, Pedro A. Batista (Org.). *Reflexões sobre arbitragem: in memoriam do Desembargador Cláudio Vianna de Lima.* São Paulo: LTr, 2002.

GABBAY, Daniela M.; MAZZONETTO, Nathalia; KOBAYASHI, Patrícia S. Desafios e cuidados na redação das cláusulas de arbitragem. *In:* BASSO, Maristela; POLIDO, Fabrício Bertini Pasquot (Org.). *Arbitragem comercial*: princípios, instituições e procedimentos: a prática no CAM-CCBC. São Paulo, Madrid: Marcial Pons, CAM-CCBC: Centro de Arbitragem e Mediação/Câmara de Comércio Brasil-Canadá, 2013.

MARTINS, Eliane M. Octaviano. *Curso de direito marítimo.* São Paulo: Manole, 2008.

MATSOS, Georgios. Tonnage tax and tax competition. *In:* ANTAPASSIS, Antonis; ATHANASSIOU, Lia I.; ROSAEG, Erik (Org.). *Competition and regulation in shipping and shipping related industries.* Leiden, Boston: Martinus Nijhoff Publishers, 2009.

MUKAI, Toshio. *Anotações à nova legislação dos portos:* Lei nº 12.815, de 5 de junho de 2013, e Decreto nº 8.033, de 27 de junho de 2013. São Paulo: Aduaneiras, 2013.

POLIDO, Fabrício Bertini Pasquot. Agenda global da arbitragem comercial internacional e sua conformação institucional. *In:* BASSO, Maristela; POLIDO, Fabrício Bertini Pasquot (Org.). *Arbitragem comercial:* princípios, instituições e procedimentos: a prática no CAM-CCBC. São Paulo, Madrid: Marcial Pons, CAM-CCBC: Centro de Arbitragem e Mediação/Câmara de Comércio Brasil-Canadá, 2013.

SCAVONE JUNIOR, Luiz Antonio. *Manual de arbitragem.* 3. ed. São Paulo: Revista dos Tribunais, 2010.

SCHLÖSSER, Karin A. Arbitration clauses in maritime contracts and their binding effect on groups of companies. *Journal of International Arbitration,* v. 11 (4), Dec. 1994.

STRAUBE, Frederico Gustavo; SOUZA, Marcelo Junqueira Inglez de; GAGLIARDI, Rafael Villar. Leis aplicáveis à arbitragem. *In:* BASSO, Maristela; POLIDO, Fabrício Bertini Pasquot (Org.). *Arbitragem* comercial: princípios, instituições e procedimentos: a prática no CAM-CCBC. São Paulo, Madrid: Marcial Pons, CAM-CCBC: Centro de Arbitragem e Mediação/Câmara de Comércio Brasil-Canadá, 2013.

SUPREMO TRIBUNAL FEDERAL. STF. SEC 5.206-7. Disponível em: http://www.stf.jus. br. Acesso em: 12 jan. 2018).

VAN GELDER, Michael A. Maritime arbitration: quo vadis? Have delays and costs caused us to Lose the Way? *Journal of International Arbitration*, issue 1, v. 12, 1995.

WILSON, John F. *Carriage of goods by sea.* Sixth edition. London: Pearson, 2008.

ZEKOS, Georgios. Courts' intervention in commercial and maritime arbitration under U.S. Law. *In: Journal of International Arbitration*, v. 14, issue 2, 1997.

Informação bibliográfica deste texto, conforme a NBR 6023:2018 da Associação Brasileira de Normas Técnicas (ABNT):

CASTRO JUNIOR, Osvaldo Agripino de. A importância dos métodos adequados de solução de conflitos para a logística marítima e portuária. *In:* CASTRO JUNIOR, Osvaldo Agripino de (Coord.). *Constituição, tributação e aduana no transporte marítimo e na atividade portuária.* Belo Horizonte: Fórum, 2021. p. 421-462. ISBN 978-65-5518-002-2.

SOBRE OS AUTORES

André Henrique Lemos
Especialista em Administração Tributária (UDESC/ESAG) e Direito Processual Civil (Univali). Conselheiro Titular do CARF (2016-2018). Conselheiro Suplente no TAT/SC (2012-2018). Advogado. Diretor da Regional Santa Catarina do Instituto Brasileiro de Direito e Ética Empresarial – IBDEE. Presidente da Comissão de Governança Corporativa e *Compliance* do Instituto dos Advogados de Santa Catarina – IASC. Árbitro. Professor em pós-graduações e MBA e palestrante.

Artur Saviano Neto
Mestrando no Programa de Pós-Graduação *Stricto Sensu* em Políticas Públicas da Universidade do Vale do Itajaí – Univali – SC. Especialista em Direito Aduaneiro e Comércio Exterior (2018). Bacharel em Direito (2016). Consultor em comércio exterior. Despachante aduaneiro, com experiência de dezessete anos na área Aduaneira, especialmente Desembaraço Aduaneiro e Logística. Coautor do livro *Teoria e Prática da Demurrage de Contêiner*, organizado por Osvaldo Agripino de Castro Junior (Aduaneiras, 2018)

Camila Maria Mello Capelari
Pós-Graduanda em Direito da Aduana e do Comércio Exterior na Universidade do Vale do Itajaí (Univali). Pós-Graduada (Especialista) em Direito e Processo Tributário com capacitação para o Ensino no Magistério Superior na Faculdade Damásio Educacional (Itajaí, 2016/I). Graduada em Direito (Univali, 2012/II). Advogada. Sócia-fundadora do *Novak & Capelari Advocacia*. *Expert* em questões de Direito Tributário e Aduaneiro. Membro da Comissão de Direito Marítimo, Portuário e Aduaneiro e da Comissão de Direito Tributário das Subseções da OAB de Itajaí e Balneário Camboriú (SC).

Carmem Grasiele da Silva
Graduada em Comércio Exterior e Direito pela Universidade do Vale do Itajaí – Univali (2002 e 2011). Especialista em Direito e Negócios Internacionais pela Universidade Federal de Santa Catarina – UFSC (2004). Mestre em Ciência Jurídica pela Univali e pela Widener University, Estados Unidos, com a dissertação *Análise comparativa das plataformas logísticas integradas nos estados unidos, China e Brasil*, 2019, 184 p., sob orientação do Prof. Dr. Osvaldo Agripino de Castro Junior. Advogada integrante da Comissão de Direito Aduaneiro Marítimo e Portuário da Subseção da OAB de Itajaí, atuando principalmente na área de Direito Aduaneiro, Tributário, Marítimo e Portuário.

Catiani Rossi
Advogada graduada pela Universidade do Vale do Itajaí (Univali). Pós-Graduada em Direito Aduaneiro pela UniCuritiba e em Direito Tributário pelo Instituto Brasileiro de Estudos Tributários (IBET).

Danielle Rosa
Mestre em *Derecho Ambiental y Sostenibilidad* pela Universidade de Alicante na Espanha. Mestre em Ciência Jurídica pelo Programa de Pós-Graduação *Stricto Sensu* em Ciência Jurídica (PPCJ), na Universidade do Vale do Itajaí (Univali). Especialista em Direito Tributário pelo Instituto Brasileiro de Estudos Tributários (IBET/SC). Graduada em Direito (Univali). Possui formação internacional em Filosofia Jurídica e Direito Internacional Público pela Universidade do Minho em Portugal. É professora de Direito Administrativo Aduaneiro na Pós-Graduação em Direito Aduaneiro e do Comércio Exterior na Univali.

Edmo Colnaghi Neves
Mestre e Doutor em Direito do Estado na PUC/SP. Advogado. Conselheiro de Administração no Instituto Brasileiro de Governança Corporativa (IBGC). Professor. Palestrante e autor de livros. Atendeu a cursos no exterior: *Business for Foreign lawyers*, em Michigan, Estados Unidos, em 1998 (180hs); *Business Program, em Lausanne*, Suíça, no IIMD – *International Institute for Management Development*, em 2010 (120hs) e mais recentemente Direito e *Compliance*, na Universidade de Coimbra em Portugal, em 2019 (40hs). No Brasil, completou o curso sobre Gestão de Riscos, COSO ERM, no IIA – *International Institute for Auditors* (32hs) e Contabilidade Tributária (16hs) na APET. Foi Gerente e Diretor Jurídico e *Compliance* em quatro grandes multinacionais, durante 17 anos, liderando equipes de advogados no Brasil, Argentina, Chile, Peru, Colômbia e América Central. Tem ministrado palestras em várias entidades e aulas em várias universidades, tais como Mackenzie, PUC-SP, PUCRS, UFSCAR, UNIFOR (Universidade de Fortaleza), FDV – Vitória e FACCAMP – Campinas. Escreveu pela Trevisan Auditores o livro *Compliance empresarial, o tom da liderança*, em 2018. Escreveu também o livro *Doing compliance in Brazil* (2020), além de outras obras coletivas como *Guida giuridica per le oportunita d'affari in Brasile*, lançado na Itália; *Regime jurídico dos hospitais/compliance hospitalar; Manual de compliance; Práticas de departamento jurídico; Direito Tributário das telecomunicações; e Desafios atuais da regulação econômica e concorrência*. É presidente do IBDEE – Instituto de Direito e Ética Empresarial, sendo também membro das Comissões de *Compliance* da OAB Pinheiros, IASP, do Comitê de Governança da LEC e do núcleo tributário da ITALCAM, a Câmara Italiana. É fluente em inglês, espanhol e italiano e trabalha atualmente como advogado, consultor e professor em GRC – Governança, Riscos e *Compliance* e Direito Tributário.

Gabrielle Thamis Novak Fóes
Autora do Livro *Demurrage de Contêiner do Direito Inglês e Brasileiro: Crítica à Reforma do Código Comercial*, prefácio Prof. Dr. Osvaldo Agripino de Castro Junior

(Aduaneiras, 2018). Mestre em Direito Marítimo Internacional (LL.M) pela IMO IMLI – *International Maritime Law Institute* (Malta, 2013/2014). Graduada com Distinção e contemplada com o prêmio Professor Walter Muller pelo melhor Projeto de Lei apresentado (*Bunkers Convention*), com validação na Univali/ PPCJ (2016). Pós-graduada em Direito Civil, Direito Negocial e Imobiliário pela Universidade Anhanguera-Uniderp (2013) e pós-graduanda Direito Marítimo e Portuário na Univali, onde também se graduou em Direito (2012). Advogada inscrita na OAB/SC 34.622, é sócia-fundadora do *Novak & Capelari Advocacia*, que, entre outras vertentes, atua no assessoramento da comunidade empresarial voltada ao comércio exterior. Professora da Graduação de Direito da Univali e convidada da Escola Superior da Advocacia ESA da OAB/RJ e de Pós-graduação da Universidade Mackenzie Rio. Membro da Comissão de Direito Marítimo, Portuário e Aduaneiro da OAB/Itajaí (SC).

Joana Stelzer
Doutora e Mestra em Direito pela Universidade Federal de Santa Catarina (UFSC/SC). Pós-Doutora em Direito pela Universidade de São Paulo (USP). Graduada em Direito e Administração (com habilitação em Comércio Exterior). Professora credenciada na Pós-Graduação em Direito (PPGG/CCJ/UFSC).

Lisandro Trindade Vieira
Administrador de empresas. Consultor. Palestrante e professor de cursos de pós-graduação em comércio exterior. Especialista em Tecnologia da Informação e em transações internacionais de produtos e serviços. CEO do Grupo WTM do Brasil.

Luciana Mattar Vilela Nemer
Conselheira Federal da OAB (triênio 2019-2021). Presidente da Comissão de Direito Marítimo, Portuário e Aduaneiro da OAB/ES (triênio 2019-2021). Advogada graduada pela Universidade Federal do Espírito Santo. Graduada em Relações Internacionais pela Universidade de Vila Velha. Especialista em Direito Marítimo e Portuário e, em Direito Tributário. Professora convidada da Faculdade de Direito de Vitória (FDV).

Osvaldo Agripino de Castro Junior
Advogado (UERJ/1992), parecerista e consultor especializado em Comércio Exterior, Direito Marítimo, Portuário e Aduaneiro. Sócio do *Agripino & Ferreira Advocacia e Consultoria* e inscrito na OAB/SC. Concluiu o pós-doutoramento em Regulação dos Transportes e Portos no *Center Mossavar-Rahmani for Business and Government da Kennedy of Government da Harvard University* (2007-2008). Bacharel em Ciências Náuticas (Ciaga/1983) e Doutor em Direito e Relações Internacionais (CPGD-UFSC, 2001). *Visiting Scholar* na *Stanford Law School* (2000). Professor de Direito Marítimo e Direito Regulatório do Mestrado e Doutorado em Ciência Jurídica da Universidade do Vale do Itajaí, do Mestrado em Engenharia de Transportes e Gestão Territorial da Universidade Federal de Santa Catarina e de Direito Marítimo e Direito Portuário nos Cursos de Pós-Graduação em Direito da Aduana e Comércio Exterior, na 20ª Edição (Univali),

desde 2005, e Direito Aduaneiro, da UniCuritiba. Orientou 37 dissertações de Mestrado e duas teses de Doutorado. Oficial de Náutica da Marinha Mercante (1981-1983), tendo pilotado navios mercantes no longo curso durante quatro anos, ocasião em que viajou para 27 países e operou em 65 portos (1984-1987). Autor e organizador de mais de vinte livros nas áreas em que atua, e de mais de 130 artigos jurídicos publicados no Brasil e no exterior (Oxford University Press). Membro da lista de especialistas de diversas câmaras de arbitragem, entre as quais o Centro Brasileiro de Arbitragem Marítima (CBAM), no Rio de Janeiro; a CAMFIEP, em Curitiba; o Centro Brasileiro de Litígios Econômicos (CBLE, Grupo Caraíve), em São Paulo e a Câmara de Mediação e Arbitragem Empresarial do Maranhão (CBMAE-MA), em São Luís (MA). Idealizador e Coordenador do I Congresso Nacional das Comissões de Direito Marítimo, Portuário e Aduaneiro da OAB, realizado na Univali, em Itajaí (2012).

Paulo José Zanellato Filho
Advogado (www.zanellatoadvogados.com.br). Professor na cadeira de Direito Tributário. Mestre em Direito Tributário pela Universidade Federal do Paraná (UFPR). Pós-Graduado em Direito e Processo Tributário pela Academia Brasileira de Direito Constitucional. Formado em Direito pela Faculdade de Direito de Curitiba. Aperfeiçoou-se como Despachante Aduaneiro pela Associação Brasileira de Comércio Exterior. Ex-Procurador do Município de Matinhos. Autor de artigos e livros jurídicos. Membro da Comissão de Direito Marítimo, Portuário e Aduaneiro da Ordem dos Advogados do Brasil/PR. Membro do Instituto Paranaense de Direito e Economia (ADEPAR).

Priscilla Ylre Pereira da Silva
Graduada em História pela Universidade Federal do Espírito Santo. Advogada graduada pela Faculdade de Direito de Vitória.

Rosaldo Trevisan
Mestre (PUC-PR) e Doutor em Direito (UFPR). Professor. Auditor-Fiscal da RFB, atuando no CARF. Membro da equipe redatora do Regulamento Aduaneiro Brasileiro (desde 2002), e do Grupo *Ad Hoc* para redação do Código Aduaneiro do MERCOSUL. Assessor acreditado pela Organização Mundial das Aduanas (OMA) em temas relacionados à implementação do Acordo sobre a Facilitação do Comércio (Programa MERCATOR). Membro da junta diretiva da Academia Internacional de Direito Aduaneiro.

Solon Sehn
Advogado. Mestre e Doutor em Direito Tributário (PUC/SP). Professor Conferencista da Pós-Graduação do IBET e Professor Convidado da Pós-Graduação em Direito Aduaneiro da Univali, entre outras instituições de ensino.

Tarcísio Vilton Meneghetti
Doutor em Ciência Jurídica em Programa de Dupla Titulação pela Universidade do Vale do Itajaí e pela Università Degli Studi di Perugia, com fomento da CAPES em período Sanduíche. Mestre em Direito pela Universidade Federal

de Santa Catarina (UFSC). Graduado em Direito pela Universidade do Vale do Itajaí. Desenvolve pesquisa na área da Teoria Geral do Direito, em especial temáticas relacionadas ao Pluralismo Jurídico em espaços transnacionais. Professor do Curso de Direito da Univali.

Thális Andrade
Graduado em Direito na Universidade Federal de Santa Catarina. Mestre em Direito Internacional e Economia pelo *World Trade Institute* (*Bern University*). Advogado e Analista de Comércio Exterior do Ministério da Economia. Professor de Direito Aduaneiro e Comércio Internacional da Universidade do Vale do Itajaí (Univali).

Esta obra foi composta em fonte Palatino Linotype, corpo 10
e impressa em papel Pólen Bold 70g (miolo) e Supremo 250g (capa)
pela Gráfica Paulinelli, em Belo Horizonte/MG.